Le Guide Vert :
découvrir la destination

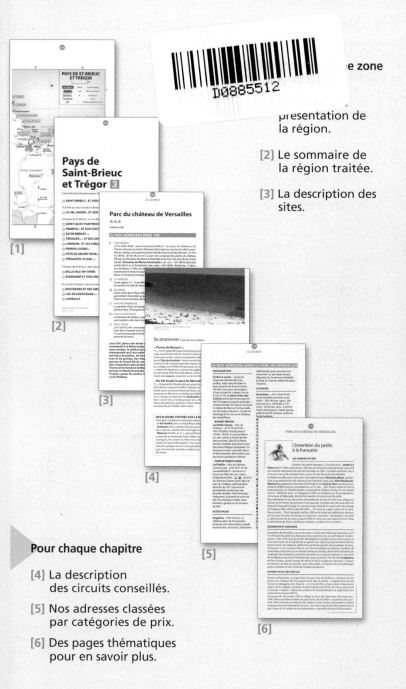

D0885512

e zone

présentation de
la région.

[2] Le sommaire de
la région traitée.

[3] La description des
sites.

Pays de Saint-Brieuc et Trégor [3]

Parc du château de Versailles

Pour chaque chapitre

[4] La description
des circuits conseillés.

[5] Nos adresses classées
par catégories de prix.

[6] Des pages thématiques
pour en savoir plus.

[1]

[2]

[3]

[4]

[5]

[6]

Retrouvez-nous sur : Voyage.ViaMichelin.fr

Sommaire

3/ DÉCOUVRIR LA SICILE

1/
ORGANISER
SON
VOYAGE

Aller en Sicile

En avion

Les deux principaux aéroports siciliens sont l'aéroport international **Falcone e Borsellino** de **Palerme** et l'aéroport **Fontanarossa** de **Catane**. Les liaisons sont régulières avec Paris et Rome. Palerme est la principale porte d'entrée en Sicile. L'aéroport de Catane est plus pratique pour ceux qui souhaitent se rendre sur la côte est avec les destinations prisées telles que Taormine, Syracuse et l'Etna. Un autre aéroport peut être utile, mais il n'est pas en Sicile : celui de **Reggio di Calabria**, tout proche du détroit de Messine. Le prix d'un billet AR Paris-Palerme oscille en haute saison entre 200 € et 450 € selon la compagnie.

Les autres aéroports siciliens sont l'aéroport international « Vicenzo Florio » de **Trapani Birgi** (www. airgest.it), qui relie Trapani à : Pantelleria, en Sicile ; Milan, Rome, Pise, Cagliari et Trieste, en Italie ; et en Europe, Londres, Francfort, Girona, Bruxelles et Paris-Beauvais. Dans les îles : les aéroports de **Pantelleria** et de **Lampedusa** relient, en été, ces îles aux principales villes italiennes *(pour plus d'informations, voir Pantelleria p. 539 et Lampedusa p. 545).*

LES COMPAGNIES

Alitalia – www.alitalia.com.
Air France – ☏ 3654 - www.airfrance.fr. Vols directs depuis Paris pour Catane et Palerme.
Transavia – ☏ 0 892 058 888 (depuis la France, appel payant), 32 (0)70 66 0305 (depuis la Belgique) - www.transavia.com.

Vols entre Paris Orly et Palerme ou Catane.
Easyjet – ☏ 0820 420 315 (appel payant) - www.easyjet.com. Entre juin et septembre vols *low cost* Paris Orly - Palerme et Paris CDG - Catane.

En bateau

LES LIAISONS

La compagnie **Grandi Navi Veloci** (☏ 010 20 94 591 - www.gnv.it) assure les liaisons entre Palerme et Gênes (20h), Livourne (17h).
Grimaldi (☏ 091 611 36 91 - www. grimaldi-lines.com) opère deux lignes : Civitavecchia-Trapani et Salerne-Palerme.
La **Tirrenia** (☏ 892 123 - www. tirrenia.it) relie Palerme et Trapani à la Sardaigne (13h30) et à Naples (11h ou 4h30 en hydrofoil).
Depuis l'Italie du Sud, vous pouvez embarquer à Reggio di Calabria ou à Villa San Giovanni.

LES TARIFS

Les tarifs varient considérablement selon la période de l'année et le confort choisi. Un fauteuil simple sur la ligne Gênes-Palerme peut coûter jusqu'à 200 € l'aller-retour en haute saison si vous l'achetez au dernier moment. Il faudra ajouter en moyenne 100 à 120 € pour le passage d'une voiture.
Le site www.directferries.fr (en français) regroupe les compagnies et permet de comparer les offres.

En train

Il n'existe pas de liaison directe entre les villes d'Europe du Nord et la Sicile. Il vous faudra donc changer de train à Milan, Turin ou Rome, ce

DISTANCES EN KM	Agrigente	Caltanissetta	Catane	Cefalù	Enna	Gela	Marsala	Messine	Milazzo	Palerme	Raguse	Syracuse	Taormine	Trapani
Agrigente		58	165	154	91	82	135	260	293	128	150	215	216	177
Caltanissetta	58		111	100	37	68	193	205	239	128	136	160	162	227
Catane	165	111		181	87	106	300	98	131	210	93	64	54	309
Cefalù	154	100	181		108	157	181	164	139	68	225	231	233	167
Enna	91	37	87	108		76	226	182	215	136	142	137	138	235
Gela	82	68	106	157	76		207	201	234	185	69	141	157	250
Marsala	135	193	300	181	226	207		345	320	114	276	371	373	32
Messine	260	205	98	164	182	201	345		40	233	193	164	53	332
Milazzo	293	239	131	139	215	234	320	40		208	226	196	86	307
Palerme	128	128	210	68	136	185	114	233	208		253	259	261	110
Raguse	150	136	93	225	142	69	276	193	226	253		89	149	313
Syracuse	215	160	64	231	137	141	371	164	196	259	89		119	357
Taormine	216	162	54	233	138	157	373	53	86	261	149	119		359
Trapani	177	227	309	167	235	250	32	332	307	110	313	357	359	

qui rend le trajet particulièrement long pour un prix qui n'est pas forcément avantageux. Le voyage comprend systématiquement la traversée du détroit de Messine : le train embarque sur le bateau à Villa San Giovanni et le prix du billet comprend la liaison maritime (www.trenitalia.it).

En voiture

Depuis l'annulation en 2011 du projet de « pont du Détroit » entre la Sicile et Reggio di Calabria, la seule liaison possible demeure les ferry-boats et hydrofoils (**Traghetti** et **Aliscafi**) desservant Messine au départ de Reggio di Calabria ou de Villa San Giovanni. La durée de la traversée varie de 25 à 45mn selon le type de ferry (voitures seules ou voitures et trains). Également assurée par la compagnie **Caronte & Tourist s. p. A.**

(📞 800 627 414 ou 090 364 601 - www.carontetourist.it) au départ de Villa San Giovanni. En raison de la fréquence des traversées (toutes les 30mn environ), il n'y a pas lieu de réserver. Mais l'attente peut être très longue en haute saison. À partir de Reggio di Calabria, les liaisons n'assurent que le transport de passagers (www.trenitalia.it).

En car

Vous pouvez vous rendre en car jusqu'à Rome (durée : 24h, Eurolines à Paris - 28 av. du Général-de-Gaulle - BP 313 - 93541 Bagnolet Cedex - 📞 0 892 899 091 (0,34 €/mn) - www.eurolines.fr) et, de là, prendre un autre autocar (compagnie Segesta Internazionale - via Libertà 177 - 📞 091 34 25 25 - www.interbus.it) qui vous amènera à Palerme (en 12h) et à Trapani.

Avant de partir

Fiche d'identité

Nom officiel : Sicile
Capitale : Palerme
Superficie : 25 708 km²
Population : 5 051 075 habitants
Langue officielle : italien

Météo

LES SAISONS

Évitez le plein été – L'afflux des visiteurs étrangers, conjugué à celui des vacanciers italiens, provoque une inévitable hausse des prix, sans parler des embouteillages ni de la surpopulation… En outre, le sud de la Sicile et l'arrière-pays méridional subissent dès le printemps les assauts du sirocco, qui apporte avec lui la chaleur d'Afrique. Les régions côtières du Nord, ainsi que les îles, profitent de températures plus clémentes quoique très chaudes l'été. Seuls les reliefs montagneux restent frais la nuit.

Avril, mai, juin, septembre et octobre sont les mois les plus agréables pour visiter la Sicile.

Au printemps, les fleurs sauvages apportent leurs touches colorées aux paysages, tandis qu'en octobre, l'île se teinte des nuances chaudes de l'automne.

En **décembre**, c'est l'effervescence des fêtes de Noël et la mise en place des crèches (presepi), en particulier à Caltagirone et à Erice. Vous pouvez aussi prévoir votre séjour au moment des fêtes de Mardi gras, toujours spectaculaires, en particulier à Sciacca ou à Taormine, ou pendant la Semaine sainte, notamment à Caltanissetta (p. 300).

CE QU'IL FAUT EMPORTER

Pensez surtout à l'attirail complet de protection contre le soleil car, même en hiver, il peut être traître : lunettes de soleil, chapeau, vêtements clairs, éventail à glisser dans le sac et crème solaire. Pour éviter les coups de chaleur, emportez toujours un peu d'eau avec vous (en campagne, elle n'est pas forcément potable).

Les soirées sont assez fraîches et un gilet ou une étole peuvent être utiles. Si vous voyagez à la fin de l'automne et en hiver, un coupe-vent est indispensable.

Comme tous les Italiens, les Siciliens portent une grande attention à leur apparence vestimentaire et on rivalise d'élégance ou de « m'as-tu vu » en fin de journée à l'heure de la passeggiata. Pour sortir, essayez donc d'emporter une jolie tenue. Pour les excursions sur les îles, souvent rocailleuses, prévoyez une bonne paire de chaussures.

Si vous ambitionnez de grimper au sommet de l'Etna, emmenez des chaussures de montagne ainsi que des vêtements chauds : l'Etna culmine à 3 330 m et la température, même en été, peut être glaciale.

Heure locale

L'Italie appartient au même fuseau horaire que la France, la Belgique et la Suisse, et applique les heures d'été et d'hiver aux mêmes dates.

Adresses utiles en France

LA SICILE SUR INTERNET

Nous vous indiquons ci-dessous quelques sites intéressants pour préparer votre voyage.

Sites sur l'Italie
– www.enit.it/fr : site de l'Office national italien du tourisme, très complet avec tous les renseignements pratiques, en français.
– www.museionline.it : informations sur les musées italiens, en italien.
– www.trenitalia.it : site des chemins de fer italiens, en italien et en anglais.
– www.italieaparis.net : art, culture, cinéma, théâtre… tout ce qui concerne la présence et l'actualité culturelle italiennes à Paris et en France.

Sites sur la Sicile
– pti.regione.sicilia.it : site officiel de la Sicile, en italien.
– www.lasicile.com : site français sur la Sicile.
– www.bestofsicily.com : magazine sur la Sicile, en anglais.
– www.parks.it/regione.sicilia/ : réserves et parcs naturels, en italien et en français.
– www.festedisicilia.it : manifestations et événements, en italien.
– www.siciliano.it : moteur de recherche sicilien, très à jour sur l'actualité de l'île, en italien.
Pour des informations détaillées sur les **provinces siciliennes** et leur actualité touristique, reportez-vous aux sites indiqués dans la rubrique « S'informer » de chaque ville.

ORGANISMES DE TOURISME

Pour organiser son voyage, rassembler la documentation nécessaire ou vérifier certaines informations, adressez-vous en premier lieu à l'**Office national italien du tourisme ou ENIT (Ente Nazionale Italiano per il Turismo)** : 23 r. de la Paix - 75002 Paris - ℘ 01 42 66 03 96 - fax 01 42 66 66 68 - www.enit-france.com.

AGENCES DE VOYAGE

L'Italie étant l'un des pays les plus touristiques d'Europe, tous les voyagistes généralistes y proposent des séjours. Nous recensons ici uniquement les spécialistes de la Sicile.

Voyages culturels
Casa Sicilia – 98 bd Hausmann - 75008 Paris - ℘ 01 48 48 99 23 - fax 01 48 50 29 28 - www.casasicilia-voyages.com. Sélection de voyages proposés par la Maison de la Sicile qui vend également des produits siciliens. Formules en chambres d'hôte et circuits thématiques hors des sentiers battus sont les points forts de cette agence.
Clio – 34 r. du Hameau - 75015 Paris - ℘ 01 53 68 82 82 (payant) - fax 01 53 68 82 60 - www.clio.fr.
Donatello – 10 r. Daunou - 75002 Paris - ℘ 01 44 58 30 81 ou 0826 102 005 (0,15 €/min) - www.donatello.fr. Également agences entre autres à Lyon et à Marseille.
Voyageurs du Monde – 55 r. Sainte-Anne - 75002 Paris - ℘ 01 42 86 16 00 - www.vdm.com.

Voyages nature
Allibert – 37 bd Beaumarchais - 75003 Paris - ℘ 01 44 59 35 35 - www.allibert-trekking.com. Le spécialiste de la randonnée.
Atalante – 41 bd des Capucines - 75002 Paris - ℘ 01 55 42 81 00 - www.atalante.fr. Propose des randonnées dans le plus grand respect des pays visités.
Chamina – Naussa BP 5 - 48300 Langogne - ℘ 04 66 69 00 44 -

www.chamina-voyages.com.
Propose six randonnées en Sicile
et sur les îles.

Explora/Aventure et Volcans –
En France : 73 cours de la Liberté -
69406 Lyon - ☎ 04 78 60 51 11. En
Sicile : via Marche 35/37 - 90144
Palerme - ☎ (+ 39) 091 67 09 894 -
fax (+ 39) 091 67 09 387 - www.
explora-sicilia.com et www.
aventurevolcans.com. Ce Français
amoureux de la montagne a monté
son agence en Sicile et propose de
belles randonnées sur l'Etna.

Visages Trekking – Le Campana -
05600 Montdauphin - ☎ 04 92 45
18 05 - fax 04 42 45 19 73 - www.
visages-trekking.com.

En ligne

– www.insicilia.it : portail du
tourisme en Sicile, en anglais et en
français.
– www.viaggioinsicilia.com : circuits
thématiques, en anglais et italien.

Téléphoner

☎ *Voir aussi « Téléphone » p. 33.*
Pour appeler la Sicile depuis la
France, la Belgique, le Luxembourg
et la Suisse, composez le 00 39 suivi
du numéro de votre correspondant
(avec le 0 pour les téléphones fixes,
sans le 0 pour les mobiles).
Renseignements internationaux :
pour l'Italie, composez le 118 700.

Budget

☎ *Voir aussi « Se loger » p. 16 et
« Se restaurer » p. 18.*
Petit budget – Un hébergement
dans un hôtel modeste, voire très
modeste, et des repas pris dans des
pizzerias ou dans des trattorias,
coûteront par jour et par personne
entre 60 € et 100 €. Pour des
villes comme Palerme, ajouter au
minimum 30 %.
Budget moyen – Pour un
hébergement dans un hôtel
de charme et des repas pris au
restaurant, prévoir une dépense
quotidienne autour de 150 €.
Budget confortable – Vous
vous faites plaisir en descendant
dans un hôtel haut de gamme,
en faisant un repas dans un
restaurant gastronomique,
prévoyez plutôt autour de 200 €
par jour. Mais attention, il ne s'agit
pas d'un budget « luxe » car les
hôtels de cette catégorie peuvent
rapidement être hors de prix.

LE PARC HÔTELIER

Le coût de la vie en Sicile n'est
pas moins élevé que dans le nord
de l'Italie. En revanche, à prix
égal, la prestation hôtelière ou en
restauration est plutôt de moins
bonne qualité. La notoriété de
certains sites et leur fréquentation
entraînent une augmentation
significative des tarifs, surtout
en haute saison. C'est le cas en
particulier à Agrigente, Cefalù
et Taormine. Si votre budget est
serré, visez les campings ou les
adresses d'agritourisme, souvent
très avantageuses, et qui se
développent sur l'île.

RESTAURANTS

Dans les trattorias (établissement
familial servant des produits
locaux), vous pourrez vous
restaurer agréablement pour un
budget modique (de 15 à 20 €)
et ne débourserez pas plus de
5 € pour une part de pizza et une
boisson dans les *pizzerie al taglio*
(pizza servie à la part). Évitez les
restaurants qui misent uniquement
sur leur emplacement, en bord de
mer ou sur un belvédère : un prix
élevé et une table bien mise ne sont
pas toujours synonymes de qualité.
Les établissements plus simples
compensent souvent le manque
d'attrait de leur desserte par une
cuisine généreuse. Si vous voyagez
en été, pensez aux pique-niques,
aux *arancine*, aux paninis, *focacce* et

autres pizzas vendues à la part dans les boulangeries.

TRANSPORTS

Moins cher que le train, le bus est souvent plus lent, mais demeure parfois le seul moyen de transport à desservir certains sites. Vous pourrez néanmoins circuler sans problème en train régional. Pour les îles, vous aurez le choix entre le *traghetto* (ferry, moins cher) et l'*aliscafo* (hydroglisseur, plus rapide mais plus remuant).

VISITES

Les entrées des musées et monuments peuvent grever votre budget, mais ce sont surtout les excursions guidées (en particulier sur l'Etna) et les sorties en bateau qui pourront se révéler les plus coûteuses. À Agrigente, Palerme et Syracuse, vous trouverez des billets groupés à un tarif intéressant pour les visites des différents monuments.

Réserver

En haute saison, la réservation est indispensable, même pour les B & B ou les gîtes d'agritourisme les plus isolés : les Italiens aiment souvent revenir au même endroit d'une année sur l'autre. Les réservations peuvent se faire depuis la France par téléphone, via les centrales de réservation (voir ci-après) ou par Internet (on vous demandera souvent d'envoyer un fax de confirmation ou de fournir un numéro de carte bancaire).

EN ITALIE

Hôtels

Centro Prenotazioni Hotel Italia – ℘ (39) 02 29 40 46 16 - fax (39) 02 29 53 15 86 - www.hotelme.it.
In Italia – ℘ (39) 02 268 301 02 - fax (39) 02 261 02 36 - www.initalia.it.

Autres

Pour repérer et réserver des B & B, des gîtes ruraux, des campings et des auberges de jeunesse, voir p. 23.

EN FRANCE

Casa d'Arno (appart. et hôtels) – 36 r. de la Roquette - 75011 Paris - ℘ 01 44 64 86 00 - fax 01 44 64 05 84 - www.casadarno.com.
Agritourisme FAR Voyages (gîtes ruraux dans toute l'Italie) – 8 r. Saint-Marc - 75002 Paris - ℘ 01 40 13 97 87 - fax 01 40 13 96 33 - www.locatissimo.com.
Pour vous faire une idée d'un établissement et enregistrer votre réservation, visitez ce site Internet. En dehors de juillet-août, des principales fêtes et des vacances scolaires, vous pouvez ne réserver que votre première nuit. Les tarifs sont souvent avantageux si vous restez trois nuits ou plus.

Formalités

DOCUMENTS IMPORTANTS

Papiers d'identité

Pour un voyage de moins de trois mois, il suffit d'avoir une carte d'identité en cours de validité pour les citoyens de l'Union européenne ou un passeport en cours de validité. Pour les mineurs, se renseigner auprès de la mairie ou du commissariat de police.

Véhicules

Permis de conduire français à trois volets ou permis de conduire international.

Outre les papiers du véhicule, il est recommandé de se munir d'une carte internationale d'assurance automobile, dite « **carte verte** ». Se renseigner auprès de sa propre compagnie d'assurances.

Comme en France, il est désormais obligatoire de disposer dans son véhicule, en cas d'accident, d'un triangle de signalisation et d'un gilet fluorescent.

ANIMAUX DE COMPAGNIE

Se munir du carnet international de vaccination de votre animal. Le vaccin antirabbique doit avoir été administré depuis plus d'un mois et moins de onze mois. Il est préférable de posséder un certificat de bonne santé établi 15 jours avant le départ.

Attention, les Italiens ont beaucoup moins d'animaux domestiques que les Français. Nombre d'établissements hôteliers et de terrains de camping ne les admettent pas : consulter le **Guide Michelin Italia** de l'année pour choisir un hôtel ou un gîte d'agritourisme acceptant les chiens.

Assurances

Pensez à vous assurer avant de partir, si ce n'est pas déjà le cas (l'assurance est souvent incluse dans les voyages achetés auprès des tour-opérateurs). Afin de bénéficier d'une assistance médicale en Italie au même coût que dans votre pays d'origine, procurez-vous la **carte européenne d'assurance maladie** (CEAM). Disponible sous 15 jours, elle est valable un an. Renseignez-vous auprès de la Caisse nationale d'assurance maladie (0 820 904 175, 0,118 €/mn - www.ameli.fr). Dans tous les cas, vérifiez l'étendue de la couverture.
Europ Assistance – 1 promenade de la Bonnette, 92230

Gennevilliers - 01 41 85 93 65 - www.europassistance.fr.
Mondial Assistance – 54 r. de Londres - 75394 Paris Cedex 08 - 01 42 99 82 81 - www.mondial-assistance.fr.

Les cartes bancaires **Visa** et **Eurocard-Mastercard** donnent droit à une assurance voyage, dont une assistance rapatriement si le règlement est effectué par ce mode de paiement.

Les titulaires des cartes **Visa Premier** et **Gold Mastercard** bénéficient d'une assurance annulation, décès-invalidité, perte ou vol de bagages.

Voyage pour tous

VOYAGER AVEC DES ENFANTS

Le parc locatif touristique compte beaucoup d'appartements équipés, qui reviennent moins cher que deux chambres doubles. Dans les gîtes d'agritourisme ou B & B, des lits sont mis à votre disposition pour quelques euros supplémentaires.

FEMMES SEULES

« *Ciao bella !* » Inutile de préciser que les Italiens aiment les femmes et la *dolce vita*. Vous vous ferez siffler mais cela n'ira en principe pas plus loin.

PERSONNES HANDICAPÉES

Hébergement
En dehors de quelques établissements luxueux, peu d'infrastructures sont adaptées aux personnes handicapées. Mais vous pourrez souvent compter sur la gentillesse des habitants.

Visites
Quelques musées disposent d'un accès adapté. Toutes les précisions concernant l'accessibilité aux handicapés des sites et monuments

peuvent être obtenues auprès de l'**Associazione Nazionale Disabili Italiani** (via F. Delpino 93/95 - Roma - ℘ 00 39 06 25 20 48 46 - www.asphi.it) ou du **Consorzio Cooperative Integrate** (CO. IN. – via E. Giglioli 54/A - 00169 Rome - ℘ 00 39 06 23 26 92 31 - www.coinsociale.it).

Se loger

👤 *Voir aussi « Hébergement » p. 23.*
L'infrastructure hôtelière en Sicile présente le déséquilibre propre aux grandes destinations touristiques : densité des établissements et tarifs exhorbitants dans les sites les plus visités, rareté des opportunités de logement dans les zones moins visitées et hors des sentiers battus. L'agritourisme, qui se développe dans toute l'île, permet néanmoins de compléter l'offre hôtelière dans les endroits reculés.
Pour que votre séjour soit le plus agréable possible, nous avons sillonné toute la région afin de repérer les gîtes d'agritourisme, les hôtels, les restaurants, et même les campings les plus représentatifs de la Sicile, que ce soit par leur position remarquable ou par leur cuisine traditionnelle. Nous avons pris en compte tous les types de budget, en n'oubliant pas les plus jeunes.

NOS CATÉGORIES DE PRIX

Au fil des pages, en fin de description des principaux sites de la partie « Découvrir », vous trouverez dans la rubrique « Nos adresses » une sélection d'établissements dans et à proximité des villes ou des sites touristiques remarquables auxquels ils sont rattachés. Ces adresses ont été choisies pour leur rapport qualité-prix intéressant, leur situation géographique, leur atmosphère particulière (hôtels historiques, anciens bâtiments transformés, couvents), leur cadre agréable ou encore leur cuisine typique. Pour repérer facilement ces adresses sur nos plans, nous leur avons attribué des pastilles numérotées. Les prix que nous indiquons sont ceux pratiqués en **haute saison** ; hors saison, de nombreux établissements proposent des tarifs plus avantageux, renseignez-vous…
Les adresses sont classées en quatre catégories de prix pour répondre à toutes les attentes *(voir le tableau ci-dessous)*.

Premier prix – Choisissez vos adresses parmi celles de la catégorie « Premier prix » : vous trouverez là des hôtels, des chambres d'hôte simples et conviviales et des tables souvent gourmandes, toujours honnêtes.

Prix moyen – Si votre budget est un peu plus large, piochez vos étapes dans les adresses « Budget moyen ». Dans cette catégorie, vous trouverez des maisons, souvent de charme, de meilleur confort et plus agréablement aménagées, animées par des passionnés, ravis de vous faire découvrir leur demeure et leur table. Là encore, chambres et

NOS CATÉGORIES DE PRIX		
	Hébergement province / villes touristiques majeures	**Restauration**
Premier prix	moins de 60 € / moins de 70 €	moins de 20 €
Budget moyen	de 60 à 100 €	de 20 à 40 €
Pour se faire plaisir	de 100 à 130 € / de 120 à 150 €	de 40 à 60 €
Une folie	plus de 150 €	plus de 60 €

tables d'hôte sont au rendez-vous, avec également des hôtels et des restaurants plus traditionnels.

Haut de gamme – Vous souhaitez vous faire plaisir, le temps d'un repas ou d'une nuit ? Les catégories « **Pour se faire plaisir** » et « **Une folie** » sont pour vous… La vie de château dans de luxueuses chambres d'hôte pas si chères que cela ou dans les palaces et les grands hôtels : à vous de choisir ! Avant de partir, jetez un œil sur les offres promotionnelles de ces établissements : ils affichent souvent des forfaits presque plus avantageux qu'un trois étoiles. Vous pouvez aussi profiter des décors de rêve de lieux mythiques à moindres frais, le temps d'un brunch ou d'une tasse de thé… À moins que vous ne préfériez casser votre tirelire pour un repas gastronomique dans un restaurant renommé. N'oubliez pas que la traditionnelle formule « tenue correcte exigée » est toujours d'actualité dans ces élégantes maisons !

Se restaurer

⏱ *Voir aussi p. 30 pour les spécialités.*
En Sicile, on mange relativement tard : les Siciliens déjeunent entre 13h et 14h30 et dînent après 20h30. Il est toujours préférable de réserver, surtout durant la haute saison.

LES DIFFÉRENTS TYPES DE RESTAURATION

☺ **Bon à savoir** – Vous vous apercevrez rapidement que les repas et les portions des Siciliens sont souvent plus généreux que dans le reste de la péninsule. En particulier dans les trattorias et agritourismes de province : une formule de repas complet (antipasto + primo piatto + secondo piatto) comprend souvent cinq à

six entrées différentes, deux sortes de plats de pâtes ou de risotto et une belle portion de viande ou de poisson. Dans les grandes villes, les portions sont généralement plus réduites, sans atteindre celles de la « nouvelle cuisine », qui ne se cantonne en Sicile qu'aux très grands restaurants. En clair, un repas dans une trattoria ou une osteria saura plus que largement vous donner un avant-goût de la tradition culinaire sicilienne.

Incontournables : un vrai *espresso ristretto* dégusté au vol au comptoir d'un bar et un *gelato* ou une pâtisserie sicilienne bien sucrée croquée le temps d'une promenade.

Restaurants, trattorias et osterie

Il n'est plus si facile aujourd'hui de distinguer nettement ces trois types d'établissements : en règle générale, dans un restaurant, vous trouverez un service et un cadre soignés, voire élégants ; dans une trattoria ou une osteria, de gestion familiale, on vous servira une cuisine authentique à des prix plus abordables, arrosée d'un pichet de vin maison (de qualité variable), dans une atmosphère animée et conviviale. Dans les trattorias typiques, ne vous étonnez pas si le serveur vous énonce à haute voix la liste des plats du jour ; pour éviter toute mauvaise surprise au moment de l'addition, n'hésitez pas à demander un menu !

Rappelez-vous que les cartes de crédit ne sont pas toujours acceptées dans les petits restaurants et dans les trattorias familiales.

⏱ *Reportez-vous au tableau p. 16 pour connaître nos catégories de prix.*

Pizzerias et repas sur le pouce

La pizza est souvent une alternative savoureuse, rapide et économique à un véritable repas au restaurant.

Nous vous signalons dans ce guide quelques pizzerias que nous avons particulièrement appréciées. Toutefois, étant donné le nombre de ces établissements, il y a de grandes chances que ce soit vous qui nous recommandiez de nouvelles adresses « immanquables », découvertes au hasard d'une promenade. On compte en moyenne 15 € par personne, boisson comprise.

Pour ceux qui souhaitent prendre un **repas sur le pouce**, notamment le midi, nous avons également choisi quelques adresses où vous trouverez aussi bien des sandwichs (délicieux !) que des plats du jour. Comptez qu'un sandwich vous coûtera en moyenne 5 €, et un plat du jour 10 €, boisson comprise. Sachez par ailleurs que le *street food* est une coutume très répandue en Sicile. Il n'est pas rare en effet de croiser dans les rues, sur les plages et près des principaux sites touristiques, des petits kiosques ambulants ou tout simplement des boulangeries vendant les traditionnels *arancine* (boulettes de riz), *panelle* (beignets de farine de pois chiches), *schiacciate* (sorte de fougasses), ou les *pan ca'meusa* et *pan cunsato* ; autant de spécialités locales qui pourront parfaitement remplacer un repas lors d'une journée de visite.

On peut bien sûr aussi choisir de déjeuner avec une délicieuse coupe de glace, un granité ou une brioche à la crème !

Bars à vin et œnothèques

Étant donné la richesse œnologique de la Sicile, les bars à vin et les œnothèques ont connu ces dernières années un large succès. Ils proposent souvent des plats du jour et des amuse-gueules, mais vous y trouverez surtout un très grand choix de vins, servis à la bouteille ou au verre.

ET AUSSI...

Si vous n'avez pas pu trouver votre bonheur parmi nos adresses, vous pouvez consulter Le Guide Michelin Italia, dont les symboles « **bib gourmand** » ou « **petites pièces** » indiquent un bon rapport qualité-prix.

LE PAIEMENT

 Voir Pourboire, p. 29.

Au restaurant

Dans les restaurants, trattorias et pizzerias, le pain et le couvert *(pane e coperto)* sont comptés à part et rajoutés à l'addition (entre 2 et 6 € selon l'établissement).

Dans les bars, snacks et gelaterie

En règle générale, dans les bars et les snacks, on paye d'abord sa consommation à la caisse, et ensuite seulement, muni du ticket *(lo scontrino)*, on peut commander au comptoir auprès du serveur, qui ne manipule pas d'argent.

Sur place de A à Z

Achats

ARTISANAT

Céramiques, charrettes en bois et *pupi* témoignent d'une créativité populaire toujours dynamique en Sicile. Outre ces piliers de l'artisanat sicilien, Trapani est réputée pour son travail du corail (dont l'espèce méditerranéenne est protégée mais non menacée), de l'or et des turquoises exposé dans les vitrines des orfèvres du centre historique. Vous trouverez de beaux bijoux à Cefalù également. À Lampedusa, difficile d'éviter les éponges naturelles, à moins que vous ne préfériez les produits issus du papyrus, une spécialité dans laquelle excelle Syracuse. Palerme, ainsi que Taormine, sont connues pour leur dentelles raffinées. Sciacca et Mazara del Vallo ont une tradition bien établie de poterie aux motifs d'origine espagnole, que l'on peut acquérir chez les nombreux artisans ayant pignon sur rue. Et pour trouver des objets anciens, chinez sur les marchés, chez les antiquaires ou chez les brocanteurs. Évitez cependant les boutiques les plus touristiques, notamment à Palerme, près du Teatro Massimo et de la cathédrale.

Les céramiques

Avec ses couleurs chatoyantes, la céramique est l'une des spécialités les plus typiques de Sicile. Le haut lieu de cet artisanat se trouve à Caltagirone, où les terres cuites ont gagné le décor de la ville, égayant de leurs motifs les maisons, les ponts, les escaliers… Vous trouverez de belles pièces également à Santo Stefano di Camastra, Erice et Sciacca.

Les santons

La tradition de la crèche de Noël (*presepio*) reste très vivante en Sicile. Chaque année, les artisans réinventent la scène de la Nativité : en bois, en carton, en terre cuite, en nacre ou en céramique.

Les marionnettes

Au 16e s., la diffusion des **pupi**, ces grandes marionnettes de près de 1,50 m, probablement originaires de Castille et illustrant des scènes chevaleresques ou bibliques, gagne la Sicile. Aujourd'hui, quelques artisans donnent encore vie aux personnages de Roland, Renaud et la belle Angélique, et à toute une famille créée au cours des siècles. Palerme abrite encore quelques *pupari* célèbres, qui exhibent leurs *pupi* de l'atelier jusqu'à la scène.

Les charrettes

Les *pupi* ne sont pas les seuls à raconter des histoires aux Siciliens. L'autre support traditionnel est la **charrette** (*carretto siciliano*), qui servait aux paysans pour effectuer les trajets entre la ville et la campagne. Peintes de couleurs vives, elles étaient ornées de scènes de l'histoire de la Sicile depuis les Normands. Rendues obsolètes par la généralisation des véhicules motorisés, certaines circulent encore à des fins touristiques tandis que la majorité a rejoint les musées (à Terrasini, notamment). Vous trouverez partout des modèles réduits en bois, et parfois en céramique, de cet objet indissociable du folklore sicilien.

SPÉCIALITÉS CULINAIRES

Voilà les produits que vous aurez sans doute le plus envie

de rapporter. **Thon** séché ou
œufs de thon séchés et salés
(*bottarga*), **espadon** fumé (région
de Trapani et îles Égades), **câpres**
au sel (Pantelleria, Salina), **herbes**
aromatiques, **pistaches** (région de
Bronte), spécialités en **massepain**
(Palerme), **pâte d'amande** (côte
ionienne et un peu partout), **huile
d'olive** d'appellation d'origine
contrôlée (Colli Nisseni près de
Caltanissetta, Monte Etna, Monti
Iblei, Val di Mazara, Valdemone, etc.)
et, bien sûr, de bons **vins** (*marsala*,
moscato de Noto, *moscato* et
passito de Pantelleria, *malvasia* de
Lipari, *Contessa Entellina*, *cerasuolo*
de Vittoria). Sur place, à la bonne
saison, vous pouvez aussi goûter
aux **pêches** de Leonforte, aux figues
de Barbarie de l'Etna, aux oranges
rouges, au raisin de Canicattì et de
Mazzarrone, sans oublier le **salami**
de Sant'Angelo, près de Messine,
et les **fromages** : *vastedda* de la
vallée du Belice, *ragusano*, *pecorino
siciliano*, *piacentinu Ennese*.
La rubrique « Achats » indique
pour chaque site les magasins
et épiceries spécialisés dans les
produits de la région visitée.
La plupart des gîtes d'agritourisme
proposent la dégustation et la
vente des produits du terroir pour
certains issus de l'agriculture bio.

MARCHANDAGE

On ne marchande pas en Sicile
mais… vous ne froisserez pas vos
interlocuteurs en demandant une
réduction sur le prix d'une chambre
d'hôtel, si vous restez plusieurs
nuits, ou en cherchant à obtenir un
petit rabais sur un achat groupé
dans une boutique d'artisanat. Le
tout est de s'y prendre avec tact et
avec le sourire : les Siciliens sont
assez conciliants mais n'apprécient
pas qu'on leur force la main.

RÉGLEMENTATION

La TVA italienne (**IVA**) est toujours
incluse dans les prix affichés.

EXPÉDIER SES ACHATS

De nombreux grands confiseurs et
épiceries de luxe proposent leur
propre service d'expédition. Pour
l'artisanat ou les produits fragiles,
vous pouvez faire appel aux
expéditeurs professionnels (DHL)
ou les expédier par la poste : le prix
dépend du poids, des dimensions,
de la rapidité et de la destination.
Un colis envoyé par le courrier
ordinaire est moins cher mais aussi
plus lent.

Adresses utiles

OFFICES DE TOURISME

Rares sont les villes siciliennes qui
ne possèdent pas leur
bureau d'informations touristiques.
La qualité de la documentation
dépend souvent de l'importance
touristique du site, mais votre
récolte s'avérera souvent maigre.
La Sicile a changé récemment
l'administration qui gère les offices
de tourisme. L'**APT** (Azienda
Provinciale per l'Incremento
del Turismo di Palerme) et
l'**AAST** (Azienda Autonoma di
Soggiorno, Cura e Turismo) ont
été réunis sous la dénomination
Servizi Turistici Regionali. Nous
avons donc signalé, en début
de chapitre dans la rubrique
« S'informer », les principaux
offices de tourisme et quelques
« infopoints » autonomes ou
privés lorsque leurs services le
justifiaient.
Palerme – Servizio Turistico
Regionale - Piazza Castelnuovo 35 -
☎ 091 60 58 111 - www.
palermotourism.com.

REPRÉSENTATIONS
DIPLOMATIQUES EN SICILE

Agence consulaire de France –
À Palerme - via Principe di Belmonte
101 - ☎ 091 58 34 05.

Agence consulaire de Belgique – À Palerme - via Libertà 157 - ✆ 091 30 51 32.
Agence consulaire du Luxembourg – À Palerme - via Siracusa 34 - ✆ 091 62 56 218.
Agence consulaire de Suisse – À Catane - viale Alcide de Gasperi 151 - ✆ 095 38 69 19.

Antiquités

Ne ramassez rien sur les sites archéologiques – fragments de pierre ou de mosaïque, même d'apparence anodine : la loi est très sévère en ce qui concerne ce type de vol. Veillez aussi à respecter les interdictions *Non toccare* (Ne pas toucher). Le moindre frottement devient nuisible quand il est répété mille fois par jour.

Argent

MONNAIE

L'unité monétaire de l'Italie est l'euro (€).

CHANGE

Changez vos devises sur place : dans une banque, à la poste ou dans l'un des nombreux bureaux de change. Évitez l'aéroport sauf pour un dépannage : les taux de change y sont nettement plus élevés qu'ailleurs.

CHÈQUES DE VOYAGE

Leur usage se limite à Palerme et à certaines zones très touristiques. Vous les échangerez cependant sans problème dans toutes les banques.

CARTES DE CRÉDIT

Vous trouverez des distributeurs de billets dans toutes les villes et les îles. La législation interdit depuis juillet 2002 une surfacturation lors du retrait d'euros dans la zone euro. Gare aux *scippatori* (voleurs à l'arraché) : ne retirez jamais de sommes trop importantes. Restez vigilant au moment de l'opération : une carte bancaire volée peut être utilisée facilement puisqu'il suffit d'une signature, et non d'un code, pour payer. La plupart des hôtels et gîtes d'agritourisme acceptent le règlement par carte. Les petites pensions et les B & B se règlent en espèces.

Blanchisserie

En ville, vous trouverez des pressings, assez chers, mais très peu de laveries automatiques, souvent localisées autour des gares. Certains hôtels assurent ce service.

Cigarettes

L'Italie applique scrupuleusement les directives de l'Union européenne : il est interdit de fumer dans les lieux publics et les transports en commun. Cette interdiction s'applique aussi bien dans les restaurants que dans les bars, pubs ou discothèques. Le prix d'un paquet varie de 3,50 à 4,60 €.

Contrefaçon

En Europe, l'Italie est la première victime de la contrefaçon. Ne vous fiez pas à l'attitude apparemment désinvolte des policiers à l'égard des vendeurs et des acheteurs. Toute personne surprise en train d'acheter un souvenir issu de la contrefaçon risque une forte amende. Si la douane française vous contrôle, vous pouvez encourir, par la simple détention d'un faux, une amende pouvant s'élever jusqu'à 300 000 € et un emprisonnement pouvant aller jusqu'à trois ans.

Courrier

Les bureaux de poste sont ouverts de 8h à 14h (8h30 à 12h le samedi).

La *posta prioritaria* (2 à 3 j. pour l'Europe, 5 à 6 j. pour les autres pays) a remplacé définitivement la lenteur de la *posta ordinaria*. Les timbres *(francobolli)* s'achètent dans les postes et les bureaux de tabac : comptez 0,65 € pour envoyer une lettre (20 g) en Europe (1 € pour les autres pays). Les boîtes aux lettres sont rouges ; celles de couleur bleue sont réservées au courrier international.

Le site www.poste.it recense toutes les adresses des bureaux de poste (cliquez sur « *uffici postali* »).

Électricité

220 volts et prises électriques aux normes européennes.

Équitation

Certains gîtes d'agritourisme proposent des promenades à cheval. Pour plus de renseignements, contactez la Federazione Italiana Turismo Equestre (Comitato Regionale - via Lupis 62 - Raguse - 338 37 32 000 - www.fitetrec-ante.it).

Hébergement

Voir aussi « Se loger » p. 16.

Hôtels et pensions

Il n'est pas toujours facile de faire la différence entre une pension et un hôtel, surtout dans les grandes villes comme Palerme où les hôtels n'occupent souvent qu'un étage de l'immeuble. Habituellement, une pension est une petite structure familiale qui offre un confort de base et où, souvent, les chambres ne sont pas équipées de salle de bains. Dans tous les cas, avant de réserver, il vaut mieux vérifier les prix par téléphone, car ils peuvent varier en fonction de la période de l'année ou de la disponibilité des chambres. Pensez également à demander si la salle de bains est dans la chambre, si le petit-déjeuner est compris, et si les cartes de crédit sont acceptées.

Gîtes d'agritourisme

C'est ce qui correspond à nos gîtes ruraux. Dans la plupart des cas, la formule prévoit l'hébergement et la possibilité de goûter aux produits et spécialités de la ferme (huile, vin, miel, légumes et viande). Ces dernières années, certaines régions italiennes ont connu un véritable boom de l'agritourisme et la formule se fait parfois si raffinée que le client est traité aussi bien que dans les meilleurs hôtels (en termes de prix aussi, il faut bien le reconnaître !).

Dans certaines structures, vous pourrez vous régaler d'un repas préparé avec les produits de l'exploitation ; dans d'autres, votre appartement sera équipé d'un coin cuisine, ce qui vous permettra d'être totalement autonome. Il existe également des gîtes qui ne proposent que le petit-déjeuner. Concernant les établissements inclus dans le guide, il est généralement possible de ne rester qu'une seule nuit, mais pendant la haute saison, certains gîtes privilégient les séjours à la semaine ou proposent une formule avec demi-pension ou pension complète pour un séjour d'une durée minimum de 2 à 3 nuits. Les prix de ces formules ne sont indiqués que lorsque celles-ci sont obligatoires. Notez que, dans la plupart des cas, les gîtes ne disposent que de chambres doubles et que le prix indiqué se réfère par conséquent à une chambre pour deux personnes ; si vous voyagez seul, vous pouvez toujours essayer de négocier le prix, on ne sait jamais ! Dans tous les cas, vu le succès croissant de ce genre d'établissements, nous vous recommandons de réserver très longtemps à l'avance.

😊 **Bon à savoir** – Pour avoir les coordonnées et caractéristiques des gîtes, procurez-vous dans toute bonne librairie italienne les guides suivants : *Turismo Verde in Sicilia* (proposé par le Consorzio Villaggio Globale, qui dépend de la Confederazione Italiana Agricoltori di Palerme - ✆ 091 30 81 51), *Vacanze e Natura* (édité par l'association Terranostra - ✆ 06 48 28 862 - www.terranostra.it, avec une sélection d'adresses), *Agriturismi* (toujours par Terranostra et édité par De Agostini, ✆ 06 99 32 09), *Guida all'Agriturismo* de Demetra. *Agriturismo e Vacanze Verdi* (édité par l'association Agriturist - corso Vittorio Emanuele 101 - Rome - ✆ 06 68 52 342 - fax 06 68 52 424 - www.agriturist.it, avec une sélection d'adresses), *Agriturismo e vacanze in campagna* (édité par Touring Club, www.touringclub. com). Voyez aussi *Vacances à la ferme* (édité en français par l'Associazione Agriturist - corso Vittorio Emanuele 101 - Rome - ✆ 06 68 52 337), ou bien appelez leur représentant à Paris (✆ 01 40 13 97 87) ou directement la centrale de réservation en Italie : ✆ 564 417/418 - fax 0564 421 828 - agritur@confagricoltura.it - www.agriturismo-sicilia.it. Vous trouverez également des adresses intéressantes dans la brochure *Guida del Turismo alternativo* (Sicilia occidentale et Sicilia orientale) que l'on peut acheter dans les kiosques et librairies ou demander directement au Sicilian Tourist Service (piazzetta Scannaserpe 3, Palerme - ✆ 091 36 15 67 - fax 091 63 72 482 - www.stsitalia.it), qui fournit aussi des informations et s'occupe des réservations. Pour plus d'informations, vous pouvez aussi contacter Turismo Verde (Via Caio Mario 27 - Rome - ✆ 06 36 11 051 - www.turismoverde.it) qui propose également une sélection d'adresses.

Bed & Breakfast

Les Bed & Breakfast ne sont souvent pas très différents des hôtels (en confort comme en prix), si ce n'est que l'ambiance y est plus intime puisque vous logez dans une maison privée, en général chez une famille. Une durée minimum de séjour (2 à 3 nuits) est souvent demandée en saison et les cartes de crédit sont rarement acceptées.

Il n'existe pas encore de véritable législation différenciant les B & B et les chambres chez l'habitant ; les services proposés y sont souvent les mêmes.

Pour avoir une vue d'ensemble du secteur, contactez les **Bed & Breakfast Italia** (Palazzo Sforza Cesarini - corso Vittorio Emanuele II 282 - 00186 Rome - ✆ 06 68 78 618 - fax 06 68 78 619 - www.bbitalia.it) ou les **Caffelletto.it** (via Rogati 1 - 35122 Padova - ✆ 049 66 39 80 - fax 049 78 41 084 - www.caffelletto. it). Consultez également les sites : www.bedandbreakfast. it ; www.primitaly.it/bb/ ; www. bedebreakfast.it.

Campings

Une solution économique certes, mais pas forcément privilégiée en Sicile pendant les grosses chaleurs quand la nature est particulièrement sèche. Les campings disposent en général d'un restaurant, d'un bar, d'un petit magasin d'alimentation, et parfois même d'une piscine. Certains mettent à votre disposition des bungalows ou des mobile homes d'un confort moins spartiate ; renseignez-vous directement auprès des campings pour les tarifs. Les prix indiqués dans le guide s'entendent par nuit pour deux personnes, avec un emplacement de tente et une voiture. Pour toute information, adressez-vous à la **Federazione Italiana del Campeggio e del**

Hôtels ? Restaurants ?

Savourez
les meilleures adresses !

Envie d'une bonne petite table entre amis, d'une chambre d'hôtes de charme pour s'évader le temps d'un week-end, d'une table d'exception pour les grandes occasions ? Plus de 8700 restaurants, hôtels et maisons d'hôtes vous sont recommandés partout en France. Savourez les meilleures adresses avec le guide MICHELIN.

MICHELIN

France

★ ✗ le guide
MICHELIN

HÔTELS ● RESTAURANTS

MICHELIN
Une meilleure façon d'avancer

Caravaning (via Vittorio Emanuele 11 - 50041 Calenzano (FI) - ☎ 055 88 23 91 - fax 055 88 25 918 - www. federcampeggio.it).

Les auberges de jeunesse et maisons religieuses

Les auberges de jeunesse sont réservées aux seuls membres. La carte peut être obtenue facilement auprès de n'importe quelle auberge associée à la Fédération et permet de séjourner dans les centaines d'auberges situées dans le monde entier. Il n'y a pas de limite d'âge et la carte est valable une année. En Italie, ces auberges sont gérées par l'Association italienne des auberges de jeunesse (**Associazione Italiana Alberghi per la Gioventù - AIG** - via Cavour 44 - 00184 Rome - ☎ 06 48 71 152 - www.ostellionline. net).

Les « maisons religieuses » permettent également de passer à moindre coût une nuit dans une grande ville. La formule n'est pas tellement développée en Sicile où l'offre se concentre surtout à Palerme et Syracuse. Le cadre est très simple, mais soigné. Seul inconvénient : le « couvre-feu » ! Il faut être rentré vers 22h30. Pour toute information, contactez les offices de tourisme.

Horaires d'ouverture

♿ *Pour les sites et musées, voir « Musées, monuments et sites » p. 28.* Les administrations, établissements publics et banques ferment entre 13h et 15h.

BANQUES

En règle générale, du lundi au vendredi, 8h30-13h30 et 15h-16h30/17h. Seules les plus importantes sont ouvertes le samedi matin. N'oubliez pas de prendre un ticket avec un numéro de passage ! Plus souples, les bureaux de change ouvrent de 9h

à 19h30 et certains ne ferment pas entre 13h et 15h.

POSTES

En règle générale, du lundi au vendredi, 8h30-13h30. Dans les grandes villes, certaines sont ouvertes jusqu'à 18h en semaine, et de 8h30 à 12h le samedi et les veilles de jours fériés. Dans les postes centrales, n'oubliez pas de prendre un ticket d'attente.

COMMERCES

En ville, du lundi au samedi, 9h-13h et 15h30/16h-20h. Pensez-y si vous souhaitez acheter un panini dans une épicerie. Le dimanche, certains pâtissiers sont ouverts jusqu'à 13h. Les boutiques ferment aussi une demi-journée par semaine. Dans les îles, la fermeture de l'après-midi peut être plus longue mais les commerces restent ouverts tard le soir (22h), surtout en été. Dans les grandes villes, et notamment à Palerme, les étals des marchés ferment vers 14h30 et rouvrent parfois en début de soirée.

BUREAUX ET ADMINISTRATIONS

En règle générale, du lundi au vendredi, 9h-13h et 15h-17h.

KIOSQUES ET TABACS

Du lundi au samedi, de 9h à 20h, souvent sans interruption.

RESTAURANTS

En règle générale, 12h-15h et 19h-0h, avec un jour de fermeture (souvent lundi ou mardi). En juillet et août, il est possible de dîner jusqu'à 1h, voire 2h du matin dans les pizzerias.

Les établissements des stations balnéaires ferment hors saison, d'octobre à avril. Les tables des gîtes d'agritourisme ne servent que sur réservation.

Internet

Outre les cybercafés (comptez de 0,50 € à 2 €/h), la plupart des hôtels offrent désormais une connexion Wi-Fi (parfois gratuite, souvent de 5 à 10 € par jour). Le site http://cafe.ecs.net dresse la liste de tous les points Internet en Italie.

Attention : munissez-vous d'une pièce d'identité, sa présentation est désormais obligatoire pour surfer dans les cybercafés.

Jours fériés

Un jour férié se dit *giorno festivo*, un jour ouvrable *giorno feriale*.

1er janvier – Jour de l'an *(Capodanno)*.

6 janvier – Épiphanie *(Epifania)*.

Avril (date variable) - Lundi de Pâques *(Lunedì di Pasqua)*.

25 avril – Fête de la Libération *(Liberazione del 1945)*.

1er mai – Fête du Travail *(Festa del Lavoro)*.

15 août – Assomption *(Festa dell'Assunta)*.

1er novembre – Toussaint *(Ognissanti)*.

8 décembre – Immaculée Conception *(Immacolata Concezione)*.

25 décembre – Noël *(Natale)*.

26 décembre – Fête de saint Étienne *(Santo Stefano)*.

Il faut ajouter à ces dates nationales la fête du saint patron local *(Festa del Patrono)*.

Médias

JOURNAUX

Dans les grandes villes, les principaux quotidiens étrangers sont disponibles un jour après leur parution. Concernant les grands **quotidiens italiens**, vous aurez le choix, de (l'extrême) gauche à droite, entre *Il Manifesto* (communiste, www.ilmanifesto.it), *La Repubblica* (centre-gauche, Rome, www.repubblica.it) et le *Corriere della Sera* (centre-droit, Milan, www.corriere.it). Les amateurs de **sport** liront *La Gazzetta dello Sport* (Milan, www.gazzetta.it), *Tuttosport* (Turin, www.tuttosport.com) ou le quotidien *Guerin Sportivo* (http://blog.guerinsportivo.it). D'autres apprécieront les dossiers politiques fournis de l'hebdo *L'Espresso* (www.espressonline.it). Les trois plus grands **quotidiens de Sicile** sont *La Gazzetta del Sud* (www.gazzettadelsud.it, région de Messine), *La Sicilia* (www.lasicilia.it, région de Catane) et *Giornale di Sicilia* (www.gds.it, région de Palerme).

RADIOS

Possibilité de capter des radios francophones sur les grandes ondes : France Inter (162 kHz), Europe 1 (3 kHz) et RTL (243 kHz). Les bilingues écouteront la radio publique Rai Uno (généraliste), Rai Due (musique) ou Rai Tre (culture), www.rai.it.

TÉLÉVISION

La télévision italienne produit nombre d'émissions de variété, talk-shows et jeux, le plus souvent animées par de pulpeuses présentatrices. Le football est omniprésent : quasiment pas un jour sans un magazine, où pendant des heures les invités commentent les matchs passés ou à venir.

Montagne

Deux grandes stations attirent les skieurs dans le parc de l'Etna : Nicolosi et Piano Provenzana *(voir p. 422)*. Le parc des Madonie est aussi équipé, à Piano Battaglia, d'une toute petite station *(p. 490)*.

Musées, monuments et sites

🐾 **Bon à savoir** – Prenez garde : en Sicile, et en particulier en province, l'ouverture des sites, des musées et des églises s'en tient davantage à la disponibilité des surveillants et à l'affluence des visiteurs plutôt qu'aux horaires affichés. Il est toujours plus prudent de téléphoner en amont d'une visite. Prévenus, les Siciliens feront de leur mieux pour vous satisfaire.

HORAIRES

En règle générale, de mars à octobre, 9h30-17h30, mais les horaires varient en fonction du site et de la saison. La plupart des musées cessent de vendre des billets une demi-heure ou une heure avant la fermeture. Les monuments archéologiques et les parcs ferment 1h avant le coucher du soleil, soit aux alentours de 18h, au printemps et à l'automne. Hors saison, certains monuments obéissent à des horaires restreints (ouverts le matin et fermés l'après-midi). La plupart des musées sont fermés le lundi et « font souvent la sieste » (entre 13h et 16h).

TARIFS

Les musées siciliens sont chers (entre 2 € et 10 €), notamment les grands musées et monuments célèbres. Tarif réduit pour les moins de 25 ans et les étudiants, sur présentation de leur carte. Dans certains musées, l'entrée est gratuite pour les moins de 18 ans et les plus de 65 ans. À Palerme, un billet groupé permet d'accéder aux principaux sites pour un prix raisonnable. À l'occasion de la Semaine du patrimoine (*Settimana della Cultura*), dont la date est fixée d'une année sur l'autre, certaines institutions publiques ouvrent leurs portes gratuitement (renseignez-vous auprès des offices de tourisme).

ÉGLISES

Les églises devraient en principe être ouvertes tous les jours et fermer généralement entre 12h30 et 16h ; visitez-les plutôt le matin. Les grandes basiliques sont ouvertes de 7h à 18h. Pourtant leur ouverture effective dépend souvent de la disponibilité du curé ou de volontaires locaux. Il est conseillé de toujours se renseigner au préalable auprès de la mairie ou de la paroisse même, avant de se rendre sur place. Le dimanche, la plupart des églises n'ouvrent que le matin pour la messe : assister à un office en présence d'Italiens, même si l'on n'est pas croyant, est toujours un moment particulier. Laissez une offrande dans les petites églises ou chapelles : nombreuses sont celles qui survivent grâce aux dons des visiteurs. Une tenue correcte est de mise.

« Passeggiata »

À la tombée de la nuit, quand les rayons du soleil se font plus caressants, commence le rituel de la *passeggiata*, la traditionnelle promenade du soir qui se pratique, à pas lents, le long des principales rues des vieilles villes et des villages. Tandis que les anciens sirotent leur verre de vin en alimentant les potins, les touristes se distinguent aisément parmi les Siciliens endimanchés. Ici se nouent les intrigues, s'étrennent les nouveaux achats, se perpétue une coutume ancestrale, derniers lambeaux d'une vie sociale qui se désagrège inéluctablement. Vous goûterez d'autant mieux la *passeggiata* le dimanche soir.

Photographie

Vous pourrez faire graver un CD-Rom de vos photos numériques dans un cybercafé pour 3 ou 4 €.

Plongée

Un simple masque, des palmes et un tuba permettent déjà d'apprécier la beauté des fonds marins, en particulier près de Taormine, au Lido Mazzarò, et sur la côte de la réserve naturelle du Zingaro (p. 206). Les eaux limpides qui baignent les îles satellites sont particulièrement propices à cette activité, à Ustica notamment où une réserve naturelle marine a été créée (liaison par Palerme). Les fonds marins de Lampedusa et des îles Égades sont également intéressants. (Voir les clubs de plongée dans la rubrique « Loisirs » des chapitres concernés.)

Pourboire

Le service est inclus dans la note : on ne vous réclamera jamais de pourboire, mais il est cependant d'usage de laisser quelques euros après un bon repas, ou bien une petite enveloppe pour le personnel dans les hôtels de catégorie supérieure à 3 étoiles. Les chauffeurs de taxis attendent que vous arrondissiez à leur avantage : à vous de décider si vous vous sentez l'âme généreuse.

Randonnée

La Sicile compte quatre parcs régionaux, qui offrent des possibilités de randonnées de difficulté et de durée variables : parc des Madonie (voir p. 488), parc des Nebrodi (voir p. 477), parc de l'Etna (voir p. 415), parc fluvial de l'Alcantara (voir p. 441).

Site de la Fédération des parcs nationaux : www.parks.it. Nombreuses sont les réserves régionales, réservoirs de nature où faune et flore vivent en harmonie avec les activités traditionnelles de l'homme, en particulier dans les marais salants. (Pour une liste exhaustive, se reporter à l'index.)

Restauration

⚓ Voir aussi « Se restaurer » p. 18.

CONSTITUTION D'UN REPAS

Le repas traditionnel se compose d'un **antipasto** ou hors-d'œuvre (crudités, charcuterie, légumes confits, etc.) ; d'un primo (*primo piatto* : le premier plat), essentiel, composé de riz et surtout de pâtes sous toutes leurs formes et accommodées de multiples façons, et d'un **secondo** (viande ou poisson) que l'on peut accompagner d'un **contorno** (légumes ou salade). Après le fromage ou **formaggio** sont servis les fruits ou **frutta**, ainsi que de nombreux desserts : gâteau ou **dolce**, glace ou **gelato**, gâteau glacé ou **semifreddo**.

Boisson – L'**eau** se consomme peu en carafe mais plutôt en bouteille ; on demande alors de l'*acqua minerale*, sans préciser de marque, *non gassata* ou *naturale* (plate), ou *gassata* (gazeuse). Les **vins** se commandent à la carte, mais de nombreux établissements proposent du vin en pichet lorsque l'on souhaite moins d'une bouteille (demander du vin *in caraffa* ou *vino sfuso*, en précisant un quart – *un quartino* – ou un demi-litre *mezzo litro*) ou la cuvée du patron (*vino della casa*). Quant à la **bière**, elle peut être servie en bouteille ou à la pression (*alla spina*) ; les principales marques italiennes sont : Moretti, Forst, Peroni…

SPÉCIALITÉS

Petit dictionnaire des pâtes les plus courantes

Cannelloni : gros tubes farcis de ragoût ou d'une autre sauce.

Farfalle : pâtes en forme de papillon.

Fettuccine : tagliatelles romaines (légèrement plus étroites).

Fusilli : petites pâtes en spirale.

Lasagne : larges feuilles de pâte que l'on prépare en superposant plusieurs fois pâte, ragoût à la sauce tomate et parmesan, le tout passé au four.

Maccheroni : pâtes en forme de petits tubes.

Ravioli : petits coussinets fourrés de toutes sortes de préparations.

Spaghetti : le grand classique, pâtes fines et longues.

Tagliatelle : rubans de pâte étroits et longs.

Tortellini : pâtes enroulées sur elles-mêmes, garnies de viande ou de jambon, et servies dans un bouillon ou accompagnées de crème fraîche.

Le café

Grande spécialité des Italiens qui, semble-t-il, le torréfient légèrement plus que les Français, le café se boit à toute heure. L'**espresso** correspond à notre express : il est particulièrement serré et remplit juste le fond de la tasse. Si l'on préfère un café un peu plus long, de l'ordre de l'express français, demander alors un **caffè lungo**. Le café **corretto** est « corrigé » d'eau-de-vie. Le **caffè latte** est un simple café au lait, différent du café **macchiato** servi dans une petite tasse et simplement « taché » de lait. Le célèbre **cappuccino** (ou *cappuccio*), enfin, se rapproche du café-crème quoique le lait soit battu en mousse et saupoudré à volonté de cacao. Plus petit, le **marocchino** se déguste aussi en fin

de repas, alors que le cappuccino est réservé au petit-déjeuner. Le sucre en morceaux est très peu utilisé en Italie : ne pas s'étonner par conséquent de ne trouver que du sucre en poudre au comptoir des bars (présenté généralement en sachet individuels). En revanche, vous aurez toujours le choix entre sucre blanc, roux ou saccarine et même souvent du miel.

Les glaces

Réputés à travers le monde, les glaces et sorbets italiens – **gelati** – participent au plaisir des vacances. Outre les sorbets les plus originaux, quelques parfums sont moins répandus en France : la **stracciatella** est une glace au lait relevée de pépites de chocolat ; **gianduia** fait référence à de petits chocolats au lait, oblongs et fondants, parfumés à la noisette ; **bacio** est une glace au chocolat au lait, **fior di latte** (ou **panna** qui lui ressemble énormément) simplement à la crème de lait ; la **cassata**, proche de notre plombière et **crema**, une crème jaune parfumée de vanille.
Le **tiramisù** est un gâteau glacé ou *semifreddo*, parfumé au café.

Les sandwichs

À la différence de la France, la garniture d'un sandwich n'a rien de vraiment traditionnel. On ne peut pas dire que l'on trouvera immanquablement un jambon-beurre ! Premier point, faites votre deuil du beurre (un mince filet d'huile rendra votre pain tout aussi onctueux) et savourez la dentelle de jambon cru ou cuit – **prosciutto crudo** ou **cotto** – assaisonnée de cœurs d'artichaut, de tomates, de petits champignons ou d'épinards. La mortadelle est également fréquente. Vous trouverez parfois des anchois, ainsi que des fromages frais tels que la mozzarella ou le *stracchino*… Bref, n'hésitez

Le Guide Vert MICHELIN
Le guide qui emmène les curieux plus loin !

pas à prendre tout votre temps pour choisir ce que vous verrez exposé derrière une petite vitrine (comme chez nos pâtissiers) déjà tout préparé ou en mesure de l'être selon votre goût (bocaux et charcuterie à la coupe pourront répondre à votre envie du moment). Il existe différents types de « pain ». En général plus petits, les sandwichs italiens se présentent principalement sous trois formes :
– la **schiacciata** ou **focaccia** : sorte de fougasse fourrée, de large diamètre et se présentant fréquemment comme des parts de gâteau ;
– le **tramezzino** : sandwich « club » triangulaire fait avec du pain de mie coupé en diagonale ;
– le **panino** : tout simplement préparé avec un petit pain rond ou long. N'oubliez pas non plus qu'un **taglio di pizza** peut convenir : la pizza dans les bars est effectivement préparée sur de grandes plaques de métal et donc vendue à la part *(taglio)*.

Santé

Si vous voyagez en Sicile durant une période de fêtes religieuses, prenez avec vous votre **trousse à pharmacie** de base ainsi que vos médicaments les plus usuels car tout sera fermé au moins pendant deux jours. Vérifiez que vos vaccins sont à jour et emportez un puissant **anti-moustiques** (notamment si vous voyagez dans les zones de marais). Afin de profiter d'une assistance médicale en Italie au même coût que dans leur pays d'origine, les citoyens de l'Union européenne doivent se procurer le formulaire **E 111** (il en est de même pour les citoyens de la principauté de Monaco). Les Français doivent s'adresser à leur centre de paiement de Sécurité sociale (obtention possible par Internet : www.cerfa. gouv.fr).

Services médicaux

Premiers secours – Les petits hôpitaux italiens ne sont équipés que pour des pathologies mineures. En cas de problème sérieux, il est conseillé de se faire transférer à Rome ou rapatrier *(voir « Assurances » p. 15)*.

Pharmacies – Les pharmacies italiennes *(farmacia)* sont signalées par une croix rouge et blanche. Elles vendent les mêmes produits qu'en France. Les jours de fermeture, les noms des médecins et pharmaciens de garde sont affichés.

Médecins – La plupart des médecins et pharmaciens parlent une langue étrangère (français, anglais). Vous trouverez toujours un médecin à proximité.

Urgences

Composez le **118** pour le SAMU ou le **115** pour les pompiers. Gratuit.

Savoir-vivre

Sous des abords parfois bourrus, les Italiens vous accueilleront spontanément à bras ouverts. Voici néanmoins quelques règles pour établir un bon contact.

À NE PAS FAIRE

Évitez les grosses plaisanteries sur la Mafia. Beaucoup de Siciliens vous en parleront spontanément et vous diront parfois qu'ils en ont été victimes. Ils vous expliqueront aussi qu'elle est présente partout et que si l'État italien fait ce qu'il peut, parfois avec efficacité, les autorités locales semblent ignorer le phénomène. Par ailleurs, les personnes qui ont monté des associations anti-Mafia ou qui gèrent des entreprises confisquées à Cosa Nostra sont très fières d'en parler aux étrangers *(voir p. 48)*. Plus généralement, évitez les clichés qui peuvent blesser (notamment la rengaine « l'Italie du Nord fait vivre l'Italie du Sud »).

Ne prenez jamais de photos de personnes sans leur consentement. Ne froissez pas les Siciliens dans leurs croyances religieuses : respectez les lieux de culte (recoiffez-vous, restez discret), ne visitez pas les églises pendant la messe (sauf pour y assister). Inutile de vous énerver si un musée ne respecte pas les horaires affichés ou si un bus arrive avec 35mn de retard : la Sicile prend son temps.

LE LANGAGE DES GESTES

Les Italiens parlent avec les mains, mais que disent-elles ? Méfiez-vous de votre interprétation : de grands gestes ne traduisent pas forcément la colère. Une tape dans le dos est généralement bon signe. Ne vous offusquez pas non plus si votre hôte vous fait visiter la ville bras dessus, bras dessous. La pratique, courante entre deux hommes, est un témoignage de confiance et d'amitié.

Sécurité

La Sicile souffre d'une mauvaise réputation, largement exagérée. La présence mafieuse existe bel et bien, mais ne concerne en rien les touristes. Le seul danger contre lequel vous aurez à vous prémunir est le *scippo*, le vol à l'arraché, en particulier dans les grandes villes (Catane et Palerme). Méfiez-vous notamment dans les gares et les stations de bus. Quelques règles toutes simples suffisent à éviter les mauvaises surprises : ne vous promenez pas avec un appareil photo en évidence, n'emportez jamais de sommes d'argent trop importantes (confiez vos biens les plus précieux à l'hôtel), ne laissez absolument rien dans votre voiture si elle doit passer la nuit dehors et, dans la journée, n'y mettez rien en évidence, faites une photocopie de vos documents d'identité que vous garderez sur vous et conservez les originaux à l'hôtel. Pas de paranoïa inutile : en dehors des vols, relativement rares, la Sicile n'est pas dangereuse pour les touristes.

Shopping

Voir aussi « Horaires d'ouverture » p. 26.

TAILLES

Les tailles des vêtements italiens ne correspondent pas aux tailles françaises : retirez deux tailles pour obtenir la vôtre (un 44 italien correspond à un 40 français). À l'inverse pour les pointures de chaussures, ajoutez-en une (un 40 italien correspond à un 41 français).

HORAIRES

La plupart des magasins pratiquent les horaires suivants : 9h-12h et 15h30-19h30. Beaucoup restent ouverts tard le soir la veille des fêtes et dans les stations balnéaires.

Téléphone

Les cabines téléphoniques sont nombreuses : elles fonctionnent avec des cartes prépayées à code confidentiel, en vente dans les agences Telecom Italia, kiosques, bureaux de tabac et cafés. Plusieurs tarifs au choix (3 €, 5 €, 10 € et 20 €). Celles à 5 € sont les plus courantes, elles vous offrent environ 30mn de communication vers un numéro fixe en France.

TÉLÉPHONES MOBILES

L'Italie est bien couverte par les réseaux de téléphonie mobile et compte plusieurs opérateurs. La solution la plus économique consiste à acheter sur place un forfait et une carte SIM italienne dans une boutique spécialisée, et de communiquer votre numéro italien à vos interlocuteurs. Cette solution n'est possible que si vous possédez un appareil débloqué – renseignez-vous avant de partir. Sinon, vous pourrez utiliser à loisir votre forfait français, même dans les îles, mais l'addition grimpe très vite. En montagne ou dans certains villages de l'arrière-pays, la couverture est restreinte. Si vous utilisez les SMS, sachez que les messages envoyés de l'étranger font rarement partie de votre forfait. De même, si quelqu'un vous appelle de France, vous paierez une partie de la communication. Afin d'éviter les mauvaises surprises, contactez votre opérateur pour vous faire préciser les tarifs.

APPELS INTERNATIONAUX

Pour appeler l'étranger depuis la Sicile, composez le 00 suivi de l'indicatif du pays (33 pour la **France** et **Monaco**, 32 pour la **Belgique**, 352 pour le **Luxembourg**, 41 pour la **Suisse**, 1 pour le **Canada**), puis le numéro de votre correspondant (sans le 0 pour la France).
Si vous possédez un Ticket Téléphone International Orange, composez le ☏ 800 172 237, puis le code de votre carte et le numéro de votre correspondant. Mise en relation (0,90 €) et communication (0,45 €/mn). Le mieux est encore d'acheter une carte sur place.

RENSEIGNEMENTS INTERNATIONAUX

International Directory Assistance – ☏ 176 : informations sur les numéros de téléphone à l'étranger, en italien et en anglais. Service payant.
Operator Assisted International Calls – ☏ 170 : appels internationaux par le biais d'opérateurs.

APPELS LOCAUX

Tapez d'abord le préfixe de la ville (091 pour Palerme, 0931

pour Syracuse), suivi du numéro de téléphone. En Italie, les numéros n'ont pas été uniformisés et comportent de 5 à 8 chiffres. Les numéros de téléphone mobile commencent tous par 3.

RENSEIGNEMENTS NATIONAUX

Renseignements – ☏ 12 54 (Telecom Italia).
Pages jaunes – www.paginegialle.it.
Pages blanches – www.paginebianche.it.

Thermalisme et thalassothérapie

Essentiellement à Termini Imerese *(voir p. 508)*, Vulcano *(p. 522)*, près de Ségeste *(p. 225)* ou à Sciacca, réputée pour les vertus thérapeutiques de ses eaux thermales *(p. 272)*. La thalassothérapie est pratiquée à Taormine, Sciacca, Santa Flavia (près de Palerme) et Scicli (Raguse). Pour les types de prestation et les tarifs, consulter le site www.talassoterapia.it.

Transports

VOLS INTÉRIEURS

L'avion est un gain de temps appréciable pour ceux qui souhaitent se rendre rapidement sur les îles de Pantelleria ou de Lampedusa, toutes deux équipées d'un aéroport. Départs depuis Palerme ou Trapani par AirOne (☏ 06 48 88 00 69 - www.flyairone.it), Meridiana (☏ 0 899 690 240, appel payant - www.meridiana.it) ou Alitalia (☏ 06 22 22 - www.alitalia.com).

EN VOITURE

Location
Toutes les compagnies aériennes ou agences de voyages proposent

une formule « vol + voiture ». Les agences de location de véhicules sont nombreuses dans les aéroports et en ville. La plupart des agences exigent que le loueur soit âgé de 21 ans, et certaines portent cette exigence à 23 ans. Il vous faudra également être titulaire du permis depuis plus d'un an. Le plus simple est de réserver une voiture depuis la France et de la récupérer en Sicile : www.hertz.fr - www.europcar.fr - www.avis.fr - www.holidayautos.fr - www.autoeurope.fr - www.autoescape.com.

Cartes routières

Pensez à vous munir de cartes routières avant de partir : carte Michelin Local Sicilia 365, cartes National Italie 735 et Italie Haute Résistance 796 ou Atlas routier et touristique Michelin Italie. Calculez votre itinéraire sur www.viamichelin.fr. Sur place, vous pouvez vous procurer les cartes au 1/200 000 éditées par le Touring Club Italiano (TCI).

Réseau routier

En général, les autoroutes sont en bon état et les nationales (*super-strada*) bien entretenues. Les principales liaisons autoroutières relient Palerme, Messine et Catane ; Palerme, Trapani et Mazara del Vallo ; Palerme, Enna et Catane. Le sud de la Sicile est moins bien desservi en voies rapides que la côte septentrionale et l'accès aux petits villages de montagne est évidemment plus pittoresque… En saison, trois facteurs peuvent vous amener à ralentir votre trajet ou vous obliger à modifier votre parcours : tout d'abord, les incendies en été et les éboulements de terrain, fréquents à l'automne. Ils obligent les pompiers à condamner les accès à certaines zones trop dangereuses. Les travaux en second lieu, tout aussi fréquents et entraînent des déviations parfois longues, en particulier dans le sud de la Sicile où le réseau routier est moins dense. Enfin, les processions religieuses, que vous ne pouvez dépasser que lorsqu'elles marquent une pause dans un village. Intégrez ces données lorsque vous prévoyez vos temps de parcours.

Conduite et code de la route

Les Siciliens ne font pas exception à la règle de l'automobiliste italien. Ils aiment rouler vite, dépassent n'importe comment et vous mitraillent d'appels de phares s'ils vous trouvent trop lent : gardez votre calme !

Les autoroutes sont annoncées par des panneaux verts, tandis que les nationales et les départementales sont balisées en bleu avec inscriptions blanches.

La vitesse est limitée à 90 km/h sur route secondaire, 110 km/h sur route principale, 130 km/h sur autoroute et 50 km/h en agglomération.

Essence

En Italie, c'est le pompiste qui vous sert. Attention, sur les routes, les stations-service ferment de 12h à 16h. Pendant les heures de fermeture, paiement automatisé préalable par billets de banque (souvent en coupures de 20 €).

Bon à savoir – Les stations-service sont quasiment absentes des autoroutes siciliennes. Pensez à faire votre plein avant de vous engager sur une longue distance, ou de rendre une voiture de location au comptoir de l'aéroport.

Péages

N'oubliez pas que certains tronçons d'autoroute sont payants. Le péage peut être réglé en espèces ou par carte bancaire (sauf exception). Vous pouvez acheter une carte magnétique, la **Viacard**, payable d'avance, dans les gares de péage de la société Autostrade, auprès des « Punto Blu » situés le long du réseau, dans les restaurants Autogrill, dans certaines banques ou auprès de nombreux débits de tabac ou marchands de journaux.

Garer sa voiture en ville

Il est fortement déconseillé de rouler dans les agglomérations siciliennes où deux écueils attendent l'automobiliste : les embouteillages et l'étroitesse des rues. Des **parkings payants** sont prévus dans la majeure partie des agglomérations. Vous réglerez par horodateur, avec une carte de stationnement à gratter (*gratta e parcheggia*), qui s'achète dans les bureaux de tabac, les kiosques à journaux ou les cafés, ou directement auprès d'un préposé.

Connaître le **code des couleurs** est indispensable : jaune pour interdit, bleu pour payant (8h-20h) et blanc pour gratuit. Deux marteaux croisés indiquent les jours ouvrables tandis que la croix signale le dimanche et les jours fériés. Les panneaux rectangulaires *Zona a traffico limitato riservata ai veicoli autorizzati* (zona ZTL) marquent le début d'une zone à trafic limité. Évitez de pénétrer dans ces quartiers anciens aux ruelles étroites.

Doit-on rappeler qu'il ne faut laisser aucun objet de valeur dans un véhicule stationné ?

En cas d'accident

Un constat devra être établi par un agent de police auquel vous demanderez une copie pour votre assurance. Pour bénéficier du secours routier de l'ACI (Automobile Club d'Italia), composez le 803 116.

Faire du stop

Le stop est une pratique assez répandue, notamment à l'approche de l'été. N'hésitez pas, les Italiens se réjouiront d'avoir un(e) francophone à bord. C'est souvent l'occasion de faire de belles rencontres.

EN TRAIN

Le réseau ferroviaire ne couvre pas toute l'île. Les principales lignes longent la côte, entre Messine et Syracuse, Messine et Palerme ou Palerme et Trapani. Liaison nord-sud entre Termini Imerese et Agrigente. L'arrière-pays montagneux est très mal desservi.

Réductions

La carte **Inter-Rail** ou les coupons **Euro Domino** offrent la possibilité de voyager librement dans 28 pays d'Europe et d'Afrique du Nord pendant une durée déterminée. Renseignements : **Trenitalia** – 89 20 21 (numéro national) - www.trenitalia.it.

EN BUS

Si l'on ne dispose pas d'une voiture, c'est le moyen le plus pratique et le moins onéreux pour découvrir la Sicile. De nombreuses lignes sillonnent l'île. Attention, le dimanche et les jours fériés, la circulation des bus est très réduite. Les fréquences indiquées dans le guide valent pour la semaine, du lundi au samedi *(voir les informations pratiques de chaque chapitre)*.

EN BATEAU

Vous serez sans doute amené à prendre le bateau pour rejoindre les îles au large de la Sicile. Au choix : le **traghetto** (ferry), lent et confortable, ou l'**aliscafo** (hydroglisseur), rapide et déconseillé aux estomacs sensibles. Nombreuses compagnies et départs réguliers. *(Consultez les informations pratiques pour chaque île. Voir aussi « Aller en Sicile », p. 8.)*

EN TAXI

Assurez-vous que le compteur fonctionne quand vous montez

à bord. Sinon, entendez-vous sur un prix avec le chauffeur. Soyez ferme et précis si vous ne voulez pas avoir de mauvaise surprise à l'arrivée. Les tarifs sont moins élevés qu'en France, mais la note peut être salée si vous restez coincé dans les embouteillages. Attention aux tarifications spéciales (dimanche, jours de fête, etc.).

EXCURSIONS ORGANISÉES

Sur place, de nombreux organismes proposent des excursions, itinéraires en ville, randonnées à la campagne ou à la montagne, découverte des parcs naturels, visites de palais privés, etc. L'occasion de découvrir une région autrement avec un guide professionnel.
(Renseignements dans la rubrique « Nos adresses » des chapitres concernés.)

Unités de mesure

L'Italie utilise le système métrique.

Vie nocturne

Après la *passeggiata (voir p. 28)*, les uns préféreront une soirée au théâtre lyrique, les autres une promenade en amoureux le long du *lungomare*. Les nuits chaudes d'été incitent au vagabondage nocturne. À Palerme comme à Syracuse, les lieux festifs ne manquent pas : concerts de jazz ou concert de pop en plein air, *happy hour*, bars à vins, festivals, manifestations etc. Amis noctambules, ne vous précipitez pas en discothèque avant 1h du matin. Les Italiens sortent après le travail vers 19h pour le traditionnel aperitivo, et après avoir dîné, aux alentours de minuit. Premier arrêt : les bars et pubs ouverts sur la rue. La fin de soirée se passe en discothèque, sur la plage… ou dans la rue. Vous trouverez toutes les informations nécessaires à une soirée réussie dans la rubrique « Sortir, boire un verre » de chaque chapitre.

Types de séjour

En famille

L'idéal pour visiter la Sicile avec des enfants est de venir au moment des fêtes traditionnelles, lorsque les rues des villes et des villages sont envahies de sons et de couleurs (*voir le calendrier des événements p. 41*).

Les Siciliens adorent les enfants et seront souvent ravis de vous accueillir avec eux. Certaines activités plairont particulièrement aux plus jeunes, notamment le patrimoine sicilien lié à la fabrication et aux spectacles de marionnettes, mais aussi la visite des châteaux et de certains musées. Sans oublier, bien sûr, les plages qui ne manquent pas.

Dans le guide, les propositions qui s'adressent particulièrement au jeune public sont signalées par le symbole ♣♦.

♣♦ SITES OU ACTIVITÉS À FAIRE EN FAMILLE			
Chapitre du guide	**Nature**	**Musée**	**Loisirs**
Acireale		Musée des Marionnettes (dei Pupi dell'Opra) à Capomulini	Spectacle de marionnettes
Buscemi (monts Iblei)		Musée en plein air des Luoghi del lavoro contadino	
Golfe de Castellammare	Excursion en barque à la réserve naturelle du Zingaro		Crèche vivante de la grotte Mangiapane à Noël
Castelvetrano	Réserve naturelle Foce del Fiume Belice		Aire du plan d'eau de Trinità
Catane		Musée du Cinéma ; musée du Débarquement en Sicile (à partir de 10 ans)	
Îles Egades	Baignade dans les criques ; découverte à vélo de Favignana pour les plus grands		
Lampedusa	Découverte des tortues carette		
Lipari	Tour de l'île de Lipari dans une barque de pêcheur		
Marsala	Route du Sel	Musée de la Route du Sel ; visite du moulin	
Modica		Musée des Arts et Traditions populaires	
Les monts Nebrodi	Nebrodi Adventure Park ; observation des aigles royaux ou des chevreuils		
Noto	Baignade dans les gorges de Cava Grande		
Palerme	Jardin botanique ; plage de Mondello	Musée des Marionnettes	Spectacle de marionnettes ; minizoo du parc d'Orléans
Raguse			Château de Donnafugata
Sciacca			Château enchanté (Castello incantato)
Syracuse		L'Arkimedeion ; musée Aretuseo dei Pupi	Spectacle de marionnettes
Taormina	Gorges de l'Alcantara ; baignade à Isola Bella		
Ustica	Réserve marine		

SÉJOURS BALNÉAIRES	NOS REMARQUES ET CONSEILS
Pour les écolos	Le littoral de Noto (p. 355), stations animées et dunes sauvages. Le golfe de Patti (p. 470), une belle lagune naturelle. Les longues plages près de Sélinonte (p. 242).
Pour les sportifs	Raguse (p. 364), plages à l'est de Marina di Ragusa. Venteux, propice à la voile.
Pour les cools	Taormine (p. 433), plongée, farniente… le cocktail parfait. Lampedusa (p. 545), la mer, loin de tout.
CULTURE ET ARCHITECTURE	
Archéologie et sites antiques	Ségeste, l'un des plus beaux temples doriques (p. 225). La villa romaine du Casale (p. 307). La vallée des temples d'Agrigente (p. 254). Syracuse (p. 326) et les ruines de Neapolis. Le théâtre grec de Taormine (p. 433). Visitez les sites tôt le matin, ou au crépuscule pour Agrigente.
L'architecture arabo-normande	La cathédrale de Palerme (p. 138) et les mosaïques du cloître de Monreale (p. 195).
Entre le Moyen Âge et le baroque	À Syracuse (p. 326), flânez à Ortygie, plein de poésie. À Raguse (p. 364), admirez les palais baroques.
L'art baroque	Noto (p. 355), le joyau baroque. Modica (p. 376), fleur baroque et royaume du chocolat ! À Catane (p. 396), restez de préférence un soir en fin de semaine.
Les villages perchés	Erice (p. 214), une cité médiévale surplombant la mer. Calascibetta, Leonforte, Assoro, un chapelet de hauts lieux historiques près d'Enna (p. 288).
NATURE ET RANDONNÉES	
Observer la faune et la flore	La lagune de Stagnone et l'île de Mozia (p. 232). La réserve de Vendicari (p. 360). Les fonds marins autour de Zingaro (p. 206), Ustica (p. 551) et Lampedusa (p. 545). L'aigle royal et le chevreuil dans les Nebrodi (p. 485).
Randonner	Dans les monts Iblei (p. 384). L'Etna (p. 415) et ses randonnées variées. Les monts Nebrodi (p. 477), le poumon vert de l'île, avec les Madonie voisines (p. 488). À pied, mais aussi itinéraires à parcourir à cheval ou en VTT.
AVEC DES ENFANTS	
Vivre au Moyen Âge	La forteresse normande de Sperlinga (p. 495). Le Palio dei Normanni à Piazza Armerina (p. 304), grande évocation médiévale (13 et 14 août).
Profiter de la nature	Une randonnée dans les Madonie (p. 488). Visiter les marais salants dans la réserve des Saline di Trapani (p. 234), travail des sauniers et moulins.
Marionnettes et carnavals	Spectacles de marionnettes au musée des Marionnettes de Palerme (p. 168). Le carnaval à Sciacca (p. 272).

LES PLUS BELLES PLAGES DE SICILE				
	Ville à proximité	Cadre du site	Calme (+++) ou animée (+)	Accès facile (+++) ou difficile (+)
Arenella	Syracuse	Familiale	++	+
Caia Isola del Conigli	Lampedusa	Cadre magique et tortues	+++	+
Calamosche	Noto	Isolée, accès en voiture	+++	+
Canneto	Lipari	Pierre ponce	++	+
Castellammare del Golfo	Palerme	Très fréquentée en saison	+	+++
Eraclea Minoa	Syracuse	Falaises	+++	+++
Fontane Blanche	Syracuse	Plage de sable	++	+++
Giardini-Naxos	Taormine	Bien équipée	++	+++
Guidaloca	Castellammare del Golfo	Très agréable	++	++
Isola Bella	Taormine	La plus belle plage de Taormine	++	+++
Lido San Gregorio	Capo d'Orlando	Village de pêcheurs	+++	++
Marina di Ragusa	Raguse	Planches à voile	++	+++
Mazzarò	Taormine	Canoë kayak / bondée l'été		+++
Mondello	Palerme	Plage huppée	++	+++
Mortelle	Messine	Fréquentée	+	+++
Oliveri	Tindari	Isolée et sauvage	+++	+
Playa Grande	Raguse	Isolée	+++	+++
Réserve de Vendicari	Noto	Isolée	+++	+
San Vito Lo Capo	Castellammare del Golfo	La plus belle plage du golfe	++	+++
Torre Salsa	Agrigente	Isolée	+++	+

Mémo

Agenda

☺ Retrouvez ces manifestations ainsi que d'autres de moindre importance dans la rubrique « Nos adresses à… » dans la partie « Découvrir les sites ».

JANVIER-FÉVRIER

Agrigente – Sagra del mandorlo in fiore (Fête de l'amandier en fleurs) : manifestations culturelles et défilés accompagnent le Festival international du folklore.
Catane – Festa di Sant'Agata : grande procession.
Sciacca – Carnaval : défilé de chars allégoriques peuplés de personnages aussi colorés que cocasses.

MARS-AVRIL

Semaine sainte à **Enna** ou à **Caltanissetta**.
Trapani – Procession des Mystères.

MAI-JUIN

Syracuse – Festival du théâtre antique.
Noto – Infiorata (Fête des fleurs) : compositions multicolores de pétales pendant le festival Primavera barocca.

JUILLET

Palerme – U fistinu : en l'honneur de sainte Rosalie.
Caltagirone – Festa di San Giacomo : illumination du grand escalier.
Taormine – Taormina Arte : prestigieux festival de cinéma, théâtre, musique et danse.

AOÛT

Piazza Armerina – Palio dei Normanni : grande évocation médiévale historico-religieuse.
Lipari – Festa di San Bartolomeo : feux d'artifice en mer.
Ségeste – Festival de théâtre et de musique.

SEPTEMBRE-OCTOBRE

Mistretta – Madonna della Luce : procession des deux géants Chronos et Mytia.

NOVEMBRE

Palerme – Fête des Morts.
Caltagirone – Festa del presepe : exposition-vente de crèches.

DÉCEMBRE

Syracuse – Festa di Santa Lucia.

Bibliographie

LIVRES

Histoire

BENOIST-MÉCHIN Jacques, *Le Rêve le plus long de l'histoire*, vol. 4, Perrin, Paris, 2004. Le portrait de Frédéric II.
BERSTEIN Serge et MILZA Pierre, *L'Italie contemporaine : du Risorgimento à la chute du fascisme*, Armand Colin, Paris, 1977. Analyse historique par deux spécialistes ; *Le Fascisme italien 1919-1945*, Le Seuil, Paris, 1980. De l'avènement du Duce à sa chute.
BLAS DE ROBÈS Jean-Marie, *La Sicile antique*, Édisud, Paris 2011.
CALVI Fabrizio, *La Vie quotidienne de la mafia de 1950 à nos jours*, Hachette, Paris, 1986.
COLLECTIF, *Les Alliés prennent pied en Sicile,* Société du Figaro, Paris 2011.

DICKIE John, *Cosa nostra : l'histoire de la mafia sicilienne de 1860 à nos jours*, Buchet Chastel, Paris, 2007.
FALCAND Hugues, *Le Livre du royaume de Sicile, intrigues et complots à la cour normande de Palerme (1154-1170)*, Brepols, Paris, 2012.
GIUFFRÈ Maria, *La Sicile baroque*, Citadelles & Mazenod, Paris, 2007.
GRIMAL Pierre, *La Civilisation romaine*, Flammarion, Paris, 1997.
GUZZO Pietro Giovanni, *Magna Grecia : les colonies grecques dans l'Italie antique*, Gallimard, Paris, coll. Découvertes, 1997.
HEULLANT-DONAT Isabelle et DELUMEAU Jean-Pierre, *L'Italie au Moyen Âge, V^e-XVe siècle*, Hachette Éducation, Paris, 2000.
MILZA Pierre, *Voyage en Ritalie*, Paris, Payot, 2004 ; *Histoire de l'Italie*, Fayard, Paris, 2005. Histoire générale du pays de Dante par le spécialiste de la question.
MUSÉE SANS FRONTIÈRES, *L'Art arabo-normand : la culture islamique dans la Sicile médiévale*, Édisud, Aix-en-Provence, 2005. Découvertes thématiques de l'art.
PECOULT Gilles, *Naissance de l'Italie contemporaine 1770-1922*, Armand Colin, Paris, 2004. Synthèse des grandes évolutions politiques et culturelles à partir du 18e s.

Généralités, société, documents

ATTINI Antonio et CASTELLUCCI Maria Cristina, *Au-dessus de la Sicile : envol sur l'île aux trois pointes*, Éd. White Star, 2007. Bel album photographique sur l'île.
FERNANDEZ Dominique et FERRANTI Ferrante, *Palerme et la Sicile*, Stock, Paris, 1998 ; *La Sicile*, Paris, Imprimerie nationale, 2006 ; *Le Voyage d'Italie : dictionnaire amoureux*, Perrin, Paris, 2007.
MARTINO (de) Ernesto, *Italie du Sud et magie*, Les Empêcheurs de penser en rond, Paris, 1999.

MIRABILE PERSANO Angela, *Cuisine sicilienne saine et authentique*, Éd. Cabédita (Suisse), 2006.
MOATTI Claude, *À la recherche de la Rome antique*, Gallimard, Paris, 1989. La quête du passé romain à travers les ruines de palais, catacombes, plans urbains, mosaïques, etc.
RAFFAELE Nello, ROSENTHAL Monique et MERLINO Benito, *Les Îles Éoliennes*, Acanthe, Paris, 2005.

Littérature
Récits de voyage

GOETHE, *Le Voyage en Italie*, Bartillat, Paris, 2003.
LABAT Jean-Baptiste, *Voyages en Italie*, G. Montfort, Paris, 2005. L'Italie et la Sicile au 18e s.
MAUPASSANT Guy de, *La Sicile ; la côte italienne*, Nous, Paris, 2010.
TAINE Hippolyte, *Voyage en Italie*, Éd. Complexe, Paris 1990.

Littérature italienne

BUFALINO Gesualdo, *Le Miel amer*, Coaraze, L'Armourier, 2006.
CALVINO Italo, *Le Vicomte pourfendu*, Le Livre de poche, Paris, 1982 ; *Marcovaldo ou Les Saisons en ville*, Paris, Julliard, 1990 ; *Le Chevalier inexistant*, Points Seuil, Paris, 2001.
CAMILLERI Andrea, *La Forme de l'eau*, Pocket, Paris, 2001 ; *La Saison de chasse*, Le Livre de poche, Paris, 2003 ; *Le Roi Zosimo*, Le Livre de poche, Paris, 2005.
CONSOLO Vincenzo, *Les Pierres de Pantalica*, Paris, Le Promeneur, 1990 ; *Le Palmier de Palerme*, Paris, Seuil, 2000.
LAMPEDUSA Giuseppe TOMASI di, *Le Guépard*, Paris, Points, 2007. Nouvelle traduction de Jean-Paul Manganaro.
NATOLI Luigi, *Histoire des Beati Paoli* (T1 - *Le Bâtard de Palerme*, T2 - *La Mort à Messine*, T3 - *Coriolano*), Éditions Métaillé, Paris, 2000.
PIRANDELLO Luigi, *L'Exclue*, Actes Sud, Arles, 1996 ; *Nouvelles pour une année*, Gallimard, Paris, 2000 ;

Donna Mimma, Flammarion, Paris, 2006 ; *Vieille Sicile*, Gallimard, Paris, 2010.

SCIASCIA Leonardo, *Le Jour de la chouette*, Flammarion, Paris, 1986 ; *Le Conseil d'Égypte*, Denoël, Paris, 2006 ; *Les Oncles de Sicile*, Denoël, Paris, 2011.

VERGA Giovanni, *Les Malavoglia*, Paris, Gallimard, Folio, 1997 ; *Maître Don Gesualdo*, Plon, Paris, 1999.

Littérature étrangère

ALI Tariq, *Un sultan à Palerme*, Sabine Wespieser éd., Paris, 2007. L'histoire d'une amitié entre deux hommes de cultures différentes en Sicile au 12e s.

BYRON (Lord), *Le Chevalier Harold*, Aubier-Montaigne, Paris, 1974.

DURRELL Lawrence, *Le Carrousel sicilien*, Gallimard, Folio, Paris, 1996.

FERNANDEZ Dominique, *Le Radeau de la Gorgone : promenades en Sicile*, Grasset, Paris, 1997.

GAUDÉ Laurent, *Le Soleil des Scorta*, Actes Sud, Arles, 2004.

MOORE Viviane, *La Nef des damnés : l'épopée des Normands de Sicile*, 10-18 Grands détectives, Paris, 2007.

VAILLAND Roger, *La Loi*, Gallimard, Paris, Folio, 2000.

Jeunesse

GRÉGOIRE Fabian, *Nuit sur l'Etna*, École des Loisirs, Paris, 2005. Le volcanisme pour les tout-petits.

CINÉMA

Palmes d'or au Festival de Cannes

MORETTI Nanni, *La Chambre du fils*, 2001.

TAVIANI (frères), *Padre Padrone*, 1977.

VISCONTI Luchino, *Le Guépard*, 1963.

FELLINI Federico, *La Dolce Vita*, 1960.

Lions d'or à Venise

AMELIO Gianni, *Così ridevano*, 1998.

VISCONTI Luchino, *Sandra*, 1965.

ANTONIONI Michelangelo, *Le Désert rouge*, 1964.

ROSI Francesco, *Main basse sur la ville*, 1963.

ROSSELLINI Roberto, *Le Général della Rovere*, 1959.

La Sicile sur grand écran

BENIGNI Roberto, *Johnny Stecchino*, 1991. Comédie tournant en dérision la mafia.

CIMINO Michael, *Le Sicilien*, 1987.

COPPOLA Francis Ford, *Le Parrain*, 1972, 1974, 1990.

CRIALESE Emanuele, *Respiro*, 2002 ; *Terraferma*, 2011. À Lampedusa.

GIORDANA Marco Tullio, *Cento Passi*, 2000. Un vibrant pamphlet contre la mafia.

HUILLET Danièle et STRAUB Jean-Marie, *SICILIA !*, 1998.

LATTUADA Alberto, *Le Mafieux*, 1962.

MORETTI Nanni, *Journal intime*, 1993.

RADFORT Michael, *Le Facteur*, 1994. Pablo Neruda en exil sur les îles Lipari.

ROSSELLINI Roberto, *Stromboli*, 1949. Sur l'île du même nom, avec Ingrid Bergman.

TAVIANI (frères), *Kaos*, 1984.

TORRE Roberta, *Angela*, 2002.

TORNATORE Giuseppe, *Cinema Paradiso* (1989) ; *Malena*, 2000. Avec Monica Bellucci ; *Baarìa*, 2009, saga familiale qui se déroule à Bagheria.

VISCONTI Luchino, *La terre tremble*, 1948. Une adaptation du roman de Verga, *I Malavoglia*, tournée à Aci Trezza.

MUSIQUE

SCARLATTI Domenico, *Sonates pour clavecin*, par Pierre Hantai, Mirare, 2006.

SCARLATTI Alessandro, *Il Primo Omicido*, oratorio, dir. René Jacobs, Harmonia Mundi, 1997.

BELLINI Vincenzo, *Norma*, Maria Callas, dir. Tulio Serafin, enregistrement remasterisé, EMI, 2005. La version de référence.

MASCAGNI Pietro, *Cavalleria Rusticana*, dir. Herbert von Karajan, Deutsche Grammophon, 2000.

2/
COMPRENDRE
LA SICILE

Place de la cathédrale San Giorgio à Raguse Ibla.
Jon Arnold / hemis.fr

La Sicile aujourd'hui

Au sein d'un Mezzogiorno appauvri, la Sicile vit une économie qui peine à prendre son envol, tandis que la Mafia, nourrissant l'imaginaire collectif, déploie toujours ses tentacules invisibles. Mais au-delà de ces réalités complexes et délicates, l'île n'en recèle pas moins son originalité attachante, avec sa langue, ses caractères et son tempérament porté par de multiples richesses.

Une économie à la peine

Membre fondateur de l'Union européenne, l'Italie compte parmi les huit pays les plus riches du monde. Pour autant, c'est en Italie du Nord que se concentrent les richesses de la péninsule, renforçant ainsi l'idée – et la réalité – d'un Nord puissant, industrialisé et d'un Mezzogiorno plus démuni. Au lendemain de la Seconde Guerre mondiale, la Sicile, la plus grande île de la Méditerranée (25 708 km²), se caractérise par sa pauvreté agricole, la faiblesse de ses industries et un taux de chômage élevé. Entre 1951 et 1975, elle connaît une forte **migration** : en quête de travail, un million de Siciliens gagnent le nord de la péninsule ou de l'Europe. En 1950, l'État fonde la **Cassa per il Mezzogiorno** (la Caisse pour le développement du Midi), permettant d'entreprendre les réformes agraires nécessaires, la mise en place de voies de communication. Au fil des années, des décennies, et malgré la multiplication des financements et des aides européennes, les résultats ne sont pas toujours probants,

tandis que les subventions s'accompagnent souvent de polémiques dans un Nord qui rechigne à favoriser l'économie du Mezzogiorno.

Aujourd'hui, les contrastes demeurent forts, entre le nord de l'Italie et une île (peuplée de 5 millions d'habitants) dont l'économie peine à prendre son envol. La Sicile est marquée par un taux de **chômage** très élevé qui, aggravé par la crise économique internationale, atteint 28 %, un chiffre qui frôle 50 % chez les moins de 25 ans. Le salaire moyen équivaut à la moitié du salaire d'un italien du Nord et l'île est toujours entachée par une économie souterraine orchestrée par la Mafia.

AGRICULTURE

Longtemps rurale, longtemps partagée entre les grands propriétaires terriens, la Sicile reste encore un pays agricole, occupant entre 12 et 15 % de la population (300 000 entreprises et exploitations réparties sur son territoire). Son agriculture est principalement concentrée dans les zones côtières. Outre l'**élevage**

Le tourisme (ici dans les îles Éoliennes) est le fer de lance de l'économie sicilienne.
J.-P. Degas/hemis.fr

dans la province de Raguse, on y cultive céréales, oliviers, amandiers, la vigne (produisant notamment le fameux marsala) mais encore les fruits, surtout les agrumes, dont le **citron** qui apporte à l'Italie 90 % de sa production. Héritée des Arabes, la culture du **coton** représente 100 % de la production italienne. La **pêche** est aussi un secteur d'activité dynamique (pour le thon, l'espadon et les crustacés surtout), représentant un quart de la flotte italienne, notamment grâce aux ports de Mazara del Vallo, de Trapani et de Sciacca.

INDUSTRIE

De son côté, l'industrie sicilienne se révèle éparpillée. Si les mines de soufre autour de Caltanissetta, prospères jusque dans les années 1950, ont disparu, l'île s'est aujourd'hui

VASES COMMUNICANTS

À l'étranger, on compte près de 5 millions de ressortissants siciliens inscrits auprès des consulats d'Italie. Parmi eux, 500 000 sont installés en Europe (Allemagne, France, Belgique, Grande-Bretagne). D'après les études, il y aurait aujourd'hui 18 millions d'Américains d'origine sicilienne, ce qui correspond à plusieurs vagues de migration depuis un siècle, attirés par le rêve américain. Régulièrement, ce sont les jeunes générations qui abandonnent l'île. La Sicile se vide ainsi de ses ressources humaines, de ses forces vives. *A contrario*, depuis les années 1990, l'île est confrontée à des problèmes d'immigration clandestine, d'origine albanaise, tunisienne et marocaine, liée évidemment à sa position géographique, au cœur du bassin méditerranéen. Main-d'œuvre bon marché, exploitée, cette immigration travaille illégalement le long des côtes, dans les vergers ou les oliveraies. Non sans tragédie au préalable. Depuis une dizaine d'années, les côtes de l'île de Lampedusa, au large d'Agrigente, ont été le théâtre de naufrages de centaines d'embarcations clandestines.

tournée vers des **complexes chimiques et pétrochimiques** (à Augusta, Milazzo, Gela et à Porto Empedocle). À Palerme, ce sont les **chantiers navals,** les **industries automobile, mécanique et électronique** qui dominent, alors qu'a été créée dans la région de Catane ce qu'on a appelé « l'Etna Valley », une zone consacrée aux **nouvelles technologies,** entre télécommunications et informatique. L'**agroalimentaire** s'est développé avec les pâtes, les conserves de légumes et de poisson.

AMÉNAGEMENT DU TERRITOIRE

Au cours des dernières années, deux projets considérables ont été envisagés pour favoriser l'essor économique de l'île et attirer nombre de capitaux : la construction d'un pont enjambant le détroit de Messine et celle d'un gazoduc gigantesque reliant la Libye au complexe pétrochimique de Gela et à Trapani. Des deux, seul ce dernier a été réalisé en 2004, pour un coût de sept milliards d'euros. Long de 520 km, il est destiné à favoriser l'exportation du gaz libyen vers l'Europe. Les coupures et les ralentissements sont cependant fréquents, en raison de la situation politique instable en Afrique du Nord. Quant au pont sur le détroit de Messine, projet grandiose et fer de lance du dernier gouvernement Berlusconi, il a été entièrement abandonné par le gouvernement de Mario Monti, à cause du coût bien trop élevé de sa construction, à un moment où le pays subit l'une des plus graves crises économiques de son histoire.

TOURISME

En réalité, c'est au tourisme qu'il revient d'être, plus que jamais, le fer de lance de l'économie sicilienne. L'île possède en effet de grands atouts : un climat favorable, dominé par le soleil, des ruines antiques, vestiges des plus grandes civilisations, notamment grecque, arabe et normande ; des églises baroques savamment exubérantes, des plages de sable fin naturelles et des parcs magnifiques, propices aux randonnées (réserves littorales du Zingaro et du Vendicari, parc naturel des Madonie). Une gastronomie de belle envergure et trois aéroports internationaux (Palerme, Catane, Trapani) viennent clore ce tableau. Le secteur est en développement, employant plus de 20 000 personnes. Pour autant, les experts estiment qu'il est encore mal exploité, faute d'infrastructures hôtelières suffisantes et de voies de communications modernisées. La Sicile pourrait alors accueillir cinq fois plus de touristes. En tout cas, c'est là que réside la chance économique de l'île.

Prégnances de la Mafia

Invisible aux yeux des touristes, creuset de l'imaginaire romancier et cinématographique, elle est le sombre miroir de l'île. Les origines de la Mafia sont à l'image de l'organisation clandestine : troubles. Elle naît probablement au milieu du 19e s., en réaction à l'oppression étrangère et en opposition à toute idée de soumission à un État central. Son nom relèverait d'une origine arabe, la *mûafât,* signifiant courage et protection. Très vite, d'un rôle de résistant et de protecteur, la Mafia s'est inscrite dans la criminalité, au service d'intérêts privés, soudoyant juges, policiers et personnalités politiques, pratiquant le racket (le *pizzo* en italien) tout en endossant le titre d'« honorable société ». Cette société justement, apparentée à une famille (au sens large du terme), se présente avec ses règles, ses codes d'honneur et ses lois

MYTHOLOGIES DE LA MAFIA

La clandestinité, le crime organisé, les rapports de force, la lutte entre le bien et le mal, les codes d'honneur, le sens du rythme et de la violence au service d'une dramaturgie spectaculaire. Tels sont les ingrédients propres à la Mafia, qui ont séduit des cinéastes, tel Francis Ford Coppola, connaissant un succès international, tout en alimentant la mythologie des truands. *Le Parrain* se veut ainsi un formidable triptyque romanesque, amplement tourné en Sicile, illuminé notamment par le jeu de Robert de Niro, lui-même d'origine sicilienne. Tout comme cet autre réalisateur, Martin Scorsese, signant *Les Affranchis*, un film consacré à la Mafia (toujours en compagnie de Robert de Niro). Plus récemment (2000) et *a contrario* de la mythologie, Marco Tullio Giordana a raconté dans *Les Cent Pas*, une œuvre engagée, la lutte d'un journaliste contre la Mafia au péril de sa vie *(voir p. 122)*.

ancestrales. Surtout, elle devient rapidement un État dans l'État, que Mussolini, en *Duce* voulant tout régir, tenta de briser en envoyant sur place, en 1925, le préfet Cesare Mori. Un préfet aux pleins pouvoirs, à la poigne de fer, qui emprisonna des hommes par milliers, sans finalement obtenir raison de **Cosa Nostra**.

Au lendemain de la Seconde Guerre mondiale, Cosa Nostra élargit ses sphères d'influences et ses champs d'action. Au racket, au trafic d'alcool (qui encourage aussi une émigration en quête de profit vers les États-Unis) et aux spéculations immobilières s'ajoute le trafic de drogue. Investie dans les milieux économiques et politiques, tissant sa toile telle une araignée, ou s'agrippant telle une pieuvre (on parle souvent de *piova* pour la désigner), la Mafia possède ses clans, ses têtes d'affiche, ses parrains. Lucky Luciano, Vito Genovese, puis Luciano Liggio, originaire de Corleone (dont la petite cité a donné son nom au clan des Corleonesi), Francesco Madonia, Salvatore Riina, Bernardo Provenzano, Matteo Messina Denaro…

Les **rivalités internes**, les règlements de compte, les guerres de règne s'accompagnent des assassinats de tous ceux qui entravent la bonne marche de la Mafia. Pietro Scaglione, procureur de Palerme, est tué en 1971, Pio La Torre, chef du Parti communiste sicilien, et le général Dalla Chiesa sont assassinés en 1982, les juges Falcone et Borsellino en 1992. Ces deux derniers assassinats, à quatre mois d'intervalle, déclenchent de vastes manifestations d'indignation dans l'île même. Certes, coups de filet et arrestations spectaculaires se succèdent : Madonia en 1992, Riina en 1993 et Provenzano, le parrain des parrains, en 2006, après 43 ans de cavale. Elles n'empêchent pas les tentacules d'atteindre la bourse de Milan, les travaux publics, les partis politiques, notamment le parti de la Démocratie chrétienne (aujourd'hui Union des démocrates chrétiens) impliqué dans plusieurs scandales, de poursuivre racket et clientélisme (encouragé par les années Berlusconi, dont l'un des bras droits, Marcello Dell'Utri a été condamné à neuf ans de prison pour association mafieuse), de se tailler des monopoles dans le béton, le transport, les agrumes et le recyclage des déchets. 70 à 80 % des commerçants et entrepreneurs de l'île payeraient encore le *pizzo*, ce tribut imposé par la Mafia. Des pratiques et des méthodes qui permettent à l'organisation, d'après les enquêtes, de réaliser un chiffre d'affaires annuel se situant entre 100 et 120 milliards d'euros.

Aujourd'hui, sans doute affaiblie, partagée par la rivalité de jeunes parrains, Cosa Nostra opère dans le silence, avec moins de fracas. **Internet** est devenu une autre source de profit et un moyen de blanchir l'argent sale. Mais les Siciliens n'ont pas dit leur dernier mot et ils sont de plus en plus nombreux heureusement à aller de l'avant, s'indigner et dénoncer ce qu'ils considèrent comme un réel obstacle au développement de leur région (*voir l'exemple de Palerme, p. 194*).

Nuance des langues

Si l'italien est la langue officielle, l'île n'en possède pas moins sa propre langue, avec sa grammaire et sa phonétique : le **sicilien**. Comme d'autres dialectes italiens, il s'agit d'une langue romane, provenant également du latin, et naturellement proche de l'italien dont le vocabulaire s'est enrichi des différentes langues qui ont traversé la Sicile, telles que le grec, l'arabe, le normand et l'espagnol. On estime à près de 90 % la part de la population pratiquant le sicilien (ce qui fait là un peuple bilingue). Et selon que l'on se trouve à Agrigente, à Palerme, à Trapani ou sur les îles Éoliennes, il existe des variantes. Enfin, certes minoritaire, la langue albanaise, née de l'immigration, est également pratiquée sur l'île.

Traits de caractère

Les Siciliens sont à l'image de l'île. Riches de cultures croisées, d'histoires juxtaposées. Sans doute parce que l'Italie, longtemps morcelée, s'est unifiée tardivement, le Sicilien est moins nationaliste que régionaliste (sauf lorsque *la Squadra azzurra*, l'équipe nationale de football, entre sur le terrain). On est ici, plus qu'ailleurs, fier de sa ville ou de son village, de sa province, beaucoup moins porté par des élans chauvins articulés autour de la nation.

Surtout, les Siciliens sont attachants, déconcertants, mus par un sens de l'honneur, gouvernés par la passion, gagnés par les rayons de soleil. À la fois chaleureux et discrets, beaucoup moins prolixes que les Toscans ou les Napolitains, ils se montrent au demeurant un tantinet farouches, ce qui probablement répond à l'histoire d'une île maintes fois occupée, tout comme une certaine indolence mâtinée de fatalisme, un état d'esprit indépendant, propre à toute insularité. Les uns ont une sensibilité à fleur de peau, cultivent le mysticisme, les autres se veulent résolument hospitaliers, agissant sur la confiance, la parole donnée. En tout cas, il existe un trait de caractère commun à tous les Siciliens. Outre qu'ils sont encore majoritairement croyants

LE « CALCIO »

En Italie, c'est une seconde religion. Le football, baptisé *calcio* par les Transalpins, soulève les passions et anime les conversations, qu'il s'agisse de l'équipe nationale, vainqueur de la Coupe du monde en 2006, ou d'une équipe locale. S'ils ne possèdent pas la solide régularité sportive (et financière) des clubs du Nord, glanant régulièrement le *scudetto* (le championnat de football), deux grands clubs se disputent la primauté sur l'île : Palerme et Catane, bruissant de rivalités, qui parfois, comme en février 2007, virent en violentes émeutes, mais qui toujours emplissent les stades de ferveur.

Ambiance et couleurs du marché Ballarò, Palerme.
F. Guiziou/hemis.fr

et pratiquants, ils font aussi bien souvent preuve de générosité ainsi que d'une grande disponibilité pour leurs proches, et notamment leur famille (n'oublions pas la *mamma*!).
Il est une phrase de l'écrivain Gesualdo Bufalino qui décrit bien le tempérament, la nature sicilienne : « Destinés par le sort à jouer le rôle de charnière entre des continents et des cultures divergents; pétris de calcul et d'instinct, de rationalisme européen et de magie africaine; condamnés depuis toujours à subir sur le visage, comme les héros pirandelliens, la violence des masques successifs, tous crédibles et tous faux, nous autres Siciliens décourageons vraiment quiconque souhaite résumer dans une formule univoque les multiples éclats de notre pluralité contradictoire. »

Géographie

Une terre d'exception. Voilà la définition qui l'emporte pour désigner la Sicile. Une île chauffée par le soleil, animée par l'Etna, partagée entre plages de sable, criques et falaises, entre monts et vallées. Une île autour de laquelle surgissent d'autres petites îles aux couleurs et aux parfums exaltants.

Mille formes et mille couleurs

Si le vert des alpages finit par se mêler au bleu enivrant de la mer, si les figuiers de Barbarie poussent sur les pistes de ski chauffées par le volcan ou si, en plein hiver, la blancheur des amandiers en fleur vous éblouit, pas de doute à avoir : vous êtes en Sicile !

Il est impossible de définir la Sicile en un mot ou une image, car les ingrédients qui la composent changent, se complètent, se mélangent ou s'annulent réciproquement. Les saisons qui se succèdent créent une palette de couleurs éclatantes, du jaune des genêts et des mimosas au rouge des coquelicots et des bougainvillées, en passant par le vert des prairies et l'ocre de la terre brûlée par le soleil. Au printemps, le parfum des fleurs d'oranger et des genêts envahit cette terre d'exception, et les sens s'exaltent et s'égarent devant la beauté absolue de ce paysage toujours surprenant, qui passe, en quelques kilomètres, des hauteurs de l'Etna, le plus haut sommet de l'île et le plus haut volcan d'Europe avec ses 3 330 m d'altitude, à une petite crique de sable fin. Il ne s'agit là que d'un visage de la Sicile, peut-être le plus connu et le plus apprécié,

mais il existe de nombreuses autres facettes à découvrir, toutes plus surprenantes les unes que les autres.

PETITE LEÇON DE GÉOGRAPHIE

La Sicile est la plus grande île de la Méditerranée. Le détroit de Messine, dont la largeur n'excède pas 3 km, la sépare de l'Italie péninsulaire, et par le détroit de Sicile elle n'est qu'à environ 140 km de l'Afrique. Elle a une forme approximativement triangulaire : ses côtés les plus longs donnent sur la mer Tyrrhénienne au nord et le détroit de Sicile au sud ; le côté court, sur la mer Ionienne à l'est. Après la domination musulmane, l'île fut divisée en trois grandes « vallées » (provinces, districts) : le **Val di Mazara** à l'ouest, le **Val Demone** au nord-est et le **Val di Noto** au sud-est.

Une île entre les îles

La Sicile comprend aussi de nombreuses petites îles : les îles **Éoliennes** (ou Lipari) et Ustica au large de la côte septentrionale dans la mer Tyrrhénienne, les îles **Égades** à l'ouest, à peu de distance de Trapani, Pantelleria et les îles **Pelagie** avec Lampedusa (qui se trouve à 113 km de la Tunisie et à 205 km de la côte sicilienne) au sud, dans le détroit de Sicile. À ces îles vient s'ajouter un petit îlot qui

Fumerolles avec émanations de vapeur de soufre au sommet d'un cratère, île de Vulcano.
R. Gerth/Blickwinkel/age fotostock

a momentanément fait surface pendant quelques mois en 1831, en face de Sciacca : il s'agit de l'île **Ferdinandea** (Graham pour les Anglais et Julie pour les Français), qui se trouve actuellement à 8 mètres sous l'eau et qui semble à nouveau vouloir faire surface.

Entre plages de sable et falaises

Les côtes siciliennes s'étirent sur plus de 1 000 km. Au nord, sur la mer Tyrrhénienne, la côte qui s'étend du **cap Peloro**, dans les environs de Messine, au **cap Lilibeo**, proche de Marsala, est généralement élevée et accidentée. Sur le segment assez court de la côte occidentale entre Trapani et Marsala, le paysage côtier change soudainement, avec un relief bas ponctué par les taches blanches des salins. La côte sud possède elle aussi un relief bas, avec des plages de sable, jusqu'au **cap Passero**, pointe sud-est de l'île. Des baies peu prononcées modifient légèrement la linéarité du littoral près des principaux centres côtiers, comme Mazara del Vallo,

Sciacca ou Gela, située au centre du golfe du même nom entre Licata et Marina di Ragusa.

En parcourant le littoral oriental sur la mer Ionienne, on rencontre d'abord une côte basse, articulée autour de trois baies principales : le **golfe de Noto**, le **golfe d'Augusta** et enfin le vaste **golfe de Catane**, dont la bande côtière s'ouvre sur la plus grande plaine de la Sicile. Au nord de Catane, le paysage littoral jusqu'à Messine se caractérise à nouveau par de hautes falaises abritant de nombreuses criques pittoresques. La lave noire de l'**Etna** et les parois calcaires des monts Peloritani (prolongement insulaire de l'Apennin calabrais) façonnent d'imposantes falaises à pic sur la mer, créant des panoramas d'une beauté incomparable, comme les côtes de Taormine ou d'Acireale.

Entre monts et vallées

Le territoire sicilien est composé essentiellement de vallées (62 % de la superficie), puis de montagnes (24 %), enfin de très peu de plaines (14 %).

Son point culminant est l'**Etna**, volcan de 3 330 m d'altitude, qui imprime fortement sa marque sur le paysage sicilien car on l'aperçoit pratiquement de chaque point élevé de l'île.

Au nord de l'Etna, de l'autre côté de la vallée de l'Alcantara, s'élèvent les flancs abrupts de la principale chaîne montagneuse de l'île, qui s'étend sur 200 km parallèlement à la côte tyrrhénienne. Sur le plan

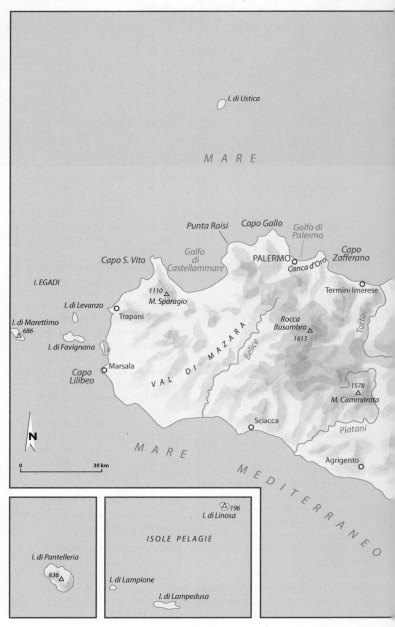

géologique, cette chaîne constitue le prolongement de la chaîne de l'Apennin calabrais, d'où son appellation **Appennino Siculo**. Elle s'articule en trois sections distinctes. La portion orientale, comprise entre Messine et Patti, est constituée des **monts Peloritani**, à l'aspect âpre et déchiqueté, dont le sommet le plus élevé est la Montagna Grande (1 374 m). Les torrents qui entaillent les flancs

UNE HYPOTHÈSE INTÉRESSANTE

Dans *Les Métamorphoses*, Ovide raconte que durant le combat contre le géant Typhée, Zeus lui lança la Sicile dessus et « l'orgueilleux Typhée, qui dans son audace osa lui disputer l'Olympe, gémit et souvent s'agite en vain sous cette énorme masse. Sur sa main droite est le cap de Péloros ; sur sa gauche, le promontoire de Pachynos ; sur ses pieds, l'immense Lilybée. L'Etna charge sa tête. C'est par le sommet de ce mont que sa bouche ardente lance vers les cieux des flammes et des sables hurlants. Il lutte pour briser ses fers. »

de ce massif d'altitude modeste charrient les alluvions qui vont former les étroites plaines côtières. La chaîne continue vers l'ouest avec les **monts Nebrodi**, caractérisés par des pentes plus douces et des cimes arrondies et boisées qui culminent au Monte Soro (1 847 m). Aux Nebrodi succèdent à l'ouest les **Madonie**, moins étendus, mais dont les cimes principales sont plus élevées.

Le **Pizzo Carbonara**, second sommet de l'île, domine le groupe avec ses 1 979 m. À l'ouest des Madonie, la chaîne s'interrompt. La région comprise entre Termini Imerese et la côte de Trapani est caractérisée par de légers plissements et de vastes vallées. Dans cette région se trouvent trois massifs mineurs, qui conservent des affinités géologiques avec la chaîne septentrionale : les **monts de Termini Imerese**, les **monts de Palerme** et les **monts de Trapani**. Vers le sud, les reliefs montagneux laissent la place à une vaste étendue formée de hauts plateaux arides (appelés « soufrières » du fait de la présence abondante de soufre), qui s'étire de Marsala à Caltanissetta. Les seuls reliefs de cette région sont les **monts Sicanes**, au-dessus d'Agrigente, et les **monts Erei**, à l'est de Caltanissetta. Dans la partie sud-est de l'île s'élève la vaste chaîne calcaire des **monts Iblei**, dont le sommet ne dépasse pas 1 000 m. La principale plaine de Sicile est la **plaine de Catane** qui s'étend

des flancs méridionaux de l'Etna jusqu'aux premiers reliefs des Iblei. Sillonnée par d'importants cours d'eau, la plaine est renommée pour la fertilité de ses sols qui permettent la culture intensive d'agrumes, de fruits et de légumes. L'île présente également des surfaces moins étendues comme la plaine de Palerme, dite **Conca d'Oro**.

Le manque d'eau

Depuis toujours, l'eau manque cruellement en Sicile, du fait d'une terre peu perméable et d'une répartition inégale des précipitations (ce à quoi s'ajoute une gestion exécrable de cette précieuse ressource). Les cours d'eau qui se jettent dans la mer Tyrrhénienne, bien que nombreux, sont courts et ont des régimes de torrents, dus à la proximité de la source par rapport à la mer. Au sud, les rivières sont beaucoup plus longues et ont un débit plus important parce qu'elles possèdent des bassins plus étendus. Elles coulent toute l'année, même si quelquefois leur débit s'affaiblit. Le système hydrographique le plus important de l'île est constitué par les rivières **Gornalunga**, **Dittaino** et **Simeto**, dont les eaux abondantes permettent d'irriguer la plaine fertile de Catane, qu'elles traversent avant de se jeter dans la mer Ionienne.

La Sicile ne possède pratiquement pas de lacs naturels (le seul est le lac Pergusa), mais on rencontre beaucoup de bassins artificiels dans les zones de montagne.

Le long des côtes, on trouve fréquemment des marais d'eau saumâtre, dits *bivieri* ou *pantani*, qui se forment derrière les dunes côtières.

Les régions volcaniques de la Sicile

☾ *Voir aussi p. 427.*

Les îles Éoliennes

La région volcanique des îles Éoliennes s'étend sur environ 200 km et comprend huit îles émergées (les îles Éoliennes et Ustica) et plusieurs volcans subaquatiques. L'île de **Stromboli** est constituée de plusieurs édifices volcaniques superposés, qui se sont développés au cours des cent mille dernières années. De nombre et position variables, les bouches éruptives s'ouvrent aujourd'hui à près de 700 m d'altitude au sommet de la Sciara del Fuoco. Au large de la côte nord-est de Stromboli, à environ 1,5 km, le **Strombolicchio** surgit de la mer. Ce rocher haut de 40 m est tout ce qui reste d'une cheminée volcanique appartenant au plus ancien appareil de l'île.

L'Etna

L'**Etna** est le plus grand volcan d'Europe en activité, avec plus de 3 330 m d'altitude et un diamètre de base d'environ 40 km. L'activité volcanique a commencé il y a entre 700 000 et 500 000 ans par des intrusions magmatiques subaquatiques dans la région d'Aci Castello et des effusions subaériennes près des Paternò ; au cours des cent mille dernières années, l'axe éruptif s'est déplacé vers l'ouest. L'aspect actuel du volcan est le résultat d'un phénomène explosif qui a eu lieu il y a environ 14 000 ans et qui a déterminé la forme du cratère Ellitico par effondrement de l'ancien cratère. L'Etna possède quatre cratères sommitaux actifs (cratère sud-est, Bocca Nuova – bouche neuve, Voragine – gouffre, cratère nord-est), trois principales zones de fracturation radiale et près de deux cent cinquante bouches excentrées, qui ont émis d'importantes quantités de lave, et cela même encore récemment.

Le détroit de Sicile

On remarque dans le détroit de Sicile deux îles d'origine volcanique (Pantelleria et Linosa) et plusieurs volcans subaquatiques. Dans cette zone, le volcanisme est lié au rift continental, importante zone de fracture qui sépare la Sicile de la Tunisie. Les derniers épisodes volcaniques enregistrés ont eu lieu en 1831, avec la formation, à 50 km au nord-est de Pantelleria, de l'île Ferdinandea, actuellement submergée mais qui semble bien décidée à refaire surface et, en 1891, avec une éruption qui s'est produite sur le fond marin à environ 7 km au nord-ouest de Pantelleria. En raison de leurs caractères particuliers, les roches volcaniques que l'on peut voir à **Pantelleria** prennent le nom de *pantellerite*.

Agrumes, oliviers, figuiers…

Avec son climat très doux, la Sicile a une végétation typiquement méditerranéenne, du moins près des côtes et dans la plaine. D'une saison à l'autre, c'est une véritable symphonie de couleurs et de parfums qui se joue…

PALETTE FLORALE

On y trouve en abondance buissons de myrte, arbousiers, lentisques et l'euphorbe de Bivona, arbuste poussant jusqu'à 1,50 m caractéristique de l'ouest de la

Sicile, et dont les branches de couleur rouge, très ramifiées, ne se garnissent de feuilles qu'après l'été avec les premières pluies. Le genêt, avec ses feuilles solitaires et persistantes, se fait remarquer à la fin du printemps par sa splendide floraison d'un jaune éclatant.

Ces arbustes alternent avec les lauriers-roses, aux feuilles allongées et toujours vertes, qui se parent au printemps et en été de fleurs blanches, roses ou jaunes ; les caroubiers (surtout dans la région de Raguse), caractérisés par leurs baies brunâtres ; les eucalyptus, toujours frémissants de leurs feuilles persistantes lancéolées et aromatiques, dont on extrait une substance désinfectante ; les oliviers sauvages *(olivastri)*, épineux qui servent souvent pour la greffe des oliviers cultivés ; les pins maritimes, dont le fût long et droit supporte un panache conique, et les pins parasols, à la cime si caractéristique. On voit de grandes étendues plantées de vignobles, d'oliviers aux troncs noueux et aux typiques houppiers vert argenté, ainsi que d'agrumes, citronniers, orangers et mandariniers. Ces derniers constituent l'élément caractéristique du « jardin » qui, en Sicile, indique une plantation d'agrumes et non un espace vert purement ornemental tel que nous le concevons. Les terres plus arides sont couvertes d'épineux, tels les chardons, et de plantations de palmiers nains, plante vivace particulièrement répandue dans la zone du Zingaro *(voir p. 206)*, réserve naturelle dont elle est l'emblème.

L'une des caractéristiques essentielles du territoire sicilien est la présence de toutes les variétés de plantes succulentes (c'est-à-dire à tissus charnus riches en eau), mieux connues sous l'appellation de plantes grasses. Parmi celles-ci, on reconnaîtra de gigantesques agaves, une infinie variété de cactées et les incontournables figuiers de Barbarie.

Parmi les espèces qui fleurissent, les premières à colorer le paysage sont les nuées blanches des amandiers (dans la région d'Agrigente), ainsi que les touffes jaunes des mimosas et les flocons parfumés des fleurs des orangers. Suivent, à la fin du printemps, les lauriers-roses et les grandes corolles colorées des hibiscus, les cascades violettes ou rouge flamboyant des bougainvillées, les petites fleurs blanches ou crème du jasmin, au parfum capiteux, et, surtout dans les îles (Pantelleria et Éoliennes), les superbes pétales roses des fleurs de câprier.

Sur les reliefs dominent le chêne vert, au feuillage persistant et lustré, dont les glands sont si appréciés des porcs, le châtaignier, le chêne, et, aux altitudes les plus élevées, le hêtre, à la mince écorce gris cendré, et les conifères.

Chaque région possède également une flore plus locale, comme le chêne-liège aux alentours de Niscemi (dans l'arrière-pays de Gela), le papyrus le long du fleuve Ciane (tout près de Syracuse) ou le frêne à manne, dans la région de Castelbuono (Madonie).

Histoire

Occupant une position clé au cœur de la Méditerranée, la Sicile a été traversée d'influences, de courants et de peuples qui s'y sont succédé. Des Grecs aux Arabes, des Normands aux Espagnols, tous ont laissé leur empreinte sur cette île à l'histoire ô combien riche et mouvementée, où s'est invitée une nature indocile et se greffent aujourd'hui les turbulences de la Mafia.

L'héritage du passé

Au 14e s. av. J.-C., la Méditerranée jouait un rôle capital dans l'histoire des hommes. Les peuples se pressaient sur ses côtes « comme des grenouilles autour d'un étang », disait Platon. Au cœur de cette mer, la Sicile s'est tout naturellement trouvée à la croisée de nombreuses civilisations et cultures. Dans l'Antiquité, elle était une escale sur la route des navigateurs venant de l'est et ses côtes, accueillantes ou perfides, ont été transfigurées par le mythe et la poésie.

LA SICILE PRÉ-HELLÉNIQUE

L'historien grec Diogène d'Halicarnasse décrit de manière très rigoureuse les expéditions maritimes qui naviguaient de l'est vers la péninsule italienne et la Sicile. L'archéologie en offre des preuves plus concrètes. Des traces de la civilisation mycénienne ont en effet été retrouvées à **Thapsos**, au nord de Syracuse (céramiques de style maltais et vestiges d'habitations), et sur Panarea (bris de céramique portant des inscriptions en alphabet syllabique mycénien, le « linéaire B »). L'île aurait donc été une escale commerciale pour les navires marchands mycéniens.

D'autres traces soulignent certains passages : les gravures rupestres des **grottes de l'Addaura**, non loin de Palerme, datant du 5e millénaire, et plus près de nous, relevant de l'âge tardif du bronze (1270-650), quelques découvertes significatives dans les nécropoles de Pantalica (5 000 tombes) et de Cassibile. Probablement, l'arrivée des Hellènes semble avoir apporté l'usage du fer et une civilisation plus développée techniquement.

Lorsque l'historien athénien Thucydide décrit, dans la *Guerre du Péloponnèse*, la Sicile archaïque, il traite de la colonisation grecque, mais aussi des populations indigènes, les **Sicules** et les **Sicanes**. Les premiers s'étaient installés dans la partie orientale et le centre sud de l'île, l'arrière-pays de Syracuse, dans la zone sacrée qui entoure un des lacs Pàlici (le lac Naftia, aux environs de la ville actuelle de Palagonìa) et dans la ville de Morgantina. C'est peut-être dans la péninsule italienne qu'il faudrait rechercher l'origine des Sicules, car de nombreux indices les rattachent à la civilisation continentale des Apennins. En revanche, les Sicanes, qui occupaient la partie occidentale de l'île, n'apparaissent pas comme une population indo-européenne mais sont probablement d'origine ibérique, et l'analogie de leur nom avec celui des Sicules n'est pas encore bien expliquée.

Quant au peuple des **Élymes**, fondateurs d'Erice et de Ségeste, il semble appartenir à l'antique famille des populations méditerranéennes pré-indo-européennes. Divers indices révèlent des contacts avec l'Orient (culte d'Aphrodite Érycine) mais aussi leur rapide hellénisation (temple dorique de Ségeste).

Les **Phéniciens de Carthage** se sont établis à Solunto, Panormo (la Palerme d'aujourd'hui) et Mozia, dans la zone nord-ouest, où plus tard s'élèvera la forteresse de Lilibeo (l'actuelle Marsala), place forte imprenable, point d'appui de la puissance militaire de Carthage.

SIKELIA : LA SICILE GRECQUE

La fondation du comptoir commercial de Pitechusa à Ischia, en 775 av. J.-C. marque le début de l'implantation hellénique dans la péninsule italienne. Vers 735, **Naxos**, tout près de Taormina, première colonie grecque en Sicile, joue un rôle décisif dans le contrôle des routes commerciales du détroit de Messine. À la suite de Naxos, plusieurs villes sont fondées, durant plus d'un siècle, témoignant de l'activité régnant sur l'île. En 734, les Corinthiens fondent Syracuse, suivis par les Chalcidiens, entre 730 et 700, qui fondent Catane, Lentini et **Zancle** (l'actuelle Messine) tandis que les Mégariens s'installent à Megara Hyblæa. À peine plus tard, en 688, les colons de Rhodes et de Crète créent Gela, plongeant sur la Méditerranée, ville qui fondera **Akragas** (la future Agrigente) en 580. Au sud de Ragusa, en 598, se dresse au-dessus de la mer Camarina. Sitôt fondées, les cités vont passer sous l'autorité de tyrans, au sens grec du terme, « celui qui s'empare du pouvoir

par la force », comme **Phalaris** à Akragas (en 570) ou **Gélon**, en 491, à Gela puis à Syracuse (en 485). C'est aussi lui, en maître d'une grande partie de la Sicile, qui triomphe dans la bataille d'**Himère**, en 480 : les Syracusains écrasent l'armée carthaginoise. Grâce au tribut payé, la ville s'enrichit de nombreux bâtiments publics et devient l'une des cités les plus puissantes du monde grec. À l'hostilité des Carthaginois succède celle des Étrusques, probablement suscitée par l'aggravation de la menace des Perses contre la mère patrie hellène. Il revient alors à **Hiéron**, frère et successeur de Gélon, protecteur du poète **Pindare**, de remporter près de Cumes, en 474, une victoire navale décisive sur les Étrusques tandis que Catane, cité ionienne, est occupée par des colons doriens et son administration confiée au fils de Hiéron. En 465, quand le frère de Hiéron est chassé de Syracuse, la cité est dirigée par une démocratie modérée.

Cette modération ne dure pas, et précède une nouvelle et longue période de troubles. À commencer par la rébellion de **Doukétios** (453), qui, s'autoproclamant « roi des Sicéliotes », organise en confédération toutes les cités sicules. Une rébellion est réprimée en 450. Trente-cinq ans plus tard (415-413), en lutte contre Sélinonte, la cité de Ségeste fait appel à l'aide d'Athènes : la flotte grecque, conduite par Nicias et Alcibiade, vient mettre le siège devant Syracuse. L'intervention se révèle désastreuse : les Athéniens sont vaincus sur l'Assinaras, perdant au cours de la guerre cinquante mille hommes et plus de deux cents trirèmes. Les Carthaginois, venus au secours de Ségeste, détruisent alors Sélinonte et Himère (409) avant de s'emparer d'Agrigente.

En 406, quand le général **Denys Ier l'Ancien** prend le pouvoir à

Le majestueux temple de Ségeste (430 av. J.-C.).
R. Mattes/hemis.fr

Syracuse, il rétablit les finances et réorganise ses armées.

Il conquiert un vaste territoire en Italie méridionale et sur le flanc adriatique (conquête de Crotone et fondation d'Ancône). Il fait même raser Naxos (403) dont les survivants fondent, non loin de là, **Tauromenion** (future Taormine). En 392, il obtient la paix avec les Carthaginois et repart en conquête dans la Grande Grèce. À sa mort (367), son fils **Denys II le Jeune** ne pourra conserver ces villes acquises. Et de retour à Syracuse, il est défait par Timoléon à la tête de sept cents soldats (344). Puis Syracuse passe à nouveau sous la coupe d'un autre tyran, **Agathoclès** (316), d'origine modeste, qui prend la tête d'une révolte contre les aristocrates. Six ans après, il débarque en Afrique à la tête de quatorze mille hommes mais est vaincu par les Carthaginois près d'Ecnome. À sa mort (289), les Mamertins, mercenaires d'origine campanienne, s'emparent de Messana (Messine).

Au cours de ce troisième siècle av. J.-C., **Pyrrhus** est en Italie. Entre 278 et 275, il tente en vain d'unifier la Sicile. En 269, **Hiéron II**, ancien officier de Pyrrhus, après une victoire sur les Mamertins, se donne le titre de *basileus* (roi) de Syracuse. Surtout, ce troisième siècle est marqué par la **première guerre punique** (264-241), opposant Rome, que les Messiniens ont appelée à leur secours, à Carthage. Les troupes d'Hamilcar sont défaites à Agrigente (262), à Myles (260) et aux Égades (241). La porte est désormais ouverte à la romanisation de l'île.

LA SICILE ROMAINE

Gouvernée par un préteur assisté de deux questeurs, la Sicile est la première province romaine. Le tribut qu'elle doit à Rome est calculé pour couvrir au moins un cinquième des besoins de celle-ci. Il s'élève à environ 2 millions de boisseaux de blé qui doivent être « engrangés » suivant des modalités établies par **Hiéron II** (d'où l'appellation *lex hieronica*). Malgré les effets désastreux de deux révoltes d'esclaves et de la rébellion de Syracuse, qui sera punie par la destruction de la ville, l'île conserve son importance économique. Terre de *latifondia*, la Sicile compte de nombreuses propriétés de l'aristocratie de l'*Urbs*, villas aussi vastes qu'élégantes, ayant souvent abrité les divertissements littéraires des aristocrates romains.

Si la Sicile est province romaine, elle n'est pas totalement soumise. Entre Rome et Carthage, Hiéron II préfère la neutralité, mais quand son petit-fils, Hiéronyme, prend le parti de Carthage, il déclenche la **deuxième guerre punique** (218-201), avec toujours pour enjeu l'hégémonie en Méditerranée. En 211, le consul Marcellus, après un long siège (au cours duquel **Archimède** s'illustre par ses inventions défensives), met à sac Syracuse insurgée contre Rome. Il ne faudra pas attendre plus d'un demi-siècle pour assister à la **troisième guerre punique** (149-146) et à la destruction définitive de Carthage par Scipion l'Émilien.

La fin de Carthage ne signifie pas pour autant la fin des conflits et des rébellions en Sicile. Ainsi, les années 138-131 voient la première révolte des esclaves conduite par **Eunus**, un esclave syrien : après s'être emparés de Taormine, ils sont écrasés à Enna dont ils avaient fait leur place forte. Entre 104 et 99, une seconde révolte est dirigée par l'esclave **Trifone**, tandis qu'en 70, Verrès, préteur de Sicile, est accusé de malversations par certaines cités siciliennes, auxquelles **Cicéron** servira d'avocat. À partir du premier triumvirat réunissant Pompée, Crassus et César (60), l'île vit au rythme des soubresauts de Rome. La bataille de Pharsale (48) impose le triomphe de César ; en 44, Sextus Pompée (fils de Pompée) contrôle avec ses flottes la Sardaigne, la Corse et la Sicile, avant d'être défait à Nauloque en 36 par Marcus Vipsanius Agrippa, amiral d'Octave.

Mais l'influence romaine n'est pas seulement politique et militaire. Au 2e s. apr. J.-C., le christianisme gagne l'île et Syracuse devient le premier siège épiscopal de Sicile, avant que Genséric, roi des Vandales établis en Afrique, ne soumette l'île en 468.

LA SICILE ARABE

Les Vandales ne restent guère longtemps en Sicile, délogés par les Ostrogoths de Théodoric en 491. L'île est alors réorganisée selon une administration inspirée du modèle impérial. Les possessions territoriales de l'Église romaine y sont étendues. Quatre décennies plus tard, au début de la guerre gotho-byzantine, Bélisaire, général de Justinien, annexe la Sicile à l'Empire romain d'Orient (535). L'île, où l'on parlait communément le grec et le latin, se rapproche alors culturellement de l'Orient byzantin. Les premières invasions arabes ont lieu en 652, tandis que pour des raisons d'opportunité politique, le basileus byzantin, **Constantin II**, réside à Syracuse en 663. Juste avant que la Sicile ne vive une domination arabe, dans la crise iconoclaste, elle reste fidèle au culte des images. En 732, l'Église sicilienne dépend du patriarcat de Constantinople.

Près de deux siècles après les premières incursions, en 827, les **Arabes** débarquent à Mazara. Les envahisseurs (principalement des Berbères et des Perses) conquièrent Palerme en 831. Ils en font leur capitale. Entre 842 et 859, Messine, Modica, Raguse et Enna tombent ; l'armée byzantine est dispersée et la résistance des habitants chrétiens est vaincue. Seule la partie nord-est réussit à résister grâce au soutien des Byzantins, tandis qu'en 878 Syracuse, ancienne capitale, est vaincue et à nouveau détruite. En 902, c'est autour de Taormine, la dernière place forte byzantine, de tomber, et entre 948 et 1040, la dynastie de l'émir des Kalbites, d'origine arabe et fidèle aux califes du Caire, gouverne l'île.

L'arrivée des Arabes provoque une fracture dans la vie politique et économique de l'île. Si la partie occidentale a su tirer profit de l'invasion et susciter une alliance entre indigènes et envahisseurs, la région de Syracuse ne s'est jamais totalement soumise à la domination arabe, même si leur arrivée a marqué la décadence de l'ancienne métropole et de la Sicile orientale, de langue et de culture grecques. La partie nord-est en particulier, affirmant pleinement son christianisme, tente de résister de toutes ses forces.

Palerme devient le symbole de la **civilisation arabo-sicule**. Très peuplée (environ 300 000 habitants), riche, ceinturée de faubourgs agricoles et administratifs, elle compte trois cents mosquées et autant de médersas (écoles coraniques). L'émir s'entoure d'une assemblée influente *(giama'a)*, composée de l'aristocratie locale. La région palermitaine offre le meilleur exemple de réussite économique sous la domination arabe. Le fractionnement des propriétés terriennes au profit des nouveaux arrivants impose des méthodes de culture intensives et sophistiquées, souvent favorisées par d'efficaces réseaux de **qanat**, canaux d'irrigation qui captent l'eau des nappes *(voir p. 169)*, valorisées par la culture d'espèces précieuses et rares, comme le coton, le lin, le chanvre, la canne à sucre, le riz, les agrumes, le henné, les dattes et les fruits secs.

Parallèlement aux richesses matérielles, la vie culturelle s'épanouit au contact de la civilisation de l'islam méditerranéen (l'Andalousie pour les lettres, le Maghreb et l'Égypte pour les sciences). La magnifique littérature de langue arabe qui fleurit à la cour de Palerme, en particulier la poésie, en est une brillante illustration. Écoutons Ibn Hamdis évoquer avec mélancolie la terre de Sicile, tombée aux mains des Normands : « Un pays auquel la colombe a prêté son collier, et que le paon a recouvert de ses plumes chatoyantes. »

SUR LES TRACES DES ARABES

C'est principalement dans la langue que se manifeste la résistance à l'arrivée des Normands, résistance cristallisée ensuite dans la toponymie et dans certains noms communs. Parmi les principaux toponymes d'origine arabe, on trouve Calascibetta, Calatafimi, Caltabellotta, Caltagirone, Caltanissetta et Caltavuturo, dérivant tous de *kalat*, signifiant « château ». Marsala vient de *marsa* (port), Mongibello, Gibellina et Gibilmanna de *gebel* (mont), Modica de *mudiqah* (indiquant un passage rétréci), Racalmuto et Regalbuto de *rahal* (hameau) et enfin Sciacca de *shaqqah* (fissure - celles du mont Kronio en l'occurrence). Parmi les arabismes les plus courants dans la langue italienne, on retrouve *albicocca* (abricot), *alcool*, *algebra* (algèbre, de *al giabr*, signifiant « transport » – des termes d'une équation), *arancia* (orange), *bizzeffe* (à foison, de *bizzef*, beaucoup), *cifra* (chiffre) et *zero* (zéro) (tous deux dérivés de *sifr*, vide), *cotone* (coton), *dogana* (douane), *limone* (citron), *magazzino* (magasin), *melanzana* (aubergine), *ragazzo* (garçon, de *raqqas*, messager), *tazza* (tasse), *tariffa* (tarif), *zafferano* (safran), *zecca* (de *sikka*, monnaie) et *zucchero* (sucre).

LA SICILE NORMANDE

Les « hommes du Nord », ayant quitté leurs terres scandinaves, se sont établis en 911 dans l'actuelle Normandie. Des groupes de mercenaires normands partiront combattre dans le sud de la péninsule italienne, en épousant les querelles qui opposent les pontifes romains, les ducs lombards de Bénévent et de Salerne, les Arabes de Sicile, les Byzantins des Pouilles et de Calabre. Par l'**accord de Melfi** (1059), les Normands obtiennent le privilège d'être considérés comme vassaux du pape, et acquièrent en même temps des droits féodaux sur l'Italie méridionale. Après avoir obtenu le titre de duc des Pouilles, l'un de leurs chefs, appartenant à la famille des **Hauteville**, **Robert Guiscard** (c'est-à-dire « le rusé ») assujettit Bari et Salerne. Son frère, le comte **Roger** (1031-1101) commence, à partir de 1061, la conquête de la Sicile et entre à Palerme en 1072. La reconquête chrétienne met une trentaine d'années pour chasser les Arabes de l'île. La dernière place forte arabe, Noto, capitule en 1091. Si la culture islamique va prospérer jusqu'au seuil du 13e s., c'est en Sicile, au cours de ce 11e s. que certains des *Dialogues* de Platon sont traduits pour la première fois en latin. L'ambitieux Roger obtient rapidement le titre de légat pontifical de l'île, c'est-à-dire représentant direct du Saint-Siège. À sa suite, **Roger II** (1095-1154) obtient de l'antipape Anaclet II les titres de roi de Sicile et de duc de Campanie.

Roger II étend alors les frontières de son royaume jusqu'au Tronto, en y joignant Capoue, Amalfi et Naples ; Palerme en est la capitale. Le souverain prétend avoir des droits sur toute terre et alloue en récompense des territoires à ses partisans. C'est pendant cette période qu'une organisation de type féodal se répand en Sicile. Sa caractéristique est la présence d'une administration centrale très complexe, héritage de la domination byzantine et arabe : le roi est assisté de six officiers et de magistrats établis dans les provinces (*justiciarii* et *connestabuli*). On y trouve également une administration financière (*dohana* en arabe) et une forme de gouvernement autonome concédée à la communauté arabe de Palerme, régie par un *qadj*. Des prérogatives spéciales en matière d'organisation ecclésiastique sont accordées aux souverains normands, nommés par Urbain II légats du pape : il leur revient d'extirper les racines de l'islam et de lutter contre l'influence du christianisme gréco-byzantin, principaux objectifs imposés par la papauté. À la cour de Roger II, la culture arabe demeure. Le géographe **al-Idrisi** construit à Palerme un grand planisphère d'argent et rédige, entre autres, un traité de géographie au titre significatif de *Kitab-Rugiar*, c'est-à-dire *Le Livre de Roger*.

Guillaume Ier de Hauteville (1120-1166) succède à son père Roger II. Entré en conflit avec l'empereur germanique **Frédéric Ier de Hohenstaufen dit Barberousse**, Guillaume doit aussi affronter une révolte de ses barons, réprimée en 1156. Son fils, **Guillaume II** (1153-1189), est couronné roi en 1166. Il soutient la papauté et les villes du Nord dans leur lutte contre Barberousse (ce qui ne l'empêchera pas de se rapprocher de l'empereur germanique par la suite), et s'attaque à l'Empire byzantin en déclin. Ainsi, il se joint aux partisans de la troisième croisade dirigée contre Saladin : les troupes normandes arrivent au secours de Tripoli. Il désigne comme héritière sa tante

Les Vêpres siciliennes par Erulo Eruli.
Civica Galleria Moderna E. Restivo, Palermo

Constance, promise en mariage à Henri, l'aîné de Barberousse. Artisan d'un rapprochement entre les deux familles, il permet ainsi à la dynastie souabe des Hohenstaufen d'avoir des prétentions légitimes au trône de Sicile.

LES SOUABES ET LES ANGEVINS

À la suite de son mariage à Milan (1186) avec Constance de Hauteville, **Henri VI** de Souabe, fils de Barberousse, devient empereur et roi de Sicile (1190-1197). L'île est ainsi aux mains de l'Allemagne. Constance obtient le couronnement de son fils **Frédéric II**, à l'âge de 4 ans, comme roi de Sicile dans la cathédrale de Palerme *(voir p. 81)*. Ce dernier grandit dans le palais des Normands, avant d'épouser Constance, sœur de Pierre, roi d'Aragon (en 1209). Finement cultivé, Frédéric II va mener une existence riche en déplacements suivant son attachement à l'Italie et les soubresauts de la papauté. Ainsi, en 1214, le pape Innocent III excommunie l'empereur Othon de Brunswick pour justement nommer à sa place son rival Frédéric II.

Roi de Sicile, Frédéric rejoint l'Allemagne, pour ne revenir sur l'île qu'en 1220. Huit ans plus tard, exhorté par le pape Grégoire IX, il part pour la Terre sainte, où il signe des accords de paix avec le sultan. En 1229, il se fait couronner roi de Jérusalem et, en 1231, il promulgue les **Constitutions de Melfi**, code de lois destiné à former un État centralisé au-dessus de l'arbitraire des féodaux.

En 1250, à sa mort, son fils **Conrad IV** (1228-1254) lui succède et est couronné empereur en dépit de l'opposition de Manfred (1232-1266), fils naturel de Frédéric II, que Dante décrit comme « blond… beau et de noble figure » (*La Divine Comédie*, *Purgatoire*, chant III). L'opposition entre les deux frères va perdurer au-delà du règne du premier. En 1265, le pape Clément IV bat le rappel des princes chrétiens pour combattre Manfred. **Charles d'Anjou**, prince français, accourt. L'année suivante, dans la bataille de Bénévent, Manfred est battu et tué. Cette défaite de Manfred en préfigure une autre, celle des Gibelins, partisans de l'empereur germanique, à Tagliacozzo, en 1268. Conrad, dit Corradino (Conradin), héritier des Souabes, âgé de 15 ans à peine, est décapité à Naples. C'est le début de la domination des Guelfes angevins sur l'Italie méridionale, avec Charles d'Anjou Ier à la tête du royaume de Sicile. Il y restera près de vingt ans.

LA GUERRE DES VÊPRES ET L'AVÈNEMENT DES ARAGONAIS (1282-1416)

Si Frédéric II avait su se faire respecter en Sicile, les Français ne sont guère appréciés. En 1282, à Palerme, éclate la révolte des **Vêpres siciliennes** (*voir p. 174*), entraînant le soulèvement de Corleone et de Messine, alors siège du vice-roi angevin. La révolte a besoin d'aide et, dans l'été 1282, une assemblée de barons et de représentants de la cité demande du secours à **Pierre III d'Aragon** (1239-1285). Celui-ci, marié à une Souabe, Constance, fille de Manfred, revendique des droits sur la couronne de Sicile. Du reste, la puissante flotte catalane contrôle depuis quelque temps la Méditerranée. Elle est sur le point de conquérir des positions en Afrique et en Italie pour mieux contrer la puissance de Pise et de Gênes. On offre à Pierre III la couronne de Sicile. Il n'y aura pas d'affrontement royal, car Charles d'Anjou se retire de Messine le 29 septembre (pour ne conserver alors que le royaume de Naples). Au cours de cette guerre, le parti siculo-aragonais trouve un chef militaire de valeur en Roger de Lauria, grand amiral, qui remporte en juin 1283 une victoire décisive sur les forces angevines dans les eaux napolitaines. En 1302, la paix de Caltabellotta marque officiellement la fin de la guerre des Vêpres. **Frédéric d'Aragon**, fils de Pierre, est nommé roi de Trinacrie, à

condition que le royaume revienne à sa mort à Robert d'Anjou. Le traité n'est pas respecté et le royaume normand, si puissant et florissant autrefois, est divisé en deux. La volonté de Charles d'Anjou de faire du royaume de Sicile l'avant-poste d'un grand État qui étendrait son influence sur la péninsule italienne tout entière a définitivement échoué. La Sicile va longtemps rester sous domination espagnole, fréquentée durant tout le 14e s. par des marchands étrangers : Génois et Anglais s'établissent à Messine et Trapani. L'immigration grecque et albanaise débute dans sept villes siciliennes. Ces communautés conserveront intactes certaines traditions culturelles et religieuses jusqu'au 20e s. Ce fut également l'époque d'une impressionnante vague d'immigration des « Lombards », autrement dit des Italiens du Nord, à Palerme et à Corleone.

L'île se veut indépendante, jusqu'au triomphe d'**Alphonse V d'Aragon** sur les Angevins de Naples en 1425, qui saisit l'occasion de réunir les deux royaumes. Une unification qui dure jusqu'à sa mort, en 1442, date à laquelle les royaumes sont à nouveau séparés.

LA SICILE MODERNE

16e siècle

En 1482, en Espagne, se dressent les premiers tribunaux de l'Inquisition. À peine dix ans plus tard, **les juifs sont chassés d'Espagne** et, en Sicile même, les communautés florissantes de Salerne et de Palerme doivent quitter l'île. Puis, sur le modèle ibérique, des tribunaux inquisitoriaux s'installent en Sicile à partir de 1497. La première partie du 16e s. est surtout marquée par le règne de l'empereur germanique **Charles Quint**, également roi de Sicile (1516-1556), porté en triomphe à

Palerme, en 1535, pour ses victoires en Méditerranée sur les pirates barbaresques d'Algérie. Au milieu de ce siècle, on compte soixante-douze barons sur l'île (en 1810, ils seront 277). Ils ont le droit de siéger au **Parlement**, institution très ancienne, symbole de l'autonomie de l'île. Divisé en trois *brazos* ou chambres, l'une réservée au haut clergé, la deuxième aux barons et aux militaires, et la troisième aux villes dépendant directement du roi, ce Parlement n'a qu'un pouvoir consultatif.

Si Palerme est capitale de l'île, **Messine** devient alors la base de la grande flotte chrétienne, composée de galères vénitiennes, espagnoles, toscanes et papales, qui remportera en octobre 1571 la célèbre victoire de **Lépante** contre les Turcs.

17e siècle

Le 17e s. est marqué par de nouvelles turbulences. En 1624, c'est d'abord une épidémie de peste qui ravage Palerme. Selon la rumeur populaire, la découverte miraculeuse des ossements de **sainte Rosalie** aurait contribué à vaincre l'épidémie. La sainte devient alors la patronne de la cité. Celle-ci voit se dresser en 1647 une rébellion anti-espagnole, menée par deux hommes du peuple, **Nino de la Pelosa** et **Giuseppe d'Alessi**. La révolte, vite réprimée, est suivie par une autre, en 1674, à Messine, soutenue par le roi de France et pareillement reconquise. Aux rébellions s'ajoutent deux événements qui vont bouleverser une île toujours encline aux catastrophes naturelles : en 1669, Catane est enfouie sous les laves de l'Etna ; en 1693, un terrible tremblement de terre frappe le sud-est de la Sicile et rase Noto.

18e siècle

Le Siècle des lumières s'ouvre sur un changement radical. En 1713, en effet, à l'occasion du traité d'Utrecht, la Sicile est attribuée à la maison de Savoie. **Victor-Amédée** ne règne guère longtemps.

Entre 1718 et 1720, l'Espagne reconquiert la Sardaigne puis menace Naples et Palerme. Mais la flotte espagnole est détruite à Capo Passero par les Anglais. La Sicile est alors attribuée à l'empereur d'Autriche (en échange de la Sardaigne à la maison de Savoie). Dans la continuité des ententes et des échanges, l'île devient possession de **Charles de Bourbon** (1716-1788), sous le nom de Charles VII, dont le couronnement a lieu à Palerme en 1735, avec le titre de roi de Naples et de Sicile. C'est le début de la domination de la dynastie des Bourbons d'Espagne, soulignée ensuite par le long règne de **Ferdinand IV** (1751-1825). La fin du siècle est marquée par des réformes pour augmenter la petite propriété et par l'abolition de l'Inquisition.

19e siècle

À l'orée du 19e s., **Napoléon Ier** s'impose en Europe. En 1806, appelées en renfort par Ferdinand, les troupes anglaises s'établissent en Sicile pour la protéger des armées napoléoniennes. Celles-ci sont déjà maîtresses de Naples, dont Joseph Bonaparte est le roi. La présence anglaise va favoriser une remarquable prospérité économique, tandis que grâce à l'intervention de lord Bentinck, une Constitution d'inspiration libérale est instaurée sur l'île. Elle abolit les droits féodaux et prévoit deux chambres sur le modèle parlementaire anglais.

En 1816, la parenthèse napoléonienne est close, Ferdinand forme à nouveau le royaume des Deux-Siciles ; les couronnes de Naples et de Palerme sont unifiées et le drapeau sicilien est aboli (la Constitution de 1812 est aussi abrogée).

L'Italie unifiée

La fin des Bourbons, que sonnera l'unité italienne, est ponctuée de révoltes. En 1820, un soulèvement carbonariste agite Palerme ; en 1840, Francesco Ferrara publie *La Lettera da Malta*, une œuvre pour le respect de l'autonomie de la Sicile dans le cadre d'une fédération des États italiens. En 1848, ce sont des insurrections séparatistes qui sèment encore le trouble à travers la Sicile ; enfin, en avril 1860, une nouvelle insurrection éclate à Palerme, à l'instigation d'agents envoyés du nord de l'Italie. En mai, c'est l'**expédition des Mille** en Sicile sous la conduite de **Garibaldi** *(voir Marsala p. 229)*. Le 21 octobre, un plébiscite (432 000 oui contre 600 non) sanctionne l'**union de l'île au royaume d'Italie**.

Misère, révoltes et émigration

Dans l'Italie unifiée, la Sicile ne sort pas pour autant des difficultés. En 1866, Palerme est le théâtre d'une révolte provoquée par une situation économique délicate (15 000 chômeurs). Dans une sorte de tragédie fratricide, la flotte italienne finit par bombarder la ville et 4 000 soldats écrasent la rébellion. En 1886, le rapport Jacini sur l'état de l'agriculture italienne révèle la pénurie alimentaire dans laquelle se trouve l'île ; elle est aggravée par l'augmentation de la population. Entre 1880 et 1914, environ un million d'habitants émigrent, surtout aux États-Unis. Le phénomène favorise le retour de fonds expédiés par les émigrants (environ cent millions de lires en 1907), sans jamais cependant enrayer la récession. En 1893, le scandale **Notarbartolo** n'arrange pas la réputation de clientélisme politique de l'île : le directeur du Banco di Sicilia est en effet assassiné pour avoir dénoncé les mœurs politiques et financières. L'année suivante, une mauvaise récolte et des inégalités dans la distribution des terres de l'Église conduisent les membres des Fasci di lavoratori (organisations fondées en 1889 regroupant les paysans les moins riches) à provoquer désordres et émeutes. Répugnant à employer la force, le gouvernement **Giolitti** est renversé. Un autre gouvernement est formé, présidé par le Palermitain **Francesco Crispi** ; celui-ci envoie cinquante mille soldats sur l'île et impose la loi martiale.

À l'orée du 20e siècle

Quand s'ouvre le 20e s., la Sicile offre ainsi un sombre tableau, entre désordre, ruralité pauvre et Mafia. En 1908, un terrible **tremblement**

LE STATUT SICILIEN

Le 15 mai 1946, un décret royal promulgue la loi sur l'autonomie sicilienne. Le 26 février 1948, l'Assemblée constituante transforme en loi constitutionnelle le statut de la Sicile, selon les dispositions de l'article 116 de la Constitution qui prévoit des formes et des conditions particulières d'autonomie pour cinq régions italiennes. Le statut prévoit un Conseil régional, appelé Parlement, composé de 90 membres qui siègent au palais des Normands (Palazzo dei Normanni), à Palerme. Le Parlement élit parmi ses membres, selon le principe de la majorité absolue, la Commission régionale et son président. Ce dernier a le droit de siéger au Conseil des ministres à Rome lorsque le débat concerne la Sicile. Le Parlement peut approuver des lois applicables dans toute l'île. Ses pouvoirs, établis par l'article 117 de la Constitution, sont très étendus. Des départements spéciaux du Conseil d'État et de la Cour des comptes siègent en permanence à Palerme, pour permettre une décentralisation administrative efficace.

Garibaldi, le héros de l'expédition des Mille en 1860.
S. Grandadam/age fotostock

de terre à Messine désole un peu plus le paysage. On compte plus de 60 000 morts. En 1911, le recensement de la population indique que 58 % des Siciliens sont analphabètes. Et si l'Italie est dans le camp des vainqueurs au sortir de la **Grande Guerre**, la Sicile n'en reste pas moins toujours un sol affaibli. Au début des années 1920, le gouvernement fasciste mène en Sicile la « bataille du blé » pour rendre l'Italie indépendante de l'importation de céréales. Le **Duce** entend également éradiquer la Mafia et nomme l'inspecteur **Mori** à Palerme, surnommé le « préfet de fer » appliquant fermeté et intransigeance de méthodes dans sa lutte contre l'organisation secrète. Elle sera affaiblie mais pas abattue.

LA SICILE CONTEMPORAINE

La Seconde Guerre mondiale
Le conflit plonge la Sicile au cœur de son histoire, dans une position naturellement stratégique, au sein d'une Italie ralliée à l'Allemagne nazie. En juillet 1943, les premiers régiments de la VIIIe armée britannique et de la VIIe armée américaine débarquent à Licata et Augusta. Un grand déploiement d'hommes et de moyens, sous le commandement d'Eisenhower, a vite raison des quatre divisions italiennes et des deux divisions allemandes attachées à la défense de l'île. Palerme tombe le 22 juillet, puis Messine. À Cassibile, près de Syracuse, les émissaires du **gouvernement Badoglio** signent le 3 septembre l'armistice avec les délégations alliées.

Après guerre, si la Sicile bénéficie d'un statut d'autonomie, des revendications d'indépendance se font quand même entendre. En 1947, les **séparatistes** recueillent moins de 10 % des voix aux élections. De nombreux Siciliens rêvent d'annexer l'île aux États-Unis. Les séparatistes recherchent l'appui des armes. Le 1er mai 1947, **Salvatore Giuliano**, en clandestinité depuis 1943, colonel de l'EVIS (Armée volontaire pour l'indépendance sicilienne), fait tirer sur une manifestation de paysans à Portella delle Ginestre.

Il y a douze victimes et l'événement soulève l'indignation de la nation. Giuliano est trouvé mort le 5 juillet 1950 à Castelvetrano, dans des circonstances obscures. Les séparatistes disparaissent de la scène politique avec les élections de 1951.

Après-guerre

Dans l'immédiat après-guerre, la Sicile est surtout préoccupée par son économie, soumise également aux tentacules de la Mafia. En 1950 est mise en œuvre la **réforme agraire** : les propriétés supérieures à 300 ha sont expropriées pour former des lots de 4 ou 5 ha, à répartir entre de nombreux petits paysans. Les bénéficiaires seront au nombre de 18 000 et les superficies distribuées couvriront 115 000 ha. Mais ce redéploiement qui bouleverse le paysage n'empêche pas une forte **émigration**. Entre 1951 et 1975, pas moins d'un million de Siciliens gagnent l'Italie du Nord et le nord de l'Europe. La découverte de pétrole à Raguse et Gela, avec une production atteignant huit millions de tonnes de brut en 1966, ne permet pas de créer suffisamment d'emplois. Aux difficultés économiques s'ajoutent les catastrophes naturelles, comme ce tremblement de terre frappant la vallée du Belice en 1968, et plus encore l'ombre de la **Mafia** partout présente. En 1958, le quotidien

palermitain *L'Ora* est détruit par un attentat à la dynamite pour avoir révélé sa puissance. Entre 1973 et 1976, le déroulement des travaux de la Commission parlementaire contre la Mafia ne parvient pas à changer la situation, qui s'enlise jusque dans l'administration. En 1974, une enquête sur la bureaucratie est significative : plus de 200 services administratifs sont recensés dans l'île ; ils coûtent plus de 1 500 milliards de lires de l'époque sans permettre un bon fonctionnement de l'administration des biens et des services.

LES QUARANTE DERNIÈRES ANNÉES

Si les tensions entre la Libye et les États-Unis en Méditerranée touchent Lampedusa de plusieurs missiles libyens en 1986, ce sont surtout les agissements de la Mafia, et leurs conséquences, qui terrassent la Sicile au cours de ces trente dernières années, au diapason d'une terre indocile. En septembre 1982, le préfet de Palerme, le général **Carlo Alberto Dalla Chiesa**, son épouse et un homme de son escorte sont victimes d'un attentat. Dans la décennie suivante, **l'année 1992 est meurtrière**. Le 12 mars, l'homme politique **Salvo Lima** est assassiné à Palerme. Le 23 mai, le juge **Giovanni Falcone**,

LES RÉVEILS DE L'ETNA ET DU STROMBOLI

En 2001 et 2002, des coulées de lave détruisent le funiculaire et une partie de l'esplanade du Rifugio Sapienza sur le versant sud, ainsi que les installations et la pinède de Piano Provenzana, sur le versant nord. En 2004, c'est la vallée del Bove qui est inondée de lave. Deux ans plus tard, pendant tout l'été 2006, de nouvelles coulées envahissent le flanc est de la montagne. En 2007 et 2008 sont enregistrés deux pics d'activité sismique s'accompagnant de phases éruptives. Enfin, en 2011, une éruption a endommagé les remontées mécaniques du Rifugio Sapienza. À côté de l'Etna, le Stromboli paraît extraordinairement sage : sa dernière manifestation remonte à 2002, lorsque l'écroulement d'une arête de la célèbre coulée Sciara del Fuoco (traînée de feu) vers la mer provoque un impressionnant raz-de-marée.

responsable des affaires pénales au ministère de la Justice, est tué par une charge explosive placée près de la bretelle de l'autoroute de Capaci. Le 19 juillet, le juge **Paolo Borsellino** est tué par une voiture piégée via D'Amelio à Palerme ; quatre agents de police, dont une femme, trouvent également la mort. Le 6 septembre, l'arrestation du « parrain » **Giovanni Madonia** précède celle à Palerme, en janvier 1993, du « parrain » **Salvatore Riina**, à la tête du clan des Corleonesi.

Dans ce paysage tumultueux, l'écroulement, en mars 1996, de la coupole et d'une bonne partie de la nef centrale de la cathédrale de Noto, ou la réouverture, en mai 1997, du Teatro Massimo de Palerme, après plus de vingt années de restauration, paraissent parfois bien secondaires. Sans oublier que l'Etna fait régulièrement entendre sa voix menaçante…

Un autre bouleversement touche la Mafia : l'arrestation en avril 2006 de son chef suprême, **Bernardo Provenzano**, après plus de quarante années de cavale. Tout se passe comme si la Sicile ne pouvait se satisfaire d'être une île tranquille. Lors des élections locales, la Sicile, traditionnellement conservatrice, continue de donner sa majorité à la coalition de droite de Silvio Berlusconi, y compris pendant le bref intermède Romano Prodi en 2006. Au début de 2008, une crise a entraîné la chute du gouvernement Prodi et le retour aux affaires de Silvio Berlusconi.

Toutefois, la vive contestation de l'opposition ainsi qu'un fort mécontentement populaire, nourri par la crise économique internationale, ont contribué à déstabiliser le gouvernement du Cavaliere. Silvio Berlusconi est contraint de démissionner en novembre 2011. Un nouveau gouvernement dirigé par Mario Monti est investi par le Parlement, avec pour objectif de sauver l'économie italienne au prix de lourdes restrictions budgétaires. Dans le même temps, en Sicile, l'ingérence de la Mafia dans les affaires politiques locales est toujours monnaie courante. En 2011, le président de la junte régionale **Salvatore Cuffaro** est condamné à sept ans de prison pour association mafieuse. Élu président de région en 2008, **Raffaele Lombardo** démissionne en juillet 2012 car il fait l'objet d'une enquête pour collusion avec la Mafia et clientélisme. En octobre 2012, la région bascule à gauche en élisant à sa tête, **Rosario Crocetta**, leader du Parti démocrate.

Les Grecs en Sicile

En ce 8e s. av. J.-C., Neptune est en colère : un sacrifice en son honneur a été mal consommé… Déchargeant sa colère sur les responsables, il provoque leur naufrage devant la côte orientale de la Sicile. L'unique rescapé trouve refuge dans la vaste anse située entre le cap Taormine et le cap Schisò. Frappé par la beauté du lieu, il retourne en Grèce pour convaincre ses concitoyens d'y fonder une colonie… c'est ainsi qu'aurait débuté la grande aventure grecque en Sicile.

HISTOIRE ET SOCIÉTÉ

Les contacts entre le monde grec et la Sicile remontent aux sources de la civilisation grecque elle-même : de nombreuses découvertes archéologiques attestent de l'existence d'un commerce crétois et mycénien sur les côtes orientales et méridionales de la Sicile à partir du milieu du deuxième millénaire av. J.-C. Toutefois, cette forme de précolonisation se limite exclusivement à des escales

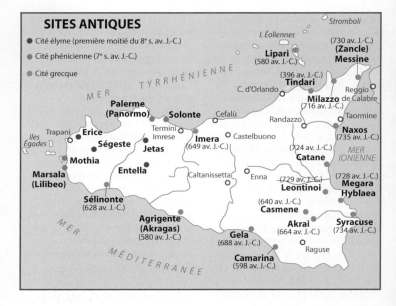

SITES ANTIQUES

- ● Cité élyme (première moitié du 8ᵉ s. av. J.-C.)
- ● Cité phénicienne (7ᵉ s. av. J.-C.)
- ● Cité grecque

maritimes : entre les 13ᵉ et 8ᵉ s. av. J.-C., on ne trouve pas trace d'établissement permanent. La colonisation débute seulement quand la situation intérieure en Grèce devient intolérable : famine, guerres civiles, mais aussi pression sociale exercée par une classe composée de cadets de famille écartés de la propriété agricole en raison des règles de succession et poussés à rechercher de nouvelles terres, plus riches et fertiles, pour s'établir et commencer une nouvelle existence. Régions voisines, la Sicile et, de façon générale, l'Italie méridionale offrent à ces Grecs avides de terres des conditions idéales pour construire une (plus) « Grande Grèce ».

Les fondations

Des peuplades grecques d'origines différentes participent à la colonisation de la Sicile. Les Ioniens ouvrent la voie : la première grande expédition remonte à -735, quand un groupe de Chalcidiens de l'Eubée conduit par **Théocle** s'installe près du cap Schisò et fonde Naxos. Ces colons essaiment ensuite à Zancle (Messine), Leontinoi et Catane. Presque simultanément arrivent les Doriens : un groupe de Corinthiens fonde Syracuse, tandis que les Mégariens s'établissent à Megara Hyblæa. Au début du 7ᵉ s., des habitants de Rhodes et de la Crète fondent Gela, sur la côte méridionale de l'île. Cette première expansion grecque se fait de manière dispersée, par une occupation d'endroits très éloignés les uns des autres, d'approche facile et bien approvisionnés en eau. C'est par l'intermédiaire de ces avant-postes qu'auront lieu par la suite les implantations secondaires.

Les fondateurs

Chaque expédition, composée la plupart du temps d'hommes, mais pas exclusivement, est conduite par un **oikistès** (fondateur) généralement issu d'une des familles les plus importantes de la ville d'origine. Il est probable qu'avant la fondation d'une cité, l'*oikistès* effectuait des missions d'exploration pour localiser le site le plus adapté à l'implantation. Quoi qu'il en soit, les expéditions sont toujours précédées d'un voyage à Delphes, où l'oracle d'Apollon Archagète (celui qui guide) indique l'endroit où les dieux désirent qu'une nouvelle cité s'élève. L'*oikistès* dispose d'un grand pouvoir et d'un grand prestige : c'est lui qui va transporter le feu et les cultes de la métropole vers la colonie. Ses décisions ont un caractère sacré et, à sa mort, on l'honore presque comme un dieu. Accompagné d'arpenteurs, d'ingénieurs et de devins choisis avant le départ, il préside à la construction de la citadelle et des édifices publics et administre la justice. Il a aussi pour mission de garantir le bon fonctionnement du tirage au sort des terres à répartir, afin que personne ne soit privilégié. Tout le terrain n'est pas distribué, une partie est réservée pour l'accueil de nouveaux colons.

La colonie

Le fondateur donne à la nouvelle cité des institutions qui ne sont pas toujours identiques à celles de la ville d'origine. Chaque colonie (en grec *apoikia*, « nouvelle famille ») est totalement indépendante. Corinthe essaiera, mais en vain, de contrôler ses colonies. Agissant comme des entités politiques séparées, elles vont revendiquer avec force leur autonomie. Ainsi, Agrigente a d'excellents rapports commerciaux avec les Carthaginois, ennemis officiels des Grecs, Zancle et Reggio ferment le détroit de Messine et exigent le paiement de taxes portuaires par les navires grecs. Les colons perdent la citoyenneté de leur cité d'origine et acquièrent celle de la nouvelle ville. Ils conservent des attaches religieuses et affectives, en plus de la possibilité d'obtenir facilement la citoyenneté de l'une ou l'autre cité en cas de transfert. Autonomes vis-à-vis de la mère patrie, les colonies le sont aussi entre elles : chaque

cité peut conduire sa politique de façon indépendante, à la condition de conclure alliance avec les autres villes dans certaines circonstances particulières. Rendues prospères grâce au commerce et aux terres fertiles, les cités grecques se développent rapidement : soutenue par une hausse de la natalité et un afflux continuel de colons, la croissance démographique entraîne un développement de l'arrière-pays et la fondation de colonies de seconde génération.

On assiste aux 7e et 6e s. à une véritable **nouvelle colonisation**, caractérisée par une tendance au regroupement territorial : les Chalcidiens de Zancle occupent Milazzo, affirment leur suprématie sur la côte tyrrhénienne et la plaine de Mela, et fondent Himère plus à l'ouest. Catane et Leontinoi étendent leur influence vers l'Etna, dans les vallées du Simeto et de ses affluents. Syracuse fonde Akrai puis Casmene et s'assure du contrôle du plateau situé en altitude dans l'arrière-pays. Elle établit alors des communications avec l'intérieur de la Sicile et la plaine de Dirillo où, par la suite, elle créera Camarina. Étranglée entre Syracuse et Leontinoi, Megara Hyblæa trouve une ouverture en fondant Sélinonte, la plus occidentale des villes grecques de Sicile, à partir de laquelle s'édifiera vers le milieu du 6e s. Eraclea Minoa, colonie de troisième génération de Megara. En 580, des colons en provenance de Cnide s'installent sur les îles Lipari.

Dans l'ouest de la Sicile se trouvent des territoires dominés tout d'abord par les Phéniciens, puis par les Carthaginois, avec les importantes cités de Marsala, Mozia et Panormo (la future Palerme).

Les Grecs et les indigènes

Les rapports avec les populations locales sont extrêmement divers.

Il s'instaure dans certains cas des relations totalement pacifiques, comme peuvent le laisser supposer les témoignages d'échanges commerciaux et religieux. En fait, les premières fondations helléniques, situées le long de la côte, dérangent peu la population locale, installée la plupart du temps à l'intérieur des terres. Mais l'expansion grecque dans l'arrière-pays conduit à des conflits ouverts, susceptibles d'aboutir à de véritables campagnes d'extermination, comme durant la grande révolte des autochtones qui bouleverse la partie orientale de l'île vers le milieu du 5e s. av. J.-C. Les populations vaincues doivent payer des tributs et sont parfois réduites en esclavage : on sait qu'à Syracuse, leurs descendants sont contraints de cultiver les terres de leurs seigneurs, descendants des premiers colons. Par la force, mais aussi grâce à l'état avancé de la civilisation dont ils sont porteurs, les **Sicéliotes**, c'est ainsi qu'on nomme les Grecs établis en Sicile, sauront imposer leur culture dans l'île jusqu'à l'hellénisation complète du territoire entre les 6e et 5e s.

Économie

Les cités prospèrent grâce à la terre fertile de Sicile, dont les habitants savent aussi améliorer le rendement en greffant des plantes sauvages, en acclimatant le blé, en plantant des amandiers et des grenadiers et en sélectionnant les têtes de bétail pour la reproduction. Les travaux de bonification des sols se multiplient aussi ; les plus connus ont lieu à Camarina et Sélinonte, dirigés par Empédocle. Mais en plus de l'agriculture et de l'élevage, les Grecs de l'Ouest font fortune avec le commerce. Des échanges très importants s'effectuent non seulement avec la Grèce, mais aussi avec l'Espagne, l'Italie méridionale et l'Afrique du Nord. On importe des céramiques de facture fine, des parfums et des métaux. On exporte le bois, le blé et la laine. Bientôt, l'intensité des échanges contraint les cités sicéliotes à battre monnaie. Les monnaies les plus anciennes sont en argent, et présentent une face en relief tandis que le côté pile est en creux. Au début du 5e s., l'endroit et le revers commencent à être tous deux en relief et l'on choisit aussi comme métaux l'or et le bronze.

L'évolution politique

Pour être un citoyen et pouvoir participer à la vie politique, le colon doit posséder une parcelle de terre et une habitation. Au début, la majeure partie des Grecs vit de l'artisanat, de la pêche, du commerce et du recouvrement des taxes douanières. Par la suite, ils sont très nombreux à prendre part aux travaux publics : on estime qu'un tiers au moins de la population était employé dans la réalisation des grands travaux, du bûcheron qui fournissait le bois jusqu'au peintre chargé des décors. Et nombreux sont ceux qui vivent au jour le jour, sans toit ni emploi fixe. Ces mêmes inégalités que les colons avaient cru fuir en quittant la Grèce vont donc réapparaître en l'espace de quelques années. Les aristocrates et ceux qui détiennent les meilleures terres, en concentrant entre leurs mains tous les pouvoirs, chassent aussi bien les nouveaux riches pratiquant le commerce que ceux qui n'ont pas de terre. Pour sortir des crises continuelles provoquées par la compétition économique et la forte pression sociale, quelques cités essaient de rétablir un principe d'égalité en passant de la loi orale à la loi écrite. Le premier code de lois est celui de **Charondas de Catane** (6e s.). Il inspire de nombreuses cités, parmi lesquelles Athènes. Il fixe les droits et devoirs à l'intérieur de la famille, instaure des peines pour les

L'Olympe sicilien

Acis *(Akis)* : dieu du fleuve du même nom et amant de Galatée *(voir Acireale)*.

Hadès *(Pluton)* : frère de Zeus et maître du séjour des Morts. Il enleva Perséphone, fille de Déméter, sur les rives du lac de Pergusa.

Aphrodite *(Vénus)* : déesse de l'Amour et épouse d'Héphaïstos, particulièrement vénérée à Erice.

Alphée : dieu du fleuve du même nom dans le Péloponnèse, il tomba amoureux de la nymphe Aréthuse et la suivit jusqu'en Sicile *(voir Syracuse p. 326)*.

Charybde *(Kharubdis)* : monstre légendaire qui habite la rive sicilienne du détroit de Messine. Trois fois par jour, il engloutit d'énormes quantités d'eau, provoquant de dangereux tourbillons auxquels ne put échapper le vaisseau d'Ulysse *(voir p. 452)*.

Cocalo : roi sicane auprès duquel se réfugia Dédale, tentant d'échapper à Minos qui voulait le punir d'avoir aidé Thésée à s'enfuir du labyrinthe *(voir p. 266)*.

Déméter *(Cérès)* : déesse des Récoltes. Elle lutta avec Héphaïstos pour le contrôle de la Sicile. Sa fille Perséphone fut enlevée par Hadès sur les rives du lac de Pergusa.

Héphaïstos *(Vulcain)* : dieu du Feu et patron des volcans, dans lesquels il travaille avec ses aides, les Cyclopes.

Hélios : le dieu du Soleil. Il possède un troupeau de bœufs en Sicile. Les compagnons d'Ulysse en mangèrent quelques-uns, s'attirant les foudres divines.

Éole *(Aiolos)* : fils de Poséïdon, il est le dieu des Vents et le maître des îles Éoliennes.

Héraklès *(Hercule)* : héros durant sa vie terrestre et dieu après sa mort. Sur les douze travaux qu'il eut à accomplir, celui des bœufs de Géryon se déroule en Sicile.

Erice : fils d'Aphrodite et de Bute (ou Poséïdon). Il trahit Héraklès, qui le tua.

Etna : nymphe sicilienne qui intervint comme médiatrice dans le conflit entre Déméter et Héphaïstos pour la possession de la Sicile. Selon une légende, de son amour pour Héphaïstos seraient nés les Palici.

Galatée *(Galateria)* : nymphe convoitée par le monstrueux Polyphème et amoureuse d'Acis *(voir Acireale p. 406)*.

Géants *(Gigantes)* : fils de Gaia (la Terre) et d'Uranus, ennemis des dieux de l'Olympe et tout particulièrement de Zeus et d'Athéna. Celle-ci réussit à vaincre le géant Encelade en l'écrasant sous la Sicile.

Les **Palici** : fils jumeaux de Zeus et de Thalie. Une autre tradition en fait les fils d'Héphaïstos et d'Etna, nés près des eaux du lac Naftia, non loin de Palagonìa.

Perséphone *(Proserpine)* : déesse des Enfers et épouse d'Hadès, qui l'enleva sur les rives du lac de Pergusa.

Typhôn *(Tuphôn)* : être gigantesque et monstrueux contre lequel luttèrent Zeus et Athéna. Alors que Typhon s'enfuyait en traversant la mer de Sicile, Zeus se saisit de l'île et la lui lança dessus.

violents et les parjures, et la peine de mort pour celui qui entre armé dans une assemblée. Il institue une forme de jury des citoyens et inflige des amendes proportionnelles à leur revenu à ceux qui refusent d'y prendre part.

La tyrannie

L'autre voie permettant d'échapper aux crises économiques et sociales est le recours à la tyrannie, voie moyenne entre la monarchie patriarcale des époques les plus archaïques et la démagogie de la période classique. Le **tyran**, issu en général de la classe des nouveaux riches ou de l'armée, concentre entre ses mains ou celles de ses fidèles le plus grand nombre de pouvoirs. C'est précisément sous le règne des tyrans que Syracuse, avec Gélon d'abord, Hiéron ensuite, atteint son apogée en imposant son autorité sur toute l'île. La vaillante résistance des villes sicéliotes reste sans grand effet et, dans leur tentative de sauver leur indépendance, elles en viennent à appeler à l'aide les Carthaginois (Himère, Sélinonte) ou Athènes (Ségeste et Leontinoi). Tirant profit des **luttes intestines entre Grecs**, la **menace carthaginoise** s'accroît. Après une période d'anarchie, dans la seconde

moitié du 4e s., **Timoléon**, venu de Corinthe en aide aux colonies, restaure la paix et la démocratie en Sicile. Mais après sa mort éclatent à nouveau des discordes entre Grecs et entre Grecs et Carthaginois, jusqu'à ce que, dans la seconde moitié du 3e s., les habitants de Messine appellent Rome à leur secours, ouvrant ainsi les portes de la Sicile à la **conquête romaine**.

LA CULTURE

La légende raconte qu'**Alphée**, dieu du fleuve du même nom dans le Péloponnèse, errant à travers la région grecque de l'Arcadie, tombe amoureux d'**Aréthuse**, l'une des nymphes d'Artémis. Alors qu'il est sur le point de s'en emparer, Aréthuse se transforme en ruisseau, se jette dans la mer Ionienne et réapparaît sous la forme d'une fontaine à Syracuse. Alphée la suit jusqu'en Sicile, où il unit ses eaux à celles de la nymphe. Diffusée par les Grecs de Sicile, cette légende symboliserait le passage de la culture de la mère patrie à la nouvelle terre de colonisation. Loin d'être en retrait par rapport à la Grèce, l'île abrite quelques-uns des plus prestigieux sites de la civilisation grecque, mais elle a aussi vu naître des personnages

ULYSSE EN SICILE

célébrés dans tout le monde hellénique.

Des spécialistes affirment même que la culture grecque serait débitrice à la Sicile d'une de ses œuvres maîtresses, **L'Odyssée** : c'est dans « l'île du Soleil », c'est ainsi qu'**Homère** appelle la Sicile, que se déroulent nombre des aventures d'Ulysse (à telle enseigne qu'Apollodore définit *L'Odyssée* comme une sorte de voyage intérieur en Sicile). On y reconnaît de nombreux sites de l'île *(voir ci-contre la carte des lieux homériques)* : les îles Éoliennes sont le royaume d'Éole et les « rochers errants » évoqués par Circé dans le chant XII seraient les *faraglioni* situés entre Lipari et Vulcano ; Charybde et Scylla symbolisent les courants impétueux du détroit de Messine et le port près duquel les compagnons d'Ulysse volent les bœufs du Soleil est Messine ; les sirènes (toujours selon une interprétation « pro-sicilienne » du texte homérique) guettaient les marins aux alentours du cap Peloro, l'antre des Cyclopes serait situé dans les profondeurs de l'Etna et les rochers lancés par Polyphème auraient échoué dans la mer devant Aci Trezza. Pour finir, les Lestrygons, géants anthropophages du chant X, auraient vécu près de Lentini, et les Lotophages (chant IX) entre Agrigente et Camarina.

Le mécénat des tyrans

Aristote affirme que la comédie est née en Sicile : il rappelle, en effet, qu'elle est revendiquée par « les Mégariens, ceux d'ici et ceux de Sicile » (*Poétique*, 18448 b). Les deux premiers auteurs dramatiques dont on ait connaissance, Épicharme et Phormis, travaillaient tous deux à la cour de Gélon et sont donc assurément des Siciliens de Syracuse. Les tyrans se distinguent par leur mécénat, appelant à leur cour les meilleurs poètes de l'époque, qui, en échange de leur hospitalité, les célèbrent

dans leurs vers. Parmi les plus illustres hôtes des tyrans de Syracuse, on rencontre le célèbre poète **Simonide de Céos**, auteur d'épigrammes et de complaintes funèbres, qui a dédié de nombreux vers à la Sicile, racontant par exemple comment Héphaïstos et Déméter se disputèrent cette île si riche en feu et en moissons. La présence simultanée de poètes renommés provoque une âpre rivalité entre eux : **Bacchylide** et **Pindare** se disputent pendant des années les faveurs de Hiéron, composant des chants de victoire exaltant ses prouesses comme conducteur de quadrige aux jeux Olympiques. Le grand tragique **Eschyle** est ainsi, au sommet de sa gloire, l'hôte de Hiéron. À l'occasion de la conquête et de la nouvelle fondation par le tyran de la ville d'Etna, nouveau nom de la Catane antique, il met en scène *Les Etnéennes* (aujourd'hui perdues) et *Les Perses*. À cette occasion, Pindare compose la première *Pythique*. C'est à **Théocrite**, né à Syracuse (première moitié du 4e s. av. J.-C.), qu'on attribue la naissance de la poésie pastorale.

La philosophie

La Sicile donne naissance à deux des penseurs présocratiques les plus remarquables, **Empédocle**, natif d'Agrigente, et **Gorgias**, de Leontinoi (5e s. av. J.-C.). Le premier s'attache à la philosophie de la nature. C'est un personnage complexe, à la fois mystique, thaumaturge et médecin. Il place à l'origine de toutes choses les quatre éléments, terre, eau, air et feu, qui, régulés par les deux forces universelles de l'amitié et de la discorde, auraient permis la création du cosmos tout entier. La légende raconte que, voulant faire croire à ses concitoyens qu'il était appelé par les dieux, il est mort en se précipitant dans le cratère de l'Etna. Gorgias appartient à un courant culturel différent, celui des sophistes, ouverts aux idées de la démocratie naissante et attachés surtout aux questions morales et politiques. C'est un orateur reconnu, un « maître de sagesse » qui œuvra à Athènes.

Les doctrines des pythagoriciens connaissent une large diffusion en Sicile, en particulier à Agrigente et à Catane. L'**école pythagoricienne**, née à Crotone entre les 6e et 5e s. à l'image d'une confrérie religieuse, si elle appuie le principe d'une structure arithmétique et géométrique de l'Univers, influence aussi le milieu politique, en proposant une aristocratie idéale fondée sur les nouvelles classes sociales qui pratiquent le commerce. La Sicile est aussi le pays où **Platon** pense qu'il pourra instaurer l'État utopique dirigé par des philosophes *(La République)*. Ami de Dion, frère du tyran Denys Ier, Platon est leur hôte à Syracuse en 388. Devenu suspect aux yeux du tyran, il est incarcéré puis vendu comme esclave à Égine. Il revient en Sicile une seconde fois lorsque Denys II succède à son père. Il croit tout d'abord trouver en lui l'un de ses meilleurs disciples mais, par la suite, Dion est exilé et Platon lui-même est retenu prisonnier.

Savants et historiens

Dans le domaine des sciences surgit immédiatement le nom d'**Archimède** (première moitié du 3e s. av. J.-C.). Cas unique dans le monde grec, il a su réunir la théorie et la pratique dans la connaissance scientifique. En dehors d'importantes découvertes dans le domaine des mathématiques et de la géométrie, son nom reste attaché à l'ingénierie hydraulique et nautique, mais aussi à l'invention de machines de guerre utilisées contre les Romains. Ceux-ci crurent bien à cette occasion avoir à lutter contre des dieux. **Diodore de Sicile** est un célèbre historien natif d'Agyrium (1er s.), auteur d'une histoire universelle en quarante livres intitulée *Bibliothèque historique*, où il traite de l'histoire grecque, depuis les temps mythiques précédant la guerre de Troie jusqu'à son époque. Ce travail représente encore de nos jours une précieuse source de renseignements pour les spécialistes.

LA RELIGION

La religion imprègne toute la vie de l'homme grec, qui voit en chaque événement, petit ou grand, la manifestation possible du divin. Elle n'a toutefois rien de dogmatique : en contact avec d'autres peuples, les Grecs sont toujours disposés à admettre d'autres dieux dans l'Olympe et à les assimiler aux leurs. Aux dieux, personnifications des forces de la nature ou de caractéristiques morales, on attribue des traits humains, tant physiques que psychologiques. Le seul élément qui les différencie des hommes est l'immortalité. On s'adresse à eux pour obtenir protection et faveurs. Prières, sacrifices et purifications sont les fondements du culte. La prière s'accompagne généralement d'une offrande, de libations de lait ou de vin, d'un dépôt devant l'autel de gâteaux, galettes et fruits. Pour une faveur plus conséquente, on recourt au sacrifice d'animaux, dont on consume une partie sur l'autel, le reste étant partagé entre le prêtre et les fidèles. Les cérémonies publiques les plus importantes sont célébrées à l'occasion de festivités particulières. Elles s'accompagnent d'activités qui, pour l'homme moderne, n'ont rien à voir avec le sacré, tels les concours dramatiques ou les jeux et compétitions sportifs comme les jeux Panhelléniques qui se tiennent tous les quatre ans à Olympie et auxquels participent les tyrans siciliens eux-mêmes.

Le théâtre grec de Taormine, sur la côte ionienne.
Sime/Photononstop

Chaque ville grecque est consacrée à des divinités particulières et les colons, en s'établissant sur de nouveaux territoires, apportent avec eux les cultes de leur cité d'origine, ainsi que les fêtes qui leur sont attachées. Viennent s'y ajouter les fêtes propres à la nouvelle cité, au premier rang desquelles l'anniversaire de la fondation, célébré au cours d'un grand banquet rituel présidé par l'*oikistès*.

Trois figures importantes

Les dieux et les héros les plus vénérés en Sicile sont surtout Déméter, considérée comme la protectrice de la Sicile, et Hercule. On sait que les Grecs s'emparent aussi parfois des cultes et rites locaux. C'est le cas des nymphes qui auraient fait jaillir les sources thermales de Termini Imerese et des dieux jumeaux, les Palici. Déesse de la Fécondité, **Déméter** fait l'objet d'une dévotion particulière dans la Grèce ionienne, et naturellement en Sicile, où elle est vénérée en tant que déesse protectrice. Elle représente un

cas remarquable d'association de croyances. Non seulement les colons grecs l'assimilent à une ancienne déesse mère locale, mais ils en reconstruisent le mythe en terre sicilienne, l'enrichissant de nombreux détails.

On raconte que **Perséphone**, fille de Zeus et de Déméter, était en train de cueillir des fleurs dans les alentours du lac de Pergusa, quand Hadès, dieu des Enfers, la vit, tomba amoureux d'elle et l'enleva. Pendant neuf jours, Déméter erra en terre de Sicile à la recherche de sa fille disparue. Au voisinage de Trapani, elle perdit sa faux, qui serait à l'origine du promontoire en forme de faux qui s'étend face à la ville. Une nuit, alors qu'elle explorait les pentes de l'Etna, qu'elle avait illuminées de feux de pin, elle interpréta comme des railleries les sons émis à son passage par des plants de lupins et les maudit. On dit qu'alors les lupins, de doux qu'ils étaient, devinrent amers. Désespérant de retrouver sa fille, Déméter provoqua une sécheresse terrible. Hommes et bêtes se mirent à périr par centaines. Zeus intervint alors et obligea Hadès à rendre la jeune fille. Mais avant qu'elle ne quittât le royaume des Morts, Hadès lui fit manger quelques graines de grenadier, symbole de fidélité conjugale. Ainsi liée à Hadès, Perséphone est contrainte depuis de passer un tiers de l'année avec lui dans les Enfers et les deux autres tiers sur terre avec sa mère. Dans la symbolique du mythe, Perséphone représente la semence, que l'on doit enterrer pour qu'elle puisse renaître, et l'alternance des bonnes et des mauvaises saisons.

Hercule jouit en Sicile d'une dévotion particulière. Cela est probablement dû à la présence dans l'île, avant l'arrivée des Grecs, d'une divinité phénicienne présentant de nombreux traits communs avec le demi-dieu. Le mythe raconte qu'Hercule, fils de Zeus et d'une mortelle, devait affronter douze épreuves dans un but purificateur, pour pouvoir enfin devenir un dieu. Selon la tradition, les premiers à rendre au héros les honneurs divins auraient justement été les habitants de la Sicile. Hercule vint en Sicile au cours de la dixième de ses épreuves, contraint de traverser le détroit de Messine à la poursuite d'un bœuf du troupeau de Géryon. Presque tous les lieux de l'île revendiquent la visite du héros : Erice, où il tue dans un corps à corps le roi du même nom, fils d'Aphrodite et de Bute ; Syracuse, où il institue une fête sacrée près des gorges de la Ciane ; Agira, où les habitants l'honorent comme un dieu, en reconnaissance de quoi le héros creuse un lac à l'extérieur des murailles et érige deux sanctuaires.

Les **Palici** sont d'anciennes divinités propres à la Sicile, que les Grecs se sont appropriées, les tenant pour les fils jumeaux de Zeus et de la muse Thalie. Le siège de leur culte est le petit lac aux eaux sulfureuses et bouillonnantes de Naftia, près de Palagonìa, dans la plaine de Catane. Le mythe raconte que Thalie, redoutant la colère d'Héra, se cacha sous terre pour mettre ses fils au monde. La naissance souterraine des jumeaux divins serait la cause du perpétuel bouillonnement des eaux du lac. Près du sanctuaire des Palici, les Grecs prononçaient des serments solennels et les eaux du lac se prêtaient à une forme de jugement divin : on y plongeait des tablettes où étaient inscrits les serments ; si elles s'enfonçaient, c'était signe de parjure, faute que les Palici punissaient de cécité. Une autre tradition veut que les Palici soient en réalité les fils d'Héphaïstos, dieu du Feu, et d'Etna, la nymphe qui intervint dans le conflit qui opposait le dieu et Déméter pour la possession de la Sicile.

Les Grecs de Sicile étaient donc, semble-t-il, très influencés par les cultes locaux, en particulier ceux attachés aux morts et aux divinités chtoniennes (des Enfers). En effet, des divinités habituellement très éloignées de ces thèmes prennent en Sicile une connotation funèbre, telles Aphrodite et Artémis, qui, outre leurs attributions traditionnelles, y accompagnent et y protègent les âmes des défunts.

Les mystères

Les rites mystérieux ont connu en Sicile une diffusion particulière. Il s'agit de formes cultuelles originales, développées pour offrir une réponse à l'angoisse de l'homme face à la mort, en purifiant l'âme, et obtenir le bonheur dans l'au-delà. Parmi les plus renommés, les **mystères éleusiniens**, célébrés durant la période des semailles, étaient présidés par les figures de Déméter et de Perséphone ; leur diffusion en terre de Sicile allait donc de soi.

Frédéric II, le chevalier de l'esprit

« C'est la lumière de la grande Constance/Qui du second vent de Souabe/Engendra la troisième et l'ultime puissance. »
Dante Alighieri, *La Divine Comédie*, *le Paradis*, chant III.

VIE DE FRÉDÉRIC II

Le 27 janvier 1186 à Milan, **Constance de Hauteville, héritière de la couronne de Sicile**, épousa **Henri VI de Souabe, fils de Frédéric Ier Barberousse et héritier au titre d'empereur du Saint Empire romain**. Constance a alors 31 ans, soit près de quinze ans de plus que son jeune époux, et a depuis longtemps dépassé l'âge habituel du mariage à l'époque. Il faudra encore attendre huit ans avant la naissance d'un héritier. Peut-être afin d'écarter tous les doutes qui entourent sa maternité à un âge aussi « avancé », Constance décide de faire naître l'enfant (26 déc. 1194) sous un grand chapiteau tendu sur la place principale de la ville. En 1197, à 32 ans, Henri VI meurt des suites d'une fièvre contractée lors d'une partie de chasse sur l'Etna. L'année suivante, c'est au tour de Constance de s'éteindre, non sans avoir auparavant réussi à confier la tutelle de son fils au pape Innocent III, qui le couronne **roi de Sicile** en 1198. Il devient ainsi Frédéric II Roger.

En raison des difficultés politiques et dynastiques, le jeune souverain connaît une enfance difficile et solitaire à Palerme où, abandonné à lui-même, il fréquente les quartiers mal famés et entre en contact avec des individus de tout rang et de toute religion. Ce sont ces expériences cosmopolites qui alimenteront l'éclectisme du futur empereur et contribueront à la grandeur de son œuvre politique. Revenu dans une ambiance de cour, Frédéric reprend une éducation digne de son rang : il est curieux de tout, aime la nature aussi bien que la culture, étudie le latin et les sciences naturelles et approfondit sa connaissance des classiques arabes et de la culture islamique. Othon IV est couronné **empereur du Saint Empire romain**, mais est excommunié en 1215 par le pape Innocent III, qui nomme à la place Frédéric II. Ce dernier rejoint l'Allemagne et ne reviendra en Sicile qu'en 1220. En 1227, il est excommunié à son tour par le pape Honorius III et en 1229, au terme de la « Croisade des excommuniés », il se proclame roi de Jérusalem. L'année suivante, le pontife lève son excommunication. Le 13 décembre 1250, après plusieurs années de rapports orageux avec la papauté qui lui valent de nouvelles excommunications, Frédéric II s'éteint au château de Fiorentino. Il est enterré dans la cathédrale de Palerme.

LES QUATRE FEMMES DE FRÉDÉRIC II

1209 : **Constance d'Aragon**, qui lui donnera un fils, Henri VII. Ce dernier se révoltera contre son père. Constance meurt en 1222.

1225 : **Isabelle de Brienne**, héritière de la couronne de Jérusalem. De leur union naîtra Conrad IV et Marguerite. Isabelle meurt en 1228.

1235 : **Isabelle d'Angleterre**, sœur du roi d'Angleterre, qui donnera naissance à Henri. Elle meurt en 1241.

1250 : **Bianca Lancia**. Frédéric II épouse juste avant sa mort la dame à laquelle il était lié depuis des années et qui lui avait déjà donné pour enfants Manfred, son fils préféré, Constance et peut-être Violante.

« Stupeur du monde et innovateur fabuleux » (Matteo da Parigi)

Frédéric II possédait une intelligence multiforme. Homme politique de valeur, à la fois grand dirigeant et grand législateur, il fut un passionné d'arts et de sciences et rédigea même un célèbre traité de fauconnerie intitulé *De arte venandi cum avibus*. Il alliait à l'aspect sacré et encore médiéval de son rôle d'empereur un éclectisme et un œcuménisme culturels d'une extraordinaire modernité pour l'époque. À sa cour se pressaient des érudits de toutes les confessions, des hommes de lettres, des mathématiciens, des astronomes, des médecins et des musiciens. C'est à lui que l'on doit la fondation de l'université de Naples, l'organisation de l'école de médecine de Salerne, où fut créée une chaire d'anatomie, et la naissance de l'école poétique sicilienne.

L'école poétique sicilienne

À la cour de Frédéric II, la *Magna Curia*, la littérature prend une place privilégiée en tant qu'art noble, pratiqué par les princes et les hauts fonctionnaires, qui voient dans la poésie un passe-temps élégant. Les poètes siciliens s'inspirent des thèmes et du style du lyrisme provençal et de « l'amour courtois », où le chevalier se dévoue respectueusement à sa dame. La langue utilisée est un sicilien épuré de ses termes populaires, s'inspirant du latin et du provençal : on voit naître ainsi une langue brillante et savante, strictement littéraire. Ce dialecte soigné, aux antipodes du réalisme, va progressivement influencer toute la poésie italienne. Parmi les poètes de l'école sicilienne figurent des têtes couronnées comme Frédéric II et ses fils **Henri**, **Frédéric**, **Manfred** et **Enzo**, roi de Sardaigne. Parmi tant d'autres, on trouve **Giacomo da Lentini**, notaire à la cour, considéré comme l'inventeur du sonnet, **Pier della Vigna** (rendu célèbre aussi par un épisode de Dante, l'*Enfer*, chant XIII, vers 25 et suivants) et **Cielo d'Alcamo**, auteur d'un célèbre débat en vers, *Rosa Fresca Aulentissima*. La grande époque de l'école sicilienne s'éteint avec le déclin de la *Magna Curia*.

Il est difficile de tracer un portrait équitable de l'empereur souabe sans mentionner l'enthousiasme d'une bonne partie de l'historiographie tant ancienne que moderne. **Dante** atteste sa renommée d'homme de culture et le décrit comme « *loico e clerico grande* », à la fois grand laïc et grand clerc. Défini comme féru de connaissances, patron des arts et poète courtois, il se distingue par des actes dénués de préjugés politiques. On soulignera son propre désir d'être considéré comme le prophétique « empereur des derniers temps », appelé à restaurer l'âge d'or et la justice sur terre. Cette interprétation allégorique de sa personnalité et de son rôle s'oppose violemment aux véhémentes accusations de la Curie papale, qui tend à voir en Frédéric II l'antéchrist biblique. En effet, Frédéric II se considérait presque comme un élu divin, s'appuyant sur certains indices comme la similitude du nom de son village natal, Jesi, près d'Ancône, avec celui de Jésus, ou comme la forme octogonale de son château de Castel del Monte, antique symbole d'éternité ; il souhaitait d'autre part être couronné dans Jérusalem.

Ombres et lumières, gloire et damnation composent le portrait de ce vrai « chevalier de l'esprit », comme le définit le titre d'un livret de Manlio Sgarambro (philosophe contemporain), mis en musique par Franco Battiato en 1994.

Chronologie

LES ORIGINES

- **8ᵉ s. av. J.-C.** - Premiers comptoirs phéniciens en Sicile.
- **753** - Fondation de Rome.
- **V. 735** - Première colonie grecque en Sicile.
- **7ᵉ-6ᵉ s. av. J.-C.** - Fondation de plusieurs villes (Catane, Lentini, Zancle, Akragas).
- **620-480** - Époque archaïque (Grèce).
- **509** - Naissance de la République romaine.
- **5ᵉ-4ᵉ s.** - Époque classique (Grèce).
- **4ᵉ-1ᵉʳ s.** - Époque hellénistique (Grèce).
- **227** - La Sicile devient province romaine.
- **264-146** - Guerres puniques opposant Rome à Carthage.

L'EMPIRE ROMAIN

- **27 apr. J.-C.** - Octave, premier empereur, reçoit le titre d'Auguste.
- **96-192** - Dynastie des Antonins.
- **313** - L'édit de Milan instaure la liberté du culte.
- **379-395** - Règne de Théodose. À sa mort, les possessions romaines sont partagées entre l'empire d'Orient et l'empire d'Occident.
- **476** - Odoacre, roi germain, dépose le dernier empereur romain d'Occident, Romulus Augustule. Fin de l'empire romain d'Occident.

LE MOYEN ÂGE

- **535-553** - Conquête de l'Italie par l'empereur byzantin Justinien.
- **730-787** - Premier iconoclasme byzantin.
- **800** - Charlemagne est couronné empereur d'Occident à Rome.
- **813-843** - Second iconoclasme byzantin.
- **827** - Débarquement des Arabes en Sicile, à Mazara. Palerme devient la capitale de Sicile.
- **962** - Fondation du Saint Empire romain germanique.
- **11ᵉ s.** - Les Normands s'installent en Sicile et en Italie du Sud.
- **1054** - Grand schisme d'Orient.
- **12ᵉ s.** - Les villes du Nord forment la ligue lombarde.
- **1282** - Vêpres siciliennes, avènement des Aragonais.

LA RENAISSANCE

- **1302** - Dynastie des Anjous à Naples.
- **1442** - Alphonse V d'Aragon, roi des Deux-Siciles.
- **1515-1525** - François Iᵉʳ, vainqueur à Marignan, vaincu à Pavie, doit renoncer à ses prétentions italiennes.
- **1527** - Sac de Rome par Charles Quint.
- **1545-1563** - Concile de Trente, diffusion des idées de la Contre-Réforme.
- **1559** - Le traité du Cateau-Cambrésis entre la France et l'Espagne : domination espagnole sur une bonne partie de l'Italie.
- **1669** - Catane est enfouie sous les laves de l'Etna.
- **1693** - Un tremblement de terre ravage le sud-est de la Sicile.

L'UNITÉ ITALIENNE EN MARCHE

- **1713** - Traité d'Utrecht : l'Autriche reprend le Milanais, Naples et la Sardaigne. Victor-Amédée II de Savoie obtient la Sicile.
- **1735** - L'île passe aux mains des Bourbon d'Espagne.
- **1796** - Napoléon Iᵉʳ soumet l'Italie jusqu'en 1814.
- **1816** - Restauration du royaume des Deux-Siciles, abrogation de la constitution libérale de 1812.
- **1831** - Giuseppe Mazzini crée le Mouvement des jeunes patriotes.
- **1848** - Première guerre d'indépendance contre l'Autriche.
- **1859** - Deuxième guerre d'indépendance. Napoléon III

soutient les Piémontais contre l'Autriche, victoires de Magenta et de Solferino.

● **1860** - Expédition des Mille. Garibaldi libère la Sicile et le sud de l'Italie. Nice et la Savoie sont cédées à la France.

● **1861** - Victor-Emmanuel II, roi d'Italie.

● **1866-1870** - Troisième guerre d'indépendance contre l'Autriche, rattachement de Rome à l'Italie.

● **1882** - L'Italie, l'Allemagne et l'Autriche signent un accord défensif nommé Triple Alliance, ou Triplice.

● **1904-1906** - L'Italie se rapproche de la France et du Royaume-Uni.

● **1908** - Tremblement de terre à Messine.

LES GUERRES ET L'ITALIE FASCISTE

● **1914-1918** - À partir de 1915, l'Italie combat aux côtés de la France, de l'Angleterre et de la Russie. Le 4 novembre, l'Italie sort victorieuse de la guerre après la bataille de Vittorio Veneto.

● **1919** - Le traité de Saint-Germain-en-Laye octroie le Trentin, le Haut-Adige, Trieste et l'Istrie à l'Italie. Fondation des *Fasci di Combattimento* (Faisceaux de combat) par Mussolini.

● **1922** - Marche sur Rome. Mussolini, chef du gouvernement.

● **1929** - Par les accords de Latran, Mussolini permet la création de l'État du Vatican.

● **1940** - L'Italie combat aux côtés de l'Allemagne.

● **1943** - Débarquement allié en Sicile. Mussolini, renversé par Victor-Emmanuel III, fonde la république de Salò, dans le nord de l'Italie.

● **1945** - Libération du nord de l'Italie. Le 25 avril, exécution de Mussolini par les Partisans.

L'ITALIE CONTEMPORAINE

● **1946** - Abdication du roi Victor-Emmanuel III. Proclamation de la république le 2 juin.

● **1948** - Nouvelle Constitution, création des régions autonomes.

● **1957** - Traité de Rome, l'Italie membre fondateur de l'Europe.

● **1970-1980** - « Années de plomb » : attentats terroristes d'extrême-droite et d'extrême-gauche ; assassinat de l'ancien président du Conseil Aldo Moro par les Brigades rouges en 1978.

● **1982** - Assassinat par la Mafia du préfet Carlo Alberto Dalla Chiesa.

● **1991** - Scission du parti communiste entre réformateurs et conservateurs.

● **1992** - Opération « mains propres » contre les manipulations politico-économiques. Effondrement de la démocratie chrétienne. Assassinat par la Mafia à Palerme des juges Falcone et Borsellino.

● **1994** - La droite, dirigée par Silvio Berlusconi, remporte les élections.

● **1996** - Victoire de l'alliance de l'Olivier. Pour la première fois depuis 1946, la gauche dirige le pays.

● **2001** - La coalition de droite de Silvio Berlusconi remporte les élections parlementaires. Violentes manifestations à Gênes contre le sommet du G8.

● **2006** - Arrestation de Bernardo Provenzano, *capo* de la Mafia. Romano Prodi remplace Silvio Berlusconi, après la victoire de sa coalition de centre-gauche. L'ancien communiste Giorgio Napolitano élu 11e président de la République.

● **2008** - Silvio Berlusconi revient à la tête du gouvernement. Le gouvernement régional de centre-droit est réélu en Sicile.

● **2011** - Démission de Silvio Berlusconi. L'ancien commissaire européen Mario Monti devient président du Conseil.

● **2012** - En Sicile, victoire du centre-gauche aux élections régionales.

Art et architecture

La Sicile est riche d'un patrimoine varié et opulent : temples grecs, odéons, thermes et amphithéâtres romains, villas somptueuses pavées de mosaïques, catacombes byzantines, monuments arabo-normands raffinés, palais à l'exubérance baroque hispanique. Cette juxtaposition de styles et de courants, témoignant d'une histoire complexe, est magnifiée par le talent d'artisans et d'artistes comme Nino Pisano, Antonello da Messina ou encore Giacomo Serpotta.

Les grandes étapes de l'art sicilien

De la colonisation grecque à nos jours, la créativité sicilienne n'a jamais cessé de s'exprimer. L'histoire très complexe de l'île, qui vit une multitude de peuples et de cultures s'imposer sur ce petit territoire clos par la mer, explique largement la diversité et la spécificité des créations siciliennes à travers les siècles.

L'ART GREC

Architecture civile et militaire

D'après les sources archéologiques, les premières traces en Sicile de fortifications militaires et d'architecture civile datent de la fin du 6ᵉ s. av. J.-C. Rares sont les vestiges connus antérieurs à cette période. Néanmoins, on peut supposer l'existence de fortifications militaires dès le 8ᵉ s. av. J.-C. avec les premières rivalités entre cités et l'ascension des tyrans.

Forteresses et fortifications –
Avec la période des tyrans, les édifices fortifiés se multiplient. Les matériaux de construction varient selon les richesses géologiques du lieu. À l'est, l'utilisation de la lave est assez répandue comme en témoignent les sites de **Naxos** et **Lipari**. Sinon, lorsque la pierre vient à manquer, la brique crue permet d'assurer l'élévation des murs, que l'on isole du sol par un socle de simples cailloux ou de galets liés avec de l'argile.

Quelques forteresses subsistent encore en Sicile, mais les vestiges archéologiques sont assez rares. Construites sur des points stratégiques, près des villes ou bien en dehors sur un site escarpé, les forteresses assuraient la défense des villes, des routes et autres points de passage.

La ville et son urbanisme –
Dès l'arrivée des premiers colons, l'organisation rationnelle du territoire est décidée : lieux de culte, espaces publics, lieux d'habitation. En général, la ville était organisée selon le système du plan en damier – mis au point par **Hippodamos de Milet**, philosophe et géomètre grec qui a vécu en Asie Mineure au 5ᵉ s. av. J.-C. – fondé sur deux axes : le **cardo** (*stenopos* en grec), orienté nord-sud et le **decumanus majeur** (*plateia* en grec) orienté est-ouest. Le réseau des rues était complété par les cardines et les *decumani* mineurs, qui délimitaient les pâtés de maison. À l'intérieur de ce plan s'inscrivaient différents ensembles

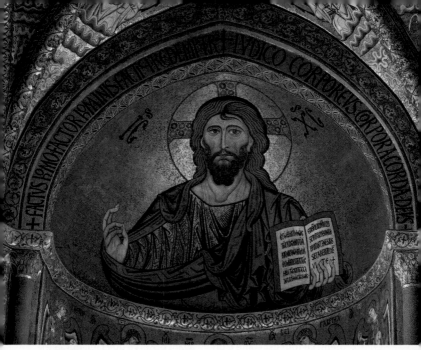

Christ pantocrator de la cathédrale de Cefalù.
R. Mattes/hemis.fr

et les édifices, parmi lesquels *l'agora*, place principale et centre de la vie publique ; le *prytanée*, bordant la ville et qui accueillait l'ensemble des activités de la ville ; *l'ekklesiasterion*, un édifice public profane réservé aux réunions de l'assemblée du peuple *(ekklesia)*, dont l'un des plus célèbres exemples est celui d'Agrigente, et le *bouleutérion*, destiné à accueillir le conseil réduit des citoyens *(boulé)*. Les temples, parfois extérieurs au périmètre urbain, étaient souvent entourés d'enceintes sacrées, qui pouvaient comprendre, dans des structures plus monumentales, des portiques, des monuments votifs, des gymnases et des théâtres. L'espace urbain était en général protégé par des fortifications, au-delà desquelles s'étendaient les terres agricoles, subdivisées en lots familiaux, et la zone destinée aux sépultures. La ville et parfois les villages eux-mêmes étaient dotés de réservoirs et d'aqueducs : celui d'Agrigente, construit par l'architecte Feace, est célèbre tout comme celui, extrêmement complexe, de Syracuse.

Architecture sacrée

Deux types de monuments relèvent de l'architecture sacrée : le temple et le théâtre. Situés généralement en dehors de la cité, ces monuments devaient être vus de loin. Ils dominent bien souvent un panorama exceptionnel.

Le temple – Les colons grecs importèrent leurs cultes et leurs dieux dès leur installation en Sicile au 8e s. av. J.-C., ce qui fait de cette île le plus étonnant conservatoire de temples doriques dits de « style sévère ». Le culte en soi ne nécessitait pas la construction d'un temple ; ce dernier est une offrande d'une ou plusieurs cités et parfois de simples particuliers.

Dans un temple, la chambre oblongue consacrée au dieu (naos ou cella) est située au cœur de l'édifice, l'antichambre (pronaos) est à l'avant du naos tandis qu'à l'arrière, l'opisthodome sert de chambre du trésor.

Le temple repose sur un soubassement dont le dernier gradin (stylobate) porte les colonnes, lesquelles supportent un

LA MAISON SICÉLIOTE

Les maisons de l'époque archaïque sont assez simples : on élève sur un socle en pierres sèches des murs en briques d'argile cuites au soleil. De forme rectangulaire, elles sont entourées d'un espace ouvert, enclos par les murs qui délimitent le lot. Le toit à double pente est fait de tuiles plates. Les outils et les provisions, renfermées dans de grandes jarres en terre cuite, sont gardés dans la cour. Mais c'est aussi un lieu de réunion, où l'on prend les repas et où l'on reçoit les visiteurs. On se retrouve sur la terrasse, où sont mis à sécher les fruits, pour converser, prier et dormir. Sous les fondations est enfoui un talisman, soit des ossements, soit un fétiche, qui en garantit la pérennité. Souvent, on asperge les fondations du sang d'un jeune animal, ainsi que le seuil, le linteau et les montants de la porte. Par la suite, le plan des maisons devient plus complexe, avec l'insertion d'un étage surélevé, soutenu par un portique. Parmi les pièces qui donnent sur le portique, la plus grande, communiquant avec la cuisine, est réservée aux réunions et les hommes s'y retrouvent pour prendre part aux banquets.

entablement. Le tout est coiffé d'un toit à double pente.

Le **style dorique**, né dans le Péloponnèse, se répand dans la Grèce continentale et dans les pays de colonisation, dont la Sicile, où il connaît ses plus belles réussites. Sobre, massif, l'ordre dorique élève la colonne, striée de vingt cannelures (à partir du 5ᵉ s.), sans base, directement sur le stylobate. L'entablement dorique se compose d'une architrave lisse, surmontée d'une frise où alternent les métopes (panneaux généralement sculptés de bas-reliefs) et les triglyphes (panneaux striés en vertical de deux gorges centrales et de deux demi-gorges en bordure).

En Sicile, au 6ᵉ s. av. J.-C., presque tous les temples sont périptères (c'est-à-dire ceints d'un rang de colonnes) et hexastyles (comportant six colonnes en façade). Toutefois, certains temples comme le temple G de Sélinonte possèdent plus de six colonnes en façade (temple octostyle, à huit colonnes).

Image du beau idéal, l'architecture du temple se définit essentiellement par une simplicité de structure et une parfaite harmonie des proportions. Les architectes, ayant observé que l'œil humain déformait les lignes des édifices de grande taille, imaginèrent d'y apporter des **corrections optiques**. Aux entablements qui semblaient légèrement affaissés au milieu, ils donnèrent une ligne imperceptiblement arquée, le centre étant plus élevé que les extrémités. Par ailleurs, sur chaque face d'un temple, un alignement de colonnes parfaitement verticales donne l'illusion que les colonnes situées vers les extrémités penchent vers l'extérieur, ils leur imprimèrent donc une inclinaison vers l'intérieur pour créer une impression de parfait équilibre. Enfin, dans les temples particulièrement grands (comme ceux de la Concorde à Agrigente, de Sélinonte et de Ségeste), il fallut compenser l'illusion d'un léger étranglement des colonnes dans leur partie supérieure, par un renflement situé à environ deux tiers de la hauteur du fût.

Si on compare les édifices sacrés de la mère patrie avec ceux de Sicile, il apparaît que les temples sicéliotes présentent une certaine propension à la monumentalité et aux effets spatiaux ainsi qu'un goût prononcé pour l'abondance ornementale. Les sculptures, qui ont souvent un rôle didactique, sont réservées aux éléments n'ayant pas de fonction architecturale dans le monument et occupant les places les plus visibles : tympan des frontons, métopes de l'architrave, bordure des toits.

Les temples étaient généralement peints en rouge, bleu et blanc, de façon à mettre en valeur la forme et la couleur des sculptures. Une peinture de ton « bronze doré » distinguait certains éléments décoratifs tels que boucliers et acrotères (motifs décoratifs placés aux extrémités ou au sommet d'un fronton). Au-dessus des corniches latérales (en bordure des toits), des ornements sculptés, les antéfixes, servaient de gargouilles.

Le théâtre – Près de la plupart des sanctuaires grecs figure un théâtre dans lequel se déroulaient les fêtes dionysiaques (en l'honneur de Dionysos, dieu tutélaire de l'activité dramatique), dont les hymnes ou « dithyrambes » donnèrent naissance à la tragédie.

Bâti d'abord en bois, puis en pierre à partir du 4e s. av. J.-C., un théâtre grec est un espace ouvert organisé en trois zones rigoureusement distinctes : au centre l'**orchestra**, cercle de terre battue où évoluait le chœur chargé de commenter l'action ; l'enserrant sur les trois quarts de son périmètre, le *theatron* (proprement « le lieu d'où l'on voit »), divisé par un promenoir (le *diazoma*), dans lequel prenait place le public ; enfin, le jouxtant sur sa partie libre, un *proskénion* bas et étroit sur lequel évoluaient les acteurs, lui-même prolongé d'une *skèné* servant de support au décor et de magasin d'accessoires.

Ce théâtre de type classique n'existe plus en Sicile, et ceux que nous voyons sont des réfections de l'époque hellénistique et surtout romaine. Or les Romains ont considérablement modifié l'architecture des théâtres : ils les ont fermés en solidarisant les diverses parties par la suppression des parois latérales, et par l'érection, au fond de la scène, d'un haut mur décoratif percé de portes, le *frons scenæ* ; ils ont réduit l'*orchestra* au demi-cercle par l'approfondissement du *proscenium* qui devenait ainsi un véritable espace scénique et par l'installation de gradins réservés aux personnalités dans la zone basse de la *cavea*. Ainsi, en passant du monde grec au monde latin, le théâtre a-t-il quitté son statut religieux et politique pour s'inscrire dans l'univers des plaisirs et des jeux.

La sculpture

D'après certains auteurs comme Diodore de Sicile (historien du 1er s. av. J.-C.) et Pausanias (voyageur grec du 2e s. apr. J.-C.), la Sicile n'a pas attendu d'être colonisée par les Grecs pour devenir un foyer artistique à part entière. Mais il est très difficile d'identifier un style sicilien, sachant qu'avant la colonisation grecque, des échanges artistiques s'effectuaient déjà entre la Sicile et la Grèce, particulièrement dans le sud de l'île occupé par les Sicanes. Avec la colonisation, la production artistique s'est calquée sur celle de la Grèce et il devint rare de trouver des objets ayant des traits purement siciliens.

Les trois périodes chronologiques qui définissent les courants artistiques grecs (archaïque, classique et hellénistique) se retrouvent en Sicile.

La pénurie de marbre associée au goût particulier des Sicéliotes pour les effets picturaux et les effets d'ombre et de lumière font du calcaire et du grès des matériaux privilégiés. L'argile fut grandement employée pour les frontons et les acrotères des temples ainsi que pour les statuettes votives.

témoignent les ruines de la villa de Patti près de Tindari. Ce n'est qu'à la fin du 3e s. apr. J.-C., sous Dioclétien, que la Sicile devient l'une des régions les plus prisées par l'aristocratie romaine, qui y acquiert de grandes propriétés foncières. Toutefois, si pendant les sept siècles d'occupation romaine (3e s. av. J.-C.- 5e s. apr. J.-C.) aucun monument véritablement prestigieux n'est construit, un réseau de voies efficace est développé à des fins militaires et commerciales, et des bâtiments publics typiquement romains (amphithéâtres, thermes, odéons…) sont élevés. Aujourd'hui encore, les zones publiques urbaines (comme les forums) ne sont pas complètement connues.

L'architecture

À la différence des Grecs, les Romains connaissaient et maîtrisaient le ciment, élevant les murs, les voûtes et même les colonnes grâce à des parements de petites briques à l'intérieur desquels le ciment était coulé. Pour la finition, ils utilisaient des placages de marbre (ou toute autre pierre de bel aspect), voire pour les intérieurs le stuc, donnant l'illusion de magnifiques murs de pierre.

Architecture civile – Les **théâtres** grecs, comme ceux de **Taormine** et de **Catane**, subissent de nombreuses transformations : l'orchestre circulaire (réservé aux chœurs) se réduit à un demi-cercle, tandis qu'est élevé un mur de scène abritant des machineries nécessaires aux effets scéniques. Ces théâtres pouvaient également accueillir des jeux de cirque et des combats de fauves, ce qui explique la construction d'un mur au pied de la *cavea* (encore partiellement visible à Taormine) pour protéger les spectateurs.

Parmi les monuments de création romaine, il faut citer l'**amphithéâtre de Syracuse**, qui accueillait les combats de gladiateurs ou de bêtes, celui de Catane, les **odéons** de Taormine et de Catane et la **naumachie de Taormine** (très détériorée), immense gymnase de brique long de 122 m agrémenté de niches. En dehors du cadre des divertissements, l'architecture civile romaine n'a pas laissé de vestiges significatifs en Sicile : la belle basilique de Tindari est néanmoins la preuve de l'introduction par les Romains de la voûte (inconnue des Grecs) même dans des petites villes éloignées des grands centres.

On retrouve des **thermes** (principalement d'époque impériale) à Catane, Taormine, Comiso, Solonte et Tindari, des forums à Taormine, Catane, Syracuse et Tindari.

Architecture domestique – L'habitat romain sicilien reste très lié à la tradition hellénistique. La **maison urbaine** à péristyle apparaît vers les 3e-2e s. av. J.-C. (Morgantina), mais on ne rencontre qu'à Marsala et Agrigente la maison avec atrium et cour à péristyle, dont le modèle est apparu en Campanie.

C'est dans le domaine des **villas** de campagne que l'on trouve le plus grand déploiement de richesses. Un exemple en est donné par la magnifique **villa Romana del Casale** non loin de Piazza Armerina : les thermes privés ne viennent que confirmer l'extrême raffinement des lieux, car la villa est avant tout renommée pour ses somptueux pavements de mosaïques.

L'ART BYZANTIN

La Sicile a été christianisée dès l'époque romaine. Les fouilles archéologiques, de Palerme à Syracuse, ont mis au jour autour des villes de grands cimetières utilisés dès la fin de l'Antiquité. Les premiers témoignages d'art chrétien apparaissent dans les **catacombes**, principalement dans celles de Syracuse (4e-5e s.), qui conservent des traces de décorations picturales. Petit à petit, des **églises** sont élevées. Comme partout dans le monde paléochrétien est adopté le **modèle basilical antique** d'origine latine : simple rectangle séparé en trois nefs par des colonnes et prolongé à l'est par une abside centrale. Plus monumentales sont les **églises aménagées dans d'anciens temples** comme celui de la Concorde à Agrigente et celui d'Athéna à Syracuse : les murs de la cella ont été ajourés d'arcades, tandis qu'étaient comblés les espaces entre les colonnes périptères.

La conquête de l'île par les Byzantins en 535 marque le rattachement de l'Église de Sicile à l'exarchat de Ravenne, puis, à partir de 751, directement à Constantinople. Toutefois, le tournant le plus important est pris avec la crise iconoclaste qui secoue Byzance. Les chrétiens de Sicile restant fidèles au culte des images malgré leur interdiction en 725 par l'empereur, de nombreux immigrés, dont des communautés monastiques entières et des artistes, se réfugient en Sicile, apportant un important savoir-faire, tout particulièrement en matière de mosaïques.

L'apport original de cette haute époque a été d'une part l'aménagement de nombreux sanctuaires (comme à Cava d'Ispica et Pantalica) et d'habitations rupestres creusées à même la roche (il en reste fort peu), et d'autre part la construction de petites églises à plan centré carré (proprement byzantines), appelées *cuba*, composées simplement de trois exèdres ouvrant sur un espace central cubique surmonté d'une coupole, l'entrée (à l'ouest) occupant le seul côté plat. On en trouve encore quelques exemples dans l'est de l'île, au nord et à l'est de l'Etna (**Castiglione di Sicilia**, *voir p. 442*), près de Noto, et dans les environs de Syracuse.

D'autres monuments, probablement élevés durant la période byzantine, mais largement modifiés, démembrés ou réemployés, n'ont pas survécu aux civilisations suivantes. Il est certain que les Byzantins importèrent l'art de la mosaïque sur l'île, mais on ne connaît leur maîtrise de cet art qu'à travers les œuvres réalisées sous le règne des Normands.

L'ART ARABO-NORMAND

L'occupation arabe

À partir de 827 commence, depuis la région de Trapani, la conquête arabe. Durant les deux siècles et demi de cette occupation, le visage de la Sicile change, non seulement parce que la capitale est déplacée de Syracuse à Palerme puis le paysage modifié par des travaux d'irrigation et l'implantation de nouvelles cultures venues d'Orient

DUOMO

Si en italien le mot *cattedrale* désigne l'église du diocèse où se trouve le siège épiscopal, la *cathedra*, le mot *duomo*, dérivé du latin *domus*, représente souvent ce même édifice.

Dans les localités italiennes, on trouve une *Chiesa Madre*, encore appelée *Chiesa Madrice* ou *Chiesa Matrice*, qui correspond à l'édifice dont dépendent les autres églises de la localité.

Plus rarement, une église ou une chapelle est dite palatine (du latin *palatinus*), parce que dépendant d'un palais.

(en particulier les agrumes), mais également par l'apport de formes inconnues jusqu'alors. De nombreux édifices sont élevés, toujours construits en parfaite harmonie avec la nature : palais, mosquées, minarets, jardins et fontaines. Avec l'architecture, c'est aussi tout un vocabulaire décoratif qui entre en Sicile : la figure humaine disparaît au profit de la géométrie ou des arabesques, la céramique habille les intérieurs de couleurs et les plafonds se couvrent de riches alvéoles à stalactites *(muqarnas)*.

Malheureusement, aucun monument important ne nous est parvenu de l'époque musulmane, les Normands s'étant approprié les édifices arabes et les ayant réaménagés et modifiés par la suite, sans qu'il soit possible de distinguer leur ancien rôle. Seuls subsistent le tracé sinueux et irrégulier des rues, encore lisible dans le tissu de certaines villes d'aujourd'hui comme Palerme, ainsi que des éléments décoratifs.

L'éclectisme normand

L'art arabo-normand combine des éléments arabes, romans (à travers les bénédictins franco-normands) et byzantins. Toute sa richesse naît du désir des souverains normands de rivaliser avec les fastes de Byzance, ville qu'ils rêvent de conquérir. Grands bâtisseurs, les nouveaux maîtres siciliens ont su intégrer ces différentes énergies créatrices pour élever des monuments d'une splendeur incomparable. Dès la fin du 11ᵉ s. et durant tout le siècle suivant, ils construisent de grandes églises conçues par des moines architectes, tant français et latins (bénédictins et augustiniens) que grecs, et donc inspirées des formes classiques : plan basilical, en croix latine ou en croix grecque, tours et portail en façade, souvent coupole sur le chœur… Ces édifices

sont en même temps enrichis de décors de mosaïques byzantines réalisées par des artistes grecs et d'ornementations arabes (arcs en fer à cheval, décor d'arabesques et d'alvéoles).

Il en résulte un ensemble curieux, qui offre la particularité d'associer ces trois styles.

L'influence byzantine – Dans le domaine de l'**architecture**, elle se caractérise, pour les édifices religieux, par l'adoption du plan centré carré, à l'intérieur duquel s'inscrit une croix grecque voûtée en berceau (comme à la Martorana à Palerme, l'église San Nicolò Regale de Mazara del Vallo ou l'église de la Santissima Trinità di Delia à Castelvetrano). On retrouve la traditionnelle coupole siculo-byzantine placée à la croisée du transept sur un tambour polygonal. Pour ce qui est des chapiteaux, l'art arabo-normand va reprendre aussi l'imposte byzantine, ce coussinet volumineux introduit entre la corbeille du chapiteau et la retombée de l'arc *(voir l'intérieur de la cathédrale de Monreale)*.

La figure humaine est absente de la **sculpture** byzantine et cela s'explique par trois raisons : la première est une prise de distance avec la statuaire païenne ; la deuxième, la querelle des iconoclastes (qui proscrivent les images saintes) ; enfin, l'influence arabe. Techniquement, la sculpture byzantine fouille profondément la pierre au lieu de simplement la modeler en surface : l'usage du trépan, qui perce la pierre de petits trous, permet de sculpter de véritables dentelles de pierre.

L'apport byzantin le plus fastueux, et le plus manifeste, est d'élever la **mosaïque** au rang d'un art monumental, en couvrant d'immenses surfaces de personnages et de motifs. En Sicile, hormis le cas de la Martorana, où l'on respecte les canons byzantins, la distribution du programme iconographique est modifiée pour en faciliter la vue depuis le trône royal. De même à Cefalù, Monreale et dans la chapelle Palatine à Palerme, le Christ pantocrator est représenté au sommet de l'abside, alors que dans les églises gréco-byzantines, il se situe au cœur de la coupole ; enfin les rois normands se font représenter là où traditionnellement n'apparaissent que des saints, portant par ailleurs les attributs des *basilei* (empereurs byzantins) pour affirmer leur pouvoir politique.

L'influence arabe – Les musulmans apportent avec eux de nouvelles méthodes de construction et de décoration qui vont permettre l'éclosion de véritables chefs-d'œuvre. Avec l'arc surhaussé (qui s'élève verticalement au-dessus du chapiteau avant de s'infléchir), l'**arc outrepassé** en est le plus représentatif : d'un tracé supérieur en demi-cercle, il se resserre à la base pour dessiner un fer à cheval. Sur leur face interne, les constructions arabes s'ornent souvent de stalactites ou *muqarnas*. Ces alvéoles sculptées en saillie, et bien souvent peintes, tapissent aussi les coupoles, les pendentifs, les chapiteaux et les consoles. Le décor du Duomo de Monreale (près de Palerme), celui de la chapelle Palatine et des palais de la Zisa et de la Cuba (toujours à Palerme), sont de bonnes illustrations de cette influence islamique. Le goût arabe pour des décors très fouillés se retrouve dans des ornementations sculptées, telles que la corniche aux crénelures dentelées de San Cataldo de Palerme, véritable écrin pour les trois coupoles rosées qui couronnent l'édifice. Les musulmans apportent également des changements dans les volumes, construisant des coupoles « en bonnet d'eunuque », comme à San Giovanni degli Eremiti.

L'influence romane – Elle se traduit par un plan en croix latine et de grosses tours en façade, où se reconnaissent les vastes conceptions monumentales des bénédictins, en particulier des clunisiens. La sculpture normande occupe en général peu de place dans les églises et se veut très discrète. Bien souvent, ce sont des motifs géométriques qui ornent les arcatures, les crochets et godrons sur la corbeille des chapiteaux. Les motifs végétaux se réduisent à la palmette ou à la feuille plaquée, raide et sans fioritures, comme une feuille de roseau. Le monde animal cède aussi à la stylisation. Toutefois, on retrouve de même dans des monuments prestigieux comme le cloître de Monreale de beaux ensembles de chapiteaux historiés de tradition tout à fait romane.

Les créations arabo-normandes

Si de nombreuses œuvres de cette période révèlent clairement une influence bien définie, on s'aperçoit aussi que certaines combinaisons finissent par devenir des modèles qui caractérisent l'art sous les Hauteville.

Monuments religieux – Chef-d'œuvre indiscutable de l'école siculo-normande, la **chapelle Palatine** à Palerme emprunte à l'art roman le plan allongé à trois nefs et des ouvertures relativement petites laissant modérément entrer la lumière ; à l'art islamique, les inscriptions arabes, l'arc brisé et le précieux décor à alvéoles du plafond ; à l'art byzantin, enfin, la coupole sur trompes d'angle et les mosaïques à fond d'or, les revêtements muraux en panneaux de marbre et les motifs de marqueterie de pierre du sol. Ainsi, la juxtaposition du plan centré carré byzantin adopté pour le chœur et du plan basilical avec charpente de bois d'origine latine uniquement pour la nef (qui reste en contrebas de quelques gradins) est un nouveau modèle reproduit ensuite à la cathédrale de Monreale.

La cathédrale de Palerme et le chevet de Monreale présentent une décoration qui révèle un lien avec les bandes lombardes et reprend également des motifs orientaux géométriques de couleurs contrastées (rosaces, damiers…).

Monuments civils – Outre quelques grands châteaux placés de façon stratégique à Palerme, à Castellammare et à Messine, les rois normands se font construire des palais résidentiels pour leur plaisir. À l'extinction des Hauteville, on compte neuf de ces *sollazzi* dont aujourd'hui subsistent surtout les palais de la Zisa et de la Cuba, à Palerme, ceints de parcs, de pièces d'eau, et pourvus à l'intérieur de deux espaces caractéristiques : l'*iwan* (salle à trois exèdres) et la cour à ciel ouvert, entourée d'un portique et agrémentée d'une ou plusieurs fontaines. Originaires de la Perse abbasside pour le premier et de l'Égypte fatimide pour le second, ils entrent en Sicile au 12e s. en passant par le Maghreb, puisque, à cette époque, la domination sicilienne s'étendait aux côtes aujourd'hui tunisiennes. La décoration était également largement d'inspiration islamique : pavements soignés en marbre ou en briques disposées en arêtes de poisson, murs recouverts de mosaïques (technique plutôt byzantine mais motifs arabisants) et plafonds et arcs ornés de *muqarnas* sculptés et peints.

LE GOTHIQUE

Du 13e au 15e s., la Sicile vit une période de troubles politiques où se succèdent des souverains aussi différents que les Souabes (1189-1266), les Angevins (1266-1282) et les Aragonais. Ces règnes sont caractérisés par la place consacrée aux grandes créations gothiques, par ailleurs peu appréciées dans le reste de la péninsule.

L'œuvre avant tout militaire des Souabes – Henri VI et surtout Frédéric II (également grand édificateur de châteaux dans les Pouilles) conservent les nombreux édifices religieux et civils des Normands, et marquent leur époque par la construction de châteaux forts, réalisés sous la direction d'architectes venus du nord. C'est donc par le biais de l'architecture fortifiée que le gothique entre en Sicile au 13e s. Les châteaux de Syracuse (Castello Maniace), de Catane (Castello Ursino) et d'Augusta datent de cette époque, tout comme les fortifications du château d'Enna (centre stratégique de l'île déjà occupé depuis l'époque byzantine), dont il reste huit hautes tours. Ces édifices se caractérisent par leur plan fortement géométrique (masse carrée ponctuée de tours angulaires et parfois médianes), leurs portails

PLACE DE LA HONTE

Dans le centre historique de Palerme, sur la piazza Pretoria, se dresse une magnifique et monumentale fontaine circulaire, au remarquable équilibre organisé par les gradins, les balustrades et les jeux d'eau. Réalisée par Francesco Camilliani au mitan du 16e s., entre 1554 et 1555, pour une villa florentine, elle fut transportée à Palerme à peine vingt ans plus tard, en 1573. Ce transfert ne souleva pas l'enthousiasme des Palermitains, plutôt leur indignation. Les nymphes dénudées ornant la fontaine déclenchèrent l'ire des habitants, qui rebaptisèrent alors la fontaine « Fontana della Vergogna » (fontaine de la honte).

ou fenêtres en arc brisé, leurs murs nus et austères couronnés de créneaux et de merlons, leurs salles voûtées en ogive.

Au 14e s., le style chiaramontain – Les grandes familles féodales qui règnent au 14e s., en particulier celle des **Chiaramonte**, se montrent de grands bâtisseurs de palais urbains et d'églises. Le **palais** Chiaramonte (ou **Steri**), demeure palermitaine de la famille, constitue le prototype des futurs palais urbains avec sa façade d'une beauté mesurée, couronnée de créneaux et agrémentée uniquement de belles fenêtres à arcs aigus.

Le style chiaramontain se caractérise ainsi par des fenêtres géminées ou triforées, surmontées d'arcs de décharge ajourés ou ornés de motifs géométriques polychromes. Les Chiaramonte, dont la puissance domine tout le 14e s. en raison de l'affaiblissement du pouvoir royal, sont à l'origine de la construction ou de la restauration de nombreux édifices : de Mussomeli à Racalmuto, de Montechiaro à Favara, on compte une bonne dizaine de châteaux et édifices.

L'art gothique catalan du 15e s. – Pour bien comprendre la faveur du gothique catalan en Sicile, il faut se remémorer l'importance de la domination catalane, qui s'y établit dès la fin du 14e s. avec le règne de la maison d'Aragon. Alors qu'ailleurs en Europe se développait le gothique flamboyant, la confédération catalano-aragonaise (devenue l'une des grandes puissances de la Méditerranée dès le 13e s.) apporte avec elle, non sans un certain retard, le goût pour un gothique relativement sobre : formes épurées, sens des proportions, préférence pour l'amplitude spatiale (et non l'élévation, en particulier dans le domaine religieux), ouvertures à larges baies alternant avec des pans de murs lisses et nus. C'est de cette

époque que datent le portique de la cathédrale de Palerme et les palais Santo Stefano et Corvaja de **Taormine**.

Vers la fin du 15e s., les réalisations de **Matteo Carnelivari** représentent le mieux cette influence : certains motifs catalans sont mélangés à des éléments byzantins, arabes et normands provenant de la plus vieille tradition locale. Le même artiste dessine probablement les plans de l'église Santa Maria della Catena à Palerme. Il conçoit aussi les plans des palais Abatellis et Aiutamicristo.

Sculpture et peinture – Dans ces deux domaines, ce sont des personnalités étrangères qui s'illustrent en Sicile. Pour la sculpture, des artistes toscans et surtout pisans, fort réputés par leurs ouvrages, sont appelés à travailler sur l'île. **Nino Pisano** nous a laissé une *Vierge de l'Annonciation* souple et déhanchée, typique de sa manière, dans la cathédrale de Trapani, ville qui attire de nombreux sculpteurs dès le 14e s. en raison de ses carrières de marbre. **Bonaiuto Pisano** a réalisé à Palerme l'aigle qui surmonte le portail du palais Sclafani.

En peinture, **Antonio Veneziano** (formé à Venise et actif à Florence) et **Gera da Pisa** travaillent un temps en Sicile. L'Espagne offre également certains de ses peintres, parmi lesquels **Guerau Janer**. Vers la fin du 15e s., le succès de ces artistes étrangers devient si grand qu'ils tendent à s'installer durablement dans l'île, comme **Nicolo di Maggio** (d'origine siennoise) qui travaille surtout à Palerme.

RENAISSANCE ET MANIÉRISME

Ces deux styles proprement italiens ne connaissent pas un grand développement en Sicile à cause de la forte influence du gothique espagnol, hérité de la cour aragonaise. Il faudra attendre la venue d'artistes formés auprès des grands maîtres toscans pour que la Sicile s'ouvre aux influences de la Renaissance.

Peinture – Au **15e s.**, la Sicile s'intéresse aux nouvelles approches du style Renaissance grâce à **Antonello da Messina (vers 1430-vers 1479)**. Même si sa vie et sa carrière sont restées longtemps mystérieuses, il est sans conteste le peintre et même l'artiste le plus célèbre de Sicile *(voir p. 454)*. Ses chefs-d'œuvre conservés dans l'île – *L'Annonciation* du palais Bellomo (Syracuse), la *Vierge de l'Annonciation* du palais Abatellis (Palerme), le *Polyptyque de saint Grégoire* du Musée régional de Messine et *L'Homme au rictus* du musée Mandralisca de Cefalù – figurent parmi les œuvres majeures de la Renaissance.

Dans la **première moitié du 16e s.**, les peintres **Cesare da Sesto**, **Polidoro da Caravaggio** ou Vincenzo da Pavia diffusent le maniérisme toscan et romain, tandis que Simone de Wobreck (qui réside en Sicile jusqu'en 1557) introduit les formes du maniérisme flamand.

Sculpture – Dans la seconde moitié du 15e s., la sculpture est à son tour complètement renouvelée par l'arrivée d'artistes italiens. Parmi eux, deux grands noms, Francesco Laurana et Domenico Gagini.

Francesco Laurana, sculpteur et médailliste italien, réside en Sicile de 1466 à 1471, le temps d'exécuter quelques œuvres : le portail de la chapelle Mastrantonio à St-François-d'Assise de Palerme, le buste d'Éléonore d'Aragon, remarquable par la douceur de son expression, à la Galleria Regionale di Sicilia dans le palais Abatellis (Palerme) ainsi que quelques Vierges à l'Enfant se trouvant dans les églises du Crucifix à Noto et de la Vierge Immaculée au palais Acreide ou au musée de Messine.

Les **Gagini**, famille d'architectes et de sculpteurs italiens originaires de la région des lacs, font souche en Sicile après l'installation de **Domenico**. Avec son fils **Antonello**, né à Palerme en 1478, il dirige dans cette ville un atelier florissant, en flattant le goût de l'époque pour les formes élégantes et maniérées réalisées en marbre de Carrare et non plus en tuf calcaire. Sa technique sera reprise par ses descendants, sculpteurs et orfèvres, jouissant d'une grande réputation jusqu'au milieu du 17e s. De très nombreuses églises de Sicile sont encore décorées de statues des Gagini, dont certaines sont remarquables ; mais cette production assez massive aboutit aussi à des œuvres répétitives de qualité médiocre.

Le **maniérisme** en sculpture apparaît au 16e s. en Sicile avec la venue d'artistes comme le Florentin **Angelo Montorsoli** (1505-1563) qui s'illustre à Messine de 1547 à 1557. Sa collaboration avec Michel-Ange à Rome et Florence lui apporte une certaine notoriété et ses œuvres signent le passage du style Renaissance vers celui du maniérisme « michelangelesque ». Parmi ses œuvres encore visibles, la fontaine d'Orion (1547-1550) à Messine, chef-d'œuvre du 16e s.

LE BAROQUE

À partir du 16e s., la domination espagnole se fait sentir de façon plus nette dans le domaine artistique, par une vigoureuse démarche contre-réformiste, puis par la richesse et l'exubérance baroques davantage hispaniques qu'italiennes.

L'art de la Contre-Réforme – La Sicile est marquée très tôt par le pouvoir et l'influence de la Compagnie de Jésus, créée en 1540 par l'Espagnol Ignace de Loyola. Bâties sur le modèle

Splendeur du baroque, à Raguse.
Ch. Boisvieux/hemis.fr

de l'église du Gesù de Rome, les **églises « jésuites » de Sicile** ont les mêmes caractéristiques. La nef unique est spacieuse et dégagée, pour que l'autel soit visible de toute l'assemblée et que le prêche atteigne chaque participant. Alliant solennité, puissance, richesse et clarté, l'espace intérieur est annoncé dès la façade : la nef centrale, large et haute, est flanquée de deux nefs plus basses, bas-côtés réservés à des chapelles latérales ouvertes directement sur la nef. Des décrochements remplacent les surfaces dépouillées de la Renaissance, et des colonnes engagées se substituent peu à peu aux pilastres plats afin de faire jouer davantage la lumière *(voir notamment l'église St-Ignace de l'Olivella à Palerme)*.

La **peinture de la Contre-Réforme** remet à l'honneur les thèmes rejetés par le protestantisme comme celui de la Vierge, le dogme de l'Eucharistie, le culte des saints. Le style des œuvres se développe toujours dans le sillage de Michel-Ange et de Raphaël. À Palerme, quelques artistes peu connus, comme Vincenzo degli Azani, appartiennent à ce courant.

Situation historique et caractères stylistiques – En Espagne, le baroque connaît son apogée au milieu du 17ᵉ s. Il se diffuse presque simultanément en Sicile grâce aux influences byzantines et arabes précédentes, annonciatrices d'un style utilisant marbres précieux et dorures. Une grande importance est accordée aux détails : les grilles ouvragées, les balcons soutenus par des figures souvent grotesques. Les travaux de marqueterie en pierres polychromes rivalisent de diversité et de fantaisie.

Dès le début du 17ᵉ s., l'administration des vice-rois espagnols entreprend la construction d'une centaine de nouvelles villes, pour satisfaire un vaste programme de réorganisation territoriale. Avec les terribles tremblements de terre de 1669 et surtout de 1693 qui détruisent presque tout le sud-est de l'île, la reconstruction des villes est entreprise immédiatement sous l'impulsion des autorités locales, de l'aristocratie, des urbanistes (Fra'Michele La Ferla, Fra'Angelo Italia) et des architectes (Vaccarini, Ittar, Vermexio, Palma, Gagliardi). Le séisme a ouvert une immense plaie de Catane à Syracuse, touchant aussi Avola, Noto, Scicli, Modica, Raguse, Vittoria, Lentini et Grammichele. Le baroque sicilien se concentre donc dans cette partie de l'île et autour de Palerme (Bagheria et Trapani), siège du pouvoir.

Architecture – Formés pour la plupart à Rome, les architectes baroques s'inspirent des chefs-d'œuvre du baroque romain tout en le dépassant bien souvent par une outrance des formes, des volumes, des sujets iconographiques dans la décoration sculptée. Le sentiment de fragilité de la vie face aux forces de la nature se traduit dans une approche de l'art qui n'a plus rien à voir avec la recherche du beau. La dérision, l'outrance, la mort, la souffrance et même la laideur (de la vieillesse, de la misère, de la déformation physique) se retrouvent dans l'extrême fantaisie des sujets choisis pour le décor. Les contorsions, de mise dans les structures architecturales, trouvent un écho tout naturel dans l'habillage exubérant des façades et des intérieurs. La reconstruction des villes est imprégnée de cet esprit qui investit aussi l'inspiration urbanistique.

Au cours de sa période d'apprentissage à Rome, sous les ordres de Carlo Fontana, **Giovanni Battista Vaccarini** (1702-1769) découvre le travail de Borromini, artiste romain tourmenté mais créateur de génie. De retour en Sicile vers 1730, il se consacre pendant trente ans à la reconstruction de **Catane**. L'église Ste-Agathe est sans doute son plus grand chef-d'œuvre : elle est construite sur un plan en ellipse et sa façade rappelle par ses ondulations l'église St-Charles-aux-Quatre-Fontaines de Borromini à Rome.

La ville de **Palerme** possède aussi de nombreux édifices d'inspiration romaine, car un de ses principaux architectes, **Giacomo Amato**, originaire de Palerme (1643-1732), compléta sa formation à Rome. Son œuvre se caractérise par l'utilisation des motifs de l'architecture romaine du 16e s. : l'église Santa Teresa alla Kalsa (1686), l'église Santa Maria della Pietà, avec ses colonnes saillantes formant deux puissants étages (1689), l'église du Sauveur avec une coupole elliptique, l'église Santa Caterina dont la nef, le transept et les chapelles latérales sont recouverts de marbre polychrome, de fresques et de sculptures de stuc, et de nombreux palais privés en constituent les meilleurs exemples. Parmi les monuments baroques de Palerme, les fontaines et les façades du carrefour des Quattro Canti interprètent le meilleur du baroque citadin.

Noto, reconstruite entièrement après le tremblement de terre de 1693, est une parfaite illustration de l'homogénéité du baroque urbain sicilien, car sa composition même est conçue comme un vaste décor de théâtre. Cet ensemble exceptionnel est pratiquement l'œuvre d'un seul homme, l'énigmatique **Rosario Gagliardi**, dont on ne connaît presque rien, sauf l'année de sa naissance et celle de sa mort (Syracuse 1680-Noto 1726). Plus grand architecte baroque de Sicile, dont l'œuvre considérable se concentre dans ce minuscule territoire, il travaille également dans deux villes toutes proches de Noto, Raguse et Modica : à **Raguse**, on lui doit la petite église San Giuseppe et surtout la magnifique San Giorgio, tandis qu'à Modica il établit le plan de la somptueuse église San

Giorgio, caractérisée par sa tour-clocher élancée.

Parmi les **villas baroques**, celles de **Bagheria**, à quelques kilomètres de Palerme, sont sans doute les plus représentatives du baroque sicilien : il s'agit d'édifices raffinés aux salons meublés avec luxe et aux jardins peuplés de statues, comme la villa Cattolica. La plus exubérante est probablement la **villa Palagonìa** dont l'étourdissante décoration la rend célèbre comme château de l'absurde dans toute l'Europe des Lumières, avant même la visite de Goethe en 1787 *(voir p. 177)*.

Sculpture et décoration – L'apparat sculptural et décoratif du baroque se caractérise par la richesse des ornementations. Les autels s'ornent de tableaux de marbre sculptés en relief, de colonnes torsadées, les corniches et les frontons se peuplent de figures d'anges. Parmi les nombreux artisans du marbre, du stuc et du décor polychrome, se détache le nom de **Giacomo Serpotta** (1652-1732). Après une formation à Rome, Serpotta rejoint sa ville natale de Palerme pour réaliser la statue équestre de Charles II. Ensuite, il commence sa longue carrière de décorateur spécialisé dans le stuc : oratoire de San Lorenzo, celui de Santa Cita et celui du Rosaire à San Domenico, entièrement ornés de figurines et de cartouches en léger relief, dont le détail est souvent très délicat. De nombreuses églises de Palerme sont décorées par Serpotta comme l'église della Gancia et celle du Carmine. Il s'occupe également vers la fin de sa vie des églises St-François-d'Assise et St-Augustin (avec certains de ses élèves), où il atteint une virtuosité peu commune dans le modelé de petites scènes en bas-relief. Sculpteur sicilien baroque par excellence, Serpotta apparaît comme le précurseur des formes du rococo.

Peinture – Les peintres baroques recherchent les effets de perspective et de trompe-l'œil, les compositions complexes en vrille et en diagonale. Le choix des sujets porte le plus souvent sur des épisodes de l'histoire sacrée ou des fictions allégoriques. Dans ce domaine, le **Caravage** est une référence. Michelangelo Merisi (1573-1610), dit le Caravage, du nom de son village natal près de Bergame, commence à travailler à Rome en 1588 chez le Cavalier d'Arpin. Mais entraîné par son tempérament, de querelles en rixes, il doit fuir la ville en 1605 vers Naples, l'île de Malte et la Sicile. En marge de toute convention, il peint de puissantes figures révélées par de savants jeux de lumière.

L'artiste laissera de son passage en Sicile des œuvres importantes comme *L'Enterrement de sainte Lucie* (palais Bellomo de Syracuse), ainsi que *L'Adoration des bergers* et *La Résurrection de Lazare* (musée de Messine). Ces peintures ont inspiré par la suite de nombreux artistes, tels Alfonso Rodriguez (1578-1648) et **Pietro Novelli** (1603-1647), qui s'inspira à la fois du Caravage et de **Van Dyck**. Ce grand peintre hollandais séjourna à Palerme en 1624. Parmi ses œuvres siciliennes, on peut citer *La Madone du Rosaire*, à l'oratoire de l'église San Domenico.

DU 18e S. À NOS JOURS

Le néoclassicisme – Ce courant se développa à partir du milieu du 18e s. et fut marqué par un retour à l'architecture grecque et romaine découverte avec enthousiasme grâce aux fouilles d'Herculanum, de Pompéi et de Pæstum. En peinture, la représentation des vestiges archéologiques connaît un grand succès. En sculpture, c'est l'artiste palermitain **Ignazio Marabitti** (1719-1797, formé à Rome chez

Filippo della Valle) qui se distingue, avec le retable de saint Ignace dans l'église Ste-Agathe au collège de Caltanissetta. Palerme connut un autre sculpteur important, **Venanzio Marvuglia** (1729-1814). Élève de Vanvitelli à Rome, il réalise l'extension de l'église San Martino delle Scale, les oratoires de San Filippo Neri et Sant'Ignazio all'Olivella, la villa du prince de Belmonte. Son style classique est parfois associé à une note d'exotisme, comme pour le pavillon chinois du parc de la Favorite commandé par Ferdinand III de Bourbon. Son architecture mêle toits et clochetons de style chinois, arcades gothiques, vestibules et terrasses néoclassiques.

Le vérisme – Tout comme d'autres artistes italiens voués à la représentation de la réalité, le sculpteur **Domenico Trentacoste** (1859-1933) ne peut encore être qualifié de naturaliste. Formé à Palerme, fasciné dans un premier temps par les modèles du Quattrocento, **Trentacoste** s'intéresse ensuite au naturalisme de Rodin, qu'il rencontre à Paris vers 1880. Il explore ainsi les sujets de genre, les thèmes mythologiques, le portrait et le nu (*Faunetta*, galerie E. Restivo de Palerme), travaille le bronze, le marbre et la cire. **Ettore Ximenes** (1855-1926), formé à Palerme, sa ville natale, étudie ensuite à Naples sous la direction de Domenico Morelli. Le réalisme qui transparaît dans la plupart de ses œuvres laisse parfois la place à des tracés plus sinueux, caractéristiques de l'Art nouveau.

Le Liberty – L'art Liberty apparaît en Italie à la charnière des deux siècles, alors qu'il connaît déjà un certain succès dans le reste de l'Europe. Développé principalement dans le domaine des arts décoratifs, il se caractérise par les lignes courbes des sujets traités, aussi bien pour les peintures que pour les objets en fer forgé ou les meubles. En Sicile, **Ernesto Basile** (Palerme, 1857-1932) est le personnage marquant de cette époque. Cet architecte, fils du célèbre **Giovanni Battista Basile** (créateur du Teatro Massimo de Palerme), aborde le style Liberty après avoir longuement étudié les formes de l'époque arabo-normande et de la Renaissance. À cette période remontent ses œuvres projetées pour la villa Igiea, superbement située sur les pentes du mont Pellegrino, où il réalise une magnifique décoration florale pour la salle à manger *(voir p. 163)*, le café Ferraglia à Rome et certaines villas palermitaines, dont le Villino Florio *(voir p. 165)*. Basile travaille également à la création de meubles et de motifs décoratifs pour les tissus.

Un très bon exemple de l'engouement pour l'art Liberty en Sicile est apporté par la **villa Malfitano de Palerme**, demeure des Whitaker.

L'art contemporain – Bien que la Sicile ne soit pas dans ce domaine à l'origine d'un courant artistique de dimension internationale, l'île peut s'enorgueillir d'avoir donné naissance à quelques figures intéressantes.

Tout d'abord, le peintre **Fausto Pirandello** (1899-1975), fils du célèbre écrivain. Cet artiste s'intéresse d'abord à la sculpture puis à la peinture naturaliste et cubiste (Braque notamment) pour atteindre un équilibre à mi-chemin entre l'abstraction et la figuration. En témoigne sa série de nus féminins.

Renato Guttuso (1912-1987), peintre néoréaliste, entreprend des études classiques à Palerme et se rend d'abord à Rome puis à Milan, où il renforce ses idées politiques clairement antifascistes. Il se tourne durant ces années vers un art réaliste. Pour la réalisation de ses peintures, caractérisées par une perspective aplatie et une décomposition géométrique qui le rapproche de l'art de Picasso, Guttuso choisit souvent des sujets qui révèlent son engagement social. À partir de 1958, l'artiste commence à s'intéresser aussi à l'expressionnisme. Il en découle une nouvelle manière de percevoir la peinture qui, au réalisme des sujets, joint l'émotion et le mouvement, exprimés au moyen de tonalités fortes et de tracés nets. Une des œuvres réalisées à la fin de sa vie, la *Vucciria*, résume admirablement son style : image à la fois réaliste et crue du quartier de bœuf qui pend au premier plan, amoncellement de cageots de fruits et de poissons dont la superposition suggère la profondeur, importance des personnages, notamment la femme de dos au premier plan, qui animent la composition.

Parmi les artistes siciliens contemporains figurent également des sculpteurs. **Pietro Consagra**, né à Mazara del Vallo (1920-2005), fait ses études à Palerme et s'installe ensuite à Rome, où il adhère à l'art abstrait. Ses sculptures révèlent une recherche sur les matériaux, suivie plus tard par la tentative d'annuler l'épaisseur de la matière, en travaillant à l'aide de très fines lames. En Sicile, son nom est surtout attaché à la ville de Gibellina *(voir p. 249)*, où il édifia l'imposante *Stella* à l'entrée de la ville, et à la Fiumara d'Arte.

Le sculpteur **Emilio Greco**, né à Catane (1913-1995), s'inspire des formes classiques dans une recherche continue de l'harmonie et de l'équilibre. C'est pour cette raison qu'il étudie aussi bien l'art grec que l'art romain ou de la Renaissance. Le corps féminin constitue un de ses thèmes de prédilection, bien qu'il se consacre également aux sujets liés à la religion (porte en bronze de la cathédrale d'Orvieto et monument au pape Jean XXIII à St-Pierre de Rome).

Enfin **Salvatore Fiume** (1915-1997), connu aussi sous le nom de Giocondo, est un artiste plus polyvalent, sculpteur, peintre et scénographe. Ses sources d'inspiration varient de la représentation de la nature sublimée jusqu'à celle de la réalité sans fioritures de la vie quotidienne (comme des femmes au marché) en passant par les richesses des différentes civilisations que connut la Sicile : sa peinture peut alors se teinter d'orientalisme lorsqu'il se réfère à l'influence arabe. Dans les dernières années de sa vie, Fiume s'est aussi intéressé à l'art sacré en illustrant des épisodes bibliques pour les éditions Paoline.

Architecture antique grecque

LE TEMPLE

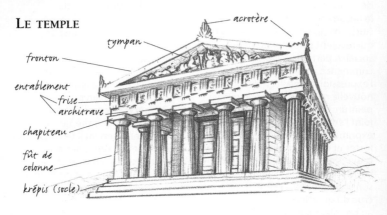

- acrotère
- tympan
- fronton
- entablement
  - frise
  - architrave
- chapiteau
- fût de colonne
- krépis (socle)

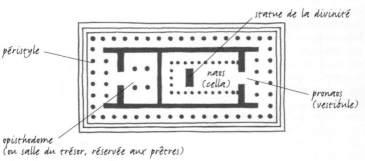

- statue de la divinité
- péristyle
- naos (cella)
- pronaos (vestibule)
- opisthodome (ou salle du trésor, réservée aux prêtres)

LES TROIS ORDRES CLASSIQUES

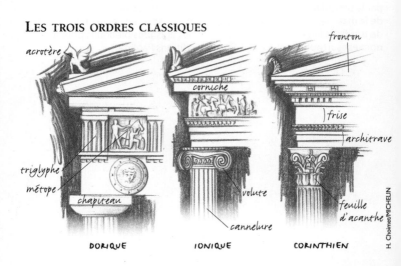

- acrotère
- corniche
- fronton
- frise
- architrave
- triglyphe
- métope
- chapiteau
- volute
- cannelure
- feuille d'acanthe

DORIQUE   IONIQUE   CORINTHIEN

H. Choimet/MICHELIN

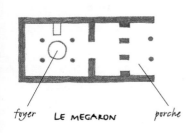

foyer   LE MEGARON   porche

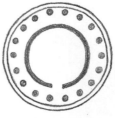

LA THOLOS
(bâtiment circulaire)

LE THÉÂTRE

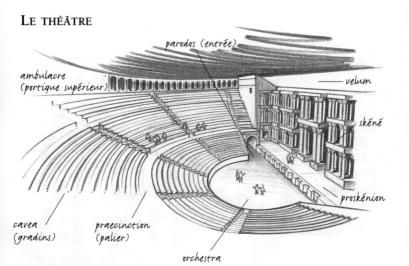

parodos (entrée)

ambulacre
(portique supérieur)

velum

skéné

proskénion

cavea
(gradins)

praecinction
(palier)

orchestra

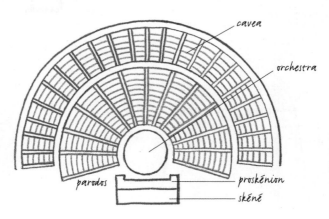

cavea

orchestra

parodos

proskénion

skéné

H. Choimet/MICHELIN

ÉLÉMENTS D'ARCHITECTURE

Thermes

Villa du CASALE
Plan des thermes (3°-4° s. de notre ère) et système de réchauffement

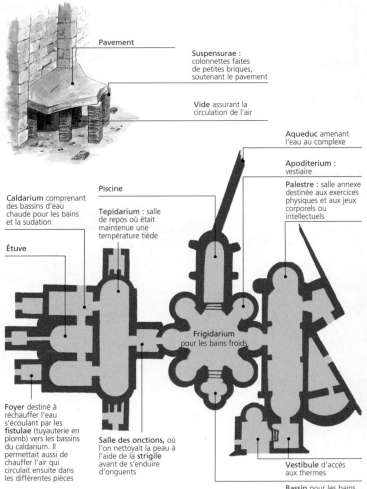

Pavement

Suspensurae :
colonnettes faites
de petites briques,
soutenant le pavement

Vide assurant la
circulation de l'air

Aqueduc amenant
l'eau au complexe

Apoditerium :
vestiaire

Palestre : salle annexe
destinée aux exercices
physiques et aux jeux
corporels ou
intellectuels

Piscine

Caldarium comprenant
des bassins d'eau
chaude pour les bains
et la sudation

Tepidarium : salle
de repos où était
maintenue une
température tiède

Étuve

Frigidarium
pour les bains froids

Foyer destiné à
réchauffer l'eau
s'écoulant par les
fistulae (tuyauterie en
plomb) vers les bassins
du caldarium. Il
permettait aussi de
chauffer l'air qui
circulait ensuite dans
les différentes pièces

Salle des onctions, où
l'on nettoyait la peau à
l'aide de la strigile
avant de s'enduire
d'onguents

Vestibule d'accès
aux thermes

Bassin pour les bains
tièdes

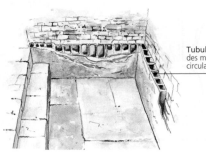

Tubuli à l'intérieur
des murs, où
circulait l'air chaud

Architecture religieuse

RAGUSA IBLA – Plan de la cathédrale St-Georges (18e s.)

Plan en forme de croix latine, les deux bras de la croix formant le transept

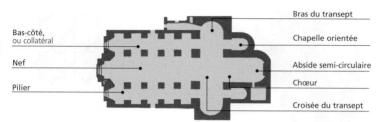

Bas-côté, ou collatéral

Nef

Pilier

Bras du transept

Chapelle orientée

Abside semi-circulaire

Chœur

Croisée du transept

Coupe d'une église

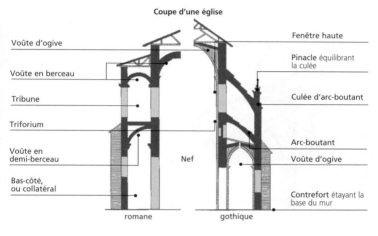

Voûte d'ogive

Voûte en berceau

Tribune

Triforium

Voûte en demi-berceau

Bas-côté, ou collatéral

Nef

romane

gothique

Fenêtre haute

Pinacle équilibrant la culée

Culée d'arc-boutant

Arc-boutant

Voûte d'ogive

Contrefort étayant la base du mur

NICOSiA – Portail de la cathédrale St-Nicolas (14e s.)

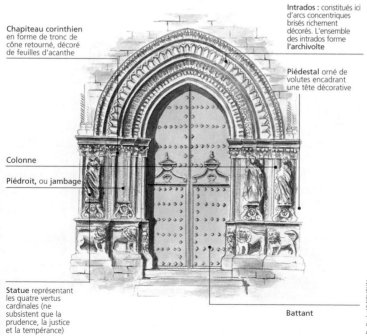

Chapiteau corinthien en forme de tronc de cône retourné, décoré de feuilles d'acanthe

Colonne

Piédroit, ou jambage

Statue représentant les quatre vertus cardinales (ne subsistent que la prudence, la justice et la tempérance)

Intrados : constitués ici d'arcs concentriques brisés richement décorés. L'ensemble des intrados forme l'archivolte

Piédestal orné de volutes encadrant une tête décorative

Battant

PALERME – Détail du plafond de la chapelle Palatine (12ᵉ s.)

Plafond à **muqarnas**, formé d'étoiles et de croix se prolongeant en stalactites

Schéma du motif ornemental de base de la décoration islamique : l'étoile à huit pointes

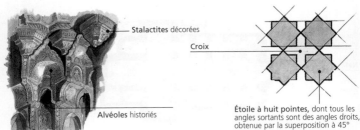

Stalactites décorées

Croix

Alvéoles historiés

Étoile à huit pointes, dont tous les angles sortants sont des angles droits, obtenue par la superposition à 45° de deux carrés

MONREALE – Détail du chevet de la cathédrale (12ᵉ s.)

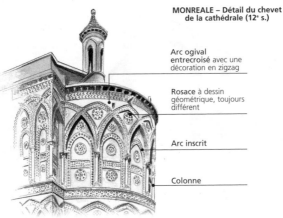

Arc ogival **entrecroisé** avec une décoration en zigzag

Rosace à dessin géométrique, toujours différent

Arc inscrit

Colonne

CEFALÙ – Perspective de la cathédrale (12ᵉ-13ᵉ s.)

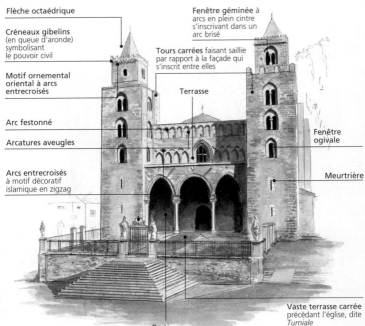

Flèche octaédrique

Créneaux gibelins (en queue d'aronde) symbolisant le pouvoir civil

Motif ornemental oriental à arcs entrecroisés

Arc festonné

Arcatures aveugles

Arcs entrecroisés à motif décoratif islamique en zigzag

Fenêtre géminée à arcs en plein cintre s'inscrivant dans un arc brisé

Tours carrées faisant saillie par rapport à la façade qui s'inscrit entre elles

Terrasse

Fenêtre ogivale

Meurtrière

Vaste terrasse carrée précédant l'église, dite *Turniale*

Portique

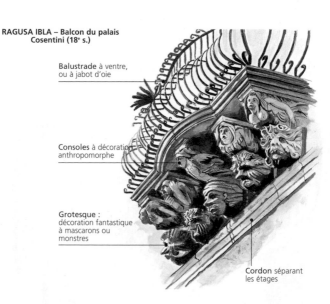

RAGUSA IBLA – Balcon du palais Cosentini (18ᵉ s.)

Balustrade à ventre, ou à jabot d'oie

Consoles à décoration anthropomorphe

Grotesque : décoration fantastique à mascarons ou monstres

Cordon séparant les étages

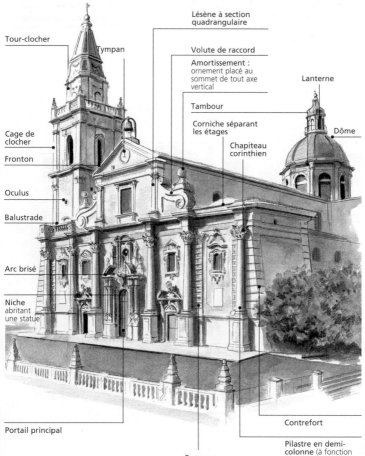

RAGUSA – Cathédrale baroque St-Jean (18ᵉ s.)

Lésène à section quadrangulaire

Volute de raccord

Amortissement : ornement placé au sommet de tout axe vertical

Tambour

Corniche séparant les étages

Chapiteau corinthien

Lanterne

Dôme

Tour-clocher

Tympan

Cage de clocher

Fronton

Oculus

Balustrade

Arc brisé

Niche abritant une statue

Portail principal

Bossages

Contrefort

Pilastre en demi-colonne (à fonction décorative)

R. Corbel/MICHELIN

CASTELBUONO – Chapelle Ste-Anne du château des Ventimiglia (1683)

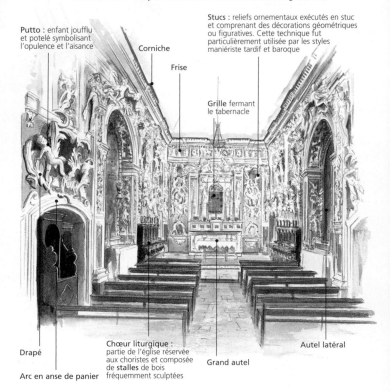

Putto : enfant joufflu et potelé symbolisant l'opulence et l'aisance

Corniche

Frise

Stucs : reliefs ornementaux exécutés en stuc et comprenant des décorations géométriques ou figuratives. Cette technique fut particulièrement utilisée par les styles maniériste tardif et baroque

Grille fermant le tabernacle

Drapé

Chœur liturgique : partie de l'église réservée aux choristes et composée de **stalles** de bois fréquemment sculptées

Grand autel

Autel latéral

Arc en anse de panier

COMISO – Grand autel de l'église des Capucins (17ᵉ-18ᵉ s.)

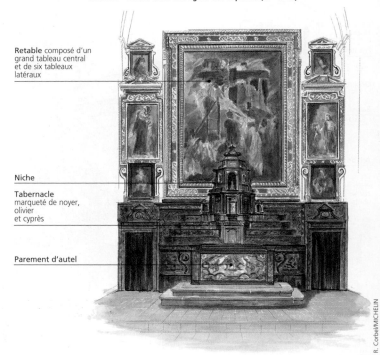

Retable composé d'un grand tableau central et de six tableaux latéraux

Niche

Tabernacle marqueté de noyer, olivier et cyprès

Parement d'autel

Architecture civile et militaire

UN « BAGLIO »

Cet ensemble édifié autour d'une cour comprenait aussi bien un corps de logis que des bâtiments à usage professionnel. On y trouvait parfois une chapelle destinée au culte. Pour des raisons défensives, il était souvent fortifié. Les bailes ruraux disposaient de granges où étaient conservés les céréales et les outils ; ceux qui se trouvaient près de la mer formaient des villages de pêcheurs ou des tonnare, avec des locaux où l'on pouvait travailler le produit de la pêche ou rassembler les barques. Ceux de Marsala sont à l'origine des actuelles exploitations viticoles. Aujourd'hui, la plupart des bailes subsistants ont été réaménagés en musées ou en hôtels.

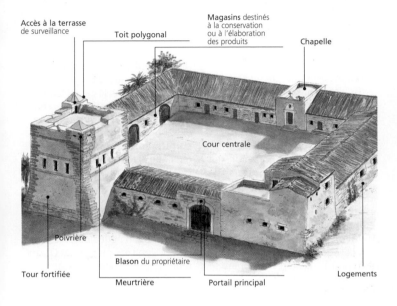

Accès à la terrasse de surveillance

Toit polygonal

Magasins destinés à la conservation ou à l'élaboration des produits

Chapelle

Cour centrale

Poivrière

Blason du propriétaire

Tour fortifiée

Meurtrière

Portail principal

Logements

CATANE – Castello Ursino (1239-1250)

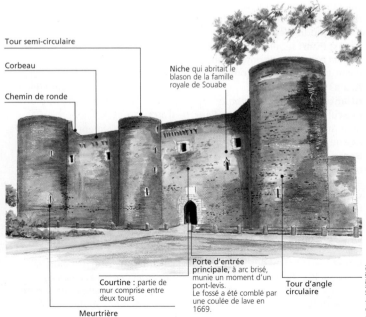

Tour semi-circulaire

Corbeau

Chemin de ronde

Niche qui abritait le blason de la famille royale de Souabe

Porte d'entrée principale, à arc brisé, munie un moment d'un pont-levis.
Le fossé a été comblé par une coulée de lave en 1669.

Courtine : partie de mur comprise entre deux tours

Tour d'angle circulaire

Meurtrière

R. Corbel/MICHELIN

Quelques termes d'art

Abside : extrémité d'une église, derrière l'autel, arrondie ou polygonale.

Absidiole : petite chapelle s'ouvrant sur le déambulatoire d'une église romane ou gothique.

Antéfixe : élément ornemental de terre cuite formé d'un motif répété placé sur la ligne inférieure d'un toit.

Ara : autel près duquel avaient lieu les sacrifices.

Architrave : élément horizontal qui sert de raccord entre des piliers ou des colonnes et constitue la partie inférieure de l'entablement (dans les édifices classiques tels que les temples).

Archivolte : ensemble de moulures concentriques, en retrait les unes par rapport aux autres, décorant l'intrados d'un arc.

Arco durazzesco : arc brisé surbaissé. Typique de l'Italie méridionale, il doit son nom aux princes de Durazzo (15e s.) et se caractérise en général par une décoration à boudins (moulures demi-cylindriques).

Arcosolium : sépulture encastrée dans la paroi et surmontée d'une niche, typique des catacombes.

Arula : petite *ara*.

Atlante (ou télamon) : statue masculine servant de soutien. Ceux du temple de Jupiter Olympien à Agrigente sont célèbres.

Bossage : décoration murale obtenue en équarrissant les pierres en saillie. Le bossage peut être lisse si la découpe est uniforme et le relief léger, rustique si la première est irrégulière et le second accusé, en pointe de diamant si la pierre est taillée en forme de pyramide.

Bouleutérion : lieu destiné à accueillir le conseil réduit des citoyens *(boulé)*.

Campanile : clocher d'église isolé du corps du bâtiment.

Cardo : axe de voirie secondaire des cités romaines classiques, normalement orienté nord-sud. Correspond au terme grec *stenopos*.

Chapiteau : dernier élément d'une colonne, il se compose d'une partie moulurée convexe, dite **corbeille** ou échine, et d'une tablette saillante, l'**abaque**. Les trois ordres classiques se caractérisent par une ornementation différente de la corbeille : **dorique**, **ionique**, avec une ceinture de volutes, et **corinthien**, avec une décoration de feuilles d'acanthe *(voir p. 104)*. Celle-ci a été abondamment reprise dans les édifices des 16e et 17e s.

Chrisme : monogramme du Christ formé par les deux premières lettres de Christos en grec (X et P), auxquelles on peut ajouter les lettres alpha et oméga (A et Ω), qui représentent le début et la fin de toutes choses.

Christ pantocrator : iconographie du Christ, frontale et souvent limitée au buste, le représentant en train de bénir de la main droite et portant les Évangiles de la main gauche.

Claveau : pierre taillée formant l'un des éléments structurels d'un arc ou d'une voûte.

Clef de voûte : claveau central d'un arc cintré ou pièce, souvent décoré, placé à l'intersection d'une croisée d'arcs.

Coussinet : élément architectural en forme de pyramide renversée, inséré entre le chapiteau et l'imposte d'un arc.

Crypte : pièce souterraine ménagée sous une église pour accueillir les reliques des martyrs et des saints. Le terme s'est généralisé parfois pour désigner une église ou une chapelle.

Decumanus : axe de voirie principal des cités romaines classiques, normalement orienté est-ouest. Correspond au terme grec *plateia*.

Ébrasement : taille inclinée des murs autour des portes et fenêtres, favorisant un meilleur éclairage.

Ekklesiasterion : lieu destiné aux réunions de l'assemblée du peuple (*ekklesia*).

Exèdre : espace muni de sièges situé au fond des basiliques romaines. Le terme s'est généralisé pour désigner tout espace semi-circulaire doté d'une banquette.

Frise : partie centrale de l'entablement comprise entre l'architrave et la corniche, et ornée de reliefs sculptés.

Géminé : se dit de tout élément groupé par paire.

Hypocauste : système de chauffage installé dans le sol des constructions romaines.

Imposte : pierre en saillie supportant la retombée de l'arc.

Intrados : surface interne d'un arc ou de la voûte d'une coupole.

Modillon : ornement saillant répété de proche en proche comme s'il la soutenait.

Narthex : vestibule précédant une basilique.

Nymphée : à l'origine, lieu dédié aux nymphes près d'une fontaine. Il prit ensuite une configuration monumentale pour être développé sous forme de vastes fontaines enrichies d'exèdres et de portiques.

Ogive : arc diagonal des voûtes gothiques, dont il assure le soutien et reporte la poussée vers les angles.

Opus signinum : technique de maçonnerie, consistant à amalgamer des pièces de terre cuite, divers matériaux broyés et de la chaux, pour revêtir un sol. On y insère parfois comme décoration des morceaux de marbre ou de pierre.

Pendentif : élément angulaire en forme de triangle concave permettant de passer d'un plan carré à un plan octogonal ou circulaire afin de supporter une coupole.

Péristyle : portique à colonnes autour d'un édifice ou de sa cour intérieure.

Presbiterio : désigne dans une église l'espace situé autour du maître-autel et réservé au clergé. Il est souvent séparé du reste de l'église par une cloison, des barrières ou une balustrade de colonnettes.

Retable : tableau d'autel peint ou sculpté placé sur la partie frontale de l'autel (au-dessus ou en retrait). Il prend le nom de **triptyque** s'il comporte trois volets mobiles ou de **polyptyque** s'il est composé d'une série contiguë de tableaux.

Rinceau : motif ornemental floral formé de sarments, feuilles et grappes disposés en enroulements pour former une frise.

Saillie : partie dépassant dans un alignement.

Stuc : mélange de marbre et de gypse pulvérisés, amalgamé à la colle forte et utilisé pour exécuter des motifs décoratifs qui, par extension, prennent le nom du matériau lui-même.

Tesselle : petit morceau de marbre, de pierre, de céramique, etc., constituant l'élément de base d'une mosaïque ou d'un pavement.

Travée : espace transversal de la nef compris entre deux piliers.

Trompe-l'œil : décoration peinte donnant l'illusion du relief ou de la perspective.

Vomitoire : vaste passage qui, dans les théâtres et amphithéâtres de l'Antiquité, donnait accès à la *cavea* et aux différents étages et gradins.

Voûte : ouvrage de maçonnerie cintré couvrant un espace. La **voûte en berceau** repose sur des arcs en plein cintre répartis le long d'un axe longitudinal ; la **voûte d'arêtes** est formée par l'intersection de deux voûtes en berceau ; la **voûte sur croisée d'ogives** repose sur des ogives se croisant perpendiculairement à la clef de voûte.

Religion

Comme l'Italie péninsulaire, la Sicile est presque exclusivement catholique. Mais ici, le catholicisme est plus exubérant qu'ailleurs et la religion se confond souvent avec les rituels superstitieux hérités du passé.

Le christianisme

« Nous abordâmes à Syracuse et y demeurâmes trois jours. » Ce fragment des Actes des Apôtres, qui relate le périple de Paul et de ses compagnons après leur naufrage sur l'île de Malte, est la seule mention de la Sicile dans la Bible. À supposer que ce récit soit historique, l'apôtre Paul n'aurait guère eu le temps d'évangéliser la population de Syracuse.

DES DÉBUTS TARDIFS

Contrairement à l'Italie du Sud, où le christianisme se propagea dès le 2e s., la Sicile a sans doute été christianisée tardivement. Toutefois, selon une légende rapportée par les églises d'Orient, c'est le jeune **saint Pancrace**, originaire d'Antioche, que l'apôtre Pierre, au 1er s., aurait envoyé évangéliser la Sicile. Pancrace aurait été le premier évêque de Taormine, avant de mourir lapidé en martyr. Par ailleurs, une légende catholique fait de **sainte Lucie** (Lucia) une vierge et martyre de Syracuse au début du 4e s., sous les persécutions de Dioclétien. Il est donc vraisemblable que le christianisme ne se soit réellement établi dans l'île qu'à partir du règne de Constantin (306-337), qui favorisa les chrétiens.

L'INFLUENCE ORTHODOXE

L'héritage grec et la domination qu'exercèrent les Byzantins jusqu'au 9e s. ont fortement marqué l'évolution du christianisme en Sicile. Durant la période iconoclaste (8e-9e s.), l'île resta fidèle au culte des images. Puis, catholiques et orthodoxes se divisèrent définitivement lors du **grand schisme d'Orient** (1054), après que le pape et le patriarche de Constantinople, qui avaient tous deux compris la nécessité d'unifier les rites après le passage des Arabes et des Normands, ne purent se mettre d'accord. Les questions en litige portaient, entre autres, sur le baptême par immersion totale ou partielle, sur l'usage du pain azyme, sur le célibat des prêtres et sur le dogme de la Trinité. Un débat ancien, appelé **querelle du Filioque**, portait en effet sur la place de l'Esprit saint : procédait-il du Père (*ex Patre*) ou du Père et du Fils (*ex Patre Filio que*) ? En Sicile, l'histoire trancha en faveur du catholicisme romain et, aujourd'hui, le rite grec n'est plus célébré que dans la communauté de **Piana degli Albanesi**. Située près de Palerme, elle est composée d'Albanais de rite grec catholique, réfugiés au 18e s. Leurs prêtres, quoique d'obédience catholique romaine, peuvent se marier. Les églises Mezzojuso et la Martorana à Palerme perpétuent également la tradition des églises d'Orient. Par ailleurs, les **évangélistes protestants** font de plus en plus d'adeptes et les **témoins de Jéhovah** sont aujourd'hui la deuxième religion d'Italie par le nombre.

Présence de l'islam

Au moment de la conquête arabe de la Sicile, l'Église chrétienne était organisée en évêchés. Elle comptait plusieurs monastères dont certains relevaient directement du pape. Des pèlerinages étaient organisés et, selon toute vraisemblance, la Sicile célébrait le culte marial, depuis le 3e s., comme en témoignent les sites de Tindari et de Brucoli. Advenant dans un tel contexte, la **conquête musulmane** ne fut jamais complète. Aidés par Byzance, les chrétiens résistèrent dans les montagnes du Valdemone, entre Cefalù, Messine et Taormine, autour du site fortifié de Demenna (aujourd'hui San Marco d'Alunzio). Une **principauté chrétienne** subsista donc dans cette région durant la domination des Arabes et l'on vit même certains musulmans révoltés contre l'émir de Palerme s'y réfugier et se convertir au christianisme.

UN POUVOIR TOLÉRANT

Ainsi, le pouvoir musulman se montrait-il **tolérant**, permettant aux institutions chrétiennes de subsister dans les régions islamisées. Tandis qu'un évêque œuvrait auprès de l'émir à Palerme, des monastères maintenaient leur activité à Vicari et à San Filipo d'Argirò. Des fonctionnaires chrétiens de culture grecque, en servant le pouvoir arabe, protégeaient leurs coreligionnaires. Après la **conquête normande**, les nouveaux souverains firent preuve d'ouverture d'esprit vis-à-vis de la culture arabe (*voir « Histoire »*), mais ils devaient également répondre aux impératifs fixés par la papauté, en lutte contre l'islam. Ainsi, certains musulmans se convertirent-ils au christianisme, tandis que d'autres choisissaient l'exil. Sous la domination espagnole, les musulmans, comme les juifs, furent impitoyablement pourchassés par l'**Inquisition**. Aujourd'hui, la Sicile compte une petite communauté musulmane de quelques milliers de fidèles, pour la plupart des travailleurs immigrés d'origine tunisienne et marocaine.

Les Juifs de Sicile

Présents en Sicile dès le 4e s., comme l'atteste une pierre tombale de Catane, les Juifs affluèrent massivement durant la période musulmane. Au Moyen Âge, ils représentaient près de 5 % de la population sicilienne. Parlant arabe, pour la plupart artisans, pêcheurs, médecins ou petits commerçants, ils vivaient librement dans l'île sans être confinés dans des ghettos. Les Normands perpétuèrent cet **esprit de tolérance**, qui fut réduit à néant à la fin du 13e s., lorsque les dominicains aragonais débarquèrent avec le bras armé de l'Inquisition. La **répression** atteignit son point culminant avec le massacre de quatre cents Juifs à Modica, en 1374, puis l'Inquisition espagnole contraignit les Juifs à la conversion forcée ou à l'exil vers l'Italie du Nord, le Maghreb et les Balkans. Dès la fin du 15e s., la communauté juive en Sicile avait disparu.

De nos jours, il subsiste à Rome une petite synagogue dite sicilienne. La **tradition juive** survit aussi dans les rituels alimentaires de la **Pâque catholique**, durant laquelle on consomme du pain azyme et des plantes amères – artichauts – comme pour la Pâque juive.

Le triomphe du catholicisme

Il faut attendre le 15e s. et le règne du roi Alphonse V d'Aragon pour que la Sicile s'ancre définitivement dans le catholicisme romain. L'institution en 1497 des **tribunaux de l'Inquisition** a autant pour vocation de pourchasser juifs et musulmans que de contrôler les esprits, afin de créer en Sicile un avant-poste de la chrétienté face à la menace turque. C'est d'ailleurs de l'île qu'une flotte chrétienne, réunissant Vénitiens, Espagnols, Toscans et navires du pape, appareilla pour combattre les Turcs, qu'elle battit à la **bataille de Lépante** en 1571.

Épargnées par la Réforme, la Sicile et ses églises baroques devinrent la vitrine de la Contre-Réforme. Un **catholicisme intransigeant** se développa, appuyé sur l'Inquisition et ses méthodes terrorisantes. Même après la suppression de cette dernière, en 1786, l'Église sicilienne fit preuve d'un grand conservatisme politique et religieux et ce, jusqu'à nos jours.

Religion, tradition, superstition

L'exubérance du catholicisme sicilien nous livre un message plus large que celui de la seule foi chrétienne. L'Église est, avec la famille, la **garante des mœurs**, de la tradition et de l'ordre social. C'est par elle et avec sa bénédiction que les actes marquants de l'existence s'inscrivent dans le quotidien, de la naissance à la mort. Les manifestations de la ferveur sicilienne se lisent en premier lieu dans le **culte des saints**, ou plutôt des saintes : Lucie, Rosalie et Agathe. Elles sont constamment invoquées, pour conjurer la maladie, les volcans, l'infortune, la mort… Les Siciliens vénèrent également les **phénomènes surnaturels**, comme en témoigne l'exemple de Padre Pio.

Ce culte populaire, relayé par la messe dominicale où l'on se rend en foule, se concrétise dans la vénération des **autels de carrefour**, qui sont pris d'assaut par les ex-voto et les cierges.

Parallèlement, les **pratiques superstitieuses**, typiquement méditerranéennes, restent vivaces. Le mauvais œil menace et la corne protège. S'il n'est pas rare d'avoir recours aux *jettatori* (jeteurs de sort), la *gabbera* (sorcellerie) n'a pas non plus complètement disparu. Il est aussi fréquent de solliciter la bénédiction – payante – du prêtre, pour protéger une maison, réussir un examen, jouer à la loterie, soigner les maladies ou retrouver l'affection de l'être cher. Des rites étonnants, comme l'incrustation de ciseaux dans le mur des maisons pour éloigner les esprits ennemis, sont encore bien vivaces.

Culture

Une île si bouleversée – et si bouleversante – ne pouvait manquer d'inspirer musiciens, écrivains, cinéastes. La Sicile est une véritable muse, où Noto, Palerme, Syracuse, Catane et Messine sont autant de pôles de culture. Luigi Pirandello impose sur les planches des chefs-d'œuvre comme « Six personnages en quête d'auteur », Leonardo Sciascia livre les plaies de la société italo-sicilienne, Vincenzo Bellini y compose « Norma », Visconti tourne « La Terre tremble » et Ciccio Buscacca égaye la scène de musique traditionnelle…

Le « Grand Tour »

« Sans la Sicile, il ne reste dans l'âme aucune image de l'Italie : c'est elle la clef de tout. »
J. W. von Goethe, *Voyage en Italie* (1826-1829)

RUÉE VERS LE SUD

Dans l'Angleterre d'Élisabeth Ire, un nouveau principe d'éducation va voir le jour. C'est celui du Grand Tour, un voyage d'études et de formation que les jeunes gens de bonne famille sont tenus d'effectuer pour parfaire leur éducation. Berceau de la civilisation, l'Italie n'est pas seulement séduisante, mais incontournable. Les étapes qui s'imposent sont Venise, Milan, Vérone et obligatoirement Rome. Ce n'est qu'au 18e s. que l'institution du Grand Tour, d'abord usage anglais, gagne aussi la France, l'Allemagne et les Pays-Bas.
Un des premiers voyageurs étrangers à poser le pied en Sicile est l'**abbé Labat**, dominicain français amoureux de l'Italie. Il arrive en 1711, alors que les effets du terrible tremblement de terre de 1693 et ceux de l'éruption de 1696 y sont encore visibles. Ses carnets décrivent abondamment les phénomènes naturels, qui semblent prendre en Sicile des proportions gigantesques, avec, omniprésent, l'Etna qui dresse sa terrible silhouette. Dans les années qui suivront la mise au jour de Herculanum et Pompéi, on assistera à une « ruée vers le sud ». Le Grand Tour comprendra désormais Naples et la Calabre, et touchera même la Sicile, berceau de la civilisation grecque et région naturelle restée à l'état vierge.
En 1770, l'Écossais **Patrick Brydone** circule en Sicile : trois ans plus tard, il livre ses sensations dans son *Voyage en Sicile et à Malte*. Il dit d'abord son admiration pour le port de Messine, port fermé par une avancée de terre en forme de faucille qui le protège de tous les vents. Sans plus attendre, il mêle mythe et réalité, et mentionne les terribles monstres Charybde et Scylla, tapis au fond de leurs grottes sous-marines quelque part dans le détroit. Une réalité plus douce et plus ensoleillée le charme ensuite, celle des oliveraies, des vignobles et des champs de blé, parsemés de fleurs, d'arbustes et de figuiers de Barbarie, dominés par la présence menaçante de l'Etna, but inéluctable du voyage. Il n'oublie pas Taormine et son magnifique

théâtre, premier monument à le replonger dans l'Antiquité. Et l'Etna, toujours l'Etna, géant endormi mais prêt en permanence à montrer sa puissance, et qui lui fait écrire : « Au milieu… émerge le sommet de la montagne qui redresse fièrement la tête en recrachant des torrents de fumée. » L'ascension est rude, mais la vue du cratère compense tous ses efforts. « Aucune imagination au monde n'a eu la hardiesse de figurer un spectacle aussi merveilleux. Aucun point de la surface du globe réunit à lui seul autant de détails impressionnants et sublimes (…). Le sommet (…) surgit au bord d'un gouffre sans fond, vieux comme le monde, recrachant sans cesse du feu et des pierres incandescentes, dans un fracas qui secoue toute l'île. » Pour tous les voyageurs, l'Etna est un endroit viscéralement impressionnant, à l'opposé de la paix et du calme qu'inspirent les vestiges grecs de Girgenti (Agrigente). C'est la vie sous forme de feu et de chaleur, de phénomène incontrôlable et imprévisible. Le fait qu'on aperçoive en permanence sa silhouette dans le lointain lui confère cette fatalité que prennent les choses qui échappent au contrôle humain, comme la vie et la mort. Le voyage se poursuit ensuite avec les grandes villes, Catane, Syracuse, Agrigente et Palerme, « la belle, l'élégante », à laquelle on consacre des pages de descriptions. Peu d'années après, la Sicile voit arriver d'autres voyageurs, qui se limitent à la côte. S'aventurer à l'intérieur des terres semble trop périlleux à cause du mauvais état des routes. Dès lors, les artistes ne cesseront d'affluer, fixant sur le papier ou la toile paysages naturels, portraits et vues des monuments antiques. L'**abbé de St-Non** invitera dessinateurs et peintres (Hubert Robert, Fragonard) à illustrer son *Voyage pittoresque de Naples et de Sicile*.

Vers la fin du siècle, la Sicile joue un rôle majeur pour les voyageurs du Grand Tour. Non seulement c'est une porte ouverte sur la Grande Grèce et le monde classique, mais aussi un endroit où la nature offre sur ses chemins des paysages introuvables ailleurs.

LE CARNET DE VOYAGES

Un indispensable carnet de route tient compagnie aux voyageurs, prenant parfois la forme de lettres ou de journal intime. On y note tout : impressions, détails techniques ou savants, curiosités, rencontres, émotions. C'est ainsi que l'on découvre dans le *Voyage en Italie* de **Goethe** une autre Sicile au travers, par exemple, de la description de l'étrange mobilier de la villa Palagonìa à Bagheria ou de celle de personnages de l'époque, parfois étranges, comme le prince de Palagonìa, rencontré lors d'une promenade dans les rues de Palerme : « Un monsieur grand et maigre en habit de cérémonie, qui marchait, digne et calme, sur les ordures au milieu de la rue. Tiré à quatre épingles, poudré, vêtu de soie, le chapeau sous le bras, l'épée de parade au côté, avec d'élégantes chaussures aux boucles ornées de pierres précieuses, ainsi allait ce vieux monsieur tranquille et grave, que chacun suivait du regard. » C'est un voyage dans le passé, mais aussi un voyage à la découverte des émotions qui naissent au contact d'un monde différent ; une expérience que l'on peut vivre deux fois, au travers de ces morceaux littéraires pleins de vie, mais aussi en se rendant sur place.

Écrivains célèbres

Curieux destin que celui de la littérature sicilienne : nulle part ailleurs en Italie, on ne constate une telle présence, une telle permanence du dialecte en

Mario Rapisardi (dessin de Antonino Gandolfo).
D.R.

tant que langue littéraire. Cette particularité a donné naissance à deux veines créatrices bien distinctes au plan linguistique, mais souvent présentes chez un même auteur : une littérature de langue italienne, et une en dialecte sicilien. La grande époque de l'école poétique sicilienne *(voir p. 82)* s'éteint avec le déclin de la *Magna Curia* de Frédéric II. Entre le 14e et le 15e s., les poètes de l'île prennent des modèles toscans. La poésie d'art perd peu à peu de son importance, à l'ombre de celle en dialecte populaire.

HUMANISME ET RENAISSANCE

La redécouverte des classiques et en particulier du grec, vecteur de l'humanisme, a trouvé en Sicile un terrain privilégié. À cette époque, les villes de Noto, Palerme, Syracuse, Catane et Messine deviennent d'importants pôles de culture. Messine, par exemple, abrite une école de grec de renommée internationale grâce à l'enseignement de **Costantino Lascaris**. Au 16e s.,

le dialecte sicilien prend de la vigueur : à cette époque, un ardent sentiment régional conduit à la publication du premier dictionnaire latin-sicilien et à la codification grammaticale du dialecte. Pour ce qui est de la poésie, le pétrarquisme dominant à l'époque va trouver son expression dialectale grâce à **Antonio Veneziano** (1543-1593), compagnon de cellule de Cervantès à Alger et auteur d'un recueil de chants *(Canzoniere)*, intitulé *La Celia*, et des *Proverbi siciliani*.

DU 17e AU 18e SIÈCLE

Touché par l'esthétique baroque, le 17e s. est témoin d'un grand essor du théâtre, notamment grâce aux tragédies d'**Ortensio Scammacca** (1562-1648) et à des comédies, à la fois en italien et en dialecte. Au 18e s., la Sicile, comme le reste de l'Italie, est touchée par l'esprit des Lumières qui alimente par exemple une *Histoire de la Sicile* de l'**abbé Giovanni Battista Caruso** (1673-1724) et une *Histoire de la littérature sicilienne* d'**Antonio Mongitore** (1663-1743). La réflexion philosophique donnera aussi naissance à des œuvres littéraires très variées : la pensée cartésienne inspire les chants de **Tommaso Campailla** (1668-1740), auteur d'un poème philosophique, *L'Adamo, ovvero il mondo creato* (Adam, ou la création du monde), et les idées de Leibniz sont exaltées par **Tommaso Natale** dans *La Filosofia leibniziana*. Inspiré par Rousseau et le sensualisme, le plus grand poète de l'époque, **Giovanni Meli** (1740-1815), compose des poèmes bucoliques *(La Bucolica)* et philosophico-satiriques, qui s'inscrivent clairement dans le mouvement des Lumières, *L'Origini du lu munnu* (L'Origine du monde), *Don Chisciotti e Sanciu Panza*.

LE 19ᵉ SIÈCLE

Le climat romantique favorise l'historiographie et l'étude des sources culturelles régionales : **Michele Amari** (1806-1889) inaugure une nouvelle forme de critique historique avec *La Guerra del Vespro siciliano* et la *Storia dei Musulmani di Sicilia*, tandis que **Giuseppe Pitré** (1841-1916) a pour mérite de commencer l'étude du folklore, élevant la vie et les traditions du peuple sicilien au niveau de l'Histoire *(voir p. 175)*. Défenseur d'un art qui doit être à l'image du monde réel, en réaction contre le romantisme, le **vérisme** s'affirme en Sicile vers la fin du 19ᵉ s. Annoncé par la poésie positiviste de **Mario Rapisardi** (1844-1912), le vérisme trouve ses fondements théoriques avec **Luigi Capuana** (1839-1915) pour lequel l'œuvre doit saisir la sensation concrète de la vie, explorer le monde contemporain et les lois de la nature, être un « document humain ». Ces critères et son mode de représentation impersonnelle de la réalité lui ont inspiré des œuvres comme *Giacinta* et *Le Marquis de Roccaverdina*.

Après avoir débuté dans le genre romantique, **Giovanni Verga** (1840-1922) adhère lui aussi à la poésie vériste. Le roman *Les Malavoglia* (1881), son chef-d'œuvre, devait former la première partie d'un cycle intitulé *Les Vaincus*, dont seule sera achevée la seconde partie, *Maître Don Gesualdo*. L'œuvre de Verga décrit la réalité sicilienne avec un regard objectif, mais empli de compassion pour la condition des humbles. Son style sobre reprend à l'intérieur de la langue italienne les rythmes et expressions du dialecte sicilien. Le vérisme a également inspiré **Federico De Roberto** (1861-1927), auteur des *Vice-rois* et de *L'illusione*, ainsi que **G.A. Costanzo** (1843-1913) et **G.A. Cesareo** (1861-1937), deux des nombreux poètes de l'époque.

LE 20ᵉ SIÈCLE

La scène littéraire doit à la Sicile l'un de ses plus grands représentants, **Luigi Pirandello** (1867-1936), prix Nobel de littérature en 1934. Après des débuts de poète et de romancier influencés par le vérisme, Pirandello centre son œuvre sur le thème de la solitude de l'individu dans une société qui lui est étrangère (*Feu Mathias Pascal*, roman appartenant à son ouvrage monumental de quinze volumes : *Nouvelles pour un an*). C'est au théâtre, où il va innover sur la forme et sur le fond, qu'il trouvera la meilleure expression de la relativité de la condition humaine. Parmi ses chefs-d'œuvre, rappelons *Liolà*, *Ce soir on improvise*, *Chacun sa vérité* et *Six Personnages en quête d'auteur*. L'œuvre du philosophe **Giovanni Gentile** (1875-1944) tient aussi une place significative dans l'histoire de la culture italienne. En qualité de ministre de l'Instruction publique du gouvernement fasciste, il œuvre pour la réforme scolaire en Italie. À l'opposé, **Concetto**

Marchesi (1878-1957) est l'auteur d'une étude sur l'histoire de la littérature latine, encore considérée aujourd'hui comme un classique. Le portrait amer et réaliste de la décadence de l'aristocratie sicilienne du Risorgimento est au centre du *Guépard*, roman posthume de **Giuseppe Tomasi di Lampedusa** (1896-1957). Dans un tout autre genre, satirique et grotesque, **Vitaliano Brancati** (1907-1954) prend pour cible érotisme et grivoiserie avec ses romans *Don Juan en Sicile*, *Le Bel Antonio* et *Les Ardeurs de Paolo*. **Elio Vittorini** (1908-1966) joue un rôle fondamental dans la diffusion de la littérature américaine contemporaine et dans le renouveau du récit traditionnel italien, s'appuyant sur le modèle néoréaliste (*Conversation en Sicile*, *Les Hommes et les Autres*). Un ton brusque, conforme aux enquêtes policières, et une dénonciation courageuse des plaies de la société italo-sicilienne caractérisent les romans de **Leonardo Sciascia** (1921-1989), dont *Le Jour de la chouette* (1977), *Todo Modo* et *Candide ou Un rêve fait en Sicile*. **Gesualdo Bufalino** (1920-1996) constitue un « cas » littéraire. Après s'être révélé à l'âge de soixante ans avec *Le Semeur de peste*, au style expressionniste et baroque, il s'est tout de suite attiré les faveurs de la critique et du public par ses récits, poèmes, mémoires et critiques (*Argos l'aveugle ou Les Songes de la mémoire*, *La Lumière et le Deuil*). Une réflexion historique rigoureuse servie par une écriture baroque caractérise la prose de **Vincenzo Consolo** (né en 1933) : *Les Pierres de Pantalica*, *Les Palmiers de Palerme*. Les vicissitudes du commissaire Montalbano, d'**Andrea Camilleri** (né en 1925), connaissent un grand succès populaire ; les romans sont caractérisés par une ambiance très sicilienne et par une

langue originale, qui reproduit la musicalité, les expressions et le vocabulaire de Sicile. Dans la veine policière, on trouve également **Santo Piazzese** (Palerme 1948), dont les personnages évoluent dans sa ville natale.

Au rang des poètes, une place d'honneur revient à **Salvatore Quasimodo** (1901-1968), dont l'œuvre a rafraîchi de manière originale l'expression de l'hermétisme (*Et soudainement le soir*, *La Terre incomparable*, *Hautbois noyé*). Moins connus mais d'un intérêt certain sont les poèmes métaphoriques du baron **Lucio Piccolo** (1903-1969), cousin de Tomasi di Lampedusa et auteur de *Canti barocchi* et *Plumelia*, et ceux d'**Ignazio Buttitta** (1899-1997), auteur très engagé, qui a su, encore une fois, trouver dans le dialecte la meilleure expression de l'âme populaire sicilienne (*Lu pani si chiama pani*, Le pain c'est du pain ; *La peddi nova*, La Nouvelle Peau).

Au sein de la jeune littérature italienne, **Emma Dante**, native de Palerme (en 1967), dramaturge prolixe, est probablement l'une des plus importantes figures. Son œuvre puissante et dérangeante s'attaque de front au système mafieux qui gangrène la société sicilienne.

Quant à **Ottavio Cappellani**, né à Catane en 1969, tourné vers le roman policier, avec la Mafia pour toile de fond (*Qui est Lou Sciortino*), il se présente comme un héritier de Camilleri usant d'une langue colorée par le dialecte sicilien.

Silence, on tourne !

Filmer en Sicile, ou plutôt filmer la Sicile, est une aventure qui a tenté de prestigieux réalisateurs, chacun essayant à sa manière de recréer une réalité complexe, pétrie d'extraordinaires contradictions. La Sicile est une terre lumineuse et hospitalière, mais fière et jalouse, peuplée de gens réservés, mais prêts à s'ouvrir avec une cordialité et une disponibilité rares, un pays où l'*omertà* cohabite avec le désir de la combattre. Exprimer de tels paradoxes représente un véritable défi artistique.

TERRE DE CHEFS-D'ŒUVRE

Les premiers chefs-d'œuvre cinématographiques sont tirés de romans classiques : ce sont *La terre tremble* (1948), tiré du récit de Verga *Les Malavoglia*, et *Le Guépard* (1963), inspiré du roman éponyme de Giuseppe Tomasi di Lampedusa, dont les scènes, dirigées par le génie de **Luchino Visconti**, font référence aujourd'hui. Le réalisateur affirme qu'essayer de saisir la réalité avec toutes ses faiblesses, de manière suffisamment poétique pour créer une œuvre d'art, l'a contraint à choisir pour le premier film, véritable manifeste néoréaliste, des acteurs amateurs, habitants d'Aci Trezza, s'exprimant en dialecte. Au contraire, le second, qui retrace une épopée historique véridique dans la Palerme, fastueuse mais déjà sur le déclin de la fin du 19e s., exigeait la brillante interprétation de Claudia Cardinale, Burt Lancaster et Alain Delon. À ces chefs-d'œuvre

s'ajoutent *Divorce à l'italienne* (1961) de **Pietro Germi**, comédie grinçante, et le mélancolique *Stromboli* (1949), où Ingrid Bergmann, sous la direction de **Roberto Rossellini**, nous fait vivre une Sicile triste et désespérante à travers un magnifique portrait de femme sur un fond de nature farouche.

LA MAFIA SUR PELLICULE

Les films traitant de la Mafia sont un cas particulier. Les premiers ont joué un rôle de dénonciation, comme *Au nom de la loi* de Pietro Germi (1949) et *Salvatore Giuliano* de Francesco Rosi (1961), lequel a également proposé des adaptations de Sciascia, *L'Affaire Mattei* (1972) ou *Cadavres exquis* (1975). On s'est hâté ensuite d'exploiter le sujet, en en faisant un genre à part entière, un filon mettant en scène des histoires de familles mafieuses, ponctuées d'inévitables coups de feu, bagarres et répliques en dialecte cru. Ces films font le tour du monde en donnant de la Sicile une image appauvrie et réductrice. On retient certaines œuvres engagées, comme *Les Cent Pas* de **Marco Tullio Giordana** (film primé en 2000 pour le meilleur scénario au festival de Venise), qui racontent avec mesure et sans effet de rhétorique comment le journaliste Peppino Impastato, en 1978, paya de sa vie son engagement contre la Mafia.

REGARDS ACTUELS

Par bonheur sont sortis récemment des films qui montrent une Sicile différente, certes mélancolique, mais riche d'un humour véritable dans les très belles scènes de *Kaos*, contes siciliens (1984) des frères **Taviani**, d'après des nouvelles de Pirandello (on n'oubliera pas les remarquables Franco Franchi et Ciccio Ingrassia dans *La Jarre*) ; *Le Facteur* (1994) de Michael Radford avec Massimo Troisi, tourné à Salina ; *Cinéma Paradiso* (1989) (oscar du meilleur film étranger en 1990) ou *Malèna* de **Giuseppe Tornatore** ; *Un voyage en Sicile* (1992) d'Egidio Termini qui porte un regard ironique sur certaines traditions ancestrales ; *Journal intime* (1994) de **Nanni Moretti**, et son amusante « quête de la tranquillité perdue » dans le chapitre « Les Îles » (Éoliennes) ; et enfin, l'inédit *Tano da Morire* (1997), plaisante comédie musicale sur la Mafia, de Roberta Torre.

La musique

LA MUSIQUE CLASSIQUE

Le plus grand nom de la musique classique sicilienne est celui de **Vincenzo Bellini** (1801-1835). L'auteur catanais de *La Somnambula*, *Norma* et *I Puritani* fut un compositeur romantique qui se consacra à ses œuvres avec « toutes les forces du talent, persuadé comme je le suis qu'une grande partie de leur bon succès dépend du choix d'un thème intéressant, de chauds accents d'expression et du contraste des passions ».

Également natif de Catane, **Aldo Clementi** (1925) a de son côté développé une musique dodécaphonique et un travail sur la matière sonore articulé autour du temps musical, du temps de l'écoute, de la mémoire (*Studi*, *Due Canoni*).

LA MUSIQUE TRADITIONNELLE

Si l'on a quelques notions de musique, le mot Sicile rappelle une ancienne danse populaire des bergers, la **siciliana**, qui a été fréquemment reprise dans les pièces instrumentales et vocales des 17e et 18e s.

Les instruments qui accompagnent ces danses sont le *fiscalettu* ou *friscaleddu*, petite flûte droite en roseau, et le *marranzanu*, ou encore le **scacciapensieri**. La languette de ce minuscule instrument, tout en métal, produit diverses variations rythmiques. Mais comme toujours, pour l'exécution, tout dépend de l'habileté du musicien. Si l'on ne sait pas jouer avec les dents, les lèvres, les joues, la langue, les cordes vocales et le souffle, on ne fera que sortir du bruit du *scacciapensieri*. Les chants qui égayent le temps qui passe sont ceux de la *carrittera*, c'est-à-dire « pour les charretiers » et ceux des « **cantastorie** », modernes ménestrels qui vont de village en village avec leur guitare et des dessins illustrant les scènes de l'histoire passionnée qu'ils entonnent. Le plus célèbre est **Ciccio Busacca** (Paternò, 1925-1989), assistant de Dario Fo, et interprète de *Lamento per la morte di Turiddu Carnivali* et *de Treno del sole*, écrits par Ignazio Buttitta.

POP, ROCK ET WORLD MUSIC

La Sicile est un vivier artistique dynamique et incandescent, où sont nés plusieurs compositeurs et interprètes aux multiples facettes, officiant sur la scène internationale. À commencer par **Franco Battiato** (1945), musicien raffiné qui, à partir d'une base traditionnelle, s'est ouvert aux expériences d'avant-garde. Son répertoire est large et varié, étendu de la pop à la world music, empruntant les chemins de la musique classique, électronique et la tradition musicale du Moyen-Orient. De son côté, native de Catane à l'instar de Battiato, **Carmen Consoli** (1974) s'est affirmée dans un mélange de styles, à la fois pop, rock, punk et blues avec un timbre de voix particulier. Non moins jeune, le pianiste **Ivan Segreto** (1976) interprète des ballades aux sonorités jazz et méditerranéennes. **Roy Paci**, trompettiste volcanique et éclectique, a collaboré avec de grands noms de la scène internationale comme Vinicio Capossela, Manu Chao, Subsonica et Ivano Fossati. Enfin, le groupe **Agricantus**, formé à Palerme en 1979, outre les bandes originales des films *Hammam* (Ferzan Ozpetek) et *Placido Rizzoto* (Pasquale Scimeca), participe de la jeune génération adonnée à la world music, en mêlant des sonorités électroniques et la tradition musicale du Moyen-Orient.

Personnalités

ESCHYLE
(525-456 AV. J.-C.)

L'un des plus importants poètes tragiques. Né en Grèce, issu d'une famille noble, acteur de la bataille de Salamine, c'est déjà en poète confirmé et réputé qu'il arrive à la cour de Hiéron, à Syracuse (à l'instar de Bacchylide et de Pindare). Parmi ses œuvres parvenues jusqu'à nous figurent notamment *Les Perses*, *Les Suppliantes* et *Prométhée enchaîné* ou encore *l'Orestie*. À son crédit de fondateur de la tragédie compte l'introduction du dialogue et de l'action, du masque et du costume.

EMPÉDOCLE
(490-435 AV. J.-C.)

Natif d'Agrigente, il est thaumaturge, médecin et le philosophe de la nature à qui l'on doit pour la première fois l'élaboration d'une cosmogonie fondée sur les quatre éléments, la terre, l'eau, l'air et le feu. La légende veut qu'il mourût, appelé par les dieux, en se précipitant dans l'Etna, laissant ses sandales sur le bord du cratère.

ANTONELLO DA MESSINA
(1430-1479)

Au sein de la première Renaissance, Antonello di Antonio, peintre qui prit le nom de sa ville natale pour signature, s'est formé à d'autres cultures, séjournant à Venise et dans les Flandres avant de rentrer au pays. De fait, ses œuvres sont considérées comme une admirable synthèse, entre certaines caractéristiques du Nord (la technique de l'huile, l'intérêt pour la lumière et les ombres portées) et le goût méridional pour la simplification des volumes et des formes.

ALESSANDRO SCARLATTI
(1660-1725)

Maître de chapelle du vice-roi de Naples, installé dans la capitale campanienne, le Palermitain a donné à l'opéra quelques-unes de ses lettres de noblesse, dont le célèbre « **Trionfo dell'Onore** ».

LUCKY LUCIANO
(1896-1962)

L'un des parrains de la Mafia américano-sicilienne (qui dut son nom, selon la légende, au fait d'avoir survécu à un coup de pic à glace), sans qui la série des *Incorruptibles* n'existerait pas. Né près de Palerme, émigré aux États-Unis en 1906, il s'illustra d'abord dans le vol à l'étalage et le racket, puis le trafic de drogue. Incarcéré en 1936, condamné à trente ans de prison, libéré pour services rendus à l'armée américaine (il facilita le déroulement des opérations alliées en Sicile en 1943), il fut expulsé en Italie et s'installa à Naples. Il reprit alors en main les affaires de la Mafia, avec un commerce toujours tourné vers les États-Unis.

SALVATORE QUASIMODO (1901-1968)

Poète peu connu, peu lu, mais adulé dans sa ville natale de Modica près de Raguse. Auteur d'une poésie précieuse, participant à l'hermétisme florentin puis revenu à un lyrisme coloré (*La Terre incomparable*, *La vie n'est pas un rêve*), traducteur des *Lyriques grecs*, il reçut le prix Nobel de littérature en 1959.

SALVATORE GIULIANO (1923-1950)

D'abord mafieux, accusé de plusieurs meurtres, il s'engage au lendemain de la Seconde Guerre mondiale dans l'Armée volontaire pour l'indépendance sicilienne. Il meurt obscurément lors d'une fusillade avec la police, sans doute après avoir été dénoncé par la Mafia. Sa vie a été portée à l'écran par Francesco Rosi.

EMMA DANTE (NÉE EN 1967)

Auteur et dramaturge, représentante de la nouvelle génération, elle écrit et met en scène un théâtre très ancré dans son île, porté par sa propre troupe, Sud Costa Occidentale. Dans chacun de ses textes, en dialecte palermitain, (*M'Palermu*, *Chiens de rue*, *Il festino*), elle ne ménage pas sa colère contre la Mafia, la corruption et la misère.

Arts et traditions populaires

Il existe peut-être deux manières, complémentaires, de comprendre la Sicile : à travers sa cuisine et son goût des festivités. La première est voluptueuse, gorgée de soleil, variée, contrastée, à l'image de son paysage. La seconde n'est pas moins richement parée, partagée entre les célébrations religieuses, les rites païens et le jeu animé des marionnettes. À chaque fois, c'est une invitation à l'émotion, témoignant d'une longue histoire.

La Sicile en fête

Rites païens, célébrations religieuses ou foires villageoises, les fêtes sont les temps forts de la vie sociale sicilienne : elles ont pour rôle de susciter l'étonnement, de réveiller les émotions, de parler à l'imaginaire… et tous ceux qui ont eu l'occasion d'assister à une fête en Sicile pourront le confirmer. Les fêtes les plus suivies sont Pâques, le carnaval (à Sciacca notamment) et la fête du saint patron de la ville. Mais on commémore aussi des événements historiques, comme au Palio dei Normanni (course des Normands) à Piazza Armerina, qui fait revivre l'entrée de Roger II dans la cité. On reprend aussi des rites païens, comme pour la Sagra della Spiga (Fête de l'épi de blé) à Gangi, où un somptueux cortège honore Cérès, déesse de la moisson et de la Sicile. On célèbre aussi des fêtes liées à la nature, la Sagra del Mandorlo à Agrigente qui marque la floraison des amandiers ou la Sagra della Ricotta à Vizzini…

LE SAINT PATRON

Les fêtes pour le saint patron sont plus spectaculaires dans les grandes villes. À **Palerme**, U fistinu, « la petite fête », dédiée à sainte Rosalie, dure six jours dans un tourbillon ininterrompu de réjouissances, dont le couronnement est le passage triomphal du char de la sainte sous les acclamations de la foule. À **Catane**, tous les espoirs sont mis dans la bienveillance de sainte Agathe, dont le précieux buste en argent, émaux et pierres précieuses qui renferme les reliques de la sainte, est porté en procession pendant trois jours par les *nudi* (nus) ; ils sont revêtus pour l'occasion d'une simple toile de jute, en souvenir de cette nuit de 1126 où les habitants s'étaient précipités dans la rue sans prendre le temps de s'habiller pour accueillir les reliques, apportées de Constantinople. À l'autel ambulant de sainte Lucie à **Syracuse**, protectrice de la vue, on suspend des yeux en cire, en argent ou en laiton, en remerciement pour les

Trapani, le Vendredi saint.
P. Frilet/hemis.fr

bienfaits accordés. À **Messine**, le 15 août, on célèbre l'Assomption avec un char spectaculaire aux dimensions colossales, véritable pyramide d'anges et de saints couronnée par la Vierge dite Vara dell'Assunta, qu'un millier de personnes tirent jusqu'au Dôme, où il reste pendant deux jours, veillé par quatorze jeunes filles vêtues de blanc. La fête de la Vierge est aussi la commémoration de l'arrivée dans la cité du comte Roger. Ainsi le profane rejoint le sacré, mêlant intimement dévotion religieuse, divertissement, événement social et goût du spectacle.

PÂQUES

Pâques est la fête la plus attendue par les Siciliens. Toutes les bourgades, jusqu'au moindre hameau, s'engagent avec ferveur dans un rituel qui n'a pas changé depuis des siècles. Chaque village orchestre ses temps de célébration : préparation au Mystère, Mystère proprement dit. Les processions transforment le centre des villes en lieux sacrés. On renouvelle chaque année le parcours que doit suivre la Vierge désespérée à la recherche de son fils, le lieu où l'on dresse le calvaire et où se joue la Passion. Les étapes les plus marquantes se déroulent du jeudi au dimanche, mais elles peuvent avancer de quelques jours.

À **Trapani** par exemple, les jours précédant la grande procession du vendredi, plusieurs statues de la Vierge quittent leur église. Chaque confrérie (similaires aux anciennes corporations professionnelles) promène à travers les rues du centre historique l'effigie de sa Madone protectrice (Madre dei Massari, Madre Pietà del Popolo…). Portée sur les épaules d'hommes vigoureux, la Vierge en gloire est illuminée par de grands cierges. Les porteurs rivalisent pour être choisis. L'effigie progresse en tanguant un peu sur la mer humaine, avec des arrêts réguliers sur les lieux de culte ou devant les maisons des personnes qui lui font une offrande. La Vierge rend presque hommage aux gens qui la vénèrent. Les palais ouvrent leurs portes et leurs cours splendides aux visiteurs, à la foule et à des groupes de musiciens, qui alternent musique et temps de silence. Le Vendredi saint, vingt groupes sculptés sont portés à bout de bras à travers les rues, sous un jeu symbolique d'ombre et de lumière qui durera une vingtaine d'heures, commençant l'après-midi pour s'achever, après la nuit, le samedi matin. Ces processions font revivre la souffrance de la Vierge et la Passion du Christ, dont l'épreuve subie par les porteurs se fait un peu l'écho.

À **Caltanissetta**, des corporations d'ouvriers et d'artisans défilent à tour de rôle à travers la ville, munis de groupes sculptés (les *vares*) retraçant les Mystères de la Passion et du Christ noir parmi les chants et les lamentations. La fête prend fin avec un repas gigantesque et un lâcher de pigeons.

À **Marsala**, ce sont des hommes et des femmes (*le pie donne*, les femmes pieuses) parées de costumes, de bijoux et de mantilles de mousseline blanche, qui remplacent les statues pour mettre en scène la Passion.

À **Enna**, les temps forts de la procession ont lieu le Vendredi saint, quand les membres des diverses confréries, encapuchonnés, défilent le long des rues du centre au son des tambours avec étandards et lanternes, portant deux lourdes effigies du Christ défunt et de la Vierge aux sept douleurs. Les deux statues se rencontrent devant le Duomo et poursuivent ensemble leur chemin, en une marche exténuante qui durera toute la nuit. Même procession le dimanche suivant, mais avec une différence majeure : la Vierge retrouve le Christ ressuscité et la fête bat alors son plein.

À **Prizzi**, le dimanche de Pâques donne lieu à des festivités particulières : c'est l'*U ballu di diavula* (la danse des diables). Vêtus de rouge, les épaules recouvertes de peaux de chèvre et le visage caché derrière un horrible masque en fer, les « diables » courent à travers le village en compagnie d'un personnage jaune, masqué lui aussi, et armé d'une arbalète en bois : c'est la Mort. Celui qu'il touche de ses traits est transporté au café, censé représenter l'Enfer, où il doit offrir une tournée générale. Ces personnages peu recommandables ont pour mission, par leurs danses infernales, leurs sauts et leurs menaces, de faire obstacle à la rencontre de Marie et du Christ ressuscité. Le jeu se poursuit jusqu'à ce que les deux anges qui se tiennent aux côtés de la Vierge le rattrapent et les terrassent. Seule la Mort ne peut être touchée, signe de la prise de conscience de l'homme, qui doit se résigner à sa destinée, mais signe aussi de l'évidente toute-puissance du Christ, seul à avoir vaincu la mort.

À **Terrasini**, la tradition prend une coloration profane avec la fête des *schietti*, durant laquelle les hommes célibataires doivent prouver leur force et leur virilité en portant un oranger à bout de bras.

Dans d'autres villes, les rues elles-mêmes sont revêtues de toutes sortes de décors fastueux, comme les gigantesques arcs de triomphe de **San Biagio Platani**, ornés de véritables sculptures réalisées en pâte à pain.

La cuisine sicilienne

Riche en parfums et en saveurs, la cuisine sicilienne propose, à l'image de l'île, un délicieux équilibre entre terre et mer. La découverte de ses recettes, issues d'une longue tradition et du mélange de multiples influences, est un véritable voyage dans le voyage. Pendant des siècles, la Sicile a été l'objet de l'intérêt et de la convoitise de peuples de tous horizons, et les différents ingrédients, épices et parfums, qui composent les plats en sont une preuve. Les nombreuses dominations ont profondément marqué le paysage en introduisant des cultures agricoles nouvelles et ont laissé des traces dans les habitudes et les modes de vie, encore facilement repérables de nos jours, surtout dans le domaine culinaire. Il est impossible de parler de la cuisine sicilienne comme d'une entité unique. La diversité engendrée par les multiples influences culturelles s'ajoute aux différences entre cuisine de la côte et cuisine de l'arrière-pays, deux mondes encore éloignés, entre lesquels existait autrefois un fossé profond à cause des difficultés de communication.

UNE CUISINE TYPIQUEMENT MÉDITERRANÉENNE

Comme dans toutes les cuisines modestes, la tradition du plat unique est bien établie ; les pâtes de toutes sortes, enrichies des saveurs des produits locaux et accommodées de mille manières, finissent par constituer le repas entier. Il en est ainsi pour la **pasta con le sarde** (pâtes aux sardines), spécialité palermitaine qui s'est étendue à toute l'île, pour les pâtes aux légumes de l'intérieur des terres, pour les différentes pâtes au four telles que les **pasta 'ncaciata** de Messine, et enfin pour les variantes riches en résonances culturelles comme les **pasta alla Norma** de Catane, aux tomates, aubergines et ricotta salée (fromage de brebis frais).

Toutefois, plus encore que les pâtes, le pain remplit une fonction nutritive essentielle. Toutes les variétés de pain qui abondent en Sicile ont toujours été accompagnées de ce qu'offrait la région : huile, origan et tomate pour le plus simple et le plus courant, le **pane cunzato** (pain assaisonné), qui se mange chaud, à peine sorti du four, tandis que le plus insolite, le **pane ca'meusa**, est un petit pain à la rate de veau, vendu sur les étals dans les rues de Palerme.

C'est la familiarité avec les produits naturels et une simplicité fondamentale qui définissent encore aujourd'hui le mieux la cuisine de la partie orientale de l'île, berceau de la Grande Grèce. On peut facilement constater des analogies avec la cuisine de l'intérieur des terres, empreinte des mœurs paysannes et caractérisée par l'utilisation de crudités et de légumes. L'aubergine en est un bon exemple. Elle constitue la base de mets appétissants et atteint sa gloire dans la **parmigiana**. L'élevage du mouton occupe une place privilégiée, mais la consommation de viande représente l'exception souvent réservée aux fêtes. Le mode de préparation le plus courant est *alla brace* (braisé) que l'on retrouve surtout pour le porc, et plus encore pour le délicieux **castrato** (agneau).

Dans l'ouest de l'île, région marquée par l'influence arabe et les traditions de cour, la cuisine se fait plus raffinée, plus recherchée, et s'enrichit de contrastes insolites.

LES ÉTOILES DE LA SICILE

Tel un écho à son histoire, à ses courants d'influences, à la diversité de son terroir et à la richesse de ses préparations, la Sicile possède plusieurs restaurants étoilés au *Guide Michelin* : à Mondello, Taormine, Raguse, Modica, Caltagirone et Licata. Sans compter nombre d'établissements auréolés du fameux « Bib gourmand », soulignant les excellentes tables à prix modestes. Voilà autant de lieux de bouche qui méritent une halte ou un séjour.

De même que dans les paysages urbains, les raffinements des « Mille et Une Nuits » de la Palerme arabe viennent remplacer l'austère simplicité du temple grec.

La **caponata di melanzane** (sorte de ratatouille aux aubergines avec câpres, poivrons et vinaigre) est l'illustration d'une des mille manières dont on peut préparer les légumes ; pour les viandes, le **falsomagro** (gros roulé de viande fourré au jambon, au fromage et aux œufs) ou les **involtini alla palermitana** (paupiettes à la palermitaine, avec chapelure, raisins secs, pignons, fromage, le tout parfumé de laurier et d'oignons) ; et pour les poissons, les **sarde a beccaffico** (sardines à la chapelure, au citron et pignons). La complexité de ces plats avait avant tout pour objectif l'étalage de sa richesse. Cependant, dans les grandes villes, on trouve aussi une cuisine d'inspiration populaire, telle l'aubergine frite couchée sur un lit de macaronis fumants rougis de sauce tomate, et des cuisines de rue comme les *friggitorie*, fours et étals qui proposent à toute heure toutes sortes de plats (**sfinciuni** et **panelle**, petites pizzas et beignets de farine de pois chiches, pour n'en citer que deux).

Pour revenir aux influences historiques, c'est aux Arabes que l'on doit l'introduction des agrumes, du sucre, de la cannelle et du safran, ainsi que du riz qui rencontra ici des modes de cuisson différents de ceux du Nord, mais trouva une diffusion tout aussi large : il suffit de penser aux **arancine** (grosses boulettes de riz à la sauce tomate avec de la viande et des petits pois ou au fromage et au jambon), sorte d'emblème de la cuisine insulaire et, bien souvent, première découverte gastronomique d'un voyage en Sicile.

Le poisson, bien sûr, se présente en une infinité de modes de préparations et de variétés, au nombre desquelles le **thon** doit être cité, ne serait-ce que pour la place qu'il occupe depuis toujours dans la tradition populaire ; tandis que les sardines et les anchois sont proposés partout, l'**espadon** *(pesce spada)* est davantage une tradition de la région de Messine. Assez particulières sont les spécialités dites **à la « ghiotta »** (aux oignons, olives, câpres et tomates) et, dans la région de Trapani, le **cuscus**, version sicilienne, au poisson, du couscous d'origine maghrébine. Du côté des Madonie et des Nebrodi, les élevages de cochons

---

RECETTE DES « ARANCINE »

Ingrédients pour 4 personnes : 400 g de riz, 1/2 sachet de safran, 150 g de viande de veau hachée, 1/2 tomate pelée, 100 g de petits pois écossés, 6 œufs, 75 g de caciocavallo frais (fromage au lait de vache en forme de poire), 100 g de beurre, 1/2 oignon, 300 g de farine, 300 g de chapelure.

Faites cuire le riz *al dente*, égouttez-le et mélangez-le avec le safran, 3 œufs et la moitié du beurre. Laissez refroidir. Faites bouillir les petits pois, égouttez-les et faites-les dorer dans le beurre restant. Dans une autre casserole, faites frire l'oignon haché, puis ajoutez la viande et la tomate pelée. Salez, poivrez et laissez cuire à feu doux avec un couvercle. Lorsque ce mélange est prêt, ajoutez-y les petits pois. Vous pouvez alors commencer la préparation des *arancine* : prenez un peu de riz et formez un creux dans lequel vous mettrez un peu du mélange et un dé de *caciocavallo* ; couvrez ensuite avec un peu de riz pour former une boule. Passez cette boule dans la farine, dans les œufs battus et salés et, pour finir, dans la chapelure. Faites frire dans beaucoup d'huile et servez bien chaud.

Les incontournables tomates séchées.
J.-P. Degas/hemis.fr

et de chevaux semi-sauvages sont à la base de la fabrication d'une excellente charcuterie qui n'a rien à envier à celle des montagnes. La viande et le saucisson du **cochonnet noir des Nebrodi** sont d'une tendreté sans égal.

ET POUR LES GOURMANDS

La pâtisserie, qui appartient en Sicile aux habitudes quotidiennes, mérite qu'on s'y attarde : son parfum flotte dans l'air, tout comme celui des herbes aromatiques (romarin, fenouil sauvage, origan, sarriette) que l'on rencontre au gré de son voyage.

Certaines friandises créées dans les couvents – pour ne citer que la **Frutta Martorana** *(voir p. 150)*, fruits en pâte d'amandes aux mille couleurs, qui tiennent leur nom du monastère palermitain – ont agréablement envahi l'île. **Cannoli, cassate, pignoccata, biancomangiare** ou le traditionnel **gelo di « mellone »** (gelée de pastèque) sont les plus courants, mais chaque province est riche en variétés et surprises.

Et, comment ne pas mentionner les **glaces** et les **granités**, excellents produits de l'ingéniosité des artisans, mais avant tout habitudes, traditions héritées du passé.

En été, on est tenu d'accueillir son hôte avec un granité, au café, au citron ou aux amandes (accompagné ou non d'une brioche chaude), mais la littérature mentionne des raffinements tels que le granité au jasmin, consommé par les frères Piccolo dans leur refuge de Cala Novella.

LES VINS

À cause de leur degré d'alcool, les vins de l'île étaient autrefois considérés comme de simples vins de coupage, mais aujourd'hui, même s'ils n'ont pas tous atteint la renommée du liquoreux **marsala** *(voir p. 228)*, certains vins de table et d'appellation contrôlée DOC *(Denominazione di origine controlata)* comme l'*alcamo*, le *nero* d'Avola, l'*etna* rouge, le *corvo* ou le *regaleali* réservent des moments de grand plaisir.

Parmi les vins sucrés, outre le marsala déjà cité, rappelons le **moscato di Noto**, le **passito di Pantelleria** et le **malvasia delle Lipari** (malvoisie en français).

Les « pupi », marionnettes siciliennes

Les *pupi* et les marionnettes commencent à avoir du succès en Italie au 16e s., quand les nobles commencent à s'intéresser aux spectacles de marionnettes à fil. L'ouverture vers un public plus large (et payant) se fait au cours du 18e s., mais ce n'est qu'à partir du milieu du 19e s. (et au moins jusqu'en 1950) que l'on peut parler du spectacle de *pupi* tel qu'on le connaît aujourd'hui, avec armures étincelantes, épées, rapidité du mouvement, l'ensemble permettant un très bon rendu, en particulier des scènes de combats. Les marionnettistes siciliens ou **pupari** mettent en scène des histoires de bandits ou de saints, des drames shakespeariens, voire des petites anecdotes locales (souvent placées à la fin du spectacle ou d'un épisode) ; mais ce sont surtout des histoires chevaleresques, extraites en particulier du cycle carolingien, qui les inspirent. Ils rédigent un texte qui suit les lignes essentielles de l'intrigue, mais multiplient les combats entre paladins français et sarrasins « infidèles », car la bataille est le temps fort du spectacle.

En Sicile autrefois, mais aussi en Italie du Sud, l'arrivée des marionnettes était un événement très attendu, surtout pour les classes défavorisées, et personne n'aurait manqué un seul spectacle. C'est pourquoi les marionnettistes pouvaient construire leurs histoires en plusieurs épisodes, et les présenter sous forme de « feuilletons » qui duraient des mois. Chaque épisode devait comporter au moins une bataille, d'où la multiplication des combats. Pour aider le public à mieux se souvenir de l'histoire, le marionnettiste préparait des panneaux, les *cartelli*, partagés en dessins illustrant les différents temps forts. Les scènes représentées au cours du spectacle étaient identifiées par un petit écriteau que le marionnettiste changeait à chaque représentation. Le panneau, exposé à l'entrée du théâtre, servait à la fois d'affiche publicitaire et de rappel des épisodes.

En 2001, le théâtre des marionnettes siciliennes a été déclaré chef-d'œuvre du Patrimoine oral et immatériel de l'humanité par l'Unesco.

LES BONS ET LES MÉCHANTS

Inspirés des croisades, les protagonistes sont les paladins de Charlemagne (ceux de *La Chanson de Roland*) et les Sarrasins. Le spectacle repose sur des valeurs et opinions sans équivoque : d'un côté les bons, les paladins chrétiens ; de l'autre, les méchants, les Infidèles, les impies et les traîtres comme Ganelon. Le public participe au spectacle et manifeste bruyamment son approbation ou son désaccord. Il soutient, encourage et acclame les héros, et se moque des méchants, se réjouissant de leur défaite et de leur mort.

Autrefois, les spectacles de *pupi* avaient un tel succès que le public reconnaissait immédiatement les différents personnages. Le plus simple est d'observer les boucliers : Roland possède un bouclier de croisé, tandis que Renaud et Bradamante (sa sœur, reconnaissable à ses cheveux longs) ont un bouclier avec un lion.

Traits de caractère des personnages

Ganelon (Gano di Magonza) regarde toujours de travers, car un traître ne peut pas regarder droit dans les yeux. Ferraù, l'Infidèle, porte le costume sarrasin typique avec des culottes bouffantes et un bouclier décoré d'un croissant de lune. La belle Angelica (Angélique), que se disputent Roland et Renaud, est la fille du roi du Cathay. Le valeureux roi Charlemagne (Carlo Magno) se reconnaît facilement grâce à sa couronne. Roland (Orlando) et Renaud (Rinaldo) sont les deux compagnons d'armes divisés par l'amour de la belle Angélique. Roland incarne le sérieux, l'honnêteté et le dévouement, mais aussi la malchance en amour. D'origine pauvre, Renaud a appris à se débrouiller par lui-même ; c'est un fin séducteur, gai et rebelle, qui se dérobe lorsque l'occasion s'en présente. Comme tous les paladins de France, ils sont vêtus de tuniques.

LA REPRÉSENTATION

Le spectacle suppose le concours de trois « intervenants » : la marionnette sur la scène ; le marionnettiste, qui joue en retrait, dirigeant et faisant parler plusieurs personnages ; et la musique, qui souligne les temps forts, notamment les duels. Par exemple, au cliquetis des épées s'ajoutera une sarabande jouée par un piano mécanique ou des instruments à vent.

DEUX TRADITIONS

Les *pupi* sont en bois (les guerriers possèdent une armure métallique) et on les actionne par des fils de fer fixés à la tête et à la main droite. Il existe deux grandes écoles de *pupi* : Palerme et Catane (associée à Aci). Le *pupo* palermitain mesure de 80 cm à 1 m de haut et pèse 8 kg ; ses genoux sont articulés, et il peut dégainer et rengainer son épée. Son poids relativement modeste permet au marionnettiste de le manipuler assez facilement. C'est une marionnette souple, rapide, qui sautille et rebondit sans cesse et réagit immédiatement aux coups d'épée. Le *pupo* catanais mesure 1,40 m et pèse entre 16 et 20 kg. Ses genoux sont fixes et son épée est toujours dégainée, prête à frapper. Ses mouvements sont plus posés, plus amples et emphatiques, ses déplacements et ses chutes se produisent avec lenteur, ce qui donne une impression de réalisme. Le *pupo* d'Aci possède les mêmes caractéristiques que son cousin de Catane, mais il est un peu plus petit (1,20 m) et plus léger (15 à 18 kg).

3/
DÉCOUVRIR
LA SICILE

Île de Lipari, route de la corniche au sud de l'île, face à Vulcano.
J.-P. Degas / hemis.fr

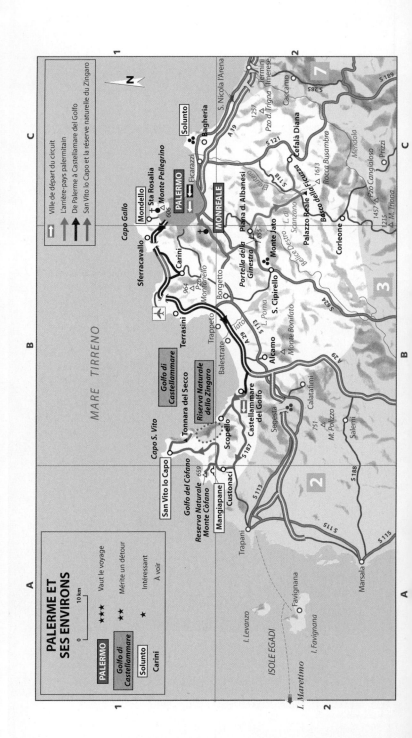

Palerme
et ses environs 1

Carte Michelin Local 365 – Région autonome de Sicile

Palerme

Palermo

655 875 habitants

😊 **NOS ADRESSES PAGE 183**

🔖 **S'INFORMER**

Office de tourisme – *Piazza Castelnuovo 34* (Plan II C3) - 📞 *091 60 58 351 - fax 091 58 63 38 - pti.regione.sicilia.it* et *www.comune.palermo.it - tlj sf w.- end 8h30-14h, 14h30-18h*. Également un kiosque à l'**aéroport** - *lun.-vend. 8h30-19h30, sam. 8h30-14h30*.

👣 **SE REPÉRER**

Carte de microrégion C1 (p. 136) - *carte Michelin Local 365 AO-AP 55*. Palerme est au centre d'une grande baie bordée par le mont Pellegrino au nord et par le cap Zafferano au sud, au bord d'une plaine fertile, appelée **Conca d'Oro** (conque d'or) pour la richesse de ses palmeraies et oliveraies. Le viale Regione Siciliana, qui prolonge l'autoroute A 19, traverse toute la ville. Ce grand axe nord-sud, prolongé par le corso Calatafimi, dessert les principaux monuments historiques. Le quadrilatère que forment le port, la **via Lincoln** au sud-est et les corsi Re Ruggero et **Alberto Amedeo** à l'ouest, englobe le **centre historique**. La ville moderne s'étend à l'ouest de la via Cavour, tandis que la **via Maqueda** et la **via Roma**, perpendiculaires à la via Vittorio Emanuele, sont les principales artères commerçantes de la ville.

🅿 **SE GARER**

Il est vivement conseillé d'oublier au plus tôt son véhicule pour découvrir Palerme. Outre les parkings signalés par un 🅿 sur le plan, la via Lincoln, près du jardin botanique et de la Kalsa, est également une bonne solution.

😊 **À NE PAS MANQUER**

La chapelle Palatine ; San Giovanni degli Eremiti ; les Quattro Canti ; la piazza Pretoria et la piazza Bellini ; la Galleria d'Arte Moderna ; le palais Abatellis et le palais Mirto ; le jardin botanique ; les oratoires créés par Serpotta ; les marchés traditionnels.

🕐 **ORGANISER SON TEMPS**

Prévoir trois à quatre jours pour visiter Palerme. Ajouter un jour pour la visite des environs (Monreale, *voir p. 195,* et la plage à Mondello).

👫 **AVEC LES ENFANTS**

Le musée des Marionnettes, un spectacle au théâtre des Pupi, le jardin botanique, la plage de Mondello, le minizoo du parc d'Orléans.

Tout d'abord Palerme déroute, effraie. Puis, brusquement, son charme opère et le visiteur succombe pour toujours. La capitale de la Sicile est un monde à plusieurs facettes, qui ne laisse jamais indifférent les esprits curieux, pour peu que l'on sache garder ses sens en éveil. Ici, beauté et charme règnent en maîtres : sur les étals de fruits et légumes autant que dans les églises normandes aux fastueuses mosaïques, ou dans l'imbroglio des rues grouillantes égayées par les enfants jouant au pied des

palais décatis. « Palerme la fleur », après des décennies d'abandon, renaît de ses cendres avec orgueil : le magnifique centre historique reprend vie et s'anime de festivals, et les monuments si longtemps oubliés sont enfin patiemment restaurés. On pense, bien sûr, aux mauvaises histoires qui ont longtemps hanté l'imaginaire du voyageur. Mais on découvre une population joyeuse, curieuse de l'étranger, le cœur sur la main et toujours prête à rendre service. Cette ville, décidément, vaut que l'on s'y attarde. On y retournera, c'est juré.

Se promener Plan de ville

🔎 **Bon à savoir** – *Sauf si un horaire particulier est spécifié, les églises sont généralement ouvertes le matin et tard dans l'après-midi.*

LE QUARTIER MONUMENTAL

◗ *Circuit* ① *tracé en vert sur le plan de la ville p. 146-147. Compter 4h.*

★★★ Il Palazzo dei Normanni et la Cappella Palatina C5

🕿 *091 62 62 833 - www.federicosecondo.org - 8h15-16h15, dim. et j. fériés 8h15-12h15 - la chapelle Palatine est fermée le dim. durant les messes de 9h45 et 11h45 - 9 € (vend.-lun.), 7 € (mar.-jeu., lorsque les appartement royaux sont occupés par les réunions parlementaires).*

Le palais des Normands occupe exactement le centre du premier site urbain. Il est probable qu'une forteresse s'y dressait à l'époque carthaginoise. Les premières fondations remontent très certainement à l'époque du palais des émirs arabes, relié à la mer depuis le Cassaro. En 938, des raisons de sécurité contraignirent l'émir à abandonner le *Qsar* (Cassaro) pour s'installer à la Kalsa. Le palais redevint résidence royale sous les Normands, qui s'employèrent à l'embellir et à l'agrandir. La belle et spacieuse *sala verde*, appelée Salle royale, était au centre de la vie des nobles, faite de banquets et d'assemblées. Plusieurs ailes aux fonctions différentes communiquaient par des terrasses et des jardins ornés de vasques et de fontaines. À cette époque se dressaient quatre tours d'angle, la grecque, la pisane, la Joaria (de l'arabe, l'harmonieuse) et la Kirimbi. Il ne reste malheureusement que la partie centrale de l'édifice et la grosse tour pisane (transformée en observatoire en 1791 et dotée alors de son dôme). Puis ce fut une nouvelle période d'abandon et de délabrement. La restauration n'intervint qu'au 17e s., sous les vice-rois espagnols. C'est de cette époque que datent l'imposante façade sud et la cour intérieure, entourée de trois étages de galeries.

Aujourd'hui siège du Parlement sicilien (ARS, *Assemblea Regionale Siciliana*), son entrée est précédée d'un escalier monumental datant de 1735. On remarquera le carrosse sénatorial dans la cour.

★★★ **Cappella Palatina** – *1er étage (escalier à gauche).* Avant d'entrer dans la chapelle, admirer la **cour** et ses trois étages de galeries. À gauche, sur le mur, on remarque une inscription en latin, grec et arabe qui vante une horloge construite sous Roger II. La chapelle fut édifiée par le souverain entre 1130, date de son couronnement, et 1140. Avec son abside tournée vers l'orient comme le veut la tradition byzantine, elle a peu à peu été intégrée aux bâtiments qui la cachent aujourd'hui. L'entrée se trouve sous le narthex. Son côté extérieur encore visible, correspondant à la nef latérale droite, est décoré sur deux niveaux. La décoration du niveau inférieur, faite de plaques de marbre blanc bordées de pierres semi-précieuses, est identique à celle du même niveau intérieur. On voit en haut quatre mosaïques du 19e s. illustrant des épisodes de la vie de David. À côté de l'entrée, au fond, on aperçoit Roger II remettant

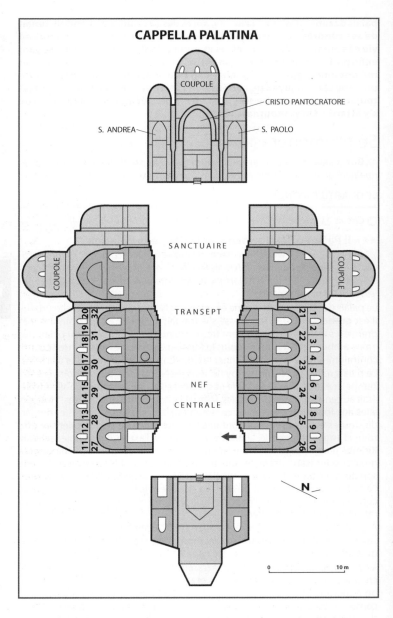

CAPPELLA PALATINA

1. *Création de la lumière et des eaux.*
2. *La terre séparée des eaux.*
3. *Création des plantes et des arbres.*
4. *Création de la lune, des étoiles et du soleil.*
5. *Création des poissons et des oiseaux.*
6. *Création des animaux terrestres.*
7. *Création de l'homme.*
8. *Le repos divin.*
9. *Dieu désignant l'arbre à Adam.*
10. *Création d'Ève.*
11. *Le péché originel.*
12. *Honte d'Adam et Ève.*

au chantre (littéralement « chanteur », mais aussi le responsable de la chapelle) le parchemin instituant le corps ecclésiastique royal. Resplendissantes de tous leurs ors, les merveilleuses mosaïques de marbre de style arabo-normand font scintiller les hautes plinthes des murs.

Le bâtiment – La chapelle rectangulaire se compose d'une part du sanctuaire, surélevé de cinq marches et entouré d'une balustrade en marbre, d'autre part de trois nefs, chacune délimitée par dix colonnes de granite. Sur la droite se dresse une double **chaire** reposant sur quatre belles colonnes et deux piliers à pupitres ornés d'un aigle et d'un lion. On voit à côté le **candélabre pascal** (12e s.) finement sculpté et richement décoré. Remarquer son piédestal carré, formé de quatre lions prêts à dévorer deux personnages et deux animaux, et l'entrelacs des plantes où un homme semble tenter de se défendre. Au-dessus, une mandorle portée par des anges entoure le Christ tenant l'Évangile et un personnage, en bas à gauche, vêtu d'un habit d'évêque (peut-être Roger II). Deux rangées d'oiseaux (des vautours saisissant des cigognes par la queue) soulignent le dernier niveau, qui représente les trois périodes de la vie. La souplesse des corps laisse penser qu'il s'agit d'une œuvre plus récente, ajoutée lors du déplacement et du rehaussement du candélabre.

Remarquer près du mur du fond le majestueux **trône royal** qui s'harmonise à la mosaïque du registre inférieur, représentant le Christ entouré des archanges Michel et Gabriel et des saints Pierre et Paul. En porphyre et mosaïque, il est armorié du blason de la famille d'Aragon. On pense que l'hexagone de porphyre contenait un portrait du roi.

Les dessins géométriques donnent au pavement de marbre et mosaïque une séduisante allure orientale.

Il faut aussi noter l'extraordinaire **plafond en bois à muqarnas**★★ de la nef centrale, chef-d'œuvre d'artistes nord-africains, qui présente diverses représentations (malheureusement impossibles à voir à l'œil nu) liées à la vie quotidienne : scènes de cour, de chasse, buveurs, danseurs, joueurs d'échecs, animaux… un répertoire exceptionnel qui constitue le cycle le plus étendu de peinture fatimide parvenue jusqu'à nos jours.

Les mosaïques – De facture exquise, elles sont faites d'émail, pâte à base de poudre et de pigments, et de feuilles d'or collées sur des tesselles de mosaïque de verre, un procédé qui les rend particulièrement brillantes. Elles retracent des épisodes de l'Ancien Testament *(nef centrale)* et certaines scènes de la vie du Christ *(sanctuaire)* et des saints Pierre et Paul *(nefs latérales)*. Tout autour

13. *Chassés du Paradis terrestre.*

14. *Adam et Ève au travail.*

15. *Sacrifice de Caïn et Abel.*

16. *Caïn tue Abel et ment à Dieu.*

17. *Le maléfique Lamech confesse à ses deux épouses avoir tué deux hommes.*

18. *Énoch le pieux est enlevé au ciel pour sa foi profonde.*

19. *Noé avec sa femme et ses trois fils.*

20. *Construction de l'arche.*

21. *Retour de la colombe.*

22. *Dieu invite Noé à quitter l'arche.*

23. *Plantation de la vigne et ivresse de Noé.*

24. *Les descendants de Noé bâtissent la ville de Babel.*

25. *Abraham rencontre trois anges et leur offre l'hospitalité.*

26. *Loth sur le seuil de sa maison tente d'arrêter les habitants de Sodome.*

27. *Éloignement de Loth pendant la destruction de Sodome.*

28. *Dieu ordonne à Abraham le sacrifice d'Isaac, mais un ange s'y oppose.*

29. *Rébecca au puits et départ pour Canaan.*

30. *Isaac bénit Jacob.*

31. *Le songe de Jacob.*

32. *Jacob lutte contre l'ange.*

figurent des prophètes, des anges et des saints, en pied ou dans les médaillons. Les mosaïques sont de deux époques différentes, les plus anciennes remontent aux environs de 1140, tandis que celles de la nef centrale, dans le style que l'on retrouve à Monreale, sont des années 1160-1170.

Par leur caractère didactique, les scènes de la **nef centrale** constituent un véritable enseignement par l'image. Remarquer le tableau illustrant la séparation de la terre et de la mer : le globe terrestre est une sphère d'eau portant trois bandes de terre (Amérique et Océanie étaient encore inconnues) qui forment un Y, symbole de la Trinité. Autour, le firmament n'est pas encore éclairé d'étoiles. La création d'Adam est intéressante aussi. La grande ressemblance de l'homme avec Dieu est soulignée par la phrase latine *creavit Deus ominem at imaginem sua*. Dans la scène du péché originel, on notera une particularité : Adam et Ève ont déjà mangé le fruit défendu et s'apprêtent à en cueillir un second. À partir de la scène du sacrifice de Caïn et d'Abel (épisode du mensonge à Dieu) jusqu'au tableau de la famille de Noé, les mosaïques ont été refaites au 19e s. La différence des styles permet facilement de les reconnaître. *Lecture des scènes de l'Ancien Testament dans la nef centrale : commencer par la nef de droite en haut et suivre le premier registre le long de la nef de gauche, puis le second registre, toujours en partant de la nef de droite. Pour l'explication des épisodes bibliques les moins connus, voir la description des mosaïques au chapitre « Monreale » p. 198.*

Les scènes représentées dans le **sanctuaire**, s'adressant au clergé, n'avaient pas de fonction éducative mais servaient à nourrir leur méditation. Sans suivre donc un ordre chronologique, ces épisodes marquants de la vie de Jésus servent à souligner son enseignement *(voir surtout l'abside de droite).*

On voit dans la **coupole** qui surmonte le chœur un Christ pantocrator entouré de quatre anges et quatre archanges, identifiables au globe surmonté d'une croix. Le tambour montre des personnages bibliques, avec aux angles les quatre évangélistes. L'Annonciation qui décore l'arc encadre le Christ bénissant de l'abside *(dans le cul-de-four)* et une Vierge en majesté. Au-dessous de l'arc, dans le médaillon au centre, on reconnaît le trône du Jugement dernier et la Croix, avec la Couronne d'épines et la colombe, symboles de la Rédemption.

Le **transept de droite** est dominé par l'image de saint Paul *(cul-de-four de l'abside)* et des scènes de la vie du Christ. Sur la voûte en berceau, dans un médaillon, l'Esprit de la Pentecôte descend sur les apôtres sous forme de colombe. Admirer en particulier la scène de la Nativité avec l'arrivée des Rois mages (que l'on reconnaît à leurs couvre-chefs, des bonnets phrygiens dont la pointe est repliée de telle sorte qu'ils ressemblent à des cubes). Un détail amusant : la chaise typiquement sicilienne de Joseph, à gauche de la Vierge. La « lunette » bleue sous la scène représente la toilette de l'Enfant Jésus.

Le **transept de gauche** est dominé par l'image de saint André *(dans le cul-de-four de l'abside)*, qui a remplacé celle de saint Pierre au 14e s., flanqué d'une Vierge à l'Enfant, dite *Odigitria* (celle qui indique la juste voie, c'est-à-dire la voie de la rédemption). Sur le côté, saint Jean-Baptiste prêche dans le désert. Une partie des mosaïques de l'abside a subi de lourds remaniements au 18e s.

Dans les **collatéraux**, des scènes de la vie de saint Paul *(à partir du début de la nef latérale de droite)* et saint Pierre *(à partir du dernier tableau de la nef de droite et le long de la nef latérale de gauche).*

★★ **Antichi Appartamenti Reali** – 𝒫 091 626 28 33 - www.federicosecondo. org - ♿ - *visites guidées gratuites (30mn) lun., vend. et sam. 8h15-16h15 ; dim. et j. fériés 8h15-12h15 - une autorisation préalable est nécessaire pour les groupes.* Les anciens appartements royaux comprennent notamment le salon d'Hercule

Les superbes mosaïques de la chapelle Palatine.
F. Guiziou / hemis.fr

(1560) et la salle de réunion du Parlement sicilien qui doit son nom aux grandes fresques de Giuseppe Velasquez (19ᵉ s.) représentant les douze travaux du héros. On n'en voit en réalité que six, les autres étant camouflées par les tribunes. Sont représentés à partir du fond de la salle l'épisode d'Hercule et les Géants (qui ne relève pas vraiment des douze travaux), les combats contre l'Hydre à plusieurs têtes, la biche d'Artémis, le chien Cerbère, le sanglier d'Érymante et le taureau de Minos. La grande fresque du plafond illustre la naissance, la gloire et la mort du héros.

Après la salle des Vice-Rois, on pénètre dans l'atrium, pièce centrale de la **Joaria**, la plus originale des anciennes tours, aujourd'hui intégrée au reste du bâtiment. Les ouvertures dans les murs servaient autrefois au passage de l'air chaud ou froid qui circulait à l'intérieur. Sur la gauche, la **salle de Roger II**, la plus intéressante du palais, rappelle par sa décoration la chapelle Palatine. Un haut soubassement constitué de plaques de marbre encadrées de mosaïques sert de prélude au manteau d'or de la partie supérieure et du plafond. Les scènes de chasse alternent avec des représentations d'animaux, choisis pour leur valeur symbolique – tels le paon (symbole d'éternité) et le lion (force et royauté) – et toujours placés face à face, conformément à l'iconographie orientale. Les figures, placées dans un paysage caractéristique de palmiers et d'agrumes, sont d'une finesse remarquable. Au milieu du plafond, un médaillon renferme l'emblème impérial, un aigle tenant un lièvre dans ses serres. Parmi les autres salles des 18ᵉ-19ᵉ s., on remarquera la Salle jaune *(sala gialla)*, ou salle des Miroirs, où l'on peut admirer de beaux candélabres dorés.

Osservatorio Astronomico – *À l'étage supérieur de la tour Pisane - ☎ 091 233 247 - www.astropa.unipa.it - actuellement fermé au public.* L'observatoire abrite un musée d'instruments astronomiques, météorologiques, sismologiques et topographiques anciens. Il renseigne ainsi sur une étape fondamentale de l'astronomie : la découverte du premier astéroïde, faite ici même le 1ᵉʳ janvier 1801 par le père Piazzi. Du sommet, profiter de la superbe **vue★★★** sur Palerme.

Porta Nuova C5

Construite sous Charles Quint, elle doit son charme à sa gracieuse loggia Renaissance coiffée d'un toit en pente que surmonte l'aigle impérial. Au-delà commence le **corso Vittorio Emanuele**, au tracé rectiligne, fermé à l'autre extrémité par la **Porta Felice**.

Palazzo et Parco d'Orléans C5

C'est face à la Porta Nuova que s'étend ce vaste palais où résida Louis-Philippe d'Orléans, futur « roi des Français », de 1810 à 1814, pendant son exil. C'est aujourd'hui l'hôtel de la Région sicilienne. Le jardin attenant renferme de magnifiques spécimens de *Ficus magnolioides* aux surprenantes racines aériennes et des animaux exotiques dans son **minizoo** 🧒🧑.
Traverser le corso Ruggero et prendre à droite la via dei Benedettini.

★★ San Giovanni degli Eremiti C5

Via dei Benedettini 18- ☎ 091 65 15 019 - 9h-19h, lun., dim. et j. fériés 9h-13h30 (dernière entrée 30mn av. la fermeture) - 6 € (24 € valable 5 j., billet combiné avec Monreale, la Zisa, Palazzo Abatellis et Palazzo d'Aumale à Terrasini ; 10,50 €, valable 3 j. avec la Zisa et un des précédents monuments au choix).

Située à proximité du palais des Normands, l'église St-Jean-des-Ermites forme avec son jardin luxuriant une petite oasis de calme et de fraîcheur où même les rumeurs de la ville s'évanouissent. Palmiers, agaves, bougainvillées, orangers, mandariniers chinois et autres arbustes forment un cadre luxuriant pour l'une des églises les plus célèbres de Palerme. Elle date du milieu du 12e s. et sa construction est due à Roger II. Ses formes simples et cubiques et la pierre rosée de ses cinq coupoles, qui rappellent celles de l'église San Cataldo toute proche, dénotent le savoir-faire arabe à l'origine de ce style unique qu'est l'arabo-normand. Sobriété et dépouillement règnent à l'intérieur. Le plan en croix latine souligne le corps central coiffé de deux coupoles. Surmonté pour sa part de trois coupoles, le transept s'élève en forme de campanile sur la droite. Un monastère contigu à l'église avait pour abbé le confesseur privé du roi. Il n'en subsiste aujourd'hui qu'un charmant petit **cloître★** à colonnettes géminées (13e s.).
Revenir sur vos pas vers le Palazzo dei Normanni et le longer par la via del Bastione.

★ Villa Bonanno C5

C'est un très beau jardin situé derrière le palais royal. Des fouilles effectuées dans une partie du parc ont mis au jour les **vestiges de riches habitations romaines** parmi lesquels furent trouvées les mosaïques des Saisons et celles d'Orphée, conservées au Musée archéologique régional. Dans la partie haute du parc, on peut voir un monument dédié à Philippe V (17e s.).

Palazzo Sclafani C5

Situé face à la Villa Bonanno, sur la piazza San Giovanni Decollato, le palais (1330) se distingue par sa façade en style arabo-normand : fenêtres géminées ogivales surmontées d'un entrelacs d'arcs, portail « cuspidé » (en forme de pointe allongée) dominé par l'aigle royal. C'est de ce palais que provient la fameuse fresque *Le Triomphe de la Mort*, conservée à la Galerie régionale de Sicile *(voir description dans « Visiter » p. 165).*
Traverser la via Vittorio Emanuele.

★★ Cattedrale C4-5

☎ 091 33 43 75 - www.cattedrale.palermo.it - ♿ - 7h-19h, dim. 7h-13h et 16h-19h.
Imposant édifice érigé vers la fin du 12e s. dans le style siculo-normand, la cathédrale a fait l'objet de nombreuses adjonctions et modifications au fil des

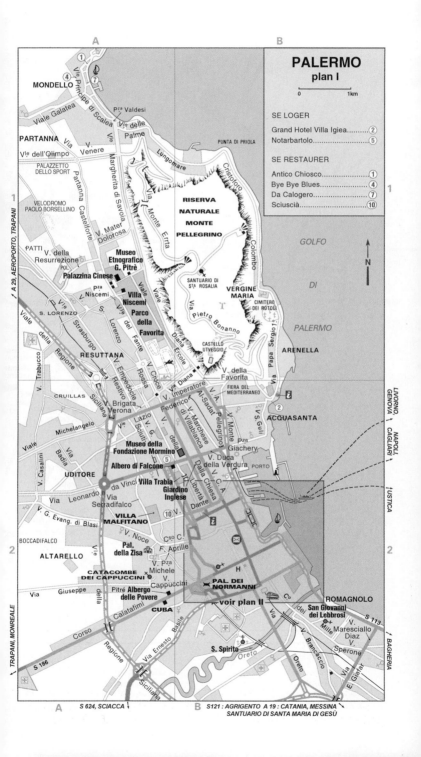

PALERMO
plan I

0   1km

SE LOGER

Grand Hotel Villa Igiea..........②
Notarbartolo.........................⑤

SE RESTAURER

Antico Chiosco.....................①
Bye Bye Blues......................④
Da Calogero........................⑦
Sciuscià...........................⑩

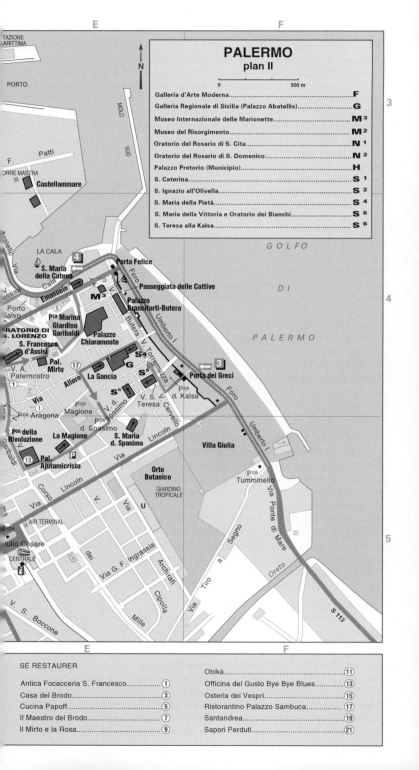

PALERMO
plan II

0   300 m

Galleria d'Arte Moderna .... **F**
Galleria Regionale di Sicilia (Palazzo Abatellis) .... **G**
Museo Internazionale delle Marionette .... **M³**
Museo del Risorgimento .... **M²**
Oratorio del Rosario di S. Cita .... **N¹**
Oratorio del Rosario di S. Domenico .... **N²**
Palazzo Pretorio (Municipio) .... **H**
S. Caterina .... **S¹**
S. Ignazio all'Olivella .... **S²**
S. Maria della Pietà .... **S⁴**
S. Maria della Vittoria e Oratorio dei Bianchi .... **S⁵**
S. Teresa alla Kalsa .... **S⁶**

SE RESTAURER

Antica Focacceria S. Francesco .... ①	Obikà .... ⑪
Casa del Brodo .... ③	Officina del Gusto Bye Bye Blues ...... ⑬
Cucina Papoff .... ⑤	Osteria dei Vespri .... ⑮
Il Maestro del Brodo .... ⑦	Ristorantino Palazzo Sambuca .... ⑰
Il Mirto e la Rosa .... ⑨	Santandrea .... ⑲
	Sapori Perduti .... ㉑

siècles. Le portique sud, de style gothico-catalan, est du 15ᵉ s. : il présente un beau portail d'entrée. Un magnifique vantail en bois sculpté s'inscrit entre les symboles des quatre évangélistes, un lion et un ange *(à droite)*, un taureau et un aigle *(à gauche)*. La coupole néoclassique a été ajoutée au 18ᵉ s. lors de la réfection complète de l'intérieur. Les **chevets**★ ont conservé en revanche leur style d'origine, avec leurs motifs géométriques d'inspiration arabe.

L'**intérieur** conserve les sarcophages des rois souabes et normands *(voir ci-dessous)*. Remarquer les deux beaux **bénitiers**★ en marbre réalisés en 1470 et 1553 par Domenico Gagini et ses élèves. L'un d'eux présente une étonnante vue de Florence.

Sarcophages, trésor et crypte – *Accès par la nef sud - 3 €.* Les dépouilles des rois souabes (Frédéric II, son épouse Constance d'Aragon et Henri VI), ainsi que celles de Roger II et de sa fille Constance de Hauteville *(légèrement en retrait)* reposent dans d'imposants sarcophages, situés dans la première chapelle de droite. À la droite du transept se trouve l'entrée qui conduit au Trésor et à la crypte.

Le **Trésor** est constitué d'un bâton capitulaire en ivoire incisé du 17ᵉ s., de fabrication sicilienne, ainsi que des bijoux de la reine Constance d'Aragon, parmi lesquels des bagues, et la précieuse **couronne impériale**★ en or, pierres précieuses, perles et émaux. Sur l'autel, une belle *Madonna della Scala* d'Antonello Gagini (1503).

La **crypte** compte de nombreuses tombes d'époques différentes, surtout d'évêques, et en particulier un sarcophage romain classique où apparaissent les neuf Muses, Apollon et un homme revêtu d'une toge.

En descendant la via Vittorio Emanuele, noter à droite au n° 452 le **palais Castrone Santa Ninfa**, édifié à la Renaissance et qui possède une belle cour ornée d'une fontaine. Sur la gauche, l'ancien collège des jésuites est aujourd'hui le siège de la bibliothèque régionale.

Descendre la via Vittorio Emanuele.

★ Chiesa del Santissimo Salvatore D5

☎ 091 32 33 92. Ouv. seult pour les mariages.

Élevée sur l'emplacement d'une ancienne église normande, l'église du Très-St-Sauveur, à plan ovale dessiné à la fin du 17ᵉ s. par **Paolo Amato**, présente une magnifique décoration baroque tout en stuc et marbre polychrome. Sur la coupole, on peut encore apercevoir les fragments de la grande fresque représentant *La Gloire de saint Basile* (1763). Si le bâtiment a longtemps servi de salle de concerts, il est aujourd'hui rendu au culte.

Peu après l'église, la via Vittorio Emanuele débouche sur la **piazza Bologni**, délimitée par de beaux palais du 18ᵉ s. On remarquera la façade du **palais Alliata di Villafranca**, ornée de deux éclatants blasons, dont celui des Bologna. Au centre de la place veille la statue équestre de Charles Quint.

DES QUATTRO CANTI À L'ALBERGHERIA

◯ *Circuit* 2 *tracé en vert sur le plan de la ville p. 146-147. Compter une demi-journée.*

★★ Les Quattro Canti (piazza Vigliena) D4-5

Formée par l'intersection des deux artères principales de Palerme, la via Vittorio Emanuele et la via Maqueda, la place carrée doit sa beauté à ses superbes fontaines et aux palais du 17ᵉ s. qui l'entourent : leurs façades concaves, richement ornées des ordres dorique, ionique et corinthien, font écho aux fontaines, qui figurent les quatre saisons. Dans les niches de l'ordre intermédiaire, on peut reconnaître les vice-rois espagnols que semblent protéger, au niveau supérieur, les statues des quatre saintes patronnes de Palerme : Christine, Nymphe, Olive, Agathe et, au-dessus, **Rosalie** *(voir « Monte Pellegrino » p. 176).* *Descendre la via Vittorio Emanuele en restant sur le trottoir de gauche.*

San Matteo D4
Horaires aléatoires.
Construite vers 1650 sur la via Vittorio Emanuele, l'église présente une façade à trois ordres, sur laquelle le jeu des niches et des surfaces en saillies crée des effets très nets d'ombre et de lumière. L'ensemble décoratif du riche **intérieur** reflète le lien de l'église avec l'Union des Miseremini, fondée dans le but de célébrer des messes pour sauver les âmes du Purgatoire. Parmi les précieuses œuvres d'art conservées ici figurent deux belles toiles de Pietro Novelli *(Présentation au Temple* et *Noces de la Vierge, 4e chapelle des bas-côtés),* les fresques du 18e s. des voûtes et de la coupole de Vito d'Anna et, de Giacomo Serpotta, les statues *Foi* et *Justice* sur les côtés du chœur et la lunette avec le Christ qui libère les âmes du Purgatoire sur la contre-façade. Depuis le bas-côté gauche, on accède à la crypte où fut enseveli Serpotta.
Traverser la rue et prendre le petit escalier qui mène à la piazza Pretoria.

★★ Piazza Pretoria D4
Une **fontaine★★** spectaculaire, œuvre de Francesco Camilliani, sculpteur florentin du 16e s., est serrée sur cette place minuscule. Destinée à l'origine à orner une villa toscane *(voir encadré p. 96),* elle est un bel exemple de la Renaissance toscane, avec sa bacchanale de divinités placées en cercles concentriques, nymphes, monstres, têtes d'animaux et allégories, dans un magnifique équilibre organisé par les gradins, les balustrades et les jeux d'eau. Les divinités païennes dénudées choquèrent tant les religieuses qu'elles la surnommèrent « Fontana della Vergogna » (fontaine de la Honte). Devant chacune des quatre parties de la vasque principale, un petit bassin est placé sous la protection d'allégories représentant les quatre fleuves palermitains : Gabriele, Maredolce, Papireto et Oreto. Parmi les statues placées le long des rampes, on peut reconnaître, à ses épis de blé et à sa corne d'abondance, la déesse Déméter (Cérès), protectrice de la Sicile. Tout autour court une balustrade en fer forgé de Giovanni Battista Basile.
À l'arrière-plan se profile la coupole de l'**église Santa Caterina**, qui semble couronner les édifices délimitant la place : au sud le **palazzo Senatorio** (palais du Sénat), appelé aussi palais prétorien ou des Aigles, siège de la municipalité, et l'église St-Joseph-des-Théatins, de l'autre côté de la rue.

Palazzo Pretorio D4
℘ 091 84 31 605 - www.palermocultura.it - tlj sf lun. et dim. 9h30-13h - 2 €.
Son sévère habillage du 19e s. dissimule plusieurs édifices de styles différents, dont le plus ancien remonte au 14e s. Depuis cette époque, il abrite le sénat local. Le portail, dont l'intérieur présente un riche décor baroque à colonnes torses (1691), donne accès à une jolie cour où trône un escalier monumental. Il mène à l'étage noble qui abrite, à gauche, un bas-relief représentant une Déméter couronnée, nouvel hommage à la déesse sicilienne. Parmi les salles que l'on visite, voir en particulier la salle des Pierres *(lapidi),* maintenant salle du Conseil, décorée de panneaux de marbre chargés d'inscriptions et d'un superbe lustre du 17e s. en bois, d'une seule pièce, et la salle **Garibaldi** (c'est de son balcon que le héros harangua la foule en 1860). Une vitrine sur la droite présente des armes finement ouvragées parmi lesquelles un fourreau en or et nacre ayant appartenu à Napoléon.

1

★★ Piazza Bellini D4

C'est l'une des plus belles places de la ville qui présente ici un subtil mélange d'architecture orientale et occidentale. Trois églises donnent sur la place : la Martorana, San Cataldo et **Santa Caterina**. Celle-ci, construite à la fin du 16e s. (coupole du 18e s.), possède une riche décoration intérieure avec un étonnant bas-relief en marbre sur le côté droit représentant le *Naufrage de Giona*.

> ### LA FRUTTA MARTORANA
>
> La Frutta Martorana, ou pâte royale, spécialité en pâte d'amandes typiquement sicilienne, doit son nom à l'église du même nom. Son origine remonte au Moyen Âge, quand chaque couvent s'attachait à la confection d'un type particulier de confiserie ou de pâtisserie. Début novembre, pour commémorer les défunts, le couvent bénédictin de la Martorana préparait ces sucreries colorées à base de massepain imitant à s'y méprendre des fruits miniatures. De nos jours, encore, durant la fête des Morts, le quartier situé entre la via Spicuzza et la piazza Olivella est envahi d'étalages aux couleurs vives offrant ces fameuses sucreries, ainsi que des marionnettes en sucre et de petits jouets pour les enfants.
>
> Le massepain, né lui aussi au Moyen Âge, tire son nom de l'arabe *mauthaban* qui à l'origine désignait une pièce de monnaie, puis une unité de mesure, et enfin le récipient où l'on conservait cette pâte à base d'amandes, de sucre et de blanc d'œuf.

★★ La Martorana D4

Piazza Bellini - fermée pour restauration jusqu'en 2013.

L'église doit son nom à Eloisa Martorana, fondatrice en 1194 du couvent bénédictin voisin, auquel l'église fut concédée comme chapelle. Commencée en 1143 à la demande de Georges d'Antioche, amiral de la flotte de Roger II, son vrai nom est **Santa Maria dell'Ammiraglio**.

Ses formes linéaires typiquement normandes se perdent malheureusement dans les éléments baroques de la façade qui donne sur la place *(profil gauche de l'église)*. Son accès est marqué par un élégant campanile-portique à trois ordres, éclairé par de grandes fenêtres trilobées. Autrefois séparé, il a été rattaché à l'église au 16e s. lors de l'adjonction de deux travées. À cette occasion, l'abside fut remplacée par un chœur carré. Les offices y sont célébrés dans le rite grec orthodoxe.

L'intérieur est nettement divisé en deux parties. Les deux travées ajoutées au 16e s. présentent d'admirables fresques réalisées au 18e s. La partie primitive de l'église resplendit de magnifiques **mosaïques★★** de stricte iconographie byzantine, dues probablement au talent des artisans qui ont réalisé la chapelle Palatine. Les murs intérieurs de la façade d'origine sont décorés d'une *déisis* (intercession) montrant Georges d'Antioche agenouillé devant la Vierge *(à gauche)* et Roger II couronné par le Christ *(à droite)*. Au centre de la nef principale s'ouvre une coupole ornée d'un Christ pantocrator entouré des quatre archanges (Michel, Gabriel, Uriel et Raphaël). Juste au-dessous, huit prophètes et, dans les trompes, les quatre évangélistes. Sur la voûte centrale précédant la coupole sont représentées la Nativité *(sur la gauche)* et la Dormition de la Vierge.

On admirera dans la partie haute les grilles en fer forgé qui ferment le chœur des moniales.

Les arrondissements

L'assiette urbaine de Palerme est caractérisée par l'inter-section de deux axes routiers principaux : la via Vittorio Emanuele et la via Maqueda.

CASSARO

Le premier arrondissement correspond à peu près à l'ancien **Cassaro**, l'artère principale de la ville qui reliait le Palazzo degli Emiri (à l'emplacement de l'actuel Palazzo dei Normanni) à la mer et qui était fermée aux deux extrémités par la Porta Nuova et la Porta Felice. Le nom s'est étendu au quartier alentour. La via Maqueda fut, elle, ouverte à la fin du 16ᵉ s., perçant les faubourgs médiévaux et entraînant la division de la ville en quatre zones appelées arrondissements.

PALAZZO REALE OU ALBERGHERIA

L'**arrondissement Palazzo Reale** ou **Albergheria** (sud-ouest) coïncide avec le noyau le plus ancien de la ville ; ici, aux Phéniciens succédèrent les Romains, les Arabes et les Normands qui concentrèrent les édifices les plus représentatifs du pouvoir civil dans la partie occidentale. La partie est, vers la via Maqueda, était au contraire caractérisée par un noyau urbain irrégulier à forte densité de population, développé autour de la via Albergheria, et par la présence du quartier musulman tout d'abord (d'où le nom du vicolo et de la piazza Meschita, *meschita* signifiant mosquée), puis du quartier juif.

MONTE DI PIETÀ OU CAPO

L'**arrondissement Monte di Pietà** ou **Capo** (nord-ouest) fut le lieu de résidence habituel de la population islamique et siège de nombreuses activités artisanales et commerciales, caractéristique qui a survéu jusqu'à nos jours, avec le très animé et vaste marché de Capo.

CASTELLAMMARE OU LOGGIA

L'**arrondissement Castellammare** ou **Loggia** (nord-est) fut dénaturé par l'ouverture de la via Roma à la fin du 19ᵉ s. et fortement endommagé par les bombardements de 1943. Il était caractérisé par la présence du port, qui fut à l'origine d'une activité commerciale très animée à laquelle participèrent les communautés d'Amalfi, de Pise, de Lucques, de Gênes et du pays catalan. Le témoignage de l'empreinte commerciale du quartier se retrouve dans l'ancien marché de la Vucciria.

TRIBUNATI OU KALSA

L'**arrondissement Tribunati** ou **Kalsa** (sud-est) qui doit son nom à la présence du palais Chiaramonte, siège du tribunal de l'Inquisition, fut construit autour de la Kalsa, ancienne citadelle fortifiée, et de la via Alloro, le long de laquelle s'élevèrent au 15ᵉ s. de nombreuses demeures nobles. À partir du 18ᵉ s., dans la partie qui longe la mer, furent érigés les grands palais aristocratiques, dont les terrasses ouvraient sur la Passeggiata della Marina (l'actuel Foro Italico).

★★ **San Cataldo** D5

Piazza Bellini - ℘ 091 61 61 692 - 9h30-13h, 15h30-18h30, dim. 9h30-13h - fermé j. fériés.
Fondée à l'époque normande (12ᵉ s.) et siège de l'ordre des Chevaliers du St-Sépulcre, cette église doit son aspect sévère mais néanmoins envoûtant à sa forme carrée, ses merlons dentelés, ses fenêtres en ogive et ses coupoles rosées en forme de « bonnets d'eunuque » rappelant les édifices arabes. L'intérieur, très dépouillé, se divise en trois nefs séparées par des colonnes antiques provenant d'autres édifices. La nef centrale est couronnée de trois coupoles à trompes. Le pavement en mosaïque de marbre polychrome est d'origine.
Traverser la via Maqueda pour entrer dans l'église de San Giuseppe dei Teatini.

San Giuseppe ai Teatini D4

L'imposante église baroque St-Joseph-des-Théatins a la particularité de se présenter de profil. De la place Pretoria, on remarque son campanile original à huit pans ornés de belles colonnes torses et de vases en forme de flammes. L'**intérieur★** en croix latine, théâtral et majestueux, croule sous une avalanche blanche et or de stucs et de fresques. Les nefs latérales, rehaussées dans chaque travée de petites coupoles, éblouissent aussi par la profusion des stucs. Sur l'envers de la façade, admirer les deux orgues disposés en oblique, et à l'entrée, de curieux **bénitiers★** du 18ᵉ s. que soutiennent des anges en vol.
Continuer sur la via Maqueda vers San Cataldo, sur le même trottoir.

Sant'Orsola D5

Cette église du 17ᵉ s., autrefois siège de la Compagnie de l'Oraison funèbre, préposée à enterrer les défunts du quartier, présente une façade de style Renaissance tardif et un intérieur du 18ᵉ s. avec d'insolites chapelles communicantes. Dans la dernière chapelle de droite, décorée par **Serpotta**, l'habituelle allégresse des *putti* laisse la place aux squelettes et aux ossements.
Continuer sur la via Maqueda.

Palazzo Comitini D5

Via Maqueda 100 - ℘ 091 66 28 260 - ♿ - tlj sf w.-end de 9h30 à 12h30, à 15h30 et à 16h30 départ d'une visite guidée toutes les heures (en français) - gratuit.
À la fin du 18ᵉ s., la construction de ce bâtiment, décidée par le prince de Gravina, englobe les palais déjà existants de Roccafiorita-Bonanno et Gravina di Palagonìa. En 1931, son architecture originale est profondément modifiée par l'ajout d'un étage et l'installation dans les locaux de l'administration de la Province.
Concentrée sur quelques salles ouvertes au public, la visite permet avant tout de se faire une bonne idée du faste des palais palermitains. La **sala Martorana★**, ancienne salle de bal, est couverte de boiseries du 18ᵉ s. incrustées de miroirs qui diffusent une douce lumière sur la fresque du plafond dont le motif édifiant répond à ceux du sol de majoliques. On verra également de ravissants **boudoirs** décorés de céramiques et de miroirs gravés ainsi que la **chambre de la Princesse**, toute recouverte de tentures roses et vertes.
De l'autre côté de la rue, l'imposant **palais Santa Croce-Sant'Elia**, l'une des créations les plus raffinées de l'art baroque palermitain, est destiné à accueillir des œuvres des collections Guggenheim. Enfin, au bout de la via Maqueda, le **palais Filangeri di Cutò** est un vaste bâtiment élevé au 18ᵉ s.
Revenir au palais Comitini et prendre la via del Bosco bordée d'élégants palais.

Chiesa del Carmine D5

La place de l'église est envahie tous les jours par la foule du pittoresque **marché de Ballarò**. Il faut admirer de loin le **dôme★** en majoliques supporté par quatre télamons avant de pénétrer à l'intérieur. Deux somptueux **autels★** ferment le transept. Sur des paires de colonnes torses dorées s'enroulent des spirales de stucs illustrant la vie de la Vierge *(à gauche)* et du Christ *(à droite)*, œuvres de Giacomo et Giuseppe Serpotta. Au-dessus de l'autel de gauche, la belle peinture de la *Madone du Carmel* date du 15e s.

Au cœur du marché de Ballarò, sur la piazzetta, vous trouverez sur la droite le **marché de la Casa Professa**, spécialisé dans la brocante.

Prendre la via Ballarò et tourner à droite dans la via Casa Professa.

Chiesa del Gesù (Casa Professa) D5

☏ 091 32 73 34. À l'arrivée des jésuites au milieu du 16e s., le gouvernement espagnol leur fit don de fonds importants qui leur permirent de bâtir leur église du Jésus. Elle a été restaurée à maintes reprises (notamment après la Seconde Guerre mondiale), mais sa forme actuelle date de la fin du 16e s.

Austère à l'extérieur, elle surprend à l'intérieur par l'exubérance de son décor baroque, fait de stucs et de pierres semi-précieuses. La **décoration★** du sanctuaire, œuvre des Serpotta, est de toute beauté. D'innombrables *putti* sont saisis dans les attitudes les plus variées. Certains vendangent, d'autres tiennent des guirlandes, des torches, des instruments de musique, des portées, des équerres, ou des lances sur lesquelles ils embrochent des diables. Dans la deuxième chapelle de droite, on voit deux belles toiles de **Pietro Novelli** : *Saint Philippe d'Agira* et **Saint Paul ermite★**. La dernière figure à gauche est un autoportrait du peintre. La **sacristie** possède une belle armoire sculptée du 16e s. À côté de l'église, la **Casa Professa** abrite la **bibliothèque municipale**, où sont conservés de nombreux incunables et manuscrits. La première et la deuxième salle (réservée à la lecture) abritent une collection de quelque trois cents portraits d'hommes célèbres. Au premier étage se trouve l'**oratoire del Sabato**, décoré par Procopio Serpotta en 1740.

Contourner l'église par la via Casa Professa et le viccolo Averna pour arriver à la piazza Santissimi Quaranta Martiri.

1

Camera dello Scirocco (Palazzo Marchesi) D5

De la piazza dei Santissimi Quaranta Martiri, pénétrer sous le porche n° 14 (à gauche de la tour) ; dans la petite cour, prendre l'escalier à gauche.

C'est l'une des plus anciennes chambres du Scirocco de Palerme, située à 8 m de profondeur, sous le cloître du 15e s. du **palais Marchesi**. À côté, on a retrouvé une gigantesque citerne arabe utilisée pour approvisionner la ville en eau.

Revenir à la Chiesa del Gesù. Remonter la piazza Casa Professa, puis la via Nino Basile et la salita Raffadali, et tourner à gauche dans la via Puglia.

En remontant la via Puglia, on remarque sur la gauche le vaste **palazzo Speciale**, construit au 15e s. et souvent remanié. On arrive ensuite à l'église de **Santa Chiara**, sur une charmante place. Édifiée au 14e s., elle a été transformée au 17e s. et conserve une belle décoration intérieure. C'est dans une ruelle avoisinante que

LES CHAMBRES DU SCIROCCO

L'habitude de creuser sous les demeures des nobles des grottes artificielles remonte au moins au 15e s. On s'y réfugiait les jours où le vent cuisant du sud-est balayait la ville, desséchant l'esprit et le corps. Le terrain calcaire de Palerme se prêtait bien à ce but, et la présence de nombreuses sources permettait d'obtenir de petites piscines dans lesquelles on pouvait se rafraîchir pendant les grandes chaleurs.

LE COMTE DE CAGLIOSTRO

Giuseppe Balsamo naquit à Palerme en 1743. Passionné de sciences occultes, fondateur d'une loge maçonnique, il prit le titre de comte de Cagliostro et parcourut l'Europe, pratiquant son « art » de guérisseur au moyen d'une miraculeuse « eau d'éternelle jouvence ». Lors de son séjour en France, il fut mêlé à des intrigues de cour et emprisonné à la Bastille. De retour en Italie, la chance n'étant toujours pas au rendez-vous, il fut à nouveau arrêté, accusé cette fois de faire partie d'une secte d'illuminés. Enfermé dans la forteresse de San Leo, non loin d'Urbino, il y mourut de privations en 1795. Son corps fut inhumé au cimetière de Palerme. Sa maison se trouve dans la via Cagliostro, à proximité de la piazza Ballarò. Les péripéties de Giuseppe Balsamo inspirèrent Alexandre Dumas qui en fit le héros haut en couleurs d'un de ses romans, *Joseph Balsamo*, qui est le premier tome de la série *Les Mémoires d'un médecin*.

se trouve la maison où naquit Joseph Balsamo, le **comte de Cagliostro,** en 1743 *(voir ci-dessus)*.
Continuer sur la même rue et tourner à droite dans la via Matteo Sclafani.

Palazzo Asmundo C5

Via Pietro Novelli 3 - ☏ 091 65 19 022 - tlj sf w.-end 9h30-11h, 13h-14h - 4 €.
Cet édifice dont la belle façade donne sur la cathédrale conserve à l'intérieur une riche décoration, dont des fresques réalisées par G. Martorana.
Traverser la via Vittorio Emanuele et tourner dans la via Matteo Bonello, puis à droite dans la via dell'Incoronazione.
Derrière la Loggia dell'Incoronazione, la **chapelle de Santa Maria Incoronata**, construite au 12e s., englobe les restes d'une mosquée du 9e s. Dans la même rue, l'église de **Santa Maria de Monte Oliveto** (dite de la Badia Nuova) présente une élégante architecture ainsi qu'un intérieur riche.
Non loin, l'église de **Sant'Agata alla Guilla** a été fondée par les Normands et remaniée aux 15e-16e s. Cette zone s'appelle la Guilla, de l'arabe *wadi* (rive), devenu *guidda* puis *guilla*. En continuant, on arrive à l'église de **San Paolino dei Giardinieri** (16e s.), détruite par les bombardements et transformée en mosquée.

LA KALSA ET LA VIA ALLORO

▶ *Circuit* ③ *tracé en vert sur le plan de la ville p. 146-147. Compter 3h.*
Cœur historique de la Palerme arabo-normande, la Kalsa, située dos au port, fut entièrement détruite par les bombardements alliés de 1943 et les pertes, humaines et matérielles, furent lourdes. Les gravats furent jetés à l'eau et le Foro Italico (Umberto I) cessa d'être le grand boulevard du bord de mer de Palerme. Tout à la fois fascinant et plein de contradictions, le quartier de la Kalsa est maintenant un vaste chantier où les travaux quasi continus ont permis la restauration de places (comme la **piazza Magione** (E4-5) avec sa pelouse), de palais et de monuments, et l'ouverture de centres culturels dont la renommée est maintenant internationale (comme l'église Santa Maria dello Spasimo et le théâtre Garibaldi).
Constituée sous la domination arabe autour de la citadelle qui servait de résidence à l'émir et à ses ministres, la Kalsa a conservé son nom d'origine, *al halisah*, « l'élue, la pure ». Concentré surtout autour de la piazza della Kalsa (E4), le quartier s'étend jusqu'à la via Vittorio Emanuele, incluant ainsi une grande partie des plus intéressants monuments de la cité.

L'entrée du quartier semble être la **Porta dei Greci** (EF4, construite entre 1553 et 1581) par laquelle on accède à la place où s'élève l'**église Santa Teresa alla Kalsa** (E4), érigée entre 1686 et 1706. L'imposante façade baroque, comportant deux ordres rythmés par des colonnes corinthiennes, est due à l'architecte **Paolo Amato**. En parcourant la via Torremuzza (E4), on notera en particulier au n° 20 la façade aux membrures de pierre du Noviziato dei Crociferi et, un peu plus loin de l'autre côté, l'**église Santa Maria della Pietà** (réalisée par **Giacomo Amato**) dans laquelle on peut admirer une clôture de chœur figurant un soleil levant (partie destinée aux sœurs dominicaines, fondatrices de l'église).

Via Alloro E4

Dans cette ancienne rue principale du quartier à l'époque médiévale, la plupart des élégants palais qui s'y élevaient ont été détruits ou sont très abîmés. Le **palais Abatellis**, siège de la Galerie régionale de Sicile, et la belle église de **la Gancia** sont au nombre des édifices subsistants. Au n° 58, ne manquez pas le splendide atrium qui s'élève au milieu des ruines du **Palazzo Bonagia**.

★ Palazzo Abatellis E4

Le palais est un bel édifice de style gothico-catalan enrichi d'éléments Renaissance. Il fut conçu par Matteo Carnelivari, qui séjourna à Palerme à la fin du 15ᵉ s. Son vaste portail carré aux décorations en faisceaux, ainsi que ses fenêtres trilobées et géminées, font l'élégance de sa façade. Le palais, qui s'organise autour d'une belle cour carrée, accueille la **Galerie régionale de Sicile** (voir description dans « Visiter » p. 165).

La Gancia (Santa Maria degli Angeli) E4

Édifiée par les franciscains à la fin du 15ᵉ s., mais très souvent remaniée, notamment à l'intérieur, l'église Ste-Marie-des-Anges n'a conservé de ses caractéristiques d'origine que sa forme carrée à conques régulières. À l'extérieur, sur le côté qui longe la via Alloro, on remarquera ce que l'on appelle la *Buca della Salvezza* (trou du Salut), creusée par deux patriotes qui s'étaient cachés dans la crypte de l'église durant la révolte contre les Bourbons de 1860, et qui, après être sortis par ce trou, avaient trouvé refuge chez des habitants. L'**intérieur★** est de style baroque avec quelques éléments d'autres époques, notamment du 16ᵉ s. : le plafond en bois peint, avec des étoiles sur fond bleu, le très bel **orgue★★** de Raffaele della Valle (fin du 16ᵉ s.), la **chaire** de marbre et les **médaillons** à reliefs représentant l'Annonciation (à côté de l'autel), d'**Antonello Gagini**. Le décor du 17ᵉ s. est en revanche l'œuvre des Serpotta, en particulier dans la grande nef et certaines des chapelles. On remarquera que bon nombre de stucs ont malheureusement disparu. On ne résistera pas au charme malicieux du **petit moine enfant★** dont la tête apparaît en haut d'une corniche dans la chapelle à gauche de l'autel.

Reprendre la via Alloro et traverser la piazza della Magione.

★ Santa Maria dello Spasimo E5

L'église et le couvent forment un complexe édifié en 1506 à l'intérieur du mur de la Kalsa à la demande de Giacomo Basilico. À la même époque, ce dernier passa commande à Raphaël d'une toile représentant la douleur de la Vierge au pied de la Croix, conservée au musée du Prado à Madrid. La construction des bâtiments n'était pas encore achevée quand la menace turque rendit nécessaire l'adjonction du bastion qui s'adosse à l'église. Transformé en forteresse, en théâtre, en lazaret (pendant la peste de 1624), en hospice pour les pauvres (1835) et enfin en hôpital jusqu'en 1986, l'édifice a ensuite été finalement laissé à l'abandon. Les travaux entrepris depuis ont permis de restaurer l'église et l'hospice annexe pour en faire un lieu d'expositions ou de concerts (l'église accueille à présent l'École européenne de jazz). La partie que l'on peut visiter s'organise autour du cloître du 16e s., remarquable par la pureté de ses lignes. L'**église★** qui s'élève au fond représente l'unique exemple d'art gothique nordique en Sicile. Haute et élancée, la nef centrale sans couverture (peut-être n'a-t-elle même jamais existé) étire ses formes en toute liberté vers le ciel. Elle se termine par une très belle **abside** polygonale. L'entrée d'origine est enrichie d'un pronaos qui comportait deux petites chapelles. Celle de gauche, encore visible, est recouverte d'une coupole en « bonnet d'eunuque ». On passe ensuite dans l'ancien bastion espagnol, transformé aujourd'hui en jardin. À la tombée de la nuit, l'ensemble illuminé des bâtiments fascinera le visiteur. *Longer la piazza della Magione.*

La Magione E5

Précédée d'une agréable petite avenue bordée de palmiers, l'église romane fut fondée au 12e s. par Matteo d'Ajello, notable au service des souverains normands. En 1197, Henri VI en fit don à l'ordre des Chevaliers teutoniques, dont elle est restée propriété pendant plus de trois siècles. La **façade★** en saillie est ornée de trois rangées d'arcades qui s'enrichissent au premier niveau d'éléments décoratifs et encadrent les portails. L'intérieur, à trois nefs, est simple et dépouillé. L'église renferme aussi un beau cloître provenant d'un monastère cistercien (malheureusement endommagé par un bombardement de la Seconde Guerre mondiale) dans lequel subsistent des vestiges plus anciens encore, telle une tour arabe du 10e s.

La via della Magione traverse un quartier en rénovation et longe un côté du **palais Ajutamicristo**, grand édifice du 15e s. réalisé par Matteo Carnelivari qui possède dans sa cour une élégante loggia sur deux niveaux. En 1537, le palais hébergea Charles V.

Tourner dans la via Garibaldi.

Piazza della Rivoluzione E5

Petite mais pleine de charme, cette place a été le point de départ de la révolte contre les Bourbons en 1848. La fontaine centrale porte le **Génie de Palerme** (17e s.), statue représentant un roi nourrissant un serpent, symbole de la ville.

Suivre la via Aragona. Sur la piazza Aragona, s'engager à gauche et rallier la via Sant'Anna.

Piazza Sant'Anna D4

Située au cœur du séculaire marché des Lattarini, cette petite place très animée accueille l'église de Sant'Anna (17e-18e s.) contre laquelle s'appuie la **Galleria d'Arte Moderna**, installée dans un ancien monastère *(voir description dans « Visiter » p. 166)*.

Sur la **piazza Croce dei Vespri**, à l'opposé de la Galleria, le **palais Valguarnera-Gangi** a prêté son décor somptueux au *Guépard* de Luchino Visconti.

Revenir sur ses pas et à la via Alloro. La promenade se poursuit avec les monuments situés au nord de la rue.

★ San Francesco d'Assisi E4

De l'église St-François-d'Assise qui date du 13e s., il ne reste presque plus rien. Plusieurs fois endommagée, restaurée et réaménagée, elle doit son aspect actuel aux derniers travaux de restauration, qui ont tenté de lui rendre sa forme d'origine. D'une grande simplicité, la façade est éclairée par une rosace et un très beau **portail★** gothiques provenant de l'édifice d'origine. Quoique l'intérieur ait été modifié par les interventions des époques suivantes,

Une rue colorée du centre historique.
J. Frumm / hemis.fr

on peut apprécier le volume ample et l'harmonie de l'ensemble, caractéristique des églises franciscaines. Remarquer les huit statues de Giovanni Serpotta, ainsi qu'un très beau **portail★** de **Francesco Laurana** et **Pietro di Bonitate** (4ᵉ chapelle à gauche).

★★★ Oratorio di San Lorenzo E4
🕿 339 23 76 652 - 10h-18h - 2,50 €.
Le chef-d'œuvre de **Giacomo Serpotta** a été baptisé la *Grotte de corail blanc*. Sur les murs de la salle, quelques petits théâtres et statues des Vertus illustrent des scènes de la vie de saint François *(côté droit)* et de saint Laurent *(côté gauche)* dont le martyre est représenté sur la contre-façade. Sur la partie supérieure des murs, les pensifs nus rappellent quelques-uns des personnages « michelangelesques ». Au détachement altier des Vertus et à la tristesse voilée des nus s'oppose par un joyeux contraste le triomphe des délicieux *putti* en liesse, représentés par des poses et des attitudes des plus fantaisistes (chercher celui qui fait des bulles de savon ou ceux qui s'embrassent tendrement). Mais l'innocente vitalité de ces figurines est souillée par les vols qui ont tristement marqué la vie de ce lieu : en particulier celui en 1969 de *La Nativité* du Caravage, réalisée pour l'autel de l'oratoire.
En longeant le flanc droit de l'église St-François-d'Assise, on arrive au **palais Mirto** *(voir description dans « Visiter » p. 168)*.
Descendre la via Vittorio Emanuele jusqu'à la piazza Marina.

Piazza Marina E4
Au cœur de la cité médiévale, sur la place, le **jardin Garibaldi** est plongé dans l'ombre de gigantesques **Ficus magnolioides★★** aux racines aériennes développées et robustes comme des troncs d'arbre.
Tout autour s'élèvent de beaux palais : le Galletti (au nº 46), le Notarbartolo (nº 51) et le célèbre palais Chiaramonte, en face de la charmante **fontaine del Garraffo** réalisée à la fin du 17ᵉ s. par G. Vitaliano suivant un projet de Paolo Amato.

★ **Palazzo Chiaramonte** E4

Piazza Marina 61 - ℘ 091 60 75 306 - tlj sf lun. 9h-13h, 14h30-18h30, dim. 10h-14h - 5 €.

Construit en 1307 par la famille dont il porte le nom, l'une des plus riches et des plus puissantes sous le règne des Aragonais, le palais s'appela d'abord **Lo Steri**, d'*Hosterium* (demeure fortifiée) dont il adopte la forme nette et carrée. Passé aux mains des vice-rois espagnols, il fut le siège du tribunal de l'Inquisition du 17e s. jusqu'en 1782, année de son abolition en Sicile. On peut encore y voir des **graffitis** de prisonniers. C'est également là que se trouve la fresque de la *Vucciria* de **R. Guttuso**. La façade du palais présente de très belles **fenêtres trilobées★★** sur deux étages (remarquer en particulier la marqueterie de pierre au niveau de l'arc couronnant les fenêtres du premier étage). Le style, gothique pour ses lignes essentielles, est nuancé par des éléments propres au style Chiaramonte, très répandu en Sicile dans les édifices civils de la même époque.

Non loin de là se trouve le **musée international des Marionnettes** *(voir description dans « Visiter » p. 168)*.

La **Porta Felice** (1582) termine la via Vittorio Emanuele à l'est. La masse imposante de ses deux énormes piliers de style Renaissance tardif est allégée par des volutes et des ouvertures au-dessous des tympans. Près de la porte se trouve le **loggiato di San Bartolomeo**, qui date du 15e s. et qui appartenait autrefois à un hôpital détruit lors des bombardements de 1943. L'édifice récemment restauré accueille aujourd'hui des expositions et manifestations culturelles. C'est de cette porte que part le Foro Italico, l'ancienne **Passeggiata alla Marina** (promenade du bord de mer connue depuis le 16e s.) qui, avec son esplanade sur la mer, était un lieu de rencontre et de distraction pour l'élégante aristocratie citadine, décor privilégié pour les fêtes et les réceptions. Ici nombre de nobles firent ériger des palais, parmi lesquels le **palais Branciforti-Butera** (18e s. - www.palazzobranciforte.it), avec des terrasses qui offraient une vue magnifique et exclusive sur la mer. L'écrivain allemand Fanny Lewald notait dans *Diogène*, en 1847 : « À Palerme la nuit ne vient jamais, du moins sur le bord de la mer, l'un des plus beaux que l'on puisse trouver en Europe… Sous cette rangée de terrasses se déroule le soir la promenade qui commence à sept heures. À dix heures on entend la musique d'un orchestre qui jouera jusqu'aux alentours de minuit. La Marina ne s'anime véritablement qu'à partir de dix heures. » De cette évocation du temps passé restent l'enchantement du décor naturel, le kiosque à musique néoclassique *(immédiatement après le croisement avec la via Alloro)* et l'agréable promenade bordée de pelouses et de bancs colorés où les Palermitains aiment à venir bavarder.

Passeggiata delle Cattive (Promenade des Captives) E4

Construite en 1823 sur la courtine des murs d'enceinte qui délimitait la promenade du bord de mer, elle doit sa dénomination curieuse à l'expression populaire des *mura delle cattive* (remparts des Captives) évoquant les veuves (prisonnières du deuil) qui étaient assurées sur ce parcours d'une grande discrétion (ainsi que d'une meilleure vue) vis-à-vis de la promenade située au-dessous d'elles. De là, on peut admirer la belle façade du **palais Branciforti-Butera** faisant face à la mer.

DE LA CALA À LA VUCCIRIA

▶ *Circuit* ④ *tracé en vert sur le plan de la ville p. 146-147. Compter une demi-journée.*

La *cala*, ancien port de la cité, était autrefois défendue par la forteresse de **Castellammare**, édifiée sous la domination arabe. Transformée à maintes reprises, elle a servi tour à tour de forteresse, de prison et de résidence. Cet édifice massif a été mutilé en 1922 par l'agrandissement du nouveau môle. Le quartier qui s'étend derrière l'ancien port commence à l'église Ste-Marie-de-la-Chaîne qui, des siècles durant, a été la gardienne des chaînes *(catena)* qui le fermaient, d'où son nom.

★ Santa Maria della Catena E4

Sur la piazza Marina - ☎ 091 32 15 29 - ouv. seult pour les mariages.

Attribuée à **Matteo Carnelivari**, cette église est précédée d'un vaste portique carré à trois arcades surbaissées, derrière lequel se dissimule le portail dont la corniche est ornée d'un bas-relief de V. Gagini. Le portique est couronné d'une dentelle de pierre qui court aussi sur les côtés (le petit escalier qui le précède est un apport tardif). L'intérieur, qui marie les styles gothique et Renaissance (1490), présente des arcs bombés et des travées à croisées en ogives. Les tiercerons en pierre qui les soulignent contrastent avec la blancheur du plafond. À la croisée du sanctuaire s'ouvrent des fenêtres géminées finement travaillées. La seconde chapelle de droite a conservé les restes d'une fresque de la Vierge, et sur l'autel, on peut voir les symboles des chaînes. C'est la nuit, sous la lumière des projecteurs, que l'église apparaît dans toute sa splendeur.

Longer le port, qui décrit une grande courbe jusqu'à la piazza Fonderia. Prendre la via Cassari.

On pénètre dans le quartier du pittoresque marché de la **Vucciria** *(de la via Cassari à la piazza San Domenico, voir p. 192)* dont le nom dérive du français « boucherie ». Il se tient depuis le 11e s. autour de la piazza Caracciolo et la via Argentari. Dans cette rue, au milieu de cet enchevêtrement d'étals, se dresse l'église de **Santa Eulalia dei Catalani** fondée au 15e s.

Plus loin, on arrive sur la **place del Garraffello** (avec sa fontaine datant de la fin du 16e s.) où l'on peut voir le **palais Lo Mazzarino-Merlo** où nacquit en 1576 Giovan Pietro Mazzarino, père du futur ministre de Louis XIII puis d'Anne d'Autriche.

Depuis la via Materassi, on rejoint la charmante place S. Giacomo La Marina où se dresse l'église de **Santa Maria La Nuova**. Construite au 16e s. en style gothique catalan, elle possède une belle loggia qui rappelle celle de Santa Maria della Catena. La partie supérieure, de style néogothique, est un ajout du 19e s.

La via Melli conduit à l'église de San Domenico.

San Domenico D4

☎ 091 58 91 72 - 091 61 14 314 - juil.-sept. : lun.-vend. 8h-12h, w.-end et j. fériés 17h-19h ; oct.-juin : téléphoner pour connaître les horaires.

Une statue de la Vierge sur une colonne domine la belle **place** où s'élève majestueusement l'église. Commencée au 17e s., l'église St-Dominique n'a été achevée qu'un siècle plus tard. Sa façade baroque, répartie sur trois ordres rythmés par des colonnes doriques et corinthiennes, est enrichie de sculptures qui encadrent la statue du saint. L'intérieur, qui donne une impression d'espace, comporte trois nefs, avec des chapelles qui s'ouvrent sous chaque voûte des nefs latérales. On remarquera le décor en marqueterie de pierres semi-précieuses polychromes dans la quatrième chapelle à droite, ainsi que dans celle du Rosaire, dans le transept gauche. Un charmant **cloître** du 14e s. à colonnettes géminées jouxte l'église.

1

Une mosaïque de cultures

DES PHÉNICIENS AUX BOURBONS

Fondée par les Phéniciens au 7e s. av. J.-C. sous le nom de *Ziz*, ou fleur, Palerme fut conquise par les Romains qui la rebaptisèrent *Panormus* (du grec *tout port*). Son nom actuel provient de l'arabe *Balharm*, à peine modifié. Sous la domination arabe, au 9e s. apr. J.-C., elle connut une période prospère et devint l'un des principaux centres musulmans d'Occident. Ne cessant de s'agrandir, elle a franchi les limites du quartier historique, le Cassaro (de l'arabe *al Qasr*, le château), nom donné autrefois à son artère principale actuelle, le corso Vittorio Emanuele. De nouveaux quartiers ont vu le jour, notamment celui de la Kalsa (de *al Halisah*, l'élue), résidence de l'émir. En 1072, la ville est conquise par le **comte normand Roger**, qui va l'administrer avec une certaine tolérance : en règle générale, toute la population, musulmane ou non, garde droit de cité et la possibilité d'exercer la profession de son choix. C'est ce qui a permis l'épanouissement du style arabo-normand, alliance heureuse dans les domaines de l'architecture et des arts décoratifs. À l'époque prospère de **Roger II**, fils du comte, qui appréciait le luxe et la beauté, la ville s'enrichit de magnifiques jardins d'inspiration orientale et de luxueux palais (la Zisa, la Cuba). Elle attirait lettrés, mathématiciens, astronomes et intellectuels venus de tous horizons. Il n'est d'ailleurs pas rare aujourd'hui de lire sur les plaques de rues de la vieille ville le nom de rues en italien, en hébreu et en arabe, souvenir de ce passé harmonieux. Après une courte période de désordres et de décadence, elle passe comme tout le reste de la Sicile aux mains de Frédéric II de Souabe (1212). Grâce à lui, elle retrouve sa puissance et son rôle central. Puis se succèdent les Angevins (jusqu'à ce qu'ils soient chassés par la révolte des Vêpres siciliennes), les Espagnols et, au 18e s., les Bourbons de Naples, qui couvrent la ville de palais baroques.

PALERME CONTEMPORAINE

Le 19e s. marque l'ouverture de la ville au commerce avec toute l'Europe. Stimulée par la bourgeoisie d'entreprise, devenue la nouvelle force économique, elle s'agrandit et élargit ses rues. On inaugure le viale della Libertà, prolongement de la via Maqueda. Le quartier qui se construit autour s'embellit d'édifices de style Liberty. Ce n'est malheureusement qu'un dernier sursaut avant une période de déclin entraînée par une succession de catastrophes : les bombardements de 1943, qui ont réduit à néant le centre historique, le tremblement de terre de 1968 et la dégradation lente mais inexorable des quartiers médiévaux. La spéculation immobilière et la gestion frauduleuse qui ont fait des environs de Palerme une vaste banlieue délabrée n'ont certes pas contribué à améliorer l'image de la ville. En réaction à cette situation, la municipalité a entrepris une politique de revalorisation, de restauration et de récupération des superbes monuments du centre-ville. Ainsi essaie-t-on peu à peu de ranimer ce magnifique géant d'Orient, encore assoupi.

Non loin, dans des locaux annexes, la Société sicilienne d'histoire de la patrie a installé un petit **musée de l'Indépendance** (Museo del Risorgimento) qui présente des souvenirs garibaldiens. Des fenêtres du musée s'offre une jolie vue sur le cloître de St-Dominique.

★★★ Oratorio del Rosario di San Domenico D4

Via dei Bambinai. ✆ *091 33 27 79 - tlj sf dim. 9h-13h - 5 € (billet combiné pour 4 sites dont l'Oratorio di Santa Cita).*

L'oratoire est un pur joyau de stuc sculpté, dû à **Giacomo Serpotta**. On observera tout d'abord les ébats des *putti*, saisis dans leur gaieté spontanée enfantine. L'expression de leurs petits visages, joyeux ou pensifs, est d'autant plus remarquable que le matériau ne possède pas la vivacité de la pierre ni du marbre.

Les stucs sont disposés de façon à encadrer les toiles des Mystères joyeux *(murs de gauche et du fond)*, brossées en partie par **Pietro Novelli**, et celles des Mystères douloureux *(mur de droite)* dont une *Flagellation* de Mattias Stomer. Dans les niches qui alternent avec les toiles figurent les allégories des Vertus, extraordinaires figures féminines au maintien élégant et aux drapés délicats, parfois accompagnées de *putti*. La statue de *La Mansuétude* tient une colombe vers laquelle un angelot vêtu en petit moine tend sa menotte potelée.

Au-dessus des tableaux, les grands panneaux ovales reprennent des scènes de l'Apocalypse selon saint Jean. Dans celle qui montre le diable chassé des Cieux, on notera la façon dont le corps du diable exprime le vertige de la chute. Même sensation de vertige, mais dans un contexte plus joyeux, avec les angelots ailés qui soutiennent un drapé sous la coupole au-dessus du maître-autel. La splendide toile de la *Vierge du Rosaire* avec saint Dominique et les saintes patronnes de Palerme, d'**Anton Van Dyck** (1628), est encadrée par deux statues allégoriques qui semblent assister à un spectacle. Sous la voûte, une fresque de Pietro Novelli représente le *Couronnement de la Vierge*. *Poursuivre sur la via Squarcialupo.*

Santa Maria di Valverde D4

✆ *091 33 27 79 - tlj sf dim. 9h-13h - 5 € (billet combiné pour 4 sites).*

On accède à cette petite église en franchissant l'élégant porche de marbre de **Pietro Amato** (1691). L'**intérieur** est un festival de décoration baroque, avec plusieurs marbres, qui sous les autels latéraux s'adoucit en délicates draperies. Remarquer dans la première chapelle à droite, dédiée à sainte Lucie, les jeux de perspectives raffinés créés à partir des marbres.

Santa Cita D4

✆ *091 84 31 605 - 9h-13h - apr.-midi se renseigner pour les horaires - si la crypte de la chapelle est fermée, s'adresser aux sœurs de l'Istituto del Sacro Cuore.*

Non loin de Santa Maria di Valverde, l'église a été gravement endommagée par les bombardements de 1943 (à la suite desquels les bas-côtés furent détruits), mais conserve un bel **arc de marbre★** d'**Antonello Gagini** *(dans le chœur)*. À l'intérieur de l'arc sont représentées la Nativité et la Dormition (nom donné à la mort de la Vierge) ; dans les panneaux des piliers de l'arc, on peut voir des saints dominicains, tandis que dans les deux médaillons ronds, aux angles, figurent saint Thomas d'Aquin et saint Pierre. Dans les huit panneaux des intrados *(faces intérieures de l'arc)* sont représentés des épisodes de la vie de Santa Cita. Remarquer tout particulièrement la belle **chapelle du Rosaire** *(à droite du chœur)* dans laquelle des marqueteries polychromes s'harmonisent avec de délicats stucs. Depuis la chapelle, à gauche du chœur, on descend à la **crypte de la Cappella Lanza**, ornée de marbres variés.

★★★ Oratorio del Rosario di Santa Cita D4

Accès par la via Valverde ou par Santa Cita - ☏ 091 84 31 605 - tlj sf dim. 9h-13h - 5 € (billet combiné avec 4 sites dont l'Oratorio di S. Domenico).

L'oratoire est le chef-d'œuvre du très grand sculpteur baroque **Giacomo Serpotta** qui y travailla entre 1686 et 1718. Anges et joyeux *putti*, dans une envolée remarquable par la totale liberté de mouvement et d'expression, semblent jouer entre eux, dorment, pleurent, rient, grimpent sur les corniches des fenêtres, regardent malicieusement au travers des guirlandes de fleurs, nouent pensivement leurs mains autour de leurs genoux, ou tournent tout bonnement le dos au visiteur.

Le regard est saisi dès l'entrée par le revers de la façade : un drapé que des *putti* s'évertuent à soutenir empanache tout le mur. Au centre, un bas-relief représentant la bataille de Lépante montre deux jeunes hommes émaciés, symboles des horreurs de la guerre. Tout autour, des panneaux retracent les Mystères du Rosaire. Sur le côté gauche figurent les Mystères joyeux : l'Annonciation, la Visitation, la Nativité, la Présentation au temple. Sur le côté droit, les Mystères douloureux : Jésus au jardin de Gethsémani, la Flagellation, le Couronnement d'épines, le Calvaire. Au fond, les Mystères glorieux *(à partir du bas à gauche)* : la Résurrection, l'Ascension, la Descente de l'Esprit Saint, l'Assomption de Marie. En haut au centre, le Couronnement de Marie. Au-dessus de l'autel, une belle toile de Carlo Maratta représente *La Madone du Rosaire* (1690).

Des figures allégoriques semblent garder les huit fenêtres qui ornent les parois latérales.

Non loin de là, sur la place du même nom, s'élève **l'église San Giorgio dei Genovesi** (*☏ 091 84 31 605 - 9h-12h30, 5 € - billet combiné avec 4 sites),* l'un des rares exemples de style Renaissance tardif à Palerme. Elle a été édifiée par la communauté des marchands génois, dont on voit ici de nombreuses sépultures, avec de belles pierres tombales.

Non loin de l'église s'étend une vaste zone archéologique présentant des témoignages de l'urbanisme médiéval. Après la via Crispi, on peut voir les ruines du **Castello a Mare**, forteresse normande protégeant la ville et presque entièrement détruite lors de l'agrandissement du port.

Un peu plus loin, dans la via Cavour, se dresse le bâtiment de la **préfecture**, de style néogothique vénitien, autrefois la villa **Whitaker**, construite par l'un des douze neveux de l'entrepreneur **Ingham** *(voir p. 232).*

En suivant la via Bara all'Olivella pleine d'échoppes d'artisans et de petits restaurants, on rejoint la **piazza dell'Olivella**, agréable esplanade bordée de beaux édifices.

DE LA VIA ROMA AU CAPO

▷ Circuit ⑤ tracé en vert sur le plan de la ville p. 146-147. Compter 3h. À droite de la via Maqueda, à la hauteur du théâtre Massimo, la via dell'Orologio offre une vue surprenante sur l'un des deux campaniles de Sant'Ignazio all'Olivella, dont l'horloge est probablement à l'origine du nom de la rue.

Sant'Ignazio all'Olivella D4

Belle église baroque commencée à la fin du 16e s., elle s'élève sur l'emplacement, dit-on, d'une villa ayant appartenu à la famille de sainte Rosalie. Le terme Olivella viendrait d'*Olim villa* (autrefois, [il y avait] la villa). Remarquer les deux campaniles qui allègent la composition de la façade.

À l'intérieur, l'inscription rouge flamboyant « Jéhovah au centre de la Gloire » attire le regard, même si elle est placée derrière l'autel. La première chapelle

---

UN ITINÉRAIRE « LIBERTY »

Parmi les belles demeures de style Liberty *(voir p. 102)*, en plus de celles décrites ci-après, figurent le **palais Dato**, à l'angle de la via XX Settembre et de la via XII Gennaio, que l'on reconnaît aux drapés de couleur rose qui embellissent ses murs ; la **villa Favaloro Di Stefano**, œuvre de E. Basile, sur la piazza Virgilio ; le **Villino Ida**, au n° 15 de la via Siracusa, au balcon en fer forgé souligné d'une frise en majolique, ainsi que la **boulangerie Morello** *(voir p. suivante)*.

Et bien sûr, même si elle se trouve dans un autre quartier, la **villa Igiea** *(salita Belmonte 43)*, superbement située sur les pentes du mont Pellegrino. Cette vaste résidence fut conçue à l'origine pour y soigner Igiea Florio, atteinte de la tuberculose. Sur un projet d'**Ernesto Basile**, l'édifice néo-gothique préexistant fut transformé en une luxueuse demeure de style exotique, devenue un hôtel de prestige. On y admire en particulier la salle à manger, aujourd'hui **salle Basile★** *(pour la visiter, se renseigner auprès du personnel de l'hôtel, toujours très aimable)*, pour la richesse des boiseries et de la décoration, œuvre d'Ettore De Maria Bergler, artiste Liberty célèbre. Les photographies d'illustres hôtes de passage, parmi lesquels de nombreuses têtes couronnées d'Europe, ornent les murs des corridors où l'on flâne comme dans une galerie d'exposition.

1

de droite est particulièrement riche en marqueteries polychromes de pierres semi-précieuses. *Depuis le transept de droite, on accède à l'oratoire San Filippo Neri ou Sant'Ignazio.*

À côté de l'église se trouve le **Musée archéologique régional** *(voir description dans « Visiter » p. 167)*.

Oratorio di San Filippo Neri D4

Via Roma 320/A - ☏ 091 60 91 324 - www.oratoriosanfilipponeripalermo.org - fermé pour travaux de restauration.

C'est l'œuvre de l'architecte **Venanzio Marvuglia**. L'intérieur renferme les stucs de la Gloire, un bel ange entouré d'une ronde de *putti* dansant par petits groupes, œuvre d'**Ignazio Marabitti**.

Poursuivre sur la via Roma.

Oratorio di Santa Caterina d'Alessandria D4

Via Monteleone 50 - il faut sonner.

Les stucs de **Procopio Serpotta**, même s'ils sont plus figés et moins vivants que ceux de son père, Giacomo, représentent avec élégance et rigueur diverses scènes de la vie de sainte Catherine, protectrice des savants, ainsi que les allégories de la science : Rhétorique, Éthique, Géographie et Astrologie à droite ; Dialectique, Physique, Géométrie et Théologie à gauche, et sous le bel oratoire à triple arcade du mur d'entrée, le Savoir et la Science. Le plafond est orné de précieuses décorations à ramages.

Poursuivre le long de la via Monteleone jusqu'au croisement avec la via Roma.

Face à l'église San Domenico, de l'autre côté de la place, l'étroite **via Bandiera**, qui délimite le quartier du marché de Capo, recèle de beaux palais. Noter en particulier au n° 14 le **palais Termine**, érigé en 1573 dans un style hispanisant. Ses belles fenêtres géminées sont flanquées de colonnettes soutenant une dentelle de pierre. La fenêtre d'angle droit a été ajoutée lors de travaux de restauration au début du 20ᵉ s. Juste à côté se dresse le **palais Oneto di Sperlinga**, élégante demeure seigneuriale datant du 18ᵉ s.

FASTES ET MYSTÈRES DU GRAND HÔTEL ET DES PALMES

Datant du milieu du 19e s., il a servi autrefois de résidence à l'Anglais **Ben Ingham**, responsable du succès du marsala *(voir p. 232)*. Rapidement transformé en hôtel *(via Roma 398 - ✆ 091 60 28 111 - www.hotel-despalmes.it)*, il accueillit toutes les célébrités de passage dans la ville. Musiciens (Wagner y a terminé son *Parsifal*, et on peut encore voir le tabouret du maître), peintres (des esquisses de Guttuso et de Fiume sont présentées dans une petite salle) ou bien écrivains, hommes politiques d'hier (Crispi) et d'aujourd'hui (Andreotti), personnalités du spectacle ou membres de l'aristocratie. Suites discrètes, couloirs et salons ont abrité activités politiques, faits divers, agissements illicites et intrigues de toutes sortes. C'est ici que se tint en 1957 le banquet secret des plus hauts personnages de la Mafia italo-américaine ; c'est également ici que disparut mystérieusement un agent secret, tombé du 7e étage sur la verrière du grand salon des Miroirs et transporté sur-le-champ à « l'hôpital » par deux personnages tout aussi mystérieux. C'est encore ici que se termina la vie dissolue et tragique de l'écrivain français Raymond Roussel en 1933.

Citons pour finir l'étonnante histoire du baron de Castelvetrano, qui vécut secrètement plus de cinquante ans au siècle dernier dans une suite de l'étage noble : on raconte qu'il était condamné à l'exil pour avoir tué un garçon surpris lors d'un larcin et que cet exil avait été imposé par le père de la victime.

Le **marché del Capo** déploie tous les matins ses stands animés le long de la via Bandiera et de la via Sant'Agostino pour se poursuivre jusque dans la via Beati Paoli et la via Porta Carini.

Sant'Agostino C4

La **façade★** de cette belle église du 13e s. édifiée à la demande des familles Chiaramonte et Sclafani s'orne d'un portail à motifs géométriques et floraux bicolores, surmonté d'une rosace. Un deuxième très beau portail, qui donne sur la via Sant'Agostino, est l'œuvre de Gagini. L'intérieur, dominé par les modifications de style baroque, a conservé des stucs de l'école de Serpotta. Remarquer sur le socle de la seconde statue de droite la signature de l'artiste (le lézard, *serpe* en sicilien).

Au n° 6 de la via Cappuccinelle, on admirera l'enseigne de la **boulangerie Morello**, admirable panonceau de mosaïques de style **Liberty** représentant une figure féminine dans un cadre d'épis de blé souligné d'une guirlande en fleurs de lotus. Le motif des épis est repris dans la partie supérieure.

Pour continuer la promenade décrite ci-dessous, prendre la via Porta Carini, puis à droite la via Mura di San Vito pour rejoindre la piazza Verdi.

LA VILLE NOUVELLE

Au début du 19e s., Palerme a connu une période d'expansion remarquable. Des palais de toute beauté ont surgi dans la zone nord-ouest, quartier recherché par la nouvelle bourgeoisie des chefs d'entreprise. C'est l'épanouissement d'un nouveau style, à base de fer forgé et de verre, agrémenté de motifs floraux. Le quartier de la prospérité a quitté la via Maqueda pour se déplacer vers un secteur légèrement en contrebas qui a pris le nom de via Ruggero Settimo, puis de **via della Libertà** (C3). De grands temples de la musique lyrique, les théâtres Massimo et Politeama Garibaldi, y ont vu le jour et, dans les rues environnantes, de magnifiques demeures. Il suffit de se promener dans certaines des rues, comme les via XX Settembre, via Dante et via Siracusa, pour n'en citer que quelques-unes, pour se faire une idée des fastes de la bourgeoisie fortunée de la fin du 19ᵉ s.

★ Teatro Massimo C4

🕿 *091 60 53 111 - www.teatromassimo.it - visites guidées tlj sf lun. 10h-15h - 8 €.* Sous la protection de la statue de Giuseppe Verdi se tient l'un des plus grands théâtres lyriques d'Europe. Commencé par **Giovanni Battista Basile** en 1875, il a été achevé par son fils **Ernesto**. Il avance un imposant fronton triangulaire néoclassique porté par six colonnes, qui fait penser au pronaos d'un temple classique. Derrière, la vaste coupole élevée sur un haut tambour évoque l'Orient. Le style **Liberty** est représenté par les deux petits kiosques caractéristiques que l'on aperçoit sur le devant (œuvres de Basile fils) : à droite, le kiosque Vicari al Massimo, en bois et fer forgé ; à gauche, le Ribaudo, en métal uniquement.

L'**intérieur** est décoré avec élégance ; les luminaires à fleurs qui décorent et illuminent chaque niveau de loges sont tous différents. Le plafond de la salle de spectacle s'orne d'une somptueuse roue dorée, où est représenté le Triomphe de l'Art lyrique. À l'étage supérieur se trouve le petit salon royal qui permet d'accéder à la loge royale. L'ensemble de la salle est en bois de cerisier, bien connu pour rendre le son et la musique de manière impeccable.

Politeama Garibaldi C3

Sur la vaste place Castelnuovo, carrefour névralgique de la ville, l'imposant théâtre, de style néoclassique comme le théâtre Massimo, est couronné d'un élégant quadrige de chevaux de bronze.

À l'ouest de la place se trouve la via Dante, au fond de laquelle on découvre l'enchanteresse **villa Malfitano** (*voir description dans « Visiter » p. 169*).

Au n° 36 du viale Regina Margherita (*perpendiculaire à la via Dante à la hauteur de la villa Malfitano*) se trouve le **Villino Florio★**, une demeure pleine de fantaisie construite par l'une des plus puissantes familles siciliennes du 19ᵉ s., les Florio. Bel exemple du style Liberty à Palerme, entourée à l'origine d'un grand parc, elle est l'œuvre d'**Ernesto Basile**.

Visiter

DANS LE CENTRE HISTORIQUE

★★ Galleria Regionale di Sicilia E4

Via Alloro 4 - 🕿 091 62 30 011 - tlj sf lun. 9h-18h, w-end. et j. fériés 9h-13h (dernière entrée 30mn av. fermeture) - 8 € (10 € billet combiné avec le palazzo Mirto ; 24 € billet combiné valable 5 j. avec San Giovanni degli Eremiti, le cloître de Monreale, Zisa et le Palazzo d'Aumale à Terrasini ; 10,50 € valable 3 j. avec la Zisa et un des précédents monuments au choix).

On notera l'intéressante architecture de la galerie, réalisée dans les années 1950 par Carlo Scarpa, grand architecte qui a su exploiter supports, matériaux et couleurs en fonction de la luminosité naturelle.

Le musée rassemble des sculptures et des peintures d'époque médiévale, dont, au rez-de-chaussée, la très belle fresque du **Triomphe de la Mort★★★** (*salle II*) qui provient du palais Sclafani. Son titre dérive probablement de la treizième carte du jeu de tarots, très répandu à cette époque sous le nom de Triomphes. Le thème central en est la précarité de la vie : chevauchant une monture squelettique, armée d'un arc et de flèches, la Mort frappe de ses traits des hommes et des femmes en pleine jeunesse. On notera le réalisme et la cruauté qui imprègnent la fresque, en particulier le choix des tons froids pour représenter la Mort, le cheval et le visage du personnage atteint par les flèches. À gauche, dans le groupe des mendiants et des malades épargnés par le terrible cavalier, l'auteur anonyme de l'œuvre, que l'on identifie à son pinceau et à son regard tourné vers le spectateur, a conformément à l'usage de l'époque effectué son autoportrait. La modernité de certains traits est surprenante, comme par exemple la stylisation des naseaux du cheval.

Le buste d'**Éléonore d'Aragon**★★ *(salle IV)*, remarquable par la douceur de son expression, ainsi que le buste d'une jeune femme sont l'œuvre du sculpteur **Francesco Laurana**, qui exerçait en Sicile au 15ᵉ s. Parmi les œuvres des Gagini, dont les statues et les bas-reliefs ornent nombre d'églises siciliennes, on peut admirer une belle **Vierge à l'Enfant**★ d'Antonello.

Au premier étage, entièrement consacré à la peinture (nombreux peintres de l'école sicilienne), on admirera une icône byzantine portative *(première salle face à l'entrée)* représentant des scènes de la vie du Christ. La peinture de la Renaissance est bien représentée, notamment avec une **Madonna dell'Umiltà**★ de B. Pellerano (14ᵉ s.) d'une grande douceur ainsi que plusieurs polyptyques *(salle III,* notamment celui du Maître de Trapani). Dans la très belle **Annonciation**★★★ d'**Antonello da Messina** (vers 1430-1479), le visage de Marie rayonne d'une expression de paix et d'acceptation. Le célèbre **triptyque des Malvagna**★★ de **Jan Gossaert** dit **Mabuse** (*Vierge à l'Enfant parmi les anges,* 1510) se trouve dans la salle consacrée aux Flamands. On y voit, placée dans un décor architectural magnifique, avec en toile de fond un riche paysage, la Vierge entourée d'angelots musiciens et chanteurs. Également quelques œuvres caravagesques comme la **Maddalena** d'Andrea Vaccaro (17ᵉ s.) ou le **Christ et la Cananéenne** de Mattia Pretti (milieu du 17ᵉ s.).

★★ Galleria d'Arte Moderna D4

Via Sant'Anna 21 - ℘ 091 84 31 605 - www.galleriadartemodernapalermo.it - &- tlj sf lun. 9h-18h30 (dernière entrée à 17h30) - 7 €.

Les bâtiments attenants à l'église de Sant'Anna étaient à l'origine un palais nobiliaire construit en 1480 pour le marchand catalan Gaspare Bonet. Il fut cédé par la suite aux pères jésuites, puis aux franciscains qui le transformèrent en couvent.

Dans ce très bel espace, une importante collection de peintures italiennes et siciliennes des 19ᵉ et 20ᵉ s. est organisée de façon particulièrement pédagogique et agréable, sur trois niveaux, en suivant un parcours chronologique.

Le **19ᵉ s. sicilien** présente un éventail de tendances qui sont nées et se sont développées simultanément sous plusieurs formes, les artistes se spécialisant dans le genre correspondant le mieux à leur talent. Les grands thèmes traités sont l'histoire (notamment l'expédition de Garibaldi), le paysage, les conditions de vie rurale – thème correspondant au mouvement littéraire du vérisme de G. Verga *(voir p. 120)* – et l'exotisme naissant des premières colonies. De grandes figures de la peinture sicilienne sont ici largement représentées comme **Francesco Lojacono** (1838-1915), peintre fortement réaliste, dont la **Veduta di Monte Catalfano**★ n'est pas sans rappeler la touche des paysages classiques de C. Corot, et qui sut évoluer vers plus d'impressionnisme, notamment dans le somptueux **Studio di Palude**★★. Chez **Michele Catti** (1855-1914), on perçoit l'influence du Français G. Caillebotte dans ses vues parisiennes. En effet, Michele Catti montre une Palerme du début du 20ᵉ s., entrant dans l'ère industrielle, avec une grande précision et des cadrages parfois très originaux.

Le travail des peintres sur le paysage et la lumière de Sicile est particulièrement spectaculaire dans les ruines de **Gennaro Pardo** (1865-1927), la vue
de Taormina d'**Ettore De Maria Bergler** (1850-1938) et surtout dans tout le
travail d'**Antonino Leto** (1844-1913) à qui une salle est consacrée. Ses **Case
bianche★★★** sont particulièrement émouvantes tout comme ses scènes de
la vie aux champs.

Pour le 20e s., les œuvres du Ferrarais **Giovanni Boldini** (1842-1931), le grand
peintre de l'aristocratie finissante, sont également exposées dans la suite des
collections qui laissent une part à la sculpture, notamment avec **Gli Iracondi★★**
de **Mario Rutelli** (vers 1910). L'expressif **Autoportrait★★★** et le **Nu lisant
le journal★★** de **Renato Guttuso** (1912-1987) sont des fleurons du musée.
Influencé par le mouvement pointilliste, le **Mattino d'estate★** d'**Aleardo
Terzi** (1870-1945) est d'une grande douceur contrastant avec la vision plus
symboliste de **Franz Von Stuck** avec **Il Peccato**.

★★ Museo Archeologico Regionale Salinas D4

*Piazza Olivella 24 - ℘ 091 61 16 805 - ♿ - mar.-vend. 8h30-13h30, 15h-18h30, lun.
et w.-end 8h30-13h45 (dernière entrée 30mn av. fermeture) - 4 €.*

Logé dans le couvent dell'Olivella (16e s.), le musée a été fondé au 17e s. par les
pères philippins en même temps que l'église baroque voisine, **Sant'Ignazio
all'Olivella** *(voir p. 162)*. Il abrite une riche collection de vestiges archéologiques provenant des sites siciliens, tout particulièrement de Sélinonte.

Au **rez-de-chaussée**, la visite commence par un **petit cloître★** orné d'une
fontaine hexagonale. Remarquer au fond une belle fenêtre ogivale couronnée d'une corniche. Le portique abrite une série d'ancres carthaginoises et
romaines ; d'autres sont exposées dans le grand cloître. Deux petites salles
sont consacrées à l'art phénicien, représenté par deux sarcophages anthropomorphes du 6e s. av. J.-C., une autre à des pièces égyptiennes et carthaginoises, parmi lesquelles se détache la fameuse *Pierre de Palerme*, gravée d'une
inscription en hiéroglyphes retraçant sept cents ans de l'histoire égyptienne
(trois autres pierres sont conservées au Caire et à Londres). Une inscription
carthaginoise, découverte dans les environs du port de Marsala, montre un
prêtre avec un brûle-parfum devant le dieu Tanit.

Plus loin, on visite le grand cloître, sur lequel donnent les salles consacrées
essentiellement à **Sélinonte** *(voir p. 242)*. La première présente des stèles
géminées, formées de deux bustes de divinités infernales soit en bas-relief,
soit en ronde-bosse. La salle Gabrici *(projection de vidéos au choix)* abrite le
fronton reconstitué du temple C et quelques triglyphes originaux. Dans la
salle Marconi, on peut voir des têtes de lions qui servaient de gargouilles au
temple de la Victoire à Himère. On retrouve **Sélinonte** dans la salle qui expose
de très belles **métopes★★**. Les six métopes retrouvées dans le mur fortifié
de l'acropole de Sélinonte, et datant de 575 av. J.-C., semblent indiquer qu'il
existait dans cette ville, la seule de la région où ont été découvertes de telles
décorations, une école de sculpture locale. Certaines métopes évoquent les
dieux vénérés à Sélinonte, comme la triade apollinienne (Apollon, Artémis
et leur mère Latone), Déméter et Perséphone. Les plus anciennes, bien que
de taille modeste, se trouvent à droite sous la fenêtre. Elles proviennent d'un
temple de style archaïque du 6e s. av. J.-C. Un détail représente l'enlèvement
d'Europe par Zeus transformé en taureau. Sur la gauche, admirer les trois
magnifiques métopes du temple C (6e s. av. J.-C.) avec leurs couleurs encore
visibles à quelques endroits sur les vêtements et les corps. Le relief presque
entièrement en ronde-bosse représente Persée tranchant la tête de la Gorgone
Méduse, qui tient dans ses bras Pégase, cheval ailé né de son sang *(scène*

1

centrale) ; le quadrige d'Apollon, dieu du Soleil *(à gauche)* ; Hercule capturant les Cercopes (deux frères voleurs) qu'il suspend à un bâton *(à droite)*. Ces œuvres sont la preuve d'une parfaite maîtrise de l'art de la composition.

Les quatre métopes du temple E *(mur du fond)* sont peut-être les plus belles pour leur expression, leur sens du mouvement et leur réalisme qui leur confèrent un caractère tout à fait actuel. À partir de la gauche, on reconnaît Hercule luttant contre une Amazone ; Héra et Zeus (assis, il soulève le voile de son visage) ; la métamorphose d'Actéon en cerf (on entrevoit le museau de l'animal derrière la tête d'Actéon attaqué par les chiens) ; Athéna luttant contre le Géant Encélade. Dans les quatre autres salles consacrées aux vestiges étrusques, on admirera de belles urnes funéraires ainsi que des *buccheri*, anciennes céramiques étrusques.

Au **premier étage**, parmi les **bronzes** des époques grecque, romaine et carthaginoise, remarquer **Hercule abattant un cerf**★, probable ornement central d'une fontaine, et surtout **Le Bélier**★★, œuvre hellénistique au réalisme étonnant provenant de Syracuse. Cette pièce unique datant du 3ᵉ s. av. J.-C. faisait partie, à l'origine, d'un couple qui ornait le palais des tyrans de la ville (érigé sur l'îlot d'Ortygie). Réalisé avec une précision jamais égalée, le précieux animal est aujourd'hui l'une des pièces les plus remarquables du musée. Parmi les statuettes de marbre *(salle suivante)*, le beau **Satyre versant à boire**★ est une copie romaine d'une œuvre de Praxitèle.

Le **deuxième étage** est consacré à la préhistoire, aux **céramiques grecques**★ et aux mosaïques et fresques romaines. Dans la salle des mosaïques, **Orphée parmi les animaux**★★ (3ᵉ s. apr. J.-C.) et la **mosaïque des Saisons**★ sont des chefs-d'œuvre du genre avec des représentations allégoriques et mythologiques étroitement liées au monde dionysiaque. Toutes ces pièces ont été retrouvées dans les fouilles de Palerme.

★★ Museo Internazionale delle Marionette - Pasqualino E4

Vicolo Niscemi/via Butera - ✆ 091 32 80 60 - www.museomarionettepalermo. it - 9h-13h, 14h30-18h30, dim. 10h-13h - fermé j. fériés - 5 €.

👥 Le musée renferme une très riche collection de *pupi* siciliens (voir p. 132), marionnettes, théâtre d'ombres, décors et panneaux de scène du monde entier. Les premières salles, consacrées aux marionnettes traditionnelles siciliennes, en mettent plusieurs en scène. On remarquera les traits délicats et expressifs des marionnettes de Gaspare Canino (19ᵉ s.). Les salles suivantes renseignent sur les traditions des marionnettes d'Europe (*Punch et Judy* anglais) et d'ailleurs, avec une importante collection orientale : marionnettes chinoises, indiennes, birmanes, vietnamiennes, thaïlandaises, africaines, ainsi que des « ombres » turques, indiennes et malaises (en cuir), présentées dans une pénombre qui suscite l'émotion et l'évasion vers des contrées lointaines. Dans la salle IV est présenté l'orchestre birman, le *hsaing waing*, qui, conformément à un rituel symbolique, commençait à jouer une heure avant le spectacle. La dernière salle regroupe les marionnettes conçues et préparées spécialement pour les scènes de mort violente et spectaculaire. Les murs sont garnis de panneaux de marionnettistes, pancartes illustrées utilisées autrefois par les conteurs comme supports de leurs histoires.

Le musée abrite toujours un petit théâtre, encore en activité *(représentations mar. et vend. à 17h30 d'oct. à juin - 6 €)*.

★ Palazzo Mirto E4

Via Merlo 2 - ✆ 091 61 64 751 - mar.-vend. 9h-18h, w-end. et j. fériés 9h-13h - 4 € (10 € billet combiné avec la Galerie du palais Abatellis).

LES QANAT

Les **qanat** *(voir aussi p. 63)* sont des canaux artificiels souterrains qui prélèvent l'eau des nappes et la transportent sur plusieurs kilomètres grâce à une inclinaison à peine perceptible. Imaginés en Perse au 7e-6e s. av. J.-C., ils se sont généralisés en Occident après la chute de l'Empire romain. Ceux qui réalisaient ces canaux étaient appelés les *muqanni*, les « maîtres d'eau » : ils transmettaient leur savoir de génération en génération et sacrifiaient leur brève existence à l'accomplissement de leur noble tâche. Les *qanat* actuellement visibles à Palerme datent de l'époque normande. Leur visite *(env. 2h, 10 €)* est une expérience qui sort de l'ordinaire : équipé d'une combinaison et d'un casque de spéléologie, vous vous enfoncerez quelques mètres sous terre et parcourrez des canaux étroits avec un guide du CAI. Il est conseillé de porter un maillot de bain sur lequel vous enfilerez la combinaison imperméable (mais n'espérez pas rester sec !), d'emporter avec vous de quoi vous changer ainsi qu'une serviette. *Contacter la Cooperativa Solidarietà quelques jours à l'avance -* 𝄞 *091 58 04 33 et 349 54 31 848.*

Résidence des princes Lanza Filangeri, le palais fut à plusieurs reprises réaménagé pour répondre à leurs exigences. L'aspect actuel remonte à la fin du 18e s. En entrant, on remarque une **écurie**★ du 19e s. avec ses stalles ornées de têtes de chevaux en bronze. Un grand escalier de marbre rouge permet d'accéder à l'étage noble qui a conservé son mobilier d'origine. Le **Petit Salon chinois**★ surprend, avec son sol en cuir, son plafond en trompe-l'œil et ses murs tapissés de soie peinte figurant des scènes de vie quotidienne. C'était un petit fumoir prévu aussi pour les jeux de cartes. Exposé dans l'antichambre un beau service d'assiettes du 19e s. de la manufacture de Capodimonte, figurant des personnages costumés. À l'occasion des bals masqués, il servait, semble-t-il, à désigner la place de chaque convive en fonction du costume représenté. L'antichambre précède un autre **fumoir**★ aux murs revêtus de cuir repoussé et peint, matériau très répandu à l'époque car la fumée ne l'imprégnait pas. Le **salon Pompadour**★ frappe par le luxe des murs tapissés de soie et de broderies florales. Le sol en mosaïques est le seul qui se soit conservé. L'endroit le plus luxueux demeure le **salon du Baldaquin**★, pièce majestueuse au centre de laquelle trône un baldaquin drapé de précieux tissus brodés. Les murs sont recouverts de tapisseries ; un piano Pleyel, propriété des derniers Filangeri, est encore employé pour des concerts occasionnels. Ce salon donne accès à une **terrasse** décorée d'une fontaine en rocaille flanquée de deux cages à oiseaux peintes en trompe-l'œil. La salle à manger présente un beau service en porcelaine de Meissen du 18e s. à motifs de fleurs et d'oiseaux.

DANS LA VILLE NOUVELLE

★★ **Villa Malfitano** Plan I A2

Via Dante 167 - 𝄞 *091 68 20 522 - www.fondazionewhitaker.it - visite guidée (30mn) tlj sf dim. 9h-13h - fermé j. fériés - 6 €.*

Noyée dans un très beau **jardin**★★, cette villa Liberty fut construite à partir de 1886 par Giuseppe Whitaker, neveu de l'entrepreneur anglais **Ingham**. Établi en Sicile en 1806, ce dernier créa un véritable empire commercial, avec la fondation de l'une des trois plus grandes entreprises de production de marsala et d'une grande compagnie de bateaux à vapeur. Giuseppe, lui, s'intéressa à l'ornithologie et à l'archéologie. Multipliant les périples en Tunisie, il étudia les oiseaux, sur lesquels il rédigea un traité, puis commença une véritable campagne de fouilles archéologiques sur l'île de Mozia *(voir p. 231)*, dont il devint propriétaire. Passionné également de botanique, il fit venir des espèces rares et exotiques de toutes les régions : palmiers, dragonnier *(Dracæna cinnabari)*, l'unique exemplaire en Europe d'araucaria Rouler, et un immense *Ficus magnolioides*. La villa devint bientôt la référence en matière de style de vie pour la riche classe bourgeoise de l'époque et fut souvent le théâtre de fêtes et de réceptions en l'honneur de personnages importants, comme les rois d'Angleterre et d'Italie. Édifiée sur le modèle de la villa Favard de Florence, elle fut enrichie de vérandas en fer forgé qui répondaient à l'engouement naissant pour le style Liberty. Celle qui donne sur l'arrière de la maison est vraiment de toute beauté.

L'intérieur, très soigné, a conservé quelques pièces de mobilier et surtout sa décoration. On peut y voir de nombreux bibelots orientaux (souvent achetés dans les plus célèbres ventes aux enchères anglaises), comme par exemple le couple d'éléphants en émail cloisonné provenant du palais royal de Pékin, ou celui formé par de grands oiseaux aquatiques posés sur le dos d'une tortue, symbole des quatre éléments (les oiseaux représentent l'air, les tortues l'eau, le serpent que l'un des oiseaux tient dans le bec mais qui s'enroule autour de son cou est la terre, et la lanterne qui sert de lampe le feu). La décoration intérieure est l'œuvre des plus habiles artisans de la région (le mobilier de la salle à manger est palermitain, à l'exception de la table, anglaise) ou des plus célèbres artistes locaux de l'époque. Il ne faut pas manquer *Safari en Tunisie* de Lojacono *(dans le couloir)* et le portrait au pastel des filles de Giuseppe, par Ettore De Maria Bergler, accroché dans le magnifique escalier en spirale au décor de style pompéien (comme les plafonds des couloirs). Mais le véritable joyau de la villa est le **salon d'été**, dont les murs et le plafond décorés en trompe-l'œil donnent au visiteur la sensation d'être dans une fraîche véranda noyée sous la végétation.

★★ Orto botanico Plan II E-F5

Via Lincoln 2 - ℘ 091 23 89 12 36 - www.ortobotanico.unipa.it - juin-août : 9h-20h ; mai et sept. : 9h-19h ; oct. et avr. : 9h-18h ; nov.-mars 9h-17h - fermé j. fériés nationaux - 5 €.

👤👥 Ce splendide jardin botanique se trouve encore à l'endroit où il a été créé en 1789. Il a été dessiné par Dufourny, architecte français, de même que les bâtiments destinés à l'étude et l'expérimentation. On peut y découvrir des spécimens de toutes sortes d'espèces, dont des plantes orientales et exotiques à l'aspect majestueux, comme le *Dendrocalamus giganteus*, une sorte de bambou gigantesque, et le fameux **Ficus magnolioides★★**, l'espèce la plus répandue dans le jardin. Remarquer les **fromagers★**, bombacées d'Amérique du Sud importés à Palerme à la fin du 19e s. Tout en eux étonne et surprend : leur tronc enflé, couvert d'épines, et leurs immenses fleurs d'un rose intense, donnant naissance à des fruits qui, arrivés à maturité, s'ouvrent et laissent échapper des graines au duvet très épais (le kapok), autrefois utilisé comme rembourrage. Juste devant la **serre « Maria Carolina »**, un vénérable et rare **Arbre à savon★** *(Sapindus mukorossi)* vieux de 250 ans trône près d'une allée d'**agapanthes**. On trouve dans la serre de la fausse cannelle, un caféier et un beau mimosa. Le **papyrus**, les **néfliers**, le **ginko biloba** ainsi que tous les **agrumes** sont également représentés. Enfin ne manquez pas **le bassin★★** avec ses **nymphéas** de toutes les couleurs et ses énormes haies de **bambous**. Après les **cactus** que l'on peut voir en serre, ne pas oublier les énormes « **barils d'or** », appelés aussi avec humour « coussins de belle-mère » *(à l'entrée)*.

LES PARCS DE PALERME

À l'époque arabo-normande, la ville était entourée d'immenses parcs et d'espaces verts, dont, à l'ouest de la ville, le *Genoard*, dit « le paradis sur terre ». Les souverains l'avaient choisi pour y construire des *sollatii*, palais des délices, au sens oriental du terme. Enfouis dans une végétation luxuriante et exotique, dans un dédale abritant vasques poissonneuses, fontaines et cours d'eau, dotés de petites réserves d'animaux sauvages importés de terres lointaines, ils étaient à la fois lieux de repos et de divertissement. C'est ainsi que virent le jour la **Zisa,** le **castello dello Scibene**, très remanié et visible du viale Tasca Lanza *(de la via Pitrè, qui prolonge la via Cappuccini, tourner à droite après avoir passé le viale Regione Siciliana)*, la **Cuba Sottana**, la **Cuba Soprana**, faisant partie de la villa Napoli (on peut à peine en distinguer quelques arcades, *entrée par le corso Calatafimi au n° 575*) et dans le jardin de cette dernière, la **Cubola**, petit pavillon carré surmonté d'une coupole rose en « bonnet d'eunuque » *(on y arrive par la via Zancla, qui se trouve sur la gauche, en allant vers le centre, du corso Calatafimi, un peu après le viale Regione Siciliana)*. Cette passion pour les espaces verts s'est perpétuée jusqu'à nos jours, et l'on peut découvrir à travers la ville de véritables havres de paix et coins de paradis : le jardin exotique de San Giovanni degli Eremiti, la villa Bonanno, la villa Giulia, le jardin botanique, la villa Malfitano, la villa Trabia, le **jardin Garibaldi** sur la piazza Marina, et le très beau **Giardino Inglese** *(viale della Libertà)*, remarquablement entretenu, avec ses palmiers, ses plantes grasses, ses pins maritimes et ses *Ficus magnolioides*.

Villa Giulia Plan II F5

Via Lincoln 12.

Dessiné à la fin du 18ᵉ s., ce vaste jardin est décoré d'une belle fontaine d'Ignazio Marabitti (1780) entourée par quatre exèdres. Le même sculpteur a réalisé la fontaine surmontée du Génie de Palerme que l'on peut voir en allant vers le jardin botanique voisin.

Albero di Falcone Plan I B1

Via Notarbartolo 23 (qui donne sur le viale della Libertà après le Giardino Inglese), sur la droite en allant vers le bd périphérique.

Juste devant l'habitation de **Giovanni Falcone**, tué par la Mafia en 1992, on peut voir un arbre à l'aspect singulier. En effet, depuis la mort du juge, cet arbre (devant lequel se trouve la guérite de l'escorte) porte toutes sortes de messages, photos et autres petits objets, qui en ont fait un véritable lieu de culte. Autant de marques d'estime et d'affection envers Falcone et Borsellino.

Museo della Fondazione Mormino - Villa Zito Plan I B2

Viale della Libertà 52 - ☎ 091 77 927 24 - www.fondazionebancodisicilia.it - fermé pour travaux. Les collections sont transférées temporairement au Palazzo Branciforte - Via Bara all'Olivella 2 - ☎ 091 88 87 767 (voir p. 158).

Installé au 1ᵉʳ étage de la Banque de Sicile (villa Zito), le musée rassemble les œuvres, objets et pièces archéologiques recueillis chaque année par la banque. La première partie est consacrée au produit des fouilles de Sélinonte, d'Himère, de Solonte et de Terravecchia di Cuti, petite localité de l'intérieur où l'on a découvert un village des 6ᵉ-5ᵉ s. av. J.-C. La deuxième section rassemble des majoliques de Sicile et du reste de l'Italie (avec quelques objets turcs et chinois). La troisième partie est consacrée à une riche collection de monnaies du 13ᵉ au 19ᵉ s., complétée sur les murs par de belles estampes siciliennes, en particulier la n° 936, du 16ᵉ s., qui représente l'ancienne Palerme avec ses murailles ; remarquer en haut le palais royal avec, sur la gauche, San Giovanni degli Eremiti, et la rue perpendiculaire, l'actuelle via Vittorio Emanuele, qui court jusqu'à la Cala, autrefois fermée par le Castello a Mare, à gauche. Au centre de la ville se dresse la Martorana.

Une collection philatélique avec des timbres du royaume des Deux-Siciles est présentée au rez-de-chaussée.

Villa Trabia Plan I B2

Via Salinas (prendre la via Latini, puis la via Cusmano qui la prolonge jusqu'à la piazza D. Siculo, d'où part la via Salinas).

Au centre d'un beau parc du même nom s'élève la villa du 18ᵉ s. qu'acheta au siècle suivant Giuseppe Lanza Branciforti, prince de Trabia et de Butera. Son aspect actuel résulte de nombreuses modifications à la fin du siècle dernier, mais elle a conservé son escalier monumental à l'entrée. Elle abrite aujourd'hui des services municipaux.

AU-DELÀ DES PORTES Plan I

★★ Catacombe dei Cappuccini (catacombes des Capucins) A2

Via Cappuccini - ✆ 091 65 24 156 - tlj 9h-13h, 15h-18h (dernière entrée 15mn avant) - 3 € - visite déconseillée aux enfants ainsi qu'aux personnes sensibles.

Lieu de fascination macabre, les catacombes sont un labyrinthe de corridors où sont exposées des milliers de momies vêtues de pied en cap, aux expressions grimaçantes, aux postures contorsionnées. Elles sont suspendues au mur (pendues presque, puisqu'elles sont attachées par le cou) à l'intérieur de niches, couchées ou adossées aux parois. La grille qui les protège accroît leur aspect sinistre et impressionnera d'autant plus le visiteur. On recense environ huit mille momies de frères capucins (les plus anciennes remontant à la fin du 16ᵉ s.), mais aussi celles de Palermitains illustres ou puissants, enfants, ou jeunes filles, répartis par « catégories » sociales. L'état de conservation des corps, particulièrement favorisé par le processus de dessiccation, est impressionnant. On peut voir la momie d'une fillette de deux ans décédée en 1920. Une série d'injections chimiques (le médecin qui les a pratiquées est mort sans en révéler la nature) ont permis de la conserver comme si elle était simplement endormie.

Dans le cimetière attenant au complexe des capucins repose l'écrivain **Giuseppe Tomasi di Lampedusa**, mort en 1957 *(3ᵉ allée à gauche).*

★ La Cuba A2

Corso Calatafimi 100 - ✆ 091 59 02 99- ♿ - été : tlj sf lun. 9h-18h30, dim. et j. fériés 9h-13h - 2 €.

Englobée dans une caserne, la Cuba Sottana était entourée très probablement d'un grand lac artificiel appelé *la Pescheria* (pêcherie). Une maquette reconstituant l'aspect supposé des lieux est exposée dans l'ancienne écurie, à l'entrée sur la droite. Sur le mur, on aperçoit également le moulage de l'inscription coufique qui couronnait l'édifice et permet d'établir avec certitude la date de sa construction, 1180, à la demande de Guillaume II.

L'édifice, très beau dans la simplicité de son décor, comprend une série d'arcs en ogives allongées de différentes dimensions entre lesquels s'inscrivent d'autres ouvertures. Sur un plan rectangulaire enrichi de quatre petits avant-corps édifiés au milieu de chacun des côtés, la Cuba se répartissait, à l'intérieur, en trois espaces (le premier, qui est le dernier dans le sens de la visite, possédait

La Zisa (de l'arabe « El Aziz » la splendide, la noble).
G. Bludzin / MICHELIN

aussi deux pièces de service). Dans l'espace central, on distingue encore la forme de la vasque en étoile à huit pointes par laquelle l'eau passait afin de parvenir sans le moindre remous ni la moindre ride dans la *pescheria*, miroir lisse qui reflétait bâtiments et jardins.

★ La Zisa - Museo d'Arte Islamica A2

Piazza Guglielmo il Buono - ℘ 091 65 20 269 - ♿ - mars-oct. : mar.-dim. 9h-18h30, lun. 9h-13h (dernière entrée 30mn av. fermeture) - 6 € (possibilité de billet combiné avec le cloître de Monreale, la galerie du Palazzo Abatellis, San Giovanni degli Eremiti, Palazzo d'Aumale à Terrasini 24 €, valable 5 j.).

Ce palais au charme incomparable dont il ne reste qu'un édifice nu fut commencé en style arabe sous Guillaume de Hauteville et complété par son fils Guillaume II, entre 1166 et 1175. Laissé un temps à l'abandon, il fut transformé en forteresse au 14e s., puis servit au 16e s. de dépôt d'objets contaminés par la peste, et enfin devint, avec beaucoup de transformations, un palais patricien, jusqu'aux récents travaux de restauration qui ont permis de lui redonner son aspect d'origine.

Au rez-de-chaussée, l'attention est immédiatement attirée par la **salle des fontaines**, ouverte sur le devant. De plan cruciforme, elle doit son nom à la présence de deux petites vasques carrées alimentées au centre par un jet d'eau. La partie supérieure des murs est décorée d'une frise en mosaïques, animée de paons et d'archers. Les pièces intérieures présentent la particularité d'être pourvues d'un système de refroidissement de l'air au moyen d'ouvertures pratiquées entre elles et assurant une ventilation. Des *mouqarnas*, voûtes à alvéoles et stalactites en pierre typiques de l'art arabe, surplombent les niches et les fenêtres. Le palais abrite une collection d'objets provenant pour la plupart d'Égypte (période mamelouk et ottomane), mais aussi de pays du bassin méditerranéen. On admirera en particulier les **moucharabiehs**, sorte de paravents en bois découpé et ajouré qu'on plaçait devant portes et fenêtres pour protéger de la chaleur et de la lumière (15e s.).

Albergo delle Povere A2

Corso Calatafimi, 217 - visite possible lors des conférences ou des expositions.

Créé pour les pauvres de la ville à la fin du 18e s., cet hospice fut réservé à partir du 19e s. uniquement aux femmes, qui y créèrent un atelier de tissage. Il abrite actuellement des expositions temporaires et des conférences. Il possède, de chaque côté, deux beaux **cloîtres** donnant sur une cour commune, dominée par l'église de la Ste-Trinité. Le pavillon de gauche, destiné de nos jours encore à l'Opera Pia, l'assistance aux pauvres, abrite également le centre des carabiniers pour la garde du patrimoine artistique de la Sicile, les salles d'exposition, ainsi qu'une salle de conférences de grande capacité (350 personnes). De l'autre côté de la rue coule une **fontaine** du 17e s.

Ponte dell'Ammiraglio

Corso dei Mille.

Datant de l'époque médiévale, le pont a été construit en 1113 au-dessus de l'Oreto par Georges d'Antioche, amiral de Roger II. L'Oreto a été dévié depuis.

★ San Giovanni dei Lebbrosi B2

Via Cappello 38 (sur la gauche du corso dei Mille, après Ponte dell'Ammiraglio).

C'est probablement la plus ancienne église normande. La petite coupole rosée caractéristique qui couronne le portique-campanile laisse supposer qu'elle a été fondée en 1070 (d'autres soutiennent que c'était un siècle plus tard).

Santo Spirito (Chiesa dei Vespri) B2

À l'intérieur du cimetière de Sant'Orsola, sur la place du même nom (depuis la petite piazza Montalto, prendre la via Colomba et tourner à droite dans la via dei Vespri) - ☏ 091 42 26 91 - 8h-12h.

Construite en 1178 sous le règne de Roger II, l'église du Saint-Esprit ou des Vêpres est devenue célèbre le 31 mars 1282 *(voir encadré ci-dessous)* quand éclata la révolte qui marqua le début de la guerre des Vêpres, au terme de laquelle les Siciliens chassèrent les Français.

La façade à saillants est malheureusement incomplète. Sur les côtés et dans les absides, on remarque des arcs entrecroisés bicolores, typiques de l'art normand. L'intérieur, simple et dépouillé (des travaux de restauration à la fin du 19e s. avaient prévu de rétablir son aspect originel en éliminant le lourd appareil ajouté à l'époque baroque), comprend trois nefs, séparées par des arcs en ogives reposant sur des piliers cylindriques. Dans le fond, trois absides, conformément à la tradition normande et, au-dessus de l'autel, un Christ du 16e s. peint sur un panneau de bois.

LES VÊPRES SICILIENNES

Charles d'Anjou arrive à Palerme en 1266 grâce au soutien du pape. Les Français sont mal vus de la population, qui les surnomme « baragouineurs », à cause de leur difficulté à prononcer correctement l'italien. Le lundi de Pâques 1282, devant l'église Santo Spirito, à l'heure précise où les cloches sonnent les vêpres, un soldat français insulte une Sicilienne. Furieux, les passants s'en mêlent, la situation dégénère, et, avec l'appui de la noblesse locale, la rixe se transforme en une rébellion qui enflamme toute la Sicile. On massacre tous les Français qui ne réussissent pas à prononcer correctement le mot *Cicero*, et on chasse les autres. Pierre d'Aragon, époux de Constance de Hohenstaufen, fille de Manfred, est alors appelé à gouverner.

Santuario di Santa Maria di Gesù hors plan (par B2 en dir.)

Suivre le viale della Regione Siciliana jusqu'à la hauteur de la via Oreto (qui prolonge la via Maqueda au sud) et tourner à droite dans la via Santa Maria di Gesù (repérable à l'enseigne verte d'un magasin de chaussures, à l'angle) - 9h-12h30.
Élevé en 1426 sur les pentes du mont Grifone, le sanctuaire Ste-Marie-de-Jésus est une oasis de paix et de fraîcheur. L'accès se fait par le cimetière voisin, lieu de sépulture traditionnel des familles nobles. Le parvis de l'église est entouré de belles tombes patriciennes de la fin du 19e s. et du début de notre siècle, comme la chapelle Liberty des princes Lanza di Scalea. Le portail principal possède une architrave et des montants de marbre, ornés de fins bas-reliefs représentant Jésus parmi les anges et les apôtres. Le portail de gauche, de style gothique, est enrichi de beaux chapiteaux sculptés à motifs de plantes. À l'**intérieur**, ponctué de deux arcades en ogives, on peut voir une superbe **statue de bois de la Vierge★** (1470). On admire aussi sous le porche de l'église un étonnant **plafond** de bois à caissons, peint de motifs floraux et d'anges (début du 16e s.), et au-dessus, dans la loge, le fameux orgue Degno, avec son estrade en bois caractéristique, décorée de scènes de la vie de saint François vivement colorées (1932).

★ **Parco della Favorita** A1

3 km de Palerme au nord. Suivre le viale della Libertà jusqu'à la piazza Vitt. Veneto. Tourner à droite pour arriver sur la piazza dei Leoni : c'est de là que part le viale del Fante qui longe tout le parc pour finalement arriver au petit palais chinois.
Cet immense espace vert au pied du mont Pellegrino a été créé en 1799 grâce aux nobles palermitains qui donnèrent une partie de leurs terres à Ferdinand III de Bourbon, chassé de Naples par les troupes napoléoniennes (où il régnait alors sous le nom de Ferdinand IV). Le roi y fit aussi construire un amusant petit palais chinois, la **Palazzina Cinese**, résidence à l'architecture curieuse et aux décors exotiques dessinée par Marvuglia. Un charmant édifice annexe, aux mêmes formes étonnantes, était destiné au logement des domestiques. La cour ouvre sur les cuisines, reliées au palais par un passage souterrain. Aujourd'hui, le bâtiment abrite le musée ethnographique Pitré.

Museo Etnografico Pitré – *Transféré temporairement au Palazzo Tarallo - via delle Pergole 74 - ✆ 091 616 6621 - seule la bibliothèque est ouverte à la visite.*
Le musée invite à découvrir le monde paysan d'autrefois par le truchement d'objets illustrant les us et coutumes de la Sicile : modèles d'habitation, outils et ustensiles (cruches en corne incisée, gourdes creusées dans des courges), modestes céramiques, tissus (broderies, habits de fête) et meubles (très bel accoudoir du 17e s. en fer forgé). Les collections comprennent de magnifiques charrettes siciliennes, décorées de panneaux peints, d'incrustations et de ferronneries, deux voitures de conseillers du 17e s., des jouets d'enfants, des objets de magie et de croyance populaire, ainsi qu'une incroyable série d'ex-voto artisanaux témoignant d'une ardente foi populaire. La **bibliothèque** (*ouv. seulement le matin*) abrite de très nombreux documents sur les traditions populaires, ne concernant pas uniquement la Sicile.

★ **Villa Niscemi** A1

Piazza Niscemi, au bout du viale del Fante - ✆ 091 74 04 822 - tlj sf dim. 9h-18h30, 9h-13h - gratuit.
À côté de la Favorita s'étend le parc de cette belle maison de campagne qui appartenait autrefois aux princes Valguarnera di Niscemi. En 1987, elle a été achetée par la ville de Palerme qui y a établi ses services. L'intérieur est une suite de salons décorés de fresques et garnis de meubles du 18e s. L'un

des plus beaux est le salon des Quatre Saisons avec la fresque représentant Charlemagne qui fait don des armoiries aux Valguarnera.

À proximité Carte de micorégion

MONTE PELLEGRINO C1 et Plan I B1

▶ *14 km au nord de Palerme. Depuis le viale della Libertà, tourner à droite dans la via Imperatore Federico et poursuivre ensuite par la via Bonanno.*

La route entrecroise un large chemin dallé du 17e s., beaucoup plus raide, utilisable pour la montée à pied. Le **panorama★★★** sur Palerme et la Conca d'Oro est splendide. On apercevra sur la gauche le **Castello Utveggio**, massif château de couleur rose visible déjà de la ville. La route débouche devant le **sanctuaire de Ste-Rosalie** (17e s.) aménagé dans la grotte où, dit la légende, la sainte aurait vécu. On dit aussi qu'en 1624 on y aurait retrouvé ses ossements, qui, portés en procession à travers la ville, auraient libéré la population de la peste. Cet événement fit de Rosalie la sainte patronne de Palerme. Les murs de la grotte sont tapissés de gouttières en zinc pour recueillir l'eau suintant des parois de la roche, considérée comme miraculeuse.

Poursuivre la montée par la route jusqu'au belvédère où se dresse la statue de la sainte, et d'où l'on bénéficie d'une **vue★** magnifique sur la mer.

★ MONDELLO C1 et Plan I A1

▶ *11 km au nord-ouest de Palerme, après le port, sortir de la ville en longeant la mer.*

La route qui mène à cet élégant lieu de villégiature doté de belles **plages** ▲▮ est dominée par les pentes du mont Pellegrino et, depuis Palerme, longe les plages de l'**Arenella**, **Vergine Maria** puis celle de l'**Addaura**. À l'origine, Mondello n'était qu'un petit bourg. « Découvert » au début du siècle par la classe aisée de la cité comme endroit rêvé pour les courtes périodes de vacances, Mondello vit alors surgir de riches villas, dont certaines existent encore sur la côte, le long du viale Principe di Scalea (la villa Margherita au n° 36), dans la via Margherita di Savoia (surtout au début de la rue), et plus en retrait, comme par exemple au n° 7 de la via Cà da Mosto (villino Lentini). En bord de mer se dresse le **Kursaal**, un bel établissement balnéaire du début du siècle qui fonctionne encore (il abrite aussi un restaurant et autres activités, *voir Nos adresses p. 183*).

Si vous voulez poursuivre la découverte du littoral, après le phare du **Capo Gallo** qui ferme le golfe (*accès par une route privée payante*), rejoignez le bourg de **Tommaso Natale**, puis **Sferracavallo**, charmant petit port de pêche. À 300 m de la côte, l'**Isola delle Femmine** abrite une modeste réserve naturelle pour les oiseaux. Après les plages de **Capaci** et **Punta Raisi** (qui possède une ancienne *tonnara*), **Terrasini** bénéficie de jolis bancs de sable dominés par une impressionnante paroi rocheuse rouge.

BAGHERIA C1

▶ *Environ 15 km à l'est de Palerme par la A 19 (sortie Bagheria), la S 113 ou par le train (la gare est proche de la Villa Cattolica). Le moyen le plus simple de se rendre aux villas décrites ci-dessous est d'entrer en ville par la S 113, puis de remonter tout le corso Butera pour finalement emprunter le corso Umberto.*

Non loin de Palerme, la ville de Bagheria accueille de splendides villas baroques, plus d'une vingtaine au total, malheureusement peu entretenues. Mais celles que l'on peut visiter valent le détour pour se faire une idée des fastes de l'aristocratie palermitaine, qui, aux 17ᵉ et 18ᵉ s., trouva à Bagheria l'endroit idéal où édifier ces somptueuses résidences estivales. Outre ses villas célèbres, Bagheria est aussi connue pour être la ville natale de plusieurs artistes de renom, parmi lesquels le peintre Renato Guttuso, le poète Ignazio Butitta et le metteur en scène Giuseppe Tornatore, qui évoque dans son fameux *Cinéma Paradiso* son enfance dans cette ville.

★ Villa Palagonìa

L'entrée se situe à l'arrière, mais la façade de la villa donne sur la petite place Garibaldi, au bout du corso Umberto I, l'artère principale de la ville - ℘ 091 93 20 88 - www.villapalagonia.it - avr.-oct. : 9h-13h, 16h-19h ; nov.-mars : 9h-13h, 15h30-17h30 - 5 €.

C'est la plus célèbre des villas baroques, dont les bizarreries décoratives et architecturales horrifièrent Goethe. Construite en 1715, elle doit sa particularité à sa façade principale concave, arrondie comme pour accueillir les visiteurs, et à sa façade arrière convexe. C'est le prince Gravina qui la fit construire, mais c'est son neveu, Ferdinando Gravina Alliata, qui eut l'idée d'y ajouter les **sculptures★** exubérantes qui couronnent le mur d'enceinte précédant la façade principale. Cette soixantaine de statues en tuf, sans finesse, souvent monstrueuses, confèrent à la villa une allure ésotérique et surréaliste. Cet étrange ballet de personnages mythiques, dames, chevaliers, musiciens, soldats, dragons, bêtes difformes et menaçantes, est curieusement orienté vers l'intérieur de la villa, et non, comme le voudrait l'usage, vers l'extérieur pour éloigner les esprits malins.

Ce détail seul permet d'imaginer l'esprit provocateur de celui qui a organisé ce décor, toujours prêt à étonner ou à effrayer ses hôtes. L'intérieur est aussi étrange que l'extérieur. Dès l'entrée, des fresques en trompe-l'œil illustrant quatre des douze travaux d'Hercule accueillent le visiteur dans le beau salon ovale. La salle des Glaces, au plafond entièrement tapissé d'éclats de miroirs aux inclinaisons différentes, joue avec l'image du visiteur, la multipliant à l'infini ou la faisant disparaître tour à tour (les effets ne sont malheureusement presque plus visibles aujourd'hui). Tout en hauteur, sur une balustrade également en trompe-l'œil, des animaux et des oiseaux se reflètent dans les miroirs du plafond pour donner l'illusion d'un ciel ouvert. Autre effet optique sur les murs : des papiers peints imitant le marbre, placés sous verre, alternent avec de vrais marbres, de sorte qu'à un mètre de distance on ne peut distinguer les vrais des faux.

Villa Butera

Elle ferme l'extrémité sud du corso Butera.

Édifiée au cours de la seconde moitié du 17ᵉ s. par le prince Branciforti di Raccuia, la résidence a conservé, en dépit de son délabrement, un imposant portail en tuf de style espagnol : drapé à nœuds, orné de sculptures de fruits et de fleurs, portant une inscription en espagnol. Le portail, qui donne accès à l'étage noble, est visible sur la façade est de la villa, en la contournant par la gauche.

Villa Cattolica - Museo Guttuso

Via Rammacca 9 (S 113), depuis l'autoroute, traverser Bagheria en suivant les indications pour Aspra - ℘ 091 94 39 02 - www.museoguttuso.it - ⑤ - tlj sf lun. 9h30-14h, 15h-19h - fermé j. fériés - 5 €.

Cette construction massive de forme quadrangulaire élevée en 1736 par Giuseppe Bonanni Filangeri, prince de Cattolica, est le siège de la **galerie** municipale d'Art moderne et contemporain Renato Guttuso. Elle renferme des œuvres du peintre et de ses amis artistes. Les pièces maîtresses furent offertes par **Renato Guttuso** lui-même à sa ville natale en 1973. Le jardin abrite la **chambre du Scirocco** *(voir p. 153)* et la **tombe** du peintre réalisée par son ami Giacomo Manzù.

★ **ROVINE DI SOLUNTO** (Ruines de Solonte) C1

▶ *En partant de Bagheria, traverser le passage à niveau proche de la gare, prendre la route n° 113 et se diriger vers Porticello. De là, tourner à gauche sur une petite route, en direction de la colline - ☎ 091 94 39 02 - tlj sf lun. 9h-18h30, dim. et j. fériés 9h-13h - 2 €.*

Solonte, une des trois cités puniques avec Mozia et Palerme, occupe un très beau site sur les pentes du promontoire que forme le mont Catalfano, d'où l'on domine la mer et le cap Zafferano. Mais le splendide **site naturel**★★ sur lequel se trouvent les ruines de Solonte présente un inconvénient majeur : les montées qu'il faut affronter durant la visite ! Il est par conséquent plus judicieux d'y aller durant les heures les plus fraîches de la journée.

Le site – Fondé au 4ᵉ s. av. J.-C. par les Carthaginois, peut-être sur les vestiges (ou à proximité) d'une ville phénicienne, il passe sous la domination romaine environ un siècle plus tard. Son nom a deux origines : l'une, légendaire, l'associe à l'être maléfique Solunto, vaincu sur ces lieux par **Hercule** ; l'autre, plus réaliste, le rattache au carthaginois, *selaim*, signifiant rocher.

Le plan de la ville suit le modèle hippodaméen, de l'urbaniste Hippodamos de Milet : les rues, comprenant un axe principal, le *decumanus*, et des rues secondaires, les *ines*, se coupent à angle droit, formant d'étroits îlots où des passages sont pratiqués pour l'écoulement des eaux. Le terrain, très escarpé, a dû être nivelé, et a rendu nécessaire la construction en hauteur des habitations. Si aujourd'hui les étages supérieurs n'existent plus, on peut encore voir les escaliers qui y menaient.

Pour accéder aux ruines, traverser l'antiquarium où sont conservées les pièces archéologiques trouvées sur le site, dont un fragment de fresque représentant un masque tragique.

Les thermes – On distingue le soubassement du dallage où circulait l'air chaud servant à réchauffer les différentes salles, ainsi qu'une petite pièce avec un pavement en mosaïques qui servait de vasque.

Via dell'Agorà – C'était le *decumanus* majeur. Son pavage est singulièrement constitué en partie de pierres, pour partie de briques en terre cuite. Il traverse la cité du sud-ouest au nord-est, jusqu'au forum, désigné ici par le grec *agora*.

Ginnasio – C'est l'appellation donnée communément à la maison patricienne, qui comprenait un atrium à péristyle dont il reste encore trois colonnes doriques et l'entablement constitué d'une architrave, d'une frise à métopes et triglyphes ainsi que d'une corniche. On voit au fond l'escalier qui conduisait à l'étage supérieur.

Via Hippodamos de Mileto – Tout en bas de cet ancien *cardo* (rue secondaire), on jouit d'un magnifique **panorama**★★ sur la baie de Palerme et le mont Pellegrino.

Casa di Leda – Cette grande maison patricienne doit son nom à une fresque qui représente Léda et le cygne. La demeure s'organise autour d'un péristyle (dont il reste encore un fût de colonne d'angle, les autres colonnes indiquant des logements) au centre duquel un *impluvium* (belle corniche à volutes blanches et noires) est directement relié à une citerne de forme ovale, qui le

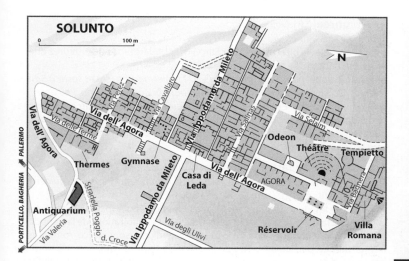

précède à un niveau inférieur. Dans l'une des pièces donnant sur le péristyle, probablement le triclinium (salle à manger), on peut encore voir des murs peints à fresque, de style pompéien. Les escaliers sur les côtés donnent accès à l'étage supérieur.

Agorà – Sur cette place où se tiennent de nombreux édifices publics étaient regroupées les boutiques *(au fond)*. Sur le côté est se trouvait une énorme **citerne publique**. On peut encore y distinguer les bases des vingt-six piliers qui en soutenaient la voûte.

Teatro – *La forme de ce théâtre presque entièrement en ruine n'est perceptible que d'en haut.* Comme pour le théâtre de Ségeste, ses gradins ont été taillés en partie à même la roche. Il date de l'époque hellénistique, mais a été remanié à l'époque romaine (l'orchestre est semi-circulaire). À l'est, l'édifice circulaire était probablement un **petit temple** où les initiés au culte des dieux laissaient libre cours à leurs visions.

Odeon – On distingue bien l'orchestre et certains gradins de la *cavea* de ce petit théâtre destiné aux concerts.

Villa romaine – C'était une vaste demeure à deux étages, avec péristyle. On voit encore l'escalier qui conduisait à l'étage supérieur.

De là, un beau panorama se développe sur le cap Zafferano et le hameau de **Sant'Elia**, avec à droite, sur une pointe, les vestiges du **château médiéval de Solunto**.

Circuit conseillé Carte de microrégion

L'ARRIÈRE-PAYS PALERMITAIN

▶ *Circuit de 120 km tracé sur la carte p. 136. Compter une journée.*
Une journée entre archéologie, art et nature dans un paysage verdoyant, parfois presque alpin et avec des vues splendides sur le golfe dans la première partie du circuit.
Sur le viale Regione Siciliana, sortir à Calatafimi-Monreale et prendre la S 186 pour Monreale (8 km).

★★★ **Monreale** B1 *(voir p. 195)*
Reprendre la S 186.
Après Pioppo et la bifurcation pour San Giuseppe Jato, vous découvrirez une
vue★ enchanteresse sur Palerme et la mer.
*Après Giacalone, prendre à gauche la S 624 (Palerme-Sciacca) et sortir à San
Cipirello (25 km) ; prendre ensuite la route pour Corleone-Tagliavia. Peu après,
suivre sur la gauche les panneaux jaunes indiquant les fouilles du mont Jato
(scavi del monte Jato). Monter pendant 5 km (la route goudronnée au début,
puis empierrée, est par endroits en mauvais état). Le dernier tronçon, très court,
sera parcouru à pied.*

Scavi del monte Jato (Fouilles du mont Jato) B2

*Du lever au coucher du soleil - j. fériés jusqu'à 12h - gratuit - pour les visites guidées,
renseignements à la Pro Loco, ℘ 091 85 73 083.*
Habitée par les Élymes (ou par les Sicanes) dès le premier millénaire av. J.-C.,
Iaitas est au faîte de sa splendeur au 3e s. av. J.-C. Les habitations de la période
souabe se sont superposées un peu partout aux maisons gréco-romaines
(remarquer en particulier celles de la *cavea* du théâtre), qui, dans de nombreux cas, disparaissaient au fur et à mesure que les matériaux les plus solides
étaient réemployés pour d'autres constructions. L'**agora** (300 av. J.-C.) présente
sur le côté ouest un portique et est flanquée d'un **bouleutérion**, ou salle du
Conseil, qui pouvait recevoir jusqu'à 200 personnes. L'orateur, pour s'adresser
à l'assemblée, se plaçait entre les deux portes d'entrée qui sont encore bien
visibles. En continuant vers l'ouest, on arrive au **théâtre** (fin du 4e s.-début
du 3e s. av. J.-C.) qui comptait trente-cinq gradins dont les trois inférieurs
(le premier étant pourvu de dossiers) étaient destinés aux personnalités, et
qui pouvait contenir environ 4 400 spectateurs.
La **maison à péristyle** s'élevait sur deux étages et était construite autour
d'une cour. Les trois salles de réception, bien visibles sur le côté nord, ont des
portes décentrées, sans doute pour faciliter la disposition des couches des
convives. C'était probablement des salles de banquet. L'une d'elles a conservé
un pavement en *opus signinum*, portant une inscription de vœux adressés aux
hôtes lorsqu'ils quittaient la maison à la fin du banquet. À l'angle nord-ouest
du péristyle se trouve une salle de bains avec sa vasque (la petite canalisation
pour l'écoulement des eaux est encore visible), suivie d'un local de service où
l'on peut voir les traces du foyer qui servait au chauffage de l'eau.
Le **temple d'Aphrodite** *(face à la maison, sur le côté sud, un peu au-delà de la
route pavée),* construit autour de 550 av. J.-C., témoigne, grâce à des éléments
architectoniques typiquement grecs, des premiers contacts entre la population indigène et le monde grec.
Revenir à San Cipirello par le même trajet qu'à l'aller.

Museo Civico à San Cipirello B2

*C/o Antiquarium Case d'Alia - Via Roma 320 - ℘ 091 85 81 014 - ⚇ - tlj 8h30-13h30,
lun., merc., vend. également 15h-18h - gratuit.*
Dans une petite salle de ce musée municipal sont conservées les pièces archéologiques des fouilles du mont Jato. Parmi les œuvres de grand intérêt : les
sculptures qui ornaient le théâtre, soit deux ménades et deux satyres, disciples
de Dionysos, dieu du Théâtre, ainsi qu'un lion couché. Les différentes céramiques permettent de suivre l'histoire de la ville : céramique indigène gravée,
céramique grecque à vernis noir, céramique dite « terre cachetée » d'époque
romaine et céramique vernissée de l'époque médiévale. Au fond de la salle, on

a partiellement reconstitué le toit de l'édifice scénique du théâtre, composé de tuiles portant l'inscription grecque *ΘΕΑΤΡΟΥ* (« *du théâtre* »).

Prendre la S 624 direction Palermo et rejoindre Piana degli Albanesi par la SP 34.

La route, qui offre une vue magnifique sur la vallée, monte jusqu'à **Portella della Ginestra**, où un mémorial rappelle la tragédie de 1947 durant laquelle le bandit sicilien Salvatore Giuliano (dont la vie a inspiré un film à Francesco Rosi) a tiré sur des paysans et des ouvriers, tuant 11 personnes. La route redescend ensuite vers **Piana degli Albanesi** B2 *(12 km, voir encadré ci-dessous)*.

Au sud-est de la ville, on découvre en pleine nature le **lac de Piana degli Albanesi**, un beau lac artificiel avec une vue magnifique sur le monastère basilien qui domine la petite ville.

Depuis Piana degli Albanesi, prendre la direction de Ficuzza (20 km au sud). La route monte en serpentant et offre de belles vues sur la mer et sur le lac artificiel.

Palazzo Reale et Bosco della Ficuzza C2

Le petit bourg de Ficuzza s'organise autour de la place située devant le **pavillon de chasse** que Fernand III de Bourbon fit construire au début du 19e s. *(en restauration)*. Sur l'imposante paroi calcaire de la roche Busambra (1 613 m) se détachent les élégantes lignes néoclassiques de l'édifice. L'intérieur, plutôt dépouillé, conserve une belle **salle à manger** ornée de stucs avec des sujets de chasse. À l'arrière s'étend le gracieux parc royal.

1

LA COMMUNAUTÉ ALBANAISE EN SICILE

Vers le milieu du 15e s., lorsque les Turcs envahissent les Balkans, de nombreux **Albanais** émigrent dans les Pouilles et dans la région de Molise. Un siècle plus tard, Alphonse d'Aragon, souhaitant réprimer des rébellions locales, fait appel à un *condottiere* albanais qui installe ses soldats en Italie méridionale, principalement en Calabre. Ces derniers, parvenus en Sicile quelques années après, atteignent cette « plaine des Albanais » où ils sont accueillis de bon gré et où on leur permet de pratiquer leur religion et de célébrer le rite oriental grec orthodoxe. L'Église leur accorde toujours plus d'autonomie administrative et religieuse, ce qui leur permet de maintenir leurs traditions, leur langue et leur littérature.

Piana degli Albanesi est aujourd'hui une communauté très prospère qui, bien que tout à fait intégrée dans la vie locale, a tout fait pour sauvegarder ses coutumes et, en particulier, ses célébrations religieuses. À Pâques, les habitants revêtent le costume traditionnel, brodé d'or et d'argent, et se rassemblent sur le corso Giorgio Kastriota où donnent les églises **Santa Maria Odigitria, San Giorgio** *(située non loin de là, sur la via Barbato)* et la *chiesa madre*, **San Demetrio**. Les Albanais sont fiers de leur culture et n'hésitent pas à l'exposer. Dans la petite ville, encore appelée **Hora**, *cité* en albanais, on parle facilement le dialecte, on assiste à la célébration du culte grec orthodoxe, et panneaux routiers et panonceaux de rues arborent une double toponymie.

En ce qui concerne les traditions gastronomiques, bien qu'il n'existe pas en Sicile de spécialité albanaise proprement dite, on confectionne pour le 15 août dans la région de Palerme un gâteau typique d'origine albanaise, le *gelu i muluni*, à base de pastèque, enrichi de sucre, d'amidon, d'éclats de chocolat, de courge confite et de pistaches, parfumé de cannelle en poudre et de vanille, et servi glacé.

Une route à gauche du palais s'enfonce dans le bois et fournit le point de départ pour de nombreuses excursions.

Le **bois** de la Ficuzza, jadis domaine royal de chasse, est un haut plateau d'environ 7 000 ha dominé par la roche Busambra et peuplé surtout de chênes verts, d'érables et de chênes-lièges. Sa faune riche comprend le porc-épic, la martre, le hérisson, la tortue des marécages, l'aigle royal et le faucon pèlerin.

De Ficuzza, retourner sur la nationale et suivre la direction de Godrano et Cefalà Diana (17 km à l'est).

Cefalà Diana C2

Ce petit village mérite d'être visité surtout pour ses bains arabes, qui sont le seul exemple de thermes du 10e s. en Sicile. Mais son **château** du 13e s., dont il ne reste qu'une robuste tour quadrangulaire et un mur d'enceinte en ruine, mérite aussi le détour. D'abord rempart défensif sur la route reliant Palerme à Agrigente, il a connu différentes fonctions au cours des siècles et a servi entre autres de grenier, puis de résidence aristocratique au 18e s. Autres curiosités à découvrir, les expressives **sculptures en bronze** de Biagio Governali, artiste contemporain de Corleone, les panneaux de la porte des Miracles (église San Francesco di Paola), le monument aux morts et le monument aux émigrants, tous d'une intensité dramatique très forte.

> **CENTRE DE PROTECTION DE LA FAUNE ET DES BOIS DE FICUZZA**
> *À droite du pavillon -* 𝄢 *091 84 64 062 et portable 339 25 67 961 - se renseigner pour les excursions dans le bois.* Ce centre fait office de centre d'accueil et de renseignements pour les visiteurs.

Les bains – *1 km au nord du village -* 𝄢 *091 82 01 184 - 9h-12h45 - fermé j. fériés - gratuit.* Ils se trouvent à un peu plus de 1 km au nord du village, près du torrent de Cefalà, à l'intérieur d'un ancien *baglio* restauré, sûrement antérieur à 1570 (la date ne peut être précisément établie). Les édifices extérieurs aux bains servaient probablement à l'hébergement des malades qui venaient soigner leurs rhumatismes par une cure d'eaux sulfureuses. L'édifice en brique, au plan rectangulaire, comprend une grande salle pavée dotée d'une superbe voûte en berceau et de trois vasques. Il n'y en avait qu'une seule autrefois, très grande, qui emplissait la première partie de la salle. La deuxième partie, surélevée, est formée d'un élégant *tribelon*, triple arcade à arc rehaussé de style arabe, reposant sur des colonnettes de marbre à chapiteaux en terre cuite terminés par des abaques. Derrière le *tribelon*, une autre vasque plus petite servait à recueillir les eaux thermales qui étaient acheminées ensuite vers le grand bassin. La voûte est ponctuée de trous d'aération, tandis que les murs présentent des niches, destinées probablement aux vêtements des curistes.

Revenir sur la nationale, poursuivre jusqu'au croisement avec la S 121 et prendre ensuite la direction de Palerme (87 km).

À voir aussi Carte de microrégion

Corleone C2

▶ *À 55 km au sud de Palerme, en direction d'Agrigente. Sortir de Palerme par la E 90, puis la S 121 et la S 118.*

Ce gros bourg de montagne, adossé aux contreforts de la chaîne, a longtemps défrayé la chronique jucidiaire en jouant un rôle de fief de la Mafia ; plusieurs *capi* y ont vu le jour. Les derniers *capi* capturés, Salvatore Riina et Bernardo Provenzano, sont originaires de Corleone.

Le réalisateur du film *Le Parrain*, Francis Ford Coppola, a par ailleurs contribué à cette renommée en nommant son principal protagoniste Don Corleone. Actuellement, les élus locaux s'emploient à transformer cette image et inciter plutôt à la découverte de l'important patrimoine religieux avec les quarante églises de la localité (dont la majestueuse **Chiesa madre** du début du 14e s.). Le **Museo Civico** organise des rétrospectives sur l'histoire de la Mafia.

😊 NOS ADRESSES À PALERME

INFORMATIONS UTILES

Consulats
Voir Représentations diplomatiques en Sicile p. 22.

Banque/Change
Très nombreux distributeurs de billets. Pour convertir des devises, bureaux de change à l'aéroport ou à la poste principale, via Roma.

Poste/Téléphone
Poste centrale, via Roma 322 (Plan II, D4), ℘ 091 753 51 93, lun.-vend. 8h30-18h30, sam. 8h30-12h. La poste est parfois fermée l'après-midi. Bureaux annexes piazza Verdi, à la gare et à l'aéroport.

Santé/Urgences
Secours d'urgence, 118 ; pompiers, 111 ; hôpital, Ospedale Civico, via Carmelo Lazzaro 1 (Plan II C5), ℘ 606 11 11, bus 18 ; pharmacie de nuit, Farmacia Lo Cascio, via Roma 1, ℘ 091 616 72 98.

ARRIVER/PARTIR

En avion – C'est certainement la meilleure manière de rejoindre Palerme. L'aéroport **Falcone-Borsellino** (au lieu-dit Punta

Raisi – ℘ *091 70 20 111 et 800 54 18 80 - www.gesap.it)*, à 30 km au nord de Palerme, est desservi par l'autoroute A 29. À l'aéroport, vous trouverez différentes sociétés de **location de voitures** : Avis (℘ *091 59 16 84*), EuropCar (℘ *091 59 16 88*), Hertz (℘ *091 21 31 12 et 199 11 22 11*), Maggiore (℘ *091 59 16 81*), Sicily by Car (℘ *091 59 12 50*), Easy Car (℘ *091 73 02 748*), Holiday (℘ *091 59 16 87*) et Sixt (℘ *091 65 11 393*).

Liaison avec le centre-ville – En **autobus** avec la compagnie Prestia e Comandè - *terminus à la gare centrale - ℘ 091 58 04 57 - www.prestiaecomande.it - ttes les 30mn, de 5h du mat. jusqu'à l'arrivée du dernier vol (avec des arrêts via Libertà, via Amari au port, piazza Ruggero-Settimo face au Politeama, gare centrale) - durée du trajet env. 50mn dans des conditions normales de circulation - 6,10 €.*

Par le **train** Trinacria Express reliant l'aéroport (gare souterraine) à la gare centrale : *dép. ttes les heures de 5h du mat. à 23h - durée du trajet 45mn - 5,80 €.* En **taxi** depuis l'aéroport, comptez environ 45 € si le trafic est fluide.

Méfiez-vous des propositions de prix nettement inférieurs.

En voiture – En arrivant à Palerme, l'autoroute se transforme en bd périphérique (viale Regione Siciliana), dont les divers embranchements permettent de rejoindre les principaux points d'intérêts de la ville. La sortie **corso Calatafimi** est la plus pratique pour gagner le centre historique, car elle débouche sur le corso Vittorio Emanuele.

En bateau – Les compagnies italiennes proposent des départs depuis Gênes *(20h)*, Livourne *(19h)* et Civitavecchia *(12h)* avec la Grandi Navi Veloci, depuis Naples avec la Tirrenia *(8h en été, 10h en hiver)* et la SNAV *(11h)*, depuis Salerno avec la Grimaldi Ferries *(8h)* et depuis Cagliari avec la Tirrenia :

Grandi Navi Veloci, ☎ *010 55 091* et *899 199 069 - www1.gnv.it.*

Grimaldi Ferries, ☎ *081 49 64 44 - www.grimaldi-ferries.com.*

SNAV, ☎ *081 42 85 555 - www.snav.it.*

Tirrenia, ☎ *081 31 72 999 - www.tirrenia.it.*

En autocar – Une liaison quotidienne directe relie Rome (dép. de la gare routière Tiburtina et de Castro Pretorio) à Palerme (via Balsamo) effectuée par la compagnie **Sais Trasporti** (☎ *091 617 11 41 - www.saistrasporti.it - dép. de Rome à 21h et de Palerme à 17h30 le lendemain - trajet 10h - 47 € l'aller simple).*

Plusieurs lignes d'autocars fréquentes et régulières relient Palerme aux principales villes siciliennes. Les plus importantes sont regroupées sur la via Balsamo et sur la piazza Cairoli près de la gare centrale. La compagnie de transport **Sais Autolinee** (☎ *091 61 66 028 - 800 21 10 20 - www.saisautolinee.it)* assure des liaisons au départ de Palerme vers Messine *(2h40 - 15,80 €)*, Enna *(1h45 - 9,90 €)*, Gela *(2h45 - 14,90 €)* et Piazza Armerina *(2h10 - 12,10 €).*

La compagnie **Salemi** propose plusieurs liaisons quotidiennes Palermo - Mazara del Vallo *(2h05)* et Palermo- Marsala *(2h15)* : ☎ *091 32 40 45 - www.autoservizisalemi.it.*

En train – Si l'on vient du continent, le voyage en train comprend systématiquement la traversée du détroit de Messine : le train embarque alors sur le bateau. Le prix du billet comprend la liaison maritime. Rens. : gares et agences de voyages.

Si l'on veut se déplacer en Sicile, des trains relient Palerme à Messine (env. 3h), Caltanissetta (env. 2h), Agrigente (env. 2h). Pour Catane prévoir 5h avec changement à Messine. La **gare centrale de Palerme** se trouve sur la piazza Giulio Cesare (Plan II E5).

TRANSPORTS

Pour les longues distances, on conseillera de prendre le bus ou un taxi et de poursuivre à pied la visite des lieux intéressants. Une autre façon, moins rapide mais très agréable, de découvrir la ville est la calèche. On en trouve toujours aux abords de la gare centrale, mais on peut aussi les héler en ville. Il est conseillé de négocier le prix au préalable.

Autobus –Les transports publics de la ville sont gérés par l'AMAT (☎ *091 35 01 11 et 848 800 817 - www.amat.pa.it).* Il existe deux types de billet : le billet valable 90mn *(1,30 €)* et le billet valable 12h à partir de l'heure de compostage *(3,50 €).* Carnet de 20 billets *(23,50 €)* en vente dans les tabacs et chez les marchands de journaux.

Trois bus électriques parcourent le centre-ville : ligne jaune Kalsa-Ballarò-Policlinico ; ligne rouge gare centrale-via Roma-via Maqueda-Giardino Centrale ; ligne verte le long de la via Vittorio Emanuele. Pour ceux-là, billets à 0,52 € en vente uniquement auprès des points de vente Amat (piazza Don Sturzo et Stazione Centrale).

Bon à savoir – Le bus **389** mène à Monreale *(dép. piazza Indipendenza)* ; le bus **806** vous dépose sur les plages de Mondello *(dép. piazza Don Sturzo derrière le Politeama)*.

Taxi – Autoradio Taxi (*℘ 091 51 33 11*) et Radio Taxi Trinacria (*℘ 091 22 68 78*).

En voiture – Sachez que dès 7h du matin, la circulation est intense et chaotique dans toute la ville. Il est particulièrement difficile de se garer à Palerme, ce qui amène nombre de touristes à abandonner l'usage de la voiture dans le centre-ville. Les hôtels ont le plus souvent un accord avec le garage privé le plus proche *(entre 10 et 20 €/24h)*. Le parking le plus central est celui de la piazzale Ungheria Plan II C4 *(1,50 €/h de 8h à 20h - 1 € de 20h à 8h)* ; central également, le parking souterrain piazza Orlando Plan II C4 *(1,50 €/h)*.

Bon à savoir – Le système de stationnement à Palerme se distingue par des bandes au sol de couleurs différentes : jaunes pour les résidents, bleues pour le stationnement horaire payant (8h-14h, 16h-20h) et blanches (plus rares) pour le stationnement gratuit. Pour les places payantes, les tickets *Gratta e Sosta* sont en vente dans les bureaux de tabac et chez les marchands de journaux (0,50 € - 1 €/h).

En dehors du centre, la plus vaste aire de stationnement gratuit est offerte par la via Lincoln, près du jardin botanique Plan II E5. Il est vivement conseillé de ne laisser ni bagages, ni objets de valeur à l'intérieur du véhicule.

VISITES

Le magazine **Un Ospite a Palermo** *(www.unospiteapalermo. it)* édité tous les deux mois par l'association Arkè, est distribué gratuitement dans les hôtels et à l'office du tourisme. Tous les 15 jours, le magazine **Papermagazine** relate les événements et les manifestations en cours à Palerme et dans les principales villes siciliennes ; il est distribué gratuitement dans les bars, les cinémas, les librairies, les galeries d'art et autres commerces en ville.

Billets combinés – Il existe différents types de billets pour les visites : 10 € (valable 1 j.) pour la galerie du palais Abatellis et le palais Mirto ; 24 € (valable 5 j.) pour la Zisa, la galerie du Palais Abatellis, San Giovanni degli Eremiti, le cloître de Monreale, le Palazzo d'Aumale à Terrasini ; 10,50 € (valable 3 jours) pour la Zisa, la galerie du Palais Abatellis et aux choix San Giovanni degli Eremiti, le cloître de Monreale ou le Palazzo Aumale ; 9 € (valable 3 j.) deux sites aux choix entre la Zisa, San Giovanni degli Eremiti, le cloître de Monreale et le Palazzo Aumale.

Visites guidées – Les cars rouges du **City Sightseeing Palermo** (*℘ 091 58 94 29 - www.palermo. city-sightseeing.it - 9h30-18h - ttes les 30mn env.*) proposent deux itinéraires à travers la ville (20 € les deux). Un troisième rejoint même Monreale (25 €).

Folklorique, un **petit train** touristique *(trenino)* part de la via Francesco Crispi, sur le port, pour un tour commenté de la ville (*℘ 095 82 042 81 - 8 €*).

1

Le **Parco culturale del Gattopardo Giuseppe Tomasi di Lampedusa** (*c/o Kursaal Kalhesa, Foro Umberto I - 𝄞 091 625 40 11*) est un centre culturel qui propose des parcours thématiques à travers Palerme et la Sicile pour se replonger dans l'atmosphère viscontienne du *Guépard*.

Enoteca Sicilia - Museo del Vino e della Civiltà Contadina – *Via del IV Aprile - Palazzo Palagonia - 𝄞 091 61 62 288 - 9h-12h - fermé dim. et j. fériés - www. enotecasicilia.eu - 5 €*. Au sein du palais Palagonia au cœur de la vieille ville, une exposition détaillée des vins siciliens et un parcours pour comprendre les méthodes de production. À la fin de la visite guidée, dégustation de deux cépages chaque jour différents. Point de vente à la fin de l'exposition.

HÉBERGEMENT

😊 **Bon à savoir** – Si Palerme ne manque pas d'hébergements de qualité, ceux-ci sont dans l'ensemble assez chers. Cependant, le choix de B & B reste vaste et d'un bon rapport qualité-prix. Les tarifs varient d'une saison à l'autre et il est souvent possible de négocier. Ne pas négliger les promotions des hôtels de catégorie supérieure,

qui se révèlent parfois plus intéressantes que les prix d'un hôtel plus simple. Attention ! De nombreux immeubles ne disposent pas d'ascenseur et sont donc accessibles au prix d'une ascension difficile ; bien se renseigner auprès de l'hôte.

PREMIER PRIX

Notarbartolo – Plan I A2 - *Via E. Notarbartolo 35 - 𝄞 091 73 08 333 ou 346 53 65 197 - www. notarbartolo.com - 6 ch. 60 € ⌑*. Dans un quartier résidentiel tranquille, à quelques pas de la commerçante via Libertà, un B & B au 4e étage (avec ascenseur) d'un immeuble Liberty. Chambres spacieuses et confortables. Bon petit-déjeuner avec pâtisseries maison.

Palazzo Speciale – Plan II D5 - *Via Giuseppe Mario Puglia 2 - 𝄞 091 33 21 73 - www.palazzospeciale palermo.it - 5 appart. à partir de 50 €*. Au cœur de la vieille ville, plusieurs petits appartements (de 2 à 5 couchages, kitchenette équipée) meublés avec sobriété et élégance, dans le cadre d'un palais du 15e s. Les plus agréables disposent d'une terrasse avec vue sur les toits de Palerme.

Il Giardino di Ballaro – Plan II D5 - *Via Porta di Castro 75-77 - 𝄞 091 21 22 15 ou 339 18 34 950 - www.ilgiardinodiballaro.it - 4 ch. 60 € ⌑*. Au cœur de l'ancien marché de Ballaró, un accueillant B & B récemment rénové dans les tons sable et crème. En été, le petit-déjeuner est servi dans la cour.

BUDGET MOYEN

Al Giardino dell'Alloro – Plan II E4 - *Vicolo San Carlo 8 - 𝄞 091 617 69 04/338 224 35 41, www.giardinodellalloro.it - 5 ch. 80 €*. Au fond d'une ruelle de la Kalsa, chambres confortables où se marient style contemporain et décor traditionnel. Celles de l'étage peuvent accueillir trois personnes pour 120 €. Copieux petit-déjeuner et bon accueil.

Alla Kala – Plan II E4 - *Via Vittorio Emanuele 71 - 🖉 091 743 47 63 - fax 091 611 41 64 - www.allakala. it - 5 ch. 90 €*. Décoration de style marin pour cet agréable B & B au 1er étage d'un immeuble moderne avec vue sur le port de la Cala, à quelques pas de la piazza Marina.

Abali Gran Sultanato – Plan II D4 - *Via S. Agostino 5 - 🖉 338 335 29 97 - www.abali.it - 5 ch. 90 €*. Unique en son genre, voici une adresse qui joue la carte de l'originalité. La décoration des chambres est un mélange entre les *Mille et Une Nuits* et le pop art. Très bon accueil.

POUR SE FAIRE PLAISIR

B & B 22 – Plan II D4 - *Largo Cavalieri di Malta 22 - 🖉 091 611 16 10 ou 335 790 87 33 - 6 ch. 120 €*. Nichée au fond d'une ruelle du centre historique, une demeure de charme impeccablement rénovée. Chambres claires, mi-design mi-tradition, belles salles de bains, confortables et jolie terrasse panoramique.

Palazzo Ajutamicristo – Plan II E5 - *Via G. Garibaldi 23 - 🖉 091 61 61 894 - fax 091 61 61 894 - www. palazzoajutamicritsto.it - 3 ch. 120 € ☕*. Ambiance viscontienne pour ces chambres aménagées dans l'un des plus beaux palais de Palerme, où tout est soigné dans les moindres détails. Petit-déjeuner aux saveurs siciliennes, en été sur la terrasse.

Quintocanto Hotel & Spa – Plan II D4 - *Via Vittorio Emanuele 310 - 🖉 091 58 49 13 - fax 091 75 74 117 - www.quintocantohotel. com - 20 ch. 140 €*. À quelques pas de la piazza Quattrocanti, un hôtel de qualité qui marie le cadre d'un palais ancien à un décor design.

Spa et restaurant gastronomique. Bonnes promotions sur le site.

UNE FOLIE

Grand Hotel Federico II – Plan II C3 - *Via Principe di Granatelli 60 - 🖉 091 749 50 52 - fax 091 60 92 500 - www.grandhotelfedericoii. it - 60 ch. 160 € ☕*. Un hôtel à la réputation solide, très bien situé dans une rue calme du centre. Chambres spacieuses, dotées de tous les conforts. Très bon rapport qualité-prix.

Grand Hotel Villa Igiea – Plan I B2 - *Salita Belmonte 43 - 🖉 091 63 12 111 - www.hoteligieapalermo. com - 123 ch. 160/400 € ☕*. Adresse historique, située dans un quartier résidentiel en bord de mer, avec une très belle vue sur la baie. Décor raffiné, restaurant de qualité et excellentes prestations.

Santa Cristina di Gela

UNE FOLIE

Agrirelais Baglio di Pianetto – *Via Francia - Contrada Pianetto, à 22 km de Palerme. S 624 dir. Sciacca. À Altofonte poursuivre sur la SP 5 jusqu'à Piana degli Albanesi, puis suivre le fléchage Santa Cristina di Gela et Baglio - 🖉 091 85 71 230 - fax 091 85 70 002 - www.agrirelais. com - 🏊 - 13 ch. 115/170 €*. Un *baglio* intrigant, situé au cœur d'un paysage de vignobles à quelques kilomètres de Piana degli Albanesi et ramené à la vie suite à une savante restauration. Confort, charme des chambres, eau turquoise de la piscine, saveurs d'une cuisine aux parfums de Sicile et grands crus… : tout invite à la détente et au plaisir des sens.

RESTAURATION

En-cas à la sicilienne

À Palerme ainsi que dans le reste de l'île, le *street food* est une habitude alimentaire incontournable. Déjeuner sur le pouce ou petit creux, l'excuse est toujours bonne pour goûter à ces en-cas gourmands dont les recettes remontent à la nuit des temps. Parmi les spécialités : *u sfinciuni* (ou *sfincione*, sorte de pizza traditionnelle à base de tomates, d'anchois, d'oignons et saupoudrée de chapelure), le *pan ca'meusa* (sandwich à la rate de veau ou d'agneau), les *panelle* (beignets à base de farine de pois chiches), les *arancine* (grosses croquettes de riz simples ou farcies) et les *babbaluci* (petits escargots marinés vendus en cornets). Vous pourrez également trouver ces spécialités dans les marchés typiques.

PREMIER PRIX

Sciuscià – Plan I A2 - *Via Dante 212* - ☎ 091 68 22 700 - *fermé dim.* - *à partir de 7 €*. De loin la meilleure pizza de Palerme. Son secret ? Des pizzas dont la bordure est abondamment farcie. Ambiance sympathique et décontractée dans la salle souvent trop petite pour accueillir autant d'adeptes. Réservation conseillée.

Antica Focacceria S. Francesco – Plan II E4 - *Via A. Paternostro 58* - ☎ 091 32 02 64 - *www.afsf. it* - *fermé mar.* Au cœur du quartier médiéval, cet établissement historique a su conserver son cadre rétro : autour de l'ancien fourneau en fonte, on fait la queue, pour commander des spécialités comme les *foccace* farcies, les *arancine*, les tartes salées, la *ricotta fritta* (tranches de fromage de brebis frit). L'incontournable reste cependant le *pan ca'meusa*, concocté à l'instant même devant vos yeux.

Obikà – Plan II D4 - *c/o La Rinascente - Piazza S. Domenico 18* - ☎ 091 60 17 861 - *tlj 9h-0h* -

10/20 €. Un « mozzarella bar » aux lignes contemporaines, situé au dernier étage du grand magasin de la via Roma. L'endroit rêvé pour un déjeuner ou simplement pour un verre avec vue sur les toits de Palerme.

BUDGET MOYEN

😊 Méfiez-vous des adresses attrape-touriste ; celles-ci sont assez nombreuses aux alentours du Teatro Massimo et de la via Bara all'Olivella. Il ne vous sera pas trop compliqué de détourner poliment les rabatteurs qui vous proposent des repas en apparence bon marché.

Casa del Brodo – Plan II D4 - *Via Vittorio Emanuele 175* - ☎ 091 32 16 55 - *www.casadelbrodo.it* - *fermé dim. en été et mar. en hiver* - 25 €. Cette ancienne soupe populaire, fondée il y a plus de cent ans, est devenue aujourd'hui une référence pour déguster une cuisine sicilienne traditionnelle. Vous y trouverez un abondant buffet d'antipasti, dans le couloir entre les deux salles, et un menu où les légumes, l'huile d'olive et le poisson sont rois. Parmi les spécialités : risotto aux fruits de mer et pâtes aux sardines. Réservation conseillée.

Santandrea – Plan II D4 - *Piazza Sant'Andrea 4* - ☎ 091 33 49 99 - *fermé dim.* - 25/35 €. Dans le quartier de la Vucciria, à l'ombre de l'église San Domenico, un restaurant intime et chaleureux, réputé pour la fraîcheur de ses mets. On y sert l'un des meilleurs couscous de poisson de Palerme.

Il Maestro del Brodo – Plan II D4 - *Via Pannieri 7* - ☎ 091 32 95 23 - *fermé lun.* - 20/30 €. Voici l'une des rares adresses pour laquelle les Palermitains consentent à sortir de leur cuisine. Un restaurant frais et bien tenu dans une petite transversale de la via Vittorio Emanuele, qui a bâti sa réputation sur son excellent bouillon de viande (*brodo*). Parmi les spécialités, le rouleau d'aubergines, le steak de thon grillé sauce à la menthe et en dessert, la délicieuse *cassata*.

Il Mirto e la Rosa – Plan II D3 - *Via Principe di Granatelli 30 - ℰ 091 32 43 53 - www.ilmirtoelarosa.com - fermé dim. - 25 €*. Vous dégusterez ici une cuisine essentiellement végétarienne : *caponatina di melanzane* – ratatouille d'aubergines – servie avec un couscous aux pistaches. Service parfois un peu lent, mais bon rapport qualité-prix.

Sapori Perduti – Plan II 3D - *Via Principe di Belmonte 32 - ℰ 091 32 73 87 - fermé dim. soir et lun. - 25/35 €*. Donnant sur la via Principe di Belmonte, piétonne et verdoyante, un petit restaurant à la décoration moderne et raffinée, qui n'hésite pas à revisiter les grands classiques de la cuisine sicilienne. Spécialités de poissons crus, marinés ou délicatement cuisinés. Accueil prévenant.

Osteria dei Vespri – Plan II D4-5 - *Piazza Croce dei Vespri 6 - ℰ 091 61 71 631 - www.osteriadeivespri. it - fermé dim. - 35/50 €*. Situé dans le Palazzo Gangi, théâtre de plusieurs scènes du *Guépard*, ce restaurant ne pouvait souhaiter meilleur emplacement pour sa cuisine de qualité. Tradition et innovation sont les maîtres mots du chef Alberto Rizzo. Sa cave compte 700 références de crus, la dernière touche qui en fait l'un des meilleurs restaurants de Palerme.

Ristorantino Palazzo Sambuca – Plan II E4 - *Via Alloro 26- ℰ 091 50 76 794- fermé dim. - 30 €*. À l'extérieur, le charme décadent d'un palais ancien du centre historique ; à l'intérieur, une décoration moderne et aseptisée qui ne manque pourtant pas de chic. Dans l'assiette, le poisson est roi. Les rouleaux d'espadon aux agrumes et la soupe de moules et palourdes sont irrésistibles.

Officina del Gusto Bye Bye Blues – Plan II D4 - *Via Vittorio Emanuele 316 - ℰ 091 61 16 678 - www.officinabyebyeblues.com - 30/50 €*. Ce « laboratoire du goût » naît suite au succès de son grand frère étoilé, le Bye Bye Blues de Mondello. Dans la cour du très central hôtel Quintocanto, une ambiance de palais qui pourtant ne compromet pas la sympathie des lieux. Côté cuisine, les saveurs de la mer sont à l'honneur.

Cucina Papoff – Plan II C3 - *Via Isidoro La Lumia 32 - ℰ 091 58 64 60 - www.cucinapapoff.com - fermé dim. et août - 35 €*. Le nom à consonance russe ne doit pas induire en erreur : la cuisine sicilienne authentique fait ici ses preuves depuis trente ans. Ambiance rustique-chic, menu aux plats peu nombreux mais sélectionnés parmi les meilleurs de la tradition (carpaccio de thon, calamars farcis).

Mondello

PREMIER PRIX

Antico Chiosco – Plan I A1 - *Piazza Mondello 4 - ℰ 091 450 667*. Sur la place centrale, à deux pas de la plage, un grand café-pâtisserie glacier pour une petite pause ou pour un repas au self-service à midi.

BUDGET MOYEN

Da Calogero – Plan I A1 - *Via Torre 22 - ℰ 091 684 13 33 - www. trattoriadacalogero.com*. Face à la plage, la meilleure adresse de la région pour déguster des pâtes aux oursins et autres fruits de mer, dans un décor de céramiques colorées.

1

POUR SE FAIRE PLAISIR

Bye Bye Blues – Plan I A1 - *Via del Garofalo 23* - ☎ 091 68 41 415 - *www.byebyeblues.it - fermé dim. soir et lun. - 50 €*. L'expérience et le savoir-faire du chef Patrizia Di Benedetto ont été récompensés : première adresse étoilée de Palerme, Bye Bye Blues a reçu le plus beaux des cadeaux pour fêter ses vingt ans. Dans la salle au décor minimaliste, un grand écran plat retransmet en direct le travail des chefs en cuisine. De quoi succomber à la soupe de langouste ou au risotto de poulpe.

Bagheria

BUDGET MOYEN

Don Ciccio – *Via del Cavaliere 87/c* - ☎ 091 93 24 42 - *www. trattoriadonciccio.net- fermé merc.* À quelques pas de la Villa Palagonia, une trattoria où l'on respire un air de famille et d'authenticité. Depuis 50 ans, Don Ciccio est une référence pour les Palermitains en quête de saveurs du terroir, qui ne sauraient renoncer au traditionnel œuf dur accompagné d'un petit verre de marsala, lequel ouvre ici chaque repas.

PETITE PAUSE

Antico Caffè Spinnato – *Via Principe di Belmonte 107* - ☎ 091 74 95 104 - *www.spinnato.it*. Ce café, qui a ouvert en 1860 dans l'une des artères les plus chic de Palerme, est désormais une institution. Une agréable terrasse invite à faire une halte pour déguster de délicieuses pâtisseries ainsi que pour un déjeuner léger. Piano bar les soirs d'été.

Pasticceria Mazzara – *Via Magliocco 15* - ☎ 091 32 14 43. Une pâtisserie historique, située non loin du Teatro Massimo, fréquentée en son temps par l'auteur du *Guépard*, Giuseppe Tomasi di Lampedusa. Sur la terrasse donnant sur une rue piétonne, vous pourrez déguster tous les gâteaux typiques *(cassata, cannoli…)* et des glaces. Petite restauration pour déjeuner.

Cappello – *Via Colonna Rotta 68* - ☎ 091 48 96 01 - *www. pasticceriacappello.it*. C'est du côté de la Zisa que se trouve l'un des spécialistes du chocolat à la sicilienne dont, entre autres, la Volo, une mousse au chocolat avec une crème à la pistache.

Pasticceria Oscar – *Via M. Migliaccio* - ☎ 091 68 65 177 - *www.oscarpasticceria.it*. Légèrement en dehors des sentiers battus, du côté de la gare de Notarbartolo, une pâtisserie qui mérite certainement le détour pour ses incroyables *arancine*, ses glaces à tomber et ses délicieux gâteaux comme la *torta Mimosa* et la *torta Devil*.

Gelateria Ilardo – *Foro Umberto I 12*. Une position bien enviable dans les anciens remparts de la ville, face à la mer, pour ce glacier historique de Palerme, dont la production est entièrement artisanale.

Magrì – *Via Isidoro Carini 42* - ☎ 091 61 61537- *www.pasticceria magri.com*. Près du Politeama Garibaldi, une excellente adresse pour les amateurs de douceurs à la pâte d'amandes.

Stancampiano – *Via E. Notarbartolo 51* - ☎ 091 62 54 099 - *www.gelateria stancampiano.it*. C'est chez ce glacier que vous trouverez la plus grande variété de parfums de toute la ville. Préparez-vous donc à goûter aux mélanges les plus extravagants servis en cornet ou dans une coupe ! Et si vous voulez vraiment faire comme les Palermitains, essayez la fameuse brioche avec une boule de glace à l'intérieur… un délice !

EN SOIRÉE

Serait-ce le beau temps ou bien le tempérament joyeux des Palermitains, qui rend l'ambiance des soirées si vivante en ville ? À Palerme, en effet, personne ne renonce à la tradition de l'apéritif. Entre 19h30 et 21h, plusieurs bars à vin exposent des buffets chargés d'amuse-bouche où l'on vient se servir après avoir commandé sa consommation (5-8 €). Avant ou après-dîner, la **via Bara all'Olivella** et la **via dell'Orologio** sont les quartiers les plus fréquentés par les jeunes (et les moins jeunes) pour boire un verre. Le quartier de la **Via Alloro** recèle aussi quelques bonnes adresses, souvent dans un cadre atypique. Mais dès que l'été arrive, les Palermitains se déplacent vers le littoral et les plages de Mondello où bars, pubs et lounge en bord de mer remportent le plus de succès.

Champagneria del Massimo - *Via Salvatore Spinuzza 59 - ☏ 347 80 500 80.* Un bar à vin sympathique et décontracté, avec une sélection de vins originale. Intérieur boisé aux étagères qui regorgent de bonnes bouteilles. Terrasse agréable pour siroter son verre.

Kursaal Kalhesa – *Foro Umberto I 21 - ☏ 091 61 62 828 - www.kursaalkalhesa.it - fermé lun.* Un des lieux les plus fascinants de la *nightlife* palermitaine. Aménagé dans les anciens remparts du Foro Umberto I (ou Foro Italico), cet endroit multifonctionnel abrite un lieu d'exposition, une librairie, un restaurant avec terrasse ainsi qu'un bar lounge.

Zammù Lounge Café - *Via della Vetriera 72 - ☏ 091 6171 979 -* *19h-2h - fermé lun.* Dans une rue transversale à la Via Alloro, entouré d'anciens palais, ce bar lounge aux allures minimalistes est agréable à toutes les heures, de l'apéro à l'après-dîner.

Kursaal Tonnara - Vergine Maria – *Via Bordonaro 9 - ☏ 091 63 72 267 - www.kursaaltonnara. it.* Un site spectaculaire – une ancienne *tonnara* en bord de mer au nord de Palerme – accueille un restaurant et un bar où se tiennent, dès l'arrivée des beaux jours, les plus belles soirées de la ville. Pour danser ou simplement boire un verre. La *tonnara* vaut le détour.

Spectacles

Depuis quelques années, Palerme sort de sa torpeur et les rendez-vous culturels abondent dans la ville. Pour vous tenir au courant, vous trouverez chaque semaine la liste des informations culturelles sur le journal gratuit *Lapis.* Prolongement du magazine culturel en ligne *www.balarm.it,* le bimestriel gratuit *Balarm* présente les événements majeurs et les personnalités du moment.

Albergo delle Povere – *Corso Calatafimi 217.* Cet ancien hospice fondé à la fin du 18e s. accueille aujourd'hui régulièrement des expositions et des conférences (*voir également p. 174*).

Cantieri culturali alla Zisa – *Via Gili 4 - ☏ 091 65 24 942.* À l'ombre de la Zisa, dans les ex-entrepôts Ducrot, ancienne

1

fabrique de meubles produits à partir des dessins d'Ernesto Basile, ont été organisés des espaces multidisciplinaires qui accueillent expositions, concerts et spectacles.

Ex Magazzini Ferroviari ai Lolli – *Piazza Lolli*. Concerts et autres manifestations culturelles sont organisés dans ce beau bâtiment de la fin du 19e s.

Ex Stazione Sant'Erasmo – *Via Messina Marine*. Cette ancienne gare de la fin du 19e s., située à l'embouchure du fleuve Oreto, est devenue le lieu d'intéressantes expositions.

Teatro Massimo – *Piazza Giuseppe Verdi* - ℘ 091 60 53 111 - *www.teatromassimo.it*. Si un opéra de Verdi est programmé lors de vos vacances, n'hésitez pas à aller l'écouter dans ce somptueux théâtre *(voir également p. 165)*.

Politeama Garibaldi – *Piazza Ruggero Settimo 15* - ℘ 091 60 72 524. Deuxième théâtre de la ville *(voir également p. 165)*, le Politeama est le siège de l'Orchestre symphonique sicilien. Concerts classiques et rétrospectives de musiques du monde.

Le théâtre des marionnettes

(voir p. 132)

À Palerme, le nom des Cuticchio fait immédiatement penser au théâtre de marionnettes, le célèbre *opera dei pupi*. Dans la vieille tradition des marionnettistes siciliens, ils animent les spectacles et construisent eux-mêmes les *pupi*. Autrefois, les compagnies étaient nombreuses. Les spectacles attiraient de grandes foules. Ils donnaient du travail non seulement à ceux qui montaient les représentations, mais aussi aux habiles artisans constructeurs de ces incroyables personnages,

si complexes et soignés dans le détail qu'ils demandent des jours de travail. Une simple armure, par exemple, suppose l'assemblage à la main d'une bonne trentaine d'éléments.

Figli d'arte Cuticchio – *Via Bara all'Olivella 95* - ℘ 091 32 34 00 - *www.figlidartecuticchio.com* - 8 €. Depuis trente ans, Mimmo Cuticchio – *puparo* légendaire – et sa compagnie donnent des représentations dans ce théâtre. Un spectacle magique, précédé par une visite de l'atelier *(sur réserv.)* où sont conservés les *pupi* et les accessoires.

Teatroarte-Cuticchio – *Museo delle Marionette - Vicolo Niscemi* - ℘ 347 45 47 613 ou 091 32 80 60 - 5 €. Cette compagnie indépendante depuis 1946 se met en scène chaque semaine au Musée des Marionnettes *(voir p. 168)*.

ACHATS

Marchés

Les plus vivants et les plus pittoresques sont de loin les marchés d'alimentation. Outre leurs produits, ils offrent un spectacle de couleurs vives sous des bâches et parasols bariolés, et sur les étals foisonnant de marchandises bigarrées savamment disposées (ceux des quatre saisons rivalisent avec ceux des poissonniers).

La Vucciria – Certainement le plus connu de Palerme. L'origine de son nom vient du français *boucherie*, pourtant d'autres avis l'associent aux *voci* (voix) des marchands qui interpellent le client. Son emplacement dans les ruelles entre le port de la Cala jusqu'à la piazza San Domenico en a fait l'un des marchés de prédilection des poissonniers.

Dernièrement, d'importants travaux de restauration sur les immeubles du quartier ont contraint plusieurs marchands à lui préférer d'autres marchés.

Ballarò – Ce marché s'étend de la piazza Casa Professa jusqu'aux remparts du corso Tukory. Très animé le matin, il est spécialisé en produits alimentaires dans la partie qui entoure la piazza del Carmine, tandis que vers la Casa Professa se concentrent les brocanteurs et les fripiers. Il est réputé pour ses prix bon marché.

Il Capo – Le marché serpente le long de la via Carini et de la via Beati Paoli, réservées à l'alimentation, alors que la via Sant'Agostino et la via Bandiera sont spécialisées en vêtements et chaussures. En plus des étals multicolores, faites attention aux noms des rues avoisinantes : *Sedie Volanti* (chaises volantes), *Gioia Mia* (ma joie), *Scippateste* (« coupe-têtes », car un mari jaloux y aurait autrefois coupé la tête de sa femme et de son amant).

Mercato delle Pulci – Entre la piazza Peranni et le corso Amedeo, brocanteurs et antiquaires exposent des objets de toute époque. Le marchandage est de rigueur !

I Lattarini – Son nom vient de l'arabe *suk-el-attarin* (marché aux épices). Autrefois consacré à l'alimentation, il propose aujourd'hui, sur ses étals disposés entre la piazza Borsa et la piazza Rivoluzione, vêtements, outils de travail et ferronnerie.

Boutiques, magasins et autres commerces…

Les magasins se trouvent surtout dans la partie récente de la ville, sur la via della Libertà et les artères principales, via Roma et via Maqueda. La via **Principe di Belmonte**, rue piétonne et verdoyante, est bordée d'élégantes boutiques, et sillonée par les terrasse de cafés. Dans la très animée via **Calderai** (*perpendiculaire à la via Maqueda au sud de la piazza Bellini*), vous trouverez de nombreux artisans qui fabriquent « en direct » des objets très divers tels que des chenets pour la cheminée, des chaises, de la vaisselle et des poteries. La partie de **via Vittorio Emanuele** aux abords de la cathédrale regroupe des artisans plus « artistiques » (céramique, bois, marionnettes).

Palazzolo – *Aeroporto Falcone e Borsellino - Hall des départ 2e étage -* ☏ *091 59 12 21 - ouvert tlj.* Une étape incontournable avant de prendre l'avion, afin de repartir chargé de *cassate*, *cannoli* et de pâtes d'amande. Sa réputation est si grande que le service de sécurité de l'aéroport s'abstient même de compter ces gourmandises comme bagage à main supplémentaire.

Franco Bertolino – *Salita Artale (au dos de la cathédrale)-* ☏ *347 05 76 923.* L'un des derniers artisans fabriquant les fameuses charrettes siciliennes multicolores. Dans un bâtiment ancien à deux pas de la cathédrale sont réunis l'atelier, l'entrepôt-magasin et un petit musée.

La Coppola Storta – *Via Bara all'Olivella 74 -* ☏ *091 32 44 28- www.lacoppolastorta.it - fermé dim.* Cette boutique réinterprète de façon originale et créative la *coppola*, ce béret traditionnel associé, trop souvent à tort, au couvre-chef des mafieux.

La Bottega d'Arte di Angela Tripi – *Via Vittorio Emanuele 452 -* ☏ *091 65 12 787 - www.angelatripi. it - fermé dim.* Situé à l'intérieur du palais Santa Ninfa, juste à côté de la cathédrale, cet atelier est célèbre dans le monde entier pour ses statuettes en terre cuite pour les crèches. De véritables merveilles !

Vincenzo Argento e Figli – *Via Vittorio Emanuele 445 - ℰ 091 61 13 680 - spectacle à 17h30 (12 €) - fermé dim.* Une incroyable collection de *pupi* fabriqués et vendus depuis 1893 par une famille persévérante et enthousiaste dont les membres ont su transmettre de génération en génération l'une des plus anciennes traditions artistiques siciliennes.

LES BOUTIQUES ANTI-MAFIA

Deux organisations animent la campagne pour une gestion honnête des villes et de la société sicilienne : www.addiopizzo.org et www.liberaterra.it *(voir aussi « Comprendre » p. 48)*. Sur leur site, on peut découvrir les produits en vente issus des terres récupérées à la Mafia et des hébergements, notamment à Corleone. Ces associations diffusent des listes de commerces adhérant à leurs objectifs anti-racket. À Palerme, plusieurs points de ventes diffusent ces produits :

Libera - I Sapori della Legalità – *Piazza Castelnuovo 13 - ℰ 091 322 023.*

Punto Pizzo Free L'Emporio - *Via Vittorio Emanuele 172 - ℰ 091 976 22 86.*

AGENDA

U'Fistinu – La grande fête en l'honneur de sainte Rosalie, célébrée les 14 et 15 juillet avec des processions, des défilés en costumes et des spectacles pyrotechniques.

Fête des morts – Le 2 novembre, les enfants reçoivent gâteaux et cadeaux de leurs chers disparus.

Festival di Morgana – Les marionnettistes et artistes du monde entier se retrouvent entre fin novembre et mi-décembre au musée international des Marionnettes.

Monreale

★★★

38 204 habitants

 NOS ADRESSES PAGE 203

🅸 S'INFORMER

Office de tourisme – *Piazza Castelnuovo 34 (Palermo) - ℘ 091 60 58 35 - www.palermotourism.com.*

🕭 SE REPÉRER

Carte de microrégion B1 (p. 136) - *carte Michelin Local 365 A0 55*. Le centre historique se trouve sur les pentes du Monte Reale (mont Royal) et la célèbre cathédrale est située dans la partie est de la ville.

🅿 SE GARER

Il est conseillé de garer sa voiture dans l'un des parkings situés dans la ville basse et reliés au centre par des escaliers.

🙈 À NE PAS MANQUER

Les splendides mosaïques du Duomo.

🕓 ORGANISER SON TEMPS

Compter une demi-journée. En période estivale, prévoir suffisamment de temps pour se garer. Ne pas oublier que le cloître est fermé le dimanche après-midi.

Dans un site superbe dominant la Conca d'Oro (vallée d'Or), le noyau urbain de Monreale est né autour du Duomo et du palais érigé par Guillaume II. Aujourd'hui encore, le centre vital de la ville se trouve autour de l'extraordinaire cathédrale, d'où partent des ruelles débordant de boutiques de bibelots, de cafés et de petits restaurants.

Visiter

★★★ DUOMO (SANTA MARIA LA NUOVA)

▶ *Voir plan p. 200-201.*
℘ 091 64 02 424 - cathédrale : 8h30-13h, 14h30-17h30 - 1,50 € - trésor de la chapelle du Crucifix et montée aux terrasses : tlj sf dim. 9h-13h, 14h30-17h30 - (trésor 4 €, terrasses 2 €).

La piazza Vittorio Emanuele, avec sa fontaine du Triton, ferme le flanc gauche de la cathédrale. La façade principale donne en revanche sur une place plus modeste, d'où l'on accède au cloître et à un petit jardin public *(dernier portail à droite par rapport à l'entrée du cloître, puis traverser la grande cour)*. De là on découvre une **vue★★** magnifique sur la Conca d'Oro.

Extérieur

Édifiée par différents maîtres d'œuvre, la cathédrale présente donc un mélange de styles. Le style normand caractérise les deux tours massives qui encadrent la façade, la haute abside flanquée des deux absidioles et le plan basilical, donc la structure de la cathédrale. En revanche, l'ornementation des chevets *(voir p. 108)*, dont on a la meilleure **vue★★** depuis la via dell'Arcivescovado, est de facture franchement arabe. Toujours via dell'Arcivescovado, on peut découvrir des vestiges du palais royal d'origine, désormais englobé dans le palais archiépiscopal. La décoration des chevets se compose de trois ordres d'arcatures aveugles ogivales de différentes hauteurs, entrecroisées et soutenues par de fines colonnes placées sur de hauts socles, tandis que les dessins géométriques en pierre polychrome (calcaire doré et pierre de lave noire) soulignent les arcs qui encadrent des panneaux et des rosaces dans un jeu d'étoiles de formes toujours différentes. Le motif est aussi repris en façade, malheureusement partiellement cachée par un portique remanié au 18e s. Sous le portique trône le magnifique **portail★★** de bronze **(D)** que **Bonanno Pisano**, architecte et sculpteur à qui l'on doit aussi la célèbre tour de Pise, réalisa en 1185. Il est composé de quarante-six panneaux qui retracent certains épisodes de l'Ancien et du Nouveau Testament, avec une économie de personnages et une stylisation qui lui confèrent une étonnante modernité. Les deux battants sont entourés d'une corniche complexe en pierre, à frises sculptées de dessins géométriques et de pampres comportant des figures d'animaux et d'hommes alternant avec de fines lignes de mosaïques.

Sur la piazza Vittorio Emanuele, sous un portique du 16e s., s'ouvre un **portail★** en bronze **(E)** de Barisano da Trani, formé de panneaux où sont représentés trois épisodes bibliques, quelques scènes de la vie des saints et de nombreux sujets ornementaux. Bien qu'ils aient été réalisés quatre ans plus tard, leur exécution est plus rigide et de facture encore byzantine.

Intérieur

L'entrée se trouve sur le côté gauche, piazza Vittorio Emanuele. Penser à se munir de pièces pour l'illumination des mosaïques. (Se reporter au plan « Ensemble du Duomo » p. 200-201).

Le riche manteau de mosaïques où l'or règne en maître neutralise un instant toute sensation. Puis, l'œil s'habituant, on commence à distinguer les différentes parties de l'édifice. La nef centrale, très vaste, est séparée des deux nefs latérales, beaucoup plus petites, par des colonnes ornées de magnifiques chapiteaux. Certains sont corinthiens, d'autres de style composite : feuilles d'acanthe dans la partie inférieure, cornes d'abondance et portraits de Cérès et Proserpine dans la partie supérieure. Entre les chapiteaux et l'imposte des arcs ont été insérés des coussinets portant des ornements de mosaïques en

---

LÉGENDE ET MIRACLE

À l'époque normande, le Monte Reale est une réserve de chasse pour les rois, qui y feront rapidement édifier une résidence. La construction de ce splendide ensemble qui comprend, outre la cathédrale, une abbaye bénédictine et le palais royal (transformé à la fin du 16e s. en séminaire), fut entreprise vers 1172 par **Guillaume II**, petit-fils de Roger II. La légende veut que la Sainte Vierge lui soit apparue en songe, lui suggérant de bâtir une église avec l'argent dissimulé par son père dans une cachette dont elle lui révéla l'emplacement. L'édifice se devait d'être grandiose, pour égaler les cathédrales des plus grandes villes européennes, et rivaliser en beauté avec la chapelle Palatine, élevée par le grand-père de Guillaume II. C'est pour cela certainement que l'on employa les meilleurs artisans, sans regarder à la dépense. L'église était entourée côté nord par le palais royal, et côté sud par le couvent bénédictin dont on peut aujourd'hui admirer le magnifique cloître.

Le cloître de la cathédrale.
R. Mattes / hemis.fr

arabesque. À peu près à mi-longueur, un arc de triomphe monumental marque l'entrée dans le vaste espace du transept et des absides, surélevé par rapport aux nefs. Le dallage de cette partie, en marqueterie de marbre tout comme la partie basse des murs, rappelle la tradition byzantine. Le plafond en bois du chœur a été restauré au 19ᵉ s.

Dans l'église se trouvent les tombeaux de Guillaume Iᵉʳ **(F)** et Guillaume II **(G)** *(bras droit du transept)*. Le bras gauche du transept contient un autel **(H)** qui renferme le cœur de Saint Louis, mort à Tunis en 1270, lorsque son frère Charles Iᵉʳ d'Anjou régnait en Sicile.

La **chapelle du Crucifix★ (K)** s'ouvre sur l'abside de gauche et présente une exubérante décoration baroque tout en marbre. C'est une profusion de volutes, marqueteries, bas-reliefs, hauts-reliefs et statues. Le crucifix en bois est du 15ᵉ s. La **salle du trésor (L)**, juste à côté, recèle des reliquaires et autres objets de culte.

★★★ Les mosaïques

(Se reporter au plan du Duomo p. 199).

Sur fond doré prennent vie les personnages de la Bible, dans des tons plus pâles que ceux de la chapelle Palatine de la même époque, mais aux traits plus personnalisés et plus expressifs. Des maîtres vénitiens et siciliens ont réalisé ces mosaïques entre les 12ᵉ et 13ᵉ s. La présentation des scènes, les éléments et images symboliques utilisés sont souvent les mêmes que ceux de la chapelle Palatine. Le déroulement des mosaïques suit un schéma précis, conforme aux principes établis sous le pontificat d'Adrien Iᵉʳ lors du VIIᵉ Concile œcuménique (787) : l'art est subordonné à la religion et à la liturgie, le fidèle peut réellement recevoir à travers l'art les enseignements chrétiens. Le récit en mosaïques reprend le plan divin du salut universel, depuis la création du monde et de l'homme qui, à cause du péché originel, se voit contraint au travail et à l'expiation, jusqu'à l'intervention de Dieu, qui élit son peuple pour le préparer au salut *(nef centrale)*. La venue du Christ incarne l'accomplissement de la Rédemption, illustré par sa vie *(transept)* et ses œuvres *(nefs latérales)*. La mission commencée par le Christ se poursuit ensuite à travers la naissance de l'Église et grâce aux saints hommes qui suivent son exemple *(absides secondaires)*.

Chaque scène est riche en détails réalistes, par exemple les liens qui retiennent les échafaudages de la tour de Babel **(29)**, les couteaux posés sur la table des noces de Cana *(côté gauche de la croisée du transept, en haut)*, les pièces roulant de la table renversée par le Christ lorsqu'il chasse les marchands du Temple *(à peu près au centre de la nef latérale de gauche)* ou l'incroyable variété des poissons représentés dans l'épisode de la Création **(6)** comme dans celui de la pêche miraculeuse *(bras gauche du transept)*. Nombreux aussi sont les symboles utilisés, comme le nuage qui enveloppe les corps des dormeurs *(voir l'apparition de l'ange à Joseph, dans la croisée du transept sur la droite)* ou le petit homme sombre que l'on retrouve dans plusieurs scènes, qui représente le diable chassé du corps des possédés ou des pécheurs. L'image de l'âme d'Abel est assez curieuse, représentée par un petit homme rouge du sang versé **(20)**.

Dans l'**abside centrale** règne, imposant, le Christ pantocrator ; au niveau inférieur, on trouve la Vierge et l'Enfant entourés d'anges et d'apôtres. Sur la dernière frise, des figures de saints. Au centre de l'intrados, le trône du Jugement dernier.

Les deux **absides latérales** renferment, dans la conque, les figures de saint Pierre *(à droite)* et de saint Paul *(à gauche)* accompagnées d'épisodes significatifs de leur vie. L'histoire de la vie du Christ est évoquée dans le **chœur**, à partir de la croisée du transept où sont représentés les épisodes de son enfance, tandis que la vie de Jésus adulte jusqu'à la descente du Saint-Esprit est illustrée dans les deux bras du transept *(en commençant par celui de droite)*. Les nefs latérales, pour leur part, montrent des miracles du Christ.

Sous l'**arc de triomphe** qui ferme la croisée du transept, on voit deux trônes couronnés de mosaïques : à droite le trône épiscopal, surmonté de la scène du tribut symbolique de Guillaume II à l'Église (le roi est figuré au moment où il fait don de la cathédrale à la Vierge) et à gauche le trône royal, avec une scène qui proclame la protection divine sur le roi (c'est le Christ lui-même qui couronne Guillaume). Son tympan présente deux lions qui se font face, composition typiquement orientale, symbole du pouvoir, que l'on retrouve aussi sur les bras du trône.

La **nef centrale** est, quant à elle, consacrée à l'Ancien Testament. **(1)** Création des eaux. **(2)** Création de la lumière en présence des sept anges (autant que les jours de la Création). **(3)** Séparation des eaux qui se trouvent au-dessus du ciel et de celles qui se trouvent en-dessous. **(4)** La terre séparée des eaux. **(5)** Création de la lune, du soleil et des étoiles. **(6)** Création des oiseaux et des poissons. **(7)** Création de l'homme. **(8)** Le repos divin. **(9)** Dieu conduit Adam dans le jardin d'Éden. **(10)** Adam au jardin d'Éden. **(11)** Création d'Ève. **(12)** Ève est présentée à Adam. **(13)** Ève et le serpent de la tentation. **(14)** Le péché originel. **(15)** Dieu découvre Adam et Ève honteux de leur nudité. **(16)** Expulsion du Paradis terrestre. **(17)** Adam au travail ; Ève est assise, une navette à la main. **(18)** Le sacrifice de Caïn et Abel. *Seul le sacrifice d'Abel est apprécié de Dieu, ce qui est symbolisé par un rayon de lumière divine partant directement de la main du Seigneur.* **(19)** Caïn tue Abel. **(20)** Dieu découvre Caïn et le maudit. **(21)** Caïn est tué par Lamech, *épisode tiré de la tradition hébraïque et qui n'apparaît pas dans la Genèse.* **(22)** Dieu ordonne à Noé de construire l'arche. **(23)** Noé fait construire son arche. **(24)** Les animaux montent dans l'arche. **(25)** Noé reçoit la colombe qui apporte le rameau d'olivier, signe que la terre est libérée des eaux. **(26)** Les animaux descendent de l'arche. **(27)** Sacrifice de

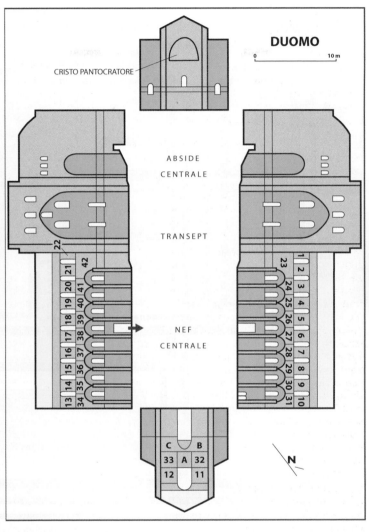

DUOMO

CRISTO PANTOCRATORE

0   10 m

ABSIDE
CENTRALE

TRANSEPT

NEF
CENTRALE

22
21 20 19 18 17 16 15 14 13
42 41 40 39 38 37 36 35 34

23
24 25 26 27 28 29 30 31
1 2 3 4 5 6 7 8 9 10

C   B
33 A 32
12   11

N

1

Noé en remerciement à Dieu ; derrière lui, l'arc-en-ciel, symbole de l'alliance de Dieu et de l'homme. **(28)** La vendange *(sur la gauche)* ; sur la droite Noé, ivre et dévêtu, est découvert par son fils Cham qui appelle ses frères pour se moquer de lui. Ces derniers, plus respectueux de la dignité paternelle, le couvrent. *C'est de là que provient la malédiction de Noé sur Cham et sa descendance, les Cananéens.* **(29)** Les descendants de Noé bâtissent la tour de Babel dans l'espoir de réaliser l'unité entre les hommes. *Mais des dissensions apparaissent, symbolisées par l'incapacité à communiquer. La tradition biblique veut que Dieu soit intervenu pour multiplier les langues des bâtisseurs, les mettant dans l'incapacité de se comprendre.* **(30)** Abraham, *établi dans la région de Sodome et Gomorrhe*, rencontre trois anges envoyés par Dieu et les invite chez lui. Les anges représentent la Trinité. **(31)** L'hospitalité d'Abraham. **(32)** Dieu envoie deux anges pour détruire Sodome. Loth, neveu d'Abraham, les accueille.

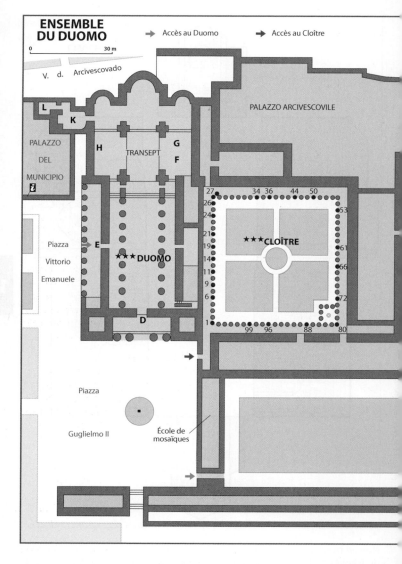

Loth tente d'empêcher les habitants de Sodome de pénétrer chez lui, où se trouvent les deux anges.

Les trois scènes ne font pas partie de l'Ancien Testament, mais de l'histoire des saints Cassius, Casto et Castrense (protecteur de Monreale). **(A)** Cassius et Casto, condamnés à être dévorés par les lions pour avoir refusé de renier le Christ, sont épargnés car les lions s'apaisent soudain et leur lèchent les pieds. **(B)** Conduits devant un temple païen, Cassius et Casto provoquent son effondrement sur les impies. **(C)** Saint Castrense libère un homme du démon, qui se jette à la mer et provoque un raz-de-marée. **(33)** Sodome est la proie des flammes et Loth fuit avec ses filles, tandis que sa femme, s'étant retournée pour regarder

Accès au Belvédère

Via Cappuccini

N

BELVÉDÈRE

l'incendie, est transformée en statue de sel. **(34)** Dieu apparaît à Abraham et lui ordonne de sacrifier son fils Isaac. **(35)** Un ange arrête le sacrifice. **(36)** *Abraham envoie un serviteur chercher une femme pour Isaac.* Au puits, Rebecca donne à boire au serviteur d'Abraham et à ses chameaux. **(37)** Rebecca se met en chemin pour retrouver Isaac, l'époux qui lui est prédestiné. **(38)** Isaac en compagnie de son fils préféré, Esaü, et du cadet, Jacob. **(39)** Convaincu qu'il s'agit d'Esaü, Isaac bénit Jacob *(sur la droite, Esaü rentre de la chasse). Isaac rendu presque aveugle par la vieillesse, est trompé par la peau de chevreau dont Jacob s'est recouvert les bras pour imiter la pilosité de son frère.* **(40)** Fuite de Jacob devant la colère vengeresse de son frère dont il a détourné la bénédiction d'Isaac. **(41)** En chemin, Jacob voit en songe une échelle montant de la terre jusqu'au ciel et parcourue par des anges. Au sommet, Dieu lui fait don de la terre sur laquelle il s'est endormi ; à son réveil, Jacob pose la première pierre, celle qui lui avait servi d'oreiller. **(42)** Jacob lutte contre l'ange. *Lorsqu'il retourne auprès de son frère Esaü, Jacob, craignant sa colère, lui envoie des présents. Au cours de la nuit, après avoir fait passer un gué à sa famille, il rencontre un ange avec lequel il se bat. À l'aube, l'ange le bénit et lui donne le nom d'Israël (celui qui a combattu avec Dieu et les hommes, et a vaincu).*

★★★ Montée aux terrasses

Accès par le fond de la nef de droite. Montée ardue.
La première partie, à découvert, permet de jouir d'une remarquable vue sur le cloître. Plus haut, on profite d'une vision rapprochée des magnifiques **absides★★**. La dernière montée dévoile une **vue★★** enchanteresse de la Conca d'Oro.

★★★ LE CLOÎTRE

𝄢 091 64 04 403 - ♿ - 9h-13h30, 14h-18h30, dim. et lun. 9h-13h - 6 € (24 €, valable 5 j., billet combiné avec la Zisa, le palais Abatellis, San Giovanni degli Eremiti et le palais d'Aumale à Terrasini ; 10,50 € valable 3 j. avec la Zisa et le palais Abatellis).

Merveille de délicatesse, ce cloître incarne la forme la plus aboutie de la rencontre entre l'esprit du christianisme et l'architecture arabo-musulmane. Ses quatre-vingt-quatorze colonnettes géminées, ornées de dessins géométriques en mosaïque, supportent de remarquables **chapiteaux★★★** historiés, dans la plus pure tradition romane, sur lesquels s'ordonne une délicate suite d'arcades ogivales. Dans l'angle sud-ouest, un petit cloître, inclus dans le grand, abrite une fontaine. Prenez le temps d'observer un à un les chapiteaux décorés de figures d'hommes, d'animaux, ou de motifs végétaux. Ils racontent pour la plupart des épisodes bibliques avec une liberté d'interprétation qui confine souvent au fantastique. Effectuez la visite dans le sens des aiguilles d'une montre en commençant par le côté nord.

1

● **Côté nord, n° 1** : l'aigle qui tient un lièvre dans ses serres évoquerait la puissance de l'empereur Frédéric II face à la papauté ; **n° 6** : adversaires symboliques de la religion, une femme-poisson est accompagnée de dragons ; des guerriers et des chiens veillent sur la Foi ; **n° 9** : évocation de l'arbre du Bien et du Mal au paradis, et du serpent ; **n° 11** : feuilles de chênes rabattues par le vent sous un rayon de miel, symbole de douceur attribué à la Vierge Marie ; **n° 14** : vie de Jean-Baptiste ; **n° 19** : feuilles d'acanthe, seul chapiteau d'époque Renaissance ; **n° 21** : histoire de Samson ; **n° 24** : massacre des Innocents ; **n° 26** : une sirène, symbole de la tentation, se glisse parmi les évangélistes.

● **Côté est, n° 27** : Annonciation, Nativité et Adoration des Mages ; **n° 34** : des télamons, anges à la silhouette frêle, supportent le monde et ses souffrances ; **n° 36** : chouettes entourées de visages humains, réminiscence de l'Antiquité où ce rapace, attribut d'Athéna, symbolisait la sagesse ; **n° 44** : histoire de Joseph vendu par ses frères ; **n° 50** : les femmes pieuses devant le sépulcre du Christ.

● **Côté sud, n° 53** : acrobate, symbole de liberté et d'extase ; **n° 61** : vendange ; **n° 66** : symbolique de l'enfantement dans la souffrance ; **n° 72** : un homme chevauche un taureau qu'il égorge, évocation possible du culte antique de Mithra.

● **Petit cloître** : parmi les motifs lisibles sur les colonnes sculptées, vous reconnaîtrez : l'**aigle**, attribut de Jean l'évangéliste, symbole de l'ascension ou du courage (s'il lutte avec un animal) ; l'**archer** en embuscade, symbole de menace ; le **cheval blanc**, symbole du Christ vainqueur ; le **chien**, guide du troupeau ; les **poissons**, qui symbolisent le baptême, les **silhouettes nues**, Adam et Ève, la **vigne** et les **grappes**, la Passion du Christ.

● **Côté ouest, n° 80** : présentation au temple, circoncision du Christ, fuite en Égypte, mission des apôtres ; **n° 88** : le roi Guillaume II dédie Monreale à la Vierge ; **n° 96** : aigles tournés vers le haut, évocation de l'Esprit ; **n° 99** : histoire de Noé et de la tour de Babel.

NOS ADRESSES À MONREALE

TRANSPORTS

Si l'on arrive en voiture de Palerme par le viale Regione Sicilia, sortir à l'échangeur Calatafimi-Monreale et emprunter la N 186. L'autobus n° 389 relie la piazza dell'Indipendenza à Monreale. Pour toute information, contacter l'**AMAT** (☎ 091 35 01 11 ou 848 800 817 - www.amat.pa.it).

HÉBERGEMENT

BUDGET MOYEN

Palazzo Ducale Suites – *Via Duca degli Abruzzi 8* - ☎ *091 64 04 298 - fax 091 64 00 932 - www. palazzoducalesuites.it -* 🅿 *- 7 ch. 80 € ☕.* Un B & B à quelques pas du Duomo, niché dans les ruelles du centre de Monreale. Son plus grand avantage est de disposer d'un parking privé. Chambres vastes et confortables ; certaines sont de véritables suites. Jolie terrasse.

RESTAURATION

PREMIER PRIX

Vous trouverez plusieurs bars-snacks autour du Duomo, où l'on sert *focacce* et repas légers. Sur la gauche, face à l'entrée de l'église, le **Baby Bar** pratique des prix raisonnables.

En cas à la sicilienne

Antica Forneria Tusa Nazareno - *Via Odigitria 39* - ☎ *091 64 04 034 - lun.-sam. 2h-14h30.* Boulangerie à l'ancienne qui sort de son four au feu de bois de belles miches de pain de campagne, des petits pains au sésame et des gâteaux aux amandes très appétissants.

BUDGET MOYEN

Taverna del Pavone – *Vicolo Pensato 18* - ☎ *091 64 06 209 - fermé lun. - www. tavernadelpavone.it - 20/30 €.* Une ambiance agréable grâce à la terrasse installée dans une rue piétonne. Vous pourrez goûter dans ce restaurant quelques-uns des grands classiques de la cuisine sicilienne.

AGENDA

Semaine de la musique sacrée – Elle se déroule généralement en novembre et présente des concerts dans différentes églises. Pour plus d'informations, contacter l'office de tourisme.

1

Golfe de Castellammare

😊 NOS ADRESSES PAGE 209

🚩 S'INFORMER

Office de tourisme – *Piazza Castello 7 - 📞 0924 30 217.*

👣 SE REPÉRER

Carte de microrégion B1-2 (p. 136) - *carte Michelin Local 365 AL-AM-AN 54-55.* Le golfe de Castellammare s'étend entre le Capo San Vito et le Capo Rama. La belle route panoramique suit la côte jusqu'à Scopello, s'interrompt à la Riserva dello Zingaro puis reprend au début du Capo San Vito. Entre Scopello et San Vito lo Capo, il faut donc suivre la route intérieure.

😊 À NE PAS MANQUER

La *tonnara* di Scopello ; la Riserva naturale dello Zingaro (réserve « du Gitan ») ; la Grotta di Scurati.

🕐 ORGANISER SON TEMPS

Juin et septembre sont parfaits si vous voulez éviter les foules d'estivants. En septembre, vous pourrez profiter de la sympathique Cous Cous Fest à San Vito lo Capo.

👫 AVEC LES ENFANTS

Une excursion en barque à la Riserva naturale dello Zingaro et la grotte Mangiapane à la période de Noël lorsqu'elle abrite une crèche vivante.

Le superbe golfe présente de douces collines séparées par d'âpres reliefs montagneux ; il est dominé à l'ouest par la masse imposante du Monte Còfano qui surplombe le promontoire de Capo San Vito. La région, outre ses splendides paysages côtiers et ses célèbres stations touristiques, offre la possibilité d'excursions culturelles parmi les châteaux, les madragues, les « bagli » et les sites archéologiques, parfaitement insérés dans un paysage à la fois touristique et agricole.

Circuits conseillés Carte de microrégion

DE PALERME À CASTELLAMMARE DEL GOLFO

▶ *Circuit d'environ 100 km, tracé sur la carte p. 136. Il conduit de Palerme aux portes de la réserve du Zingaro. La route ne présente pas d'intérêt particulier en dehors des sites. Inutile de s'attarder en chemin.*

Carini B1

À 25 km à l'ouest de Palerme, par l'A 29 vers Trapani, puis sortir à 16 km et suivre le fléchage.

Une route effectue de grands lacets pour conduire à cette charmante petite ville située dans l'immédiat arrière-pays du golfe du même nom, à environ 20 km à l'ouest de Palerme. La masse élégante de son château domine la ville, entourée d'habitations médiévales.

Le corso Umberto I est l'artère principale de Carini. Un peu plus loin, l'escalier en fer à cheval qui entoure la fontaine médiévale de l'abbaye mène, en passant sous un arc du 12e s., aux étroites ruelles du vieux bourg et au château.

Castello – ℘ 091 88 15 666 - www.comune. carini.pa.it - tlj sf lun. 9h-13h, 16h-20h - 3 €. Rendue célèbre par la tragique histoire de la **baronne de Carini**, la forteresse de la période normande fut profondément remaniée au cours des siècles, en particulier par les La Grua-Talamanca. Au rez-de-chaussée, on voit le **salon des Vivres** (salone delle Derrate), transformé par la suite en bibliothèque, avec deux arcs en pierre du 15e s. s'appuyant sur un épais pilier. À l'étage supérieur, on admirera le **plafond** de bois à caissons (15e s.) du **salon des Fêtes** (salone delle Feste), aux superbes stalactites de style gothico-catalan. De là, on accède à la tour carrée qu'adoucit une fenêtre géminée couronnée de consoles à motifs végétaux qui rythment une série de meurtrières.

Revenir sur le corso Umberto I.

Juste en face de la fontaine se trouve l'**église San Vincenzo**, embellie d'une grille en fer forgé pour les pièces réservées aux religieuses

> **UN PEU D'HISTOIRE**
> Carini s'enorgueillit de ses origines légendaires. Probablement fondée par Dédale sous le nom d'Hyccara, en mémoire d'Icare, elle fut détruite par les Athéniens en 415 av. J.-C. pour renaître avec les Phéniciens et devenir, après la conquête romaine, une cité à la solde de l'Empire. Après diverses vicissitudes, elle devint le fief des très puissants Chiaramonte, des Moncada (14e s.) et enfin des La Grua-Talamanca, du 15e s. à nos jours.

1

du couvent contigu, et décorée de stucs à festons blancs et dorés, de *putti* et de grotesques de style néoclassique.

Au bout du corso Umberto I s'ouvre la **piazza del Duomo** avec, sur sa droite, l'église San Vito (St-Gui) (et, sur la gauche, l'église principale.

Chiesa Madre – Très remaniée au 18e s., elle possède sur la façade droite des arcades et d'intéressants panneaux en céramique, représentant la Crucifixion, l'Assomption, sainte Rosalie et saint Gui (1715). À l'**intérieur**, on peut admirer une *Adoration des Mages*, chef-d'œuvre du peintre toscan Alessandro Allori (1578), artiste de renom à la cour des Médicis, et, dans la chapelle qui porte son nom, un précieux crucifix en bois du 17e s. avec une croix d'agate et une couronne d'argent, placé sur un imposant autel encadré de statues en stuc expressives réalisées par Procopio Serpotta.

Oratorio del Santissimo Sacramento – Édifié à côté de la *chiesa madre* vers le milieu du 16e s., l'oratoire est entièrement revêtu à l'intérieur d'une merveilleuse décoration en **stuc★★** (18e s.), œuvre de Vincenzo Messina, originaire de Trapani. On peut y découvrir des figures allégoriques grandeur nature : la Foi, la Charité, la Fermeté et la Pénitence, à gauche ; l'Espérance, la Justice, la Grâce divine et l'Église catholique, à droite, ainsi que, sur des consoles placées au-dessous des fenêtres, des personnages plus petits illustrant des scènes du mystère de l'Eucharistie. L'ensemble est enrichi de motifs décoratifs typiques de Serpotta : *putti*, guirlandes de fleurs et de fruits, blasons, grotesques. Au plafond, la fresque du *Triomphe de la Foi*.

Santa Maria degli Angeli – *Dans la via Curreri, derrière l'église principale.* L'église de l'ancien couvent des capucins présente une nef unique avec de belles chapelles latérales ornées de bois sculpté. On y voit un **crucifix** en bois de toute beauté de Fra'Benedetto Valenza (1737), qui exécuta aussi le décor rococo de la chapelle qui l'abrite ; de petits reliquaires y sont enchâssés.

Chiesa degli Agonizzanti – *Via Roma.* Terminée en 1643, l'église possède une riche **décoration de stucs★** blanc et or, composée de gracieux *putti*, d'aigles, de guirlandes de fleurs et de fruits, autour de fresques qui illustrent la vie de la Vierge, avec, dans la partie supérieure de la voûte, la fresque de *L'Apothéose de la Vierge*. Au centre des parois latérales, sous les fresques, deux petites scènes en stuc représentent la mort de saint Joseph et celle de la Vierge.

Emprunter la S 113 en direction de l'aéroport. Arrivés en vue de la côte au niveau du raccord pour l'autoroute A 29, poursuivre toujours sur la même départementale en suivant les indications pour Terrasini.

Terrasini B1

À 35 km à l'ouest de Palerme, par l'A 29.

Face à la mer, la cité balnéaire de Terrasini s'adosse à une haute **paroi rocheuse★** rouge, creusée de calanques enchanteresses abritant de petites plages.

★ **Museo Regionale di Storia Naturale** – *Palazzo D'Aumale - lungomare P. Impastato - ℰ 091 88 10 989 - www.regione.sicilia.it/beniculturali/museo daumale - tlj sf dim. 9h-13h30, 14h-18h45 - 6 €; billets combinés 24 € valable 5 j. ou 10,50 € valable 3 j. avec la Zisa, Palazzo Abatellis, San Giovanni degli Eremiti et cloître de Monreale.* L'exposition permanente présente de très belles **charrettes siciliennes★**, provenant notamment de Palerme et de Trapani. Le fleuron du musée est cependant la riche **collection ornithologique Orlando★** aux extraordinaires spécimens naturalisés de corbeaux, d'oiseaux de nuit, de cigognes et de rapaces, parmi lesquels des espèces en voie d'extinction ou très rares comme le griffon, l'aigle impérial et le coq de bruyère. Dans la **section archéologique** sont exposés des vestiges retrouvés en mer près de Terrasini, notamment des fragments d'amphores du 3ᵉ s. av. J.-C. et des objets provenant d'un navire romain du 1ᵉʳ s. apr. J.-C.

Depuis Terrasini, reprendre l'autoroute A 29 et longer la côte pendant 30 km. Sortir à Castellammare del Golfo.

Castellammare del Golfo B2

Pour rejoindre Castellammare del Golfo de Palerme en voiture (env. 100 km), vous pouvez soit emprunter l'autoroute, soit longer le littoral (S 187). Mais la route côtière est très fréquentée et les plages qui la bordent, le long de la ligne de chemin de fer, ne sont guère engageantes.

Blottie dans le **golfe** du même nom, cette petite cité était autrefois le port et le comptoir marchand des villes de Ségeste et d'Erice. C'est aujourd'hui une station balnéaire, fière du **château médiéval** dont elle tire son nom.

Après Castellammare del Golfo, une route grimpe la rude montagne qui dévoile un magnifique **panorama★** *(aire de stationnement)* sur la ville et le port. La route conduit à Scopello.

SAN VITO LO CAPO ET LA RÉSERVE NATURELLE DU ZINGARO

◗ *Circuit tracé sur la carte p. 136. La pointe de San Vito présente des intérêts variés. De Castellammare del Golfo, une route conduit vers le charmant village de Scopello.*

★★ Riserva naturale dello Zingaro B1

La réserve s'étend sur le territoire compris entre Scopello et San Vito lo Capo. On peut y accéder par ces deux villes - entrée 3 €. Pour tout renseignement sur les sentiers et sur les modalités d'accès aux différents sites : ℰ 0924 35 108 - www. riservazingaro.it.

La réserve *(voir encadré ci-contre)* s'étend au nord de Scopello et son écran naturel barre l'accès à San Vito lo Capo. Si vous souhaitez rejoindre les belles plages du cap, il vous faudra contourner la *riserva*. Les amoureux de la nature, quant à eux, s'y arrêteront, car elle vaut à elle seule le voyage.

LE ZINGARO

👫 Cette **réserve « du Gitan »**, la première réserve naturelle instituée en Sicile, s'étend sur environ 7 km et couvre 1 650 ha. Son sentier principal serpente le long de la côte, en surplomb au-dessus de la mer. Il dévoile une succession de magnifiques **panoramas** agrémentés de criques, baies, plages (dont la plupart sont accessibles), parois vertigineuses et promontoires rocheux, révélant tout le charme de cette zone protégée. La riche végétation méditerranéenne (environ 700 espèces) laisse apparaître par endroits le sol rougeâtre, contrastant avec le vert intense des palmiers nains, celui plus clair des lauriers, agaves, asphodèles et figuiers de Barbarie, ou le jaune vif des astragales en fleur. D'autres sentiers tout aussi pittoresques ont été tracés pour explorer l'intérieur de la réserve. Le paysage se diversifie et l'on rencontre des spécimens de frênes à manne. La réserve abrite de nombreuses espèces animales, oiseaux en particulier (on y compte 39 espèces, dont le faucon pèlerin, l'aigle de Bonelli et la crécerelle) et petits prédateurs.

Le Zingaro conserve aussi des témoignages de la présence humaine au cours des siècles. La **Grotta dell'Uzzo** recèle des vestiges du Néolithique et du Mésolithique. On découvre de petites implantations rurales, comme le **Borgo Cusenza** et sa vingtaine d'habitations bien conservées, et la **Tonnarella dell'Uzzo**. Trois petits musées (Museo delle Attività Marinare, Museo della Civiltà Contadina et Museo Naturalistico) illustrent les occupations traditionnelles des populations ayant habité la réserve.

Scopello B2

C'est une petite bourgade balnéaire dominée par le **baglio** *(voir p. 111)* du 18ᵉ s. qui donne sur la place centrale. Sur le parcours, après un virage, un petit chemin creux sur la droite, qui peut se faire à pied, mène à la madrague.

La tonnara – Cette pêcherie a été le témoin d'une activité florissante, tributaire d'une mer extraordinairement poissonneuse. Après plusieurs années d'abandon, elle est aujourd'hui revenue à la vie grâce à une savante restauration qui en a fait une demeure de charme dont les différents appartements sont en location *(voir nos adresses p. 209)*. La petite crique rocheuse au fond de laquelle se découpent les profils des *faraglioni* (îlots rocheux), conserve la poésie des lieux anciens, accentuée par le silence qui l'entoure et que seul rompt le bruit des vagues. Les installations où était pratiquée la cruelle *mattanza* (mise à mort des thons pris dans la madrague, système spécial de filets) sont restées intactes ; les ancres utilisées pour les filets sont encore visibles adossées à l'un des murs de la *tonnara*. Propriété privée, la crique est néanmoins accessible aux visiteurs qui, en été, profitent de la petite plage de galets ainsi que de ses eaux si claires pour se baigner. L'accès pour autant est sévèrement réglementé (*3 € par véhicule*), et interdit dès lors que le nombre de personnes présentes devient trop important.

Depuis Scopello, il n'existe pas de liaison routière par la côte pour rejoindre San Vito lo Capo. Pour vous y rendre, vous devrez donc revenir sur vos pas pendant quelques kilomètres, puis tourner à droite et suivre la route en direction de Castelluzzo.

La route qui grimpe de **Custonaci** jusqu'au cap offre de belles **vues★** sur le golfe del Còfano (du Coffre). Avant d'atteindre San Vito, on aperçoit sur la gauche une tour de guet du 16ᵉ s., silhouette familière de la région, puis on passe la chapelle **Santa Crescenzia** (16ᵉ s.), dont la forme cubique est typique ici.

1

★ San Vito lo Capo B1

Office de tourisme – Via Savoia 57 - 📞 0923 97 43 00 - www.comune.sanvito locapo.tp.it - 9h-13h.

Réputée surtout pour la beauté de son rivage, la station balnéaire possède une baie et une plage enchanteresses baignées d'eaux cristallines aux teintes changeantes, passant de l'azur le plus pur au vert et au bleu profond. En été, la plage est littéralement noire de monde.

Le petit village tout blanc, évoquant un peu ceux d'Afrique du Nord, s'est développé à partir du 18e s. autour de sa **chiesa madre**. L'église rappelle avec sa forme carrée et massive son origine de forteresse sarrasine. À l'intérieur se dressait autrefois une petite église consacrée à saint Gui (Vito) où, dit-on, le saint aurait vécu et qui, devenue trop petite pour accueillir tous les pèlerins, a été agrandie jusqu'à englober ses murs de « protection ».

Le Capo San Vito et le Golfo del Còfano B1

En quittant San Vito vers l'est, après avoir passé la pointe de Solanto, on peut voir sur la gauche la **tonnara del Secco**, ancienne pêcherie au thon aujourd'hui à l'abandon, et on rejoint la solitaire **tour dell'Impiso** (du Pendu, visible seulement au retour et non à l'aller), qui est une tour de guet. Au bout de la route, s'étend la belle réserve du Zingaro *(voir p. précédente)*.

Revenir à San Vito et prendre la direction de Castelluzzo. Traverser la ville, puis tourner à droite en direction de Custonaci. S'engager ensuite sur la route qui longe le mont par la droite.

Riserva Naturale Monte Còfano (A1) – L'impressionnant pic calcaire du Monte Còfano classé réserve naturelle, offre avec le golfe qui le baigne un magnifique **spectacle★** d'abruptes parois rougeâtres se reflétant dans une eau cristalline. Sur le flanc de la montagne, on a ouvert plusieurs carrières d'extraction du marbre perlé de Sicile *(perlato di Sicilia)* dont la blancheur contraste avec le brun de la roche brute. À proximité des carrières, au hameau de **Scurati** *(suivre les indications)*, se trouve la **grotte Mangiapane★** dont l'intérieur abrite un petit village rural complet, avec sa chapelle et sa rue empierrée. Le charme de ce lieu abandonné, avec ses maisons carrées couleur terre brûlée à l'aspect un peu mexicain, revit au moment de **Noël**, quand on y installe une jolie crèche vivante 👥.

À proximité Carte de microrégion

ALCAMO B2

▶ *Environ 11 km au sud de Castellammare del Golfo.*

Ce nom évoque immédiatement celui de **Cielo d'Alcamo**, auteur de la célèbre *Rosa Fresca Aulentissima*, écrite au 13e s., qui marque les débuts de la littérature en langue populaire. Un simple coup d'œil à cette riche contrée de vignobles amène vite à des considérations plus terre à terre mais bien agréables : l'*alcamo* est aussi le vin blanc sec produit localement.

Des œuvres des **Gagini** (16e s.) et de **Serpotta**, l'un des plus grands maîtres du baroque, ornent aussi bien les églises Santa Oliva, San Francesco d'Assisi et San Salvatore que l'imposante **basilique Santa Maria Assunta**, qui possède aussi une belle chapelle datant du 15e s.

Sur la piazza della Repubblica, transformée en jardin, le **château des comtes de Modica** (14e s.) au plan en losange, avec côté nord une belle fenêtre géminée de style gothique, dresse deux tours carrées et deux tours rondes.

NOS ADRESSES À CASTELLAMMARE

HÉBERGEMENT

Castellammare del Golfo

BUDGET MOYEN

Cala Marina – *Via Don L. Zangara 1 (port de plaisance) - ℘ 0924 53 18 41 - www.hotel calamarina.it - 14 ch. 65/140 €* ⌐. Les chambres les plus agréables de ce modeste hôtel bénéficient d'un balcon au-dessus du port de plaisance. Les autres, sur l'arrière, jouissent de la vue sur la montagne.

POUR SE FAIRE PLAISIR

Cetarium - *Via Don L. Zangara 45 - ℘ 0924 53 34 01 - www.hotel cetarium.it - 26 ch. 120 €* ⌐. Une ancienne *tonnara* sur le port de plaisance transformée en hôtel de qualité. Chambres et communs frais et agréables, à la décoration contemporaine très réussie.

Scopello

POUR SE FAIRE PLAISIRG

Tonnara di Scopello – *Largo Tonnara Scopello 1, à 2,3 km du centre de Scopello - ℘ 339 67 41 046 - fax 091 38 09 993 - www. tonnaradiscopello.com -* ⌐ *- 15 appart. 130 € - literie et serviettes 25 €/couple - séjour min. 2 nuits en basse saison, 5/7 nuits en haute saison*. Rien n'a changé depuis le temps où la *tonnara* était en activité : les barques des pêcheurs, les ancres pour tenir les filets, les bureaux de l'administration, tout est encore en place. Dans un cadre d'une beauté naturelle unique, on savoure le calme de l'un des lieux les plus envoûtants du nord de l'île. Les appartements, simplement meublés, disposent tous de salle de bains et d'une kitchenette. Certains ont même une terrasse.

San Vito lo Capo

PREMIER PRIX

El Bahira – *Contrada Salinella, Bahira - 4 km au sud de San Vito lo Capo - ℘ 0923 97 25 77 - fax 0923 97 25 52 - www.elbahira.it - 30 €.* Un camping bien situé qui en satisfera plus d'un. Il offre en effet aussi bien des emplacements de tentes, des mini-appartements et des mobile homes. Côté sport et animation, plusieurs activités proposées.

BUDGET MOYEN

L'Agave – *Via N. Bixio 35 - ℘ 0923 62 10 88 - fax 0923 62 15 38 - www.lagave.net - fermé nov. - 12 ch. 100 €* ⌐. Ce petit hôtel à quelques pas de la mer permet de passer un séjour tranquille en profitant d'équipements et de services modernes.

Piccolo Mondo – *Via N. Bixio 7 - ℘ 0923 97 20 32 - fax 0923 30 99 98 - www.piccolomondohotel. net - 10 ch. 100 €* ⌐. Jolie petite structure à la gestion familiale. Proche de la plage, les espaces sont particulièrement soignés. Très bon accueil.

Locanda Pocho - *Località Isulidda - Makari - ℘ 0923 97 25 25 - fax 0923 62 13 54 - www.pocho.it - ✘ - 12 ch. 100 €* ⌐. Son plus grand atout ? Une superbe terrasse d'où contempler le coucher de soleil. À 200 m de la plage, dans le hameau de Isulidda, un hôtel de caractère qui sent bon la Sicile. Très bonne carte au restaurant.

Alcamo

BUDGET MOYEN

Sirignano Wine Resort – *Contrada Sirignano, à 12 km à l'ouest d'Alcamo - ℘ 0924 21 664 - www.sirignanowineresort. it - 12 ch. 90 €* ⌐. Vignobles et oliviers à perte de vue, le parfum des orangers… Voici un *baglio* qui a conservé intact tout l'enchantement de la Sicile rurale. Dans la même famille depuis 1730. C'est une étape incontournable pour les amateurs de bon vin.

RESTAURATION

Castellammare del Golfo

BUDGET MOYEN

Ristorantino del Monsù – *Piazza Petrolo angle via Pisani 2 - 𝄞 0924 53 10 31 - 25 €*. Servie dans une chaleureuse petite salle rustique aux tons jaunes ou en terrasse, la cuisine du terroir « évolutive » est ici de bonne qualité : couscous à la seiche, pâtes au *pesto* de pistache et crevettes, paupiettes d'espadon. Large choix de vins.

Egesta Mare – *Via Fiume angle piazza Petrolo - 𝄞 0924 30 409 - 18/25 €*. Après plusieurs années, les habitués sont toujours aussi convaincus par la cuisine saine et savoureuse de cette adresse. Le menu suit les arrivages de la pêche (antipasto de la mer, chaud et froid, friture de poisson). Bon rapport qualité-prix.

Scopello

PREMIER PRIX

Pan cunzato – *Via Galluppi - fermé jeu.* Perdue dans les ruelles, cette boulangerie traditionnelle a conservé son four à feu de bois et ses carreaux de faïence aux murs. Si parfois la queue dépasse l'heure d'attente, c'est à cause du légendaire *pan cunzato (2,50 €)* : deux tranches de pain chaud, farcies de tomates, d'anchois, de fromage et arrosées d'huile d'olive. Un délice !

San Vito lo Capo

POUR SE FAIRE PLAISIR

Gnà Sara – *Via Duca degli Abruzzi 8 - 𝄞 0923 97 43 08 - fermé lun. (sf juin-sept.), nov.* Situé dans une rue parallèle au *corso* principal, ce restaurant vous servira des plats de poisson copieux et de qualité. Décoration intérieure rustique et véranda pour les repas d'été.

Da Alfredo – *Contrada Valanga 3, 1 km au sud de San Vito lo Capo - 𝄞 0923 97 23 66 - fermé lun. (sf de mi-juin à fin sept.).* Par où commencer ? Par la splendide terrasse-jardin ? Par la luxuriante tonnelle qui vous fournira l'ombre et la fraîcheur nécessaires à la dégustation d'une savoureuse et solide cuisine sicilienne traditionnelle ? À vous de décider…

PETITE PAUSE

San Vito lo Capo

Pasticceria Capriccio – *Via Piersanti Mattarella 106 - 𝄞 092 39 72 822.* Une pâtisserie qui mérite le détour pour ses *cannoli* farcis sur place, mais aussi pour ses brioches et ses *arancini*.

SPORTS ET LOISIRS

Promenade en bateau – Excursion d'une journée à bord des deux navires au départ de la marina de Castellammare (en été), le *Leonardo da Vinci* ou bien le *Primero 6° (𝄞 0924 34 222 - 35 €/pers.).* Virées vers la Riserva dello Zingaro, San Vito lo Capo et les *faraglioni* de Scopello avec pause baignade et déjeuner à bord.

Plongée

Le **Nautic Club Poseidon**
(*Via Roma 86 - Castellammare
del Golfo - ℘ 338 250 11 10 -
www.clubposeidon.it*), seul club
de plongée du secteur, propose
des sorties dans le golfe de
Castellammare et dans la
réserve naturelle du Zingaro ;
comptez 40 € par plongée et
50 € si vous louez l'équipement
complet.
Cetaria (*Via Marco Polo 3 -
Scopello - ℘ 0924 54 11 77
ou 368 386 48 08 - www.cetaria.
com*) organise des plongées
autour de la réserve du Zingaro,
avec un intéressant parcours
archéologique à la découverte
de vestiges antiques, par 18-20 m
de fond. Comptez 55 €/plongée,
équipement fourni
Nautisub (*Via Faro 24 - San Vito
lo Capo - ℘ 348 294 06 10 ou
328 818 07 48 - www.nautisub.it*)
propose des plongées aux abords
de la réserve du Zingaro, à partir
de 40 €.

Locations de vélos et scooters

San Vito Divers – *Via Faro -
San Vito lo Capo - ℘ 0923 97
21 57 - www.sanvitocharter.it.*
Vélos et VTT 5 €/j ; scooters
30-35 €/j.

Quad

Segesta Quad – *Piano
S. Maria 27 - Alcamo - ℘ 0924
28 483 ou 335 26 17 26.* Excursions
en quad pour découvrir les
paysages les plus sauvages
de la Sicile occidentale (70/120 €,
entre 2 et 4h). La plus belle :
celle autour du temple de
Ségeste au coucher de
soleil.

AGENDA

**Festa di Maria Santissima
del Soccorso** – Du 19 au 21 août,
à Castellammare del Golfo,
se déroule la fête de la sainte
patronne de la ville. Une belle
procession est organisée en mer,
pendant laquelle sont posées
sur l'eau des milliers de petites
bougies flottantes. Spectacle
pyrotechnique.

Cous Cous Fest – À San Vito
Lo Capo, en septembre (dates
variables), a lieu un festival
consacré à la gastronomie et à
l'œnologie méditerranéennes,
qui s'accompagne de concerts
de musique ethnique et de
rendez-vous culturels. Pour toute
information, consulter le site
www.couscousfest.it.

La fête des Schietti – À Carini,
le samedi avant Pâques, tous les
schietti, « hommes sincères », en
fait les célibataires, taillent un
bigaradier (oranger aux fruits
amers) en forme de boule, puis
l'ornent de rubans multicolores
et de *ciancianieddi*, colliers de
grelots de formes variées. On
porte à travers la ville l'arbre ainsi
décoré, qui pèse environ 50 kg. Le
dimanche matin, il est béni sur la
place de la *chiesa madre*. Ensuite,
sous les encouragements de ses
compagnons, chaque *schietto*
se rend à la maison de sa *zita* ou
fiancée, et doit démontrer sa force
en soulevant l'arbre. Aujourd'hui,
cette coutume n'est plus qu'une
fête populaire, mais autrefois
c'était une véritable épreuve de
virilité : si le promis ne réussissait
pas à soulever son bigaradier
ou s'il ne le maintenait pas assez
longtemps debout, cela pouvait
entraîner la rupture des fiançailles.

1

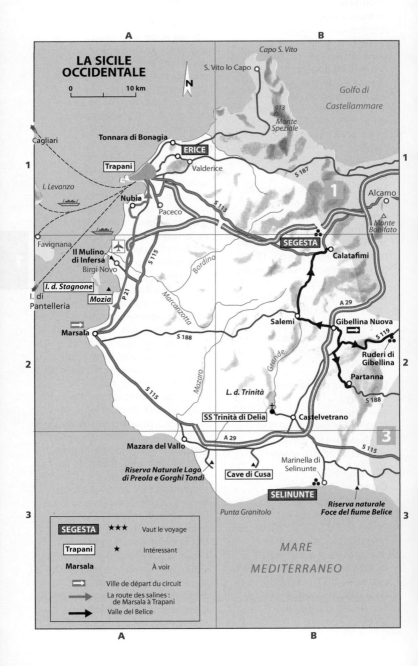

LA SICILE OCCIDENTALE

0   10 km

N

Capo S. Vito

S. Vito lo Capo

Golfo di
Castellammare

Cagliari

I. Levanzo

Tonnara di Bonagia

ERICE

Trapani   Valderice

913
Monte
Speziale

S 187

Alcamo

Monte
Bonifato

Nubia

Paceco

S 113

Favignana

**Il Mulino
di Infersà**
Birgi Novo

I. d. Stagnone

I. di
Pantelleria

Mozia

Marsala

P 21

S 115

Bordino

Marcanzotta

SEGESTA   Calatafimi

A 29

Salemi   **Gibellina Nuova**
S 119

S 188

Grande

Mazaro

L. d. Trinità

**Ruderi di
Gibellina**

Partanna

S 188

SS Trinità di Delia   **Castelvetrano**

S 115

A 29

S 115

Mazara del Vallo

*Riserva Naturale Lago
di Preola e Gorghi Tondi*

Cave di Cusa

Marinella di
Selinunte

SELINUNTE

*Riserva naturale
Foce del fiume Belice*

Punta Granitolo

MARE
MEDITERRANEO

SEGESTA ★★★ Vaut le voyage

Trapani ★ Intéressant

Marsala À voir

Ville de départ du circuit

La route des salines :
de Marsala à Trapani

Valle del Belice

La Sicile occidentale 2

Carte Michelin Local 365 – Région autonome de Sicile

Erice

★★★

28 583 habitants

😊 **NOS ADRESSES PAGE 217**

ℹ️ S'INFORMER

Servizio Turistico Regionale – *Via Tommaso Guarrasi 1 - 📞 0923 86 93 88 ou 0923 50 21 29 - fax 0923 86 95 44 - www.regione.sicilia.it/turismo.*

🧭 SE REPÉRER

Carte de microrégion A1 (p. 212) – *carte Michelin Local 365 AK 55*. La ville jouxte les faubourgs de Trapani. Deux montées ponctuées de superbes **vues★★** sur la mer et la plaine permettent d'y accéder. Depuis les faubourgs de Trapani, un téléphérique rejoint la vieille ville d'Erice.

🅿️ SE GARER

Il est impératif de laisser son véhicule au parking près de la Porta di Trapani. La circulation dans la ville est interdite aux non résidents.

😊 À NE PAS MANQUER

Flâner dans les ruelles et les nombreuses églises de la ville ; les vues imprenables ; les gâteaux de la pâtisserie Maria Grammatico.

🕐 ORGANISER SON TEMPS

Prévoir une demi-journée en essayant vraiment d'arriver tôt le matin pour éviter les foules d'estivants et la grosse chaleur.

Dans un site★★★ inoubliable, un haut plateau triangulaire en terrasse sur la mer, Erice se perche à 750 m d'altitude, sur la montagne du même nom. Défendue par des bastions et une muraille d'enceinte, la ville médiévale est un labyrinthe de ruelles aux pavés polis comme des galets et de venelles si étroites qu'on ne peut les arpenter à deux de front. Erice a deux facettes : celle, solaire et radieuse, des chaudes journées d'été, quand, des rues inondées de lumière où se dressent les belles échoppes des artisans, on a d'extraordinaires panoramas sur la mer et la vallée ; et celle des jours d'hiver, quand, enveloppée de nuages, elle paraît s'enfoncer dans les brumes de ses origines mythiques, égarant le voyageur dans un lieu hors du temps et de la réalité.

Se promener Plan de ville

AU FIL DES RUELLES DE LA VIEILLE VILLE

Les contours de la cité suivent un triangle équilatéral parfait, donnée symbolique et mystérieuse, avec sur deux hauteurs le château de Vénus (sud-est) et la *chiesa matrice* (sud-ouest). Au centre exact du triangle s'élèvent l'église San Pietro et son monastère, siège actuel du Centre international de culture scientifique E. Majorana. Une foule d'églises et de monastères (plus de soixante !) sont à découvrir dans l'enchevêtrement des ruelles, toutes embellies d'un superbe pavage à dessins géométriques.

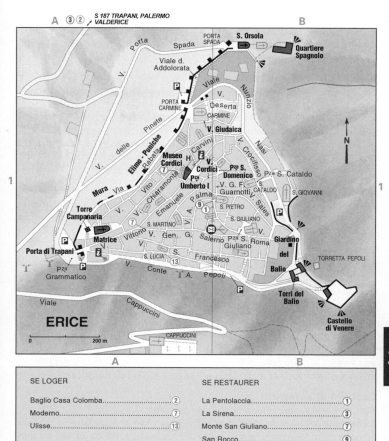

SE LOGER		SE RESTAURER	
Baglio Casa Colomba	②	La Pentolaccia	①
Moderno	⑦	La Sirena	③
Ulisse	⑬	Monte San Giuliano	⑦
		San Rocco	⑨

★ Chiesa matrice A1

📞 *0923 86 91 23.* Située près de la **Porta di Trapani**, l'un des accès à la ville, cette église du 14ᵉ s. a été construite avec des matériaux en provenance du temple de Vénus. C'est une église fortifiée, avec des formes massives et un couronnement en créneaux. Mais sa façade est allégée par une belle rosace reproduite d'après le dessin originel, que l'on découvre sous le portique gothique ajouté un siècle plus tard. À l'intérieur, de style néogothique, l'autel est décoré d'un beau retable en marbre de style Renaissance.

Beffroi – L'ancienne tour de guet s'élève, isolée, sur la gauche. Ses différents niveaux sont percés de meurtrières *(1ᵉʳ étage)* et de belles fenêtres géminées de style sicilien chiaramontain. On voit au sommet des créneaux gibelins.

Museo Cordici A1

Dans l'hôtel de ville, piazza Umberto I - 📞 0923 50 21 48 - tlj sf w.-end 8h30-13h30 (lun. et jeu. également 14h30-17h15) - fermé j. fériés - gratuit.

Logé dans l'hôtel de ville, le musée rassemble des vestiges archéologiques et des sculptures, parmi lesquelles le très beau groupe de l'*Annonciation* d'**Antonello Gagini** (1525, *1ᵉʳ étage*). La bibliothèque recèle, outre quelques incunables, une petite **tête d'Aphrodite** en marbre du 4ᵉ s. av. J.-C.

Un peu plus loin, sur la droite de la place, emprunter la via Cordici qui débouche sur la gracieuse **piazza San Domenico** (B1) bordée de beaux palais sur la rue du même nom.

★ Mura Elimo-Puniche A1

Cette puissante muraille d'enceinte érigée sur les fortifications carthaginoises (8ᵉ-6ᵉ s. av. J.-C.) fermait autrefois le côté nord-est de la ville, seul à être exposé à d'éventuels assauts. Les blocs massifs de la partie inférieure ont été rehaussés de voussoirs plus petits aux époques suivantes. Les tours de guet et le chemin de ronde étaient desservis par des escaliers abrupts et percés d'étroites ouvertures permettant le passage des habitants et peut-être du ravitaillement. La partie la mieux conservée longe la viale dell'Addolorata.

Santa Orsola B1

Édifiée en 1413, l'église Ste-Ursule a conservé sa structure gothique d'origine dans la nef principale, avec une voûte ogivale à nervures. C'est ici que l'on garde les statues des Mystères (18ᵉ s.) des processions du Vendredi saint.

Quartiere Spagnolo B1

Du haut de cette construction inachevée commencée au 17ᵉ s., on bénéficie d'un panorama sur l'arrière-pays, le golfe de Monte Cofano et la *tonnara* de Bonagia, tout en bas.

Giardino del Balio B1

Beau jardin entourant le château de Vénus et les tours du Bailli, édifiées sous les Normands comme défense avancée. Les tours et le jardin doivent leur nom à Bajulo, gouverneur normand, qui séjourna ici. On y a une très belle **vue★★★** sur le mont Cofano, Trapani et les îles Égades, et par temps très clair, on distingue Pantelleria et le cap Bon en Tunisie, à 170 km de distance seulement.

Castello di Venere B1

Via Castello di Venere - été 10h-19h, hiver 10h-16h.

À l'extrême pointe de la montagne, surplombant la mer et la plaine, le château actuel remonte à la période normande (12ᵉ s.) mais l'origine de son site est plus ancienne. C'est à cet endroit que s'élevait le temple consacré à Vénus Érycine, déesse particulièrement vénérée dans l'Antiquité. À l'époque normande, le temple, qui n'était déjà plus qu'une ruine, fut remplacé par une forteresse entourée de murs puissants, protégée par sa position naturelle et par des tours en avancée reliées autrefois au château par un pont-levis : les **Torri del Balio** (tours du Bailli). Sur la porte d'entrée, le mâchicoulis qui porte les armes clairement lisibles de Charles Quint témoigne encore du caractère défensif de l'édifice, en contraste avec l'élégante fenêtre géminée.

Le visiteur a tout autour des **vues★★★** superbes sur Trapani et les îles Égades au sud-ouest, les tours au nord, la petite tour Pepoli en contrebas, l'église San Giovanni, le mont Cofano, Bonagia sur la côte et, par beau temps, Ustica.

À proximité Carte de microrégion

Tonnara di Bonagia A1

Piazza Tonnara, Bonagia - Valderice - ☎ 0923 43 11 11. 13 km au nord de Erice (sur la route principale de Valderice, tourner à gauche à la hauteur du supermarché). À Bonagia, suivre les indications pour la tonnara, *repérable à sa grosse tour.*

Le centre de pêche au thon *(qui abrite aujourd'hui un complexe hôtelier 4 étoiles)* remonte au 17ᵉ s. et était alors un véritable village. Autour de la cour centrale se trouvaient les habitations, les locaux pour le découpage du thon, les hangars

Le castello di Venere à Erice.
J.-L. Gallo / MICHELIN

pour les barques, la tour sarrasine à fonction défensive, et une petite chapelle où se rassemblaient les pêcheurs avant de prendre la mer. Dans la tour sarrasine se trouve aujourd'hui un petit **musée** (*Museo della Tonnara – visite gratuite du musée sur réservation au moins deux jours à l'avance auprès de l'hôtel*) qui expose les outils utilisés pour la fabrication et la réparation des barques, la pêche et le découpage du thon. Au second étage, une maquette illustre l'étape principale de la pêche : un long corridor de filets qu'empruntaient les poissons avant d'aboutir à la chambre de la mort, où avait lieu leur mise à mort.

😊 NOS ADRESSES À ERICE

TRANSPORTS

En **voiture**, la montée nord, sous le mont Cofano, est plus aisée.
Un **téléphérique** (☎ 0923 56 93 06) relie Trapani à Erice en 15mn. La station (*funivia*) est bien indiquée, au nord de Trapani (*Via Capua 2 - www.funiviaerice.it - aller simple 3,80 €, AR 6,50 €*).
Les services de **car** AST (☎ 0923 23 222) relient Trapani (piazza Malta) à Erice en 30mn (trajet 3 €).

HÉBERGEMENT

Erice

BUDGET MOYEN

Ulisse – A1 - *Via Santa Lucia 2* - ☎ 0923 86 01 55 ou 389 985 60 89 - www.sitodiulisse.it - 15 ch. 65/80 € ☕. Discrète pension avec deux types de chambres : celles de style 1900, aux jolis rideaux brodés avec poutres apparentes, et les plus récemment rénovées à la décoration plus moderne.
Moderno – A1 - *Via Vittorio Emanuele 63* - ☎ 0923 86 93 00 - *www.hotelmodernoerice.it* - 40 ch. 100 € ☕. Position centrale pour cet hôtel familial, réputé pour la bonne cuisine de son restaurant. Très belle vue depuis le solarium.

Aux alentours

Baglio Casa Colomba – Hors plan par A1 - *20 km à l'est d'Erice, Via Toselli 165/183 - Buseto*

Palizzolo - ✆ 0923 85 27 29 - www. casecolomba.com - 10 ch. 100 € 🍵. Au centre d'un verger, cet édifice du 19e s. propose des chambres agréablement décorées. Idéal comme base d'exploration des environs.

RESTAURATION

BUDGET MOYEN

San Rocco – AB1 -*Via G. F. Guarnotti 23* - ✆ 0923 869 337 - 25 €. Niché à l'angle d'une venelle et de la passante rue Guarnotti, une table traditionnelle pour savourer au calme des produits siciliens.

La Pentolaccia – AB1 - *Via G. F. Guarnotti 17* - ✆ 0923 86 90 99 - www. ristorantelapentolaccia.it - fermé mar. et janv.-fév. Une vénérable charrette sicilienne vous souhaite la bienvenue dans cet ancien couvent du 17e s. reconverti en restaurant. À l'étage, deux salles vous attendent pour déguster une cuisine sicilienne de qualité. Important choix d'antipasti. Une institution.

Monte San Giuliano – A1 - *Vicolo San Rocco 7* - ✆ 0923 86 95 95 - www.montesangiuliano.it - 35 €. Le cadre médiéval et l'adorable jardinet de ce restaurant accompagnent en beauté une cuisine traditionnelle savoureuse : raviolis au noir de seiche et à la ricotta, couscous de poisson, espadon aux câpres.

Bonagia

La Sirena – Hors plan par A1 - *Via Lungomare 45, à 12 km au nord d'Erice en passant par Valderice* - ✆ 0923 57 31 76 - fermé mar. Face au port, à côté de la tour sarrasine de la *tonnara*, ce vaste restaurant populaire accueille les familles qui se régalent de poisson frais. Une des meilleures cuisines du secteur.

PETITE PAUSE

Maria Grammatico – *Via Vittorio Emanuele 14* - ✆ 0923 86 93 90 - tlj 9h-20h, sam. 9h-minuit. Quinze années passées au couvent ont enseigné à la signora Maria les secrets et les raffinements de la pâtisserie « religieuse » : gâteaux aux amandes et au massepain, *buccellati* (gâteaux fourrés à la figue, aux amandes, aux noix et aux raisins de Corinthe), génoises, bouchées à l'orange et au chocolat…

ACHATS

Bazar del Miele – *Via Cordici 16* - ✆ 0923 86 91 81 - www.bazardel miele.com - tlj 9h-20h. Dans cette jolie boutique, vous pourrez goûter toute la gamme des produits gastronomiques traditionnels siciliens et faire vos emplettes. Plutôt cher mais bien achalandé.

AGENDA

Venerdì Santo – Le Vendredi saint a lieu la traditionnelle procession des Mystères, avec un défilé de beaux groupes en bois datant du 18e s.

Settimana di musica medievale e rinascimentale – *www. lugliomusicale.it - entre fin juil. et début sept.* Une semaine consacrée à la musique médiévale et de la Renaissance. Concerts dans les églises.

Trapani

70 622 habitants

🎯 NOS ADRESSES P. 223

ℹ️ S'INFORMER
Servizio Turistico Regionale – *Via S. Francesco d'Assisi 27* - ☎ *0923 80 68 04.*

🧭 SE REPÉRER
Carte de microrégion A1 (p. 212) – *carte Michelin Local 365 AK 55.* En arrivant de l'autoroute ou de la route nationale, prendre la via Fardella qui traverse la partie moderne de la ville et débouche au bout de la péninsule, où se trouve le centre historique, très concentré, qui abrite les monuments les plus intéressants. Il est conseillé de laisser sa voiture avant d'y entrer. C'est de Trapani que partent les bateaux pour les îles Égades et pour Pantelleria.

🅿️ SE GARER
Hors du centre historique, parkings autour du Jardin botanique (via XXX Genniao) et près de la piazza Vittorio Emanuele.

☺️ À NE PAS MANQUER
Le sanctuaire de l'Annunziata, le musée Pepoli, l'animation le soir dans le quartier espagnol.

🕐 ORGANISER SON TEMPS
Compter une demi-journée pour la visite de la ville et une journée complète si on souhaite monter à Erice *(voir p. 214).*

Trapani, ancienne Drepanon, s'étend sur une langue de terre arrondie terminée par deux pointes, l'une occupée par la tour de Ligny, l'autre par un lazaret. Selon la légende, il s'agirait de la faux que Déméter, déesse des Moissons, aurait laissé tomber lorsqu'elle recherchait désespérément sa fille Perséphone, enlevée par Hadès. La face interne de la faux, protégée par le récif de Tramontana, reçoit les bateaux de pêche, tandis qu'en bord de rivage, à la Pescheria, se tient tous les matins le pittoresque marché aux poissons qui, non loin des maisons basses, évoque ceux d'Afrique du Nord.

Se promener Plan de ville

★ LE CENTRE HISTORIQUE

Sur la langue de terre qui s'avance en mer se trouvent les quartiers médiévaux. À la pointe s'étend le quartier implanté par les Espagnols au 14e s. (quartier Palazzo), réaménagé à l'époque baroque. Derrière, le noyau le plus ancien présente aujourd'hui les caractéristiques de l'habitat arabe, avec son étroit maillage de petites rues. Il était à l'origine entouré de fortifications.

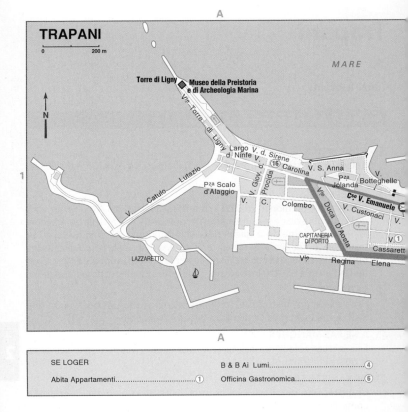

Rua Nova B1

Il s'agit de l'actuelle via Garibaldi, percée au 13e s. par les Aragonais. Elle est aujourd'hui bordée de beaux palais et églises du 18e s., parmi lesquels on distingue le **palais Riccio di Morana**, couronné de statues, le **palais Milo** et la **Badia Nuova** (Santa Maria del Soccorso), dont l'intérieur abrite une ornementation baroque en marbre polychrome et deux très riches **tribunes des chantres★** soutenues par des anges. En face, le palais Burgio possède un joli portail du 16e s.

Après le croisement avec la **via Torrearsa**, bordée de belles boutiques sur la gauche et aboutissant sur la droite à la Pescheria, la rue prend le nom de via Libertà. On y remarque le beau **palais Fardella di Mokarta** (la cour contient un portique et une loggia aux arcs en plein cintre) et le palais Melilli avec son portail du 16e s.

S'engager sur la gauche dans le corso Vittorio Emanuele.

Rua Grande B1

Deuxième belle artère ouverte au 13e s., l'actuel corso Vittorio Emanuele est bordé d'édifices baroques, parmi lesquels le palais Berardo Ferro (n° 86) et l'évêché.

Cathédrale – Consacrée à saint Laurent, elle fut élevée au 17e s. à la place d'un édifice antérieur du 13e s. Sa façade, plus tardive (1740), est un exemple typique d'art baroque. On voit à l'intérieur des tableaux de facture flamande comme une *Adoration des bergers (3e chapelle à droite)* suivie d'une **Crucifixion** attribuée à Van Dyck et d'une *Déposition de Croix (4e chapelle à gauche)*.

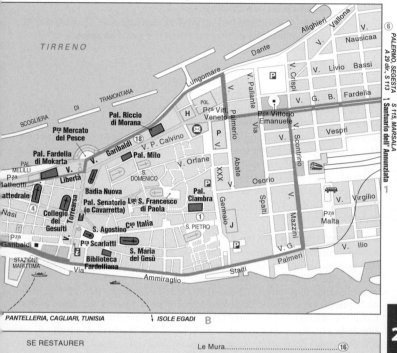

SE RESTAURER	
Cantina Siciliana............................①	Le Mura............................⑯
	Taverna Paradiso............................⑱

Chiesa del Collegio dei Gesuiti – Cette église du 18ᵉ s. présente une imposante façade de style maniériste rythmée par des bandes lombardes et des figures féminines servant de cariatides.

Palazzo Senatorio (ou Cavarretta) – Ce palais termine la rue de façon majestueuse. Sa riche façade est rythmée sur deux ordres par des colonnes et des statues. Elle est surmontée de deux grandes horloges. À côté se trouve la tour de l'Horloge d'origine, du 13ᵉ s.

Sant'Agostino B1

Bâtie par les templiers au 14ᵉ s., elle a été endommagée au cours de la Seconde Guerre mondiale. La **rosace★** et le portail de style gothique sont d'origine. Devant l'église, la fontaine de Saturne a été élevée en 1342 pour marquer la construction d'un aqueduc.

Non loin de là, la **bibliothèque Fardelliana** (*℘ 0923 21 540/06 - lun.-vend. 9h-13h30, 15h-19h30, sam. 9h-13h - gratuit*) renferme une belle série de gravures et d'esquisses de Trapani des 17ᵉ-19ᵉ s. (collection Gatto).

Santa Maria del Gesù B1

L'église (début du 16ᵉ s.) possède un beau portail de style catalan. À l'intérieur, la chapelle Staiti *(au fond du bas-côté droit)* renferme la **Madone des Anges★** d'**Andrea Della Robbia**, sur une belle tribune en marbre d'Antonello Gagini (1521).

S'engager dans le corso Italia et à la hauteur de San Pietro, tourner à gauche puis tout de suite à droite.

Palazzo Ciambra (ou della Giudecca) B1

Ce palais de style plateresque (16e s.) présente des bossages à pointe de diamant qui soulignent ses ouvertures et ornent le devant de la tour.

À voir aussi Plan de ville

Museo Civico Torre di Ligny A1

Via Torre di Ligny - 𝄐 0923 54 72 75 - mar.-sam. 10h-12h30, 16h-18h30 (été 17h-19h30) - gratuit.

Bâtie en 1671 comme donjon à l'extrême pointe de la « faux », la **tour de Ligny** renferme une collection de vestiges archéologiques retrouvés dans la région de Trapani (Museo della Preistoria e di Archeologia Marina). On y voit en particulier des ancres et des amphores d'époque romaine. Du haut de la terrasse, on découvre une belle vue sur la ville et les îles Égades. Gérée par une association privée, la tour accueille régulièrement des expositions temporaires.

L'Annunziata hors plan par B1

À l'extrémité est du centre-ville s'élève le grand ensemble de l'Annunziata bâti par les carmélites. Le sanctuaire proprement dit est voisin de l'ancien couvent, qui accueille le musée de la ville, le musée Pepoli.

★ **Santuario** – *Via Conte A. Pepoli - 𝄐 0923 53 91 84 - 7h-12h, 16h-19h.* Construit au début du 14e s., le sanctuaire a été transformé et agrandi au cours du 18e s. La façade, d'origine, est ornée d'un portail gothique surmonté d'une **rosace** très élaborée. Sur le flanc gauche, la **chapelle des Marins** (16e s.), en tuf, est une élégante construction Renaissance coiffée d'une coupole.

L'intérieur de la chapelle marie éléments orientaux et Renaissance, avec pour motif ornemental récurrent la coquille, qui couronne niches latérales, pendentifs et abside. Dans l'église, derrière le maître-autel, se trouve la **chapelle de la Madone**, précédée d'un bel arc Renaissance, œuvre des Gagini (16e s.), fermé par une grille en bronze de 1591. Sur l'autel veille l'harmonieuse statue dite **Madone de Trapani** (14e s.), attribuée à Nino Pisano. Sur le flanc droit de la nef, à côté de l'entrée, s'ouvre la **chapelle des Pêcheurs** (16e s.), surmontée d'une coupole ornée de fresques.

★ **Museo Pepoli** – *Via Conte A. Pepoli 200 (depuis le centre, prendre la via Fardella/S 113 vers Erice puis, à droite, la via Conte Agostino Pepoli) - 𝄐 0923 55 32 69 - 9h-13h, 15h-19h30, dim. et j. fériés 9h-12h30 - 6 €.* À côté du sanctuaire de l'Annunziata, l'ancien couvent des carmélites offre un cadre magnifique au musée, dont les riches collections historiques et artistiques vont de la préhistoire au 19e s.

Le rez-de-chaussée est consacré à la sculpture. La famille Gagini y est bien représentée, avec quatre statues de saints aux lignes harmonieuses. On notera le remarquable *Saint-Jacques le Majeur* d'**Antonello Gagini**.

Un magnifique escalier en marbre polychrome permet d'atteindre le 1er étage, où se trouve la **pinacothèque**. Noter en particulier le **polyptyque de Trapani★** (15e s.), une **Pietà★** du Napolitain Roberto di Oderisio (14e s.) et une *Madone à l'Enfant avec des Anges* de Pastura (1478-1509). Parmi les tableaux de l'école napolitaine, on compte un *Saint-Barthélemy* de Ribera.

Les artisans locaux s'expriment surtout dans le travail du corail, comme en témoignent les objets de culte et certaines pièces d'orfèvrerie (remarquer celles de Matteo Bavera, 17e s.). On admirera aussi la série de seize groupes de figurines en bois et toile, représentant le *Massacre des innocents* (17e s.).

Dans la production locale de **céramiques** se distinguent essentiellement les panneaux en majolique représentant *La Mattanza* (mise à mort du thon dans les *tonnare*) et une vue de Trapani au 17ᵉ s.

😊 NOS ADRESSES À TRAPANI

TRANSPORTS

Trapani est reliée à Palerme par car et par train (env. 2h). La **gare ferroviaire** et le **terminal de cars** se trouvent piazza Umberto I (B1). L'**aéroport Vincenzo Florio** de **Birgi**, à 15 km au sud de Trapani (☎ 0923 84 25 02 - www.airgest. it), assure des liaisons avec les principales villes d'Italie et certains aéroports européens. Des navettes relient l'aéroport à Trapani (env. 30mn - 4,50 €) ; en taxi, compter environ 30 €. La liaison avec les îles Égades et Pantelleria (*voir p. 532*) est assurée par la **Siremar** (☎ 091 74 93 11 ou ☎ 081 17 19 98 - www.siremar.it) et **Ustica Lines** (☎ 0923 87 38 13 - www.usticalines.it).

HÉBERGEMENT

BUDGET MOYEN

Abita Appartamenti – A1 - *Via S. Francesco 53* - ☎ 0923 437 595 - 20 ch. 70 € ☕. Ensemble résidentiel autour d'un patio où l'on prend le petit-déjeuner. Une annexe, dans l'ancienne maison des marins, propose des studios.

POUR SE FAIRE PLAISIR

Ai Lumi – B1 - *Corso V. Emanuele 71* - ☎ 0923 87 24 18 - www.ailumi. it - 5 ch. 100 € ☕ - ✕ env. 17 € (rest. fermé dim.). Un agréable B & B en plein centre historique, au 1ᵉʳ étage du joli palais Ferro (18ᵉ s.). Certaines chambres disposent d'un coin cuisine. Le restaurant est très apprécié des jeunes de la ville pour sa cuisine copieuse.

Officina Gastronomica – Hors plan par B1 - *Via G. Ricevuto 14* - ☎ 0923 53 25 94 - www. officinagastronomica.com - 8 ch. 100 € ☕ - ✕ 40/60 €. Un petit hôtel né de l'idée du chef sicilien Peppe Giuffré, qui a transformé un ancien baglio en havre de paix aux portes de Trapani. Chambres charmantes et cuisine délicieusement recherchée.

RESTAURATION

Un des plats traditionnels est le *couscous di pesce* (au poisson). Autre spécialité, les *busiate*, longues pâtes fraîches torsadées.

BUDGET MOYEN

Cantina Siciliana – *Via Giudecca 36* - ☎ 0923 28 673 - www.cantinasiciliana.it - réserv. conseillée le soir - 18/30 €. Près de l'église San Pietro, la *cantina* existe depuis les années 1950 et propose les spécialités de la cuisine trapanaise : le *busiate* et le poisson.

Taverna Paradiso – *Lungomare Dante Alighieri 22* - ☎ 0923 22 303 - fermé dim. - 20/30 €. Ici le thon est roi ! Si vous aimez ce poisson, alors ce restaurant en bord de bord de mer est fait pour vous.

POUR SE FAIRE PLAISIR

Le Mura – *Viale delle Sirene 15* - ☎ 0923 872 622 - fermé lun. - 30/50 €. Dans un cadre élégant avec terrasse sous les remparts du vieux port, Le Mura prépare une cuisine de la mer raffinée : *pappardelle* au noir de seiche et aux oursins. On parle français.

2

PETITE PAUSE

Gelateria Gino – *Plazza Generale Dalla Chiesa 4 - ☏ 0923 21 104*. Un petit banc devant la boutique permet de déguster les savoureuses glaces artisanales de Gino.

Pasticceria Colicchia – *Via delle Arti 6 - ☏ 0923 54 76 12 - fermé dim. apr.-midi*. Une adresse historique où trouver les meilleurs *cannoli* et *granite* de la ville.

AGENDA

Semaine sainte – Le Vendredi saint se déroule la magnifique **procession des Mystères** qui dure une journée et une nuit, au cours de laquelle vingt groupes de statues sont portés à travers les rues du centre. Les groupes en bois et toile encollée, conservés dans l'église du Purgatoire (centre historique, via San Francesco), ont été réalisés par des artisans locaux entre 1650 et 1720.

Ségeste

Segesta

S'INFORMER

Servizio Parco Archeologico di Segesta – *Case Barbaro S. R. 22, c/da Barbaro - Segesta -* ℘ *0924 95 23 56 - parco.archeo.segesta@regione.sicilia. it - www.regione.sicilia.it/beniculturali.*

SE REPÉRER

Carte de microrégion B2 (p. 212) – *carte Michelin Local 365 AL 56*. À 35 km de Trapani (et 90 km de Palerme), le site est isolé mais à proximité immédiate de la sortie d'autoroute A 29 et bien signalé. Hébergement et choix de restauration à Calatafimi, distant de 5 km.

SE GARER

Laisser le véhicule à l'entrée du site (accès interdit au théâtre).

À NE PAS MANQUER

Les spectacles proposés durant le festival d'été, et notamment ceux qui ont lieu à l'aube dans le théâtre. La descente à pied depuis le théâtre, pour la vue sur le temple.

ORGANISER SON TEMPS

Commencer par le temple (possibilité de petite restauration à la cafétéria près des guichets sur les places ombragées). Terminer par la visite du théâtre et éviter les heures chaudes : peu d'ombre autour du temple.

2

Dans un site majestueux, parmi de douces collines ocre et brun rouge qui forment un agréable contraste avec les tonalités infinies du vert, le parc archéologique est dominé par la présence de l'élégant temple dorique. Ce monument, l'un des plus parfaits qui nous soient parvenus de l'Antiquité, se dresse, majestueusement solitaire, sur une butte encerclée d'un profond vallon, qu'encadrent le mont Bernardo et le mont Barbaro, où se trouve le théâtre. De l'antique cité des Élymes, ennemie de Sélinonte toute proche, il ne reste que ce temple dorique aux lignes pures et harmonieuses, et le théâtre qui accueille spectacles musicaux et pièces de théâtre.

Découvrir

℘ 0924 95 23 56 - été : 9h-19h, hiver 9h-17h (dernière entrée 1h av. fermeture) - 6 €, billet combiné : 16 € avec Sélinonte, le musée Agostino Pepoli à Trapani et le musée du Satyre à Mazara del Vallo ; 11,50 € avec le musée Agostino Pepoli ou le

ÉVÉNEMENT

En juillet et août, le théâtre accueille le **Segesta Festival**, une prestigieuse programmation de concerts et de représentations théâtrales classiques et contemporaines. Les « aubes », qui ont lieu à 5h du matin, sont des rencontres passionnantes qui allient théâtre, poésie, musique et littérature. *www.festvialsegesta.com*

UN PEU D'HISTOIRE

La Ségeste antique, probablement fondée par les Élymes, comme Erice, devient rapidement l'une des cités d'influence hellénique les plus importantes du bassin méditerranéen. Elle est, au 5ᵉ s., la principale rivale de Sélinonte. Pour se défendre de cette dernière, elle fait appel en 415 av. J.-C. aux Athéniens, mais ceux-ci sont battus par Syracuse, alliée de Sélinonte. En 409 av. J.-C., elle sollicite alors l'aide des Carthaginois qui, arrivés en Sicile, anéantissent Sélinonte et Himère. Ségeste est détruite à son tour par le Syracusain **Agathoclès** en 307 av. J.-C. ; mais elle renaît avec les Romains. On ignore en revanche le sort de la cité dans la période qui a suivi, et on suppose qu'elle fut rasée par les Vandales. Les lieux continuent à être habités au Moyen Âge, comme l'attestent les ruines du château normand et une petite basilique à trois absides (par la suite abandonnée, puis reconstruite comme ermitage au 15ᵉ s.) ; ces deux bâtiments ont été construits dans la partie nord de l'ancienne acropole. Cette dernière était partagée en deux par un col : au sud-est s'étendait la zone résidentielle, tandis qu'au nord s'élevaient les édifices publics, dont le théâtre.

musée du Satyre. Une navette (1,50 €) conduit au théâtre situé 2 km plus haut - service bar et restaurant.

★★★ **TEMPIO**

Voir photo p. 61.

Érigé en 430 av. J.-C., le temple est un élégant édifice dorique aux proportions d'une rare harmonie. Le péristyle a conservé presque entièrement intactes ses trente-six colonnes non cannelées, taillées dans un magnifique calcaire au ton doré. L'absence de cannelures et de cella intérieure laisse penser que la construction a été abandonnée prématurément. Mais certains spécialistes réfutent cette théorie, voyant dans l'absence de toute trace de cella (normalement la première pièce du temple à être construite) la preuve qu'il s'agirait d'un péristyle imitant un temple. S'y ajoute le mystère de la destination du temple, car aucun élément permettant d'identifier la divinité à laquelle il était consacré n'a été retrouvé.

La route qui monte vers le théâtre *(2 km environ, desservie par une navette payante très fréquente)* offre une **vue**★★ magnifique sur le temple. Avant le théâtre *(sur la droite)*, on peut découvrir les restes de l'ermitage San Leone qui ne comporte qu'une abside, mais a été construit sur un précédent édifice tri-absidial ; derrière, on aperçoit les vestiges du château normand.

★ **Teatro**

Édifié au 3ᵉ s. av. J.-C., sous l'occupation romaine, il est constitué d'un vaste hémicycle parfait de 63 m de diamètre taillé dans un versant rocheux. Les gradins sont orientés vers les collines, au-delà desquelles on distingue *(sur la droite)* le golfe de Castellammare.

Marsala

82 774 habitants

🙂 **NOS ADRESSES PAGE 236**

🚩 **S'INFORMER**

Office de tourisme – *Via XI Maggio 100 - ☎ 0923 71 40 97 ou 99 33 38 - www.comune.marsala.tp.it.*

⚓ **SE REPÉRER**

Carte de microrégion A2 (p. 212) – *carte Michelin Local 365 57 AJ*. Située à l'extrémité ouest de la Sicile, à 33 km de Trapani, plus proche de l'Afrique que du reste de l'Europe, la ville de Marsala déploie son centre historique autour du Capo Lilibeo (ou Boeo), derrière la promenade Boeo et la piazza Vittoria. Depuis la piazza Vittoria, la via XI Maggio conduit à la piazza della Repubblica.

👁 **À NE PAS MANQUER**

La visite des usines de Marsala ; l'épave du navire carthaginois ; la route des salines.

🕐 **ORGANISER SON TEMPS**

Compter une demi-journée ; une journée en incluant la route du Sel.

👫 **AVEC LES ENFANTS**

La route du Sel, son musée et son moulin.

2

Voilà un nom pour le moins évocateur ! Marsala, c'est à la fois l'un des événements marquants de l'histoire italienne et un vin... vin dont l'histoire commence par « Il était une fois un marchand anglais... » et qui finit par faire connaître le nom de la ville dans le monde entier. Avec sa population qui compte de nombreux Tunisiens, son port et ses ruelles, tout concourt à donner au visiteur de Marsala l'impression de se retrouver soudain dans une ville africaine.

Se promener

AU CŒUR DE LA CITÉ

Le cœur de la ville bat sur la **piazza della Repubblica**, dominée par l'église de la Vierge (chiesa madre) et le palais sénatorial, appelé aussi la Loggia, achevé au 18e s.

Chiesa Madre

Édifiée à l'époque normande, mais restaurée au 18e s., cette église présente une imposante façade en tuf ornée de statues. À l'intérieur, parmi de nombreux ouvrages des Gagini, une belle icône d'**Antonello Gagini** et de Berrettaro (*abside de gauche*), et une délicate *Vierge du peuple* de **Domenico Gagini** (1490, *transept de droite*). Au-dessus, une belle toile Renaissance d'Antonello Riggio, *La Chandeleur* (purification de Marie au temple).

De la piazza della Repubblica part le corso XI Maggio, ancien *decumanus* principal de la ville romaine, bordé de beaux palais. Perpendiculaire, la **via**

Le marsala

UNE HISTOIRE DE FAMILLES

En 1770, une tempête contraint un navire de commerce anglais à faire escale au port de Marsala. Le marchand, **John Woodhouse**, entre dans une taverne et y déguste un vin de Marsala. Familier des vins liquoreux espagnols et portugais et frappé par sa ressemblance avec ceux-ci, il expédie aussitôt une grande quantité de marsala dans son pays natal (on ajoute auparavant de l'alcool au vin afin qu'il supporte mieux le voyage) pour évaluer le marché. La réponse est positive et bientôt, un premier établissement anglais est implanté à Marsala. Un autre marchand anglais arrive dans la ville. C'est **Ben Ingham**, spécialiste en vins liquoreux, qui va améliorer la sélection des raisins et affiner la qualité du vin. Son entreprise passe ensuite aux mains de ses neveux, les **Whitaker**.

En 1833, **Vincenzo Florio**, commerçant calabrais, palermitain d'adoption, achète le terrain qui se trouvait entre les deux plus grands producteurs de marsala pour se consacrer lui aussi à la production, mais diminue par la suite la surface des vignobles pour en améliorer la qualité. D'autres entreprises naissent à la fin du siècle, dont la Pellegrino en 1880. Au début du 20e s., les Florio absorbent les firmes Ingham et Woodhouse, mais maintiennent les deux marques respectives. Puis les Florio sont absorbés à leur tour par d'autres entreprises, mais la production et les marques restent inchangées.

LES LABELS

Le vin de Marsala est un vin DOC (équivalent de l'Appellation d'Origine Contrôlée). La production est donc limitée à la seule région de Trapani et à une petite partie des terres de l'Agrigentin et du Palermitain. Le marsala est produit à partir de raisin très sucré, mis à fermenter ou caraméliser après pressurage. On y ajoute ensuite de l'alcool pour obtenir différentes sortes de marsala. En fonction de la teneur en sucre, on obtient un vin sec *(secco)*, demi-sec *(semisecco)* ou doux *(dolce)*. Les années de vieillissement déterminent les appellations : *Marsala Fine* (un an), *Superiore* (deux ans), *Superiore Riserva* (quatre ans), *Vergine* (cinq ans) et *Vergine Riserva* (dix ans). Qu'on le prenne en apéritif *(secco)* ou en vin de dessert, le marsala doit toujours être servi à une température inférieure à 10 °C s'il est sec, et à 18 °C s'il est doux.

Certains producteurs utilisent les mentions *SOM (Superior Old Marsala)* ou Solera, expressions marketing censées désigner des modes de vieillissement, mais qui ne correspondent à aucune réglementation précise.

Enfin, les vins aromatisés à l'œuf ou à l'amande, qui pullulent dans les boutiques de souvenirs, n'ont pas droit à l'appellation Marsala.

Garibaldi mène vers le sud jusqu'à la porte du même nom. On peut y voir l'hôtel de ville, ancien quartier militaire espagnol. Derrière l'hôtel de ville se tient tous les matins le pittoresque marché aux poissons. Prolongement vers le nord de la via Garibaldi, la via Rapisardi est bordée de beaux palais du 18e s. et de l'église du Collège, de la même époque.

Les bâtiments situés derrière la chiesa madre abritent le Museo degli Arazzi.

D'ALI À GARIBALDI

Implanté sur le cap qui porte l'ancien nom de la ville, Lilibeo (de *Lily*, eau et *Beo*, des Eubéens, les habitants qui auraient précédé les Phéniciens), Marsala a probablement été fondée en 397 av. J.-C. par les Phéniciens qui avaient abandonné la ville de Mozia après leur défaite devant les Syracusains. Le nom actuel dérive probablement de l'arabe *Marsah el Ali*, « port d'Ali », qui témoigne sans aucun doute de son importance comme cité maritime. N'est-ce pas dans ce port qu'eut lieu le débarquement historique de Garibaldi accompagné des « Mille » ?

« Mille »… merci – En ce début de mai 1860, **Garibaldi** fait route vers la Sicile, à la tête d'un millier de volontaires, des paysans vêtus d'une chemise rouge. Ils embarquent tous à Quarto (Gênes). Leur but est de renverser le régime des Bourbons et de libérer le royaume des Deux-Siciles. Le 11 mai, le *Lombardo* et le *Piemonte* accostent à Marsala *(voir p. 68)*. Les Mille pénètrent à l'intérieur du pays et remportent une première victoire à Calatafimi. La route de Palerme est ouverte. D'autres paysans se joignent à eux. Ils sont plus de 20 000 lorsqu'ils atteignent le détroit de Messine. En moins de deux mois, la Sicile est libérée du joug des Bourbons. L'expédition se poursuit dans le reste du royaume, et le 21 octobre, après un plébiscite, l'île est rattachée au premier noyau des provinces septentrionales (Piémont, Lombardie, Ligurie, Émilie-Romagne, Toscane, Sardaigne) qui formeront le royaume d'Italie.

2

Museo degli Arazzi

Via Garraffa 57 - ☏ 0923 71 13 27 - tlj sf lun. 9h30-13h, 16h-18h, dim. 9h30-13h - 4 €.
La collection comprend huit **tapisseries★** flamandes du 16e s. représentant des épisodes de la guerre de Titus contre les Juifs. Éclat des coloris et richesse de la composition distinguent non seulement le sujet central mais aussi les bordures, ornées de fleurs, de fruits et de figures allégoriques. La septième tapisserie, mettant en scène un combat, donne une forte impression de mouvement.

Museo Archeologico di Baglio anselmi

Lungomare Boeo 30 - ☏ 0923 95 25 35 - ♿ - tlj sf dim. 9h-19h, lun. 9h-13h - 4 €, billet combiné avec le Parco Archeologico et l'église San Giovanni al Boeo.
Situé dans l'ancien établissement vinicole Carlalberto anselmi dessiné par Basile, ce musée abrite l'épave d'un **navire carthaginois★** (3e s. av. J.-C.) renfloué en 1971 près de Mozia. Il s'agit probablement d'une liburne, navire de guerre très rapide de 35 m de long, qui aurait sombré en 241 av. J.-C. lors de la bataille des Égades, à la fin de la première guerre punique. L'examen de l'épave a fourni des renseignements sur la technique de construction des Phéniciens, qui consistait à assembler des pièces préfabriquées qu'on repérait au moyen de lettres. On notera l'extraordinaire qualité de l'alliage qui compose les clous utilisés pour assembler les axes. Après plus de deux mille ans passés au fond de la mer, ils ne présentent aucune trace d'oxydation.

Le musée renseigne également sur l'histoire de Marsala et de ses environs, à l'aide de pièces intéressantes allant de la préhistoire au Moyen Âge. On verra en particulier dans les vitrines consacrées à Mozia des **bijoux** d'époque hellénistique de facture très fine, retrouvés au large du cap Boeo (Lilibeo).

Parco Archeologico di Lilibeo (Capo Boeo)

Entrée par le Museo Archeologico - tlj sf dim. 9h30-11h30, 15h30-17h30 - 4 €, billet combiné avec le musée et l'église San Giovanni al Boeo.

On y voit les vestiges de trois *insulae* ou quartiers romains. L'un de ceux-ci est entièrement occupé par une grande **villa** de l'époque impériale (3e s. apr. J.-C.), avec des thermes privés. On y voit encore quelques-unes des mosaïques qui ornaient les pavements et des *suspensoria*, colonnettes qui maintenaient un espace entre le dallage et le sol en terre, permettant la circulation de l'air chaud. Le quartier était délimité par des rues pavées de pierre blanche de Trapani. Un peu plus loin s'élève l'**église San Giovanni al Boeo** qui abrite l'antre légendaire de la Sibylle lybique.

À voir aussi

LES ÉTABLISSEMENTS VINICOLES

Florio

Via V. Florio 1 - sortie de Marsala en direction de Mazara - ☎ 0923 78 11 11 - fax 0923 98 23 80 - www.cantineflorio.com - lun.-vend. visites à 11h et 15h30, sam. 11h30 (se présenter obligatoirement 10mn avant) - 10 € (avec dégustation).

La visite de ce vénérable établissement vinicole permet de découvrir les techniques de production d'hier et d'aujourd'hui. Avant d'entrer dans les immenses caves à l'ambiance feutrée (à cause du sable du sol, du tuf des murs et des tuiles qui tapissent le plafond pour permettre une bonne « transpiration » et maintenir une température constante de 18 °C), on peut voir les tonneaux de la **méthode Soleras**, système espagnol de vieillissement qui consiste à faire couler le vin en cascade. Les tonneaux sont empilés en pyramide et reliés afin que, lorsque le vin est tiré dans le tonneau du bas de la pyramide, il soit remplacé par le vin plus récent qui se trouve au sommet. Ce dispositif assure un mélange parfait du vin et garantit une qualité excellente, toujours constante. L'établissement vinicole abrite également un petit musée agricole, avec une présentation d'ustensiles et d'outils.

Pellegrino

Via del Fante 39 - ☎ 0923 71 99 11/28 - www. carlopellegrino.it - & - tlj sf dim. apr.-midi - réserv. obligatoire - 5 € (avec dégustation).

Autre grande entreprise, elle produit, outre du marsala, du pastis et du muscat de Pantelleria. À l'entrée de l'établissement, on peut admirer cinq **charrettes siciliennes** du 19e s. décorées. Autre souvenir du passé préservé avec soin, la grille qui renfermait autrefois toute la production avant l'inspection et l'application des taxes douanières.

Marco De Bartoli

Contrada Samperi 292 - ☎ 0923 96 20 93 - fax 0923 96 29 10 - www.marcode bartoli.com - tlj sf dim. 9h-13h, 15h-18h30 - réserv. obligatoire - 20 €.

Situé dans la localité de Samperi, l'établissement produit selon la méthode ancienne l'un des meilleurs marsalas.

Donnafugata - *Via S. Lipari 18 - ☎ 0923 724 245/263 - www.donnafugata.it - lun.-sam. sur réserv. seult.* Incontournable dans l'univers du Marsala, Donnafugata accueille tout au long de l'année les visiteurs dans ses caves historiques de Marsala. L'été, il ouvre aussi à la visite ses deux autres domaines, Contesse Entellina et Pantelleria.

Circuit conseillé <small>Carte de microrégion</small>

★ LA ROUTE DES SALINES : DE MARSALA A TRAPANI

Circuit de 30 km environ tracé sur la carte p. 212. Compter une journée, en intégrant la visite de la presqu'île de Mozia. Prendre la route littorale SP 21 qui mène à Trapani. Longeant la lagune qui baigne Mozia, la route qui relie Marsala à Trapani est bordée de marais salants, d'où son nom de Via del Sale. Très belle **vue★★** sur les plans d'eau séparés par de minces rubans de terre formant un échiquier irrégulier et multicolore, sur lequel se détache parfois la silhouette d'un moulin à vent, souvenir d'une époque où ils étaient indispensables pour pomper l'eau et moudre le sel. Le paysage est encore plus beau en été, au moment de la récolte, quand les tons roses des étangs s'accentuent et les bassins de l'intérieur, asséchés, scintillent au soleil. La vue est encore plus saisissante au coucher du soleil…

★ Mozia A2

☎ 0923 71 25 98 - www.fondazionewhitaker.it - ♿ *- accès à l'île par bateau (2 embarcadères) - AR 5 €.*
Mozia est une petite île au milieu de la lagune du Stagnone (dont elle fait partie avec trois autres îles), si petite qu'on ne peut imaginer qu'elle ait pris part à l'histoire de la Sicile. Pourtant, elle a été autrefois le siège d'une prospère colonie phénicienne, Motya. Entourée des eaux basses de la lagune et naturellement protégée par l'Isola Grande toute proche, elle occupe une position stratégique qui en fit un poste convoité des Carthaginois comme des Syracusains. Entièrement détruite par ces derniers, elle tomba vite dans l'oubli pour n'être redécouverte qu'à la fin du siècle dernier. Aujourd'hui, l'île accueille les visiteurs dans un tourbillon de parfums et de couleurs : la végétation, de type méditerranéen, est si exubérante, surtout au printemps, qu'elle constitue déjà en elle-même une raison suffisante de visiter Mozia.

Scavi (fouilles) – *Un chemin permet de faire le tour de l'île et de découvrir les vestiges de la cité phénicienne (1h30 environ ; il est conseillé de l'emprunter dans le sens inverse des aiguilles d'une montre).*

Fortifications – L'île était naturellement protégée par l'actuelle Isola Grande (autrefois péninsule), la terre ferme et les eaux de la lagune. Au 6e s. av. J.-C., pour renforcer ces défenses, Mozia fut entourée de remparts piquetés de tours de guet, qui furent modifiés et consolidés à plusieurs reprises. Le long du trajet, on remarque encore quelques vestiges des tours, en particulier ceux de la **tour orientale** (à base rectangulaire) portant un escalier d'accès.

Porte nord – Des deux portes qui permettaient l'entrée dans la ville, celle-ci était la principale, et c'est la mieux conservée. On aperçoit les vestiges des deux tours qui l'encadraient. À l'arrière, on peut encore voir une partie du pavement de la rue principale, qui porte toujours les traces des roues laissées par les charrettes.

Côté mer, en revanche, la route pavée reliant Mozia à Birgi se dessine à peine sous la surface de l'eau. Longue de 7 km environ, sa largeur permettait le passage simultané de deux charrettes. Son tracé se devine encore aisément grâce aux bornes qui émergent de l'eau. Les plus hardis peuvent suivre le gué à pied *(il est préférable d'être équipé de chaussures en plastique).*
Passer la porte et suivre la route principale.

L'île de Mozia

UNE ÎLE...

Mozia est une ancienne colonie phénicienne fondée au 8e s. av. J.-C. sur l'une des quatre îles de la lagune du Stagnone, l'**île de San Pantaleo**, nom qui lui fut donné au cours du haut Moyen Âge par des moines de l'ordre de Saint-Basile venus s'y installer. Le nom de **Motya**, probablement donné par les Phéniciens eux-mêmes, signifierait *filature* et serait lié à la présence sur l'île d'ateliers travaillant la laine. Comme la plupart des autres colonies phéniciennes, l'île était un comptoir d'échanges et servait probablement de point d'accostage aux bateaux phéniciens faisant route en Méditerranée. Au 8e s. toujours commence la colonisation grecque, qui se concentre essentiellement dans la partie est de la Sicile. Les Phéniciens se replient donc dans la partie ouest et Motya acquiert de plus en plus d'importance, devenant une petite ville. Au 6e s., les désaccords s'exacerbent entre Grecs et Carthaginois pour la domination de la Sicile, et Mozia se trouve mêlée à la lutte. Finalement, on l'entoure de remparts qui permettent de mieux la défendre. En 397, Denys l'Ancien, tyran de Syracuse, assiège la ville et met fin à son existence. Les habitants se réfugient sur la terre ferme au sein de la colonie de Lilibeo, l'actuelle Marsala.

La redécouverte de *Motya* est liée au nom de **Giuseppe Whitaker**, noble anglais de la fin du 19e s., dont la famille établie en Sicile avait assuré l'essor d'un florissant commerce de vin de Marsala. Sur l'île s'élève la demeure des Whitaker (19e s.), aujourd'hui transformée en musée (*voir ci-contre*).

... ET UNE LAGUNE

La **lagune du Stagnone★**, la plus grande lagune de Sicile (2 000 ha), devenue une **réserve naturelle** en 1984, s'étend en mer entre la pointe Alga et le cap San Teodoro. Elle se caractérise par des eaux peu profondes à forte salinité, qui ont favorisé l'apparition de nombreux **salins** sur la côte et sur l'Isola Grande, dont l'exploitation, jadis activité principale de l'île, y est aujourd'hui abandonnée.

La lagune englobe quatre îles : l'Isola Grande, la plus importante, Santa Maria, couverte de végétation, San Pantaleo et Schola, un îlot auquel d'anciennes habitations dépourvues de toit donnent un air désolé et touchant. Parmi les espèces végétales principales figurent le pin d'Alep, le palmier nain, le bambou (sur l'Isola Grande), le **calendula maritime** qui ne pousse en Europe qu'ici et en Espagne, la salicorne à la tige charnue, la scille maritime aux fleurs blanches en forme d'étoiles, le lys marin et les joncs. Les îles sont également peuplées de nombreuses espèces d'oiseaux, parmi lesquelles alouettes, chardonnerets, pies, moineaux et calandres.

Les eaux du Stagnone, très poissonneuses, abritent une faune très riche : anémones de mer, murex, dont les Phéniciens tiraient la pourpre pour la teinture des tissus, et une quarantaine d'espèces de poissons, dont bars, daurades, sargues et soles. Les fonds sont caractérisés par la présence de la **posidonie océanique**, plante marine formée d'une longue touffe de feuilles vertes, avec en son cœur des fleurs assemblées en épis. Cette plante constitue l'un des éléments essentiels à la vie de la Méditerranée. Elle joue un rôle similaire à celui de la forêt terrestre : habitat pour les espèces animales et végétales, source d'oxygène, stabilisateur des fonds marins.

Cappiddazzu – Il s'agit de la zone qui s'étend à l'arrière de la porte nord. Parmi les constructions, on remarquera un édifice à trois nefs qui avait probablement une fonction religieuse.

Retourner sur la rive.

Nécropole – Une série de pierres tombales et d'urnes caractérisent une nécropole antique à incinération. Il existait une seconde nécropole à Birgi, à l'endroit même où arrive la route submergée.

Tophet – Le mot désigne un espace sacré, un sanctuaire à ciel ouvert où l'on déposait les vases contenant les restes des sacrifices humains : l'immolation des fils premiers-nés était pratique courante.

Plus loin, on aperçoit au milieu de la mer la petite île de Schola, la plus petite des îles du Stagnone, qui se distingue par trois maisonnettes roses sans toit.

Cothon – C'est un petit bassin artificiel de forme rectangulaire, relié à la haute mer par un canal. Son utilité réelle n'a pas encore été déterminée. Certains supposent qu'il pouvait servir de port aux petites embarcations légères qui faisaient probablement la navette entre l'île et les bateaux ancrés au large, pour le transfert des marchandises.

Immédiatement après le port se trouve la **porte sud** qui comporte, comme la porte nord, deux tours latérales. Peu après, on rencontre la **Caseremetta**, une construction à usage militaire, dont on peut voir les éléments verticaux.

À la fin du parcours, deux belles mosaïques en pierres blanches et noires, représentant un griffon ailé à la poursuite d'une biche et un lion attaquant un taureau, indiquent l'emplacement de la **maison des Mosaïques**.

Museo Whitaker – *9h30-18h30 - www.fondazionewhitaker.it - 9 €.* Les objets exposés ont été découverts sur l'île, à Lilibeo (Marsala) et dans la nécropole de Birgi, sur le littoral face à Mozia par l'archéologue Giuseppe Whitaker. Dans la cour, devant le bâtiment, on voit une série de stèles provenant du tophet. Les céramiques phéniciennes et puniques sont de forme simple, peu décorées, mais les vases corinthiens, grecs et italiques, d'importation, sont ornés de figures noires et rouges. La collection de sculptures comprend des statuettes de divinités mères, telle la statuette de la *Grande Mère*, des figurines de terre cuite d'influence grecque et le magnifique **Éphèbe de Mozia★★**, noble figure à fière allure, au long vêtement finement plissé, où l'on retrouve incontestablement l'influence grecque.

Maison des Amphores – Elle se trouve à l'arrière du musée, derrière les maisons, et doit son nom au fait qu'on y a retrouvé un nombre considérable d'amphores.

Reprendre la route du littoral vers Trapani.

Il Mulino di Infersa

Contrada Ettore Infersa - ☏ 0923 73 30 03 - www.salineettoreinfersa.com - visites 9h30-19h30 - 6 €, 8 € avec audioguide.

👥 Si ce moulin du 16ᵉ s. a survécu, c'est grâce à l'amour de ses propriétaires (les salines Ettore et Infersa, les plus impressionnantes de la côte, *voir également Nos Adresses*), qui l'ont remis en marche pour permettre à ceux qui n'en avaient jamais vu d'admirer cet outil

> **EN CHARRETTE...**
> Jusqu'en 1971, on pouvait aussi rejoindre l'île à bord d'une charrette tirée par un cheval, qui suivait le tracé d'une route phénicienne reliant Mozia à la terre ferme. La route se trouvant pratiquement à fleur d'eau, on avait l'étrange sensation que la charrette roulait sur la mer (*voir « porte nord »*). C'était la méthode la plus courante pour transporter le raisin, cultivé sur l'île depuis le 19ᵉ s. et utilisé pour la production du marsala.

jadis indispensable pour broyer le sel. Les ailes peuvent tourner à une vitesse de 20 km/h en développant une puissance de 120 chevaux. Il faut un minimum de 30/40 chevaux pour actionner la meule qui se trouve au rez-de-chaussée. *Continuer jusqu'à Nubia.*

C'est à **Nubia** que se trouvent les bureaux du WWF qui gère la **réserve naturelle des salins de Trapani et de Paceco** *(via Garibaldi 138 - ☏ 0923 86 77 00 - www.wwfsalineditrapani.it - ♿ - visites guidées gratuites uniquement sur RV),* une zone saumâtre naturellement riche, où séjournent environ 170 espèces d'oiseaux (flamants, cigognes, grues et hérons).

Museo del Sale A1

Via Chiusa - Nubia Paceco - ☏ 0923 86 70 61 - www.museodelsale.it - ♿ - tlj 9h-18h30 ; visites guidées possibles (30mn) - 2,50 €.

👥 Dans une maison de salin vieille de trois cents ans a été aménagé un musée de dimensions modestes mais très intéressant, qui illustre les différentes étapes de la saliculture, au moyen d'outils utilisés pour l'extraction et la récolte, engrenages de moulins, pales, roues dentées, mandrins, pignons. Le visiteur est plongé dans l'univers du marais salant grâce aux panneaux explicatifs et aux photographies des saliniers au travail.

Reprendre la SP 21 vers Trapani.

Le saline di Nubia (Les salins de Nubia) A1

Ils s'étendent devant le musée et illustrent bien la conception et les différentes phases de la saliculture. Un canal domanial assure le remplissage de deux grands bassins extérieurs, appelés **fridde** (froids) en raison de la température de l'eau. Le moulin américain *(voir ci-contre)* installé entre les deux bassins est équipé d'une vis d'Archimède *(on en voit un modèle à l'intérieur du musée)* qui fait remonter l'eau dans le **vasu cultivu** (réservoir) où les résidus de la récolte précédente servent d'enrichissement. L'augmentation de la salinité (mesurée en degrés Baumé) va de pair avec celle de la température de l'eau. L'eau passe ensuite dans la **ruffiana** (l'entremetteuse) qui, comme l'indique malicieusement son nom, sert d'intermédiaire entre le **vasu** et le **caure**, où la température de l'eau augmente pour atteindre un degré de salinité de 23° Baumé. L'eau est ensuite acheminée dans les **sintine**, où l'augmentation de la concentration saline et de la température lui donne une couleur rosée. Une dernière étape de la production consiste à faire passer l'eau dans les bassins salants ou **caseddri**, dans lesquels, à 27-28° Baumé, se forment les bancs de sel pur prêt pour la récolte, qui aura lieu mi-juillet et mi-août. Le sel, disposé d'abord en petits tas coniques le long de l'**arione**, où il sèche à l'air libre (la pluie importe peu, car elle emporte les impuretés), est ensuite protégé à l'aide de tuiles des intempéries et des salissures.

Rejoindre Trapani en se ménageant si possible des haltes pour admirer la **vue**★★ sur les marais salants de Trapani, Paceco et sur le Stagnone, derrière vous.

Le sel, une histoire ancienne

L'exploitation des salines de la zone côtière entre Trapani et Marsala remonte à l'époque des Phéniciens. Les Anciens avaient découvert la propriété essentielle du sel pour la conservation et le conditionnement des denrées périssables. Suivant les traces des Phéniciens, les Normands ont laissé des informations intéressantes sur les salins de Trapani. Frédéric II lui-même les mentionne dans les Constitutions de Melfi (1231), qui en font un monopole de la couronne. Le port de Trapani voit alors croître son importance. L'histoire économique des salins est marquée de fortunes et de revers, guerres, épidémies, passage d'une domination à une autre, qui influent sur la production et le commerce du sel comme sur toute autre activité. La zone étant d'un bon rendement, le travail s'est poursuivi jusqu'à nos jours en dépit des infortunes. On exploite toujours le sel, mais les techniques d'extraction ont changé. Grâce à la mécanisation, la tâche des hommes s'est grandement allégée, et on n'utilise plus les moulins qui ont très longtemps marqué la région.

LES MACHINES

Les principaux instruments utilisés pour la saliculture autrefois étaient le moulin à vent de type hollandais, le moulin américain, introduit dans les années 1950, et la vis d'Archimède.

Le **moulin** dit **en étoile** ou **hollandais** possède un corps en tronc de cône et une coupole conique, ainsi que six ailes trapézoïdales actionnées par le vent, dont l'armature en bois est garnie de toile. À l'intérieur, un système sophistiqué de roues dentées, d'arbres et d'ancrages permet d'orienter la coupole (et par conséquent les ailes) en fonction du vent, et d'exploiter ainsi l'énergie naturelle pour le broyage du sel ou le pompage de l'eau.

Le **moulin américain**, plus petit que le moulin hollandais, se différencie surtout par ses vingt-quatre ailes en fer, qui remplacent les six ailes en bois, et son automatisme plus poussé : grâce à un système d'engrenages, il s'oriente de lui-même au vent. La base est habituellement ce qui reste d'un moulin hollandais désaffecté. Sur le corps en maçonnerie sont montées trois roues dentées, reliées aux ailes.

La **vis d'Archimède** s'actionne à la main ou au moyen d'un moulin. Il s'agit d'un arbre sur lequel sont fixées des lamelles de bois formant une spirale continue. La vis est munie de godets, maintenus par des bandes métalliques qui empêchent l'eau de sortir par les côtés. C'est la machine la mieux adaptée pour recueillir l'eau, car elle fonctionne même s'il n'en reste que quelques centimètres.

LES HOMMES

Très peu d'hommes étaient employés toute l'année à ce travail. Il y avait surtout le *curatolo*, homme de confiance du propriétaire, chargé du bon fonctionnement du moulin. Les autres personnes étaient pour la plupart des saisonniers. Pour la récolte, on avait recours à différentes sortes de travailleurs. En juillet, une équipe était chargée de casser la croûte de sel et de construire de petits canaux pour évacuer l'eau, recueillie dans le *vasu cultivu*, où elle restait jusqu'à l'année suivante. Puis le sel était disposé en petits tas bien alignés, de telle manière que toute l'eau s'écoule. On embauchait une équipe, la *venna*, pour la récolte finale : vingt personnes environ, sous la conduite d'un *capovenna*, remplissaient les paniers et les vidaient sur la digue en tas plus importants. En automne, on protégeait ces tas à l'aide de tuiles, mission confiée au *curatolo*.

😊 NOS ADRESSES À MARSALA

TRANSPORTS

Depuis l'**aéroport Vincenzo Florio** de **Trapani-Birgi**, situé à 15 km au nord (📞 *0923 84 25 02 - www.airgest.com)*, des navettes vous mènent à Marsala (env. 45mn).

Pour Mozia, des **bateaux** font la navette depuis les salines Ettore et Infersa à 7 km du centre *(5 € AR)*. Liaison quotidienne en été avec les îles Égades assurée par **Ustica Lines** (📞 *0923 87 38 13 - www. usticalines.it)*.

En bus – La **gare routière** se trouve piazza del Popolo, dans la vieille ville.

HÉBERGEMENT

Centre-ville

BUDGET MOYEN

Centrale – *Via Salinisti 19 -* 📞 *0923 951 777 - www.hotel centralemarsala.it -* 🖥️ 📺 *- 7 ch. 70 € ⛲.* Un bon rapport qualité-prix pour le centre-ville, cet hôtel propose des chambres correctes sur deux étages, équipées d'un réfrigérateur et agencées autour d'un patio. Possibilité de parking.

POUR SE FAIRE PLAISIR

Carmine – *Piazza Carmine 16 -* 📞 *0923 711 907 - fax 0923 71 75 74 - www.hotelcarmine.it - 28 ch. 100 € ⛲.* Cet hôtel tranquille et confortable a été aménagé avec goût dans un ancien couvent. Les chambres, toutes différentes, sont meublées à l'ancienne. Bon petit-déjeuner, servi dans le jardin intérieur.

Plus loin du centre

BUDGET MOYEN

Tenuta Volpara – *Contrada Volpara Bortolotta, 9 km à l'est de Marsala -* 📞 *0923 98 45 88 - 18 ch. 90 € ⛲ - ✖️ 16/41 €.* Cette ferme, en pleine campagne, vous fera connaître la véritable hospitalité sicilienne. C'est l'occasion de découvrir une authentique tradition rurale : celle de la *zabbina*, de la ricotta chaude fraîchement préparée, au petit-déjeuner.

POUR SE FAIRE PLAISIR

Villa Sparta – *Contrada Amabilina 3, à la sortie de la ville -* 📞 *0923 98 00 00 - www. villasparta.com - fermé nov.-mars - 4 ch. 110 € ⛲.* Située dans l'ancien quartier résidentiel de Marsala, cette élégante villa dispose de tout le confort nécessaire à un agréable séjour. Le petit-déjeuner est à l'italienne.

La route des salines

POUR SE FAIRE PLAISIR

La Finestra sul sale – *Contrada Ettore Infersa -* 📞 *0923 73 30 03 - fax 0923 19 54 608 - www. salineettoreinfersa.com - 3 ch. 100 € ⛲ - ✖️ 25 €.* S'endormir en admirant le soleil couchant sur les salines teintées de roses : un rêve désormais possible dans les chambres d'hôte de l'ancienne bâtisse des Salines Ettore e Infersa. Restaurant avec véranda.

RESTAURATION

BUDGET MOYEN

Divino Rosso – *Via XI Maggio (largo A. di Girolamo) -* 📞 *0923 71 17 70 - fermé lun. et nov. - réserv. conseillée - 18/30 €.* Dans ce restaurant du centre historique, qui fait également office d'œnothèque, les plats typiquement siciliens sont à base de poisson frais. En été, vous pourrez les déguster à l'extérieur, sous de grands parasols sur le corso principal.

Il Gallo et l'Innamorata – *Via S. Bilardello 18 -* 📞 *0923 19 54 446 - www.osteriailgalloelinna morata.com - fermé mar. - 25/40 €.* Dans une salle voûtée, sous les chapelets d'ail suspendus au plafond, vous goûterez une cuisine du marché. Antipasti de la mer, pâtes à la poutargue et bon choix de vins. Les bouteilles, entreposées sur des étagères, sont récupérées à l'aide d'une pince. Soirées animées par le patron, qui pousse la chansonnette et parle français.

Mozia

😊 **Bon à savoir** : attention, il n'existe aucun lieu de restauration sur l'île, pensez à emporter un en-cas pour passer la journée.

PETITE PAUSE

Vous trouverez plusieurs cafés animés à l'heure de l'apéritif, autour de la **piazza del Popolo**.

Glaces

E & N – *Via XI Maggio 130 -* 📞 *0923 951 969.* Toute la gamme des pâtisseries siciliennes : *cannoli*, *cassate* et délicieux *arancini*. Petite restauration à midi.

Bar à vins

La Sirena Ubriaca – *Via Garibaldi 39 -* 📞 *0923 020 500.* Proche du marché aux poissons, cette *enoteca* propose de savoureux antipasti maison

à déguster sur des tonneaux. Grand connaisseur, le patron vous guidera dans la galaxie des marsala pour trouver le goût qui vous convient. Vente à emporter.

Enoteca Morsi e Sorsi – *Via Diaz 66 -* 📞 *0923 713 598 - 18h-1h, fermé mar.* Encore une cave bien achalandée, conseillée par un spécialiste chevronné.

Russurisira – *Antico Mercato Porta di Mare -* 📞 *340 21 20 419 - www. russurisira.it.* Cocktail-bar animé, qui occupe les locaux de l'ancien marché au poisson.

AGENDA

Settimana Santa – La ville s'anime à l'occasion de Pâques, avec la **procession du Jeudi saint**, où les habitants incarnent les protagonistes du chemin de croix. Le soir ont lieu ensuite les représentations sacrées de la Crucifixion et la Résurrection.

Marsalestate – Concerts, spectacles et dégustation œno-gastronomique en divers lieux de la ville durant tout l'été.

2

Mazara del Vallo

51 492 habitants

😊 NOS ADRESSES PAGE 241

S'INFORMER
Office de tourisme – *Via XX Settembre 5 - 📞 0923 94 46 10.*

SE REPÉRER
Carte de microrégion A3 (p. 212) – *carte Michelin Local 365, 57 AK.* Le port chenal constitue le véritable cœur de la ville, autour duquel s'articulent les différentes activités liées à la pêche. Les principaux monuments sont situés à l'est du port chenal, derrière le lungomare Mazzini.

SE GARER
Parkings le long du lungomare Mazzini et sur la piazzale Quinci à l'embouchure du port-chenal.

À NE PAS MANQUER
La grâce du satyre grec, l'ambiance du port-chenal au petit matin au retour de pêche et celle plus mauresque des ruelles de la vieille ville.

ORGANISER SON TEMPS
Prévoir une demi-journée si on se limite à la visite du musée.

Ancienne cité phénicienne située à l'embouchure de la rivière Mazaro, Mazara était déjà un port important dans l'Antiquité du fait de son site protégé et de sa proximité avec l'Afrique. Devenue centre de commerce pour les Grecs, la ville a connu son apogée sous les Arabes et les Normands. Dans le brassage des populations, les Africains représentaient un fort pourcentage et c'est encore le cas aujourd'hui. Mazara est à ce jour l'un des principaux centres italiens de pêche hauturière et contribue à 30 % de la production nationale, ce qui en fait une bourgade active et authentique.

Se promener Plan de ville

AU CŒUR DE LA VILLE

★ Le port-chenal A1-2

Le port-chenal (*porto canale*) est au cœur de l'activité de la cité. À visiter tôt le matin, lorsque les bateaux rentrent de la pêche en haute mer. Envahi par la foule et les camions frigorifiques, il résonne des appels des vendeurs, des acheteurs et des transporteurs, tandis que les embarcations accostées au môle se préparent pour la pêche suivante. Les nasses sont pliées, les casiers empilés en bon ordre.
Sur le port-chenal en direction du marché aux poissons, un peu en retrait, se dresse l'église normande San Nicolò Regale.

San Nicolò Regale A1

Se renseigner au préalable à l'office de tourisme sur les heures de visite.
Construite sous Guillaume Ier, c'est une charmante église à plan carré, avec trois absides, une coupole en forme de bonnet typique de l'architecture arabo-

normande, et une façade couronnée de créneaux arrondis. À l'intérieur, quelques mosaïques de l'époque paléochrétienne ont été découvertes sous le pavement, appartenant probablement à un ancien dallage romain.

Au centre de la ville, la **piazza Plebiscito** est bordée par l'harmonieuse façade de l'église **St-Ignace** (18e s.) et le beau portail de l'ancien **collège des jésuites** (17e s.) où sont logés la bibliothèque municipale, le petit Musée municipal (Museo Civico) et la Sala Consagra.

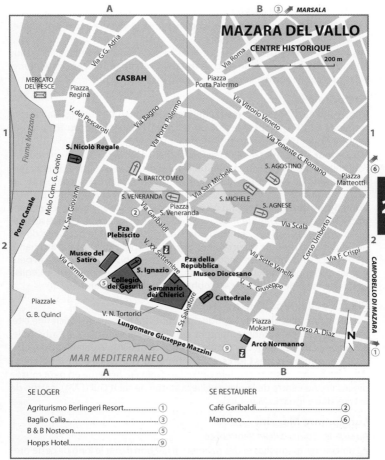

SE LOGER

Agriturismo Berlingeri Resort.............①
Baglio Calia.............③
B & B Nosteon.............⑤
Hopps Hotel.............⑨

SE RESTAURER

Café Garibaldi.............②
Mamoreo.............⑥

★★ Chiesa di S. Egidio - Museo del Satiro A2

Piazza Plebisicito - ☎ 0923 93 39 17 - ♿- tlj 9h-18h30 - 6 €.

C'est dans l'ancienne église de San Egidio qu'a été construit ce petit musée entièrement consacré à l'extraordinaire statue du **satyre grec★**, un bronze du 4e s. av. J.-C. retrouvé en 1998 par un groupe de pêcheurs de Mazara dans le canal de Sicile.

Museo Civico et Sala Consagra A2

Piazza Plebisicito 2 - ℘ 0923 94 95 93 - 9h-14h, 16h-18h30 - fermé lun. - gratuit.
L'ancien collège des Jésuites accueille le **Musée municipal** qui rassemble des pièces archéologiques de la période néolithique à la période byzantine tardive. Séparée, la **Sala Consagra**, dédiée à **Pietro Cansagra**, artiste contemporain natif de Mazara, renferme des eaux-fortes, des aquarelles et des modèles réduits de ses plus célèbres sculptures. À voir aussi, une vaste collection de peintures qui n'ont pas encore trouvé leur emplacement idéal.

Museo Diocesano A2

Via dell'Orologio 3 - ℘ 0923 90 94 31 - www.museodiocesanomazara.it - ঔ - mar.- sam. 10h-12h30, merc.-vend.-sam. également 16h30-18h30 - fermé lun., dim. et j. fériés - gratuit, offres bienvenues.
Les objets appartenant au trésor de la cathédrale représentent la part la plus importante de la collection de ce musée, qui réunit des pièces d'argenterie, des objets et des ornements sacrés datant du 14e s. au 19e s.

Cattedrale B2

Construite au 11e s., elle a été complètement remaniée au 17e s. Sa façade, terminée en 1906, est percée d'un portail orné d'un bas-relief du 16e s. représentant Roger Ier à cheval terrassant un musulman.

★ **Intérieur** – Des stucs dorés à l'or fin alternent avec des fresques en trompe-l'œil imitant des stucs en forme de volutes, de boucles et de *putti*, ce qui confère à l'ensemble un aspect théâtral. Dans l'abside centrale, assez complexe, un drapé à points de piqûre dorés soutenu par des anges abrite le groupe de la **Transfiguration★** d'**Antonello Gagini**, qui s'appuie sur un majestueux tabernacle Renaissance. Dans la 1re chapelle de droite est placé un ciboire ancien, qui fut peut-être utilisé, comme le dit l'inscription, pour le baptême du fils de Frédéric II. Toujours sur la droite s'ouvre la chapelle du Crucifix, attenante à une pièce renfermant un beau crucifix peint sur bois (13e s.). Au sol, on peut voir les anciennes fondations arabes, protégées par une dalle de verre. L'église renferme aussi de nombreux sarcophages d'époque romaine.

Piazza della Repubblica A-B2

Sur cette très jolie place de l'époque baroque bat le cœur de l'ancienne cité. Les palais qui l'entourent remontent au 18e s. À l'arrière-plan, la cathédrale, dominée par un élégant campanile baroque ; à gauche, le palais épiscopal ; à droite, le **séminaire des Clercs**, complété par un portique et une loggia néoclassiques, avec des arcs en plein cintre. Le séminaire héberge un petit musée diocésain. Au centre de la place veille la statue de saint Gui (1771), patron de la ville, due à Ignazio Marabitti.

Lungomare Mazzini A-B2

Au sud de la piazza della Repubblica.
À l'ombre des magnolias et des palmiers, il fait bon flâner le long de cette promenade de bord de mer. À l'extrémité est de la vieille ville, piazza Mokarta, se dresse l'**Arco Normanno**, une porte à arc ogival dotée d'une double margelle, unique vestige de l'ancien château normand (11e s.).

Casbah A1

Promenez-vous dans ses ruelles étroites et tortueuses (via Bagno) qui débouchent sur de minuscules places. Ce coin d'Afrique du Nord est tout naturellement habité par une importante communauté tunisienne. Nombreux sont en effet les pêcheurs tunisiens et marocains employés par la flotte de pêche.

À proximité

RISERVA NATURALE LAGO DI PREOLA E GORGHI TONDI

▶ *À 10 km au sud-est de Mazara direction Torretta-Granitola -* ☎ *0923 93 40 55.* Au cœur d'une vaste vallée entourée de collines, quelques petits lacs forment une véritable oasis d'eau douce et de fraîcheur au milieu d'un paysage généralement aride. Les observations sont plus intéressantes se font au printemps.

😊 NOS ADRESSES À MAZARA DEL VALLO

TRANSPORTS

Bus – La gare routière est située près de l'hôpital (*via Guido d'Orso 18* - ☎ *0923 94 19 76*). La **Salemi** (*autoservizisalemi.it*) dessert Palerme, Castelvetrano et Marsala ; les cars pour Agrigente et l'est (*www.autolineelumia.it*) s'arrêtent sur le périphérique nord.
Taxi nécessaire pour rejoindre le centre (☎ *347 1417 098 - env.5 €*).

HÉBERGEMENT

PREMIER PRIX

B & B Nosteon – A2 - *Via Plebiscito 9* - ☎ *0923 651 619 ou 3475 718 904 - www.nosteon.it -* 📶 🖥️ 📺 *- 3 ch. 60 €* ☕. Dans le vieux Mazara, une résidence ancienne, confortable et bien tenue.

BUDGET MOYEN

Hopps Hotel – B2 *Via G. Hopps 29* - ☎ *0923 946 133 - www.hoppshotel. it -* ✗ 🏊 *- 187 ch. 90 €* ☕. Près du centre, un grand hôtel dont la plupart des chambres ont vue sur la mer. Belle piscine.

POUR SE FAIRE PLAISIR

Baglio Calia – Hors plan par B1 - *Contrada Serroni (au nord de Mazara, près de l'embranchement de l'autoroute)* - ☎ *0923 909 390 - www.bagliocalia.it - 3 ch. 100 €* ☕ *-* ✗ *25 €*. Cet ancien *baglio* s'inscrit dans le réseau de l'agritourisme. Chambres meublées à l'ancienne et restaurant correct.

UNE FOLIE

Agriturismo Berlingeri Resort – Hors plan par B2 - *Contrada Berlingeri* - ☎ *0923 18 77 292 - fax 0923 18 77 507 - www. berlingeriresort.it -* ✗ 🏊 *- 12 ch. 150 €*. Un agritourisme aux prestations de grande qualité et voué entièrement aux cultures biologiques.

RESTAURATION

BUDGET MOYEN

Café Garibaldi – A2 - *Via Garibaldi 53/55* - ☎ *347 44 40 170 - www.cafe garibaldi.it - hors saison fermé lun.-merc.* Niché sur une agréable placette, il sert des plats siciliens mis au goût du jour, comme le *peccato di gola* (« péché de bouche »). Soirées musicales en saison.

POUR SE FAIRE PLAISIR

Marmoreo – Hors plan par B1 - *Lungocanale Ducezio 30* - ☎ *0923 93 16 19 - fermé dim. soir - menu fixe 60 €*. Véritable institution à Mazara, ce restaurant s'appuie sur l'expertise culinaire d'une famille de pêcheurs, les Marmoreo. Menu fixe (très varié) qui suit les arrivages de la pêche.

PETITE PAUSE

Trinca e Rocca – *Piazza Matteotti 26* - ☎ *0923 941 250 - www.trincaerocca.it.* Excellent choix de glaces et de pâtisseries traditionnelles. Délicieuse pâte d'amande.

2

Sélinonte

Selinunte

😊 NOS ADRESSES PAGE 246

🛈 S'INFORMER

Le site officiel de Sélinonte offre une présentation très complète des informations dont on a besoin et même une reconstitution en 3D du site : *www.selinunte.net.*

♿ SE REPÉRER

Carte de microrégion B3 (p. 212) – *carte Michelin Local 365 AL 58.* En arrivant de l'autoroute, sortir à Castelvetrano et prendre la S 115^d vers Marinella. Des cars assurent la liaison entre le site et Agrigente, Castelvetrano, Marsala, Mazara del Vallo et Trapani. Entre les temples est et l'acropole, il est possible de se déplacer en voiture. Pour les hébergements, voir aussi « Nos Adresses à Castelvetrano », p. 251. Soyez vigilants avec les enfants en bas âge à cause des nombreuses cavités dans le sol et des ruines instables.

🅿 SE GARER

On peut laisser sa voiture sur l'un des deux parkings à l'entrée des sites.

😊 À NE PAS MANQUER

La vue des temples depuis la terrasse sud de l'acropole ; déambuler dans les ruines du gigantesque temple G.

🕐 ORGANISER SON TEMPS

Commencer par les temples orientaux ; garder un peu de temps pour flâner dans les rues de la ville antique, située dans la troisième zone (au nord de l'acropole). Si vous vous contentez de visiter le site, emportez un pique-nique. Vous trouverez une aire ombragée, aménagée entre les parkings 1 et 2. Pour compléter la visite, il est intéressant de se rendre aux carrières de Cusa *(voir « À proximité » p. 246),* d'où proviennent les blocs de pierre employés dans la construction des temples.

La ville et le port de Sélinonte dominent toujours la mer. Les orgueilleuses ruines de la cité antique imposent le respect, autant en souvenir d'un monde prospère, que par l'étendue du chantier archéologique et la beauté de ses vestiges. Les environs ne manquent pas de charme, non plus. La station balnéaire de Marinella di Selinunte, certes bondée en été, côtoie d'immenses plages de sable bien préservées.

Découvrir

LE SITE

📞 0924 46 251 - ♿ *- 9h-19h (dernière entrée 1h av. fermeture) - 6 € billet combiné avec les Cave de Cusa.*

Le site archéologique est composé de quatre zones. La première, sur la colline orientale, regroupe trois grands temples dont l'un a été reconstruit en 1957.

Sélinonte, temple oriental.
B. Morandi / hemis.fr

La deuxième, sur la hauteur occidentale, ceinte de murailles, est l'acropole au nord de laquelle s'élève la troisième zone, celle de la ville proprement dite. La quatrième, à l'ouest de l'acropole, au-delà de la rivière Modione, était un autre espace sacré composé de temples et de sanctuaires.

Dispersés sur une étendue semi-désertique (en raison de l'abandon du site par ses habitants), les temples en ruine élèvent encore vers le ciel leurs imposantes colonnes, et les bâtiments réduits à des amas de pierres, probablement à la suite d'un tremblement de terre, créent une impression d'extrême désolation.

SPLENDEUR ET MISÈRE...

Le nom de Sélinonte vient du grec « selinon », terme par lequel on désignait l'ache (sorte de céleri sauvage qui, fleuri, dégage un parfum puissant), qui poussait en abondance dans la région et figurait aussi sur les premières pièces de monnaie frappées par la ville.

Fondée au cours du 7e s. av. J.-C. par un peuple venu de Megara Hyblæa, Sélinonte a connu une vie brève (environ 200 ans de splendeur) mais intense, sans doute grâce à l'habile gouvernement des tyrans qui s'y sont succédé. Le vaste périmètre des lieux sacrés et publics, qui s'organise en zones distinctes, témoigne de la prospérité de la cité.

Longtemps alliée de Carthage, dont elle espérait l'appui pour faire front face à sa rivale Ségeste, elle fut finalement détruite en 409 av. J.-C., par un Carthaginois justement, Hannibal *(à ne pas confondre avec Hannibal Barca, né quelque 250 ans plus tard)*, qui usa de méthodes particulièrement féroces. D'après Diodore de Sicile, 16 000 Sélinontins furent massacrés, et 5 000 faits prisonniers. Hannibal céda aux prières des survivants, qu'il laissa libres, et épargna les temples de la cité contre le paiement d'un tribut important ; mais une fois la rançon obtenue, il fit piller les temples et détruire les remparts.

Sélinonte se redressa avec difficulté et parvint à grand-peine à se maintenir jusqu'à la deuxième guerre punique, où elle fut entièrement rasée.

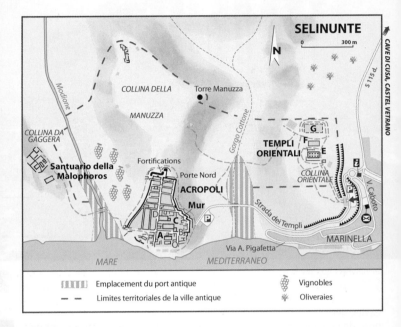

Les belles métopes qui ornaient les frises de certains temples sont exposées au Musée archéologique de Palerme *(voir p. 167)*.

Comme on ne sait pas avec certitude à qui les temples étaient consacrés, les spécialistes les ont désignés par des lettres de l'alphabet.

Templi orientali

Le premier à se présenter au regard est le **temple E**, relevé en 1957. Consacré à Héra, il remonte au 5e s. av. J.-C. et présentait un plan complexe. On y accédait du côté est par quelques marches qui menaient, après la colonnade, au pronaos, précédé de deux colonnes dont il ne reste plus que les chapiteaux posés à terre. À l'arrière se trouvait la cella, sur laquelle s'ouvrait une petite pièce secrète *(adyton)* renfermant la statue de la déesse. L'opisthodome, identique au pronaos, venait derrière. Sur la droite, le **temple F**, complètement en ruine, probablement consacré à Athéna, était le plus petit. Le dernier, le **temple G**, était le plus imposant. De dimensions colossales (les colonnes, au nombre de 17 sur la longueur et de 8 sur la largeur, faisaient presque 3,5 m de diamètre et plus de 16 m de haut), il était sans doute dédié à Apollon. Ce n'est plus aujourd'hui qu'un amas de ruines dispersées sur le sol. Certains des blocs de plusieurs tonnes qui formaient les colonnes présentent encore des cannelures préliminaires, ce qui laisse penser que le temple est resté inachevé.

Acropole

Du parc de stationnement situé à l'entrée pour les temples est, continuer jusqu'au parking suivant.

L'acropole s'étendait sur un plateau au-delà d'une dépression appelée Gorgo Cottone, du nom de la rivière qui arrosait autrefois la région et abritait à son embouchure le **port** de la ville, ensablé par la suite. Ceinturée de murailles dès les 6e-5e s. av. J.-C., elle adoptait le dessin classique de la cité à plan en damier, divisée par trois artères principales et des rues moins importantes se coupant à angle droit. C'est là que s'élevaient, en plus des édifices publics et religieux, quelques demeures des classes privilégiées.

On longe un moment les imposantes **murailles** qui entouraient l'acropole à l'est.

Les temples – On découvre en montant les ruines du **temple A**. À l'intérieur, sur le mur d'entrée du *naos*, se trouvaient deux escaliers en colimaçon, les plus anciens connus à ce jour. Les ruines sont dominées par quatorze des dix-sept colonnes du **temple C**, relevées en 1925. Sans doute dédié à Apollon et Hercule, c'est le plus vieux des temples de Sélinonte (6e s. av. J.-C.). Le fronton (orné d'un bas-relief d'argile représentant une tête de Gorgone) avait pour particularité d'être isocèle, ce qui lui conférait une inhabituelle allure de pagode. C'est de là que proviennent les plus belles métopes conservées au Musée archéologique de Palerme, où l'on trouve également la reconstitution du fronton. Il est intéressant de constater l'évolution des méthodes de construction au cours même de l'édification de ce temple. Les colonnes du côté sud sont encore monolithes, tandis que les autres sont déjà en tronçons, plus faciles à transporter. Les vestiges de trois autres temples ont été découverts dans l'acropole.

Les fortifications – En suivant le *decumanus* principal, on aboutit au mur d'enceinte qui ceinturait l'acropole. Celui que l'on voit aujourd'hui fut érigé après la destruction de 409 avec des matériaux de récupération (les colonnes coupées en deux qui servaient de poutres appartenaient, suppose-t-on, à un temple dont on ignore encore l'emplacement). Passé la **porte nord**, on découvre l'imposante structure à trois niveaux formée de deux galeries superposées, sur lesquelles s'ouvraient des arches servant au déplacement des machines et des soldats.

L'ancienne cité

Sur le plateau de la Manuzza se trouvait le quartier résidentiel de la ville, qui, à partir du 4e s. av. J.-C., fut abandonné et utilisé comme nécropole.

Santuario della Malophoros – *Pour y parvenir, suivre le sentier qui prolonge le premier cardo (rue transversale) à gauche du* decumanus *principal (en venant de l'acropole). 20mn AR*. Le sanctuaire érigé en l'honneur de Déméter Malophoros (porteuse de grenade), déesse de la Végétation et donc protectrice des agriculteurs, s'élevait au sein d'une enceinte sacrée *(temenos)* sur l'autre rive de

2

UNE TECHNIQUE LONGUE ET COMPLEXE

Après avoir tracé le périmètre du bloc à extraire, il fallait creuser un double sillon extérieur, profond de 50 cm, pour permettre l'extraction et faciliter la tâche des tailleurs de pierre. Les outils utilisés étaient des pioches, des scies en bronze et des coins. Pour séparer les couches plus résistantes, ces coins de bois étaient insérés dans les fentes, puis imprégnés d'eau afin que leur gonflement fasse éclater la pierre. Le bloc était ensuite séparé de la roche mère, sorti au moyen d'un treuil ou bien placé sur un plan incliné pour le faire glisser après l'avoir détaché. Le levage s'effectuait au moyen de cordes coulissant dans des sillons incisés au préalable. Ce sont les marques en U que l'on aperçoit sur certains blocs cubiques. De nombreux blocs présentent, eux, des cavités carrées à chaque extrémité, dans lesquelles étaient logés des pivots qui facilitaient leur déplacement et leur mise en place. Les blocs étaient transportés par des bœufs ou des esclaves au moyen de roues montées sur des essieux en bois. Une piste large et rocailleuse reliait les carrières à Sélinonte.

la rivière Modione, escale maritime et zone commerciale de la cité. Passé le propylée (que l'on reconnaît aux fragments de colonnes), on arrive à proximité d'un grand autel sacrificiel. Une rigole, qui permettait l'écoulement des eaux provenant de la source de Gaggera, le sépare du temple. Ce dernier, sans soubassement ni colonnes, était composé d'un pronaos, d'une cella et d'un *adyton*, qui renfermait la statue de la déesse.

À proximité Carte de microrégion

★ **CAVE DI CUSA** (Carrières de Cusa) B3

▶ *Environ 20 km au nord-ouest de Sélinonte. Aller vers Campobello di Mazara, puis suivre les indications. De 9h au coucher du soleil - 2 €, 6 € billet combiné avec le site de Sélinonte.*

Ces carrières furent les premières à fournir des matériaux pour la construction des temples de Sélinonte. Comme la nature de la pierre extraite, un tuf compact et résistant, était particulièrement adaptée à la construction, elles ont été exploitées pendant plus de cent cinquante ans à dater de la première moitié du 6e s. av. J.-C. Les travaux de la cité ont été interrompus soudainement en raison de la guerre que Sélinonte a dû mener contre les Carthaginois (qui eut pour conséquence la destruction de la ville). Les carrières, de même que les logements de ceux qui y travaillaient (environ 150 personnes), ont alors été abandonnées à la va-vite, comme en témoignent les énormes blocs destinés à des temples qui gisent çà et là à moitié extraits. Le nom actuel des carrières est en fait celui du propriétaire du terrain sur lequel elles ont été découvertes. Le site s'étire d'est en ouest, parallèlement à la côte, sur 1,8 km. Il offre un intérêt particulier à cause des immenses tronçons de colonnes épars sur le sol ou encore en cours d'extraction (on en compte plus d'une soixantaine).

Dans la première zone des carrières, on remarque aussi bien des blocs entièrement extraits, prêts pour le transport, que d'autres à peine entaillés, entourés du sillon externe qui facilitait la tâche des tailleurs de pierre. Dans la deuxième zone, on peut voir un chapiteau brut. Il s'agit d'un bloc cylindrique élevé sur une base carrée portant dans sa partie supérieure douze coins qui servaient à creuser l'échine (moulure courbe placée sous le tailloir du chapiteau dorique). Les fentes portent encore les traces des coups de pioche.

😊 NOS ADRESSES À SÉLINONTE

HÉBERGEMENT

BUDGET MOYEN

Sicilia Cuore Mio – *Via della Cittadella 44, Marinella di Selinunte -* 𝒫 0924 46 077 - *www. siciliacuoremio.it -*✉️🍽️ *- 5 ch. 70 €* ☕. Dans cette paisible maison entourée d'un joli jardin, les chambres sobres et impeccables sont décorées dans un esprit typiquement méditerranéen.

POUR SE FAIRE PLAISIR

Hotel Miramare – *Via Pigafetta 2, Marinella di Selinunte -* 𝒫 0924 46 045 - *www.hotelmiramareselinunte. it -*🍽️📺❌🅿️ *- 21 ch. 80 €.* Vous serez aux petits soins dans cet établissement dont la propriétaire, d'origine tunisienne, parle français. Les chambres sont impeccables, claires et, pour la plupart, pourvues d'un balcon sur la mer. Pizzeria midi et soir sur une grande terrasse au-dessus de la Méditerranée. Petite plage privée.

RESTAURATION

PREMIER PRIX

Pierrot – *Via Marco Polo 108, Marinella di Selinunte -* ✆ *0924 46 205 - www.ristorantepierrot selinunte.it - fermé de janv. à mi-fév.* Cuisine familiale dans une salle panoramique.

Castelvetrano

30 735 habitants

NOS ADRESSES PAGE 251

S'INFORMER
Office de tourisme – *Piazza Carlo d'Aragona e Tagliavia -* ✆ *0924 90 20 04.*

SE REPÉRER
Carte de microrégion B2 (p. 212) – *carte Michelin Local 365 AL 57.* La ville est située à une dizaine de kilomètres de la côte et de Sélinonte. Le premier édifice que l'on aperçoit en arrivant est l'hôpital, immense cube vitré de construction récente, derrière lequel s'étend la vieille ville.

À NE PAS MANQUER
La visite de Santa Trinità di Delia ; le musée à ciel ouvert de Gibellina.

ORGANISER SON TEMPS
Comptez une matinée.

AVEC LES ENFANTS
L'aire aménagée autour du plan d'eau de Trinità et la Riserva naturale Foce del Fiume Belice.

Le nom de la commune est Castelvetrano-Selinunte et la réputation du site archéologique de Sélinonte a tendance à occulter l'intérêt touristique de ce petit bourg agricole, où se sont développées des activités liées à la culture de la vigne et de l'olivier.

Se promener

AU CŒUR DU BOURG

Le centre, organisé autour des **piazze Umberto I** et **Garibaldi** voisines, rassemble presque tous les grands monuments de la ville.

Piazza Garibaldi

La place est entourée de beaux édifices, comme la chiesa madre et l'**église du Purgatoire** (aujourd'hui un auditorium), dont la façade ornementée de frises classiques, faux balcons, volutes et niches abritant des statues, présente un style intermédiaire entre le maniérisme tardif et le baroque. On voit à côté le **théâtre Selinus** du 19e s., qui a conservé son rideau de scène originel.

Chiesa Madre

L'église a gardé son aspect du 16e s. La façade à saillants, percée d'un portail décoré de guirlandes végétales encadré de deux bandes lombardes, s'orne d'une rosace au second niveau. Les côtés sont couronnés de merlons en queue d'aronde. Le plan basilical, à trois nefs traversées d'un double transept se terminant par trois absides (celle du centre est carrée et non semi-circulaire), est typique des églises normandes. Les **stucs★** de toute beauté qui ornent l'arc de triomphe sont attribués à **Gaspare Serpotta** (17e s.), le père du célèbre Giacomo. Une nuée d'angelots soutiennent des drapés et des guirlandes, et jouent de la musique. Cette décoration est reprise de façon plus sobre sur l'arc qui ferme la croisée du transept.

La poutre centrale du plafond à caissons, peinte de figures allégoriques, porte deux dates : 1564 et 1570.

Piazza Umberto I

La ravissante petite place qui s'ouvre à gauche de l'église permet de découvrir la tour-clocher, invisible au premier abord. Elle s'orne de la belle fontaine de la Nymphe, édifiée au 17e s. pour commémorer la restauration d'un aqueduc (la statue se trouve dans une niche en hauteur).

Un peu plus loin, sur la piazza Regina Margherita, embellie d'un agréable jardin public, s'élève la façade très dépouillée de **San Domenico** (15e s.), ancienne annexe du couvent (aujourd'hui un lycée) dont on peut admirer le cloître *(entrée à droite de l'église)*. De l'autre côté de la place se dresse l'église **San Giovanni** du 17e s., avec sa façade à saillants, complétée par une imposante tour-clocher.

Museo Civico

Via Garibaldi 50 - 𝄞 *0924 90 96 05 - tlj sf dim. apr.-midi 9h-13h, 15h30-18h30 - 2,50 €.*

Ce palais du 16e s., autrefois résidence de la famille Majo, abrite aujourd'hui un musée présentant une collection de pièces provenant des fouilles archéologiques de Sélinonte. La belle organisation de l'exposition rend justice à la pièce la plus intéressante, le célèbre **Éphèbe de Sélinonte★**, une élégante statuette en bronze de jeune homme datant d'environ 460 av. J.-C. Une niche abrite une belle *Madone à l'Enfant* de **Francesco Laurana**, qui provient de l'église de l'Annonciation. La visite se poursuit au premier étage, où sont présentés des objets de culte et trois bas-reliefs de l'artiste contemporain Giuseppe Lo Sciutto.

À proximité Carte de microrégion

★ Santa Trinità di Delia B2

◗ *4 km à l'ouest de Castelvetrano. Suivre les indications au départ de la place Umberto I - l'église fait partie du Baglio Trinità - horaires aléatoires.*

Cette charmante église arabo-normande (12e s.) en forme de croix grecque s'inscrit dans un carré, prolongé de trois absides et surmonté d'un dôme de couleur rose. Les murs sont ornés de fenêtres ogivales à broderie de pierre ajourée, soulignées de profondes embrasures. À l'intérieur, la coupole sur

pendentifs, élément typique de l'art musulman, repose sur quatre colonnes de marbre à chapiteaux corinthiens. Les absides, ornées de gracieuses colonnettes, ainsi que la crypte renferment les sépultures des Saporito, puissante famille de la région au 19ᵉ s.

À quelques mètres de l'église, de l'autre côté de la route, le **domaine forestier Trinità** offre son refuge de verdure ombragé d'eucalyptus, de palmiers et de pins. Dans cet endroit aménagé d'aires de pique-nique, on découvre le charmant petit **lac artificiel Trinità** 👥.

Riserva naturale Foce del fiume Belice e dune limitrofe B3

▶ *12 km au sud, entre Marinella di Selinunte et Porto Palo di Menfi. Pour les visites guidées, s'adresser via Vivaldi 100, Marinella di Selinunte - www.parks.it/riserva. foce.fiume.belice/.*

👥 Les dunes déplacées et sculptées par le vent font de cette réserve un endroit splendide. Le milieu palustre que crée l'embouchure du fleuve Belice attire en outre plusieurs espèces d'oiseaux, ainsi que la tortue caretta-caretta (ou tortue caouanne, *voir p. 550*).

Circuit conseillé Carte de microrégion

VALLE DEL BELICE

▶ *Circuit de 70 km tracé sur la carte p. 212. Compter une demi-journée environ. Départ de Gibellina Nuova, à 11 km au nord de Castelvetrano sur la S 119.*

Gibellina Nuova B2

🛈 *Viale Segesta - ☎ 0924 67 428.*

Cette petite ville s'élève en tant que symbole du terrible tremblement de terre qui, la nuit du 14 au 15 janvier 1968, raya de la carte de nombreux centres urbains en atteignant six degrés sur l'échelle de Richter.

Construite peu après l'événement, à 18 km de l'ancien centre médiéval, Gibellina Nuova est une sorte de musée permanent, avec des sculptures disséminées dans les rues et des bâtiments appelés à devenir en eux-mêmes des œuvres d'art. Plusieurs artistes contemporains ont été sollicités pour participer à ce projet singulier, dont **Arnoldo Pomodoro, Pietro Consagra, Pietro Cascella, Emilio Isgrò**. Parmi la cinquantaine d'œuvres réalisées, les plus impressionnantes sont l'imposante *Étoile* à l'entrée de la ville, par **Consagra**, la place de l'hôtel de ville, avec sa tour-carillon, et l'église principale, œuvre de **Ludovico Quaroni**, dont on aperçoit de loin la grande sphère blanche.

D'autres œuvres d'art contemporain ainsi que des maquettes de celles disposées dans les rues sont exposées au **Museo Civico d'Arte Contemporanea** (☎ *0924 67 428 - viale Segesta - mar.-sam. 9h-13h, 16h-19h - 6 €*). À quelques kilomètres du centre-ville, le Baglio di Stefano, ancienne *masseria*, siège de la Fondation Orestiadi, accueille le **Museo delle Trame Mediterranee** (☎ *0924 67 844 - www.orestiadi.it - tlj sf lun. 9h-13h, 15h-18h - 5 €*) qui expose œuvres d'art et vestiges des pays du bassin méditerranéen.

Emprunter la S 188 vers le sud, puis prendre la S 119 sur la gauche et suivre les indications Ruderi di Gibellina.

Ruderi di Gibellina B2

Les ruines de la vieille ville sont encore visibles. Elles ont été partiellement recouvertes d'un vaste « linceul » de béton blanc, dont les sillons coïncident avec l'ancien tracé des rues et baptisé *Cretto (Fissure)* par son auteur, **Alberto Burri**, l'une des figures les plus intéressantes du *LandArt*.

Repartir en direction de Santa Ninfa et prendre la S 188 vers Partanna.

Partanna B2

Durement frappé aussi par le séisme de 1968, le village s'annonce par un château couronné de créneaux (17e s.), reconstruit par les princes Graffeo (ou Grifeo) sur une ancienne forteresse normande. L'espace derrière le château offre une belle **vue★** sur la vallée. Les églises du village ne sont hélas plus que des fantômes qui témoignent de la catastrophe. En suivant la via Vittorio Emanuele, on voit les ruines de l'église St-François dont seul le campanile est resté intact (16e-17e s.), et, en hauteur, l'église de la Vierge-des-Grâces, avec sa tour d'origine.

Reprendre la S 188 en direction de Salemi.

Salemi B2

Superbement située au milieu des vignes, première culture de la région de Trapani, la petite ville de Salemi conserve dans son centre historique l'empreinte de la culture arabe, apparente tout au long des étroites ruelles pavées qui montent vers le château. Elle a connu une gloire tout à fait inattendue après l'arrivée de Garibaldi, lorsqu'on l'a symboliquement proclamée première capitale d'Italie. Le tremblement de terre de 1968 l'a durement touchée.

Château normand – Édifié sur ordre de Roger de Hauteville à l'emplacement d'une ancienne forteresse, il possède deux tours quadrangulaires et une haute tour ronde. À sa droite se trouvent les ruines de l'église principale, détruite par le tremblement de terre de 1968.

Emprunter la via D'Aguirre, qui descend sur le côté de l'église.

Église et collège des jésuites – L'église possède une belle façade baroque, ornée d'un portail qu'encadrent des colonnes torses en tuf. À l'intérieur du collège a été aménagé le **Musée municipal** (Museo Civico), qui rassemble les œuvres d'art religieux de l'église détruite par le séisme de 1968. On peut y voir la magnifique *Madone de la Chandeleur* de **Domenico Gagini**. Après la dernière salle du musée, on visite une chapelle du 18e s., fidèle reproduction de la Santa Casa de Lorette (maison de la Vierge, *voir le* Guide Vert Toscane-Ombrie - 𝄞 0924 98 23 76 - tlj sf lun. 9h30-13h, 16h-19h - 6 €).

Museo della Mafia Leonardo Sciascia – Via D'Aguirre - 𝄞 0924 98 23 76 - mar.-sam. 10h-13h, 16h-19h - 5 €. Inauguré en 2010, ce musée dévoile la réalité de la Mafia en Sicile et en Italie à travers un parcours interactif particulièrement efficace. Tous les thèmes liés à la Mafia – les tueries, les liens politiques, le chantage, l'ambiance carcérale, l'église et la spiritualité, le système sanitaire, la *famiglia* – y sont décrits à travers des vidéos, des œuvres d'art contemporain et des documents divers.

Poursuivre la descente de la via D'Aguirre pour rejoindre le **quartier Rabato**, qui a conservé une allure arabe. Les rues qui en font le tour offrent de **belles vues★** de la vallée. Le 3 février, à l'occasion de la fête de saint Blaise, on distribue de jolis petits pains aux formes très élaborées. Pour la fête de saint Joseph (19 mars), on confectionne aussi des pains votifs : plus grands, en forme d'anges, de guirlandes, de fleurs, d'animaux ou d'outils de travail, ils sont censés évoquer toutes les circonstances de la vie.

Prendre la S 188ᴬ vers le nord et continuer sur la S 113 en direction de Calatafimi.

Calatafimi B2

Le bourg accroché à la montagne est dominé par le **château Eufemio**, forteresse byzantine reconstruite au 13e s., mais dont il ne reste aujourd'hui que des ruines. Elle offre une très belle **vue**★ sur la ville et la vallée environnante.

Tous les cinq ans a lieu, du 1er au 3 mai, la **fête du Très Saint Crucifix**, avec une impressionnante procession à laquelle participent toutes les corporations. Celle des métayers *(massari)* s'y distingue particulièrement, avec son char très richement décoré de… pains.

Sur la colline face au bourg se dresse le **Pianto Romano**, monument aux garibaldiens tombés au champ d'honneur (Calatafimi a été le théâtre d'une bataille décisive entre les troupes des Bourbons et les garibaldiens le 15 mai 1860). De là, on a un magnifique **panorama**★★ sur la petite ville et les collines environnantes, derrière lesquelles se cache la Méditerranée.

Depuis Calatafimi, il est possible de continuer en direction de Ségeste, distante de seulement 4 km (voir ce chapitre p. 225).

☺ NOS ADRESSES À CASTELVETRANO

HÉBERGEMENT ET RESTAURATION

POUR SE FAIRE PLAISIR

Baglio San Vincenzo – *Via Leopardi 11, contrada San Vincenzo, Menfi, 10 km au nord-est de Porto Palo di Menfi -* ☎ *0925 75 065 - fax 0925 71 123 - www. bagliosanvincenzo.it - fermé de mi-janv. à mi-fév. -* ✗ ⚓ *- 12 ch. 135 € - rest. 20/25 €.* La campagne sicilienne et le légendaire bon sens rural font de cette adresse un endroit vraiment unique. On y séjourne dans un édifice du 17e s. soigneusement réhabilité. Les propriétaires produisent et vendent également de l'huile et du vin.

AGENDA

Gibellina

En été, les ruines de Gibellina s'animent de spectacles théâtraux, les *Orestiadi* (« Orestiades » - *www. orestiadi.it*), qui rassemblent prose,

musique, représentations et artisanat.

ACHATS

Huile d'olive - La région encadrée par Mazara del Vallo et Castelvetrano produit une huile d'olive connue sous le nom de **Valle del Belice DOC**. Riche d'un fruité intense, cette huile de couleur vert-jaune est issue d'une variété locale, la *nocellara del beli*. La marque **Peruzza** est précédée d'une bonne réputation *(via Maffei, Castelvetrano, au sud-est de la ville -* ☎ *0924 905 133 - www. peruzzaolio.com - vente directe lun.- vend. aux heures de bureau).*

2

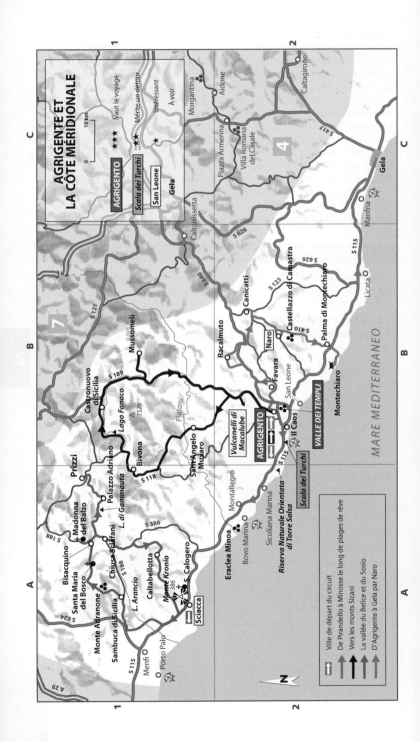

AGRIGENTE ET
LA CÔTE MÉRIDIONALE

Vaut le voyage ★★★
Mérite un détour ★★
Intéressant ★

AGRIGENTO ★★★
Scala dei Turchi ★★
San Leone ★

0   10 km

MARE MEDITERRANEO

Ville de départ du circuit
De Pirandello à Minosse le long de plages de rêve
Vers les monts Sicani
La vallée du Belice et du Sosio
D'Agrigente à Gela par Naro

Agrigente et la côte méridionale 3

Carte Michelin Local 365 – Région autonome de Sicile

Agrigente et la vallée des temples

Agrigento e la valle dei templi

59 175 habitants

😊 NOS ADRESSES PAGE 268

S'INFORMER

Servizio Turistico Regionale – *Via Empedocle 73 -* 📞 *0922 20 391 - www. regione.sicilia.it/turismo.*

SE REPÉRER

Carte de microrégion B2 (p. 252) – *carte Michelin Local 365 AP 59.* La zone archéologique, tournée vers la mer, constitue la partie basse d'Agrigente, tandis que le noyau urbain proprement dit s'accroche à la pente de la colline qui s'élève derrière la ville. Le cœur de la ville haute est organisé autour de la via Atenea, longue rue commerçante qui débouche à l'ouest sur la piazza Pirandello et, à l'est, sur le piazzale Aldo Moro et la piazza Marconi. Depuis celle-ci, face à la gare, débute le viale della Vittoria, large avenue-belvédère bordée de cafés avec terrasse. L'ensemble se visite aisément à pied.

SE GARER

L'accès au centre-ville en voiture n'est pas aisé, la plupart des axes étant à sens unique. On peut laisser son véhicule sur la piazza Vittorio Emanuele ou à proximité de la gare ferroviaire, piazzale Aldo Moro. Il existe deux parkings payants dans la partie archéologique : le premier dans la zone des temples et le second à côté du Musée archéologique.

À NE PAS MANQUER

Les temples et le Giardino della Kolymbetra ; le sarcophage d'Hippolyte et de Phèdre à San Nicola ; l'Éphèbe d'Agrigente du Musée archéologique régional ; l'église Santa Maria dei Greci. Sur le littoral, voir aussi la Scala dei Turchi et la plage de Capo Bianco à Eraclea Minoa.

ORGANISER SON TEMPS

Étant donné la chaleur étouffante qui règne en été et les nombreux escaliers du centre historique, mieux vaut programmer la visite très tôt le matin ou, mieux encore, en fin d'après-midi, pour bénéficier de la lumière du soleil couchant. Compter une journée pour la vallée des Temples (et le musée) et une demi-journée pour la visite de la ville haute.

Au fur et à mesure que l'on s'approche d'Agrigente, les amandiers se font plus denses et leur floraison, de janvier à février, embellit de nuées blanches les prés verdoyants et les collines austères. Quand il arrive à Agrigente par la côte, le visiteur jouit d'un spectacle merveilleux, notamment au coucher du soleil, lorsque les maisons alignées sur la crête colorent leurs façades de doux tons lumineux, et qu'au premier plan le temple d'Hercule s'embrase dans les dernières lueurs du jour.

Le soleil incendie alors l'intense couleur ocre du tuf qui caractérise les constructions de toute la partie antique et de la vieille ville. Si la renommée d'Agrigente repose presque exclusivement sur son site archéologique (inscrit au Patrimoine mondial de l'Unesco), son centre historique, riche de témoignages et de superbes monuments, vaut également la peine d'être découvert.

Découvrir

★★★ LA VALLE DEI TEMPLI

Via Panoramica dei Templi - ✆ *0922 62 16 11 - www.lavalledeitempli.eu - zone archéologique : tlj de 8h30 à 19h ; Musée archéologique : tlj 9h-19h, lun. et dim. 9h-13h - fermé j. fériés ; Antiquaria : tlj 9h-19h - fermé j. fériés - 10 € (zone archéologique ou musée) et 13,50 € (billet cumulé avec le Musée archéologique et les Antiquaria) - compter une journée avec le musée.*

☺ **Bon à savoir** – *La description suivante commence par la zone archéologique du temple de Zeus, mais si vous disposez d'un peu plus de temps, nous vous conseillons de commencer la visite par l'antiquarium de la Villa Aurea, qui aborde la vallée dans son ensemble. Les temples figurent sous leur dénomination grecque italianisée (celle utilisée sur le site). Les parenthèses contiennent, lorsqu'elle est différente, l'appellation latine francisée des divinités auxquelles ils sont dédiés.*

Au sud, le long d'une crête improprement appelée « vallée », une dizaine de temples ont été érigés en à peine plus d'un siècle (5e s. av. J.-C.), témoignant d'une période très prospère. Incendiés par les Carthaginois en 406 av. J.-C., ils ont été restaurés dans leur style dorique d'origine par les Romains (1er s. av.J.-C.). Qu'est-ce qui a provoqué leur effondrement définitif ? Des tremblements de terre ? Ou bien le fanatisme destructeur des chrétiens, soutenus au 4e s. par l'édit de Théodose, empereur d'Orient ? Un seul monument a été épargné, le temple de la Concorde, transformé en église au 6e s. Au Moyen Âge, les matériaux furent pillés pour l'édification d'autres monuments. Le temple de Zeus Olympien, surnommé Carrière des Géants, a par exemple fourni les pierres nécessaires à la construction de l'église San Nicola et du môle de Porto Empedocle (16e s.).

On notera l'orientation à l'est de tous les monuments, qui correspond à un critère classique, tant grec que romain, selon lequel l'entrée du *naos* (ou cella) où se tenait la divinité devait être saluée et éclairée par les premiers rayons du soleil, principe et source de vie. Les temples sont hexastyles (à six colonnes frontales), hormis celui de Jupiter Olympien, dont la façade, fermée, montrait sept demi-colonnes engagées. C'est surtout au lever et au coucher du soleil que les temples construits en tuf calcaire s'illuminent de tons chauds et dorés puissamment évocateurs.

Autel des sacrifices

À l'entrée de la vallée, légèrement en retrait sur la droite, on remarque les vestiges d'un immense autel destiné à des sacrifices de grande envergure : jusqu'à cent bœufs en une seule fois !

☺ Le terme « hécatombe », employé aujourd'hui pour désigner un massacre, signifie en grec la mise à mort de cent *(hecaton)* bœufs *(bôus)*.

★ Tempio di Zeus Olimpico (Jupiter Olympien)

Après avoir été entièrement détruit, le temple de Zeus Olympien fut reconstruit vers 480 av. J.-C. à la suite de la victoire des Agrigentins, alliés des Syracusains,

3

sur les Carthaginois à Himère. Élevé en remerciement à Zeus, il reste avec ses 113 m de long et 56 m de large l'un des plus grands temples de l'Antiquité, bien qu'il n'ait, dit-on, pas été terminé. L'entablement était soutenu par des demi-colonnes hautes de 20 m, qui alternaient probablement avec des **télamons**, énormes figures masculines dont un exemplaire se trouve au Musée archéologique régional *(voir p. 260)*. Un de ces colosses reconstitué sur le sol au centre du temple permet de se faire une idée de la taille gigantesque du monument. Les espaces de la colonnade ouverte classique étaient ici obturés par un mur dans lequel étaient engagées des demi-colonnes, qui formaient sur le mur à l'intérieur du temple des pilastres orthogonaux.

Certains blocs de tuf montrent les moyens de leur mise en place : de profondes entailles en U, dans lesquelles on glissait les cordes qui, reliées à un système de levage, permettaient de soulever et d'empiler des blocs extrêmement lourds et volumineux.

★★ Tempio di Castore e Polluce (Tempio dei Dioscuri)

Symbole d'Agrigente, le temple des Dioscures fut construit à la fin du 5e s. av. J.-C. en hommage aux faux jumeaux Castor et Pollux, nés par superfétation de l'union, la même nuit, de Léda avec Zeus, métamorphosé en cygne pour la séduire, puis avec son époux légitime, Tyndare.

Du temple, il ne reste que quatre colonnes redressées au 19e s. et une partie de l'entablement. Sous la corniche, on admirera la rosace, élément de décoration typique.

À droite, on voit les vestiges d'un sanctuaire dédié probablement aux divinités chtoniennes (souterraines) : Perséphone, reine des Enfers, et sa mère Déméter, déesse de la Fertilité. On remarquera en particulier un **autel carré**, destiné sans doute au sacrifice de jeunes porcs, et un autre, de forme **circulaire**, avec en son centre un petit puits sacré. Il servait vraisemblablement au rite des thesmophories, fêtes célébrées par les femmes mariées en l'honneur de Déméter.

À l'horizon, on aperçoit le **temple d'Héphaïstos** (Vulcain) situé à l'extrémité d'une ligne imaginaire reliant tous les temples de la vallée. Il n'en reste pas grand-chose. La légende raconte que sous l'Etna se trouvait la forge de Vulcain, le dieu du Feu, où il fabriquait avec l'aide des Cyclopes la foudre de Jupiter.

★ Giardino della Kolymbetra

☏ 335 12 29 042 (mobile) - été : tlj sf lun. 10h-19h ; printemps : 10h-18h ; reste de l'année : 10h-17h - fermé janv. - 4 €.

Cette « vasque » de 5 ha, creusée par les prisonniers carthaginois après la bataille d'Himère afin de servir de vivier à poissons, s'est transformée avec le temps en un verger particulièrement fertile. Après des années d'abandon, ce jardin de la Kolymbetra, repris et géré par le Fondo per l'Ambiente Italiano (Fonds italien pour l'environnement), offre aujourd'hui au visiteur la possibilité de se promener tranquillement au milieu des oliviers, figuiers, peupliers, saliques, mûriers, orangers, citronniers et mandariniers, en suivant les chemins tracés qui traversent le jardin.

Revenir sur ses pas, sortir de l'enceinte, traverser la rue à droite et regagner la vallée des Temples.

LE JARDIN SICILIEN

Le terme « jardin » tel qu'il est employé en Sicile peut induire en erreur : il ne s'agit pas, en effet, d'une zone où l'on cultive plantes décoratives et plantes à fleur, mais plus exactement d'un verger d'agrumes. Le jardin sicilien devient alors un lieu où au plaisir esthétique s'ajoute la dimension utile des plantations.

Un passé turbulent

L'HISTOIRE D'AKRAGAS

Le **site** d'Agrigente semble avoir été habité depuis les brumes de la préhistoire, mais ce n'est que vers 580 av. J.-C. qu'un groupe d'habitants de **Gela**, originaires de Rhodes et de Chypre, décida d'y fonder la ville d'Akragas, baptisée du nom de l'une des deux rivières qui la délimitent. Le tyran **Phalaris** (570-554 ou 555 av. J.-C.), habile stratège, entreprit l'expansion territoriale de la cité en la dotant de nombreuses fortifications. C'est à lui que les Anciens attribuent la réalisation d'un taureau d'airain, instrument de torture dans lequel il faisait enfermer ses ennemis et sous lequel on allumait un feu. Les hurlements atroces des condamnés résonnaient comme des mugissements de bête torturée. Détesté, Phalaris mourut lapidé par son peuple sur la place publique.

Sous **Théron** (488-472 ou 473 av. J.-C.), un autre tyran, la cité devint une grande puissance militaire et soumit maintes fois les Carthaginois, auxquels elle interdit de pratiquer des sacrifices humains. Son essor économique et politique fut accompagné d'un épanouissement des belles-lettres et des arts. En témoignent les temples de Zeus Olympien, des Dioscures et de Déméter. Le philosophe **Empédocle** (environ 492-environ 432 av. J.-C.) mena un combat acharné pour aboutir à une forme de démocratie modérée, qui devait longtemps gouverner la cité. Mais en 406 av. J.-C., Akragas subit une lourde défaite face aux Carthaginois, qui la détruisirent presque complètement. Elle fut reconstruite dans la seconde moitié du 4e s. av. J.-C. par **Timoléon**, chef corinthien engagé dans la lutte contre les Carthaginois. C'est de cette époque que date la construction du quartier gréco-romain, dont les vestiges offrent une idée de l'aspect de la ville. En 210 av. J.-C., Akragas est assiégée et conquise par les Romains qui la baptisent **Agrigentum**.

LES VICISSITUDES DE GIRGENTI

À la chute de l'Empire romain, la ville amorça un déclin, tombant successivement aux mains des Byzantins et des Arabes (9e s.). Ces derniers fondèrent une nouvelle cité sur un site plus élevé, l'actuel centre de la ville moderne, dont ils firent la capitale du royaume berbère, du nom de **Girgenti**. Ce nom fut conservé jusqu'en 1927, puis la ville reprit son nom romain. Après la conquête normande en 1087 débuta une nouvelle ère de prospérité et de puissance, qui permit de repousser les fréquents assauts des Sarrasins.

Les églises San Nicola, Santa Maria dei Greci et San Biagio ont été édifiées sous le Normand Roger. Puis une nouvelle série de vicissitudes entraîna un dépeuplement progressif de la ville, qui ne s'épanouit à nouveau qu'au 18e s. Le centre se déplaça alors de la via Duomo à la via Atenea. En 1860, mécontente du mauvais gouvernement des Bourbons, elle suivit le mouvement de Garibaldi. Pendant la Seconde Guerre mondiale, elle subit de nombreux bombardements.

DEUX ENFANTS ILLUSTRES

Agrigente a vu naître des personnages célèbres, tels le philosophe **Empédocle** (5e s. av. J.-C.), qui, dit-on, se jeta dans l'Etna pour prouver qu'il était de nature divine (le volcan aurait restitué ensuite son squelette recouvert de bronze), ou **Luigi Pirandello**, dramaturge contemporain, né et enterré à **Il Caos** (*voir p. 264*), petit bourg situé en contrebas de la ville.

★★ **Tempio di Eracle** (Hercule)

De style archaïque dorique, c'est vraisemblablement le temple le plus ancien du site. Ses huit colonnes redressées au début du siècle permettent d'imaginer, au-delà de leur état un peu dégradé, l'élégance de l'édifice.

Un peu plus au sud se trouve le **mausolée** dit **de Théron** (*visible également de la route de Caltagirone*). Considérée à tort comme celle du tyran agrigentin, la sépulture date en réalité de la domination romaine. Elle aurait été érigée en l'honneur des soldats tombés au cours de la deuxième guerre punique (218-202 av. J.-C.). Construite en tuf, de forme légèrement pyramidale, elle était probablement couronnée d'un toit pointu. Le soubassement élevé, les fausses portes ornant le second ordre et les colonnes d'angle de style ionique en font un bel exemple de combinaison des ordres dorique, ionique et attique.

Encore quelques pas, et voici qu'apparaissent sur la gauche de profonds sillons, laissés par les chars qui transportaient les blocs de tuf. Les plus profonds ont été transformés plus tard en canalisations d'eau.

Antiquarium multimediale della Valle dei Templi (Villa Aurea)

Ce centre se trouve dans la Villa Aurea, résidence de sir Alexander Hardcastle, mécène passionné d'archéologie qui fit relever les colonnes du temple

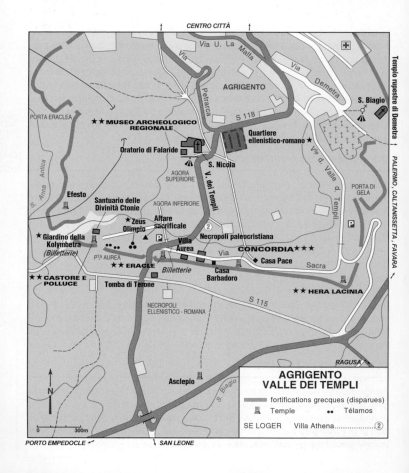

d'Hercule. L'antiquarium offre une vue d'ensemble à la fois historique, topographique et mythologique de la zone archéologique et constitue un excellent préambule à la visite de la vallée des Temples.

Nécropole paléochrétienne

En contrebas de la route, la nécropole est creusée dans la roche non loin des anciennes murailles de la ville. On y trouve différents types de sépultures paléochrétiennes, à niches simples et en *arcosolium* (creux surmontés d'une niche en forme d'arc), comme on en rencontre fréquemment dans les catacombes. Avant d'arriver au temple de la Concorde, on remarquera sur la droite un autre groupe de sépultures.

★★★ Tempio della Concordia

C'est l'un des temples de l'Antiquité les mieux conservés. Il séduit par l'élégance et la majesté de ses lignes. S'il est resté pratiquement intact, c'est parce qu'il fut transformé en église au 6ᵉ s. On peut distinguer à l'intérieur de la colonnade les arcades pratiquées dans le mur initial du naos. Le temple daterait de 430 av. J.-C., mais on ignore à qui il était dédié. Quant au nom de Concorde, il provient d'une inscription latine retrouvée aux alentours. Bel exemple de procédé de correction optique, les colonnes sont amincies vers le haut, pour paraître plus grandes, et présentent un léger renflement à environ deux tiers de leur hauteur *(entasis)* pour contrer l'effet optique d'amincissement ; elles sont aussi légèrement inclinées vers le centre virtuel du fronton, pour donner, à une certaine distance du temple, l'impression de verticales parfaites. La frise classique alterne triglyphes et métopes sans bas-relief décoratif. Le fronton n'était pas non plus décoré.

Antiquarium di Agrigento paleocristiana e bizantina (Casa Pace)

Ce centre retrace une partie de la vie de la cité au travers de panneaux explicatifs et de points de repère intéressants, par exemple l'histoire de la transformation du temple de la Concorde en basilique.

Antiquarium Iconografico della Collina dei Templi (Casa Barbadoro)

Aménagé dans un cadre rustique, ce centre iconographique rassemble de très belles reproductions de la vallée des Temples sous forme de recueils de dessins et de gravures qui ont appartenu à des explorateurs ou des experts du passé. *Fermé au moment de la rédaction de ce guide.*

★★ Tempio di Hera Lacinia (Temple de Junon)

Ce temple, situé à l'autre extrémité de la colline, date du milieu du 5ᵉ s. av. J.-C. Il fut incendié par les Carthaginois en 406 av. J.-C. (des traces de fumée sont encore visibles sur les murs de la cella, chambre où était placée la statue de la divinité). Probablement dédié à la déesse protectrice du mariage et de l'accouchement, il porte aussi le nom de *Lacinia*, qui dérive d'une association incorrecte avec le sanctuaire qui s'élève sur le promontoire Lacinio, aux environs de Crotone.

Bien que toutes les colonnades ne soient pas en parfait état, celles du pronaos, de l'opisthodome et de la cella sont bien conservées. On voit côté est l'autel qui appartenait au temple et, derrière celui-ci, une citerne *(près des marches)*. *Depuis l'antiquarium de la Casa Pace, une petite route peu fréquentée monte en direction de la colline de San Nicola au milieu des champs de pistachiers, d'oliviers et de figuiers. Un peu avant le sommet de la colline, continuer tout droit en direction d'un groupe de ruines et passer sous un petit pont pour arriver au quartier gréco-romain (attention : il faut être au préalable muni de son billet).*

3

★ Quartier gréco-romain

C'est un vaste complexe urbain où les maisons en ruine ont parfois conservé, agencés dans la pierre, des fragments de mosaïques *(protégés par des auvents et des plaques de plexiglas)* à motifs géométriques ou figuratifs. Le plan des rues correspond aux principes de l'urbaniste grec Hippodamos de Milet, avec des *decumani* parallèles (larges artères principales) coupant à angle droit des rues plus étroites.

San Nicola

Horaires variables, se renseigner à la billetterie. Laisser une offrande.

Cette église en tuf fut édifiée au 13ᵉ s. par les cisterciens dans un style de transition romano-gothique. Les arcs proviennent de la Carrière des Géants, nom donné communément aux ruines du temple de Jupiter, source quasi inépuisable de matériaux de construction. La façade, rythmée par deux hauts contreforts ajoutés au 16ᵉ s., est enrichie d'un beau portail en arc brisé.

L'intérieur à nef unique est orné d'une voûte en berceau. Sur le côté droit se suivent quatre chapelles, dont l'une renferme le célèbre **sarcophage d'Hippolyte et de Phèdre★★** (3ᵉ s.), que Goethe avait particulièrement admiré. D'inspiration grecque, les lignes pures et souples des hauts-reliefs sculptés sur les côtés suggèrent les mouvements des personnages et accentuent leur expression. Le thème en est l'impossible amour de Phèdre pour son beau-fils Hippolyte. Insensible à ses charmes, le jeune homme se voit injustement accuser de viol par sa belle-mère. Banni du royaume par son père adoré, Thésée, il trouve la mort sous les sabots de son cheval emballé effrayé par un monstre marin vengeur. Après ce drame, désespérée, Phèdre se suicide.

Au-dessus de l'autel, le beau crucifix de bois du 13ᵉ s. appelé *le Signore della Nave* inspira à Pirandello sa nouvelle du même nom (dans *Nouvelles pour un an*). La terrasse devant l'église offre un beau **panorama★** sur la vallée des Temples.

Oratorio di Falaride

À côté de San Nicola. C'est ici que la légende situe le palais du tyran Phalaris. Le monument actuel est probablement un petit temple grec transformé à l'époque normande.

À côté de l'oratoire, remarquer les vestiges d'un *ekklesiasterion*, petit amphithéâtre destiné aux assemblées politiques (du grec *ekklesia*, assemblée). L'endroit a été identifié comme étant une ancienne *agora*, ou place publique.

★★ Museo Archeologico Regionale

Loc. S. Nicola - Via Passeggiata Archeologica - ☎ 0922 40 1565 - Voir conditions de visite du site archéologique p. 255.

Le temple d'Hercule.
H. Sfichtinger/Lithium/age fotostock

Logé en partie dans l'ancien monastère San Nicola, le musée réunit les pièces trouvées dans les sites archéologiques de la province d'Agrigente *(les panneaux explicatifs signalent les œuvres les plus intéressantes).*

Période précédant la colonisation grecque – On admirera une belle coupe à deux anses décorée de motifs géométriques, remarquable pour la hauteur de son pied. Elle a vraisemblablement été conçue pour les repas pris à même le sol, son grand pied permettant d'amener la coupe au niveau de la poitrine. Parmi les pièces intéressantes, une petite amphore mycénienne, très fine, ainsi qu'une **patère** décorée de six figures de bovins, et deux anneaux sigillaires également ornés d'animaux. Très intéressant aussi, un **dinos** (vase destiné aux sacrifices) décoré d'une *triskeles* (littéralement « trois jambes »), symbole de la Sicile.

La colonisation – La superbe collection de **vases attiques★** *(salle 3, qui s'étend sur deux couloirs parallèles)* comprend essentiellement des cratères à figures noires et figures rouges, parmi lesquels se distingue le *Cratère de Dionysos* : le dieu du Vin, vêtu d'une large tunique ondoyante, tient à la main un rameau de lierre et porte sur le bras une peau de panthère mouchetée. À noter encore un cratère à fond blanc, sur lequel se détache la fine silhouette de Persée s'apprêtant à libérer Andromède de ses chaînes et le grand cratère sur lequel figure le *Transport du guerrier* (500-490 av. J.-C.).

La section rassemble en outre une collection de statuettes votives, masques, moules et autres figures en terre cuite retrouvés lors des fouilles des sanctuaires. À l'étage inférieur se dresse le gigantesque **télamon★** provenant du temple de Jupiter, seule statue restante des trente-huit pièces originales qui ornaient l'édifice. Dans une vitrine sur la gauche, on peut voir la tête de trois de ces colosses. L'une d'entre elles présente des traits plus nets.

3

LES TÉLAMONS (OU ATLANTES)

Ces imposants colosses agrigentins, appelés plus communément « atlantes », portent un nom donné par les Romains, *Telamo(n)*, terme savant latin dérivant lui-même du grec et qui exprime leur fonction de support, en l'occurrence support de l'édifice. Leurs bras repliés illustrent bien ce rôle qui consiste à soutenir un poids énorme sur leurs épaules. Ils font référence aussi à une figure mythologique précise : le Géant Atlas, chef des Titans qui, en lutte contre les dieux de l'Olympe, fut condamné par Jupiter à soutenir le poids de la voûte céleste. Deux spécimens reconstitués sont exposés près du temple.

L'**Éphèbe d'Agrigente**★★ *(salle 10)*, statue de marbre du 5ᵉ s. av. J.-C., fut trouvé dans une citerne près du temple de Déméter, dont les Normands avaient fait la petite église San Biagio *(voir ci-dessous)*. Il s'agit selon toute probabilité d'un jeune Agrigentin vainqueur aux jeux Olympiques qui fit certainement l'objet du culte des héros.

Les sites archéologiques de la province – Y sont réunis des sarcophages et des pièces archéologiques datant de la préhistoire. On peut admirer le très beau **Cratère de Gela**★★ *(salle 15)* attribué au peintre des Niobides. Le bandeau supérieur illustre un combat de centaures, tandis que la partie inférieure représente une bataille entre Grecs et Amazones.

La découverte de l'Agrigente antique peut se terminer par la visite de l'église San Biagio et du temple d'Esculape, tous deux un peu en retrait du reste des monuments antiques.

San Biagio

Laisser la voiture devant le cimetière et suivre le sentier qui mène à l'église sur la gauche.

L'église normande du 13ᵉ s. était à l'origine un **temple grec** dédié à Déméter. En contrebas se trouve aussi un **temple rupestre dédié à Déméter** *(auquel on ne peut accéder)*. C'est dire l'importance du culte que la Sicile antique vouait à cette déesse.

Tempio di Asclepio (Temple d'Esculape)

Le temple est situé non loin du tombeau de Théron, sur la route de Caltanissetta (panneau indicateur peu visible sur la droite).

Les vestiges surgissant en pleine campagne datent du 5ᵉ s. av. J.-C. Dédié à Esculape, dieu de la Médecine et fils d'Apollon, il aurait renfermé une très belle statue d'Apollon attribuée au sculpteur grec Myron.

Se promener Plan de ville

LA VILLE MÉDIÉVALE ET MODERNE

Le **viale della Vittoria** est un agréable belvédère d'où, à l'ombre des figuiers, on peut contempler la vallée des Temples. Il mène à la place de la gare où l'**église San Calogero** (16ᵉ s.), dédiée à un saint particulièrement vénéré dans la région, présente un magnifique portail en arc brisé.

Un peu plus loin, à partir de la **piazza Aldo Moro**, prendre la **via Atenea** et passer devant le **palais Celauro** (la façade principale donne sur la rue du même nom), où Goethe séjourna pendant son voyage. Sur la gauche, on apercevra l'église franciscaine de l'Immaculée Conception (remaniée au 18ᵉ s.). Après avoir passé un portail à droite de l'église, on peut admirer la façade du **petit couvent chiaramontain** (14ᵉ s.), qui doit son nom au style de son portail et des fenêtres géminées qui l'encadrent. Revenir dans la via Atenea et la suivre jusqu'à la piazza del Purgatorio pour voir l'**église San Lorenzo**★ (18ᵉ s.), dont l'ocre des tufs offre un joli contraste avec le blanc du portail orné de colonnes torses. L'**intérieur** renferme des stucs de Giacomo Serpotta.

Plus loin, à la hauteur de la via Bac Bac, se trouve l'**église San Giuseppe**.

Sur la **piazza Pirandello**, on ne peut manquer d'admirer l'hôtel de ville, ancien couvent des pères dominicains (17ᵉ s.), et l'église annexe, dont la façade baroque est précédée d'un escalier en fer à cheval de toute beauté. Remarquer, au second plan, le campanile qui se dresse à gauche de l'église.

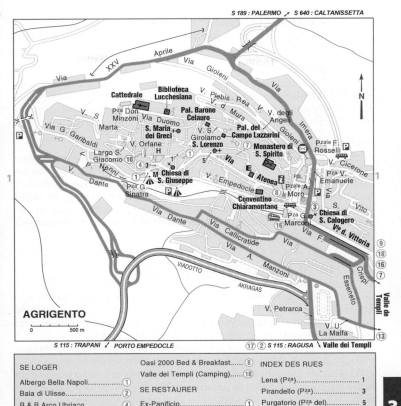

À partir de la via Atenea, prendre la via Porcello, puis la montée vers l'abbaye du Saint-Esprit.

★ Monastero di Santo Spirito

Via Santo Spirito 8 - ℘ 0922 20 664 - www.monasterosantospiritoag.it - visite sur demande.

L'église et le couvent contigus datent du 13e s. L'état des bâtiments se détériore inexorablement, mais la façade de l'église a conservé un beau portail gothique surmonté d'une rosace. L'intérieur, de style baroque, est à nef unique. Les murs portent quatre **hauts-reliefs★** attribués à G. Serpotta : *Nativité* et *Adoration des Mages* (à droite), *Fuite en Égypte* et *Présentation de Jésus au Temple* (à gauche). On accède au **cloître** par une porte située à droite de la façade, après être passé sous les deux imposants contreforts de l'église. La très belle **entrée★** de la salle capitulaire du monastère présente un portail en arc brisé et deux fenêtres géminées de style arabo-normand. Dans le monastère, le **Museo di Santo Spirito** (*℘ 0922 59 03 71 - téléphoner avant pour avoir confirmation des horaires - lun.-vend. 8h-13h, 15h-18h, sam. 9h-13h - fermé dim. - 2,50 €*) expose divers outils de la vie rurale ainsi que plusieurs œuvres du grand peintre palermitain **Francesco Lojacono** (1841-1915). Pour les gourmands, les sœurs confectionnent de succulentes pâtisseries *(voir « Nos adresses à Agrigente », p. 268)*.

Via San Girolamo

Dans cette avenue bordée de beaux palais se distinguent au n° 14 la façade du **palais del Campo-Lazzarini** du 19ᵉ s. *(face à l'église Santa Maria del Soccorso)* et au n° 86 le **palais Barone Celauro** (18ᵉ s.) avec ses deux rangées de petits balcons et de fenêtres couronnées de tympans en arc et triangulaires.

Biblioteca Lucchesiana

Fondée en 1765 sur la via Duomo par l'évêque Lucchesi Palli, elle renferme plus de quarante-cinq mille volumes anciens et des manuscrits. Dominée par la statue de l'évêque, la salle centrale aligne de beaux rayonnages en bois. À gauche de la statue, les textes profanes, à droite, les textes religieux. Noter les deux personnages sculptés qui marquent cette séparation : à gauche, une femme méditant, à droite, une femme tenant un miroir pour symboliser la foi, qui renvoie à la connaissance de soi.

Cattedrale

☎ 0922 49 00 11 - fermée pour travaux de rénovation.

Le côté qui fait face à la via del Duomo présente des fenêtres du 11ᵉ s., éléments du premier édifice construit par les Normands et correspondant au transept actuel. Rebâtie aux 13ᵉ-14ᵉ s., elle a été transformée au 17ᵉ s. puis restaurée après son effondrement en 1966. Précédée d'un vaste escalier, la façade est couronnée d'un tympan et rythmée par quatre antes proéminentes. On voit à droite le campanile inachevé (1470) avec, sur le côté sud, quatre fenêtres aveugles de style gothico-catalan, surmontées d'arcs en plein cintre.

À **l'intérieur★**, on peut admirer la nef centrale avec son **beau plafond de bois★** aux poutres décorées de peintures du 16ᵉ s. Au-delà de l'arc de triomphe, sur le plafond à caissons (18ᵉ s.), trône un aigle bicéphale, emblème aragonais. L'exubérance baroque du chœur liturgique, avec ses anges et ses guirlandes dorées, contraste avec la sobriété de la nef et des bas-côtés.

Santa Maria dei Greci

Édifiée sur les vestiges d'un temple du 5ᵉ s. av. J.-C. consacré à Athéna, l'église Ste-Marie-des-Grecs remonte au 14ᵉ s. On y célébrait le culte orthodoxe grec. À l'intérieur sont conservés des vestiges du temple grec d'origine.

Circuits conseillés Carte de microrégion

DE PIRANDELLO À MINOSSE LE LONG DE PLAGES DE RÊVE

▶ *Circuit d'environ 90 km aller-retour tracé sur la carte de région p. 252. Compter une journée. Depuis Agrigente, prendre la route de Porto Empedocle (S 115) sur 6 km à l'ouest. Tourner à gauche peu après le viaduc Morandi.*

Casa Museo Regionale « Luigi Pirandello » B2

Contrada Caos Villaseta - ☎ 0922 51 18 26 - ♿ - tlj 9h-13h, 14h-19h (18h en hiver) - 4 €.

C'est ici que naquit, en 1867, le dramaturge **Luigi Pirandello** (mort à Rome en 1936). Sa maison natale se dresse en pleine campagne, solitaire et silencieuse. La visite, qui ne concerne que le premier étage, fait revivre à l'aide d'un système vidéo certaines étapes marquantes de la vie et de la carrière de l'auteur, comme la réception du prix Nobel de littérature (1934) ou ses funérailles.

Scala dei Turchi.
M. Ripani / Sime/Photononstop

Pirandello y vint pour la dernière fois en 1934 et, après l'avoir vendue, dut se contenter de la regarder de loin. Aujourd'hui, elle rassemble des objets et des pièces iconographiques, images de scène, documents manuscrits, éditions de textes théâtraux, romans, photos de famille et portraits de lui-même et de l'actrice Marta Abba, à laquelle il fut très attaché pendant la dernière période de sa vie, ainsi que le cratère grec du 5e s. av. J.-C. dans lequel furent à l'origine conservées les cendres de Pirandello. Le parc littéraire Luigi Pirandello est dédié à l'auteur.

Continuer sur la S 115 en direction de Sciacca. Après Porto Empedocle, suivre les indications pour le Madison Hotel.

★★ **Scala dei Turchi** B2

Pour y parvenir, suivre le panneau (artisanal) « Scala dei Turchi » et prendre à droite la descente Maiata, qui permet d'atteindre la falaise après une promenade facile d'une dizaine de minutes le long de la plage. Autre solution : continuer sur la route pendant 300 m environ, jusqu'à un poste électrique (sur la gauche) ; à gauche de celui-ci, un petit chemin se déroule en descendant vers la mer. En arrivant de Realmonte, on peut apercevoir la falaise juste derrière l'hôtel Madison.

Un extraordinaire pan de **marne** (mélange d'argile et de calcaire) blanche et lisse descend en pente douce vers la mer et se transforme en été en un immense tapis propice aux bains de soleil. De l'autre côté, l'« échelle des Turcs »

RETOUR À LA VIE
Au bout d'un petit sentier qui part sur la droite de la maison se dresse le **pin**, malheureusement victime d'un ouragan en novembre 1997, au pied duquel sont enfouies les cendres de Pirandello. En toile de fond, la mer, et rien d'autre. C'est ici, au milieu de la nature, éternelle source d'inspiration, que l'écrivain, pour qui la vie était comme « la mer, le vent, le feu », a voulu s'inscrire dans une évolution continue et perpétuelle.

3

forme des courbes étroites et sinueuses plus révélatrices de l'action de l'eau et du vent. Ce surnom donné à la falaise vient d'une croyance populaire selon laquelle les pirates sarrasins escaladèrent ces rochers après avoir mis à l'abri leurs bateaux dans les petites criques alentour.

Continuer sur la S 115 jusqu'à Siciliana Marina, puis suivre la route en direction de Montallegro pendant environ 2 km.

Riserva Naturale Orientata di Torre Salsa A2

℘ 0922 81 82 20 - www.wwftorresalsa.com - ouv. toute l'année - visites guidées sur réservation.

Cette réserve naturelle gérée par le WWF depuis juin 2000 se caractérise par la présence de nombreux types d'habitat : dunes, falaises, bourbiers et zones de maquis méditerranéen peuplés de hérissons, de corbeaux, de rapaces, d'échassiers et d'oiseaux marins. À cela s'ajoute la magnifique plage de sable très fin qui se jette dans le bleu intense de la mer.

Reprendre la S 115 vers l'ouest en direction de Sciacca sur 5 km environ et tourner à gauche vers Eraclea Minoa.

Eraclea Minoa A2

Situés aux abords de Capo Bianco, les restes de la cité grecque d'Eraclea Minoa occupent un **site★★** magnifique sur le versant d'une colline isolée donnant sur la mer. À ses pieds, la côte s'ouvre sur la longue **plage★★** de Capo Bianco, très blanche, comme son nom l'indique, couronnée d'une belle pinède *(depuis la S 115, suivre les indications pour Montallegro-Bovo Marina et Montallegro Marina. Une petite route sur la droite marque l'accès à la mer)*. Avant d'arriver au site archéologique, sur la droite, on aperçoit les « dunes » de **marne**, que le vent s'est amusé à modeler pour rappeler la falaise qui ferme le cap à l'est. La cité a été probablement fondée au 6e s. av. J.-C. par des colons grecs de Sélinonte. Passée aux mains des Romains au 3e s. av. J.-C., cette cité sélinontaise s'est impliquée dans de nombreuses guerres, puis fut de plus en plus délaissée. Au 1er s. apr. J.-C., elle n'est plus habitée.

Les **fouilles**, entreprises d'une manière systématique à partir de 1950, ont permis de découvrir des restes d'habitations en briques crues, certaines portant encore des fragments de mosaïque, ainsi qu'un **théâtre**, en pierre très friable et par conséquent en très mauvais état. On devine la forme originale de la *cavea* qui fermait un orchestre en forme de fer à cheval. Un petit **antiquarium** *(de 9h à 1h av. le coucher du soleil - entrée payante)* réunit des objets provenant en grande partie de la nécropole.

VERS LES MONTS SICANI

◗ *Circuit d'environ 175 km aller-retour, tracé sur la carte p. 252 au départ d'Agrigente. Compter une journée.*

Tout au long de l'itinéraire, depuis la côte agrigentine jusqu'aux pentes des monts Sicani, se déploie un **panorama★★** magnifique. Les vues sur les collines boisées et sur les silhouettes des monts se succèdent en une multitude de tableaux enchanteurs et, au printemps, les prés s'enflamment du jaune et du rouge des genêts et des coquelicots.

Prendre la S 189 en direction de Palerme (environ 10 km) et sortir à Aragona.

★ Vulcanelli di Macalube B2

À l'entrée d'Aragona, suivre les indications pour Macalube. Prendre à gauche au rond-point, puis de nouveau à gauche au prochain carrefour et suivre ensuite la route goudronnée qui se termine sur un terrain. Laisser la voiture à cet endroit et emprunter le chemin central, qui conduit au sommet d'une petite colline (sur la

MINOS, DÉDALE ET COCALO

Minos est roi de Crète et époux de Pasiphaé. Désireux de gagner la bien-veillance de Poséidon, dieu de la Mer, il promet de sacrifier le premier être émergeant de l'eau. Apparaît alors un taureau, si puissant que Minos n'a pas le courage d'exécuter sa promesse et essuie la colère du dieu. Pasiphaé tombe amoureuse du taureau ; de leur union naît le Minotaure, monstre au corps humain et à la tête de taureau, auquel on attribue pour demeure (ou prison) le fameux Labyrinthe construit par Dédale. Tous les neuf ans, sept jeunes filles et sept jeunes garçons, envoyés par Athènes à la Crète à titre de tribut, lui sont sacrifiés. Lors du 3e versement, Thésée, héros athénien, volontaire pour faire partie de la rançon, rencontre Ariane, fille de Minos, qui s'éprend de lui et lui procure une épée et un fil de soie, qui lui permettront de tuer le monstre et de sortir de l'inextricable dédale.

L'ancien nom de la ville, Minoa, est ainsi liée à Minos qui, selon une tradition tardive, aurait poursuivi Dédale jusqu'en Sicile pour le punir d'avoir aidé Ariane et Thésée à sortir du Labyrinthe. Dédale trouva refuge auprès du roi sicane Cocalo, qui finit par tuer Minos pour protéger son hôte. Le royaume de Cocalo était en effet situé sur les rives du fleuve Platani, et avait pour capitale Camico, que l'on identifie aujourd'hui tantôt avec **Sant'Angelo Muxaro**, tantôt avec **Caltabellotta**.

droite). Pour toute information : Legambiente-Uffici della Riserva, via Salvatore La Rosa 53, Aragona - ℘/fax 0922 69 92 10 - www.macalife.it.

La colline est ponctuée de « petits volcans », sortes de petits cônes d'où sort une boue froide et blanchâtre. Il s'agit en fait d'un phénomène volcanique sédimentaire de type gazeux : la boue sort sous la poussée de bulles de méthane qui, en remontant vers la surface, entraînent avec elles des sédiments argileux et de l'eau.

Revenir à Aragona et prendre la direction de Sant'Angelo Muxaro (SP 17 puis SP 19).

3

Sant'Angelo Muxaro B1

Accroché sur une colline en position dominante, c'était peut-être la capitale de l'antique royaume de Cocalo, le roi mythique qui aurait hébergé Dédale après sa fuite du Labyrinthe *(voir encadré ci-contre)*. L'église principale du 18e s. montre une façade tripartite, avec des bandes lombardes très prononcées qui encadrent ses trois portails surmontés de fenêtres rectangulaires.

Grotta del Principe – *Immédiatement à la sortie du bourg. Laisser la voiture sur le bas-côté de la route pour ne pas gêner la circulation. Le chemin est très court, mais peu aisé.* La grotte est une tombe protohistorique du 9e s. av. J.-C. formée de deux pièces circulaires, dont la première, plus grande, avec une voûte à coupole, sert d'atrium à la chambre funéraire.

Prendre la direction d'Alessandria della Rocca.

La route grimpe en serpentant dans un très beau paysage de collines.

Bivona A1

Au centre du village se dresse un élégant **arc arabo-normand**, unique vestige de l'ancienne église principale. Un peu plus loin, le **palais des marquis Greco** présente une assez belle façade, malheureusement endommagée, dont les balcons en fer forgé reposent sur des consoles baroques. Les encadrements des portes-fenêtres sont décorés de fruits, notamment de grappes de raisins.

De Bivona, prendre la direction de Santo Stefano Quisquina puis celle de Castronuovo di Sicilia.

La route *(très agréable mais assez mal entretenue)* qui longe le **lac Fanaco** offre un très beau **panorama de montagne★**, où les prés sont bordés de bosquets denses, d'étendues fleuries et de reliefs rocheux.

Castronuovo di Sicilia B1

C'est un petit village typique, avec des maisons de pierre aux moellons réguliers. L'**église de la Santissima Trinità** (1404) élève son beau campanile sur une place minuscule. Du centre, une belle route pavée monte jusqu'à la petite église San Vitale et jusqu'aux ruines du château. Une fois parvenu au sommet, vous aurez depuis le **belvédère panoramique★** une vue magnifique sur le vaste paysage alentour.

De là, il est possible de compléter l'itinéraire en empruntant la S 189 en direction d'Agrigente et en tournant ensuite à gauche en direction de Mussomeli.

Mussomeli B1

Sur un site panoramique au flanc d'une colline escarpée, les maisons de la petite ville de Mussomeli, sillonnée d'étroites ruelles, se blottissent les unes contre les autres sous la garde sévère du **Castello Manfredonico★**. Sur son rocher isolé, remarquable alliance entre l'œuvre de la nature et celle de l'homme, la forteresse semble faire corps avec la roche. À l'intérieur du château, on peut visiter la chapelle, quelques salles anciennes et les souterrains de l'édifice (*℘ 0934 99 20 09 - tlj sf lun. 9h-12h, 15h30-18h30 - 3 €*).

Au centre du bourg, la grande façade de la **chiesa madre** (remaniée au 17e s.) s'élève au-dessus des toits, tandis qu'un peu plus bas le sanctuaire (16e s.) de la Madone des Miracles, en calcaire blanc, montre un portail encadré de deux belles colonnettes torses qui soutiennent un fronton brisé.

Reprendre la S 189 en direction d'Agrigente. Une fois arrivé à Comitini, vous avez la possibilité de continuer vers Agrigente ou de rejoindre l'itinéraire « D'Agrigente à Gela par Naro » décrit p. 280.

☺ NOS ADRESSES À AGRIGENTE

TRANSPORTS

Avion

Agrigente se situe à environ 150 km de l'aéroport Falcone-Borsellino de Palerme et à environ 160 km de l'aéroport Fontanarossa de Catane.

Car

Des lignes de cars relient la ville aux principales localités de Sicile et à Porto Empedocle (d'où partent les ferries pour Lampedusa). Le terminal se trouve piazza Rosselli - www.cuffaro.info.

Train

Pour les amoureux des trains, l'unique trajet ferroviaire que l'on peut utiliser est le Palerme-Agrigente Centrale (attention à ne pas descendre à Agrigento Bassa !), accompli en deux heures à peu près, avec plusieurs départs par jour. La **gare centrale** d'Agrigente se trouve piazza Marconi. C'est également de cette place que partent les bus 1, 2 et 3 qui relient la ville haute à la zone archéologique et aux plages de San Leone.

VISITE

Bus – Du centre-ville à la **vallée des temples**, départ piazza Marconi, devant la gare, lignes 3, 2, 2 barré, 1 et 1 barré.
Les monuments de la **vallée des Temples** sont regroupés

en deux noyaux distincts : le premier (agora inférieure, au sud) comprend les temples proprement dit, le jardin de la Kolymbetra, les Antiquaria et la nécropole paléochrétienne. Le second (agora supérieure, au nord) se compose du Musée archéologique, de l'église San Nicola, de l'oratoire de Falaride et du quartier gréco-romain. Pour se déplacer à pied d'une zone à l'autre, on peut suivre la route nationale (bruyante et très passante) ou emprunter la petite route tranquille de l'intérieur du parc. Les parkings sont situés près du temple de Zeus et du Musée archéologique ; celui qui est situé près du temple de Hera Lacinia est moins encombré. Les billetteries sont installées à l'entrée de chacun des groupes de monuments.

HÉBERGEMENT

⊙ **Bon à savoir** – En dehors d'Agrigente, vous pouvez réserver votre lieu de séjour à San Leone, petite localité balnéaire située à 7 km de la ville et qui bénéficie d'un vaste choix d'hôtels et de restaurants, ou au Villaggio Mosè, à 4 km à l'est de la vallée des Temples, sur la S 115.

Agrigente

PREMIER PRIX

Camping Valle dei Templi – Hors plan par le sud - *Viale Emporium 192, San Leone* - ℘ *0922 411 115 - www.campingvalledeitempli.com -* ⚓ *- 300 pl. et 15 bungalows à partir de 20 €.* Au milieu des oliviers, sur terrain plat, bien équipé mais bruyant et bondé en été.

BUDGET MOYEN

B & B Foderà – *Via Foderà 11 - ℘ 0922 403 079 - 5 ch. 65/80 € ⌷.* Très bonne adresse dans une ruelle calme au cœur de la vieille ville. Réparties sur deux étages (sans ascenseur), les chambres sont impeccables et coquettes. De certains balcons, la vue s'étend jusqu'à la mer. Possibilité de loger à quatre en ajoutant 20 €/j. et par pers. supplémentaire.

B & B Arco Ubriaco – *Via Sferri 12 (près de la piazza Municipio) - ℘ 0922 594 024 - www.arcoubriaco.com - 4 ch. 65/80 € ⌷.* Aménagé dans un ancien palais arabo-normand du vieil Agrigente, ce B & B dispose de chambres confortables, meublées sobrement mais avec goût. Accueil chaleureux des hôtes qui dispensent volontiers des conseils. Demandez-leur de vous montrer « l'arc saoul » (c'est la traduction du nom de l'établissement).

Oasi 2000 Bed & Breakfast – *Via Atenea 45 (1er étage) - ℘ 0922 27 645 - oasi2000ag@libero.it - 5 ch. 70 € ⌷.* Un petit établissement familial très accueillant en plein centre-ville. Il dispose d'une salle de petit-déjeuner et de cinq chambres avec parquet et meubles anciens.

Hotel Amici – *Via Acrone 5 - ℘ 0922 402 831 - www.hotelamici.com -* TV 🖼 *- 18 ch. 90 € ⌷.* Dans ce petit hôtel bien situé en plein centre, près de la gare, certaines chambres sont un peu exiguës, mais l'endroit est calme et le confort correct. Bon accueil et petit parking gratuit.

Albergo Bella Napoli – *Piazza Lena 6 - ℘ 0922 20 435 - www.hotelbellanapoli.com -* TV 🖼 *- 18 ch. (+ 9 dans l'annexe) 90 € - ⌷ 3 €.* Vous pourrez choisir entre les chambres fonctionnelles d'un hôtel traditionnel bien tenu et celles de l'annexe, l'Antica Foresteria Catalana, plus élégantes et meublées à l'ancienne (briques, fer forgé et bois), donnant pour certaines sur la via Atenea.

3

UNE FOLIE

Villa Athena – plan p. 258 - *Via Passeggiata Archeologica 33* - 📞 *0922 59 62 88* - *www.hotelvillaathena.it* - 🏊 🅿 - *27 ch. 150/350 €* 🍽. Une demeure aristocratique du 18ᵉ s. à l'intérieur du parc archéologique *(voir plan p. 258)*. La vue sur le temple de la Concorde vaut à elle seule les 5 étoiles de cet établissement sans reproche.

Aux alentours d'Agrigente

PREMIER PRIX

Camping Nettuno – Hors plan par le sud - *Via Lacco Ameno 3, San Leone, 7 km au sud d'Agrigente* - 📞 *0922 41 62 68* - *www.campingnettuno.com - 20 €*. Après une journée passée dans la vallée des Temples, à respirer le parfum de temps révolus, vous pourrez dans ce camping rester au contact de la nature tout en profitant d'un repos bien mérité.

POUR SE FAIRE PLAISIR

Fattoria Mosè – Hors plan par le sud-est - *Via Mattia Pascal 4, Villaggio Mosè - 4 km au sud -est d'Agrigente sur la S 115* - 📞/fax *0922 60 61 115* - *www. fattoriamose.com - fermé nov.-fév.* - 🅿 - *6 appart. 110 €* 🍽. Non loin de la mer et de la vallée des Temples, ce gîte agritouristique vous propose différents types d'appartements, équipés d'un coin cuisine et d'un petit espace privé à l'extérieur. L'ancien pressoir a été aménagé en salle pour travailler.

Baia di Ulisse – Hors plan par le sud - *Via Alaimo 22, San Leone, 11 km au sud-est d'Agrigente* - 📞 *0922 41 76 38* - *www.baiadiulisse. com* - 🏊 🅿 - *92 ch. 120/190 €* 🍽. Un hôtel classique avec accès direct à la plage. Les chambres confortables et fonctionnelles disposent d'un balcon vue sur mer ou sur jardin. À disposition : restaurant, spa et sports divers.

RESTAURATION

Agrigente

PREMIER PRIX

Ex Panificio – *Piazza Sinatra 16* - 📞 *0922 59 53 99 - 15/25 €*. Ce sympathique bistrot de quartier mérite le détour autant pour le charme de son cadre que par la qualité de sa cuisine. Dans une ancienne boulangerie *(panificio)* les plats proposés révèlent avec une simplicité gourmande les saveurs de la cuisine familiale sicilienne.

BUDGET MOYEN

Ruga Reali – *Cortile Scribani 8* - 📞 *0922 20 370 - fermé midi (sf dim.) et lun. - 25/35 €*. Les artistes du théâtre Pirandello tout proche dînent après le spectacle dans la salle voûtée de ce restaurant au décor rustique. Assiettes d'inspiration paysanne et, le dimanche à midi, formule vin et fromage. Réservation conseillée en soirée.

Trattoria dei Templi – Hors plan par le sud-est - *Via Panoramica dei Templi 15 - Agrigente* - 📞 *0922 40 31 10 - fermé dim. (juin-oct.), vend. (nov.-juin) - 20/30 €*. Une trattoria très agréable où s'arrêter après une journée consacrée à la découverte d'un passé fascinant. Vous y serez accueilli chaleureusement et dégusterez, dans une jolie salle rustique, des plats siciliens à base de poisson.

POUR SE FAIRE PLAISIR

Kalòs – Plan p. 258 - *Piazzetta San Calogero* - 📞 *0922 26 389 - seult le midi - fermé dim. et nov.-janv. - 30/50 €*. Dans le cadre élégant d'un immeuble ancien, à l'étage, vous choisirez entre un menu viande, un menu poisson ou un menu dégustation. Idées raffinées et originales.

San Leone

BUDGET MOYEN

Leon d'Oro – Hors plan par le sud-est - *Via Emporium 102, San Leone - 7 km au sud d'Agrigente - ℰ 0922 41 44 00 - fermé lun - 30 €.* Cet établissement à la gestion familiale jouit d'une bonne réputation et possède une très bonne cave constituée par l'un des propriétaires, sommelier professionnel. Dans deux salles aux couleurs chaudes, vous goûterez des plats locaux.

PETITE PAUSE

Pâtisseries, glaces

Les sœurs bénédictines de l'**abbaye du Saint-Esprit**, via San Spirito *(sonner à droite du cloître, voir p. 263)*, confectionnent d'excellents petits biscuits aux amandes (en forme de châtaigne, coquillage, macaron…) ainsi que le *cuscusu*, gâteau à la cuiller, à base de chocolat et de pistache, décoré de fruits confits.
La tradition se maintient également au monastère bénédictin de **Palma di Montechiaro** (à côté du palais Tomasi - *ℰ 0922 96 810*) où les délicieux gâteaux vous seront remis à travers l'ancien guichet tournant, autrefois utilisé pour passer les messages.
Café Girasole – *Via Atenea 68 - ℰ 0922 26 500 - fermé dim. sf en été.* Le rendez-vous incontournable des Agrigentais à l'heure de l'apéritif.

Viale della Vittoria – « Balcon » panoramique d'Agrigente, cette artère est bordée de cafés à terrasses et de pâtisseries, ouverts jusqu'à une heure avancée.
Au n° 11, la **caffeteria Nobel** est réputée pour ses glaces et ses *cannoli* au chocolat.

Boire un verre

Mojo – *Piazza San Francesco 11 - ℰ 0922 46 30 13 - www.mojo4 music.it.* Une bonne adresse pour boire un verre. Concerts live le samedi soir en été.
Art Café – *Via Atenea 144 - ℰ 333 35 70 236.* Lounge-bar moderne et coloré pour boire un cocktail en musique.

AGENDA

Sagra del mandorlo in fiore – Cette « Fête de l'amandier en fleur » est la principale animation de la ville. Elle a lieu pendant la première quinzaine de février, lorsque sous les amandiers en fleur se déroule le Festival international du folklore.
Festa di San Calogero – Les célébrations de saint Calogero se déroulent pendant la première quinzaine de juillet.
Fête des arcs de Pâques – Pendant la période de Pâques, à **San Biagio Platani** *(37 km au nord-ouest d'Agrigente par la S 118)* où se déroule la Fête des arcs de Pâques. Les habitants dressent de spectaculaires arcs en canne, décorés d'agrumes, de dattes et de pains de toutes les formes.

3

Sciacca et l'arrière-pays

41 066 habitants

😊 NOS ADRESSES PAGE 279

S'INFORMER
Office de tourisme – *Corso Vittorio Emanuele 84 - ℘ 0925 21 182 - www. comune.sciacca.ag.it.*

SE REPÉRER
Carte de microrégion A1 (p. 252) – *carte Michelin Local 365 AN 58*. Située sur le flanc du mont Kronio, à pic sur la mer, Sciacca est une succession de montées et de descentes, et sa visite demande une bonne forme physique. Les terrassements naturels divisent **la ville en trois** : au nord de la via Licata s'entremêlent les ruelles du quartier médiéval de Terravacchia, entre la via Licata et la piazza Scandaliato se trouvent les plus importants monuments de la ville, et sous la place s'étend la zone portuaire.

SE GARER
Les escaliers et les ruelles minuscules étant innombrables, il est indispensable de se garer au plus tôt, hors du centre-ville.

À NE PAS MANQUER
La promenade sur le Corso et la piazza Scandaliato dominant le rivage. Assister au carnaval le plus fou de Sicile.

ORGANISER SON TEMPS
Prévoir une demi-journée pour la ville même.

AVEC LES ENFANTS
Le château enchanté (Castello incantato).

Comme un balcon ensoleillé donnant sur la mer d'Afrique, toute blanche et à l'allure arabisante, Sciacca est une importante station thermale. Son port, qui a vu s'échouer le dirigeable français « Dixmude » en 1923, sert surtout aux bateaux de pêche et se distingue par ses maisons colorées. En outre, la ville est célèbre pour la fabrication de céramiques que l'on peut admirer et acheter dans les nombreuses boutiques artisanales. Enfin, vous prendrez de la hauteur en contemplant un magnifique panorama depuis le Monte Kronio qui domine la cité.

Se promener

LE CENTRE HISTORIQUE

Centre idéal pour la ville, la **piazza Scandaliato** est une vaste terrasse-belvédère d'où l'on découvre un magnifique panorama sur la mer et le port multicolore grouillant de navires. La place est délimitée à l'ouest par l'église San Domenico du 18e s. et, sur son grand côté, par l'ancien collège des jésuites (admirer le cloître du 18e s.) qui abrite aujourd'hui la mairie. Un peu plus loin s'ouvre la piazza del Duomo.

Le port de Sciacca.
B. Udo/Sime/Photononstop

Duomo

D'origine normande (elle n'en a conservé que l'extérieur des trois absides), la cathédrale a été transformée au 17ᵉ s. La façade, baroque, est inachevée. L'**intérieur**, à trois nefs, renferme des œuvres intéressantes. Dans la nef centrale, on doit les fresques de la voûte en berceau à Tommaso Rosi, artiste de Sciacca (1829) ; elles représentent l'Apocalypse et des scènes de la vie de Marie-Madeleine. Dans la chapelle à droite du chœur, on peut admirer une belle œuvre en marbre d'**Antonio Gagini** (1581) où figurent, sur les panneaux, des épisodes de la Passion du Christ.

À droite de la cathédrale se prolonge l'artère centrale, le corso Vittorio Emanuele, bordé à droite par le **palais Arone Tagliavia** (15ᵉ-17ᵉ s.), dont l'élégante façade surmontée de merlons est rythmée par trois portails en ogives (belle fenêtre trilobée au-dessus de l'entrée principale). Un peu plus loin, on trouve à gauche la façade sud de style Empire du **palais San Giacomo** (ou Tagliavia), du 19ᵉ s., présentant quatre hermès en forme de sphinx. La façade principale, de style néogothique vénitien, donne sur la piazza Friscia, qui se prolonge par l'agréable viale della Vittoria. Sur la droite se dresse le **couvent San Francesco** (*℘ 0925 96 11 11 - tlj sf dim., ouv. le matin mais mieux vaut téléphoner pour connaître les horaires - gratuit*), entièrement restauré et

3

L'ÎLE QUI N'EXISTAIT PAS

Nous sommes en 1831. Quiconque regarde le large, droit devant Sciacca, ne peut certes imaginer ce qui va se produire. Pourtant, en l'espace de quelques instants, une terre va émerger de l'océan. C'est une île volcanique, qui va lentement dessiner ses contours en tronc de cône. Les discussions vont bon train devant ce spectacle stupéfiant. L'île est baptisée **Ferdinandea**, en l'honneur du souverain espagnol. Mais sa vie sera brève : elle va disparaître après seulement cinq mois d'existence.

réaménagé en centre de congrès, de manifestations et d'expositions. Le joli cloître renferme des sculptures d'artistes contemporains dont trois grands *Baigneurs* de Bergomi (1989).

Au bout du viale della Vittoria, sur une hauteur, **Santa Maria delle Giummare** (via Valverde) est d'origine normande, remaniée au 16e s. L'église véritable correspond au corps central du bâtiment, orné d'un portail baroque, flanqué des deux « tours » carrées qui constituent le monastère. La sévérité de la façade, couronnée de merlons, est adoucie par les deux fenêtres géminées.

En tournant à droite, on peut admirer un peu plus loin les vestiges du **château des Luna**, édifice de la fin du 14e s. remanié au 16e s., mais presque totalement détruit au 19e s. L'enceinte extérieure et une imposante tour cylindrique ont survécu.

La route qui descend en face du château conduit à la belle église normande San Nicolò la Latina.

LE PLUS FOU DE SICILE

Le **carnaval de Sciacca** est l'un des plus renommés de Sicile, voire d'Europe. Il se déroule durant cinq jours, début février. On vient de loin pour s'y amuser et assister au défilé des chars allégoriques qui transportent des personnages aussi colorés que cocasses, réalisés par des artistes passés maîtres dans la technique traditionnelle du papier mâché.

San Nicolò la Latina

L'église a été fondée au début du 12e s. par Giulietta, fille de Roger Ier. La façade simple, à double pente, est ornée d'un portail surmonté d'une corniche à double renfoncement que l'on retrouve sur les trois fenêtres simples situées au-dessus (les fenêtres latérales sont aveugles). L'intérieur en croix latine, à nef unique, présente un transept peu profond et trois absides semicirculaires, typiques des édifices arabo-normands. La lumière filtre au travers de petites fenêtres simples fortement ébrasées, ressemblant à des meurtrières.

Revenir au château et continuer par la via Giglio jusqu'à la porte San Calogero, où l'on découvre les vestiges des fortifications médiévales.

Sur la piazza Noceto s'élèvent Santa Maria dell'Itria, annexe de la grande abbaye, et, au fond de la place, la façade baroque de **San Michele Arcangelo** (17e-18e s.). L'intérieur renferme une tribune des chantres (18e s.) supportant un orgue en bois sculpté et peint. Sur la droite, on peut admirer une belle croix catalane de style gothique et, au sein côte la nef latérale de droite, le retable de saint Jérôme (1454).

En descendant vers le corso Vittorio Emanuele, on coupe la via Licata avec ses deux charmants palais du 18e s., le palais Inveges et, plus loin sur la droite, le palais Ragusa.

Continuer jusqu'au croisement avec la via Gerardi et s'y engager sur la gauche.

À l'angle du corso Vittorio Emanuele se dresse le **palais Steripinto**. De style catalan, il date du 15e s. Sa jolie façade à bossages en pointes de diamant est rythmée par des fenêtres géminées et couronnée de merlons gibelins.

En suivant la via Gerardi, rejoindre la piazza del Carmine où se trouvent l'église du même nom et la porte San Salvatore (16e s.), ornée sur sa façade principale de deux lions affrontés. L'**église du Carmel**, d'époque normande, transformée à plusieurs reprises, a conservé sur sa façade sa belle rosace d'origine.

Santa Margherita

L'église, fondée au 13e s., a été remaniée à la fin du 16e s. La façade présente un beau portail de style gothique catalan, même si le portail du flanc gauche est plus connu : de style gothique Renaissance, il est l'œuvre de Francesco Laurana (il semble que seule la figure de Madeleine sur le montant de gauche soit de sa main) et de Pietro da Bonitate. Son tympan montre *Sainte Marguerite et le dragon*. À l'intérieur, sous un plafond à caissons imitant un ciel étoilé, on peut admirer un orgue monumental du 19e s. et, dans la chapelle de droite, un retable Renaissance en marbre représentant des scènes de la vie de sainte Marguerite.

Dans le prolongement de l'église Santa Margherita, l'église San Gerlando possède un beau portail en pierre.

Un peu plus loin, on trouve sur la gauche le **palais Perollo** du 15e s., dont la façade montre des fenêtres trilobées de style gothique tardif. Dans la cour subsiste un escalier catalan, malheureusement endommagé.

À voir aussi

★ Casa Museo « Francesco Scaglione »

Piazza Don Minzoni 1 (non loin du Duomo).

Dans cette demeure du 18e s. aujourd'hui transformée en musée sont exposés les objets et les œuvres d'art rassemblés par Francesco Scaglione : tableaux (surtout d'artistes siciliens), gravures, monnaies, pièces archéologiques, petites sculptures en bronze, céramiques s'accumulent dans les salles et témoignent de l'esprit de Scaglione, collectionneur encyclopédique typique de son époque. Dans la dernière salle, noter un beau crucifix en ivoire et nacre du 18e s. Le palais possède de beaux pavements en majoliques et des plafonds peints à fresque.

Le terme (Les thermes)

Via Figuli 2 - ✆ 0925 96 11 11 - www.termesciaccaspa.it - tlj sf dim. 8h-13h, téléphoner pour connaître les horaires de l'apr.-midi - fermé j. fériés nationaux - gratuit.

Les cures thermales de la région de Sciacca sont réputées depuis l'Antiquité, mais c'est seulement vers la moitié du 19e s. que l'on a fondé en dehors du centre historique, dans la vallée dite des Bains, un établissement thermal. Le **nouvel établissement thermal**, grand ensemble construit en 1938 dans un style néo-Liberty, entouré d'un parc agréable, se trouve juste en face de la mer. On y utilise l'eau sulfureuse pour des bains de boue (qui soulagent l'arthrose), la balnéothérapie (particulièrement recommandée pour l'ostéoarthrose et les maladies de peau) et des inhalations. S'y ajoutent les thérapies pratiquées dans les étuves naturelles des grottes de San Calogero sur le mont Kronio, et les bains thermaux de Molinelli, alimentés par une eau salso-bromo-iodique d'une température constante de 34 °C. Ces deux dernières stations sont particulièrement recommandées pour les soins en dermatologie.

Castello Incantato di Filippo Bentivegna (Château enchanté)

Sortir de la ville par la via Figuli, en direction d'Agrigente (S 115, 2 km) - ✆ 0925 99 20 64 - ♿ - avr.-sept. : tlj sf lun. 10h-12h, 16h-20h ; oct.-mars : tlj sf lun. 9h-13h, 15h-17h - 3 €.

Cet extraordinaire jardin peuplé de têtes sculptées dans la pierre est l'œuvre de **Filippo Bentivegna**. Pendant plus de cinquante ans, *Filippu delli Testi*, comme on l'appelle ici, a sculpté dans chaque recoin de sa grande propriété ces visages aux expressions parfois inquiétantes, parfois sereines.

3

LE FILS DE LA TERRE ET DU CIEL

Le nom de ce sommet de 386 m, isolé au milieu d'une région désertique, évoque l'une des plus anciennes divinités grecques, **Cronos**, dieu du Temps (Saturne pour les Romains), fils de la Terre (Gaïa) et du Ciel (Ouranos), que son fils, Zeus, bannit du ciel pour prendre sa place de maître des dieux. La version sicilienne de la légende veut que Zeus, après avoir enivré Cronos, l'ait enchaîné pendant son sommeil et relégué en Sicile, dans les îles des Bienheureux *(Isole dei Beati)*. L'histoire du mont fait encore référence à un autre personnage de légende, **Dédale**, le célèbre expert en labyrinthes, qui cherchait à recueillir les vapeurs bouillantes s'échappant des fissures des rochers. C'est lui qui serait à l'origine des étuves existant sur le site.

À proximité Carte de microrégion

MONTE KRONIO A1

◗ *Sortir par la via Porta San Calogero (7 km).*

Plus on s'élève vers le sommet, plus le **panorama★★** s'ouvre sur la côte, la plaine de Sciacca et les montagnes desséchées de l'intérieur du pays.

Au sommet du mont Kronio se trouve le **sanctuaire de San Calogero**, tenu par des moines franciscains. La présence de grottes naturelles dégageant des vapeurs chaudes a contribué à faire de cet endroit un lieu de cures thermales renommées depuis l'Antiquité. Le plus célèbre et le plus important d'entre eux est connu sous le nom d'étuves *(stufe)* de San Calogero *(voir ci-dessous)*. L'émission de vapeurs tient à la présence d'une nappe d'eau thermale juste sous le mont Kronio, qui s'évapore au contact de la chaleur. Remontant par les fissures et anfractuosités de la roche, la vapeur rejoint la surface à une température de 40 °C. Ses propriétés thérapeutiques permettent de soigner de nombreuses affections rhumatismales, des maladies de peau, des problèmes gynécologiques et certaines manifestations allergiques.

Stufe di San Calogero (Grottes de San Calogero)

◗ ✆ *0925 96 11 11 - tlj sf dim. 8h-13h, 15h-19h- 2 €.*

Habitées ou consacrées au culte depuis l'âge du cuivre, ces grottes ont été abandonnées vers 2000 av. J.-C., lorsque des émissions de vapeurs dues à un mouvement tellurique ont empêché toute occupation du site. Laissées très longtemps à l'abandon, les grottes ont été de nouveau habitées à l'époque grecque. Les émissions de vapeurs passaient alors pour un phénomène mystérieux, d'origine nécessairement divine. En témoignent les nombreuses pièces archéologiques qui ont été retrouvées, notamment des vases et des statuettes votives *(aujourd'hui conservées en partie au Musée archéologique d'Agrigente)*. Les grottes ont ensuite pris le nom d'un moine qui, à son arrivée sur le site au 4ᵉ s., avait constaté les vertus thérapeutiques des vapeurs. Ce fut le début de leur transformation en salles dotées de sièges en pierre sur lesquels s'asseyaient les « curistes ». Les plus spacieuses des grottes sont l'antre de Dédale et la grotte des Animaux. La grotte du Saint, voisine, a probablement servi de logement à saint Calogero lui-même, représenté sur l'icône en majolique (15ᵉ s.) au-dessus de l'autel. Les grottes font aujourd'hui partie du complexe moderne du Grande Albergo delle Stufe.

À proximité des étuves, un petit **antiquarium** *(✆ 0925 28 989 - 9h-13h, 15h-19h, dim.-lun. et j. fériés 9h-13h - gratuit)* rassemble les pièces archéologiques retrouvées sur place.

Circuit conseillé Carte de microrégion A1

LA VALLÉE DU BELICE ET DU SOSIO

 *Circuit de 160 km environ tracé sur la carte p. 252. Compter une journée. Prendre la S 115 (vers Castelvetrano), puis la S 188 bis jusqu'à Portella Misilbesi ; de là, prendre à droite pour Sambuca di Sicilia (S 188).*

La route longe le **lac Arancio**, un bassin artificiel protégé à cause de la présence de cigognes.

Sambuca di Sicilia A1

Nonchalamment installé sur une pente douce, Sambuca possède des palais nobles qui donnent sur le corso Umberto I au centre du village. Au fond, un escalier mène à la terrasse du belvédère. Derrière se dresse l'église principale. *De Sambuca, suivre les indications pour les fouilles (scavi) de Monte Adranone (7 km).*

Scavi di Monte Adranone (Fouilles de Monte Adranone) A1

℘ 0925 94 60 83 - tlj sf lun. et dim. 9h-coucher du soleil - gratuit.

La colonie grecque du 6ᵉ s. av. J.-C. a occupé une implantation indigène plus ancienne. Le site, au sommet du mont, est naturellement protégé sur un côté, et bordé de puissants remparts sur les deux autres, formant ainsi une sorte de triangle. La cité, qui serait l'Adranon mentionnée par Diodore de Sicile, fut probablement détruite en 250 av. J.-C. au cours de la première guerre punique. Hors les murs, au sud-est, se trouve la **nécropole** avec ses hypogées, parmi lesquels on notera celui dit **tombe de la reine**, en moellons de tuf carrés. Un peu plus loin, on franchit la **porte sud**, flanquée de grandes tours. Sur sa face intérieure est adossé un bâtiment identifié comme étant une ancienne ferme. En montant vers l'acropole, on voit, sur la droite, un grand édifice de plan rectangulaire, probablement un lieu public ; plus loin, un complexe de magasins, échoppes et habitations. Au sommet se dresse l'**acropole** qui domine toute la vallée, et d'où l'on jouit d'une **vue★★** à 360°. L'édifice le plus important est le grand **temple carthaginois** rectangulaire, flanqué sur sa droite d'une vaste citerne. Le temple était doté d'un espace central à ciel ouvert sur lequel donnait, côté est, la cella.

Continuer pendant quelques kilomètres, puis tourner à droite vers Bisacquino.

La route traverse un **joli paysage★** composé de collines très douces, laissant parfois la place à des reliefs plus prononcés. Sur la droite, l'**abbaye de Santa Maria del Bosco** (16ᵉ-17ᵉ s.), située en position panoramique, a été gravement endommagée par le tremblement de terre qui frappa la vallée du Belice en 1968.

Bisacquino A1

La ville natale du cinéaste Frank Capra (1897-1991), réalisateur de *La vie est belle* (1946, avec James Stewart), est agréablement située sur les pentes du mont Triona. Le tissu urbain très resserré est d'influence arabe et dominé par l'imposante coupole de la **chiesa madre** du 18ᵉ s. Sur la même place, on peut voir le campanile en majolique de Santa Maria delle Grazie ; celui de San Francesco, également en majolique, est quant à lui curieusement triangulaire. Dans la via Orsini, on peut visiter le joli **Musée ethnologique** (*℘ 091 83 08 047 - 8h-14h, mar. et jeu. aussi 15h-18h, w.-end sur demande - gratuit*) où ont été reconstituées différentes scènes liées à la vie paysanne et aux activités artisanales de la région.

3

De Bisacquino, prendre la S 188ᶜ en direction de Palerme et emprunter la sortie pour le sanctuaire de la **Madonna del Balzo** (17ᵉ s.). À 900 m d'altitude, depuis l'esplanade en face du sanctuaire, on jouit d'un **panorama★★** exceptionnel.

Retourner sur la S 188ᶜ et, après avoir dépassé Bisacquino, suivre la direction de Palazzo Adriano.

La route longe le petit **lac Gammauta** (que l'on peut aller voir en faisant un petit détour).

Palazzo Adriano A1

Le village, dans lequel Giuseppe Tornatore tourna quelques-unes des scènes de *Cinema Paradiso*, se concentre autour de la belle **piazza Umberto I★**, pavée de pierres blanches et particulièrement élégante grâce à son architecture homogène. On peut y admirer les églises Santa Maria Assunta (de rite grec-byzantin) et Santa Maria del Lume (de rite latin). La partie nord du village entoure les ruines du château.

La route monte vers Prizzi dans un joli paysage de montagne.

Prizzi A1

À plus de 1 000 m d'altitude, Prizzi se trouve dans un **site magnifique★**, avec les monts Sicani pour décor. Sur le corso Umberto I, on peut admirer la curieuse plaque de conversion des unités de mesure, posée juste après l'« Unité » italienne, et peu après, les fresques qui décorent la jolie **piazza Sparacio** (en réalité, il s'agit plutôt d'une ouverture entre les maisons que d'une place) et les autres façades du centre historique, semblable à un musée à ciel ouvert. Au nord du corso Umberto I, la partie la plus ancienne de Prizzi est un enchevêtrement de ruelles qui s'enroulent autour de la chiesa madre et du château. Le jour de Pâques, la ville s'anime pour *U ballu di diavula* (la danse des diables, *voir p. 128*)

Retourner sur la S 188 et revenir en arrière pendant environ 30 km ; à la bifurcation, prendre à gauche en direction de **Chiusa Sclàfani**, *dont le centre historique, concentré autour de l'abbaye bénédictine et de son magnifique jardin, a conservé une structure médiévale.*

Environ 10 km après Chiusa Sclàfani, prendre la route pour Caltabellotta.

Caltabellotta A1

La ville jouit d'une superbe **situation★★** à environ 900 m d'altitude. Son nom arabe, *Kal'at al-ballut* (forteresse des chênes), évoque parfaitement l'image du village accroché à son éperon rocheux abrupt. Sa position dominante, presque imprenable, en a fait pendant des siècles un refuge sûr et un poste militaire. C'est ici qu'en 1302 fut signée l'abdication des Angevins à la fin de la guerre des Vêpres *(voir p. 174)*. Sur le pic se dressent la chapelle et l'ermitage de **San Pellegrino**, et les ruines du château normand qui se confondent presque avec le paysage. Au pied du château se tiennent encore la vieille **chiesa madre** arabo-normande et l'**église del Salvatore** au beau portail gothique tardif. Belles **vues★★** sur la vallée alentour depuis la route qui mène à Sciacca.

👓 NOS ADRESSES À SCIACCA

HÉBERGEMENT

BUDGET MOYEN

Verdetecnica – *Via Monte Kronio 22 -* 📞 *0925 81 133 - www. verdetecnica.it -*🚭*- 60 €* 🍵. Six logements charmants avec salle de bains et cuisine, de dimensions variables, situés sur la colline qui domine Sciacca. Décoration simple, en harmonie avec la nature environnante. En août, séjour minimal de cinq jours.

Locanda del Moro – *Via Liguori 44 -* 📞 *0925 86 756 - www. almoro.com - 13 ch. 70/100 €* 🍵. Il faut grimper des marches bien raides pour atteindre ce B & B du centre de Sciacca. L'effort est récompensé par le charme de la structure et par l'accueil chaleureux des gérants.

RESTAURATION

BUDGET MOYEN

Osteria Cappellino – *Via Capellino 24 -* 📞 *347 84 36 140 - www.osteriacappellino.it - 25 €*. Dans cette petite auberge familiale, deux frères jumeaux servent de bons plats du terroir sous le regard attentif de la *mamma*. Copieuses *paste alle sarde* et viande grillée gargantuesque. Vérifiez bien l'addition.

La Vecchia Conza – *Via Gerardi 39 -* 📞 *0925 25 385 - www. vecchiaconza.it - fermé lun. et en nov. - 25 €*. Un endroit accueillant pour des plats de pâtes maison et une bonne cuisine à dominante marine, accompagnée de vins locaux à prix doux.

Porto San Paolo – *Via San Paolo 7 -* 📞 *0925 27 982 - fermé merc. sf en août - 25 €*. Vue imprenable sur le port et la flottille de pêche depuis la terrasse de ce restaurant qui, comme il se doit, sert de bons poissons frais.

POUR SE FAIRE PLAISIR

Hostaria del Vicolo – *Vicolo Sammaritano 10 -* 📞 *0925 23 071 - www.hostariadelvicolo.it - fermé lun. et deux sem. mi-nov. - 40 €*. Dans une ruelle de la vieille ville, ce restaurant mêle tradition et modernité dans la décoration comme dans la cuisine. Bonne carte des vins.

En dehors de la ville

POUR SE FAIRE PLAISIR

Villa Palocla – *Contrada Raganella, 4 km à l'ouest de Sciacca -* 📞 *0925 90 28 12 - www. villapalocla.it - 8 ch. 120 €* 🍵 *-* 🍴 *25/45 €*. La Sicile comme on l'aime : un jardin envahi par le parfum des agrumes, au pied d'un bâtiment de la seconde moitié du 18e s. de style baroque tardif. C'est dans ce cadre enchanteur que vous pourrez apprécier ce restaurant (qui fait aussi hôtel) et sa cuisine.

PETITE PAUSE

Bar Roma – *Piazza Dogana 12 -* 📞 *0925 21 239.* Aurelio Licata, le propriétaire, est célèbre pour ses granités au citron qui, accompagnés d'une tendre brioche, constituent la collation typique des Siciliens.

ACHATS

Artisanat – Les **majoliques** et les **céramiques** de Sciacca sont renommées. Les formes et les décors tels que nous les connaissons aujourd'hui se sont stabilisés au Moyen Âge et l'apport espagnol fut déterminant. Les boutiques spécialisées sont sur le corso Vittorio Emanuele. Faites un tour dans la boutique des **Fratelli Soldano** (*piazza S. Friscia 15 -* 📞 *0925 84 422*).

3

Gastronomie – Sciacca produit des **vins** blancs, notamment le *sciacca riserva rayana*. Côté pâtisseries, la **cucchitella**, une douceur à base de pâte d'amande et de citrouille. Autre spécialité du port, les **anchois** – frais *(alici)* ou salés *(acciughe)*.

AGENDA

Carnaval – C'est l'un des plus célèbres de Sicile. En juin, la **Fête de la mer** est l'occasion de bénir les navires et, durant tout l'été, des spectacles de toutes sortes investissent divers lieux de la ville.

À l'est d'Agrigente - Naro★ et Gela

⊚ NOS ADRESSES PAGE 285

S'INFORMER
Voir les offices de tourisme d'Agrigente *(p. 254)* et Gela *(p. 283)*.

SE REPÉRER
Carte de microrégion B-C2 (p. 252) – *carte Michelin Local 365 AR 60 et AQ 61*. À 35 km au nord d'Agrigente et 107 km à l'ouest de Catane.

À NE PAS MANQUER
Le Musée archéologique de Gela ; passer deux bonnes heures à Naro pour admirer les façades baroques de la vieille ville.

ORGANISER SON TEMPS
Avec les haltes et la sinuosité de certains tronçons de route, comptez une petite journée pour tout voir.

Entre Agrigente et Gela, la côte, urbanisée et industrialisée a perdu tout caractère sauvage. Seuls la baie de Gela et son cordon de sable blanc pourraient présenter quelque charme, si sa perspective n'en était altérée par un immense complexe pétrochimique. Gela, antique cité grecque, mérite cependant une halte pour son très riche Musée archéologique. En chemin, depuis Agrigente, vous pouvez faire halte à Naro, cité pleine de trésors baroques, malheureusement encore peu mis en valeur.

Circuit conseillé Carte de microrégion

D'AGRIGENTE À GELA PAR NARO

◗ *Circuit d'environ 110 km tracé sur la carte p. 252. Compter une journée. Quitter Agrigente, par la S 122, à l'est.*
À l'écart des routes touristiques, cet itinéraire passe par les hautes collines de l'arrière-pays. Il traverse des contrées un peu austères, où s'inscrivent des villages de taille importante abritant de véritables trésors baroques.

> **LEONARDO SCIASCIA**
>
> C'est à **Racalmuto** qu'est né l'écrivain Leonardo Sciascia (1921-1989) *(voir p. 121)*, qui repose aujourd'hui dans le petit cimetière de la ville où il a passé la plus grande partie de sa vie. Le paysage âpre et minimaliste d'une terre desséchée par le soleil, la rudesse du travail et de la vie même ont nourri la prose engagée de l'auteur. Dans ses ouvrages, tels que *Le Jour de la chouette*, *À chacun son dû* et *Todo modo*, Sciascia ne cessa jamais de retourner aux racines d'une « sicilianité » qu'il sonda jusque dans ses moindres nuances. À Racalmuto se trouve le **parc littéraire** consacré à l'auteur.

Favara B2

Petite ville d'origine arabe, elle a atteint son apogée sous la domination de la riche et puissante famille des Chiaramonte, à laquelle elle doit son imposant **château** (13e-14e s.). Sur la piazza dei Vespri se dresse la **chiesa madre** (18e s.) avec sa belle façade et son dôme reposant sur un tambour à arcs.
Revenir sur la S 640. Après 7 km, prendre à gauche la SP 13 vers Racalmuto.

Racalmuto B2

La ville fut longtemps un centre important pour l'extraction du soufre. Elle conserve aujourd'hui les vestiges du **château des Chiaramonte**, avec ses deux tours puissantes.
Suivre les indications pour Canicattì (16 km environ).

Canicattì B2

Cette importante localité agricole de 35 000 habitants exporte dans l'Europe entière sa production de raisin de table blanc de type muscat.
Sur la **piazza IV Novembre**, non loin d'une belle fontaine de Neptune baroque (17e s.), s'inscrit la **Chiesa Madre** (San Pancrazio, 18e s.), remaniée au début du 20e s. par Ernesto Basile, l'architecte du Teatro Massimo de Palerme. L'église conserve une *Sainte Famille* de Pietro d'Asaro, un peintre local du 17e s.
Poursuivre sur la S 410d vers le sud sur 14 km.

3

★ Naro B2

Les nombreux édifices baroques de la petite ville, en dépit de leur piètre état de conservation, témoignent du riche passé de Naro, dont la fondation remonte probablement à l'époque grecque.
Le centre historique – La **via Dante**, rue centrale bordée de beaux édifices baroques, traverse la petite ville et se poursuit à l'est par le viale Umberto. L'église Sant'Agostino et le couvent des Augustins annexe (en grande partie du 18e s.) dominent la piazza Padre Favara *(à l'extrémité ouest de la via Dante)*. Après s'être engagé dans la via Dante, on croise sur la gauche l'**église San Nicolò di Bari** : précédée d'un bel escalier, sa façade en tuf est caractéristique du premier baroque sicilien (17e-18e s.).

Tout de suite après, toujours sur la gauche, se découpe la **chiesa madre**. Édifiée au 17e s. par les jésuites, elle fut élevée au rang d'église principale lorsque le Duomo devint dangereux (1867) du fait de son mauvais état. De nombreuses œuvres provenant de l'église antérieure y sont conservées, dont le mobilier de la sacristie, en bois sculpté, enrichi de colonnettes torses sur lesquelles s'enroulent des rameaux de vigne, portant des bustes (1725). À gauche de l'entrée, on découvre les fonts baptismaux de 1424.

En tournant à droite au niveau de la chiesa madre, on parvient sur la piazza Garibaldi, entourée de beaux édifices parmi lesquels se remarque la riche

façade★ de l'église **San Francesco**, édifiée au 13e s. mais entièrement reconstruite au 17e s. Elle côtoie l'ancien couvent des frères mineurs et son beau petit cloître sur lequel donnent les services municipaux.

De la piazza Garibaldi, suivre le corso Vittorio Emanuele et tourner à droite dans la via Cannizzaro.

L'**église Santa Caterina**, édifiée en 1366, a été remaniée au 18e s. puis restaurée dans son aspect originel. L'intérieur, très linéaire, s'enrichit d'un arc de triomphe de style chiaramontain.

En revenant sur la via Dante, on observe sur la gauche la belle façade de l'**église del Santissimo Salvatore**.

De la piazza Cavour, prendre la via Archeologica.

Dans cette rue, on peut voir sur la droite la **cathédrale normande** (12e-13e s.) qui, malgré le mauvais état de sa façade, possède encore un portail chiaramontain. On parvient ensuite au **château**, lui aussi de style chiaramontain. Sa forme irrégulière et ses pierres de tuf lui donnent un aspect sobre, agrémenté uniquement sur un des côtés de la tour carrée par deux fenêtres géminées aveugles et un portail d'entrée remarquable.

Retourner sur la piazza Cavour et remonter tout le viale Umberto I.

Sur la piazza Roma, le **Santuario di San Calogero** offre une **vue** superbe sur la vallée du Paradiso. Cette église, édifiée au 16e s., a subi de grandes modifications à l'époque baroque. À l'intérieur, l'escalier conduisant à la crypte est orné d'un **Christ à la colonne★** en marbre rose, dont les veinures sombres évoquent le sang coulant de ses plaies. La crypte abrite la grotte où le saint patron de Naro aurait vécu. La statue du « saint noir », que l'on porte en procession le 18 juin, est placée à l'autel.

Catacombes paléochrétiennes – *Dans le quartier de Canale, au sud de la zone habitée.* On visite des sépultures rurales, à niches et arcatures, très dépouillées, disposées le long de couloirs. De tous les hypogées, le plus étendu est la **grotte des Merveilles**, longue de 20 m environ.

Continuer la route pour Palma di Montechiaro sur 2 km au sud.

Castellazzo di Camastra B2

Les ruines de ce « palais royal » (Reggia), appelé familièrement *castellaccio* en raison de son aspect brut et peu raffiné, se trouvent au sommet d'un rocher escarpé. La nature des fondations, composées de blocs monolithiques taillés à même la roche, et l'imagination populaire ont alimenté la légende qui situe en cet endroit le royaume mythique du roi **Cocalo** *(voir p. 266).*

Suivre la S 410 jusqu'à Palma di Montechiaro.

Palma di Montechiaro B2

La ville fut fondée en 1637 par les frères jumeaux Carlo et Giulio Tomasi, ancêtres de l'écrivain **Giuseppe Tomasi di Lampedusa** (1896-1957), auteur du roman *Le Guépard*, publié à titre posthume en 1958. L'œuvre, magnifiquement adaptée au cinéma par Luchino Visconti, raconte la décadence d'une famille de l'aristocratie palermitaine entre 1860 et 1910. Ce n'est qu'assez tardivement, après avoir commencé la rédaction de son chef-d'œuvre, que Tomasi di Lampedusa découvrit Palma, mais il en fut enthousiasmé. Le territoire de la petite ville fait aujourd'hui partie, ainsi que Palerme et Santa Margherita di Belice, du **parc littéraire Giuseppe Tomasi di Lampedusa** *(www. parcotomasi.it, voir p. 186).*

Précédée d'un grand escalier, la **chiesa madre** présente une large **façade★** baroque en calcaire blanc, encadrée de deux gracieux campaniles à bulbe. Juste derrière le grand escalier s'élève le palais **Tomasi**, ou « palais du saint

Involtini sardi (sardines farcies et roulées).
J. Sierpinski / hemis.fr

duc ». Très religieux, Giulio Tomasi transforma en effet le palais en monastère, ce qui lui valut ce surnom.
Prendre la route de Marina di Palma, puis tourner à droite vers Capreria (8 km environ).

Castello di Montechiaro

L'austère château du 14ᵉ s. de dimensions modestes se dresse néanmoins fièrement sur un éperon rocheux plongeant dans la mer, d'où l'on a une **vue★** splendide sur la côte. Son nom a été ajouté à partir de 1863 à celui de la petite ville de Palma.
Reprendre la S 115 pour revenir à Agrigente.

GELA C2

𝗶 Servizio Turistico Regionale – *Viale Mediterraneo 3 - 𝒫 0933 913 788.*
Théâtre du débarquement des troupes américaines en juillet 1943, la plaine de Gela est l'une des zones les plus fertiles de l'île. L'exploitation de gisements pétrolifères qui alimentent une raffinerie et un complexe pétrochimique contribue à améliorer l'économie de la ville, mais pas son aspect, et l'intérêt touristique réside essentiellement dans les témoignages de son illustre passé. L'élément le plus intéressant, à savoir son Musée archéologique, se trouve à l'extrémité est de la ville.
Colonie fondée au début du 7ᵉ s. av. J.-C. par des populations originaires de Crète et de Rhodes, Gela devint une cité prospère. Son expansion à l'ouest donna naissance à Agrigente, ville qui ne tarda pas à la dépasser en importance. Gela connut son apogée sous la domination de deux tyrans, Hippocrate et **Gélon**. Ce dernier décida durant son règne de se déplacer à Syracuse et Gela perdit donc une partie de son importance politique, mais son rayonnement culturel demeura inchangé. **Eschyle** y passa les dernières années de sa vie.
Après plusieurs destructions et reconstructions, Gela fut entièrement rebâtie par Frédéric II de Hohenstaufen en 1230.

UNE « MÉPRISE » FATALE

Le poète tragique **Eschyle**, après avoir partagé sa vie entre Athènes et la Sicile, finit ses jours à Gela en 456 av. J.-C. La légende raconte qu'il fut tué par la chute d'une tortue qu'un aigle aurait laissée tomber sur son crâne chauve. Pourquoi précisément son crâne ? L'aigle l'aurait confondu avec une pierre. En effet, lorsqu'il s'empare d'une proie protégée d'une carapace, l'aigle la fait tomber sur des pierres pour la casser et se repaître de sa chair.

★ Museo Archeologico

Corso Vittorio Emanuele I, à l'extrémité est de la ville - 🖉 *0933 91 26 26 -* &. *- 9h-18h30 - fermé dernier lun. du mois - 4 € (billet unique pour le musée et les zones archéologiques urbaines et extra-urbaines de l'acropole, Bosco Littorio, capo Soprano et la zone monumentale de Castelluccio).*

Les pièces archéologiques retrouvées dans la région sont mises en valeur dans ce musée suivant un classement chronologique et thématique. Un *kylix* où est inscrit le nom du fondateur de la ville, Antiphème, ouvre la collection. La belle série d'**antéfixes** rappelant les Gorgones et des figures de Silènes grimaçantes (6ᵉ et 5ᵉ s. av. J.-C.) provient des acropoles. Parmi les objets de valeur trouvés dans un bateau échoué au 5ᵉ s. av. J.-C. se trouvait un *askos* (petit récipient à eau à l'orifice décentré) décoré d'une figure de Silène et une ménade de facture délicate. L'étage supérieur est consacré aux sanctuaires en dehors de la ville et aux sites de la région. Quelques outils agricoles en fer, dont un râteau, proviennent d'un dépôt votif situé à proximité du sanctuaire de Bitalemi. La dernière salle *(à nouveau au rez-de-chaussée)* rassemble, outre de magnifiques **vases archaïques et attiques** provenant des nécropoles, les superbes **collections de Navarra** et de Nocera.

Acropoles

Elles se trouvent à proximité du musée.

La *plateia* (*decumanus* romain ou rue principale) partage nettement la ville en deux : au sud, la zone sacrée avec deux temples (la colonne relevée est une des colonnes du temple C, édifié au 5ᵉ s. pour commémorer la victoire à Himère) ; au nord, les quartiers habités, et des boutiques.

★★ Fortificazioni di Capo Soprano

Viale Indipendenza (à l'ouest de la ville) - Loc. Capo Soprano - 🖉 *0933 93 09 75.*

Les fouilles ont permis de découvrir les restes particulièrement bien conservés de remparts grecs. Le mur, long d'environ 300 m, remonte à une période située entre le 4ᵉ et le 3ᵉ s. av. J.-C., lorsque **Timoléon** restaura la démocratie et ordonna la reconstruction de la ville rasée en 405 av. J.-C. par les Carthaginois. Le mur présente une structure en deux niveaux. Le plus ancien, qui correspond à la bande inférieure, est formé de moellons en grès réguliers et bien taillés à l'aspect particulièrement soigné. Autour de 310 av. J.-C., l'ensablement a contraint de rehausser le mur avec des briques crues (cuites au soleil) pour former un chemin de ronde crénelé à l'extérieur, encore visible par endroits. Beaucoup plus fragile, cette partie ne s'est bien conservée que parce qu'elle a été rapidement recouverte par les dunes. Aujourd'hui, elle est protégée par un revêtement de plexiglas. La section sud de mur, qui continue jusqu'au front de mer, est caractérisée par des éperons sur la partie externe. La partie ouest était renforcée dans sa fonction défensive par une tourelle quadrangulaire dont on voit encore la base. Un peu plus loin, on trouve aussi un four circulaire du Moyen Âge et, au nord, des restes de construction, probablement des logements militaires et des petits casernements.

Complexe thermal

À peu de distance des fortifications, près de l'hospice.

D'époque hellénistique, il se compose de deux salles. La première se divise en deux parties : l'une avec une petite vasque circulaire, l'autre avec un bassin en forme de fer à cheval. La seconde est un hypocauste (salle au chauffage par le sol) qui servait probablement de sauna. Les bains ont été détruits par un incendie à la fin du 3e s. av. J.-C.

😊 NOS ADRESSES À NARO ET GELA

HÉBERGEMENT

Autour de Naro
BUDGET MOYEN

Agriturismo Coscio di Badia – *De Naro, prendre la direction de Campobello di Licata par la SP 12 et suivre le fléchage* - ℘ *0922 956 365/ 392 83 47 190 - www.cosciodibadia. it - 7 appart. (2-4 pers.) 80 € ⬚ -* ✕ *25 €.* Dans sa ferme du 17e s., une famille d'agriculteurs loue de petits appartements sobrement décorés mais impeccables. Bonne cuisine familiale (demi-pension : 110 €/j. pour 2 pers).

Autour de Gela
BUDGET MOYEN

B & B Villa Erika – *Via dei Gladioli, Manfria (à l'ouest de Gela)* - ℘ *0933 921 689 ou 349 187 60 73 - 📺 ▤ - 3 ch. 60/80 € ⬚.* À 200 m de la plage, cette villa récente entourée d'un jardin est pourvue de chambres impeccables.

RESTAURATION

POUR SE FAIRE PLAISIR
Osteria del Cacciatore – *Contrada Torre, Castrofilippo (entre Favara et Canicattì)* - ℘ *0922 829 824 - fermé merc. - réservation conseillée.* Découvrez la cuisine paysanne de la Sicile authentique dans cette « auberge du chasseur » tenue par cinq sœurs : pâtes au ragoût de sanglier, tripes maison, lapin chasseur et chevreau à la broche. Bon *nero d'avola* en pichet.

À Licata
POUR SE FAIRE PLAISIR

L'Oste et il Sacrestano – *Via Sant'Andrea 19* - ℘ *0922 774 736 - fermé lun. - 45 €.* Dans la vieille ville, une ancienne sacristie reconvertie, d'où son nom. En salle ou en terrasse, spaghettis aux oursins en saison, paupiettes d'espadon, filets de bar au basilic et granité à la pastèque.

À Gela
POUR SE FAIRE PLAISIR

Casanova – *Via Venezia 89 -* ℘ *0933 918 580 - www. ristorantecasanova.net - fermé dim. et midi en août.* Voici « le » restaurant gastronomique de Gela.

3

LE CENTRE DE LA SICILE

0   10 km

A 19
S 117
Sra. d. Vento △ 1055
M. La Guardia △ 1025

REGALBUTO
CENTÚRIPE

S 290
1193 △ M. Altesina
Leonforte
Calascibetta
Assoro
Agira

S 121

Casa Realmesi
Enna
A 19
S 192

S 189

Pergusa

Sto Spirito † 706 △
Caltanissetta
M. Sabbucina

Lago di Pergusa
Valguarnera

Morgantina

Parco Minerario
Floristella-Grottacalda

S 640
Pietraperzia
Aidone

Barrafranca
Piazza Armerina

Canicatti

VILLA ROMANA
DEL CASALE

S 626

VILLA ROMANA
DEL CASALE   ★★★   Vaut le voyage

Caltagirone   ★   Intéressant

Leonforte   À voir

Mazzarino
Caltagirone

⇒ Ville de départ du circuit
→ Collines au nord d'Enna
→ Nature, archéologie et soufrières

S 417

Gela

N

Le centre de la Sicile 4

Carte Michelin Local 365 – Région autonome de Sicile

Enna

⭐

27 850 habitants

😊 **NOS ADRESSES PAGE 301**

🛈 **S'INFORMER**
Stupor Mundi Enna – *Via Roma 464* - 📞 *0935 50 22 14 - fax 0935 56 10 20* -
www.stupormundiviaggi.com.

🧭 **SE REPÉRER**
Carte de microrégion B1 (p. 286) – carte Michelin Local 365 AU 58. Il y a deux
choses importantes qu'il faut avoir à l'esprit en arrivant à Enna : la première
est que la ville se trouve à près de 1 000 m d'altitude, et la seconde que les
dernières centaines de mètres se font sur la route en lacets qui serpente
autour de la colline. Mieux vaut donc garer la voiture dans la partie haute
de la ville et garder un gilet à portée de main.

🅿️ **SE GARER**
Piazza Umberto I ou piazza Garibaldi.

👁 **À NE PAS MANQUER**
Le Castello di Lombardia ; le panorama depuis le belvédère de la piazza
Francesco Crispi ; la visite du Duomo.

🕐 **ORGANISER SON TEMPS**
Prévoir une journée.

Ce n'est pas sans raison qu'Enna est appelée « le belvédère de la Sicile » :
dans un superbe site★★, sur un plateau culminant à 948 m entouré de
collines blondes ponctuées de rares oliviers, c'est le plus haut chef-
lieu de province d'Italie. Au fur et à mesure que la route s'élève, l'éventail panoramique sur la vallée s'ouvre et on aperçoit le petit village de
Calascibetta, accroché à l'échine rocheuse de la colline.

Calascibetta perché sur son rocher.
W. Bibikow/Mauritius/Photononstop

Se promener Plan de ville

EN PARCOURANT LES RUES DU CENTRE

◗ *Se reporter au plan p. 290-291.*

Enna possède de très nombreuses églises qui méritent d'être visitées pour la richesse et la variété des œuvres d'art qu'elles détiennent. La **via Roma**, axe central bordé de monuments et de curiosités, relie le château de Lombardie et la tour de Frédéric II *(voir plus loin)* en décrivant un angle aigu.

★ Castello di Lombardia C1

8h-20h (hiver 17h) - gratuit.

Situé à la pointe du plateau, le château de Lombardie domine la ville et la vallée, ainsi que le rocher de Cérès *(Rocca di Cerere)*, où s'élevait probablement un temple dédié à la déesse.

La situation stratégique du site en fit un lieu fortifié dès l'Antiquité. Renforcé à l'époque normande, le château fut embelli par Frédéric II d'Aragon qui en fit sa résidence d'été et l'adapta à la vie de cour. C'est là qu'il fut couronné roi de Trinacrie et qu'il réunit le Parlement sicilien en 1324. C'est également à cette époque que fut attribué au château son nom, certainement associé à la présence dans la forteresse d'une garnison de soldats lombards. De plan vaguement pentagonal, il épouse les aspérités du terrain. Il ne subsiste que six tours, souvent partiellement détruites, des vingt que comptait son système défensif. La plus intéressante et la mieux conservée est la tour Pisane ou **tour des Aigles** (Torre delle Aquile), couronnée de merlons guelfes. Du sommet, un magnifique **panorama**★★★ se déploie sur la plus grande partie des montagnes siciliennes, l'Etna et Calascibetta. L'enceinte enferme trois cours : la cour St-Nicolas, utilisée comme théâtre de plein air, la cour de la Madeleine ou cour des Victuailles *(cortile delle Vettovaglie)*, qui servait à l'entrepôt des vivres pendant les sièges, et la cour St-Martin, qui desservait les appartements royaux et donnait accès à la tour Pisane.

À l'extérieur, dans la direction du rocher de Cérès, est adossée à la muraille la statue d'**Eunus**, commémorant l'homme qui déclencha la révolte des esclaves en 135 av. J.-C. *(voir p. 293).*

4

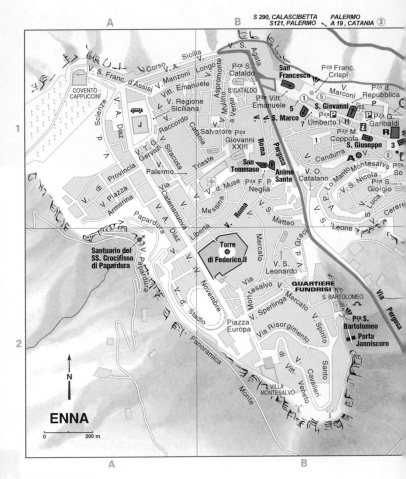

ENNA

Rocca di Cerere (Rocher de Cérès) C1

De l'extrémité du plateau, là où s'élevait le temple dédié à la déesse des Moissons, on bénéficie d'une belle **vue★★** d'ensemble sur Enna et Calascibetta.

Duomo C1

9h30-13h, 15h30-20h.

Reconstruite en style baroque aux 16ᵉ-17ᵉ s., la cathédrale a toutefois conservé ses absides de style gothique (cela se remarque notamment dans l'absidiole de gauche). Précédée d'un imposant escalier, la façade est surmontée d'un clocher qui s'élève au-dessus du narthex, orné de métopes et de triglyphes semblables à ceux d'un temple grec. On remarquera la présence des trois ordres classiques, dorique, ionique et corinthien. Sur la façade méridionale, le portail de St-Martin, du 16ᵉ s., et son bas-relief sculpté dans le marbre représentant saint Martin et le pauvre, s'harmonisent avec la porte Sainte voisine, de style gothique. À l'**intérieur★**, les trois nefs sont séparées par des colonnes de basalte noir, à la base chargée d'ornements et couronnées de chapiteaux sculptés. Remarquer en particulier sur les deuxièmes colonnes, de droite comme de gauche, des bas-reliefs de **Gian Domenico Gagini** (personnages zoomorphes et bicéphales, *putti*, serpents). Noter également le travail sur bois

4

datant du 16e s. : le **plafond**★ à caissons, finement sculpté, dont chaque poutre se termine par d'étranges figures ailées, le buffet d'orgue, la tribune au fond de la nef, qui, bien qu'en très mauvais état, a conservé de belles balustrades en bois polychrome sculpté et des niches abritant le Christ et les douze apôtres. Derrière le maître-autel se trouve le chœur orné de scènes de l'Ancien et du Nouveau Testament. Sa fonction éducative est manifeste, tout comme celle de l'armoire *casciarizzo* de la sacristie, dont les panneaux représentent des scènes de la vie de Jésus. Au niveau de l'autel, un émouvant crucifix (15e s.) en bois peint sur ses deux faces : au dos se trouve une *Résurrection* appelée aussi *Christ aux trois visages* car, selon l'angle sous lequel on le regarde, il présente trois expressions différentes.

San Michele Arcangelo C1

Cette église érigée en 1658, probablement à l'emplacement d'une ancienne mosquée, présente une façade carrée et adopte un plan elliptique avec des chapelles radiales.

Sur la place, prendre la via Polizzi, puis sur la droite la via del Salvatore, où se trouve l'**église** basilienne **du Très-Saint-Sauveur** (Santissimo Salvatore), remaniée au 16e s. et réaménagée récemment.

Rejoindre la piazza Colajanni, sur laquelle se dressent d'autres beaux édifices, comme le **palais Pollicarini** (15ᵉ s.) et l'église Santa Chiara.

Santa Chiara B1

L'église, transformée en sanctuaire dédié aux morts pour la patrie, n'a qu'une seule nef. Son sol pavé de majoliques illustre en deux panneaux le *Triomphe du christianisme sur l'islam* et l'*Avènement de la navigation à vapeur*.

Toujours dans la via Roma, l'**église San Giuseppe** montre une belle façade baroque, malheureusement très endommagée, surmontée d'un campanile. *Depuis la piazza Coppola, prendre à gauche la via Candrilli.*

Campanile di San Giovanni Battista B1

Tout ce qui subsiste de l'église St-Jean-Baptiste est cet élégant campanile avec ses grands arcs en ogive à l'ordre inférieur, sa belle fenêtre trilobée gothique à l'ordre intermédiaire, et ses arcs en plein cintre à l'ordre supérieur. *Retourner via Roma.*

San Giovanni B1

De style roman à l'origine, l'église St-Jean a été remaniée et enrichie plus tard de stucs. Entièrement restaurée en 1967, elle renferme de beaux fonts baptismaux au piétement romain, et un chapiteau byzantin en marbre rouge supportant une vasque médiévale (bas-relief du 14ᵉ s.).

LES TOURS « FRÉDÉRICIENNES »

C'est à **Frédéric II**, roi de Sicile, que l'Italie méridionale doit son essor en matière de construction civile. Le modèle architectonique était rigoureusement géométrique : des édifices à base carrée, reproduisant le plan du *castrum* romain mais modifié selon un concept islamique, avec des tours cylindriques ou quadrangulaires aux angles, et une tour centrale ronde ou polygonale *(voir le château d'Augusta ou le château Maniace de Syracuse).* L'adoption du plan octogonal, comme ici à Enna, résulte de la fascination éprouvée par l'homme du Moyen Âge pour la rigueur géométrique et le symbolisme des formes : au carré, symbole terrestre et humain, s'opposait le cercle, symbole céleste et divin. L'octogone représentait de ce fait la fusion des deux « principes » opposés.

San Marco B1

Construite au 17ᵉ s. à l'emplacement d'une synagogue, l'église St-Marc se trouve dans un ancien quartier juif. L'**intérieur**, à nef unique, est décoré de jolis stucs (*putti*, guirlandes de fleurs, fruits et coquillages) de Gabriele de Blanco da Licodia (1705). La décoration en bois sculpté qui ferme la tribune, dans laquelle les sœurs assistent aux célébrations du culte, est, elle aussi, de toute beauté. Presque en face, depuis le belvédère de la piazza Francesco Crispi, se dégage un splendide **panorama★** sur Calascibetta, le lac Nicoletti et le château de Lombardie sur la droite. Au centre du jardin, la fontaine est ornée d'une copie en bronze du célèbre groupe du Bernin figurant l'enlèvement de Proserpine.

Quelques pas encore et on rencontre un groupe d'églises, parmi lesquelles l'imposante **église San Francesco**, près de l'église San Cataldo, reconnaissable à sa façade carrée. Puis sur la place Neglia, l'**église des Âmes-Saintes** (*Anime Sante*), percée d'un beau portail baroque en pierre calcaire, et l'**église San Tommaso**, du 15ᵉ s., remarquable pour sa galerie et son campanile. Son élégante fenêtre ogivale fait oublier qu'il s'agissait à l'origine d'une tour défensive (environ 9ᵉ s.).

Mythes et confréries

APERÇU HISTORIQUE...

Les origines de la cité d'Enna remontent à la préhistoire. Sa situation élevée et naturellement protégée a suscité bien des convoitises. Certains pensent qu'elle a d'abord été habitée par les Sicanes, qui en firent un lieu de défense stratégique contre l'avancée des Sicules. Devenue cité grecque, puis romaine, c'est là qu'en 135 av. J.-C. débuta la **révolte des esclaves** qui, menés par le Syrien **Eunus**, devaient semer le trouble dans le reste de l'île pendant plus de sept ans.

Reconquise par les Romains, elle tomba au 6e s., avec l'ensemble de l'île, sous la domination des Byzantins, qui voyaient en elle une place hautement stratégique pour contrer les offensives arabes. Elle ne capitula qu'au 9e s. Le nom Henna, venant peut-être du grec (*en-naien*, vivre à l'intérieur), fut repris par les Romains qui lui ajoutèrent le terme forteresse, *Castrum Hennae*, puis transformé par les Arabes en *Kasrlànna* (ou *Qasr Yânnah* ou *Qasr Yani*), et enfin vulgarisé en *Castrogiovanni*. Après sa conquête par les Normands, qui en firent le centre politique et culturel de leur royaume, elle subit successivement la domination des Souabes, des Angevins et des Aragonais. En 1314, Frédéric II d'Aragon s'y vit attribuer le titre de roi de Trinacrie. Il y réunit le Parlement en 1324. La ville subit ensuite, tout comme le reste de l'île, une série de vicissitudes. Elle se rebella contre les Bourbons, soutint Garibaldi, et ne reprit son ancien nom d'Enna qu'en 1927.

... ET UN PEU DE MYTHOLOGIE

Les vestiges d'un temple antique dédié à **Cérès**, déesse de la Moisson (Déméter pour les Grecs), font du belvédère d'Enna un site historique séduisant. En contemplant les vastes étendues agricoles qui s'étendent à perte de vue, on imagine aisément que la région ait pu être le centre d'un culte très populaire de la déesse. N'est-ce pas sur les rives toutes proches du lac de Pergusa *(voir p. 298)* que la mythologie situe le rapt de sa fille Proserpine (Perséphone) par Pluton (Hadès), dieu des Enfers ?

LES CONFRÉRIES

Les habitants d'Enna sont répartis en confréries, sortes de quartiers spirituels ayant chacun sa hiérarchie propre, son église, son costume particulier et ses fiers partisans. Preuve en est la **procession de la Semaine sainte**, qui débute le dimanche des Rameaux. Ce jour-là, au signal donné par l'arrivée dans la cathédrale du collège des recteurs, qui débute la cérémonie de l'adoration de l'Eucharistie, chaque confrérie quitte son église pour se rendre à la cathédrale. Aux accents de marches funèbres jouées par la fanfare, de longs cortèges confluent lentement vers ce point de rassemblement. Le mercredi à midi, les cloches se taisent. À leur sonnerie se substitue le son de la *troccola*, gros moulinet en bois à bruit de crécelle. C'est le vendredi soir qu'a lieu la procession religieuse : une centaine de membres des confréries, revêtus de cagoules et de petites capes de couleurs différentes, défilent dans les rues en portant le *Christ défunt*, suivi de la *Vierge aux Sept Douleurs (Addolorata)*. Le dimanche, les deux statues retournent dans leurs églises respectives.

Continuer le long de la via Roma.

★ **Torre di Federico II** B2

9h-13h, 15h-19h - gratuit.

Elle s'élève à l'autre extrémité de la ville. La fonction stratégique de la cité avait été à l'origine de l'érection d'un nombre si considérable de tours qu'Enna aurait pu être appelée par le passé « la cité des tours ». Peu subsistent, la plupart ayant été détruites ou incorporées à des églises en guise de clochers. Celle-ci, archétype des tours octogonales construites sous Frédéric II de Souabe, domine le centre d'un petit jardin public.

Pour les bons marcheurs et ceux à qui il reste un peu d'énergie, la promenade peut se poursuivre dans le quartier Fundrisi.

QUARTIERE FUNDRISI B2

Quand, en 1396, le roi Martin d'Aragon réprima la révolte de l'île et rasa certaines bourgades voisines du Castrogiovanni d'alors, les habitants de Fundró furent déportés à l'extrémité sud-ouest du plateau, où s'éleva alors Fundrisi, qui constitua durant des siècles une communauté bien distincte d'Enna.

Le passage par ces venelles en pente, parmi ces maisonnettes à étage unique et coursives typiques (tout au long de la via San Bartolomeo), est un véritable enchantement. De cette rue comme de la petite place du même nom, où se dresse l'église, elle aussi dédiée à saint Barthélemy, on jouit de belles **échappées★** sur la partie nord-est de la ville. De la place, on peut descendre jusqu'à la **porte Janniscuro**, seule survivante des cinq que comptait la cité. La grotte de la Guérite *(Guardiola)*, contiguë, était un lieu de culte avant même la fondation de la ville. En poursuivant par la via Mercato et la via Spirito Santo, on atteint l'église du Saint-Esprit, édifiée à pic sur un éperon rocheux.

À voir aussi Plan de ville

Museo Alessi C1

Entrée derrière la cathédrale - ℘ *0935 50 31 65 - fermé pour cause de travaux, aucune date de réouverture n'était fixée lors de la rédaction de ce guide.*

Constitué en 1862 à partir des collections du chanoine Alessi, ce musée présente de remarquables ornements sacrés des 17e et 18e s., brodés de fils d'or et parés de corail *(au sous-sol)*, ainsi qu'une **galerie de peinture** *(à l'entresol)* où l'on peut voir une douce Vierge à l'Enfant (15e s.) d'un peintre flamand inconnu, une Pietà avec les symboles de la Passion (16e s.) et deux panneaux d'un polyptyque du 16e s. attribués à Panormita, représentant les saints Jean-Baptiste et Jean l'Évangéliste.

Au premier étage sont exposés une toile de **Giuseppe Salerno** (dit le Boiteux de Gangi) représentant *La Vierge de Grâce* ainsi que le magnifique **trésor** de la chiesa madre. Ce dernier comprend, parmi les ornements sacrés, la splendide **couronne★** de la Madone, ornée d'émaux et de ciselures évoquant des scènes de la vie de Jésus (17e s.), un **pélican★**, joyau du 17e s. symbolisant la résurrection et la vie éternelle, ainsi que le monumental **ostensoir processionnel★** (1536-1538), admirable travail au ciseau de Paolo Gili reproduisant les flèches élancées d'une cathédrale gothique.

Au deuxième étage sont rassemblées des monnaies grecque, romaine et byzantine, ainsi que des pièces archéologiques allant de la préhistoire au haut Moyen Âge, et une **collection de figurines funéraires égyptiennes**, ou *ushebti* – littéralement « ceux qui répondent à l'appel ». Provenant probablement de

Enna, procession du Vendredi saint.
B. Morandi / hemis.fr

trousseaux funéraires revenus en Sicile, elles rappellent la coutume ancienne de placer dans les tombes des statuettes afin qu'elles exécutent à la place du défunt les tâches terrestres qui lui incombaient.

Museo Archeologico Varisano C1

Piazza Mazzini - ℰ 0935 50 76 319 - tlj sf w.-end 9h-13h - 2€.
Ce musée rassemble des objets, principalement en terre cuite, trouvés dans les nécropoles de Calascibetta, Capodarso, Pergusa, Cozzo Matrice et Rossomanno.

Santuario del Santissimo Crocifisso di Papardura A2

S'engager dans la via Libertà après le croisement avec le viale Diaz, puis prendre sur la droite la petite via Papardura, jalonnée par les stations d'un chemin de croix - lun.-sam. 15h30-18h30, dim. 10h30-12h.
Le sanctuaire du Très-Saint-Crucifix a été édifié autour d'une grotte où fut retrouvée en 1659 une dalle de pierre sur laquelle était peint un crucifix. Cette œuvre, attribuée à des moines basiliens, est maintenant placée sur le grand autel. Les beaux **stucs** qui en décorent l'intérieur furent entrepris en 1696 par **Giuseppe** et **Giacomo Serpotta**, mais achevés en 1699 par un autre artiste auquel on attribue aussi les statues des apôtres. Admirer également le **parement★** en argent (17ᵉ s.) du grand autel, de facture messinane, le plafond de bois à caissons du siècle dernier et les parements des autels latéraux, en cuir peint et buriné.

Circuits conseillés Carte de microrégion B1

COLLINES AU NORD D'ENNA

▶ *Circuit de 85 km (ajouter 55 km pour retourner à Enna) tracé sur la carte p. 286. Compter une journée. Sortir d'Enna en direction de Calascibetta, à 4 km au nord.*
L'itinéraire conduit le visiteur à travers les douces collines qui séparent Enna

de Catane, sur lesquelles d'anciens villages, accrochés aux pentes tels des nids d'aigles, alternent avec de magnifiques **points de vue★**.

Calascibetta

Dans un **site★** panoramique, sur un rocher percé de grottes, cette petite ville en amphithéâtre a probablement été fondée par les Arabes. La **chiesa madre** (ou **Regia Cappella Palatina** de son ancienne fonction de chapelle de palais), totalement reconstruite au 17e s. après un tremblement de terre, s'élève sur un édifice du 14e s. que l'on aperçoit encore au niveau de la nef de gauche. L'intérieur abrite trois nefs à arcades ogivales, séparées par des colonnes de pierre ornées à la base de monstres sculptés et, sur la gauche en entrant, des fonts baptismaux de toute beauté datant du 16e s.

La **tour normande** (11e s.) située près de l'église St-Pierre, malheureusement détériorée, présente des bas-reliefs intéressants. On a une très belle **vue★★** d'Enna sur la droite (château et belvédère) avec, en contrebas, le lac de Pergusa (*voir p. 298*).

Quitter la ville et prendre la route de Villapriolo pour voir la **nécropole de Realmese** (4e s. av. J.-C.), constituée de tombes creusées dans la roche.

Revenir au carrefour et prendre à gauche la S 121 en direction de Leonforte (20 km au nord-est de Calascibetta).

Leonforte

Blottie au fond d'une conque sur un **site★** spectaculaire, la ville laisse apercevoir de loin le profil imposant d'un palais qui porte le nom de celui qui l'a fondée au 17e s., Nicola Placido Branciforti. Construit en 1611, ce palais occupe un côté de la vaste place du même nom. On remarquera également la célèbre fontaine **Granfonte** (1651) construite aussi sur commande de Branciforti. Toute de pierre dorée, elle porte 24 cannelures et une série de petites arcades en plein cintre, couronnées du blason de la famille.

Sortir de la ville en reprenant la même route et, au carrefour, tourner à gauche en direction d'Assoro (6 km à l'est de Leonforte).

Assoro

À 850 m d'altitude, la bourgade s'enroule autour d'une jolie place pavée, la piazza Umberto I, ornée d'une fontaine centrale et d'une magnifique **terrasse-belvédère★**. Une arche pittoresque relie le palais Valguarnera et la chiesa madre, dont la façade donne sur une autre petite place-belvédère où l'on débouche. Fondée en 1186, la **basilique San Leone**, transformée à la fin du 14e s. et au 17e s., présente trois nefs. Un porche orne le côté sud ; celui du

LA VILLE ET LE MONASTÈRE

L'histoire d'Agira, patrie de l'historien **Diodore de Sicile** (90-20 av. J.-C.) se reflète dans celle du monastère basilien de San Filippo, fondé par le moine d'origine syrienne entre le 5e et le 6e s. Devenu bientôt un centre religieux et culturel, il connaît son apogée sous les Normands lorsqu'il recueille les moines exilés de Jérusalem tombés aux mains des Turcs. Il s'agrandit et prospère grâce aux revenus qu'il perçoit de ses immenses propriétés dispersées dans toute l'Europe. En 1537, Charles Quint concède à Agira le titre de cité royale, avec des prérogatives spéciales, dont celles de rendre la justice civile et pénale. La décadence de la ville commence lorsque le roi Philippe IV d'Espagne, pour renflouer les finances désastreuses de la monarchie, décide de céder la ville à des marchands génois. Les citoyens proposent alors la forte somme demandée afin de conserver leur liberté.

côté nord a été remplacé en 1693 par la chapelle de l'oratoire du Purgatoire, à laquelle on accède par un élégant portail baroque. L'**intérieur★** séduit par ses modestes dimensions et sa riche décoration, avec sa voûte nervurée et la profusion de **stucs** dorés de style baroque, qui parent les colonnes torses (enrichies au 18ᵉ s. de décors en broderie) et le fronton des absidioles : sur la droite, le pélican, l'oiseau mythique qui nourrit ses petits de sa propre chair, symbole de l'Eucharistie ; à gauche, le phénix qui renaît de ses cendres, symbole du Christ ressuscité. On admirera le superbe **plafond de bois** à charpente apparente, avec ses poutres peintes et ses arabesques (1490), ainsi que les **grilles** en fer forgé qui ferment les chapelles (15ᵉ s.).

Continuer par la route qui domine San Giorgio. À hauteur de Nissoria, on croise à nouveau la S 121. Prendre à droite en direction d'Agira (17 km à l'est d'Assoro).

Agira

Sur le flanc du mont Teja, à 650 m d'altitude, la ville est dominée par les ruines d'un **château** qui se profile au sommet de la colline. Construit pendant la période souabe, il semble avoir joué un rôle important dans les luttes qui ont opposé Angevins et Aragonais, puis Aragonais et Chiaramonte. Belle **vue★** sur le lac de Pozzillo.

L'**Abbazia di San Filippo** est le plus important des édifices religieux de la ville. L'église actuelle date de la fin du 18ᵉ s. et du début du 19ᵉ s. et la façade a été entièrement refaite en 1928. À l'**intérieur**, décoré de stucs dorés, on voit un très émouvant crucifix en bois de Fra'Umile da Petralia *(au maître-autel)*, un chœur liturgique en bois avec des scènes de la vie de saint Philippe, de Nicola Bagnasco (1818-1822), et trois panneaux d'un polyptyque du 15ᵉ s. avec une Vierge en majesté au milieu des saints. On remarquera aussi des toiles d'Olivio Sozzi et Giuseppe Velasquez.

Continuer sur la S 121 pendant 14 km.

Regalbuto hors plan

En arrivant d'Agira, on est accueilli par la belle façade baroque de l'**église Madonna SS. della Croce**. La façade en pierres ocre est rythmée par deux niveaux de colonnes superposées et couronnée d'un élégant faîtage. Emprunter la via Ingrassia pour voir sur la gauche le collège des jésuites, avec un peu plus loin le **palais Compagnini**, de style Art nouveau Liberty. Encore quelques pas et on aboutit sur la grande place, dominée par la **chiesa madre** (1760), dédiée à saint Basile, dont la monumentale façade baroque est rythmée par des pilastres.

De la S 121, une route étroite en lacet monte jusqu'à Centùripe (21 km au sud-est de Regalbuto).

Centùripe hors plan

Village aujourd'hui situé loin des grands axes de communication, il était à une époque très ancienne le point stratégique entre la plaine de Catane et les montagnes de l'intérieur. Ce qui lui a permis, notamment à l'époque romaine, de jouir d'une remarquable prospérité (Cicéron lui-même le décrivait en 70 av. J.-C. comme l'une des cités les plus florissantes de Sicile). C'est le Centùripe des Romains qui a laissé l'essentiel des vestiges monumentaux : le **temple des Augustales**, au plan rectangulaire (1ᵉʳ-2ᵉ s., voisin du Musée archéologique), surplombait une rue bordée de colonnes et deux tombes imposantes ornées de tours, toujours d'époque romaine, appelées respectivement la *Dogana* (la douane), dont on ne visite que l'étage supérieur, et le *Castello di Corradino* (château de Conradin). À l'extrémité nord-ouest, dans le quartier dit « Bagni », une route pavée mène aux vestiges d'un **nymphée**

4

qui a dû être de toute beauté, suspendu avec ses jeux d'eau au-dessus du lit du torrent et conçu sans nul doute pour émerveiller les visiteurs. Il n'en reste qu'un mur en brique percé de cinq niches, une vasque destinée à recueillir les eaux de pluie, maintenant délabrée, et quelques tronçons d'aqueduc.

Une très grande collection de pièces archéologiques allant du 8e s. av. J.-C. au Moyen Âge est exposée au **Musée archéologique** (via Giulio Cesare 1 - ℘ 0935 73 079 - www.museocenturipe.it - ᵫ - 9h-19h - fermé j. fériés - 4 €). Elle rassemble en particulier les statues provenant du temple des Augustales, qui représentent toutes des empereurs et leurs proches ; une belle tête de l'empereur Hadrien, dont les proportions laissent penser qu'elle provient d'une statue d'au moins 4 m de haut ; deux splendides **urnes funéraires**★ de la famille des Scriboni, sans aucun doute importées de Rome ; des terres cuites de production locale (3e-1er s. av. J.-C.) et une remarquable collection de masques de théâtre.

De Centùripe, poursuivre en direction du sud vers Catenanuova pour revenir à Enna par l'autoroute (55 km).

NATURE, ARCHÉOLOGIE ET SOUFRIÈRES

▶ *Circuit de 130 km environ tracé sur la carte p. 286. Compter une journée sans la visite de Caltanissetta. Quitter Enna en direction de Pergusa (9 km au sud).*

Lago di Pergusa B1

Les rives du lac de Pergusa, malheureusement défigurées aujourd'hui par un circuit automobile, ont été le théâtre d'un épisode de la mythologie, l'enlèvement de **Perséphone** par Hadès.

Au carrefour, suivre à gauche les indications pour Valguarnera (18 km au sud-est de Pergusa).

Parco Minerario Floristella-Grottacalda

Contrada Floristella - Valguarnera - entre Pergusa et Valguarnera, à 9 km du lac. Indications pour le parc sur la gauche - ℘ 0935 95 81 05 - www.enteparco floristella.it - tlj sf dim. 8h-14h - visites guidées sur réserv.

Témoin de l'activité qui marqua la vie et le destin de plusieurs familles des provinces de Caltanissetta et d'Enna, ce parc est un lieu d'intérêt géologique et environnemental majeur, ainsi que l'un des principaux sites d'archéologie industrielle du sud de l'Italie. Longtemps abandonnée, l'ancienne soufrière, active de 1700 à 1986, est au centre d'un vaste projet de réhabilitation et de valorisation. On y accède par une route caillouteuse qui conduit à la vaste étendue occupée par les mines de soufre.

Dans ce grand musée à ciel ouvert, les différentes réalités de la soufrière se laissent admirer. Remarquer le puits d'extraction (en maçonnerie) et le puits

UN AMOUR INFERNAL

Selon la légende, la fille de Déméter et Zeus, **Perséphone**, alors qu'elle jouait en compagnie des Océanides, fut attirée par la beauté d'un narcisse. La jeune divinité se penchait pour le cueillir quand la terre s'entrouvrit. **Hadès**, dieu des Enfers, surgit alors sur son char doré tiré par des chevaux immortels, et l'enleva. Il disparut ensuite dans les entrailles de la terre près de la source Cyane, à proximité de Syracuse *(voir p. 343)*. Alertée par les cris déchirants de sa fille, **Déméter** se mit à parcourir la région sans relâche. Ayant fini par apprendre où elle se trouvait, elle obtint la permission de la revoir. Mais avant de laisser son épouse revoir sa mère, Hadès lui fit manger une graine de grenade pour se l'attacher à jamais.

de reflux pour l'aération (en fer). Les monticules blancs sont des *calcaroni* cylindriques, revêtus d'un matériau inerte, la chemise, dans lesquels le soufre se séparait de sa gangue, c'est-à-dire l'ensemble des impuretés, par auto-combustion. À partir de 1880, les *calcaroni* ont été remplacés par des « fours Gill » à coupole, reliés entre eux par groupes de deux, trois ou quatre à l'aide de petits conduits. Ce système permettait de récupérer la chaleur dégagée dans un four en envoyant les fumées d'anhydride sulfureux chauffer le soufre dans le four suivant. Face au *calcaroni*, on remarque une sorte de galerie en arcades avec des meurtrières, d'où s'écoulait le soufre en fusion jusqu'au point de prélèvement, dit *morte*. Il était recueilli dans des récipients en bois où il se solidifiait sous forme de pains de 50 à 60 kg, les *balate*. On aperçoit également les anciennes *discenderie* (environ 103), entrées réservées aux mineurs et aux *carusi*, les garçons qui remontaient avec les hottes pleines.

Au centre du parc s'élève le petit palais Pennisi, aujourd'hui en ruines. Érigé vers 1870 par les barons de Floristella, anciens propriétaires du domaine, il abritera prochainement un musée de la Civilisation minière sicilienne.

Valguarnera

Le village, lié depuis des décennies à l'économie des soufrières, possède une **chiesa madre** du 17e s., à la massive façade baroque en pierre calcaire et au profil convexe.

Reprendre la direction de Piazza Armerina (18 km au sud de Valguarnera).

La route coupe une très belle **vallée★** aux petites collines en pente douce, recouvertes au printemps d'un tapis vert émeraude.

★ Piazza Armerina B2 *(voir p. 304)*

★★★ Villa romaine du Casale B2 *(voir p. 309)*

Continuer sur la S 191 vers Caltanissetta jusqu'à l'embranchement pour Barrafranca, sur la gauche (21 km à l'ouest de Piazza Armerina).

Barrafranca B2

Anciennement appelé Convicino (son nom actuel remonte au 16e s.), le village regroupe ses petites maisons jaune ocre sur les pentes de la colline. On y accède par la via Vittorio Emanuele, bordée d'élégants palais, dont le palais Satariano et le palais Mattina. À voir, la **chiesa madre** (18e s.), reconnaissable à sa façade en brique et son clocher couronné d'une petite coupole en céramique polychrome ; le **monastère des bénédictines** (à moitié détruit) sur la piazza Messina, suivi de l'intéressant édifice du 18e s. des **Putieddi** (boutiques) et de l'**église de la Très-Sainte-Marie-de-l'Étoile** (Maria Santissima della Stella), avec son haut campanile terminé par une flèche aérienne en majolique. Revenir vers la rue principale, le corso Garibaldi, et voir sur la **piazza dell'Itria** la façade et le campanile en brique de l'église du même nom (16e s.).

À partir d'ici, il est possible de continuer en direction de Pietraperzia (10 km) ou de suivre la direction de Mazzarino (14 km).

Mazzarino B2

Petit bourg médiéval qui s'est développé grâce à la famille des Branciforti, Mazzarino regroupe ses monuments les plus importants le long de l'artère principale, le corso Vittorio Emanuele. On remarquera tout de suite la **chiesa madre** et le **palais Branciforti** voisin (17e s.), et l'**église du Carmel** (17e s.). En dehors du bourg, on aperçoit un imposant donjon circulaire, les ruines du **château**, sur un mont isolé. Érigé à l'endroit où s'élevait probablement une forteresse aux époques romaine et byzantine, l'édifice a été renforcé et agrandi sous les Normands ainsi qu'au cours du 14e s., pour devenir à la fin du 15e s. une

4

élégante demeure. Comme son nom l'indique, le bourg est le berceau de la famille des Mazzarino, à laquelle appartient le célèbre cardinal Jules Mazarin.
Reprendre la S 191 en direction de Barrafranca et continuer vers Pietraperzia.

Pietraperzia B1-2
De l'ocre, toujours de l'ocre, couleur dominante des habitations de la région. Les ruines du château d'époque normande offrent une superbe vue plongeante sur la vallée du Salso. À l'entrée du village, sur la piazza Matteotti, l'église du Rosaire (16ᵉ s.) se dresse en face du palais Tortorici, de style néogothique. La **chiesa madre** (19ᵉ s.), à la façade carrée couronnée d'un faîtage d'aspect plutôt trapu, présente au maître-autel une Vierge à l'Enfant de toute beauté du peintre Filippo Paladini *(rens. sur les horaires : ☎ 0943 40 16 83)*.
À voir aussi, le **palais du Gouverneur** (16ᵉ s.) au beau balcon d'angle, enrichi d'une console à figures anthropomorphes.
De Pietraperzia, on rejoint Caltanissetta (15 km environ).

Caltanissetta AB1
🛈 **Office de tourisme** – *Corso Vittorio Emanuele 109 -* ☎ *0934 53 41 11.*
On dit que c'est là le vrai cœur de la Sicile. Entourée de douces collines et de vallées peu profondes qui cachent des mines de soufre et de sel gemme, Caltanissetta étend son réseau de ruelles labyrinthiques sur un plateau à 568 m d'altitude et embrasse un immense paysage agricole.
Petite ville grecque, Caltanissetta a subi le même sort que le reste de la Sicile, passant d'une domination à l'autre. Elle connut son apogée au début du 20ᵉ s., avec l'exploitation des gisements de soufre, rapidement devenue son activité principale et constituant à elle seule les 4/5 de la production mondiale. C'était à l'époque la plus grande exportatrice mondiale de soufre. Mais l'impitoyable concurrence américaine l'a contrainte à fermer toutes ses mines.
Le centre historique de la ville se trouve sur la **piazza Garibaldi**, point de croisement des deux artères principales (le corso Umberto I et le corso Vittorio Emanuele). Il est souligné par l'hôtel de ville (ancien couvent de l'ordre des Carmes), la cathédrale et l'**église San Sebastiano** à la façade baroque, dont le crépi rouge sombre contraste avec le tuf ocre des éléments d'architecture. On retrouve cet aspect dans les églises Sant'Agata, à l'extrémité du corso Umberto I, et Santa Croce, au bout du corso Vittorio Emanuele. Au centre de la place s'élève la **fontaine du Triton** (1956), due à Michele Tripisciano, artiste local qui s'est inspiré d'un modèle du 19ᵉ s. Le groupe de bronze représente un cheval marin menacé par deux monstres ailés et retenu par un triton.
Dans la montée Matteotti après l'hôtel de ville apparaît le **palais Moncada** du 17ᵉ s., édifice inachevé à la façade chargée de consoles ornées de figures zoomorphes et anthropomorphes.
Cattedrale – Érigé à la fin du 16ᵉ s., ce monument renferme des fresques du Flamand Guglielmo Borremans (1720). L'alternance de parties peintes et de stucs confère un aspect théâtral à l'ensemble. La statue en bois représentant saint Michel (1615) est l'œuvre de Stefano Li Volsi, artiste sicilien *(chapelle à droite du chœur)*. Dans le chœur, on trouve un orgue en bois doré datant de 1601.
Sant'Agata al Collegio – *Corso Umberto I.* Cette église du 18ᵉ s., où sur la façade alternent tuf, crépi rouge et marbre *(sur le portail)*, renferme une multitude de marqueteries de marbre polychrome, ainsi qu'un beau retable de saint Ignace en marbre, œuvre d'**Ignazio Marabitti**.
Devant l'église se dresse la statue du roi d'Italie Humbert Iᵉʳ.
À l'est de la place Garibaldi commence le quartier degli Angeli, avec ses rues

typiquement médiévales et son **église San Domenico** à la façade incurvée. Elle renferme une peinture sur bois, *La Madone du Rosaire*, de Paladini.

En poursuivant tout droit dans la via degli Angeli, on découvre, sur un rocher, les restes de Pietrarossa, château sarrasin au pied duquel se trouvent les ruines de l'église Santa Maria degli Angeli (13e s.), qui a conservé son beau portail.

Museo Archeologico – *Contrada S. Spirito - Via S. Spirito -* ℘ *0934 56 70 62- 9h-13h, 15h30-19h - fermé dernier lun. du mois - 4 €.* Ce musée rassemble les objets trouvés dans les sites archéologiques aux alentours de Caltanissetta et met en valeur autant la culture indigène préhellénique que la culture grecque. De la nécropole grecque de **Gibil-Gabib** proviennent un intéressant tonnelet en terre cuite du 4e s. av. J.-C., réutilisé comme urne funéraire, tandis qu'à **Vassallaggi**, on a retrouvé un strigile, instrument servant à frotter les athlètes en sueur, qui figure également sur une mosaïque de la villa romaine du Casale *(voir p. 309)*. Parmi les pièces archéologiques retrouvées dans la cité grecque de Sabucina figurent un modèle réduit de **temple★** en terre cuite, objet votif du 6e s. av. J.-C., deux grandes bassines (l'une sur pied) servant à contenir des boissons ou de l'huile et un **cratère** représentant Héphaïstos battant le fer dans sa forge (6e-5e s. av. J.-C.). De **Dessueri** provient une belle série de théières servant à faire bouillir de l'opium (Sicile du 13e s. av. J.-C.) et un *kylix* attique représentant Hercule, héros très populaire dans l'île, armé de sa massue. La dernière salle réunit des objets de culture locale, remarquables pour leur finesse, parmi lesquels une tête de taureau très stylisée, avec un décor géométrique, de nombreux éléments en terre cuite, et deux statuettes votives en bronze (7e-6e s. av. J.-C.). Au fond de la salle sont exposés une **jambière** et un **casque** en bronze de la période corinthienne (6e s. av. J.-C.).

Abbazia di Santo Spirito B1

3 km au nord-est de Caltanissetta, sur la S 122 en direction d'Enna.

Fondée par Roger Ier (11e s.) mais consacrée en 1153, l'abbaye est de style roman, avec trois absides normandes décorées de bandes lombardes reliées par des arceaux. À l'intérieur se trouvent un crucifix en bois du 15e s. et une vasque romane à palmettes stylisées, destinée au baptême par immersion des petits enfants.

🏠 NOS ADRESSES À ENNA

4

👣 *Voir également « Nos adresses à Piazza Armerina », p. 308.*

TRANSPORTS

Les autobus de la SAIS assurent une liaison quotidienne avec Palerme (*AR 15,80 €*) et 8 navettes/j. vers l'aéroport de Catane (*AR 12,20 €*). Plusieurs liaisons par jour avec Caltanissetta, Caltagirone et Piazza Armerina (*via* Barrafranca). Renseignements : ℘ *800 21 10 20 (gratuit depuis l'Italie) - www. saisautolinee.it.*

HÉBERGEMENT

Enna

PREMIER PRIX

C.C. Ly Hostel Enna – *B1 - Via Vulturo 3 -* ℘ *0935 27 52 77 ou 328 28 82 879 - www.ccly-hostel. com -* 📋 📺 *- 8 ch. 42/46 € - dortoir 14/16 €.* Une auberge de jeunesse qui allie le confort d'un hôtel au prix et à l'ambiance typiques de ce genre d'institution. Mobilier design et pop ; dortoirs, chambres doubles ou triples, claires et spacieuses. Literie colorée et un emplacement des plus enviables.

POUR SE FAIRE PLAISIR

Grande Albergo Sicilia – B1 - *Piazza Colaianni 7* - ☎ *0935 50 08 50* - fax *0935 50 04 88* - *www.hotelsiciliaenna.it* - *76 ch. 90/140 €* ☚. Non loin du Castello di Lombardia, une structure sobre, où les chambres sont plaisantes et les espaces communs agréables. Petit-déjeuner servi sur une terrasse qui surplombe la vieille ville. En haute saison, pensez aux offres week-end (85 € la chambre double).

À proximité d'Enna

BUDGET MOYEN

Canalotto Agriturismo – Hors plan par B1 - *entre Enna et Leonforte, fléché sur la gauche* - ☎ *0935 904 250* - *www.canalotto. it* - TV ▤ - *5 ch. 80 €* ☚. Dans une belle campagne, cette maison entourée de cyprès et de palmiers se trouve au cœur d'une exploitation agricole vouée à la culture des olives, des fruits et des légumes. Chambres sobres et de bon goût à l'étage de la bâtisse, et restaurant au rez-de-chaussée où l'on se régale des produits de la ferme (env. 20 €).

Agriturismo Azienda Baglio Pollicarini – Hors plan par C2 - *Villaggio Pergusa* - ☎ *0935 54 19 82* - *www.bagliopollicarini.it* - ▤ P - *7 ch. 75/100 €* ☚, *57/70 € en demi-pension*. Ancien couvent du 17e s. rénové avec beaucoup de goût. Spacieuses, confortables et décorées avec minutie, les chambres affichent autant de caractère que les parties communes et le jardin est un véritable havre de paix. Le restaurant est également très recommandable (env. 25 € à la carte) et offre un bel éventail des spécialités régionales.

POUR SE FAIRE PLAISIR

La Casa del Poeta – Hors plan par C2 - *Contrada Parasporino - Villaggio Pergusa* - ☎ *0935 54 15 78* - *www.lacasadelpoeta.it*. P ☚ - *7ch. 100 €* ☚. B & B aménagé dans une ancienne villa du 19e s. entourée de verdure. Chaque pièce y est une œuvre d'art, ou mieux, de littérature. De la déco zen au mobilier, tout invite à la lecture et, pourquoi pas, à l'écriture.

Masseria Bannata – Hors plan par C2 - *Contrada Bannata S117 bis - km 41* - ☎ *0935 68 13 55* - fax *0935 50 37 30* - *www. agriturismobannata.it* - P ☚ - *5 ch. 100/120 €* ☚. Bannata en arabe signifie « embrassé par le soleil » : un beau programme donc pour un séjour dans cet agriturismo de charme entre Enna et Piazza Armerina. Murs en pierre et mobilier rustique ancien.

Caltanissetta

BUDGET MOYEN

Hotel Plaza – *Via Gaetani 5* - ☎/fax *0934 58 38 77* - *33 ch. 80 €* ☚. Après une journée consacrée à la visite de la petite ville et de ses environs, restez dans le centre pour reprendre des forces dans cet hôtel aux chambres spacieuses et confortables.

RESTAURATION

Enna

PREMIER PRIX

Bottiglieria Belvedere – B1- *Via Vulturo 26* - ☎ *0935 23 396* - *www. bottiglieriabelvedere.it* - *16/28 €*. Sympathique et central, ce bar à vin ouvert depuis quelques années fait l'unanimité. On s'y rend pour ses plats choisis et pour sa cave très bien fournie.

Divini Sapori – C1- *Via Lombardia 6* - ☎ *0935 19 80 533* -

www.ristorantedivinisapori.it -
10/30 € - réserv. conseillée. Près
du Castello di Lombardia, une
bonne adresse qui joue la carte
du contemporain. Spécialités de
viande et de poisson (antipasto de
charcuterie ou de fruits de mer)
mais aussi *pizze* bien croquantes.

BUDGET MOYEN

Trinacria – C1 - *Viale Caterina
Savoca 20 - ℰ 0935 50 20 22 -
fermé lun. - 25/40 €*. Halte culinaire
obligatoire pour ceux qui sont
à la recherche de saveurs du
terroir ! Cette table déploie
tout ce qu'il y a de meilleur
en Sicile. Gare aux régimes :
l'antipasto nourrit autant qu'un
repas entier !

Caltanissetta

PREMIER PRIX

Vicolo Duomo – *Piazza
Garibaldi 3 - ℰ 0934 58 23 31 -
fermé dim., lun. midi et août -
15/30 € - réserv. conseillée.*
Faites une petite pause dans ce
restaurant situé sur la plus belle
place de la ville. L'ambiance y
est simple et vous n'aurez que
l'embarras du choix parmi de
nombreux plats traditionnels
de la région, tous délicieux.

PETITE PAUSE

Caffè Roma – *Via Roma 312 -
℘ 0935 50 12 12 - 8h-23h - fermé
mar.* Ce café-pâtisserie situé
en plein cœur d'Enna existe
depuis 1921. Vous y serez
accueilli dans une grande
salle en pierres apparentes
et dorloté avec de délicieuses
spécialités siciliennes, salées
ou sucrées.

Al Kenisa – *Via Roma 481 - ℰ 0935
18 65 05 - alkenisa.blogspot.fr -
15h-1h - fermé lun.* Le cadre ? Une
surprenante église déconsacrée
du 17e s. L'ambiance ? Un café
littéraire dont les ouvrages sur la
région emplissent les murs.
Le petit plus : la crypte qui cache
un secret…

Caffé Bellavista – *Piazza F. Crispi
10 - ℰ 0935 50 01 83 - 8h-2h.* On
ne pourrait souhaiter meilleur
emplacement pour ce café, placé
sur le belvédère qui surplombe
la vallée de Enna. Idéal du petit-
déjeuner à l'apéritif.

AGENDA

Settimana Santa – Pendant
la Semaine sainte se déroulent
à **Enna** les traditionnelles
processions des confréries. À
Caltanissetta, on organise à
cette période le soir du Jeudi
saint un défilé de **beaux
groupes sculptés**, réalisés par
des artistes napolitains du 19e s.
On transporte dans les rues des
scènes de la Passion qui ornent
en temps normal l'**église Pio X**,
via Colajanni. Le vendredi soir, la
statue du « Christ noir » est portée
en procession dans la ville.
Le 2 juillet, Enna fête la **Madonna
della Visitazione** où la Vierge
est portée en procession par des
hommes nu-pieds, posée sur sa
nave d'oro (conservée au Duomo).
Settimana Federiciana – Dans la
deuxième semaine de mai, Enna
évoque les fastes de la cour de
Frédéric II Hohenstaufen. Défilés
costumés et spectacles dans le
cadre des sites de l'époque de la
ville.

4

Piazza Armerina

★

20 998 habitants

 NOS ADRESSES PAGE 308

S'INFORMER
Servizio turistico regionale – *Via Gen. le Muscarà 47/A* - ✆ *0935 68 02 01* - fax *0935 68 45 65.*

SE REPÉRER
Carte de microrégion B2 (p. 286) – *carte Michelin Local 365 AV 59.* La ville est située en hauteur, à environ 700 m d'altitude, dans un joli paysage de collines. Derrière les constructions modernes se trouve le centre historique, tout en descentes et en montées, très ramassé et dominé par la coupole du Duomo au point le plus élevé. Piazza Armerina est la ville la plus proche de la célèbre villa romaine du Casale et ceux qui viennent d'Enna ou de Caltagirone devront forcément la traverser pour prendre la route de la villa.

À NE PAS MANQUER
La villa romaine du Casale.

ORGANISER SON TEMPS
Compter une demi-journée pour flâner dans la petite ville médiévale et une demi-journée pour une excursion à la villa romaine du Casale.

La ville doit surtout sa célébrité à la magnifique villa romaine du Casale qui se trouve à proximité, mais son joli centre historique développé autour de la cathédrale baroque vaut également le détour. Elle s'anime les 13 et 14 août pour une très belle fête médiévale, où les habitants revêtus de costumes d'époque commémorent l'arrivée des troupes du comte Roger de Hauteville.

Se promener

★ **LE QUARTIER MÉDIÉVAL**

Au centre de la petite ville trône majestueusement le Duomo que l'on aperçoit de très loin car il est bâti sur le point le plus élevé du bourg, à 721 m d'altitude. Tout autour s'étend le vieux quartier, sillonné de ruelles médiévales, parsemé de beaux palais Renaissance et baroques.

Duomo

L'imposante église baroque surmontée d'une haute coupole s'élève sur la **place** du même nom, élément grandiose d'un décor presque théâtral où le **palais Trigona** a lui aussi belle allure.

Le Duomo a été construit sur les ruines d'une église du 15e s. qui a laissé sur le côté droit un campanile aux ornements Renaissance, avec des fenêtres

La cathédrale de Piazza Armerina surplombe la ville.
S. Grandadam/age fotostock

gothico-catalanes aux deux niveaux inférieurs. L'ample façade, rythmée de bandes lombardes, piliers, corniches et bandeaux en grès, est percée d'un beau portail aux colonnes torses et, au niveau supérieur, d'une grande fenêtre carrée surmontée d'un aigle, emblème des commanditaires de l'église, la famille Trigona.

L'**intérieur** abrite des œuvres d'art de toute beauté : les fonts baptismaux sous une arcade Renaissance sculptée par les **Gagini**, immédiatement à droite, et au fond de la nef, à l'autel, l'effigie byzantine de la **Madone des Victoires★** qui passe traditionnellement pour l'étendard donné à Roger II par le pape à l'occasion du concile de Menfi. La petite chapelle à gauche du sanctuaire est décorée d'un beau **crucifix en bois★**, de 1455, peint sur les deux faces, avec une Résurrection au verso. Dans la nef centrale se dressent deux buffets d'orgue en bois doré. On voit au centre de la tribune des choristes un médaillon représentant la Trinacrie *(à gauche)* et le comte Roger à cheval *(à droite)*.

LE « PALIO » ET SA LÉGENDE

La légende s'inspire de la fervente admiration de la population pour le Gran Conte. À son arrivée, la ville est aux mains des Sarrasins – les Infidèles disait-on – et l'avancée normande en Sicile est presque perçue comme une guerre sainte. Sans attendre, les habitants de Piazza donnent le signal de la révolte en acclamant le nom de Roger de Hauteville. L'aventurier laisse à la ville son étendard *(palio)* qui est exposé à l'admiration de ses partisans. Mais ensuite, l'étendard va être égaré et ne sera retrouvé que vers le milieu du 14e s., où on le portera en grande pompe à l'église principale. Miraculeusement, l'épidémie de peste qui décime alors la ville s'éteint et le fameux étendard devient un objet de culte. La tradition veut que l'étendard, la Madone des Victoires, soit précieusement conservé dans la cathédrale et exposé chaque année du 12 au 14 août.

En flânant le long des rues

Derrière la cathédrale commence la via Cavour où l'on peut voir le **complexe franciscain** du 18e s. (aujourd'hui l'hôpital) dont l'église en brique et grès s'orne d'un campanile couronné d'une flèche conique en majolique. Le couvent a conservé sur le côté sud un beau **balcon** soutenu par des consoles baroques, œuvre de G.V. Gagini. Un peu plus loin, dans la descente, on aboutit au parvis de Santa Rosalia, près du **palais Canicarao** où est installé l'office de tourisme, puis on arrive sur la **piazza Garibaldi** où s'élèvent l'**église de Fundrò** (1613), dédiée à saint Roch, et l'hôtel de ville du 18e s. Remonter par la via Vittorio Emanuele, où l'on peut admirer deux belles églises en vis-à-vis, **Sant'Ignazio di Loyola**, précédée d'un élégant escalier en forme de fer à cheval, et **Sant'Anna** à la façade convexe. À l'arrière-plan, le **château aragonais** (1392-1396) dresse sa haute et imposante silhouette. On peut retourner de là sur la piazza Duomo et descendre la via Monte, pour voir l'**église San Martino di Tours** dont les fondations remontent à 1163.

EN S'ÉLOIGNANT DU CENTRE

À l'extrémité de la via Sant'Andrea, à l'ouest de la ville, on peut voir l'**ermitage Sant'Andrea** (12e s.) et, non loin de là, l'église et le couvent de **Santa Maria del Gesù** (12e s.) qui, bien qu'à l'abandon, méritent une visite pour leur beau portique surmonté d'une loggia.

À proximité Carte de microrégion

★★★ **Villa Romana del Casale** B2
▶ *5 km au sud-ouest (voir p. 309).*

Aidone B1
▶ *De Piazza Armerina, prendre la S 228 (7 km au nord-est).*

Dans ce petit village se trouve le **Musée archéologique régional** (✆ 0935 87 307 - tlj sf lun. 9h-19h - 6 €, billet combiné avec Morgantina 10 € - www.aidone-morgantina.it/museo-archeologico), logé dans l'ancien couvent des capucins. Il rassemble les vestiges retrouvés sur le site archéologique limitrophe de Morgantina. L'entrée du musée se fait par l'église de **S. Francesco** qui conserve un beau tabernacle en bois du 17e s. Pièce maîtresse de la collection, la **Venere dei Morgantina**, statue de Vénus (ou Déméter) datée du 5e s. av. J.-C. La pièce vient d'être restituée à la Sicile après avoir été exposée au Paul Getty Museum de Malibu pendant 30 ans. Parmi les autres pièces archéologiques d'intérêt, admirer un ensemble unique de 16 pièces d'argenterie du 3e s. av. J.-C. (**Tesoro di Eupolemos**) ainsi qu'une série de belles antéfixes (Gorgones, lions et ménades) du milieu du 6es. av.J.-C.

Scavi di Morgantina (Fouilles de Morgantina) B1
▶ *Depuis Aidone, suivre l'indication Scavi di Morgantina (environ 7 km) - ✆ 0935 87 955 - tlj de 9h à 1h av. le coucher de soleil - 6 €, billet combiné avec le musée de Aidone 10 € - www.aidone-morgantina.it/morgantina.*

La région de Serra Orlando a été habitée dès l'âge du bronze. À l'âge du fer, une implantation sur la colline est devenue le centre vital de la région. C'est ici qu'a été fondée Morgantina, dont le nom vient probablement de celui d'un roi des *Morgeti*, peuple originaire du centre de l'Italie méridionale. Au 5e s. av. J.-C., la ville a été rebâtie non loin de là, à Serra Orlando. Les fouilles, depuis 1955, ont mis au jour les vestiges de ce centre sicule, colonisé par les Grecs et qui a joué un rôle important jusqu'à son abandon au 1er s. apr. J.-C. Les fouilles s'étendent dans une petite vallée et sur les deux collines qui l'enserrent. On peut voir l'**agora**, un petit **théâtre** et, sur la colline située au nord, de belles mosaïques abritées par un auvent (**casa di Ganimede**).

4

😊 NOS ADRESSES À PIAZZA ARMERINA

HÉBERGEMENT

PREMIER PRIX

Ostello del Borgo – *Largo San Giovanni 6 - ☎ 0935 68 70 19 - fax 0935 68 69 43 - www.ostellodel borgo.it -🍴 - 16 ch. 17/60 € ☕.* À mi-chemin entre une auberge de jeunesse et un B & B, une bonne adresse située dans l'aile de l'ancien monastère de San Giovanni. Les cellules ont été reconverties en chambres, spacieuses et accueillantes.
La Volpe e l'uva – *Via Santa Veneranda 35 - ☎ 0935 68 07 52 - fax 328 44 55 062 - www.volpeuva. it -🍴 - 3 ch. 60 €.* Sur les pas du poète Ésope, voici un B & B coloré et confortable, géré par un couple jeune et sympathique. Petit-déjeuner à la carte avec spécialités locales.

RESTAURATION

BUDGET MOYEN

Eyexei – *Contrada Morgantina - Aidone - ☎ 0935 87 341 ou 368*
71 90 257 - www.ristoranteeyexei. com - fermé dim. et lun. soir - 20/30 €. Entourée par les vestiges de Morgantina, cette brasserie de campagne a fait de la cuisine paysanne sa spécialité. Produits frais, sains et 100 % naturels, cuisinés comme autrefois.

POUR SE FAIRE PLAISIR

Al Fogher – *Contrada Bellia – S 117 bis, 3 km au nord de Piazza Armerina - ☎ 0935 68 41 23 - www. alfogher.net - fermé dim. soir et lun. - 40/70 €.* L'un des endroits les plus renommés de la gastronomie sicilienne, géré avec passion par un couple énergique. Des saveurs authentiques, revisitées et actualisées.

ÉVÉNEMENT

Palio dei Normanni – Du 12 au 14 août a lieu la reconstitution de l'arrivée de Roger de Hauteville en ville, suivie d'une course de chevaux et d'une procession où l'on exhibe l'étendard *(voir l'encadré sur le palio p. 306).*

Villa romaine du Casale
Villa Romana del Casale

S'INFORMER
Office de tourisme – *Voir Piazza Armerina p. 304.*

SE REPÉRER
Carte de microrégion B2 (p. 286) – *carte Michelin Local 365 AV 59.* Pour rejoindre la villa depuis Caltagirone ou Enna, il faut aller à Piazza Armerina, puis prendre la S 191 en direction de Caltanissetta.

SE GARER
Parking à l'entrée du site.

ORGANISER SON TEMPS
La visite doit impérativement avoir lieu tôt le matin, avant l'arrivée des cars de touristes et des fortes chaleurs.`

Cette magnifique et imposante villa romaine doit sa renommée à son extraordinaire pavement de mosaïques qui la recouvre presque entièrement. Cette œuvre, attribuée à des maîtres africains, frappe par l'incroyable diversité des tons et des sujets traités. En 1997, la villa romaine du Casale a été inscrite sur la liste du Patrimoine mondial de l'Unesco. Le site est en travaux et ne se visite que partiellement.

Visiter

Strada Provinciale 15 - Piazza Armerina - 𝄐 0935 68 00 36 - www villaromana delcasale.org - tlj 9h-18h, oct. à mars 9h-16h (fermeture de caisse 1h avant) - 5 € - site partiellement fermé pour restauration ; se renseigner au préalable sur les parties ouvertes à la visite.

Terme (Thermes)
Voir aussi « Comprendre » p. 106.
Dès l'entrée, sur la gauche, on côtoie un tronçon de l'**aqueduc** qui desservait la villa. Immédiatement après, on passe devant les différents éléments du complexe thermal. On reconnaît d'abord les grands fours (*praefurnia*, **1**) qui servaient à provoquer l'évaporation de l'eau. Pour chauffer les pièces, la vapeur se propageait par des conduits dont on peut encore voir les restes par endroits, et passait par des interstices du pavage et des murs. Ce système est

4

LES MOSAÏQUES
Constitué en presque totalité de mosaïques polychromes demeurées par bonheur en très bon état, le pavement de la villa est unique par la diversité des sujets traités. Scènes mythologiques et de la vie quotidienne ou événements particuliers, tels que chasse, jeux du cirque, fêtes de divinités et vendanges se succèdent et alternent avec les décors géométriques, les médaillons, les étoiles et les grecques dans un arc-en-ciel de couleurs. Le sens du mouvement et de l'action est en outre si prodigieux qu'il confère vie et réalisme aux fauves et aux animaux exotiques, reproduits ici avec une telle fidélité que l'on a attribué cette réalisation à des maîtres africains.

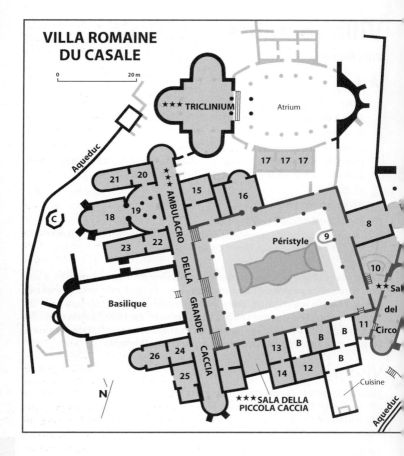

parfaitement visible dans le **tepidarium (3)**, pièce à température modérée située immédiatement après le **caldarium** (destiné aux bains de vapeur et d'eau très chaude, **2**) : les colonnettes de terre cuite sur lesquelles reposent les dalles permettaient de réserver au-dessous de celles-ci un espace où l'air chaud circulait librement.

Sala delle Unzioni (Salle des Onctions) **(4)** – Petite pièce carrée. Son décor de mosaïque rappelle la fonction à laquelle elle était destinée. Des esclaves s'apprêtent à oindre et masser des « baigneurs » *(représentés en haut à gauche)* à l'aide des « instruments » traditionnels : le strigile, sorte de peigne courbe à manche servant à frotter et nettoyer la peau, et le flacon d'huile *(en haut, à droite)*. En dessous, deux esclaves, Titus et Cassius (leurs noms sont inscrits sur la bande de toile qui leur sert de ceinture), arrivent avec seau et balai. Le second est coiffé d'un béret conique, couvre-chef typiquement syrien.

Frigidarium (5) – De plan octogonal, le local destiné aux bains froids présente en son centre une mosaïque évoquant le milieu marin : des amours pêcheurs entourés de tritons, de Néréides (nymphes marines) et de dauphins.

Dans un exèdre *(pièce où l'on se réunissait pour converser)* figure un homme assis sur une peau de léopard, accoudé près de deux serviteurs.

Du frigidarium, on aperçoit la **piscine** et l'extrémité de l'aqueduc.

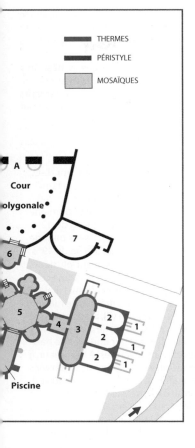

THERMES

PÉRISTYLE

MOSAÏQUES

En traversant le **kiosque de Vénus (6)**, qui doit son nom au seul fait que des fragments d'une statue de la déesse y ont été découverts, on rejoint la **cour polygonale** que délimite un portique à colonnes. On remarque en son centre un *impluvium*, bassin recueillant les eaux de pluie canalisées ensuite vers les grandes **latrines (7)**, et au sud les restes du portail d'entrée principal **(A)**, flanqué de deux portes latérales.

Peristilium (Péristyle)

On y accède par un **vestibule (8)** dont la mosaïque représente des personnages portant chacun un candélabre et un rameau de laurier, à l'exception de celui du bas, qui semble souhaiter la bienvenue au maître de maison et à ses hôtes en lisant un diptyque (petit livret formé de deux tablettes). En face, le **laraire (9)**, sanctuaire où l'on plaçait les statuettes des lares, dieux protecteurs du foyer.

L'imposante colonnade rectangulaire (huit colonnes sur la largeur, dix sur la longueur) est dominée par une grande fontaine galbée ornée d'une statuette centrale.

★★ **Mosaïque** – Tout autour du péristyle court une décoration faite de médaillons ronds s'inscrivant dans des carrés ornés à chaque angle d'oiseaux et de feuilles. Dans ces médaillons sont représentées des têtes d'animaux sauvages (ours, tigres, sangliers, panthères) ou domestiques (chevaux, bovins).

Piccola latrina (Petites latrines) **(10)**

La mosaïque au sol est décorée d'animaux, parmi lesquels on reconnaît un âne sauvage, un serval, un lièvre et une perdrix.

★★ Sala del Circo (Salle du Cirque)

Oblongue et arrondie à ses extrémités, cette pièce servait très probablement de salle de gymnastique. La décoration de mosaïque reproduit le cadre d'un cirque identifié comme le *Circus Maximus* de Rome. Le thème illustré ici est la course de quadriges qui marquait la fin des festivités données en l'honneur de Cérès, déesse des Moissons, dont le culte était très populaire à Enna, ville voisine *(voir p. 288)*. Noter la foule de détails intéressants. Sur la *spina*, murette centrale autour de laquelle couraient les chevaux, un magistrat en toge remet la palme de la victoire au vainqueur, tandis qu'un autre personnage sonne à la trompe la fin de la compétition. Sur la gauche, le long de la courbe, on voit un jeune garçon distribuer des pains parmi les spectateurs. Sur la courbe de droite, au pied de trois temples dédiés à Jupiter, Rome et Hercule, un aurige – conducteur de char – se prépare pour la course : un enfant lui apporte son casque, un autre lui remet son fouet. Selon qu'ils représentaient l'une ou l'autre des quatre « factions » en compétition, les auriges endossaient des tuniques vertes, blanches, bleues ou rouges.

Sur le côté nord du péristyle s'ouvrent les pièces destinées aux invités. On y accède par un **vestibule (11)**, dont la décoration met en scène la maîtresse de maison et ses enfants, entourés de servantes leur présentant des vêtements et un coffret d'huiles. Une cuisine, où l'on peut encore voir le four, complétait l'ensemble de ces salles de service **(B)**.

L'HISTOIRE DE LA VILLA

Probablement construite à la fin du 3e s. ou au début du 4e s. apr. J.-C., cette imposante villa romaine aurait appartenu à un membre de la famille impériale, Maximien, l'un des tétrarques qui gouverna l'Empire de 286 à 305. Il s'agit d'une résidence secondaire qu'entourait un vaste domaine et qui ne fut donc habitée que temporairement jusqu'au milieu du 12e s. Détruite par un incendie puis enfouie sous les alluvions laissées par une inondation en 1161, elle ne fut en partie redécouverte qu'à la fin du 19e s. Son immense superficie (3 500 m^2 environ) se répartissait sur plusieurs niveaux. L'entrée principale **(A)** donnait immédiatement accès à une cour polygonale d'où l'on passait dans un grand péristyle autour duquel étaient disposées des chambres d'hôtes *(au nord)* et celles des maîtres de maison *(à l'est)*. Contiguës aux premières, des pièces de service **(B)**, assorties d'une cuisine, étaient réservées au seul usage des invités. La partie consacrée aux maîtres de maison comprenait deux ailes, séparées par une grande basilique servant pour les réunions et les réceptions officielles. À l'extérieur, à l'arrière de la villa, se trouvaient des petites latrines octogonales réservées aux membres de la famille **(C)**. L'espace affecté aux repas, situé au sud, se composait d'un grand atrium en forme d'ellipse, sur lequel ouvraient un grand *triclinium* (salle à manger) trilobé, six petites salles et les pièces de service **(D)**. Les thermes, qui occupaient la partie ouest de l'ensemble, étaient alimentés par l'eau de la rivière Gela, toute proche, au moyen de deux aqueducs reliés à la rivière par un canal collecteur.

Afin d'en apprécier toute la qualité, les scènes centrales ont été réalisées de façon à se présenter de front dès l'entrée dans les pièces.

Sala della Danza (Salle de la Danse) (12)

Bien que la mosaïque soit incomplète, on y reconnaît des danseurs parmi lesquels, en haut à gauche, se remarque par sa souplesse une jeune fille coiffée d'un voile.

Sala delle Quattro Stagioni (Salle des Quatre Saisons) (13)

À l'intérieur de médaillons, deux femmes en buste, que l'on reconnaît à leurs robes, personnifient le printemps et l'automne, tandis que deux hommes, une épaule dénudée, représentent l'été et l'hiver.

★★ Sala degli Amorini Pescatori (Salle des Amours pêcheurs) (14)

Quelques Amours sont représentés en train de pêcher à la ligne, au harpon et au filet ou de jouer avec des dauphins. Dans la partie supérieure se dessine la côte, où une grande villa à la façade ornée d'un portique à colonnes est encadrée de palmiers et de pins maritimes. Sur les murs de la salle apparaissent dans des cadres carrés des restes de fresques représentant des Amours.

★★★ **Sala della Piccola Caccia** (Salle de la Petite Chasse)

Cinq tableaux illustrent les temps forts d'une battue. Un chasseur mène les chiens en laisse *(en haut, à gauche)* ; libérés, les chiens poursuivent un renard *(à droite)*. Afin de s'attirer les faveurs de Diane, déesse de la Chasse représentée sur une colonne au centre du second registre, on procède à un sacrifice en son honneur. Deux personnages de haut rang brûlent de l'encens, pendant que l'on transporte un sanglier dans un filet *(à gauche)* et qu'un chasseur brandit un lièvre *(à droite)*. Un banquet se déroule au centre de la mosaïque. Sous une toile rouge tendue entre les arbres rôtit le gibier. C'est le moment du repos : les chevaux sont attachés, les filets suspendus aux branches, et les chasseurs assis en demi-cercle se restaurent. Tout autour, des scènes de chasse : en haut, à gauche, deux fauconniers guettent des oiseaux cachés dans le feuillage d'un arbre ; à droite, un homme parmi les buissons excite les chiens à la poursuite d'un lièvre ; en dessous, un chasseur à cheval essaie d'embrocher un autre lièvre, tapi dans un buisson. Le dernier panneau représente la capture de cerfs au filet et la mise à mort d'un sanglier qui, après avoir blessé un homme à la jambe (étendu au sol, *à gauche*), est attaqué à l'épieu par les compagnons du chasseur.

★★★ **Ambulacro della Grande Caccia** (Promenoir de la Grande Chasse)

Cette immense galerie rectangulaire longue de 66 m se terminant par deux exèdres est la pièce la plus évocatrice et la plus monumentale de la villa. Au sol, une stupéfiante scène de chasse met en scène la capture et la mise en cage de panthères, lions, antilopes, sangliers, autruches, dromadaires, éléphants, hippopotames et rhinocéros qui, transportés par bateau jusqu'à Rome, participeront aux spectacles du cirque. La composition est étonnante par sa diversité, et la lutte entre les hommes et les animaux y est rendue avec un réalisme rare. Il faut là encore admirer le sens de l'action et du mouvement manifesté par les artistes, autant que la richesse des détails et le soin apporté à les traiter (remarquer par exemple la différence de couleur entre les pattes immergées des animaux et le reste de leurs corps).

Au tiers supérieur de la scène figure un groupe, dont le personnage central serait l'empereur Maxence, que deux soldats protègent de leurs boucliers. Plus loin, autre détail frappant par son extraordinaire précision, l'image d'un tigre se réfléchit dans la boule de cristal sur laquelle il se précipite. Sur le côté, une scène représentant un griffon ailé tenant entre ses serres une caisse où apparaît le visage d'un jeune garçon est sujette à diverses interprétations. D'aucuns soutiennent que le garçon sert d'appât humain pour la capture de l'animal, d'autres que l'artiste a inversé les rôles pour mettre en relief par le biais de cette allégorie la cruauté de la chasse.

Dans l'exèdre de droite, un personnage féminin représentant l'Afrique tient une défense en ivoire ; elle est entourée d'un éléphant, d'un tigre et, en haut à gauche, d'un phénix, oiseau mythique symbole de l'immortalité, qui se jette dans les flammes et renaît de ses cendres.

Sur toute la longueur de la galerie s'ouvraient à l'est les appartements privés des propriétaires, répartis de chaque côté d'une basilique servant aux audiences et aux réceptions *(voir plus loin)*.

★★ **Sala dei Dieci Ragazze in Bikini** (Salle des Dix Jeunes Filles en Bikini) **(15)**

Dix jeunes filles dont le costume rappelle de manière étonnante le « deux-pièces » de notre époque occupent deux registres différents. Elles portent en fait la *fascia pectoralis* (soutien-gorge) et la *subligatura* (sorte de culotte) que revêtaient les jeunes filles au cours de leurs exercices physiques. On les voit ainsi soulever les haltères, lancer le disque, courir, jouer à la balle… Dans le registre inférieur, une jeune fille en toge s'apprête à remettre la palme de la victoire et à couronner une compagne qui vient de terminer l'épreuve à la roue, consistant à faire rouler une roue à rayons à l'aide d'un petit bâton.

★ **Diaeta di Orfeo** (Salle du Mythe d'Orphée) **(16)**
Pièce destinée à la musique, son décor campe un Orphée (peu visible) assis sur un rocher, charmant au son de sa cithare tous les animaux qui l'entourent. La statue d'Apollon occupe l'abside du fond.
La partie sud du complexe, réservée aux festins, comprend un vaste atrium central avec trois petites pièces de part et d'autre sur la longueur (deux des pièces situées sur le côté nord renferment des scènes de vendanges animées par des amours, **17**) et un grand triclinium trilobé.

★★★ **Triclinium**
Trois exèdres en hémicycle ouvrent sur une très grande salle carrée centrale.
Partie centrale – Certaines des mosaïques représentant les **douze travaux d'Hercule** ne sont malheureusement plus visibles. Sur la gauche émerge des flots le puissant taureau de Minos que Thésée refusa de sacrifier *(voir p. 266)* et qu'Hercule captura. Sur le côté, on reconnaît l'Hydre de Lerne, dont Hercule trancha les têtes. L'une d'elles étant immortelle, le monstre qui, comme son frère aîné Cerbère, avait la garde des Enfers, apparaît avec cette seule tête sur un corps de serpent. Pour accomplir cet exploit, Hercule fut aidé par son neveu et ami Iolaüs, qui est probablement le personnage représenté à son côté dans l'abside gauche. En haut, au centre, on identifie l'énorme lion qui terrorisait toute la région de Némée. Après l'avoir écorché, le héros endosse sa peau et fait de sa tête un casque. C'est pour honorer cet exploit que Jupiter, père divin d'Hercule, plaça le lion au ciel et en fit l'un des signes du zodiaque.
Sur la droite, on peut voir la biche aux sabots d'airain, capturée sur le mont Cérynie au terme d'une course héroïque. À sa gauche, on reconnaît Cerbère, le chien à trois têtes, enchaîné par Hercule à la porte des Enfers.
Hémicycle gauche – Au centre est représentée la **gloire d'Hercule**, qui tient par la main son ami Iolaüs *(à gauche)*, tandis que Jupiter le couronne de lauriers. La mosaïque située au-dessous illustre la métamorphose de **Daphné** en laurier *(à gauche)* et celle de **Cyparissos**, transformé en cyprès *(à droite)*. Poursuivie par Apollon qui en était follement amoureux, Daphné, au bord de l'épuisement, souhaita être changée en plante ; elle devint laurier, et Apollon choisit alors cet arbuste pour symboliser la gloire. C'est ainsi que naquit la coutume de couronner de lauriers guerriers valeureux, empereurs et poètes.
Hémicycle central – On y découvre une impressionnante **gigantomachie**, combat au cours duquel cinq Géants tombent sous les flèches d'Hercule. À l'exception du personnage central, les quatre autres ont pour jambes des serpents. Au cours de l'un de ses exploits, le héros ramena en Grèce les bœufs de Géryon, et le voyage fut particulièrement mouvementé *(voir p. 80)*. C'est en traversant l'Italie qu'Hercule rencontra les Géants, au nombre desquels se trouvait Alcyonée, et les combattit dans les champs Phlégréens, près de Naples.
Sur la bande inférieure, **Hésione**, fille du roi de Troie Laomédon, est menacée par un monstre marin envoyé par Poséidon (après avoir apporté son aide à Laomédon pour construire Troie, le dieu, dupé par le roi qui ne lui avait pas donné la récompense promise, le poursuivait de sa vindicte). La scène montre

Mosaïque des jeunes femmes en bikini.
A. Zimbone / Tips/Photononstop

Hercule tuant le monstre pour secourir la jeune fille. Sur la droite, Endymion, le regard songeur, attend celle qu'il aime, Séléné (la Lune).

Hémicycle droit – La légende d'**Ambroisie** et de **Lycurgue** constitue le thème principal illustré ici. À gauche, trois ménades attaquent Lycurgue, roi de Thrace, qui, après avoir surpris Dionysos sur ses terres (au cours d'une bacchanale), l'en chassa et massacra les satyres et les ménades qui l'accompagnaient. Parmi ces dernières se trouvait Ambroisie, que l'on voit métamorphosée en vigne. Derrière elle se profilent Pan, Dionysos et Silène.

Longer l'aqueduc. Peu après de petites latrines hexagonales **(C)**, un escalier sur la gauche conduit à la pièce **18**.

Diaeta di Arione (Salle d'Arion) (18)

Probablement affectée à la musique et à la poésie, la pièce est décorée de mosaïques dépeignant la légende d'Arion. Tandis que le poète et musicien, assis sur le dos d'un dauphin, joue de la lyre, autour de lui nymphes marines, tritons et amours chevauchent bêtes fauves et dragons. La précision et la minutie avec lesquelles ont été exécutées les mosaïques éclatent encore ici : le visage d'une nymphe, sur la droite, se réfléchit dans le miroir qu'elle tient à la main.

★★ Atrio degli Amorini Pescatori (Atrium des Petits-Pêcheurs) (19)

Le portique semi-circulaire est couronné sur toute sa longueur de belles scènes de pêche.

★★ Vestibolo del Piccolo Circo (Vestibule du Petit-Cirque) (20)

Des enfants sont les protagonistes de la scène de cirque représentée ici. Autour des *metae*, bornes marquant les extrémités de la piste, s'élancent *(dans le sens contraire des aiguilles d'une montre)* des biges (chars romains tirés par deux chevaux) entraînés par des flamants, des oies blanches, des échassiers et des pigeons. Chaque couple d'oiseaux symbolise, semble-t-il, une saison, évoquée par leurs colliers, tressés respectivement de roses (printemps), d'épis (été), de grappes de raisins (automne) et de feuilles (hiver).

Cubicolo dei Musici e degli Attori (Chambre des Musiciens et des Acteurs) (21)

C'était sans doute la chambre de la fille des maîtres de maison. Dans l'abside, deux fillettes assises au pied d'un arbre tressent une couronne de fleurs. La pièce, rectangulaire, est ornée d'une mosaïque en trois registres où figurent musiciens et acteurs. Dans les disques des 2e et 3e registres apparaissent les lettres qui désignaient alors les notes de musique.

Vestibolo di Eros e di Pan (Vestibule d'Éros et de Pan) (22)

Au centre, Pan, divinité sylvestre, que l'on reconnaît à ses cornes et à ses pattes de chèvre et près duquel se tient un « arbitre » couronné de lauriers, lutte avec Éros, dieu de l'Amour. Derrière les deux adversaires sont groupés leurs « supporters » : satyres et ménades (le thyrse à la main) pour Pan, la famille du maître de maison pour Éros. Le combat symbolise la difficulté pour qui est laid de conquérir l'amour. Au second plan, sur une table, s'alignent quatre couronnes de diadèmes et de palmes, et, en dessous, deux petits sacs remplis, comme le dit l'inscription, de deniers.

★ Cubicolo dei Fanciulli Cacciatori
(Chambre des Enfants chasseurs) (23)

Vraisemblablement la chambre du fils du maître de maison, son décor de mosaïque se divise en deux parties, elles-mêmes subdivisées en trois registres. La partie haute montre des fillettes cueillant des fleurs pour en faire des guirlandes tandis qu'un jeune garçon porte deux paniers de roses sur ses épaules. La partie basse est moins romantique, qui voit les enfants capturer et tuer un lièvre, un canard et une petite antilope.

En longeant la grande **basilique**, on peut voir des vestiges de son dallage en marqueterie de marbre.

★ Vestibolo di Ulisse e Polifemo
(Vestibule d'Ulysse et de Polyphème) (24)

Il illustre la célèbre ruse d'Ulysse offrant au monstrueux Cyclope (représenté avec trois yeux au lieu d'un seul !) la coupe de vin qui l'endormira. Derrière lui, ses compagnons remplissent une autre coupe.

★ Cubicolo della Scena Erotica (Chambre de la Scène érotique) (25)

Des médaillons hexagonaux représentant les quatre saisons gravitent autour d'un médaillon polygonal ourlé de lauriers qui reproduit l'étreinte de deux jeunes gens. La jeune fille est à moitié dévêtue. Cette pièce est l'une des rares où subsistent encore des traces de peintures murales montrant des danseurs. Dans la pièce (26) située derrière le vestibule, on admirera une fois de plus la minutie et le réalisme de la **mosaïque★**, où les médaillons illustrant les **fruits** sont enrichis de motifs géométriques complexes, ainsi que le délicat dessin de fleurs sur fond clair ornant l'abside.

Caltagirone

★

39 573 habitants

 NOS ADRESSES PAGE 322

S'INFORMER
Servizio turistico regionale – *Via Volta Libertini 4 -* 🖉 *0933 53 809.*

SE REPÉRER
Carte de microrégion B2 (p. 286) – *carte Michelin Local 365 AW 60.*
Caltagirone se divise en deux parties : la ville haute et la ville basse. Les
monuments les plus intéressants se trouvent dans la partie haute, qu'il vaut
mieux visiter à pied afin d'éviter de fastidieuses manœuvres automobiles.

SE GARER
Il est possible de laisser la voiture sur les parkings qui se trouvent le long
des deux boulevards de ceinture : le Ponente et le Levante.

À NE PAS MANQUER
La Villa Comunale ; la Scala di Santa Maria del Monte ; une escapade dans
les monts Iblei *(voir p. 384).*

ORGANISER SON TEMPS
Compter une bonne demi-journée pour flâner dans Caltagirone.

**Particulièrement accueillante, Caltagirone séduit immédiatement le
visiteur par son charme tranquille, son harmonieuse architecture (qui
lui vaut d'être inscrite au Patrimoine de l'Unesco depuis 2002) et l'omni-
présence de la céramique. En effet, cet art régional, presque aussi ancien
que les origines de la ville, s'est maintenu partout avec une inventivité
exceptionnelle. Non seulement la céramique envahit les magasins dans
une joyeuse profusion de vases, de plats et de bibelots qui reflètent
tous la créativité de chaque artisan, mais elle embellit également ponts,
balustrades, façades et balcons.**

4

Se promener

DANS LE CENTRE-VILLE

La longue via Roma, axe principal de Caltagirone coupant la ville en deux,
aboutit au pied du fameux escalier de Santa Maria del Monte qui en est le
prolongement. La rue est bordée de certains des édifices les plus intéressants à voir pour leurs décors en majolique. La promenade peut débuter sur
la gauche, où s'élève le mur de la Villa Comunale et le Teatrino.

★ Villa Comunale
Le magnifique parc dessiné par **Giovanni Battista Basile** vers le milieu
du 19e s. s'inspire des jardins anglais. Côté via Roma, il est délimité par une
balustrade ornée de vases portant d'étranges visages de diables, alternant
avec des pommes de pin en céramique d'un vert intense, reposant sur des

Caltagirone, cité de la céramique

UNE ACTIVITÉ ANCESTRALE

Cet art est né de l'argile qui abonde dans la région, si facile à trouver que cela a encouragé le développement de la poterie et de la fabrication d'objets artisanaux en terre cuite, principalement de la vaisselle. La céramique est ainsi devenue très tôt l'une des principales activités de Caltagirone. Aux modèles locaux ont succédé, quand le commerce a pris de l'essor, ceux d'influence grecque. Puis sont apparus les objets façonnés au tour, technique plus rapide et plus précise introduite par les Crétois vers 1000 av. J.-C. L'arrivée des Arabes au 9e s. de notre ère a révolutionné les procédés de fabrication. Outre des motifs de style oriental, ils ont importé une technique innovante, la glaçure, permettant non seulement de vernisser les objets mais aussi de les rendre imperméables. Cet art plus raffiné est caractérisé par de beaux décors géométriques stylisés s'inspirant du monde végétal et animal. Les couleurs dominantes sont le bleu, le vert et le jaune. L'importance de la période arabe dans le développement de la cité apparaît dans l'étymologie de son nom, qui signifierait *château* ou *rocher des vases* suivant certaines hypothèses.

Sous la domination espagnole, les goûts changent. Les décors, désormais monochromes (bleu ou brun), représentent principalement des motifs floraux, des blasons de nobles ou d'ordres religieux. C'est une période de prospérité particulière, liée à une nouvelle activité dans la région, l'apiculture. Les producteurs de miel, clientèle assidue des potiers, favorisent l'essor de la céramique artisanale. Aux *cannatari* (de *cannate*, bocaux), comme étaient généralement appelés les céramistes, s'ajoutent les *quartari* (de *quartare*, amphores, dont le nom fait référence à leur capacité, 12,5 litres, soit un quart de baril). Réunis en confréries, les artisans exercent dans des ateliers qui occupent un quartier assez étendu à l'intérieur des murailles, au sud de la ville. Parmi les grands artistes qui ont marqué la période du 16e au 18e s., on trouve les frères **Gagini** et Natale Bonajuti. En plus de la vaisselle, Caltagirone était spécialisée dans les décors de coupoles, de revêtements, de façades d'églises et de palais, aux motifs similaires : dessins géométriques, floraux et stylisés, comme la palmette persane reprise par les Toscans de Montelupo. Le 17e s. a vu également se répandre des décors de médaillons à figures humaines et représentations de saints (typiques de toute la production sicilienne), tandis que le siècle suivant a introduit une décoration souple qui ornera les vases de riches volutes et de broderies polychromes.

Le 19e s., en revanche, marque une période de décadence. La production se réduit aux personnages, souvent des statuettes de crèches. Dans la seconde partie du siècle, l'art de la céramique refleurit sous les mains habiles des Bongiovanni-Vaccaro.

Figures baroques en céramiques de Caltagirone.
G. Bertolissio / hemis.fr

L'ART DE TRAVAILLER L'ARGILE

Cet art est resté pratiquement inchangé au cours des siècles. Le mélange argileux, extrêmement ductile, est travaillé humide, à la main, à l'aide d'un tour, ou liquide, coulé dans un moule. L'objet est ensuite séché à l'air puis passé au four à des températures très élevées. Une fois cuit, il est prêt à être utilisé. Les techniques de décoration sont multiples : du travail sur l'argile crue (gravures, dessins ou poinçons obtenus par impression de pierres, coquillages ou autres sur l'œuvre encore fraîche) à l'emploi de couleurs qui, selon les techniques et le type de vernis utilisés, peuvent être appliquées à différentes étapes de la fabrication (avant ou après la cuisson, avec une seconde cuisson, à froid).

Majolique, porcelaine et céramique

La façon de travailler permet d'obtenir plusieurs sortes d'objets selon la pâte, les techniques et le mode de cuisson.

La terre cuite, poreuse et de couleur rougeâtre, est le produit le plus simple, celui qui caractérise toute la production de l'Antiquité. Au 16e s. apparaissent les premières **majoliques**, nom donné aux terres cuites recouvertes d'émaux métalliques.

La **porcelaine** est quant à elle tout à fait différente. Par travail du kaolin, on obtient une pâte blanche, très fine, naturellement émaillée. Si elle est opaque, elle donne naissance à la porcelaine « biscuit ».

Le mot **céramique** provient du terme grec désignant l'argile, *κεραμος (keramos)*.

petits lampions en majolique. De nombreux sentiers ombragés sillonnent le jardin, laissant de grands espaces ornés de statues et de fontaines en céramique. On ne manquera pas de remarquer au centre de l'un d'eux un délicieux **petit kiosque à musique** aux formes arabisantes décoré de majoliques.

Museo della Ceramica

Via Roma/Via Giardino Pubblico - 𝄞 *0933 58 418 -* ♿ *- 9h-18h30 - 4 €.*

Le **Teatrino del Bonaiuto**, singulière construction du 18ᵉ s. ornée de majoliques, héberge un intéressant musée qui renseigne sur l'histoire de la céramique locale, des temps préhistoriques au début du 20ᵉ s. Une exposition d'objets artisanaux retrace l'évolution des formes et des décors. Un **cratère★** du 5ᵉ s. av. J.-C., représentant un potier et un jeune apprenti sur son tour, témoigne de l'importante diffusion du travail de l'argile. Les *albarelli*, pots en forme de bobine du 17ᵉ s., se distinguent par leurs décors étincelants où dominent le jaune, le bleu et le vert. Autres pièces remarquables, des amphores et des vases ornés de médaillons à motifs religieux ou profanes.

Toujours dans la via Roma apparaît un peu plus loin sur la droite le balcon de la **Casa Ventimiglia**, décorée au 18ᵉ s. par l'artisan faïencier du même nom. Après avoir dépassé le **Tondo Vecchio**, exèdre en pierre et brique, on rencontre l'imposante façade de **San Francesco d'Assisi** *(à droite)*, puis le pont du même nom, décoré de majoliques, qui mène au vrai cœur de la ville. Au-delà de la petite église **Sant'Agata**, siège de la confrérie des faïenciers, on aperçoit l'austère prison bourbonienne.

Carcere Borbonico

L'imposant édifice carré en grès a été remis en valeur par une restauration récente. Dessiné à la fin du 18ᵉ s. par Natale Bonajuto, architecte sicilien, il servit de **prison** pendant près d'un siècle. Il abrite actuellement un petit **musée municipal** *(Museo Civico)* qui permet également d'en découvrir la massive architecture intérieure.

Museo Civico – *Via Roma 10 -* 𝄞 *0933 31 590 - mar.- sam. 9h30-13h30, mar. et vend.-sam. également 16h-19h, dim. 9h30-12h30 - gratuit.*

La visite commence au 2ᵉ étage par une exposition permanente d'œuvres contemporaines en céramique. Une des salles présente le *Fercolo* (grand plateau, fin du 16ᵉ s.) dit *de San Giacomo*, en argent et bois doré, utilisé jusqu'à la fin de 1966 pour la procession du 25 juillet. On remarque les visages des cariatides aux traits délicats. La 3ᵉ salle est dédiée aux **Vaccaro**, deux générations de peintres du 19ᵉ s. Ne pas manquer *Lo Stesicoro* de Francesco et la *Bambina che prega* de Mario. Au 1ᵉʳ étage sont rassemblées des œuvres d'artistes siciliens.

Piazza Umberto I

Sur cette place donne le **Duomo di San Giuliano**, édifice baroque ayant subi de nombreux remaniements, notamment le remplacement de sa façade au début du 20ᵉ s. De là, on aperçoit l'escalier de Santa Maria del Monte, au pied duquel, sur la gauche, se dresse le **palais du Sénat**, avec, derrière, la **corte capitaniale**, bel exemple d'édifice civil (1601), œuvre des **Gagini**. À droite, un escalier permet de rejoindre l'**église de Jésus** (chiesa del Gésu) qui renferme une *Déposition* de Filippo Paladini *(3ᵉ chapelle à gauche)*. Derrière cette église, on trouve l'**église Santa Chiara**, dont l'élégante façade est attribuée à **Rosario Gaglardi** (18ᵉ s.) et, aussitôt après, l'édifice de l'usine électrique, datant du début du 20ᵉ s., dont la façade est due au talent d'**Ernesto Basile**. *Revenir sur la piazza Umberto I.*

★ Scala di Santa Maria del Monte

Cet escalier monumental a été construit pour relier la cité ancienne, en hauteur, siège au 17ᵉ s. du pouvoir religieux, à la ville moderne en contrebas, où étaient rassemblés les bâtiments civils. De part et d'autre des marches s'étendent les vieux quartiers San Giorgio et San Giacomo, qui renferment, dans leur enchevêtrement de ruelles, de beaux édifices religieux *(voir plus loin)*. Les 142 marches en pierre de lave sont revêtues de carreaux en majolique polychrome, où alternent des motifs géométriques, floraux ou s'inspirant du monde animal. C'est un déploiement de réminiscences arabes, normandes, espagnoles, baroques et contemporaines. Une fois l'an, les nuits des 24 et 25 juillet, l'escalier brille pour la St-Jacques de mille petites flammes colorées. On dépose sur les marches petits lampions rouges, jaunes ou verts, formant des « tableaux » chaque fois différents : boucles, volutes, dessins floraux, personnages féminins, et surtout, le symbole de la cité : un aigle avec sur la gorge un écusson de croisé.

En haut de l'escalier se dresse la *chiesa madre*, **Santa Maria del Monte** *(pour la visite, s'adresser au prêtre - ☎ 0933 21 712)*, ancien siège du pouvoir religieux. Au maître-autel trône la *Madone de Conadomini*, peinture sur bois du 13ᵉ s.

Les quartiers San Giorgio et San Giacomo

Au pied de l'escalier, la via L. Sturzo est bordée sur la droite par quelques palais, dont le **palais della Magnolia** (nº 74), caractérisé par son exubérante et riche décoration florale en terre cuite signée Enrico Vella. Un peu plus loin, on trouve deux églises du 19ᵉ s., San Domenico et **Santissimo Salvatore**, la dernière renfermant le mausolée de Don Luigi Sturzo et une *Madone à l'Enfant* d'**Antonello Gagini**. Au bout de la via Sturzo s'élève l'**église San Giorgio** (11ᵉ-13ᵉ s.), où est conservée la peinture sur bois du **Mystère de la Trinité★** attribuée au peintre flamand **Roger Van der Weyden**.

De l'autre côté de l'escalier, la via Vittorio Emanuele, qui prolonge d'une certaine façon la via Sturzo, conduit à la **basilique San Giacomo**, dédiée à saint Jacques, patron de la cité, dont les reliques sont gardées dans un beau coffret d'argent sculpté par les Gagini.

EN QUITTANT LE CENTRE

4

Rien de tel qu'une promenade dans ces quartiers pittoresques pour découvrir, dans les coulisses, monuments ou constructions inattendus, par exemple la façade néogothique de l'**église St-Pierre** (dans le quartier du même nom au sud-est) décorée de majoliques.

Chiesa dei Cappuccini

☎ *0933 21 753 - 9h-11h30, 15h30-18h30 - 2 €.*
L'église des Capucins est située à l'extrême est de la ville. Sur l'autel, un beau retable de Filippo Paladini représente le transfert de l'Orient vers l'Occident de la Madonna dell'Odigitria par les moines basiliens. Le long du côté gauche de l'unique nef, la *Déposition* de Fra'Semplice de Vérone offre un jeu de perspectives remarquable. La pinacothèque voisine de l'église renferme des tableaux allant du 16ᵉ s. à nos jours. De là, on peut accéder à la crypte, où on assiste à une étonnante mise en scène de la vie de Jésus, avec des tableaux illuminés tour à tour et commentés de textes évangéliques. Les statuettes ont été réalisées dans les années 1990 par des artistes de Caltagirone.

À voir aussi

Museo delle Ville Storiche

Villa Patti - via Santa Maria di Gesù - 📞 *0933 41 812 - tlj 9h30-13h30, 15h30-18h30, fermé mar. et jeudi apr.-midi. - gratuit.*

Installé dans l'élégante villa Patti construite dans la seconde moitié du 19e s., le musée permet de mieux comprendre l'extraordinaire développement des résidences secondaires siciliennes au 18e s. qui n'eut d'équivalent que dans la Toscane de la Renaissance. Les premières salles sont consacrées à la création de la Villa Comunale ; puis le 1er étage présente 62 villas historiques des alentours (beaucoup sont, hélas, peu entretenues) dont certaines ont été peintes par **Francesco Lojacono**. Le parcours s'achève sur l'exposition du photographe G. Gambino consacrée aux villas du Val di Noto.

Circuits conseillés

★ LES MONTS IBLEI

voir p. 384

AU-DELÀ DU VERSANT SUD DES MONTS IBLEI

voir p. 390

😊 NOS ADRESSES À CALTAGIRONE

HÉBERGEMENT

Caltagirone

BUDGET MOYEN

Tre metri sopra il cielo – *Via Bongiovani 72 -* 📞 *0933 19 35 106 - www.bbtremetrisoprailcielo.it - 2 ch. 60/80 €* ☕. Donnant sur le magnifique escalier de Santa Maria, les chambres de ce B & B sont calmes et confortables. On prend le petit-déjeuner sur le toit-terrasse dominant la ville. Accueil attentionné. Le patron n'hésitera pas à vous monter vos valises !

La Pilozza Infiorata – *Via SS Salvatore 95-97 -* 📞 *0933 22 162 - www.lapilozzainfiorata.com -* 📺 🆑 🛏 *- 5 ch. 60/80 €* ☕. On trouvera dans ce ravissant B & B des chambres spacieuses, dont

une, au rez-de-chaussée, donne directement sur la rue et peut accueillir jusqu'à 4 personnes. Les autres sont réparties dans les étages, autour de la belle salle commune où est servi le petit-déjeuner en hiver ou aux jours les plus chauds. Le reste du temps, vous pourrez profiter de la terrasse fleurie et de sa vue sur les ruelles de la ville.

À proximité de Caltagirone

BUDGET MOYEN

Il Baglio di San Nicola – *Contrada S. Nicola le Canne, à 6 km de Caltagirone par la SP 39 -* 📞 *339 602 47 46 (mobile) - fax 0933 60 718 - www. ilbagliodisanicola.it -* 📺 🆑 🛏 ✕ 🅿 *- 4 ch. 60/70 €* ☕ *-* ✕ *16/20 € - ouv. en saison.*

Cette adresse d'agritourisme se distingue par son site au calme incomparable, entouré de belles collines. Savoureuses spécialités régionales au restaurant.

Colle San Mauro – *À San Mauro, à 5 km au sud-ouest de Caltagirone par la SP 39 - ℘/fax 0933 53 890 - www.collesanmauro.it -* [TV] [CC] [≣] [P] [≋] *- 16 ch. 90/110 € �>- ✕ 20 €.* À proximité du précédent, et également situé dans les collines, cette adresse, avec ses chambres spacieuses et confortables, constitue une bonne base de départ pour sillonner la région. Les sentiers de randonnée serpentent tout autour à travers les vignes et les oliviers : de quoi se mettre également en appétit pour la cuisine locale qui est servie à la table de l'établissement.

San Michele di Ganzaria

BUDGET MOYEN

Pomara – *Via Vitt. Veneto 84, San Michele di Ganzaria - 14 km au nord-ouest de Caltagirone sur la S 124 - ℘ 0933 97 69 76 - fax 0933 97 70 90 - www.hotelpomara.com -* [P] [≋] *- 40 ch. 70 € �>.* Une bonne adresse pour tous les amoureux de la campagne qui souhaitent se rendre facilement en ville. Le décor y est classique, les chambres spacieuses et la piscine particulièrement agréable.

RESTAURATION

PREMIER PRIX

Non Solo Vino – *Via V. Emanuele I - ℘ 0933 31 068 - fermé lun.* Cadre classique et de bon ton pour ce restaurant à l'étage, au coin de la piazza del Municipio. On s'y régale d'excellentes pâtes aux asperges sauvages ou de poisson frais en fin de semaine, à moins de céder aux sirènes du copieux buffet d'antipasti.

ACHATS

Si d'innombrables boutiques de céramique s'alignent dans le centre, les styles et les artisans sont très différents. Ainsi, par exemple, **A. Malannino** réalise des pièces orientales aux tons chauds, **E. Branciforti** travaille les bleus dans un style persan tout en volutes et **G. Alemanna** illustre à merveille la tradition classique. Pour vous faire une idée de la production locale, rendez-vous au marché permanent via Vittorio Emanuele, qui rassemble la production de certains artisans de la ville.

AGENDA

La Luminaria - Festa di San Giacomo – C'est le clou des animations estivales de la ville. En l'honneur de San Giacomo (saint Jacques), patron de Caltagirone, les 24 et 25 juillet, l'escalier est illuminé de milliers de *coppi*, des petites lampes à huile disposées de manière à former des dessins qui changent chaque année.

Festa del Presepe – Depuis le 18e s., Caltagirone a vu se développer l'art des *figurinai*, ou figuristes, qui créent les petites statues en terre cuite destinées à la décoration de la crèche. En hommage à cette ancienne tradition, de novembre à janvier, la ville organise des expositions de crèches réalisées dans différents matériaux.

4

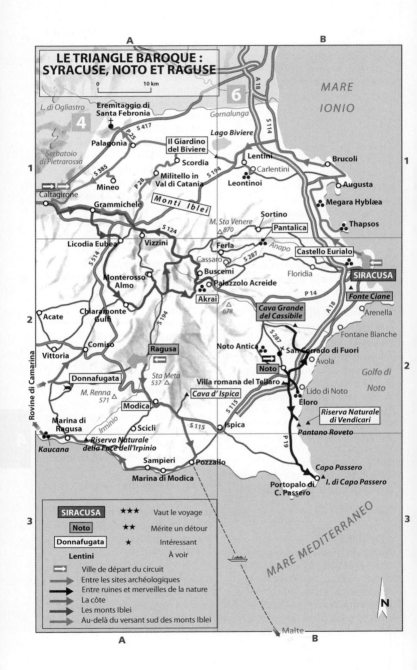

**LE TRIANGLE BAROQUE :
SYRACUSE, NOTO ET RAGUSE**

0   10 km

6

MARE
IONIO

L. di Ogliastro

Eremitaggio di
Santa Febronia

Gornalunga

4

Serbatoio
di Pietrarossa

Palagonia

Il Giardino
del Biviere

Lago Biviere

Lentini

Brucoli

Scordia

Carlentini

Mineo

Militello in
Val di Catania

Leontinoi

Augusta

Caltagirone

Grammichele

Monti Iblei

Megara Hyblæa

Thapsos

Licodia Eubea

Vizzini

M. Sta Venere
△ 870

Sortino

Pantalica

Castello Eurialo

Ferla

Anapo

Cassaro

SIRACUSA

Monterosso
Almo

Buscemi

Palazzolo Acreide

Floridia

Fonte Ciane

Acate

Chiaramonte
Gulfi

Akrai

△
678

Cava Grande
del Cassibile

Arenella

Comiso

Ragusa

Fontane Bianche

Vittoria

Sta Meta
537 △

Noto Antica

San Corrado di Fuori

Donnafugata

Noto

Avola

Golfo di
Noto

M. Renna
571 △

Modica

Villa romana del Tellaro

Lido di Noto

Cava d' Ispica

Éloro

Marina di
Ragusa

Irminio

Scicli

Ispica

Riserva Naturale
di Vendicari

Kaucana

Riserva Naturale
della Foce dell'Irpinio

Pantano Roveto

Sampieri

Pozzallo

Capo Passero

Marina di Modica

Portopalo di
C. Passero

I. di Capo Passero

MARE MEDITERRANEO

Malte

SIRACUSA	★★★	Vaut le voyage
Noto	★★	Mérite un détour
Donnafugata	★	Intéressant
Lentini		À voir

⇨ Ville de départ du circuit
→ Entre les sites archéologiques
→ Entre ruines et merveilles de la nature
→ La côte
→ Les monts Iblei
→ Au-delà du versant sud des monts Iblei

N

Le triangle baroque : Syracuse, Noto et Raguse 5

Carte Michelin Local 365 – Région autonome de Sicile

Syracuse

Siracusa

123 850 habitants

😎 NOS ADRESSES PAGE 349

S'INFORMER

Ufficio Turistico Provinciale – *Via Roma 31 - 📞 0931 46 29 46 ou 0931 46 42 55.*
Servizio Turistico Regionale – *Via Maestranza 33 - 📞 0931 46 42 55 - www.comune.siracusa.it.*

SE REPÉRER

Carte de microrégion B2 (p. 324) – *carte Michelin Local 365 BA 61.* L'île d'Ortygie est à l'extrémité sud-est de Syracuse et constitue son noyau historique. Elle est reliée à la terre ferme et à la ville moderne par le Ponte Nuovo. Il s'agit de l'unique accès en voiture et il est fortement conseillé de se garer aux alentours, pour éviter les embouteillages en saison. Juste après Ortygie s'étend le quartier d'Acradina (ou Achradine), la partie moderne et commerçante traversée par le corso Gelone. Au nord-ouest d'Acradina se trouve Neapolis, la « cité nouvelle » qui accueille le site archéologique. À l'est, le quartier de Tyché, ancien quartier résidentiel, rappelle la présence d'un temple consacré à la déesse Fortune (du grec *Tyche*, le hasard). Dominant l'ensemble, l'*Epipoli* (la « ville qui est au-dessus »), est gardée et défendue par le château de l'Euryale sur son site stratégique.

SE GARER

Le stationnement est payant dans toute la ville de 8h à 13h et de 16h à 19h ou 20h selon les quartiers. Le parking le plus commode se trouve au nord du Ponte Nuovo (C2), sur la façade maritime, côté Ortygie. Tâchez de vous y garer tôt le matin pour être sûr d'avoir une place. Vous pouvez également tenter de stationner sur le corso Gelone (B1) et sa prolongation, le corso Umberto I (B2).

À NE PAS MANQUER

Le théâtre antique et l'oreille de Denys *(Orecchio di Dionisio)*, flâner dans l'Ortygie, les *Funérailles de sainte Lucie* du Caravage, une promenade en bateau dans le port et autour de l'Ortygie, la Fonte Ciane (source Cyane).

ORGANISER SON TEMPS

Compter deux à trois jours.

AVEC LES ENFANTS

La visite de l'Arkimedeion ; le Museo Aretuso dei Pupi et un spectacle au théâtre de marionnettes Vaccaro-Mauceri *(voir p. 354)*.

Cité maritime qui se prolonge sur la mer avec l'île d'Ortygie, Syracuse s'étend le long d'une baie harmonieuse. Son nom évoque immédiatement son passé grec, la période des tyrans et celle de sa rivalité avec Athènes et Carthage, passé dont elle conserve de nombreux témoignages. S'y ajoute une époque sans doute moins connue, mais tout aussi évocatrice,

Le port et le Palazzo delle Poste à Syracuse.
B. Morandi / hemis.fr

que l'on peut revivre en sillonnant les ruelles de l'Ortygie, quartier fascinant qui semble posé sur l'eau, où le temps s'est arrêté quelque part entre Antiquité, Moyen Âge et baroque. Dans une atmosphère agréablement populaire, on y découvre des coins caractéristiques et des palais poussiéreux auxquels les travaux de restauration enfin entrepris sont progressivement en train de rendre leur splendeur originelle. Syracuse et Pantalica sont inscrites au Patrimoine mondial de l'Unesco depuis 2005.

Se promener Plan de ville

▶ Se reporter au plan p. 328-329.

★★★ PARC ARCHÉOLOGIQUE DE NEAPOLIS A1

Viale Paradiso (bus n° 1, 6, 10, 13 et 19, arrêt via Paolo Orsi) - ☏ 0931 65 068 - &. - 9h-18h - 10 €, 13,50 € billet combiné avec le Museo Archeologico - en mai-juin, durant le festival de théâtre, le théâtre antique ferme à 16h30 et des gradins en bois sont ajoutés.

5

★★★ Teatro Greco A1

C'est l'un des plus grands monuments de l'Antiquité. Le *theatron* a été entièrement creusé dans la roche, exploitant l'inclinaison naturelle de la colline Temenite. La date de construction a été estimée aux alentours du 5e s. av. J.-C. en se fondant sur la date connue de la première représentation théâtrale des *Perses* d'Eschyle. Même le nom du constructeur supposé nous est parvenu, Damocope, surnommé Myrilla pour avoir utilisé des onguents *(miroi)* le jour de l'inauguration du théâtre.

Le théâtre a été transformé par Hiéron II au 3e s. av. J.-C. Partagée en neuf secteurs, la *cavea* est traversée, à mi-chemin environ, par un promenoir *(diazoma)*. On a gravé sur les murs de chaque secteur le nom d'une personnalité ou d'une divinité. Aujourd'hui encore, on peut distinguer les lettres qui

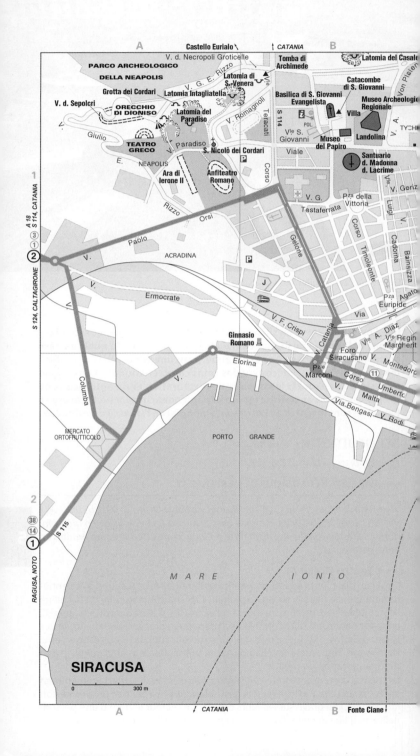

V. Puglia

Piazza
Cappuccini

Latomia
dei Cappuccini

N

Via

Teocrito

Torino

Grande

il

Dionisio

S. Lucia
extra Mœnia

V. Monte Grappa

Piazza
Sta Lucia

Riviera

1

Arsenale

MARE
IONIO

PORTO PICCOLO

ISOLA
DI ORTIGIA

P

Via

Vittorio

Pza
Pancali
ORTIGIA

Tempio di Apollo

G. Mattenti

S. Pietro

V. XX
ttembre

V.
Mirabella

P

30

Veneto

25

13

Mastrarua

25

9

S. Fippo Neri

S. Francesco
all'Immacolata

I. DEI CANI

Pta
Marina

19

16

5

R

16

7

Belvedere
S. Giacomo

iesa del Gesuiti

4

V. d. Maestranza

22

Miqwè

Forte
Vigliena

al. Beneventano
del Bosco

E

Duomo

B

38

N

17

V. Nizza

6

Romao

PASSEGGIO
ADOFNO

Duomo

V.

Galleria Regionale
di Palazzo Bellomo

2

S. Lucia

S. Benedetto

3

9

Pal. Bellomo

Fonte
Aretusa

19

S. Martino

22

Spirito Santo

Pza F.
d. Svevia

Castello
Maniace

C

C

5

Les latomies

Les latomies (du grec *litos* pierre, et *temnos*, taillé) sont les anciennes carrières d'où provenaient les blocs de calcaire qui servaient à la construction des édifices publics et des grandes maisons. Après avoir délimité une zone susceptible de fournir des blocs réguliers et de bonne qualité, on commençait à creuser et à extraire la pierre *(voir p. 245)*.

SINISTRE FONCTION

Une fois l'extraction terminée, les cavités servaient de **prison**, comme l'affirme Cicéron dans ses *Verrines*. Il est très vraisemblable que les sept mille Athéniens faits prisonniers en 413 av. J.-C. ont été enfermés dans les latomies. Après huit mois de réclusion, tous avaient péri, à l'exception des rares captifs qui avaient eu la « chance » d'être vendus comme esclaves, et de ceux, encore plus rares, qui, raconte la légende, surent réciter des vers d'Euripide. On peut ajouter qu'à l'époque, la physionomie des grottes n'était certainement pas la même : elles devaient être plus grandes, plus sombres, mieux adaptées à cette sinistre fonction, car ce que l'on voit aujourd'hui a subi les effets d'effondrements et surtout de secousses telluriques.

Par la suite, les lieux furent utilisés pour les cérémonies funèbres, puis comme refuge et enfin comme terrains cultivables. C'est récemment seulement que l'on a pensé à leur rendre leur valeur historique et à les sauvegarder.

ORGANISATION RATIONNELLE

Si l'on trace un plan de toutes les latomies (on en a identifié douze, mais certaines sont enfouies sous des constructions), on remarque qu'elles s'organisent autour d'une sorte d'arc correspondant au profil de la terrasse calcaire qui s'élève approximativement à la limite des quartiers de Neapolis et de Tyché. Des hauteurs *(à côté du théâtre grec)*, on en a une vue d'ensemble, et on peut distinguer certains des piliers qui soutenaient la voûte de grottes disparues suite à des mouvements sismiques. Après la **latomie du Paradis** (latomia del Paradisio), en continuant sur la même ligne vers l'est, on rencontre la **latomie Intagliatella** et celles de **San Venera, Casale** et des **Capucins**. Cette dernière est sans doute la plus grandiose et la plus spectaculaire avec ses parois rocheuses escarpées.

forment le nom de Zeus Olympien (ΔΙΟΣ ΟΛΥΜΠΙΟΥ) dans le secteur central ; en continuant sur la droite en face de la scène, le nom de Hiéron II lui-même (ΒΑΣΙΛΕΟΣ ΙΗΡΩΝΩΣ), ceux de sa femme, Philistide (ΒΑΣΙΛΙΣΣΑΣ ΦΙΛΙΣΤΙΔΩΣ), et de sa belle-fille, Néréide (ΒΑΣΙΛΙΣΣΑΣ ΝΗΡΗΙΔΟΣ).

Adapté à l'époque romaine pour les jeux Aquatiques (suppose-t-on) et les combats de gladiateurs avant la construction de l'amphithéâtre *(voir ci-dessous)*, le lieu a été détourné par la suite de sa fonction première. Les Espagnols, par exemple, y installèrent des moulins à eau. Dans la partie centrale de la *cavea*, on voit encore les sillons laissés par deux meules et la rigole pour l'écoulement de l'eau.

Derrière la *cavea* se trouve un large espace au milieu duquel s'ouvre ce qu'on appelle la **grotte du Nymphée**. Elle présente un bassin rectangulaire, alimenté par les eaux d'un aqueduc grec qui s'étire sur 35 km environ depuis le rio Bottigliera, affluent de la rivière Anapo dans la région de Pantalica *(voir p. 344)*. Laissé à l'abandon au cours du Moyen Âge, l'aqueduc a été à nouveau exploité au 16ᵉ s. par le marquis de Sortino pour alimenter les moulins du théâtre. Sur la gauche débute la **via dei Sepolcri**. Les murs qui la bordent abritent des hypogées d'époque byzantine et des niches votives qui servaient à déposer des offrandes.

★★★ Orecchio di Dionisio A1

Cette grotte fascinante se trouve dans l'une des plus belles latomies de Syracuse, la **latomie du Paradis★★**, aujourd'hui ravissant jardin planté d'orangers, de palmiers et de magnolias. Comme son nom « oreille de Denys » l'indique, la forme de la grotte rappelle un pavillon d'oreille, à l'entrée comme dans le dessin sinueux de l'intérieur. C'est **le Caravage** qui, au cours de son voyage en Sicile au début du 17ᵉ s., lui a donné ce nom, intrigué aussi par la légende selon laquelle Denys l'Ancien, grâce à l'acoustique exceptionnelle de la grotte, pouvait espionner ses ennemis sans être vu.

L'éclat des parois, très hautes et régulières, le découpage interne proche du labyrinthe, et la pénombre font douter qu'il s'agisse d'une carrière. Mais cette configuration particulière est due à la technique d'extraction qu'on employait autrefois. On ouvrait une petite fissure dans la partie supérieure, qu'on élargissait ensuite vers le bas (en suivant sans doute le tracé d'un aqueduc) au fur et à mesure que l'on mettait au jour des strates de pierre d'excellente qualité. Sans doute à cause de sa superbe acoustique, il n'est pas rare d'y entendre guides, curieux ou visiteurs s'essayer à un tour de chant.

De nombreuses histoires circulent autour de la grotte et de son utilisation. L'hypothèse la plus vraisemblable lui attribue la fonction de prison (comme toutes les autres latomies). S'y ajoute celle, plus fantaisiste, de « cornet acoustique de Denys ». Certains soutiennent aussi qu'elle servait pour le chœur intervenant dans les pièces jouées au théâtre tout proche.

À côté se trouve la **grotte des Cordiers** (grotta dei Cordari), appelée ainsi car il y a peu de temps encore y travaillaient les artisans qui tressaient la corde, bien installés au frais. Visible malheureusement seulement de l'extérieur pour des raisons de sécurité, c'est une magnifique illustration des techniques d'extraction antiques.

Ara di Ierone II (Autel de Hiéron II) A1

Édifié au 3ᵉ s. par le tyran Hiéron II pour les sacrifices publics, l'immense autel long d'environ 200 m est taillé en partie dans la roche. En face s'ouvrait une grande place rectangulaire, probablement entourée d'un portique et avec un bassin au centre.

5

★ **Anfiteatro Romano** (Amphithéâtre romain) A1

Construit à l'époque impériale, il a mis à profit la configuration du terrain qui a permis de creuser directement dans la roche la moitié de la *cavea*. C'est la partie la mieux conservée. L'autre hémicycle en revanche était constitué de gros blocs de pierre qui ont été réutilisés aux époques suivantes. On distingue encore les deux entrées, l'une au sud et l'autre au nord. Au centre de l'arène s'ouvre une cavité rectangulaire reliée à l'entrée sud par un fossé : il s'agissait d'un local « technique » destiné au matériel de scène pour les effets spéciaux des spectacles.

Face à l'entrée de l'amphithéâtre se trouve la chapelle préromane **San Nicolò dei Cordari** (11ᵉ s.) où l'on peut voir, sur son côté droit, le bassin romain qui servait à remplir l'amphithéâtre d'eau à l'occasion des naumachies et à laver l'arène à la fin des combats de gladiateurs et de bêtes fauves.

Tomba di Archimede B1

Visible seulement de l'extérieur, sur la via Romagnoli, à l'angle de la via Teracati.
À l'extrême est de la **latomie Intagliatella** se trouve la **nécropole Grotticelle**. Une des cavités creusées dans la roche se remarque par son entrée ornée de colonnes doriques (très endommagées) et d'un fronton à tympan. On l'appelle tombe d'Archimède, mais il s'agit en fait d'un *columbarium* d'époque romaine (lieu pourvu de niches destinées à recevoir des urnes cinéraires).

AUTOUR DU PARC ARCHÉOLOGIQUE

★★ **Museo archeologico regionale Paolo Orsi** B1

Viale Teocrito 66 - ☎ 0931 46 40 22 - ♿ - tlj sf lun. 9h-19h, dim. et j. fériés 9h-14h - 8 € ; deux possibilités de billet combiné : 13,50 € avec le parc archéologique ; 12 € avec la galerie du Palazzo Bellomo.
Presque caché à la vue dans le parc de la **villa Landolina**, le Musée archéologique régional joue un rôle de référence incontesté dans la connaissance de la Sicile, de la préhistoire jusqu'à l'époque des colonies de Syracuse.

La visite s'organise suivant un parcours qui retrace selon l'ordre chronologique l'origine, puis le développement des différentes périodes historiques. Les trois grandes sections, bien structurées, sont reliées par un espace central d'accueil, avec, au sous-sol, un auditorium où sont projetés des films *(programme à l'entrée)*.

Secteur A : préhistoire et protohistoire – La visite commence par une collection de fossiles et de minéraux, de squelettes et de traces d'animaux préhistoriques, accompagnée d'informations nombreuses sur la faune insulaire. On remarquera les deux reproductions d'éléphants nains, découverts dans la grotte de Spiganello à Syracuse (les originaux sont au musée de Paléontologie de Rome) et qui seraient à l'origine du mythe du Cyclope (à cause du trou de la trompe, qui aurait été confondu avec un œil). On découvre ensuite des témoignages humains du Paléolithique, du Néolithique et des différentes cultures qui ont suivi. Il s'agit surtout d'objets en céramique, parmi lesquels on distingue un grand **vase**★ monté sur un très haut pied caractéristique de Pantalica, en céramique monochrome rouge et brillante, de facture sobre et élégante. Cette première partie s'achève par une présentation (que le musée qualifie de « fourre-tout ») d'objets en bronze (pointes de lance, ceinturons, boucles) qui ne sont pas exposés.

Secteur B : la colonisation grecque – On y voit des vestiges témoignant de la naissance et de l'expansion des colonies grecques en Sicile orientale. Naxos, Katane et Leontinoi étaient trois colonies ioniques. De la dernière provient

Les tyrans de Syracuse

Colonisée vers le 8e s. av. J.-C. par les Grecs de Corinthe qui s'établissent dans l'île d'**Ortygie**, Syracuse tombe rapidement aux mains de tyrans. À son apogée (5e-4e s. av. J.-C.), la ville compte environ 300 000 habitants et domine la Sicile. Entre 416 et 413, un violent conflit éclate entre Syracuse et Athènes, dont les troupes sont menées par Alcibiade. C'est l'un des épisodes les plus célèbres et les plus sanglants de l'histoire antique.

Tombée sous la coupe des Romains, elle est ensuite occupée par les Barbares, les Byzantins, les Arabes et les Normands.

Le tyran, figure antique du dictateur moderne, est l'un des personnages fréquemment rencontrés lorsque l'on reprend l'histoire de la Sicile à l'époque hellénistique, et en particulier celle de Syracuse. **Gélon**, déjà tyran de Gela en 485 av. J.-C., étend sa domination à Syracuse. Ses visées expansionnistes provoquent chez les Carthaginois une hostilité qui se transforme bien vite en affrontement ouvert. Allié à **Théron**, tyran d'Agrigente, Gélon les écrase au cours de la célèbre bataille d'Himère (485 av. J.-C.). Et c'est son successeur, son frère **Hiéron**, qui, une fois au pouvoir, va aider Cumes à se défaire de la menace étrusque (474 av. J.-C.).

Après une courte période de démocratie marquée par des attaques contre Athènes, le fameux **Denys l'Ancien** monte sur le trône (405-367 av. J.-C.) et refuse le titre déjà discrédité de tyran pour prendre celui de « **strategós autokrátor** ». Habile stratège, il fonde son autorité d'une part sur le consensus populaire, qu'il obtient grâce à des dons et des faveurs, d'autre part sur son image de défenseur en lutte contre le danger carthaginois, qu'il ne parvient toutefois pas à supprimer totalement. Avec lui, Syracuse devient une véritable puissance. Le personnage du tyran apparaît en revanche comme un être méfiant, redoutant les complots. Ses craintes se transforment en véritable obsession de la persécution et le conduisent à une réclusion volontaire dans le château d'Ortygie, transformé par ses soins en forteresse inexpugnable réservée à la cour. Son histoire est pleine de bizarreries qui donnent lieu à de nombreux récits, à mi-chemin entre mythe et réalité. Valère Maxime, Cicéron et Plutarque racontent par exemple que, ne se fiant pas aux barbiers, le tyran chargeait ses filles de le raser, mais, de peur qu'elles ne le tuent, les contraignait à se servir de coquilles de noix chauffées à blanc en guise de rasoir et de ciseaux. Il fit creuser autour de sa couche nuptiale un petit fossé qu'enjambait une passerelle qu'il retirait après s'être couché ; pour montrer combien la vie d'un souverain est pleine de dangers, il fit suspendre au-dessus de la tête de Damoclès, courtisan envieux, une épée affilée simplement retenue par un crin de cheval (c'est de là que vient l'expression « épée de Damoclès », symbolisant une menace permanente). Sa cupidité le conduisit même, dit-on, à s'approprier le manteau en or de la statue de Zeus et à lui substituer un manteau de laine.

À sa mort, le trône est repris par son fils **Denys le Jeune**, qui ne possédait pas les mêmes compétences politiques que son père ; c'est le sanguinaire **Agathoclès** qui lui succède, et qui n'hésite pas, pour s'emparer du pouvoir, à massacrer les aristocrates. Sa tentative de chasser les Carthaginois de Sicile restera également vaine (défaite à Himère en 310 av. J.-C.).

Le dernier tyran qui gouvernera Syracuse sera **Hiéron II**. En 212, la ville passe aux mains des Romains, sous lesquels elle devient capitale de la province de Sicile.

le magnifique **Kourosacéphale**, en marbre. Il y avait aussi deux colonies doriques, Megara Hyblæa et Syracuse, très bien représentées ici. L'étrange statue en calcaire de la **Déesse Mère★** allaitant des jumeaux (6e s. av. J.-C.) provient de la nécropole de Megara Hyblæa. Assise, privée de tête, elle possède un corps puissant et maternel, assez large pour accueillir et bercer les deux nouveau-nés qui semblent faire corps avec elle.

La collection consacrée à Syracuse est très riche. Elle comprend deux des pièces les plus souvent reproduites : le bas-relief en terre cuite polychrome qui représente une **Gorgone**, provenant du *temenos* de l'Athenaion, et le petit cheval de bronze retrouvé dans la nécropole de Fusco, emblème du musée. Juste avant la section dédiée à la colonie de Syracuse, on peut admirer la **Vénus Anadyomène★**, dite Vénus Landolina, du nom de celui qui l'a découverte. Copie romaine d'un original de Praxitèle largement utilisé comme modèle dans l'Antiquité (Vénus Médicis, Vénus Capitoline…), ses courbes souples et douces ainsi que sa grâce à tenir son vêtement sont soulignées par les plis du délicat drapé dont la forme fait penser à un coquillage.

Secteur C : colonies secondaires et sites hellénisés – La première partie, consacrée aux colonies de Syracuse, présente de belles figures anthropomorphes, dont celle d'un **cavalier sur son cheval**. La seconde partie illustre l'histoire des sites de moindre importance. On y remarque la grande statue en argile de **Déméter ou Korê**, assise sur un trône, œuvre de la seconde moitié du 6e s. av. J.-C. La dernière partie est consacrée à Agrigente et Gela. De cette dernière proviennent un impressionnant **masque de Gorgone** peint, élément détaché de la frise ornementale d'un temple, et une belle **pélikè** attique à figures rouges (sorte d'amphore), œuvre de Polignoto.

Trois **statuettes archaïques** en bois provenant de Palma di Montechiaro constituent un rare exemple de l'art votif, certainement répandu, mais dont il reste peu de témoignages du fait de la fragilité des matériaux utilisés.

★★ Catacombe di San Giovanni B1

Via S. Giovanni alle Catacombe - ☎ *0931 64 694 - 9h30-12h30, 14h30-17h30 - 8 €.*
Elles se trouvent dans le quartier d'Acradina qui, depuis la période romaine, est un lieu consacré au culte des morts. À l'inverse des catacombes romaines, creusées dans un tuf fragile, nécessairement étroites pour éviter les risques d'effondrement, les catacombes de Syracuse ont été creusées dans une solide couche de roche calcaire qui a permis l'ouverture de vastes espaces.
Remontant aux 4e-5e s., les catacombes de San Giovanni, construites autour de la tombe de saint Marcien, l'un des premiers martyrs, ont une structure complexe. Elles s'organisent autour d'un axe principal rectiligne, creusé en suivant le tracé d'un aqueduc grec sans doute à l'abandon. De cet axe partent, à angle droit, des galeries secondaires. Les sépultures, niches surmontées d'un arc, sont disposées le long des murs et offrent plusieurs « places » (jusqu'à vingt). Entre chaque sépulture se trouvent des niches plus petites destinées aux enfants. À intervalles réguliers s'ouvrent des chapelles circulaires ou carrées, utilisées par les chrétiens comme chambres funéraires pour les martyrs et les saints. Parmi elles, la plus célèbre est la *Rotonda di Adelfia*, où l'on a retrouvé un magnifique sarcophage gravé de scènes bibliques, qui sera sans doute prochainement placé au 2e étage du Musée archéologique. Dans la galerie, on remarque la présence de citernes de forme conique, d'époque gréco-romaine, transformées par la suite en chambres funéraires.

Crypte de saint Marcien – On suppose que c'est dans ce lieu proche de la nécropole qu'est mort le martyr. La crypte en forme de croix grecque se trouve à environ 5 m sous le niveau du sol. Au fond s'ouvrent trois petites absides semi-circulaires. Dans celle de droite se trouve l'autel où l'apôtre Paul aurait prêché en 60 apr. J.-C., à son retour de Malte (Actes des Apôtres, chap. 28-12). À côté, sur la droite, on voit un tombeau en pierre que la tradition attribue au martyr. On dit que « l'ouverture » sur le côté permettait aux fidèles d'apercevoir le saint et de passer sur son corps un linge, qu'ils conservaient ensuite comme relique. Les quatre angles de la voûte centrale sont soutenus par des piliers surmontés de chapiteaux byzantins figurant les quatre évangélistes.

Basilique San Giovanni Evangelista – Les ruines de la basilique s'élèvent à ciel ouvert au-dessus de la crypte. C'est un des endroits les plus fascinants de Syracuse, plus émouvant encore au coucher du soleil, surtout les jours de fête, à l'occasion des célébrations religieuses. La fondation de la basilique est liée à la crypte du Martyr, sépulture au-dessus de laquelle on élevait traditionnellement un lieu de culte. Détruite par les Arabes, la basilique a été reprise par les Normands. On voit encore sur le flanc gauche la façade de l'église normande, ornée d'une belle rosace. Le tremblement de terre a détruit une grande partie de l'église, provoquant l'effondrement du toit qui n'a jamais été remplacé. Le portique qui précède la façade est une reconstitution, composée avec des matériaux du 15e s.

À l'intérieur, l'autel principal encadré de candélabres est de style byzantin.

Museo del Papiro (Musée du Papyrus) B1

Via Teocrito 66 - ℘ 0931 61 616 - tlj sf lun. 9h-14h - gratuit.

C'est à **Saverio Landolina** que l'on doit la redécouverte du papyrus au 18e s. Il a contribué à revaloriser cette plante, jusqu'alors utilisée simplement dans un but ornemental par la population locale, et réussi à retrouver le procédé de fabrication du papier (plusieurs exemples sont présentés au musée).

Santuario della Madonna delle Lacrime B1

Via Santuario 3 - ℘ 0931 21 446 - tlj 7h-13h, 15h -20h (21h j. fériés).

On aperçoit de loin la gigantesque structure conique en béton armé de ce curieux sanctuaire (80 m de diamètre à la base pour 74 m de hauteur) construit à la suite d'un prodige survenu en 1953, quand un tableau de la Madone se mit à pleurer. C'est aujourd'hui un lieu de pèlerinage pour de nombreux fidèles. On doit cette œuvre aux architectes français M. Andrault et P. Parat et à l'Italien R. Morandi, responsable de la structure. À l'**intérieur★**, l'impression de hauteur vertigineuse est soulignée et mise en valeur par les lignes verticales et les étroites fenêtres filant vers le haut.

Santa Lucia extra Mœnia C1

Piazza S. Lucia - ℘ 0931 64 694 - www. basilicasantalucia.com - 9h30-12h30, 15h-18h - 8 € (visites guidées des catacombes sur réserv.).

La basilique donne sur la place qui porte son nom, un vaste et paisible espace rectangulaire. La légende la situe à l'endroit exact du martyre de la sainte, en l'an 303, supplice dont traite l'**Enterrement de sainte Lucie★★** du **Caravage** (1608). Le style dramatique et provocateur qui caractérise l'œuvre de cet artiste se retrouve dans le choix de ses compositions : la foule des personnes massées derrière le corps de la sainte, à terre, est dominée par

> **SAINTE LUCIE**
> Sainte patronne de la ville, sainte Lucie vécut au 4e s. à Syracuse. C'est pourquoi de nombreuses églises, dont le Duomo, lui sont consacrées. Le 13 décembre (*dies natalis*, c'est-à-dire jour de la mort terrestre et de la naissance spirituelle de la sainte), une procession, précédée de l'effigie en argent de la sainte, se rend du Duomo au sépulcre.

5

les figures des fossoyeurs, dont l'une, impressionnante, apparaît de dos au premier plan. La lumière projette des ombres inquiétantes.

De style byzantin, l'église a été remaniée par la suite jusqu'à revêtir sa forme actuelle, qui remonte aux 15e-16e s. Les parties les plus anciennes encore visibles sont le portail de la façade, les trois absides semi-circulaires et les deux premiers ordres du clocher (12e s.). Le plafond en bois à chevrons portant des décorations peintes date du 17e s. Sous l'église, la présence des **catacombes de Sainte-Lucie** *(visite uniquement sur réserv.)* serait la preuve que ces lieux ont été le théâtre du martyre de la sainte.

Sur la même place, un petit édifice octogonal, œuvre de Vermexio, correspondrait au **sépulcre** destiné à la sainte. La dépouille de sainte Lucie, emportée au 11e s. à Constantinople par le général byzantin Maniace, puis, après la prise de la ville lors de la quatrième croisade, transférée à Venise, est aujourd'hui conservée dans le Duomo.

Ginnasio Romano B1

Via Elorina - 9h-13h - gratuit.

Situé peu après le **Foro Siracusano**, ce gymnase faisait partie, avec le Foro, de l'ancienne agora d'Acradina. L'appellation de gymnase correspond à la désignation antique de centre de vie intellectuelle, car il s'agit d'un édifice complexe formé d'un quadruple portique, d'un petit théâtre dont on voit encore des gradins de la cavea, et d'un petit temple en marbre qui servait de scène.

★★★ ORTYGIE C2

Étant donné l'abondance de palais et de lieux dignes d'intérêt, il est impossible d'indiquer un itinéraire incluant tout ce qui mérite d'être vu. C'est pourquoi ci-dessous, seules les rues les plus importantes sont signalées, laissant à la fantaisie, aux désirs et à l'émotion de celui qui pénètre en ces lieux chargés d'histoire, le rôle de guide pour une découverte plus précise. On conseillera au promeneur de lever les yeux en permanence, pour ne rien perdre des secrets que recèlent ruelles et palais.

Implantation la plus ancienne de la ville, l'île est reliée à la terre ferme par le Ponte Nuovo, prolongement du corso Umberto I, l'une des principales artères de Syracuse. Ici la mer se fait plus présente, depuis la darse qui s'étend à droite comme à gauche du pont et s'anime de barques colorées. Si l'on promène le regard le long du quai, on remarque à droite, juste à l'angle, un beau palais de style néogothique. Le crépi rouge et les fenêtres géminées appartiennent à la demeure du poète et écrivain Antonio Cardile (Messine 1883 - Syracuse 1951) et invitent le visiteur à poursuivre sa promenade sur l'île. L'atmosphère qu'on y respire est plus calme, plus tranquille, les rumeurs semblent y parvenir atténuées. À droite la mer, à gauche les anciens remparts espagnols, attestant que toute la vieille ville était autrefois fortifiée. La **porte Marina** C2, dont la linéarité est interrompue par un joli kiosque de style catalan, s'ouvre sur le passage Adorno, construit sur les remparts du 19e s. Au-delà, le regard embrasse l'immense étendue du Porto Grande, théâtre de terribles batailles dans l'Antiquité.

★ Fonte Aretusa

Source d'eau vive, la fontaine a joué dans l'Antiquité un rôle déterminant dans l'établissement du premier noyau de peuplement. L'existence de cette source est liée à une légende. Aréthuse, nymphe d'Artémis, persécutée par l'amour d'**Alphée** le chasseur, demande assistance à la déesse, qui la fait fuir par une voie souterraine. Ayant ainsi rejoint l'île d'Ortygie, la nymphe se métamorphose en source. Alphée cependant ne se décourage pas et, après

Culture de papyrus à Ortigia.
G. Simeone / Sime/Photononstop

Le papyrus

Le *Cyperus papyrus*, plante luxuriante qui pousse en Égypte, mais aussi ici à Syracuse sur les rives de la rivière Cyane *(voir p. 344)*, est connu depuis l'Antiquité. Plante vivace des marais constituée d'une grande tige (ou hampe) qui s'achève par une touffe (inflorescence), elle peut varier en forme et en dimension. Dans l'Égypte ancienne, la plante avait différents usages, liés à sa nature multiple. La hampe servait à construire des embarcations légères, à tresser des cordes, paniers et plateaux, à tisser des vêtements, des perruques et même des chaussures (sandales). La partie supérieure en revanche était utilisée comme éventail ou parasol lors des cérémonies civiles ou religieuses, ou des rites funéraires. On suppose aussi que la partie la plus tendre de la tige, la moelle, pouvait être consommée.

Le produit le plus connu tiré du papyrus reste le papier, dont la méthode de fabrication est assez complexe. L'âge de la plante est un facteur déterminant, ainsi que les bains destinés à renforcer les petites bandes que l'on coupe dans la partie transversale de la tige, et le procédé de blanchiment définitif. Les petites bandes sont superposées en deux couches perpendiculaires, pressées puis séchées. Le papier présente alors un endroit (fibres horizontales) et un envers (fibres verticales). Il est intéressant de noter que dans de nombreuses langues, le mot actuel désignant le papier dérive justement de papyrus (*papier* en français et allemand, *papel* en espagnol, *paper* en anglais).

Les pièces exposées au **musée** *(voir p. 335)* couvrent la gamme des emplois du papyrus à partir de l'époque pharaonique (quelques fragments du *Livre des morts*) : différentes plantes ornementales, objets en corde, éventails, et pirogues aux extrémités légèrement recourbées, particulièrement adaptées aux zones marécageuses, encore utilisées par certains peuples africains pour la chasse et la pêche. La dernière partie est consacrée au papier, de sa fabrication (reconstitution d'une table de travail) aux pigments utilisés par le scribe.

s'être transformé en fleuve souterrain, traverse la mer Ionienne pour rejoindre Ortygie, où il mêle ses eaux à celles d'Aréthuse. Oies et canards barbotent aujourd'hui dans la fontaine, entre palmiers et papyrus.

Les façades des maisons aux tons pastel créent une harmonieuse continuité que l'on retrouve aussi dans les rues de l'intérieur.

Sur l'extrême pointe de l'île se détache la masse du **château Maniace** C2 (𝄞 0931 46 44 20 - visites généralement 9h-13h - 4 €), forteresse en grès construite par Frédéric II de Souabe dans la première moitié du 13e s. Le château porte le nom du général byzantin **Giorgio Maniace**, qui, en 1038, tenta d'éviter que l'île ne tombât aux mains des Arabes en la ceinturant de fortifications, notamment à l'endroit où Frédéric II bâtira par la suite le fort. La structure carrée et massive est caractéristique des constructions souabes. Certains éléments architecturaux montrent que le château avait un rôle certes défensif mais aussi probablement de prestige.

En continuant, on atteint la Riviera di Levante, d'où l'on a une belle vue sur le château (la meilleure restant celle que l'on découvre de la mer). Après avoir dépassé l'**église dello Spirito Santo**, avec sa belle façade blanche à trois ordres reliés par des volutes et rythmée par des pilastres, on arrive dans la **via San Martino** où se trouve l'église du même nom dont la fondation remonte au 6e s. et qui possède un portail de style gothico-catalan.

★ Galleria Regionale di Palazzo Bellomo

Via Capodieci 14-16 - 𝄞 0931 61 340 - &. - tlj sf lun. 9h-19h, dim. et j. fériés 9h-13h - 8 €, 12 € billet combiné avec le Musée archéologique.

Érigé à l'époque souabe (13e s.), le palais Bellomo a été agrandi et surélevé au cours du 15e s. On y distingue ainsi deux styles. Au rez-de-chaussée, un portail en ogive et des meurtrières lui donnent une allure de forteresse ; l'étage supérieur présente des fenêtres trilobées soutenues par de fines colonnettes. D'abord palais privé, il devint au 18e s. propriété des religieuses du monastère St-Benoît attenant, intégré aujourd'hui au musée.

Une charmante cour intérieure à portique occupe le centre du palais. Elle dessert l'escalier vers l'étage supérieur, dont l'allège est ornée, sur sa partie haute, d'ouvertures trilobées ou en rosace. Au bout de la première rampe se trouve un joli kiosque de style flamboyant.

Le musée – Il est en grande partie consacré à l'art sicilien. L'influence byzantine apparaît clairement dans la ravissante série de tableaux crétois-vénitiens *(salle IV)* représentant la création du monde *(six panneaux)*, le péché originel et l'expulsion du paradis terrestre. L'étage supérieur est davantage consacré à la peinture. La pièce la plus intéressante est certainement l'**Annonciation**★ d'**Antonello da Messina**, superbe, mais très endommagée. Comme dans beaucoup de ses œuvres, les détails montrent une influence flamande (manteau du saint, paysage peuplé de personnages derrière la fenêtre) alliée à une rigueur tout italienne dans la forme, la composition et la perspective.

Le musée présente aussi une série d'objets d'art parmi lesquels des ornements religieux, des crèches, des meubles et des céramiques.

En continuant dans la via San Martino, on arrive à l'**église San Benedetto** toute proche.

Continuer dans la via Capodieci et tourner ensuite à droite dans la via Vergini.

★★ Piazza Duomo

De forme irrégulière, légèrement arrondie sur le côté qui fait face à la cathédrale, cette charmante place dégage une atmosphère particulièrement émouvante au coucher du soleil et quand elle est illuminée, la nuit venue. Elle est entourée de beaux palais baroques, parmi lesquels on note d'abord l'intéressante façade du **palais Beneventano del Bosco**, renfermant une belle cour intérieure, et, en face, le **palais du Sénat** (avec dans la cour un carrosse sénatorial du 18e s.). L'**église Santa Lucia** en ferme le petit côté. Tout près se trouve l'ancien couvent et église de **Montevergini**, qui abrite la galerie municipale d'Art contemporain.

LES DISTRACTIONS D'ARCHIMÈDE

De la vie d'Archimède, célèbre mathématicien né à Syracuse en 287 av. J.-C., on ne détient aucune information attestée. On raconte qu'il était si distrait et absorbé par ses recherches qu'il en oubliait même le boire et le manger. Ses serviteurs étaient contraints de le traîner de force aux bains ; mais même là, il continuait à tracer des figures géométriques en dessinant dans la cendre. C'est dans sa baignoire qu'il découvrit le principe qui l'a rendu célèbre : tout corps plongé dans un liquide subit une poussée verticale égale au poids du fluide déplacé. Enchanté, il se précipita hors de chez lui en hurlant *Eurêka !* (« J'ai trouvé ! »). Il s'intéressa à l'arithmétique, la géométrie, la physique, l'astronomie et la mécanique. De ses inventions techniques, on retiendra la vis d'Archimède, système de pompe à vis hélicoïdale *(voir p. 235)*, la roue dentée, le planétarium, et les miroirs ardents (jeu de miroirs et de lentilles grâce auquel il mit le feu à la flotte romaine). On raconte aussi que lorsque les Romains réussirent à entrer dans la ville, Archimède, absorbé par ses calculs, ne s'en aperçut pas et mourut transpercé par l'épée d'un soldat.

Galleria Civica d'Arte Contemporanea

℘ 0931 24 902 - ♿ - *ouverte seulement pour les expositions - gratuit.*
Logée dans l'ancien couvent et l'ancienne église de Montevergini *(entrée via delle Vergini)*, la collection se compose essentiellement d'œuvres picturales d'artistes contemporains italiens et étrangers (Sergio Fermariello, Marco Cingolani, Aldo Damioli, Enrico De Paris).

★ **Duomo** C2

Depuis l'Antiquité, le site où s'élève le Duomo abrite des lieux de culte. Un temple élevé au 6e s. av. J.-C. a été remplacé par le temple d'Athéna, construit en l'honneur de la déesse grâce au butin de l'écrasante et décisive victoire d'Himère contre les Carthaginois (480 av. J.-C.). Au 7e s., le temple fut englobé dans un édifice chrétien. On a élevé des murs pour combler les ouvertures entre les colonnes du péristyle, et percé huit arcades dans la cella centrale pour ouvrir le passage vers les deux nefs latérales ainsi formées. Les énormes colonnes doriques sont encore visibles aujourd'hui sur le flanc gauche du bâtiment, à l'intérieur comme à l'extérieur. Sans doute changée en mosquée par les Arabes, l'église fut remaniée à l'époque normande. Le tremblement de terre de 1693 a provoqué l'effondrement de la **façade★**, reconstruite dans le style baroque (18e s.) par le Palermitain Andrea Palma, qui a pris la colonne comme unité de composition de base. L'entrée est précédée d'un atrium comportant un joli portail flanqué de deux colonnes torsadées dont les spirales s'enroulent en pampre de vigne.

À l'**intérieur★**, le flanc droit de la nef latérale est délimité par les colonnes de l'ancien temple, qui donnent aujourd'hui accès aux chapelles. Dans la première chapelle de droite sont conservés de beaux fonts baptismaux, composés

5

d'un cratère grec en marbre soutenu par sept petits lions en fer battu du 13ᵉ s. La **chapelle Santa Lucia**, voisine, présente un remarquable devant d'autel en argent du 18ᵉ s. Une niche abrite la statue en argent de la sainte, œuvre de Pietro Rizzo (1599). La cathédrale renferme de nombreuses statues des **frères Gagini**, dont celles de *La Vierge* (Domenico), de *Sainte Lucie* (Antonello) dans la nef latérale de gauche et de la *Madone de la Neige* (Antonello) dans l'abside de gauche.

Au nord de la place, via Landolina, s'élève l'imposante façade de l'**église des Jésuites**.

De l'église, on peut rejoindre la **piazza Archimede** toute proche. Animée en son centre par la fontaine d'Artémis (19ᵉ s.), elle est entourée de beaux palais. **Arkimedéion** – *Piazza Archimede 11 -* ℘ *0931 61121 - www.arkimedeion.it - 9h-19h.* ♣♟ Au nord de la place, le Palazzo Pupillo accueille le nouveau musée dédié à Archimède et à ses découvertes. Le parcours très original revisite à travers une série d'installations interactives à la fois ludiques et pédagogiques, les expériences et les machines réalisées par Archimède. Des mathématiques à la physique, le visiteur peut ainsi découvrir personnellement les grandes théories du célèbre mathématicien comme la vis hélicoïdale et les miroirs ardents.

LES MUSES DE SYRACUSE

Au cours de l'Antiquité, la ville occupe une place prépondérante dans le domaine des arts. En effet, de nombreux souverains s'intéressent aussi à la vie artistique et accueillent poètes et écrivains. Il y a également ceux qui, comme Denys l'Ancien, se risquent à écrire, quoique sans grand succès. Le premier à se préoccuper officiellement d'art est Hiéron Iᵉʳ, qui se proclame protecteur des poètes et reçoit à sa cour des artistes de grand renom, tels **Pindare** ou **Eschyle**, le père de la tragédie grecque et auteur des *Perses* (environ 470 av. J.-C.) et des *Etnéennes*, représentés au théâtre grec du quartier de Neapolis. **Platon** entretient avec Syracuse, et surtout avec ses souverains, des rapports agités. Denys l'Ancien l'accueille à contre-cœur, pour l'expulser peu après ; à la mort du tyran, le philosophe revient, protégé par le régent Dione, mais il est à nouveau chassé par Denys II, et son projet de créer un théâtre philosophique échoue. **Théocrite**, précurseur de la poésie bucolique dans laquelle s'illustrera Virgile, est sans doute originaire de Syracuse.

Plus récemment, Syracuse a vu naître **Salvatore Quasimodo** (1901-1968), poète du mal de vivre, qu'il chante dans des vers toujours plus hermétiques et incisifs qui lui valent, en 1959, le prix Nobel de littérature.

★ Palazzo Mergulese-Montalto
Via Montalto.

Édifié au 14ᵉ s., ce magnifique palais est malheureusement en assez mauvais état. La façade se divise en deux ordres séparés par une corniche dentelée. La partie supérieure se pare de superbes **fenêtres★★** ornementées, entourées d'arcs richement sculptés et séparées par de fines colonnettes torses. À l'étage inférieur s'ouvre un portail en ogive surmonté d'un joli édicule.

Revenir sur la piazza Archimede.

Détail d'un portail.
Kaos02/Sime/Photononstop

★ Via della Maestranza

C'est l'une des artères principales et des plus anciennes d'Ortygie. Elle est bordée de demeures nobles de style baroque, dont nous signalons ci-dessous les plus remarquables. Au n° 10, le **palais Interlandi Pizzuti**; un peu plus loin, le **palais Impellizzeri** (n° 17) présente une façade rythmée de fenêtres et de balcons aux lignes sinueuses; plus avant, le **palais Bonanno** (n° 33), siège de l'Azienda Autonoma del Turismo, est une sévère construction médiévale qui donne sur une cour charmante, avec une loggia au premier étage. Au n° 72 s'élève l'imposant **palais Romeo Bufardeci**, à l'exubérante façade ornée de balcons rococo.

La rue s'ouvre ensuite sur une petite place couronnée par l'église **San Francesco all'Immacolata** contre laquelle s'appuie le clocher datant du 19ᵉ s. La façade claire, convexe et linéaire, est rythmée par des colonnes et des pilastres. Dans la nuit du 28 au 29 novembre s'y déroulait un rite d'origine antique, la *Svelata* (dévoilée), au cours duquel on dévoilait l'image de la Madone (aux premières lueurs de l'aube, afin de permettre aux gens de se rendre ensuite à leur travail, qui autrefois débutait très tôt). Auparavant, dans la nuit, un groupe de musiciens annonçait aux fidèles le début de la célébration. Au bout de la rue se détache la façade courbe du **palais Rizza** (n° 110). Le **palais Impellizzeri** (n° 99) s'élève au-dessus d'une somptueuse et originale corniche à figures humaines et grotesques surmontées de motifs floraux.

Derrière s'étend le **quartier de la Giudecca**, tracé à l'antique avec ses rues étroites et perpendiculaires. La communauté juive y a vécu au 16ᵉ s. jusqu'à son expulsion.

Au bout de la rue se trouve le **belvédère San Giacomo**, ancien bastion défensif, d'où l'on jouit d'une **vue★** magnifique sur Syracuse. Non loin de là, sur la droite, se dresse le **fort Vigliena**.

Revenir vers le cœur d'Ortygie par la via Minniti, juste au sud du fort Vigliena, et prendre tout de suite à droite dans la via Alagona.

Miqwè

Via Alagona 52, dans la résidence Alla Giudecca - ☎ *0931 22 255 - tlj sf dim. visite guidée toutes les heures de 11h à 19h - 5 €.*

C'est dans les sous-sols de l'hôtel-résidence que le plus grand bain d'ablution hébreu d'Europe a été récemment mis au jour. L'architecture en est nettement byzantine.

Revenir sur la via Minniti, tourner à droite puis prendre la première à gauche jusqu'à la piazza San Giuseppe.

🏛 Museo Aretuseo dei Pupi

Piazza San Giuseppe 33 - ☎ *0931 46 55 40 - www.pupari.com - tlj sf dim. 10h30-13h, 16h-18h (18h30 en été) - 2 €.*

Ce modeste musée présente le travail et l'œuvre des frères Saro et Alfredo, créateurs de marionnettes syracusaines. On peut y voir leur atelier, des dessins de scénographies et leurs plus célèbres marionnettes. La découverte de leur passion et de leur travail, sauvé de l'oubli aujourd'hui par leur famille, est tout à fait passionnante.

Rejoindre le belvédère San Giacomo et tourner à gauche dans la via Vittorio Veneto.

Mastrarua

Aujourd'hui via Vittorio Veneto, c'était autrefois l'artère principale d'Ortygie. Le roi y passait pour entrer dans la ville, processions et parades officielles et royales s'y déroulaient. On y trouve naturellement de beaux palais. Parmi les édifices prestigieux, on remarque le **palais Blanco** (n° 14), reconnaissable à la statue de saint Antoine placée dans un kiosque en façade et à sa charmante cour intérieure avec perron ; la **maison Mezia** (n° 47) dont le portail est surmonté d'une console en forme de griffon ; l'**église San Filippo Neri**, suivie de la façade linéaire du **palais Interlandi**, puis du **palais Monforte**, malheureusement très détérioré. Ce dernier se trouve à l'angle de la via Mirabella, où s'alignent de magnifiques bâtiments ; en particulier, juste en face du palais Monforte, l'élégant **palais Bongiovanni**, dont on admirera la porte surmontée d'un mascaron au-dessus duquel se trouve une figure de lion en saillie. L'animal tient un cartouche indiquant la date 1772 et sert de soutènement central à un balcon profilé. La fenêtre du milieu est ornée de volutes.

Suivre la via Mirabella.

Une petite courbe à droite permet d'admirer le **palais Gargallo** de style néogothique (actuel siège des archives notariales du canton). Piazzetta del Carmine, on voit un deuxième **palais Gargallo** (n° 34), toujours dans le même style. La via Mirabella marque également le début du quartier arabe, caractérisé par des ruelles et impasses particulièrement étroites. L'une d'entre elles abrite la basilique paléochrétienne **San Pietro**, désormais auditorium, qui montre encore un beau portail. Peu après, toujours via Mirabella, on parvient à l'église San Tommaso, d'origine normande (12ᵉ s.). De retour dans la Mastrarua, on peut admirer au n° 111 un beau portail sculpté d'êtres monstrueux. Au n° 136 se trouve la **maison natale d'Elio Vittorini**, écrivain né le 23 juillet 1908 et mort en 1966 à Milan.

Tempio di Apollo C2

Largo XXV Luglio. Élevé au 6ᵉ s. av. J.-C., c'est le plus vieux temple dorique périptère (entouré de colonnes) de Sicile. Dédié à Apollon selon une inscription, ou à Artémis d'après Cicéron, il a été transformé en église byzantine, puis en mosquée et de nouveau en église sous les Normands. On y voit encore des vestiges des colonnes du péristyle et une partie du mur de l'enceinte sacrée. Sur la place commence le **corso Matteotti**, promenade d'Ortygie où s'alignent d'élégantes boutiques.

À proximité Carte de microrégion

EN PÉRIPHÉRIE DE LA VILLE

★ **Castello Eurialo** B2

▶ *Sur la via Epipoli, environ à 7 km de Syracuse, direction Belvedere -* ☎ *0931 71 17 73 - 9h-18h (19h en été) - 4 €.*

La route qui conduit à la forteresse permet de mesurer l'impressionnant appareil défensif dont s'est dotée la ville sous Denys l'Ancien. L'habile stratège s'attache alors à fortifier Ortygie, mais décide aussi de ceindre la ville de remparts, sans omettre les quartiers de Tyché et Neapolis, jusqu'alors situés hors des murs, et donc proie facile pour les assaillants. À cette fin, il entreprend la construction des imposants remparts dits **mura dionigiane** (remparts de Denys) sur 27 km autour du plateau de l'Epipoli, qui épaule la ville au nord. L'enceinte était constituée de deux murs parallèles de blocs taillés dans le calcaire, entre lesquels on mettait de la pierraille. Haute d'environ 10 m et large de 3 m, elle était pourvue de poternes qui assuraient le passage sans présenter de point d'attaque à l'ennemi potentiel, contrairement aux portes habituelles qui étaient flanquées de tours défensives. Une partie des remparts apparaît sur la route qui mène à Belvedere *(sur la gauche)*.

C'est au sommet du plateau que l'on bâtit le fort, appelé Euryale du nom du promontoire sur lequel il s'élève, en forme de tête de clou *(euryelos* en grec). C'est l'une des plus imposantes forteresses de l'Antiquité.

Avant de parvenir au donjon, cœur de la place forte, il fallait franchir trois fossés sur lesquels débouchaient des galeries souterraines. Celles-ci évitaient que l'assaillant s'opposât au passage des garnisons et du ravitaillement et facilitaient le déblaiement des matériaux jetés dans les fossés par l'ennemi, qui, même s'il parvenait à y pénétrer, s'y perdait immanquablement. L'entrée du site archéologique correspond au premier de ces fossés. Plus loin se dessine le deuxième, profond, aux parois verticales, et enfin le troisième, véritable ouvrage stratégique. Les trois hauts piliers bien taillés sont les restes d'un pont-levis qui reliait la zone du donjon. Le côté oriental est parcouru par une série de galeries communicantes dont l'une, longue de 200 m, aboutissait à la porte à tenaille *(Tripylon)*, l'une des sorties de la forteresse. Sur le côté ouest du fossé s'ouvraient des pièces destinées aux réserves de vivres.

À l'arrière se dresse le donjon carré, précédé par un impressionnant appareil de cinq tours défensives. Après le donjon, on pénètre dans une enceinte où l'on voit encore, sur la droite, trois citernes carrées. Tout au bout de la pointe, on découvre un **panorama★** enchanteur sur Syracuse *(en face)* et la plaine *(à gauche)*.

5

Tempio di Giove Olimpico

Sur la via Fiorina, à 3 km environ de la ville, au bout d'une petite route s'ouvrant sur la droite (suivre les indications).

Légèrement surélevé, en position dominante, le **temple de Jupiter Olympien** a été construit vers le 6ᵉ s. av. J.-C. L'allure de l'édifice, grandiose, devait être en rapport avec son importance.

★★ **Fonte Ciane** (Source Cyane) B2

▶ *8 km au sud-est - visite sur demande -* ☎ *346 15 99 635.*

La source Cyane, qui se mêle presque aux eaux de la rivière Anapo toute proche, liaison principale avec la région intérieure de Pantalica *(voir ci-dessous)*, est le point de départ d'une **excursion**★★ en bateau qui permet de remonter une partie du cours d'eau. Au tout début du parcours, on arrive en vue du Grand Port de Syracuse (beau panorama) pour s'acheminer ensuite vers un endroit où la végétation est riche en roseaux, frênes séculaires et eucalyptus. Après une écluse, on s'enfonce au sein d'une « forêt » luxuriante de papyrus ployant au-dessus de l'eau. D'après une légende mythologique, c'est ici que la nymphe Cyane, épouse d'Anapo, se serait opposée à l'enlèvement de Perséphone par Hadès, et aurait été pour cela changée en source.

FLORE ET FAUNE

Le phénomène géologique des **« carrières d'Ibla »**, un canyon qui entaille profondément le relief, a favorisé la concentration d'une grande variété de plantes dans un espace réduit : parmi les arbres à tronc élancé formant une forêt dense, on trouve des peupliers blancs et noirs et des saules, associés à des arbustes (tamaris, lauriers-roses) et à des orchidées sauvages, ainsi que l'*Urtica rupestris* (ortie rupestre), témoin de l'époque glaciaire. En remontant les pentes, on trouve la forêt méditerranéenne (chênes, chênes verts, chênes-lièges) alternant avec des zones arides et plus ensoleillées où foisonnent la sauge, le thym, le serpolet, l'euphorbe et l'ajonc. Le platane oriental mérite une mention particulière. Poussant naturellement dans quelques rares sites d'Italie, il est malheureusement menacé par un champignon qui provoque le chancre coloré, mais dont la prolifération semble avoir été pour l'instant enrayée grâce à des interventions adaptées. La faune de la vallée de l'Anapo présente aussi une grande variété d'espèces : renard, martre, porc-épic, lièvre et hérisson ; parmi les amphibiens, le discoglosse (famille des crapauds) ; parmi les oiseaux, le merle d'eau, la bergeronnette, le martin-pêcheur, la bartavelle et un couple de faucons pèlerins.

★ PANTALICA B2

▶ *À environ 35 km à l'ouest de Syracuse par la S 124 en direction de Floridia, traverser Solarino pour arriver à Ferla (par les SP 45 et SP 10) ou bien sortir à Floridia pour rejoindre Sortino (SP 30). Pour connaître les horaires d'ouverture et les différentes voies d'accès au site, renseignements à l'office du tourisme de Sortino ℘ 0931 91 74 33 ou 331 15 24 424.*

Pantalica, appelée **Hybla** dans l'Antiquité (le dernier de ses rois, Hyblon, aurait permis en 728 av. J.-C. à des colons grecs de Mégare de fonder sur son territoire une ville appelée en son honneur Megara Hyblæa, *voir p. 347*), est habitée depuis l'âge du bronze. Au milieu du 13ᵉ s. av. J.-C., les Sicanes, qui ne se sentaient plus en sécurité sur la côte ouverte aux invasions et y subissaient les arrivées fréquentes de populations venues du Nord, se retirèrent vers l'arrière-pays et choisirent de s'établir dans les environs de Pantalica. L'étroite vallée parcourue par les rivières Anapo et Cavagrande bénéficiait de la protection naturelle de deux gorges profondes difficiles d'accès (entrée uniquement par le col de Filiporto, à l'ouest), parcourues par les rivières, sources de grandes richesses. De cette cité, probablement détruite par les Syracusains avant la fondation d'Akrai en 664 av. J.-C., il ne reste que peu de traces, mis à part un nombre impressionnant de tombes creusées dans les parois calcaires abruptes de la nécropole, travail extraordinaire effectué uniquement à l'aide de haches de bronze ou de pierre, le fer n'étant pas encore utilisé. Sous les Byzantins,

Pantalica s'est ranimée et a vu se multiplier les petits villages rupestres. Après avoir abrité des populations arabes, puis normandes, le site a été complètement abandonné jusqu'au début du 20e s., époque à laquelle l'archéologue Paolo Orsi commença les recherches.

★ Le site archéologique
Toujours ouvert - gratuit.

Les petites grottes artificielles étagées à flanc de falaise abritent plus de 5 000 tombes. Réparties en cinq nécropoles utilisées par des populations successives, les tombes les plus anciennes sont de forme ovale (nécropoles nord et nord-ouest, 13e-11e s. av. J.-C.), tandis que les plus récentes (850-730 av. J.-C.) sont rectangulaires. Différentes des sépultures habituellement créées pour des groupes plus importants, elles s'articulent autour de cellules familiales.

À partir de Ferla, suivre les indications pour Pantalica.

Au bout de 9 km, on peut garer la voiture au **col de Filiporto** *(signalisation en jaune)*, ancienne entrée de la ville où l'on remarque les traces d'une tranchée de défense. Prendre le sentier qui longe le côté sud du plateau, et se retourner après quelques mètres afin d'apercevoir la **nécropole de Filiporto** dans son vaste amphithéâtre rocheux. On a des **vues★★** superbes sur les gorges de l'Anapo tout au long de ce sentier, qui mène à un village byzantin avec des habitations rupestres au plan rectangulaire, et à l'oratoire de San Micidiario. Après environ un kilomètre, tourner à gauche pour atteindre l'**Anàktoron** ou palais du prince *(accessible également en voiture en poursuivant sur environ 1,5 km)*. On apercevra sur la gauche la **nécropole nord-ouest**. Un autre petit sentier *(signalisation jaune)* conduit aux vestiges d'un édifice mégalithique d'influence mycénienne manifeste. Sa construction serait due, d'après l'archéologue P. Orsi, à des ouvriers mycéniens au service du prince.

Reprendre la voiture.

À 11 km de Ferla, après le village byzantin de la Cavetta, la route goudronnée s'achève. ◆◆ Un sentier sur la gauche descend vers les gorges du Calcinara, sur lesquelles il offre des **vues★★** superbes, et permet d'observer la vaste **nécropole nord** dans la paroi rocheuse opposée *(30mn à pied jusqu'au lit du torrent)*.

★ Le site naturel
La vallée de l'Anapo est accessible par la barrière Fusco (à partir de la route provinciale Floridia-Sortino, parcourir 12 km, prendre à gauche au panneau jaune Valle dell'Anapo. Après 700 m, emprunter sur la gauche une petite route rouge avec une barrière en bois), ou par la barrière de Cassaro (de Ferla, suivre les indications pour Cassaro. Au premier carrefour, prendre à gauche jusqu'au pont sur la rivière, à proximité duquel se trouve la barrière Ponte Diga, 4 km de Ferla).

Le circuit de nature dans la zone protégée de la réserve naturelle de la **vallée de l'Anapo** conduit le visiteur dans un **paysage de gorges★★** et de parois abruptes, qui étaient traversées autrefois par la voie ferrée Syracuse-Raguse-Vizzini. Si l'on désire parcourir toute la zone protégée *(13 km)*, il vaut mieux choisir le premier accès, qui joint l'intérêt archéologique au spectacle de la nature en passant devant les **nécropoles de Cavetta** *(tout de suite à droite après le premier tunnel)*, la **nécropole sud** *(des deux côtés après le second tunnel)* et celle de Filiporto *(après 4 km, paroi de droite)*. Juste après l'entrée, on remarquera à droite (à la hauteur des vestiges du pont écroulé), les évents de l'aqueduc Galermi, dont la construction, ordonnée par le tyran Gélon, servait à l'acheminement des eaux de la rivière jusqu'à Syracuse. Il sert toujours à l'irrigation.

5

FERLA B2

◗ *À 41 km à l'ouest de Syracuse et à 15 km à l'ouest de Pantalica.*

La bourgade isolée sur le haut plateau calcaire traversé par l'Anapo compte plusieurs édifices religieux du 18ᵉ s. L'**église Sant'Antonio** est précédée d'un gracieux parvis orné de cailloux formant des motifs géométriques. Sa façade se compose de cinq panneaux convexes rythmés par des colonnes, surmontés de deux tours dont l'une est incomplète. On découvre à l'intérieur un joli ensemble baroque de stucs, de peintures, de statues et de panneaux de bois. L'**église San Sebastiano** se reconnaît à sa façade-campanile richement décorée.

La route qui va de Ferla à Sortino offre des **panoramas★** spectaculaires sur le plateau et la profonde gorge créée par la rivière.

SORTINO B1

◗ *À 32 km à l'ouest de Syracuse.*

Entièrement reconstruite au 18ᵉ s. au sommet d'une colline, la ville se caractérise par ses rues à angle droit et sa **chiesa madre**, précédée d'un vaste **parvis pavé de cailloux** disposés en losange. Sa façade en pierre dorée présente une balustrade animée de statues dans l'ordre supérieur et un magnifique portail flanqué de colonnes torses finement sculptées et surmontées de guirlandes de fruits. L'intérieur est décoré de fresques de Crestadoro sur la voûte et dans l'abside (1777-1778). Le **site★** est particulièrement pittoresque, surtout dans la lumière du couchant.

L'église du **monastère de Montevergine**, sur une petite place intimiste, mérite aussi d'être vue avec sa jolie façade-campanile, au mouvement à la fois concave et convexe (18ᵉ s.).

L'ancien couvent San Francesco abrite le **musée du Théâtre de marionnettes** (Museo dell'Opra dei Pupi - ☎ *0931 91 74 33 - lun.-sam. 9h30-12h30, 15h30-17h30, dim. 10h-12h, 15h30-17h - gratuit*) où l'on voit le petit théâtre de marionnettes et les fameux *pupi (voir p. 132)* du marionnettiste Ignazio Puglisi (1904-1986). La collection est présentée suivant différents thèmes : salles consacrées aux monstres (diables, squelettes, géants), aux paladins, aux Sarrasins, et aux *cartoni*, silhouettes et figures en carton représentant le fond de scène ou l'arrière-plan. Une des dernières salles est consacrée aux personnages de la farce traditionnelle qui clôture chaque représentation, et que l'on joue dans le dialecte sicilien.

Sortino est aussi célèbre depuis des siècles pour sa production de miel de thym, d'eucalyptus et de fleur d'oranger. La **Casa Museo dell'Apicultura Tradizionale** (*Via Gioberti 5 - ☎ 0931 95 29 92 - 2 €*) illustre les méthodes et les outils employés pour la fabrication artisanale du produit. En octobre, les meilleurs producteurs de la région vendent leur miel et toute sorte de produits dérivés lors de la *Sagra del Miele*.

Circuit conseillé Carte de microrégion

ENTRE LES SITES ARCHÉOLOGIQUES

◗ *Circuit de 80 km environ tracé sur la carte p. 324. Compter une journée. De Syracuse, prendre la S 114 vers Catane.*

Thapsos B1

📞 0931 45 08 211 - tlj sf dim. 9h-13h - fermé j. fériés - 6 € - sur réservation, contacter la Soprintendenza (Direction des affaires culturelles) quelques jours avant.

C'est entre les golfes d'Augusta et de Syracuse, sur la péninsule de Magnisi, reliée à la terre ferme par un étroit isthme de sable, que va se développer au milieu de l'âge du bronze (15e-13e s. av. J.-C.) une importante civilisation préhistorique. La découverte de céramiques mycéniennes de style maltais laisse penser que Thapsos a été un grand centre d'échanges commerciaux.

La visite du site permet de voir de remarquables vestiges d'habitations. On y distingue des cabanes à plan circulaire remontant aux 15e-14e s. av. J.-C., où apparaissent nettement, pour certaines d'entre elles, le foyer central et les trous dans lesquels étaient plantés les poteaux soutenant le toit. De véritables ensembles d'habitations édifiés ultérieurement (13e-12e s. av. J.-C.), composés de plusieurs pièces rectangulaires, elles-mêmes organisées autour d'un couloir central pavé de cailloux, présentent une incontestable influence mycénienne. On verwra également, en remontant un peu vers l'ouest, des citernes, ainsi que le petit canal servant à acheminer l'eau vers les habitations.

En suivant vers le sud le chemin qui longe le site archéologique, on remarquera sur la gauche des traces de fortifications portant les soubassements de tours de guet ; elles remontent à l'âge du bronze ancien.

Après quelques centaines de mètres, on atteint un vaste espace occupé par la **nécropole**. Elle comprend environ 450 tombes, dans des petites grottes artificielles composées d'une entrée qui n'est dans la plupart des cas qu'un petit puits (les entrées des sépultures étaient situées en bord de mer, où l'action des vagues les a mises au jour), d'un *dromos* ou couloir, et d'une chambre funéraire circulaire au plafond voûté. Parfois, les murs sont creusés de niches (bien apparentes pour une tombe dont la voûte s'est effondrée) où étaient déposées les parures funéraires. Le rite funéraire était l'inhumation et les sépultures, collectives, regroupaient parfois un grand nombre de défunts.

Revenir sur la route littorale et suivre la direction d'Augusta.

Megara Hyblæa B1

La colonie grecque de Megara Hyblæa, fondée par les habitants de Mégare en 728 av. J.-C., a été rasée par deux fois, en 483 av. J.-C. par Gélon, le tyran de Gela, puis en 213 av. J.-C. par les Romains. Le champ de fouilles est au cœur d'un paysage insolite, où la mer sert de toile de fond aux cheminées des raffineries d'Augusta.

La **nécropole**, située hors des remparts, s'adosse au plus ancien des murs d'enceinte *(avant de franchir le pont du chemin de fer à proximité du virage, emprunter la petite route empierrée qui part sur la droite).*

5

Après l'entrée, prendre l'un des *decumani* (artères principales) qui conduisait à l'**agora**. L'intérêt de ce site réside dans le fait que l'on peut encore y découvrir les différentes étapes de la vie de la cité, à partir des vestiges archaïques, auxquels se sont superposées les constructions de la période hellénistique. Sur la place, on distingue sur la gauche un sanctuaire, caractérisé par le demi-cercle qui le ferme au nord. La route D 1, à gauche, longe une grande **maison hellénistique** datant des 4e-2e s. av. J.-C. *(un petit escalier en fer en marque l'entrée)*. Une vingtaine de pièces sont disposées autour de deux cours, l'une rectangulaire, avec un puits au milieu, l'autre trapézoïdale. Certaines de ces pièces présentent encore des restes de pavement en *opus signinum* (amalgame de tessons d'argile et autres petits gravats mêlés à la chaux). Les seuils des différentes pièces, encore très visibles, ont conservé les marques des gonds de portes. Revenir sur l'agora, en passant sur la gauche devant les **bains hellénistiques**. On peut y reconnaître un foyer *(sous la passerelle métallique)* et une salle ronde, garnie de vasques sur son pourtour, destinée aux ablutions. Le long de la route C 1 *(à droite des bains)*, on trouve un **prytanée** (salle pour les réunions des magistrats) de l'époque archaïque (6e s. av. J.-C.), caractérisé par des blocs de pierre carrés et réguliers. Après l'agora, le *decumanus* se termine par la **porte ouest** et des **fortifications** d'époque hellénistique, à moellons réguliers, renforcées par des tours défensives.

Poursuivre sur environ 15 km vers le nord.

Augusta B1

Port industriel très actif dans le raffinage du pétrole et la production de carburant sans plomb, la ville d'Augusta n'a pas été épargnée par les bombardements de 1943 ni par les séismes de 1693 et de 1990. Fondée par Frédéric II Hohenstaufen, la ville a toujours été, du fait de sa position stratégique, un poste de surveillance et de défense du golfe. En témoigne le château souabe, aujourd'hui en ruine. La **porte espagnole**, qui marque l'entrée de la citadelle, est close par deux imposants bastions. La ville ancienne est coupée du nord au sud par le corso Principe Umberto, où sont rassemblés de nombreux commerces.

Brucoli B1

Gracieuse bourgade de pêcheurs, elle possède un charmant **petit port** lové dans l'estuaire de la rivière Porcaria. Le **château** *(fermé au public)* date du 15e s. Situé au bout du village, à la pointe extrême de la péninsule, il offre une très belle **vue★** sur le port et le golfe de Brucoli.

Prendre la direction de Lentini (25 km à l'ouest de Brucoli).

Lentini B1

Lentini est une petite ville agricole, vouée à la production des agrumes, qui fut fortement endommagée par le séisme de 1693. Sur la place centrale se trouve la **chiesa madre** du 18e s. dédiée à saint Alfier, dont le culte est particulièrement répandu ici et dans les villages proches de l'Etna. L'église renferme un hypogée paléochrétien que l'on considère comme le sépulcre des saints Alfier, Philadelphe et Cirino. On y voit aussi une Vierge byzantine du 9e s., dite *Odigitria*.

Le **Musée archéologique** *(℘ 095 78 32 962 - tlj sf lun. 9h-19h - 2 €)* rassemble des pièces provenant des fouilles de Leontinoi.

Leontinoi B1

Passer par Carlentini - pour toute information sur les horaires, contacter le Musée archéologique : ℘ 095 78 32 962.

Cette zone, habitée depuis l'époque protohistorique (on peut voir des soubassements de cabanes sur la colline de Metapiccola, accessible par un sentier sur la droite à l'entrée du parc archéologique), a accueilli en 729 av. J.-C. les Chalcidiens de Naxos qui y ont fondé une colonie. Le philosophe **Gorgias** y est né. Les fouilles ont permis de mettre au jour des restes de murailles précédées de tombes monumentales en forme de pyramides. La porte de Syracuse, ancienne entrée de la cité, permet d'apercevoir ce que l'on pense être une acropole sur la colline San Mauro, qui accueille les restes d'un temple. La montée passe devant la base circulaire de ce qui était probablement une tour de défense. Le sommet offre un beau panorama sur Lentini avec, à l'arrière-plan, le **Biviere** (lac artificiel). Sur la gauche, on aperçoit la colline de San Eligio, avec des tombes de l'ancienne nécropole creusées dans la roche.

★ Il Giardino del Biviere AB1

Contrada Case Biviere - Villa Borghese - à la gare de Lentini, tourner à droite et suivre l'indication « SP 67 – Valsavoia », lorsqu'on bifurque à droite, un grand portail vert marque l'entrée de la résidence - ℘ 095 78 31 449 - mikiborghese@biviere. it - www.ilgiardinodelbiviere.it - visite sur réserv. min. 15 j. à l'avance - possibilité de réserver un déjeuner, un apéritif ou brunch - 10 €.

La légende veut qu'**Hercule**, en venant offrir à Cérès la peau du lion de Némée, ait succombé au charme de ces lieux et qu'il ait fait surgir un lac auquel il aurait donné son nom, changé sous les Arabes en Biviere (abreuvoir ou vivier pour les poissons). La maison s'élevait sur les rives orientales du lac, assaini au cours des années 1930 et recréé en plus petit à distance de la villa. Le jardin qui l'entoure aujourd'hui, réalisé vers 1967 grâce aux princes Borghese, contient de nombreuses espèces botaniques méditerranéennes parmi lesquelles des yuccas, diverses sortes de palmiers, des arbres à floraison remontante (comme le jacaranda originaire du Brésil, la parkinsonia et l'arbre de Judée), un rare exemplaire de *Xanthorrea arborea* et un *Encephaloartus horridus*, plante que l'on croyait fossile et que l'on a retrouvée à l'état sauvage en Tanzanie. Les gros blocs de pierre de l'ancien port hébergent aussi une belle collection de plantes grasses.

😊 NOS ADRESSES À SYRACUSE

TRANSPORTS

L'**aéroport** le plus proche est celui de **Fontanarossa de Catane**, auquel la ville est reliée par des services de cars (1h). Ceux-ci, au départ du piazzale San Antonio, relient la ville à Catane (1h env.), à Palerme (4h), à Raguse (2h) et à de nombreuses autres localités plus petites. Pour de plus amples renseignements, contacter l'AST (℘ 840 000 323 - www. aziendasicilianatrasporti.it) et Interbus (℘ 0913 42 525 - www.interbus.it).

Si l'on voyage en **train**, il existe des liaisons avec Catane (1h30), Messine (3h), Raguse (environ 2h) et Taormine (2h15). La **gare ferroviaire** est située via Francesco Crispi B1 (℘ 89 20 21, www.trenitalia.com).

Circuler dans Ortygie – L'accès en voiture à Ortygie n'est toléré qu'à certaines heures. Un feu au début du corso Matteotti indique si le centre est accessible ou non.

Il est fortement conseillé de se garer au grand parking payant Talete *(nord-est d'Ortygie, juste après le pont C1 - 1 €/8h-14h, 0,60 €/14h-22h, 1 €/22h-8h)*. De là, une navette électrique gratuite vous dépose où vous le souhaitez (passage ttes les 10 à 20mn). Depuis Ortygie, vous rendre au théâtre antique en **taxi** vous coûtera env. 10 € (négocier toujours le tarif à l'avance).

Il est également possible de louer des **vélos** ou des **scooters,** notamment chez **Hollywood Rent** – *Via dei Mille 51 - ℘ 0931 46 13 51- 7 €/j.*

Pantalica

Pour vous rendre à Pantalica sans voiture, il faut aller en bus à Sortino puis contacter une agence de tourisme sur place pour vous intégrer à un groupe *(renseignements à l'office de tourisme de Syracuse)*.

😊 **Services** – Le tronçon qui va de la station de Pantalica au refuge

5

Case Specchi peut être parcouru en charrette attelée de deux chevaux *(14 passagers maximum)*. Pour profiter de cette excursion, en formuler la demande quinze jours à l'avance auprès de l'Ispettorato Dipartimentale delle Foreste, *(via San Giovanni alle Catacombe 7, à Syracuse)*. Pour toute information : 📞 *0931 44 93 74*. À pied, l'excursion vaut également vraiment la peine, mais il est recommandé de se munir de torches électriques pour traverser tunnels et galeries.

VISITES

Ancien marché d'Ortygie – Un des marchés les plus colorés de Sicile, sur la piazza Cesare Battisti et rues limitrophes *(tlj sf dim. 7h-13h)*. Via Trento au n° 2, l'ancien marché couvert de Syracuse, construit au début du 20e s. et abandonné dans les années 1980, accueille de nombreux services touristiques (vente et réservation d'excursions, billetterie pour des manifestations ou pour les transports, visites guidées, location d'audioguides).

Syracuse vue de la mer – On peut effectuer le **tour du Grand Port et d'Ortygie★** à bord d'embarcations qui longent la côte en offrant une vue et une perspective différentes sur la ville. La promenade (35mn en moyenne) peut se prolonger à la demande et inclure, sur réservation, le déjeuner ou le dîner. Elle acquiert tous ses charmes au coucher du soleil, ou la nuit, lorsque les monuments s'illuminent les uns après les autres. Les excursions s'effectuent de mars à novembre (et même plus tard si le temps et la mer le permettent) sur réservation directement au port (**Ortigiatour** – 📞 *368 31 70 711 - départ ttes les heures de 8h à 19h de Riva Garibaldi, Ponte S. Lucia à l'entrée d'Ortygie* C1 *- 10 €/pers. négociables*).

HÉBERGEMENT

🛈 **Bon à savoir** : si vous prévoyez votre séjour pendant le festival de théâtre (mai-juin), réservez votre hôtel longtemps à l'avance.

Dans Ortygie C2

BUDGET MOYEN

Tre Archi – *Via del Crocifisso 30, interno 5 -* 📞 *0931 483 020 - www.trearchisiracusa.com - 4 ch. 60/90 €* ☕. Au niveau du n° 30 de la via del Crocifisso, empruntez le petit passage sur la droite pour trouver ce charmant B & B dissimulé au fond d'une cour. L'emplacement, au centre d'Ortygie, est idéal pour la découverte à pied de la plus belle partie de Syracuse. Les chambres, pour certaines avec kitchenette, sont confortables et fonctionnelles.

Vittoria – *Via Mirabella 18 -* 📞 *0931 462 119 - www. vittoriaflorio.it -* 🖥 📺 *- 6 ch. 60 €* ☕ *- 2 appartements 75 €*. De jolies chambres situées au premier étage d'un immeuble voisin de l'église San Tommaso. La demeure est située dans une ruelle au fond d'une cour intérieure. Les petits-déjeuners sont servis sur la terrasse, baignée de soleil.

Itaca – *Piazza Archimede 2 -* 📞 *0931 483 021/331 33 43 721 - www.itacainn.it -* 🖥 📺 🖨 *- 5 ch. 60/100 €* ☕. Les chambres avec fenêtres ou balcon donnant sur la place profitent d'une belle vue, tandis que celles côté cour jouissent d'un calme assuré. Agréablement meublées, elles affichent un look contemporain ou bien inspiré des années 1970. Deux d'entre elles, pourvues d'une cuisine spacieuse, peuvent accueillir jusqu'à 6 pers.

Aretusa Vacanze – *Vicolo Zuccalà 1* - ℘ *0931 483 484 - www. aretusavacanze.com* - 🔲 📺 - *10 ch. 70/90 €.* Tout près de la fontaine d'Aréthuse, ce petit hôtel occupe un ancien palais du 17e s., qui a gardé sa jolie façade. Entièrement rénové, il abrite des chambres spacieuses (1 à 4 pers.) et propres, desservies par ascenseur. Elles jouissent d'un confort princier : téléviseur à écran plat, lit à baldaquin, accès Internet, coin cuisine bien équipé. Terrasse solarium sur le toit. Excellent accueil. Réduction de 20 % pour les longs séjours.

Corte degli Angeli – *Ronco San Tommaso 15* - ℘/*fax 0931 461 802 ou 338 74 22 407 - www. lacortedegliangeli.com* - 🔲 📺 - *3 ch. 80 €* 🍵. Au cœur d'Ortygie, aménagé dans un ancien palais, ce B & B propose des chambres particulièrement confortables dans un cadre chaleureux et accueillant. Les salles de bains, par ailleurs joliment décorées, sont malgré tout petites et l'une des chambres est relativement sombre. Celles donnant sur la place sont plus lumineuses, mais également plus bruyantes.

POUR SE FAIRE PLAISIR

Gutkowski – *Lungomare Vittorini 26* - ℘ *0931 46 58 61 - fax 0931 48 05 05 - www.guthotel. it - 13 ch. 90/115 €* 🍵. Cet hôtel apaisant face au large propose des chambres tout à la fois dépouillées et très confortables. Magnifique terrasse-solarium panoramique en haut de l'un des deux bâtiments. Un établissement soigné dans les moindres détails. Excellent accueil et délicieux petit-déjeuner.

POUR SE FAIRE PLAISIR

Alla Giudecca – *Via Alagona 52* - ℘/*fax 0931 22 255 - www. allagiudecca.it - 26 ch. et*

suites 90/120 € 🍵. Les beaux appartements de cet hôtel-résidence peuvent être loués pour quelques nuits. Tout confort et bonnes prestations. Profitez de la magnifique terrasse dominant Ortygie.

Palazzo del Sale – *Via Santa Teresa 25* - ℘ *0931 65 958 - fax 0931 20 00 72 - www. palazzodelsale.it* - 🔲 📺 - *7 ch. 115 €* 🍵. Non loin de la fontaine Aréthuse, cette bâtisse a été restructurée avec un goût très sûr et une grande sobriété. Salon commun original, bel espace dans les chambres, bonne luminosité et petites terrasses pour certaines. Très bon accueil.

UNE FOLIE

Algilà Ortigia Charme Hotel – *Via Vitt. Veneto 93* - ℘ *0931 46 51 86 - fax 0931 46 38 89 - www.algila. it - 30 ch. 144/300 €* 🍵. On ne peut rêver meilleur emplacement sur le *lungomare* pour ce bel établissement aménagé dans trois palais d'époque réunis. Style mi-baroque, mi-mauresque pour la décoration des chambres réalisée avec beaucoup de goût.

Dans la ville moderne

BUDGET MOYEN

Piccolo Hotel Casa Mia – *B2 - Corso Umberto I 112* - ℘ *0931 46 33 49 - www. bbcasamia.it - 23 ch. 70/80 €* 🍵. Un petit hôtel dans l'esprit Art déco avec d'invraisemblables lits ayant appartenu aux aïeuls des propriétaires. Atmosphère chaleureuse et familliale.

Près des plages

BUDGET MOYEN

Dolce Casa – *Hors plan par A2 - via Lido Sacramento 4, Loc. Isola, S 115 dir. Noto, prendre à gauche dir. Isola* - ℘/*fax 0931 72 11 35 - www.bbdolcecasa.it - 10 ch. 60/90 €* 🍵. À mi-chemin entre les merveilles de Syracuse et la mer, cette villa privée, transformée en un accueillant Bed & Breakfast, dispose de grandes chambres lumineuses en rez-de-chaussée ou à l'étage, meublées à l'ancienne avec quelques touches romantiques, et d'un beau jardin de palmiers et de pins pour un séjour des plus agréables.

POUR SE FAIRE PLAISIR
Kalaonda Plemmirio Hotel – Hors plan par A2 - *Strada Capo Murro di Porco, S 115 dir. Noto, prendre à gauche dir. Isola -* 🏖/fax 0931 714 829 - *www. kalaonda.it -* 🛋 *- 18 ch. 100/190 € ⊑ -* ✕ *25/35 €.* Un savant mariage entre style campagnard et décoration contemporaine, dans ce relais de charme membre des Relais du Silence à moins de 1 km de la mer. Cuisine savoureuse à base de produits de la région.

Près de Cassibile
BUDGET MOYEN
Agriturismo La Perciata – Hors plan par A1 - *Via Spinagallo 77, 10 km au sud-ouest de Syracuse sur la SP 14 dir. Canicattini ; au croisement, prendre la dir. de Floridia -* 🏖 *0931 71 73 66 - fax 0931 62 301 - www.perciata.it -* 🛋 ▤ *- 11 ch., 3 appart., 3 villas 75/100 € ⊑ -* ✕ *20/25 €.* Entouré de verdure, un domaine aux accents méditerranéens pour des vacances à l'enseigne de la détente. Les effets bénéfiques de la campagne se conjuguent à ceux des parties de tennis et des balades à cheval. Chambres et appartements élégamment authentiques et très confortables.

POUR SE FAIRE PLAISIR
Agriturismo Limoneto – Hors plan par A1 - *Via del Platano, 9 km au sud-ouest de Syracuse*

sur la SP 14 dir. Canicattini ; suivre Palazzolo Acreide - 🏖 *0931 71 73 52 - fax 0931 71 77 28 - www.limoneto.it -* ♿🚭 *- fermé nov. - 10 ch. 95/120 € ⊑.* Au beau milieu d'une exploitation de citrons biologiques, on trouve ici le calme parfait et un accueil chaleureux. Les chambres spacieuses peuvent accueillir toute la famille. Le bois et la lumière dominent.

RESTAURATION

Dans Ortygie C2
PREMIER PRIX
Castello Fiorentino – *Via del Crocifisso 6, Ortygie -* 🏖 *0931 21 907 - fermé lun. - 15/25 €.* Une trattoria-pizzeria des plus populaires, à la grande salle un peu défraîchie qui ne paye pas de mine. Une escouade de serveurs y courent, virevoltent, tourbillonnent, braillent leurs commandes avec emphase et entrain, histoire d'ajouter à l'assourdissant concert ambiant. Plantureuses pizzas et pâtes bien en sauce. Toujours bondé : arrivez tôt.

Trattoria Archimede – *Via Gemmellaro 8, Ortygie -* 🏖 *0931 69 701 - www.trattoriaarchimede.it - fermé dim. soir et j. fériés - 15/25 €.* Deux salles aux murs tapissés de photographies et d'estampes encadrent la rue. L'adresse compte parmi les plus touristiques, mais à juste raison, car ici la cuisine satisfait le palais sans dépouiller le porte-monnaie. Les lasagnes au poisson, pâtes aux oursins et autres spaghettis aux palourdes composent l'essentiel du menu avec les pizzas le soir.

Sicilia in Tavola – *Via Cavour 28, Ortygie -* 🏖 *392 46 10 889 - www.siciliaintavola.eu - fermé lun. - 15/25 €.* Le point fort de cette petite trattoria au cadre campagnard : une grande variété de pâtes fraîches, faites maison dans les règles de l'art et cuisinées avec amour. Préférez ces dernières aux plats de viande et de poisson, plus chers et plus classiques.

Do Scogghiu – *Via Scinà 11, Ortygie - fermé lun. - réserv. conseillée - 15/25 €.* Une « spaghetteria » qui sert des portions généreuses, des antipasti succulents et des pâtes al dente ! Accueil simple et plein de gentillesse.

BUDGET MOYEN

Locanda Mastrarua – *Via V. Veneto 11, Ortygie - 0931 62 084 - www.locandamastrarua. com - fermé merc. - 25/30 €.* Un cadre moderne, clair et accueillant, pour une cuisine soucieuse d'offrir le meilleur de la tradition. La présentation est soignée, les produits de qualité. Goûtez les viandes grillées ou le *mastrarua*, marmiton de bar en croûte d'amandes aux épinards.

Taverna Sveva – *Piazza Federico di Svevia 1, Ortygie - 0931 246 63 - fermé midi - 30 €.* Quelques tables colorées sur une place tranquille du bout de l'île et une cuisine inventive sur fond de jazz font le charme de cette bonne table. Essayez les gambas orange et miel et le tiramisu d'agrumes.

POUR SE FAIRE PLAISIR

Don Camillo – *Via Maestranza 96, Ortygie - 0931 67 133 - www. ristorantedoncamillosiracusa.it. fermé dim et fériés. - 50/60 €.* La plus célèbre adresse de la ville, propose les incontournables de la cuisine sicilienne avec quelques retouches créatives. Soupe de poisson, carpaccio de thon, *cassata* et *cannoli*, tout de très bonne qualité.

UNE FOLIE

Oinos Restaurant – *Via della Giudecca 69/75, Ortygie - 0931 46 49 00 - www. oinosrestaurant.it - fermé dim. - 60 €.* Une cuisine contemporaine et recherchée dictée par le savoir-faire de deux jeunes chefs l'un italien, l'autre japonais. Salle de caractère dans les tons gris et sable.

PETITE PAUSE

Enoteca « Capriccio » – *Via dell'Amalfitania 11, Syracuse - 0931 46 49 18.* Voici une occasion unique de découvrir et déguster les meilleurs crus siciliens, car vous trouverez dans cette œnothèque un très grand choix de vins, dont quelques-uns sont très particuliers comme le « rosolio à la mandarine » ou « à la cannelle ».

Gelateria Bianca Salvatore – *Corso Umberto I (pas de n°), Syracuse.* Si 30 parfums différents de glaces ne vous suffisent pas, alors vous pouvez passer votre chemin. En revanche, si vous décidez de vous en « contenter », installez-vous à la terrasse ombragée pour déguster avec délice cornets ou coupes (à un prix très raisonnable !).

Gran Caffè del Duomo – *Piazza Duomo, Ortygie - 0931 21 544.* Une terrasse très agréable sur cette place piétonne, face aux courbes de la façade de la cathédrale… Idéal pour le *cappuccino* du matin ou le meilleur *latte di mandorla* (lait d'amandes) de la ville.

Biblos – *Via Cons. Regionale (juste après l'angle de la via Roma), Ortygie - fermé merc. - 18h-22h.* C'est à la fois une très bonne librairie, un lieu culturel dynamique et un cyber-café où l'on peut boire un thé en surfant.

5

SPECTACLES

👥 Teatro dei Pupi Vaccaro-Mauceri – *Via Giudecca 5, Ortygie - ☎ 0931 46 55 40 - www.pupari. com - mar.-sam. 10h-13h, 16h-19h, dim. 10h30-13h - fermé lun.* Situé en plein cœur de l'Ortygie, ce petit théâtre de marionnettes est géré par les frères Maucerie qui vous feront voyager dans le temps et découvrir la culture sicilienne populaire. Juste à côté se trouve la boutique passionnante d'Alfredo Mauceri où sont fabriqués les *pupi*.

ACHATS

Le Olive – *Via Cavour 27, Ortygie - ☎ 0931 18 54 246 - tlj 10h-14h, 16h30-19h30.* Comptoir gourmand ouvert par un Français tombé amoureux de Syracuse. Tout est à base d'olive : huile, pâté, savon.

Fishouse – *Via Cavour 29-31, Ortygie - ☎ 339 77 71 36 - www.fishhouseart.it.* De l'art contemporain dont le thème est le poisson, pour des idées de décoration très originales.

Galleria Bellomo – *Via Capodieci 47, Ortygie - ☎ 0931 61 340 - www. bellomogallery.com.* C'est une jolie histoire que celle de la Signora Massara : initiée par son beau-père passionné au travail du papyrus, elle ouvre en 1980 ce petit atelier/galerie et fait preuve depuis lors d'un talent indéniable.

Galleria del Papiro – *Via Ruggero Settimo 35, Ortygie - ☎ 339 15 02 337.* Alessandro Romano est un artiste qui réalise ses créations à base de papyrus. Un grand choix d'œuvres, dont le style et les dimensions varient, sont exposées et proposées à la vente.

SPORTS ET LOISIRS

La côte au sud de Syracuse offre de belles plages de sable (à **Arenella**), entrecoupées de falaises et de criques comme celle d'**Ognina**, véritable paradis pour les amateurs de plongée.
Le site le plus remarquable est sans aucun doute **Fontane Bianche**, à environ 20 km au sud de Syracuse.

AGENDA

Pièces classiques – En mai et en juin, le Théâtre grec accueille un prestigieux festival de théâtre antique. Pour toute information, contacter l'Istituto Nazionale del Dramma Antico *(corso Matteotti 29, Syracuse - ☎ 0931 48 72 00 - fax 0931 21 424 - www.indafondazione.org).*

Fête de sainte Lucie – Le 13 décembre, Syracuse fête sa sainte patronne.

Noto et le littoral

24 047 habitants

NOS ADRESSES PAGE 362

S'INFORMER

Office de tourisme – *Piazza XVI Maggio (face au théâtre) - ℘ 0931 83 67 44 - www.comune.noto.sr.it et www.valdinoto.it - tlj (sf sam. et dim. apr.-midi en hiver) 8h30-13h30, 15h30-18h.*

SE REPÉRER

Carte de microrégion B2 (p. 324) – *carte Michelin Local 365 AZ 62.* Les principaux monuments du centre historique sont regroupés sur le corso Vittorio Emanuele III, qui coupe la ville d'est en ouest, et sur la via Cavour, parallèle au corso au nord.

SE GARER

Garez votre voiture à proximité du jardin public, à l'entré de la ville en venant de Syracuse. Dans le centre-ville, les places sont rares et payantes.

À NE PAS MANQUER

La cathédrale ; la piazza Municipio.

ORGANISER SON TEMPS

Une journée suffit amplement à la visite de la ville où il faut absolument rester jusqu'au coucher du soleil pour voir les façades des monuments absorber la lumière dorée de la fin de journée.

AVEC LES ENFANTS

Une baignade dans les gorges de Cava Grande (*voir p. 359*).

Dominant la vallée de l'Asinaro et ses plantations d'agrumes, Noto est un petit bijou baroque accroché à un haut plateau. Cette ville, si harmonieuse qu'elle évoque un décor de théâtre, doit pourtant son incroyable charme à une tragédie. C'est en effet à la suite du tremblement de terre de 1693 que sont édifiés ces palais majestueux construits en calcaire local, une pierre tendre et compacte qui a pris avec le temps de superbes teintes d'un rose doré. L'enchantement prend hélas fin le 13 mai 1996 quand la coupole et une partie de l'intérieur de la cathédrale, mal entretenue, s'écroulent suite à un séisme. Après être resté quatre ans comme une blessure ouverte au cœur de la ville, le monument reconstruit a vu le jour en 2007 après un exceptionnel chantier de rénovation qui a duré sept ans.

5

Se promener

★★ LE CENTRE BAROQUE

L'artère principale, le **corso Vittorio Emanuele III★★**, est ponctuée de trois places pourvues chacune de son église. Elle débute à la **Porta Reale**, entrée

Des ruines
au « jardin de pierre »

UNE VILLE BAROQUE

Avant 1693, la ville était établie à 10 km de son site actuel. Le séisme la détruisit entièrement et il fallut trouver un endroit plus accessible et plus vaste, susceptible d'accueillir une implantation urbaine au tracé simple et linéaire, avec des intersections à angle droit et de grandes voies parallèles, comme le voulait le nouveau goût baroque. On traça donc trois rues principales, coupant la ville d'est en ouest pour être illuminées par le soleil tout au long de la journée. Le chiffre trois correspondait aussi au nombre de classes sociales installées dans la cité. La noblesse s'octroya la partie haute, le clergé la partie centrale (l'unique exception étant le palais « séculier » des Landolina), et les classes populaires occupèrent la partie basse.

La reconstruction fut menée par le duc de Camastra, représentant à Noto du vice-roi espagnol, avec la participation de nombreux artistes siciliens, dont **Paolo Labisi, Vincenzo Sinatra** et **Rosario Gagliardi**. Influencé par Borromini, ce dernier fut peut-être le plus créatif.

La ville fut bâtie entièrement dans cette pierre calcaire qui, en vieillissant, lui confère ses subtiles couleurs dorées et ont valu à Noto le surnom de « jardin de pierre ». Les architectes l'ont pensée comme un décor de scène, en tenant compte des perspectives et en trichant avec elles de façon remarquable, en jouant avec les lignes et les courbes des façades, avec la décoration des consoles à boucles, les volutes, les mascarons, les *putti*, les balcons en fer forgé, ventrus mais pleins de grâce. Création originale de maîtres locaux, Noto s'inscrit dans la perspective qui, née des mains des artistes italiens, voit fleurir le rêve baroque dans toute l'Europe.

UNE RESTAURATION HISTORIQUE

Des infiltrations d'eau ayant fragilisé la cathédrale San Nicolò, la coupole, la nef centrale, la nef de droite, le transept droit et quelques pilastres ne résistèrent pas au séisme de 1996 qui frappa le Val di Noto. Mais le 18 juin 2007 restera une date clé pour la ville de Noto : autorités politiques et religieuses étaient rassemblées avec les habitants pour inaugurer la cathédrale reconstruite. Fidèles au mot d'ordre « *Com'era, dov'era* » (comme elle était, où elle était), l'architecte Salvatore Tringali et le maître d'œuvre Roberto De Benedectis ont remonté l'édifice pierre par pierre à l'identique. Pendant sept ans, on a donc vu revivre à Noto un chantier du 18e s. avec des techniciens et des moyens du 21e s. Pas moins de 25 millions d'euros ont été nécessaires à cette entreprise où travaillèrent chaque jour 50 hommes et qui s'impose comme un modèle du genre en Italie du Sud.

La cathédrale St-Nicolas de Noto.
Ph. Renault / hemis.fr

monumentale en arc de triomphe, érigée au 19ᵉ s. et surmontée d'un pélican, symbole chrétien de dévouement et, ici, d'allégeance au roi Ferdinand.
De part et d'autre de l'arc, on voit une tour, symbole de force, et un lévrier
(ancienne race sicilienne), symbole de fidélité. Derrière, sur un boulevard planté
d'arbres, des massifs de bougainvillées roses et des bouquets de palmiers,
d'où émergent les bustes en marbre de personnages célèbres, annoncent un
beau jardin public, point de rencontre des habitants.

Piazza Immacolata

Sur la place, dont le centre est occupé par une statue de la Vierge, l'**église
San Francesco all'Immacolata** (œuvre de **Sinatra**) dresse sa façade baroque
relativement simple. Elle est précédée d'un imposant escalier accédant à une
esplanade où donne le couvent homonyme. À l'intérieur de l'église, on peut
voir des pièces provenant de l'église franciscaine de l'ancienne ville, Noto
Antica, parmi lesquelles on remarque une Vierge à l'Enfant en bois peint,
attribuée à Antonello Monachello (1564) *(sur l'autel)* et, le long de la nef, à
droite, la plaque tombale d'un père franciscain (1575).

À gauche de l'église, à l'entrée de la via San Francesco d'Assisi, s'élève le **monastère du Très-St-Sauveur**, dont la façade curviligne incorpore une élégante
tour, autrefois belvédère. Les superbes grilles ventrues en fer forgé placées
aux fenêtres du **couvent Ste-Claire** *(côté opposé du corso)* sont de Gagliardi.

★ Piazza Municipio

C'est la plus majestueuse et la plus animée des trois places, délimitée à gauche
par la façade du **palais Ducezio**, et, à droite, par le sinueux escalier de la
cathédrale.

★★ Cathédrale San Nicolò – L'ample escalier qui précède l'édifice et donne
sur la place est bordé de part et d'autre de deux exèdres arborées, chacune
parcourue par un chemin dallé qui en souligne les courbes sinueuses. La
somptueuse façade baroque toute en courbes est saisissante d'harmonie.

5

L'intérieur immaculé n'est pas encore décoré, mais les volumes originaux étant parfaitement restitués, un sentiment d'équilibre se dégage de l'ensemble.

Sur les côtés de la cathédrale, au même niveau, le **palais épiscopal** (19e s.) et le **palais Landolina di Sant'Alfano**, aux lignes plus sobres, semblent tempérer l'exubérance des édifices voisins. De l'autre côté de la place, les harmonieuses courbes de la façade du **palais Ducezio** *(tlj sf lun. 9h-13h, 16h-20h - 4 €)* contrastent avec le style classique du portique, œuvre de **Sinatra**. L'étage supérieur n'a été ajouté que dans les années 1950. Un billet combiné permet de visiter la modeste **salle des Miroirs** du palais, le **théâtre** et la **galleria Pirrone**, une collection d'art moderne située au n° 149 de la via Vittorio Emanuele III. Sur le côté est de la place s'élève la façade de la **basilique du Très-Saint-Sauveur**.

★ Via Nicolaci

Sur la droite en continuant dans le corso Vittorio Emanuele III.

De part et d'autre de cette rue légèrement en pente, fermée en haut par **l'église Montevergini**, dont la belle façade concave est encadrée de deux campaniles dus à **Sinatra**, se dressent de beaux palais baroques.

On admirera sur la gauche le **palais Nicolaci di Villadorata** *(𝄽 0931 83 50 05 ou 338 74 27 022 - 10h-13h, 15h-19h - 4 €)* aux **balcons★★★** appuyés sur des consoles animées d'angelots, de chevaux, de sirènes, de lions et de figures grotesques, parmi lesquelles se détache, au centre, un personnage au nez camus et aux lèvres épaisses.

Revenir sur le corso Vittorio Emanuele III pour voir, à gauche, l'imposant ensemble formé par **l'église et le collège des jésuites**, attribué à Gagliardi. Quatre colonnes surmontées de mascarons particulièrement grimaçants encadrent le portail central.

Piazza XVI Maggio

La place est dominée par l'élégante façade convexe de l'**église San Domenico★**, œuvre de **Gagliardi**. Ses lignes vigoureuses sont accentuées par les colonnes surélevées qui rythment les deux ordres séparés par une haute corniche. L'intérieur blanc, orné de stucs, renferme des autels en marbre polychrome.

Devant l'église, le charmant **pavillon d'Hercule** (18e s.) et sa fontaine centrale font face au théâtre municipal (19e s.).

La via Ruggero Settimo, deuxième rue à gauche dans le corso Vittorio Emanuele III, permet de rejoindre l'**église du Carmel**, à la belle façade concave ornée d'un portail baroque.

En revenant piazza XVI Maggio, remonter la via Bovio, bordée sur la droite par la maison des Pères-Porte-Croix (Crociferi).

Via Cavour

C'est la rue parallèle au corso Vittorio Emanuele III au nord.

Très élégante, elle est bordée d'intéressants édifices, dont le **palais Astuto** (n° 54), aux balcons à balustrades bombées, et le **palais Trigona Cannicarao** (n° 93).

Après ce palais, tourner à gauche dans la via Coffa et, au bout, encore une fois à gauche.

Longer le **palais Impellizzeri**, de style baroque tardif, et prendre à droite la via Sallicano.

Au fond apparaît l'**église del Santissimo Crocefisso**, dessinée par Gagliardi, qui possède une délicate *Madone de la Neige* de **Francesco Laurana**.

À proximité

Noto Antica
▶ *10 km environ au nord-ouest par la S287.*

Sur la route qui mène à la ville ancienne est indiqué l'**ermitage de St-Conrad-hors-les-Murs** (San Corrado di Fuori). Non loin du sanctuaire du 18ᵉ s. perdu dans la verdure se trouve la grotte où le saint vécut au 14ᵉ s. Reprendre la route pour visiter, après quelques kilomètres, le **sanctuaire de Santa Maria della Scala**, orné, en arrière des fonts baptismaux, d'un bel arc de style arabo-normand.

Un peu plus loin, on aperçoit l'endroit où s'élevait Noto avant le terrible tremblement de terre de 1693. L'ancienne cité se développait le long de la ligne de crête de l'Alveria, délimitée par deux profondes gorges qui facilitaient la défense du site. La Porta Aurea donnait accès à la ville dont les rues, autrefois grouillantes d'animation, sont maintenant envahies par la végétation. En les parcourant, on apercevra, ici et là, parmi les arbustes et les buissons, des ruines émouvantes.

Circuit conseillé Carte de microrégion

ENTRE RUINES ET MERVEILLES DE LA NATURE

▶ *Circuit d'environ 85 km tracé sur la carte p. 324. Au départ de Noto, prendre la S 115 en direction de Syracuse. Compter au moins une journée avec l'excursion à Cava Grande et la visite de la réserve de Vendicari.*

★★ Cava Grande del Cassibile B2
Aller jusqu'à Avola et suivre la direction Avola Antica (10 km sur une petite route tortueuse). Après le centre d'habitations, tourner à droite sur le belvédère et garer la voiture.

La visite de Cava Grande permet de découvrir les paysages cachés des monts Iblei, relief karstique qui occupe la partie sud-est de la Sicile. Le parcours proposé passe par des lieux très peu fréquentés et présente un grand intérêt pour les passionnés de paysages naturels. Au belvédère, on a une belle **vue★** sur la **gorge de Cava Grande★** avec ses imposantes parois calcaires qui tombent à pic sur un fond de vallée. Le cours d'eau que l'on aperçoit en bas s'élargit pour former de beaux petits lacs, accessibles par un sentier qui descend dans la gorge. Légèrement sur la gauche, une ouverture apparaît dans la paroi rocheuse : c'est l'entrée de ce que l'on nomme la grotte des Brigands. Ce n'est qu'un modeste témoignage des implantations rupestres qui caractérisent toutes les régions rocheuses du Sud-Est sicilien. On pense que la grotte a abrité une tannerie.

Descente – 🥾 Une demi-heure de marche est nécessaire pour atteindre la rivière (compter au moins le double pour remonter). On suivra le cours d'eau (*cava* en toponymie locale) en descendant le courant, ce qui est parfois difficile tant la végétation est luxuriante. Au bout de quelques centaines de mètres, on atteint la zone découverte où la rivière forme un collier de petites **piscines naturelles★★** aux eaux limpides, creusées à même la roche et entourées de rochers plats. C'est le moment idéal pour marquer une pause, ou se baigner dans ces eaux fraîches, si rares en période estivale 👥. Un beau dépaysement et une alternative aux bains de mer qu'offre la côte syracusaine.

Retourner à Avola, prendre la S 115 pour Noto, puis la S 19 vers le cap Passero. Une route sur la gauche mène à Eloro.

5

Eloro B2

Cette petite ville, fondée probablement vers le 7ᵉ s. av. J.-C. par les Syracusains, s'élève dans un magnifique **site★** face à la mer, sur une petite colline près de l'embouchure du Tellaro.

Dès l'entrée sur le site, on remarque à l'est les restes d'une grande *stoa* (portique) délimitant l'espace sacré où s'élevait un **sanctuaire** dédié à Déméter et Koré (assimilée à Perséphone), sur lequel d'autres constructions se sont superposées à l'époque byzantine. Continuer vers la rivière pour voir la *cavea* d'un **théâtre**, malheureusement détruit en partie pendant la période fasciste pour la construction d'un canal. À l'ouest, on voit les fondations d'un **temple**, probablement consacré à Asclépios, dieu de la Médecine. Les tronçons nord et ouest de la **muraille d'enceinte** sont aussi bien visibles, ainsi que les bases des tours qui encadraient la **porte nord**. C'est ici que débutait la route principale, orientée nord-sud. Sur le sol, on distingue encore les ornières creusées par le passage des chars. L'agora se situait sans doute à l'est de cette grande voie, dans un espace bordé d'habitations à plan quadrangulaire.

Retourner sur la S 19 ; au bout d'environ 3 km, une route sur la droite mène à la villa romaine du Tellaro.

Area archeologica e Villa romana del Tellaro

℘ 0931 57 38 83 - www.villaromanadeltellaro.com - ♿ - 9h-19h - 6 €.

Près du Tellaro, à l'ouest de la route Noto-Pachino, des fouilles effectuées durant les années 1970, en face d'un complexe agricole, ont fait apparaître les restes d'une villa romaine de la seconde moitié du 4ᵉ s. dont les décorations n'avaient probablement rien à envier à celles de la villa de Piazza Armerina *(voir le chapitre « Villa romaine du Casale » p. 309).*

La villa est construite autour d'un péristyle carré, dont on a mis au jour le côté nord et le pavement en mosaïques, en forme de losanges et de spirales. Dans les trois espaces au nord du péristyle sont apparues de superbes mosaïques, réalisées avec des tesselles plus petites et avec des couleurs plus vives que celles de la villa romaine du Casale. Ces mosaïques illustrent des scènes de chasse, des scènes érotiques, et la scène de la remise de rançon pour la restitution du corps d'Hector. Remarquer à la sortie, sur la droite, des habitations annexes, probablement destinées aux domestiques, et les restes d'un mur d'époque grecque.

Retourner sur la S 19 et continuer vers le sud pendant environ 4,5 km. Prendre ensuite la bifurcation sur la gauche en direction de la réserve.

★ Riserva naturale di Vendicari B2

℘ 0931 67 450 - avr.-oct. : 8h-19h ; nov.-mars : 7h-17h30 - gratuit - visites guidées sur réserv. au moins une semaine à l'avance - parking payant 4 €.

Pour observer les oiseaux, nous vous conseillons les premières heures de la matinée ou la fin d'après-midi. Les jumelles sont indispensables.

Instituée en 1984, la réserve n'a ouvert ses portes qu'en 1989. Sur cette étroite bande côtière marécageuse de 574 ha, un grand nombre d'oiseaux migrateurs ont trouvé refuge et la végétation psammophile (des régions sableuses) et méditerranéenne s'épanouit à loisir. Le degré de salinité très élevé de ses vastes marais a donné naissance à un écosystème bien particulier. En automne, on peut observer des échassiers, surtout les hérons cendrés et les aigrettes, plus rarement les cigognes et les flamants ; entre novembre et mars, lorsque le niveau de l'eau monte, les marais deviennent le royaume des palmipèdes, parmi lesquels on repère aisément colverts, tadornes et foulques noires, et souvent, des mouettes et des cormorans. Mais le symbole de Vendicari est

le **chevalier d'Italie**, au corps blanc, ailes noires et longues pattes roses, la seule espèce qui nidifie ici.

En suivant le sentier qui longe par intermittence le **grand marais** (*pantano grande*), on arrive à la **tour souabe**, construite au 15e s. par Pierre d'Aragon. La cheminée dressée au milieu des ruines de la *tonnara* a fonctionné jusqu'à la fin de la dernière guerre. Non loin de là, près des rochers où les vagues viennent se briser, on remarque des bassins qui faisaient partie d'un **établissement destiné au travail du poisson**, d'époque grecque. En ce temps-là, les principales activités étaient la salaison de l'excédent de poisson (*tarichos*) et la préparation du *garum*, un sous-produit obtenu à partir de la macération des viscères et des déchets dans l'eau de mer.

Le parc de Vendicari se caractérise par une alternance de substrat rocheux et de sable. Pour ce qui est de la flore, on trouve au nord, vers le **petit marais** (*pantano piccolo*) où prédomine le sol rocheux, une vaste garrigue et des buissons de thym et d'épineux, égayés d'orchidées et d'iris. Dans la zone intérieure, la végétation se compose de bosquets de lentisques, de myrtes et de palmiers nains. Là où le terrain est plus sablonneux, notamment près du **Pantano Roveto**, on trouve des plantes psammophiles pérennes (graminées à rhizomes) alternant avec des bosquets de romarin et de genévriers à grosses baies.

Suivre la S 19 pendant environ 18 km.

Capo Passero B3

Extrême pointe sud-est de la Sicile, le cap est dominé par un phare. C'est ici que se rencontrent les eaux de la mer Ionienne et du détroit de Sicile.

La **tonnara** (*visites en été 8h30-16h*) du cap, dont l'activité a été florissante tout au long de ce siècle, appartient toujours au baron de Belmonte, qui, en 1994 encore, a effectué une *calata* (descente de filets). Le complexe comprend, outre le bâtiment servant à la mise en boîte du thon (désaffecté), la maison du *raïs*, qui dirigeait la *mattanza* (mise à mort des thons), et la demeure du baron, d'où l'on a une **vue★★** splendide sur l'horizon infini, changeant au gré des humeurs de la mer.

La **petite île** (Isolotto di Capo Passero) située en face du cap forme avec la terre ferme un couloir naturel, point de passage obligé des thons qui peuvent aisément y être capturés. Mais depuis qu'elle a été classée zone de protection du palmier nain, et que des bassins d'élevage ont été implantés dans les eaux de la *tonnara*, il est devenu très difficile de descendre des filets. Cette petite île ne présente plus l'activité fébrile d'autrefois, mais a gardé tout son charme.

Portopalo di Capo Passero B3

C'est un petit village de pêcheurs très typique. Le port est naturellement au centre des activités, surtout entre midi et deux heures, quand les bateaux de

5

LE SAVIEZ-VOUS ?

Durant la pêche, les marins avaient l'habitude de signaler par des drapeaux la quantité de thons présents dans les chambres des filets : s'il y en avait dix, ils sortaient un fanion rouge et blanc ; vingt, un fanion rouge ; trente, un blanc. S'il y en avait quarante, ils prenaient le drapeau blanc (trente) ainsi que le rouge et blanc (dix), et ainsi de suite. Quand les poissons étaient extrêmement nombreux, on hissait sur une rame une veste de marin, *u'cappottu*, ce qui voulait dire : « Maintenant nous ne les comptons plus, ils sont trop nombreux. »

pêche accostent et que les acheteurs s'attroupent devant les étals. Les mêmes bâteaux font office de navettes vers l'îlot de Capo Passero (tarif négociable selon la saison et le nombre de personnes).

😊 NOS ADRESSES À NOTO

TRANSPORTS

La ville de Noto se situe à 55 km de Raguse et à 33 km de Syracuse, auxquelles elle est reliée par le **train** (en respectivement 2h et 40mn) et par le **car** (1h à 1h50 et 40 à 50mn selon les compagnies). La gare routière se trouve piazzale Marconi, derrière les jardins publics, tandis que la gare ferroviaire est sur le viale Principe di Piemonte, à 10mn à pied du centre historique.
Des services de cars assurent une liaison entre la ville et l'aéroport Fontanarossa de Catane (env. 2h).

VISITE

Une promenade dans les ruelles – Tout autour du centre historique du 18e s. au plan régulier ont surgi des quartiers populaires (Agliastrello, Mannarazze, Macchina Ghiaccio, Carmine), caractérisés par d'étroites ruelles tortueuses, véritables labyrinthes évoquant les bourgs médiévaux. Outre son service de visites guidées du centre historique (en français), l'association **Allakatalla** (corso Vittorio Emanuele III 47 - ☎ 0931 57 40 80 - fax 0931 83 60 21 - www.

allakatalla.it) propose des parcours « alternatifs » dans ces quartiers, les enrichissant de récits et légendes populaires. Véritables plongeons dans le passé, ils sont plus séduisants encore en soirée quand la lumière diffuse crée une atmosphère presque magique.

HÉBERGEMENT

🛏 Noto a vu fleurir nombre de modestes Bed & Breakfast dans le centre historique. Prix et prestations sont à peu près équivalents partout. On vous proposera certainement d'aller prendre votre petit-déjeuner au bar du coin sur présentation d'un ticket.

BUDGET MOYEN

Terra di Pace – *Contrada Zisola* - ☎ *0931 83 84 72* - *www.terradipace.blogspot.com* - 🅿 ⊐ ⌇ - *5 appart. (avec cuisine) 70 €.* Située à 3 km de Noto par la S 115, cette ferme très tranquille dispose de petits studios joliment décorés donnant sur un vaste jardin. Petite piscine pour se rafraîchir et savoureux produits biologiques de la ferme. Pas de petit-déjeuner.
Al Canisello – *Via Pavese 1* - ☎ *0931 83 57 93 - fax 0931 83 75 70 - www.villacanisello.it* - 🅿 ⊐ -

6 ch. 75/90 € ⌑. La campagne à la ville à 20mn à pied du centre historique. Les chambres de cet ancien corps de ferme du 19ᵉ s. aux murs blancs et épais sont organisées autour d'une agréable cour arborée. Vous prendrez un solide et savoureux petit-déjeuner dans le jardin. Décoration sobre et soignée. Les hôtes parlent français.

POUR SE FAIRE PLAISIR

Villa Mediterranea – *Viale Lido, Noto Marina, 7,5 km au sud-est de Noto - ℘/fax 0931 81 23 30 - www.villamediterranea.it - fermé de déb. nov. à mi-avr. -* 🅿 🛁 *- 15 ch. 90/150 €* ⌑. Posté sur le front de mer de Noto Marina, cet hôtel de style méditerranéen joliment agencé possède un accès direct à la plage. Bon accueil.

RESTAURATION

PREMIER PRIX

Trattoria del Carmine – *Via Ducezio 1/A - ℘ 0931 83 87 05 - www.trattoriadelcarmine.it - fermé lun. - 15/20 €.* Si vous voulez reprendre des forces après d'épuisantes visites touristiques, cette trattoria est l'endroit idéal. La cuisine de l'oncle Corradu est familiale et la salle est intime, ne comprenant que quelques tables avec nappe en papier.

BUDGET MOYEN

Trattoria del Crocifisso Da Baglieri – *Via Principe Umberto 46/48 - ℘ 0931 57 11 51 - www. ristorantecrocifisso.it - fermé merc., 1 sem. après Pâques et 2 sem. fin sept. - 25/35 €.* Un savoureux voyage dans le temps : c'est ainsi que l'on pourrait définir un repas pris dans cette trattoria. Le décor comme la cuisine sont en effet typiquement siciliens et même les prix semblent appartenir au passé…

PETITE PAUSE

Anche gli Angeli – *Via Arnaldo da Brescia 2 - ℘ 0931 57 60 23.* Sous la fraîcheur de hautes voûtes en pierre, ce *concept store* à la fois librairie, lounge et droguerie s'impose comme la nouvelle adresse « in » de Noto.

AGENDA

Primavera barocca – Le troisième week-end de mai ont lieu diverses manifestations pour le « printemps baroque » dont la plus célèbre est l'**Infiorata**, durant laquelle la via Nicolaci est recouverte de fleurs. Les habitants se pressent alors sous les grands portails des palais pour admirer la chaussée décorée d'un immense tapis de fleurs bigarrées, créé par des artistes qui remplacent peinture et pinceaux par des pétales multicolores. Les motifs varient chaque année. Également des **concerts** de musique baroque durant l'été, se renseigner à l'office de tourisme.

5

Raguse et sa côte

Ragusa

73 743 habitants

🙂 NOS ADRESSES PAGE 373

S'INFORMER

Office de tourisme – *Piazza S. Giovanni, (face à la cathédrale)* - 📞 *0932 68 47 80 - www.comune.ragusa.gov.it - lun.-vend. 9h-19h, sam. 9h-14h.*

SE REPÉRER

Carte de microrégion A2 (p. 324) – *carte Michelin Local 365 AX 62*. Raguse est composée de deux villes : la ville haute, moderne et régulière, moins intéressante du point de vue culturel, et Ibla, la ville basse située à l'est.

SE GARER

Un parking bien indiqué en entrée de ville via Avoggato Giovanni vous permet de laisser votre véhicule pour la journée et de faire la visite de la ville à pied. À l'intérieur d'Ibla, les places sont très rares.

À NE PAS MANQUER

Une promenade dans les ruelles d'Ibla en savourant le charme du lieu.

ORGANISER SON TEMPS

Compter une journée.

AVEC LES ENFANTS

Le château de Donnafugata.

Raguse compte au nombre des cités qui ont été bouleversées par le séisme de 1693 et contraintes, bon gré, mal gré, de se réadapter. Il fallut reconstruire ce qui avait été détruit et après bien des difficultés quant au choix d'un style, c'est le baroque qui fut retenu pour les quartiers neufs. On adopta alors pour la voirie des rues larges et rectilignes qui permirent de mettre en valeur les nouveaux monuments, en particulier la cathédrale de San Giovanni. La reconstruction quelque temps après d'Ibla, la partie la plus ancienne, donna naissance à deux noyaux urbains bien distincts : la ville même de Raguse et Ibla, un centre enchanteur qui allie une structure médiévale, avec d'étroites ruelles enchevêtrées, à un aspect baroque d'une grande richesse ornementale classé au Patrimoine mondial de l'Unesco depuis 2002.

Se promener Plan de ville

★★ RAGUSA IBLA

◗ *Se reporter au plan p. 366-367.*
La visite de la vieille ville commence par le grand escalier de Santa Maria delle Scale qui serpente depuis la ville haute jusqu'au cœur de Ragusa Ibla. Le premier tronçon offre un très beau **panorama★★** par-delà les coupoles de Santa Maria dell'Itria *(sur la gauche)* et du Duomo.

Vue sur la ville de Raguse Ibla.
R. Mattes / hemis.fr

L'**église Santa Maria delle Scale** A1, refaite au 18e s., a conservé sa nef droite d'origine, de style gothique, et ses élégantes **arcades★** en ogives. Sous la seconde arcade, un grand panneau en terre cuite représente la *Transition de la Vierge*, de l'école des Gagini.

Quand on entre dans Ibla, on est accueilli par la statue de saint François de Paule, qui marque le début de la montée Commendatore *(sur la droite)* à l'angle du **palais Cosentini** A1, dont les **balcons★★** reposent sur des consoles constituées de personnages et de masques caricaturaux. C'est l'un des endroits les plus resserrés de la ville. Les rues en escalier se croisent et s'entrecroisent pour former un labyrinthe qui recèle des édifices très intéressants.

L'**église Santa Maria dell'Itria** A1, remarquable pour ses panneaux floraux en céramique de Caltagirone décorant le haut du clocher, abrite des chapelles fermées de colonnes rivalisant de beauté (noter en particulier les colonnes torsadées des chapelles situées à côté de l'autel central).

Un peu plus loin, la façade du **palais Nicastro★★** A1, appelé aussi ancienne Chancellerie (1760), est percée d'un majestueux portail surmonté d'une galerie. La rue qui descend sur la gauche conduit devant la façade convexe de l'**église du Purgatoire** A1, précédée d'une série de marches.

Prendre la via del Mercato, poursuivre sur la droite dans la via Solarino, tourner à gauche dans la via Sant'Agnese qui débouche dans la via Tenente di Stefano et rejoindre la via Bocchieri.

Palazzo La Rocca B1

Siège de l'Azienda Autonoma Provinciale del Turismo.

Ce palais baroque a conservé des parties du précédent édifice médiéval. L'entrée est soulignée par un bel escalier en fer à cheval conduisant à l'étage noble, qu'occupent les bureaux de l'administration provinciale du tourisme. Les six **balcons★★** en façade sont ornés de portraits de personnages illustrant l'esprit baroque, parmi lesquels des joueurs de flûte, de luth et de trompette, et une mère et son enfant.

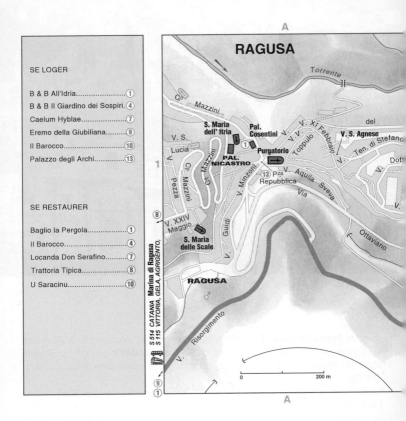

★★ Duomo di San Giorgio B1

De loin, l'attention du visiteur est attirée par le grand dôme néoclassique de la cathédrale, éclairé par des vitraux bleus et encadré de colonnes corinthiennes ajoutées au 19e s. Mais une fois sur place, c'est une superbe envolée de marches qui s'impose au regard, et l'attire vers le haut jusqu'à la façade rose. Élégante et harmonieuse, elle se compose d'un corps central légèrement convexe, décoré de trois ordres de colonnes, et de deux ailes surmontées de volutes. De jolis motifs, délicatement sculptés, décorent le portail et la corniche et mettent en valeur la représentation équestre de saint Georges frappant le dragon de sa lance, motif repris à la fois sur la façade *(volute de gauche)* et au centre de la belle grille qui ferme l'escalier. L'édifice a été construit au 18e s. par **Rosario Gagliardi**.

L'**intérieur**, pourvu de collatéraux, présente tout le long de la nef centrale une frise identique à celle de l'extérieur, constituant ainsi une sorte de prolongement interne de la façade.

La piazza Duomo B1

Rectangulaire, légèrement en pente devant l'église, elle est entourée de très beaux édifices parmi lesquels le **palais Arezzi** orné d'une galerie, et plus loin, sur le côté opposé, le **palais Donnafugata**, doté d'une belle jalousie en bois.

★ San Giuseppe B1

Ce monastère étant géré par des sœurs bénédictines en adoration perpétuelle du saint sacrement, il convient d'observer un silence absolu.

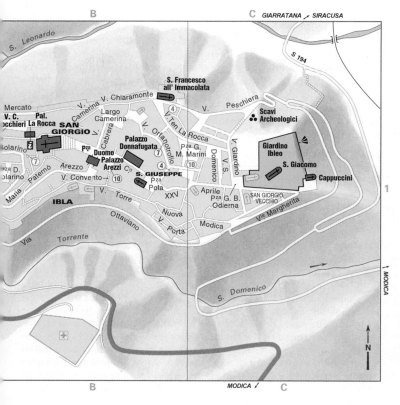

La façade de cette église ressemble à s'y méprendre à celle de San Giorgio et, pour cette raison, elle est attribuée à Gagliardi. Ses trois ordres sont rythmés de colonnes corinthiennes et de statues. L'**intérieur** au plan ovale est surmonté d'une coupole, ovale elle aussi. Son dallage est décoré de céramiques et de pierre noire. On remarquera les grilles qui permettaient d'assister à l'office à l'abri des regards des fidèles.

Prendre la via XXV Aprile.

Giardino Ibleo C1

Tlj 8h-20h.

Ouvert tard le soir en été, ce jardin situé à la pointe extrême de Ragusa Ibla rassemble des édifices religieux et les habitants aiment s'y promener après dîner pour trouver un peu de fraîcheur. Non loin de l'entrée, sur la droite, on peut admirer le riche portail en style gothique catalan de **San Giorgio Vecchio** (15e s.) dont le tympan, en très mauvais état, représente saint Georges à cheval, transperçant le dragon de sa lance. Immédiatement à l'entrée sur la gauche, remarquer l'**église San Giacomo**, plus connue sous le nom d'église du Crucifix, d'après le crucifix en bois placé à gauche de l'autel. Édifiée au 14e s. (le séisme a détruit les deux collatéraux, qui n'ont jamais été reconstruits), son plafond historié date de 1754 (une bonne partie est malheureusement perdue). La fausse coupole peinte en trompe-l'œil est de toute beauté.

Au fond du jardin se trouve l'**église des Capucins** qui renferme un beau **triptyque★** de **Pietro Novelli** représentant l'Assomption de la Vierge, avec de part et d'autre les saintes Agathe et Lucie. Dans le tableau central, le personnage de gauche, tourné vers le visiteur, est un autoportrait du peintre. Du jardin, on a une belle belle **vue** sur la vallée de l'Irminio. Au-delà du jardin, des **fouilles archéologiques** ont permis de découvrir les vestiges d'une rue et d'un quartier d'habitation d'époque classique sur lesquels se sont superposées des constructions médiévales.

En continuant le long de la via Peschiera, on tombe à droite sur **San Francesco all'Immacolata**. L'église, reconstruite au 17e s., a conservé un portail du 13e s. de style chiaramontain (côté ouest).

LA VILLE MODERNE

Elle se déploie autour de rues parallèles et rectilignes qui se coupent à angle droit et forme un damier légèrement incliné sur le flanc de la colline du Patro. L'élégante **via Roma**, qui traverse la ville parallèlement au flanc de la colline, croise le **corso Italia** qui descend vers Ragusa Ibla et qu'encadrent de beaux palais. Sur la droite s'ouvre la **piazza San Giovanni**, dominée par la **cathédrale** du même nom. Datant du début du 18e s., son imposante façade baroque flanquée d'un beau campanile est précédée d'une grande terrasse légèrement surélevée.

Continuer sur le corso Italia, jusqu'à l'église du collège Maria Addolorata (19e s.) qui s'élève sur la gauche. Le palais Lupis, orné de belles consoles, est suivi du **palais Zacco**, au n° 156 de la via San Vito (à droite), reconnaissable au blason que surmonte une console à l'angle du bâtiment. Sur la façade, remarquer les **consoles** des balcons, décorées de personnages et de grotesques. Toujours corso Italia, un peu plus loin à gauche, on aperçoit le **palais Bertini**, édifié vers la fin du 18e s. Sur la clef de voûte des fenêtres, trois **gros mascarons★** semblent observer les passants. Ils sont censés incarner trois sortes de personnages : le pauvre (à gauche), laid, édenté et affamé ; le noble, décidé, serein, et sûr de son pouvoir ; le commerçant, coiffé d'un turban, satisfait de son aisance matérielle.

Au n° 107 de la via Natalelli, sous le pont Nuovo, au premier étage d'un bâtiment qui abrite un garage, se trouve le **Musée archéologique Ibleo** (✆ 0932 62 29 63 - 9h-13h30, 16h-19h30 - 4 €) qui rassemble des pièces archéologiques

---

LA COLLECTION MUNICIPALE CARMELO CAPPELLO

Carmelo Cappello (1912-1996), sculpteur originaire de Raguse, a débuté dans les années 1930. Son parcours artistique, commençant par des œuvres figuratives pour finir par des réalisations purement abstraites, apparaît clairement à la lumière de cette collection, modeste mais intéressante. Il Freddoloso (1938), l'une de ses œuvres les plus célèbres, représente un personnage d'un réalisme et d'une expressivité manifestes. Ensuite, seuls quelques traits physiques apparaissent, comme dans Le Prime Stelle (remarquer les visages des deux femmes, sans cheveux ni bouche, seuls les yeux et le nez à peine esquissés), pour disparaître même dans Acrobati (1953-1954), œuvre composée autour du rythme, du mouvement et de la plasticité des lignes répétitives formant les corps des deux athlètes. Les derniers ouvrages ont des lignes pures et froides (le matériau utilisé est l'acier) qui s'enroulent et s'unissent, cherchant à donner une forme finie à l'Univers. La collection est installée dans l'**ASI** (Area di Sviluppo Industriale - zone de développement industriel au sud de Raguse, Contrada Mugno, sortie sur la S 115 au km 321 - pour info. ✆ 0932 66 71 24).

Détail de la cathédrale St-Georges.
E. Suetone / hemis.fr

retrouvées dans la région. Les reconstitutions des nécropoles classiques de Camarina et de Rito, ainsi que celles des fours de Scornavacche sont particulièrement intéressantes.

À proximité Carte de microrégion

COMISO A2

▸ *À 17 km à l'ouest de Raguse, suivre la SP 52 puis la SP 115.*
Cette petite ville a défrayé la chronique dans les années 1980, à cause de l'installation controversée d'une base de missiles américains, démantelée ensuite dans les années 1990. On peut y visiter de nombreux édifices du 18e s. La ville est accrochée sur les flancs occidentaux des monts Iblei. Montées et descentes ne manquent donc pas, à tel point que certaines maisons sont dotées d'escaliers extérieurs pour remédier à la déclivité des rues.

Piazza Fonte di Diana
Centre de la ville, la place de Diane s'orne d'une **fontaine** néoclassique alimentée par les mêmes eaux qui approvisionnaient autrefois des thermes romains. Juste en face de la fontaine, dans la petite rue qui la relie à la piazza delle Erbe, quelques-unes des pièces de ces thermes antiques ont été mises au jour : le caldarium de forme octogonale, et un nymphée avec une mosaïque à tesselles blanches et noires représentant Neptune et les Néréides (2e s. apr. J.-C.).

Piazza delle Erbe
La **chiesa madre Santa Maria delle Stelle**, qui borde la place, possède une façade à trois registres rythmés par des piliers ornés de chapiteaux doriques, ioniques et corinthiens. Sur la place se trouve aussi un **marché couvert** de style néoclassique (1871). Il abrite le **Museo Civico di Storia Naturale** (*℘ 0932 72 25 21 - tlj sf dim. 9h30-13h, 16h-19h30, dim. 9h30-13h - 3,50 €*) qui présente des cétacés et des tortues marines, et la **bibliothèque Gesualdo Bufalino**, don de l'écrivain (1920-1996) à sa ville natale qui fut aussi son refuge.

5

GESUALDO BUFALINO
Ce n'est qu'en 1981 que le grand public découvrit l'écriture à la fois expressionniste, élaborée et baroque de Gesualdo Bufalino, né à Comiso en 1920, grâce à son premier roman *Le Semeur de peste,* qui lui valut le prix Campiello. S'ensuivit une intense activité littéraire, interrompue en 1996, par son décès dans un accident de la route. On compte parmi ses œuvres le recueil de poésies intitulé *Le Miel amer,* et les romans *Argos l'aveugle ou Les Songes de la mémoire* et *Les Mensonges de la nuit.*

L'Annunziata
Disposée comme dans un décor de cinéma au sommet d'un escalier curieusement posé en oblique par rapport au fronton, l'église expose une façade néoclassique ornée d'une palme comme élément reliant les deux ordres. L'intérieur, lumineux ensemble de stucs blancs, bleus et or, renferme deux toiles de Salvatore Fiume *(dans le chœur).*

San Francesco (ou l'Immacolata)
L'église de style Renaissance renferme la belle **chapelle Naselli**, de plan carré mais s'élevant en forme d'octogone à pendentifs, couverte d'une coupole nervurée. C'est ici que se trouve le monument funéraire de Baldassarre Naselli, surmonté d'un kiosque, dus tous deux à l'école des Gagini. Au revers de la façade, la galerie du 17e s. où se plaçaient les choristes et ses peintures de paniers de fruits et de fleurs est de toute beauté.

Piazza San Biagio
Sur la place s'élèvent l'**église San Biagio** d'origine byzantine (contreforts), mais reconstruite au 18e s., et le **château aragonais**, transformé en résidence par les Naselli.

Chiesa dei Cappuccini
Située dans la zone sud du bourg.
L'édifice remonte à 1616. À l'intérieur, on peut admirer un bel **autel★** de bois marqueté *(voir p. 110),* ainsi qu'une petite statue de la Madone aux traits délicats (18e s.). Dans la chapelle mortuaire, qui fait penser aux catacombes des capucins de Palerme, sont exposées des momies de religieux et d'hommes célèbres.

À PROXIMITÉ DE COMISO

Vittoria A2
▶ *6 km à l'ouest de Comiso.*
😊 *La mairie de Vittoria organise tous les samedis matin une visite guidée des principaux monuments de la ville avec une étape au marché, tout à fait pittoresque. Le rendez-vous a lieu au n° 9 de la piazza del Popolo devant l'arrêt des bus touristiques. Pour toute information : 𝄞 0932 51 44 10.*
Créée au 17e s. par la volonté de la comtesse Vittoria Colonna, dont elle a pris le nom, la ville a été en partie épargnée par le séisme de 1693. Elle respire l'ordre et la propreté grâce à ses petites rues droites et perpendiculaires, souvent ornées de beaux palais de style Liberty. Sur la piazza del Popolo, centre de la ville, se trouvent l'**église Santa Maria delle Grazie**, à l'élégante façade curviligne, et le théâtre communal de style néoclassique. De cette place part la via Cancelleri, bordée de beaux palais, parmi lesquels se distinguent le **palais Carfi-Manfré** *(n° 71),* de style Liberty, et le **palais Traina**

(n⁰ˢ *108-116*), de style gothico-vénitien. La via Cavour mène à l'église principale ou au musée municipal.

L'**église** consacrée à saint Jean-Baptiste (1695) présente une façade linéaire, enrichie de trois portails et de deux petites coupoles latérales. L'intérieur, richement orné de frises néoclassiques en stuc, brille de ses coloris bleu, blanc, azur et or. La chapelle à gauche de l'autel est décorée de stucs de l'école des **Serpotta**.

Le **Museo Civico** (℘ *0932 72 25 21- tlj sf lun. 9h30-13h30, 16h-19h30 ; merc., vend., dim. 9h30-13h - 3,50 €*) se trouve dans le château de la comtesse, terminé en 1785, mais d'origine plus ancienne. Dans les salles, remarquablement bien restaurées, on découvre que l'édifice a servi de prison jusqu'en 1950. Le petit musée a conservé quelques machines anciennes servant pour les effets de scène au théâtre (imitant le vent, la grêle), des outils traditionnels paysans et une collection ornithologique.

Dans la via Garibaldi, tout près de là, on peut voir un **camp de prisonniers** de la Première Guerre mondiale, destiné surtout aux soldats hongrois, qui entretenaient d'excellents rapports avec la population locale. C'est aujourd'hui le siège du petit **Museo Storico Italo-Ungherese** (℘ *0932 86 59 94 - tlj sf dim. 9h-13h - gratuit*) installé dans un des anciens dortoirs, qui rassemble toutes sortes de documents explicatifs, objets, photos et précis historiques sur les rapports de l'Italie (notamment de ce petit centre) et de la Hongrie.

Acate A2

▶ *À environ 15 km au nord-ouest de Comiso.*

Ce nom vient probablement de l'agate, pierre semi-précieuse assez courante dans la région. Autrefois, la petite ville s'appelait Biscari. Fief des princes Paterno-Castello, dont le palais le plus connu se trouve à Catane, elle a conservé le manoir massif qui s'élève au centre de la cité. C'est là que se trouvent également l'église principale et l'église San Vincenzo, où est conservée la dépouille du saint martyr.

Circuit conseillé Carte de microrégion

LA CÔTE

▶ *Circuit de 110 km tracé sur la carte p. 324. Compter une journée. Départ de Raguse et arrivée à Comiso. De Raguse, prendre la S 194 pour Modica (12 km au sud-est).*

5

★ **Modica** A2 *(voir ce nom p. 376)*
Prendre la S 115 pour Pozzallo (20 km au sud-est).

Pozzallo A3

Cette petite ville située à l'extrémité d'une longue plage possède un monument très caractéristique, la **tour des Comtes-Cabrera**. Édifiée à l'origine pour résister aux fréquentes incursions barbares, elle n'a pas survécu au séisme de 1693, mais on l'a reconstruite sous sa forme d'origine.
Poursuivre le long de la route littorale.

On rencontre les stations balnéaires de **Marina di Modica** et **Sampieri**.
De la côte, une route à droite conduit à Scicli (voir p. 379) à env. 10 km.

En continuant sur la route littorale pendant environ 6 km, on arrive à la **réserve naturelle de la Foce dell'Irpinio**, que l'on traverse pour rejoindre **Marina di Ragusa**, station balnéaire très fréquentée pendant la période estivale.

Un peu plus loin, entre Punta Secca et Casuzze, s'étend le **parc archéologique de Kaucana** avec ses deux entrées, l'une donnant sur la route littorale, l'autre sur la route Punta Secca-Marina di Ragusa. On peut y voir les vestiges de quartiers habités autrefois et les ruines d'une petite église paléochrétienne. *Continuer sur la route littorale.*

Rovine di Camarina (Ruines de Camarina) hors plan

Cité grecque fondée par Syracuse, Camarina a subi de nombreuses attaques jusqu'à être totalement détruite par les Romains en 598 av. J.-C. Les **fouilles archéologiques** ont mis au jour les vestiges d'un temple dédié à Athéna (inclus dans la ferme du 19e s. aménagée aujourd'hui en musée), des parties du *decumanus* avec l'agora et le portique du marché couvert, ainsi qu'un quartier résidentiel de l'époque hellénistique *(les murs d'enceinte se trouvent de l'autre côté de la route).*

Museo Archeologico Regionale – *℘ 0932 82 60 04 - ⛫ - tlj sf dim. 9h-13h30 - 4 €. La première salle recueille les découvertes les plus récentes, renouvelées au fur et à mesure qu'elles sont transférées dans les salles permanentes. L'ordre des présentations peut donc varier.* Les nombreuses épaves retrouvées dans la mer de Camarina se sont révélées riches de trésors : un beau **casque corinthien★** en bronze (6e-5e s. av. J.-C.), un casque attico-étrusque (4e s. av. J.-C.), un élégant brûle-parfum en bronze émaillé (2e s. apr. J.-C.) et une « cagnotte » de plus de mille pièces de monnaie en bronze (an 275). À remarquer, un peu plus bas sous l'agora, la série des **poids étalons** en plomb. Le musée contient également une importante **collection★** d'amphores attiques et corinthiennes (plus anciennes et donc de facture moins fine). On distingue les amphores étrusques et carthaginoises, reconnaissables à leur forme plus allongée. La section consacrée à la période archaïque met en valeur un bel **aryballe** montrant deux lions qui s'affrontent (T 2281) provenant de la nécropole de Rifriscolaro.

De Camarina, s'enfoncer dans les terres vers Donnafugata (12 km).

★ Castello di Donnafugata A2

℘ 0932 61 93 33 - ⛫ - saison haute : tlj sf lun. 9h-14h, 16h-20h ; saison basse : ouv. mar.-sam. matin, dim. apr.-midi - 8 € (château seul 5 €, parc seul 4 €).

⛫ Les origines du château remontent pour le premier noyau de construction, dont fait partie la tour carrée, au milieu du 17e s., époque où le fief de Donnafugata fut acheté par Vincenzo Arezzo La Rocca. Sans cesse remanié jusqu'au début du 20e s., il présente aujourd'hui une façade dessinée par Corrado Arezzo. Sa remarquable beauté est pour l'essentiel due à l'élégante loggia de style gothique vénitien qui orne le milieu de la façade principale, et aux arcs trilobés qui rythment ses fenêtres géminées.

Le parc – Grand et ombragé d'immenses *Ficus magnolioides*, il dissimule les « folies » destinées autrefois à charmer et divertir les hôtes du château en

UNE FEMME EN FUITE ?

Trompeuse, l'association de *Donna* (dame) et *fugata* (enfuie) n'a rien à voir, contrairement aux apparences, avec une femme qui aurait fui on ne sait quel mari ou père tyrannique, ni avec une de ces légendes qui survivent dans l'imagination populaire. C'est purement et simplement la libre interprétation et transcription phonétique de l'arabe *Ayn as Jafât* (source de santé) qui, en « sicilien », devint *Ronnafuata* avant de prendre sa forme actuelle.

s'inspirant des jardins à la française. On découvre, enfouis au cœur d'une végétation méditerranéenne et exotique (cactées, pins maritimes) un petit temple circulaire et la Coffee House (pour se désaltérer) et, plus loin, un labyrinthe en pierre et plusieurs grottes artificielles ornées de fausses stalactites (sous le petit temple).

La résidence – En haut du grand escalier en pierre noire, décoré de statues néoclassiques, se trouve le **salon des Blasons**, ainsi nommé pour les insignes nobiliaires des grandes familles siciliennes peints sur ses murs. Certaines salles possèdent de beaux plafonds en trompe-l'œil, comme le magnifique **salon des Miroirs**, orné de stucs, les **salles de Musique et de Billard** avec leurs splendides paysages en trompe-l'œil sur les murs (dont des vues de Palerme et de son jardin botanique) et leurs meubles Boulle, ainsi que la chambre à coucher de la princesse de Navarre, au dallage noir et blanc. La princesse Blanche y aurait été séquestrée par le comte Cabrera qui voulait la contraindre au mariage pour devenir roi de Sicile (légende anachronique, car cette princesse a vécu au 14e s.). La **salle des Dames** et le **fumoir** rivalisent de beauté. On admirera en particulier les décors rappelant la destination des différentes pièces : tapisseries garnies de pipes, plafond émaillé de médaillons et niches d'angles où sont placés des paons.

La beauté du château en a fait un lieu recherché pour le tournage de scènes célèbres comme celle de « *La Giara* » dans **Kaos**, des frères **Taviani**.

De là, poursuivre vers Comiso (16 km au nord, voir p. 369).

😊 NOS ADRESSES À RAGUSE

TRANSPORTS

Si vous n'avez pas de voiture, il existe des cars qui relient chaque jour Raguse à Agrigente (2h30), à l'aéroport de Catane (2h), à Palerme (4h) et à Syracuse (environ 2h). Il existe aussi des trains pour les mêmes liaisons. Les trains et les cars arrivent dans la ville moderne. Pour toute information sur les horaires, contacter l'office de tourisme.

HÉBERGEMENT

PREMIER PRIX

All'Idria – A1 - *Corso Mazzini 159/B, Ragusa Ibla* - ☏ 0932 65 14 18 ou 333 21 74 485 - *www. bedandbreakfastallidria.it* - 🖂 📺 🍽 - 3 ch. 40/90 € 🍵. Les chambres, bleue, jaune et rouge, ouvrent leur balcon sur le clocher de l'église Santa Maria dell'Idria. Petit-déjeuner en chambre ou sur la terrasse, qui profite aussi de la superbe vue. Cuisine commune à disposition.

BUDGET MOYEN

Il Giardino dei Sospiri – B1 - *Via dei Sospiri 24* - ☏ 0932 65 14 18 ou 333 217 44 85 - *www. ilgiardinodeisospiri.it* - 🖂 📺 🍽 - 2 ch. 50/90 € 🍵. Même propriétaire que le B & B All'Idria. En plein cœur d'Ibla, dans une maison adossée à celle du propriétaire, deux studios avec cuisinettes, qui comprennent un lit double au rez-de-chaussée et deux lits simples en mezzanine, parfait pour couples avec enfants. Mais la vraie cerise sur le gâteau, c'est cette ravissante cour-jardin ombragée de palmiers et de citronniers, dont on a l'usage rien que pour soi !

5

POUR SE FAIRE PLAISIR

Il Barocco – CB1 - *Via Santa Maria La Nuova 1, Ibla* - ✆ *0932 66 31 05* - *fax 0932 22 89 13 - www.ilbarocco. it - 14 ch. 90/120 € ☕*. Dans un ancien palais, les chambres sont cossues et agréables. Préférez celles donnant sur la cour.

Caelum Hyblae – B1 - *Salita Specula 11, Ibla* - ✆ *0932 68 90 48* - *www.bbcaelumhyblae.it - 7 ch. 90/110 € ☕*. L'atmosphère de cet endroit perché à l'ombre du Duomo est sereine et pleine de charme. Les chambres, douillettes et impeccables, sont d'une grande sobriété. Toit-terrasse avec vue sur la vieille ville pour prendre le petit-déjeuner.

Palazzo degli Archi – A1 - *Corso Don Minzoni 6, Ibla* - ✆ *0932 68 60 21* - *fax 0932 68 56 03 - www. palazzodegliarchihotel.it -* 🅿 *- 10 ch. 120 € ☕*. Le pourpre domine à l'extérieur comme à l'intérieur de l'hôtel. Situé tout en bas d'Ibla, il est très confortable.

UNE FOLIE

Eremo della Giubiliana – Hors plan par A1 - *Contrada Giubiliana, SP 25 dir. Marina di Ragusa, après 7,5 km* - ✆ *0932 66 91 19 - fax 0932 66 91 29 - www. eremodellagiubiliana.it -* 🛬 *-* ✗ *- 24 ch. 190/260 € ☕*. Entre Raguse et la côte, le couvent (*eremo*) du 13e s. ayant accueilli les chevaliers de l'Ordre de Malte est aujourd'hui un lieu esthétiquement déroutant. Les chambres, n'ayant plus rien des cellules monacales d'autrefois, ont conservé le charme et l'élégance des lieux riches d'histoire. Restaurant et centre bien-être.

RESTAURATION

BUDGET MOYEN

Trattoria Tipica – Hors plan par A1 - *Corso 25 Aprile 16* - ✆ *0932 62 12 24 - fermé dim.* Accueil chaleureux et produits de première fraîcheur dans ce petit restaurant qui propose de copieuses assiettes de spécialités locales pour des tarifs très raisonnables. Pas de terrasse et une décoration un peu vieillotte mais un bon rapport qualité-prix.

U Saracinu – B1 - *Via del Convento 9, Ibla* - ✆ *0932 24 69 76 - fermé dim. et 10-30 juil. - 25/35 €*. Donnant sur la place du Duomo, cette adresse accueillante propose des plats savoureux et roboratifs.

Baglio la Pergola – Hors plan par A1 - *Contrada Selvaggio (quartier du stade), Raguse* - ✆ *0932 68 64 30 - fermé mar. 25/35 €*. Un restaurant qui propose une grande variété de plats allant de la pizza aux recettes siciliennes les plus traditionnelles (optez plutôt pour ces dernières !) dans un *baglio* typique.

Il Barocco – B1 - *Via Orfanotrofio 29, Ibla* - ✆ *0932 65 23 97 - fermé merc. et janv. - 30 €*. Restaurant-pizzeria familial et sympathique situé dans le centre. La décoration y est curieusement, et peut-être excessivement, variée et risque de déplaire aux amateurs de minimalisme et de sobriété… mais, en tout cas, l'établissement porte bien son nom.

UNE FOLIE

Locanda Don Serafino – B1 - *Via Ottaviano 39, Ibla* - ✆ *0932 24 87 78 - www.locandadonserafino.*

it - fermé mar. - 50/80 €. Une bonne adresse qui ne manque pas d'atouts. L'établissement comprend un piano-bar à l'entrée, très agréable après le dîner, et la salle à manger a été aménagée dans les anciennes écuries d'une résidence aristocratique. Cuisine sicilienne. Menus à partir de 78 €. La carte des vins est particulièrement variée. Nous vous recommandons le parcours guidé du sommelier (cinq grands crus pour 45 €).

PETITE PAUSE

Gelati DiVini – *Piazza Duomo 20, Ibla -* ☏ *0932 22 89 89 - www. gelatidivini.it*. Un merveilleux glacier aux préparations artisanales et vraiment originales : caroube, pistache, melon… sont de grandes spécialités. Essayez absolument les parfums à base de vins sucrés qui sont aussi légers que rafraîchissants, sans oublier le lait d'amande (très peu sucré ici).

Pasticceria Di Pasquale – *Corso Vittorio Veneto 104 - Ibla -* ☏ *0932 62 46 35 - www. pasticceriadipasquale.com*. Ce café est l'endroit idéal pour prendre l'apéritif ou pour croquer un *arancino* (goutez ceux au fromage caciocavallo). La qualité de la pâtisserie est irréprochable.

LOISIRS-DÉTENTE

Autour de Raguse se trouvent les stations balnéaires les plus fréquentées de la côte sud, avec leurs **plages** de sable fin interrompues par des falaises ou des dunes. **Sampieri**,

Donnalucata et **Scoglitti** sont parfaites pour ceux qui veulent simplement se détendre, tandis que **Marina di Ragusa** et **Marina di Modica** (très appréciée par les surfeurs et les véliplanchistes car elle est exposée aux vents) sont plutôt fréquentées par les sportifs et les noctambules.

Val di Noto à vélo – Possibilités d'excursions à VTT jusqu'à Donnafugata, à Pantalica et dans le Val di Noto. **Hybla Bike Touring** – *Via del Bagolaro 9, Ibla -* ☏ *0932 66 74 19*.

AGENDA

Les Mystères – Le Vendredi saint, procession traditionnelle et retraite aux flambeaux.

Fête de saint Georges – Le dernier dimanche de mai a lieu la reconstitution du martyre du saint avec un feu d'artifice.

5

Modica

★

55 196 habitants

😊 NOS ADRESSES PAGE 382

🔖 S'INFORMER

Office de tourisme – *Corso Umberto I 149* - 📞 *0932 75 96 34 - www.comune. modica.gov.it.*

 SE REPÉRER

Carte de microrégion A3 (p. 324) – *carte Michelin Local 365 AX 62*. Modica est divisée en deux : la ville haute dominée par le château se développe au nord tandis que la ville basse s'organise le long des deux artères principales, la via Marchesa Tedeschi et le corso Umberto I, qui se rejoignent en formant un Y. L'escalier de San Giorgio relie les deux parties de la ville.

🅿 SE GARER

Nous vous déconseillons de circuler en voiture dans la ville haute. Vous touverez de nombreux parkings (payants) dans la ville basse le long de la via Nazionale.

😊 À NE PAS MANQUER

L'église de San Giorgio ; la vue depuis le Belvedere del Pizzo ; les spécialités de la pâtisserie Bonaiuto.

🕐 ORGANISER SON TEMPS

Une demi-journée suffit pour visiter la ville. Ne pas manquer le coucher de soleil qui éclaire les façades.

👫 AVEC LES ENFANTS

Le musée des Arts et Traditions populaires.

Modica, avant et après le tremblement de terre du Val di Noto de 1693. Modica, avant et après l'inondation de 1902. Deux fois la ville a été bouleversée, secouée, gravement endommagée voire détruite, et deux fois elle a dû faire peau neuve et s'adapter à nouveau. Aujourd'hui, Modica

Détails baroques.
G. Bludzin / MICHELIN

est une véritable merveille inscrite au Patrimoine mondial de l'Unesco depuis 2002, riche de ses églises baroques et de ses envolées de marches reliant la ville haute à la ville basse, sans oublier son extraordinaire pâtisserie, fondée il y a cent vingt ans, dont les spécialités sont ici historiques.

Se promener

Depuis le 19ᵉ s., la ville haute et la ville basse sont reliées par un escalier spectaculaire qui descend de St-Georges, la plus belle église de Modica, pour aboutir au corso Umberto I. La visite de la ville se doit de commencer par ce magnifique édifice baroque.

★★ San Giorgio

Achevée en 1818, l'envolée de presque trois cents marches rend hommage à l'élégante façade de l'église, formant un **ensemble★★** grandiose et richement évocateur. On attribue traditionnellement à Rosario Gagliardi la paternité de la façade, terminée au cours du 19ᵉ s., mais il semble avoir bénéficié de la collaboration d'autres architectes de Noto, parmi lesquels Paolo Labisi. Haute, agrémentée de tours, harmonieusement animée dans sa partie centrale par

---

CATASTROPHES NATURELLES

Avant le séisme de 1693, une bonne partie de la population vivait dans des habitations creusées dans la roche à flanc des collines calcaires escarpées qui entourent la ville actuelle. Au centre, isolé sur son éperon rocheux, le château était gardé au nord par une muraille. Avec le temps, les habitants éprouvant de moins en moins le besoin de se défendre contre les invasions, quelques-uns sont descendus dans la vallée. Mais ce n'est qu'après le terrible tremblement de terre de 1693 que les habitations troglodytiques ont été définitivement abandonnées. Au fond de la vallée coulent deux torrents qui se rejoignent à mi-chemin pour donner naissance à la rivière Scicli (ou Motucano). Une cité s'est organisée au confluent des deux cours d'eau, et une vingtaine de ponts ont été construits pour assurer la communication, formant une petite Venise du Sud, comme on l'appellera. Mais advint une seconde catastrophe. En 1902, des intempéries exceptionnelles font grossir les cours d'eau, dont la cote atteint 9 m au confluent. Encore une fois, la cité doit faire preuve de capacités d'adaptation : on recouvre les cours d'eau et on leur substitue trois grandes routes, axes principaux de la Modica moderne.

une ligne convexe, elle s'élève sur trois niveaux, dont le premier, couronné d'une balustrade, rappelle la structure à cinq nefs de l'intérieur.

Les visiteurs y verront un autel en argent repoussé, surmonté d'un beau **polyptyque** de Bernardino Niger (1573). Ses trois registres représentent, à partir du bas, saint Georges et saint Martin, au centre la Sainte Famille, puis les Mystères joyeux et les Mystères glorieux. Le dallage du transept reproduit un cadran solaire du 19e s., œuvre d'A. Perini. La troisième chapelle de droite abrite le retable de l'Assomption de F. Paladini.

Suivre la via Posterla pour voir la **maison natale de Salvatore Quasimodo** (📞 0932 75 38 64 - tlj sf lun. 10h-13h, sam. également 16h-19h - 2 €), où sont rassemblés certains des meubles (notamment son bureau de Milan) du poète (voir p. 121).

Descendre vers le corso Umberto I, artère centrale de la ville basse, où l'on peut admirer de beaux palais du 18e s. et des églises : à l'extrémité nord, le **palais Manenti**, avec ses consoles ornées de sculptures représentant des personnages du 18e s., vers le milieu du boulevard, l'**église Santa Maria del Soccorso** et sa belle façade convexe, puis l'église St-Pierre.

San Pietro

Reconstruite elle aussi après le tremblement de terre, l'église se dresse au sommet d'un escalier orné de douze belles statues des apôtres, qui souligne la beauté de la **façade★**.

Chiesa rupestre di San Nicola Inferiore

📞 331 74 030 45 - juil.-août : tlj sf dim. matin 10h-13h, 17h-20h ; sept.-juin : tlj sf lun. 10h-13h, 16h-19h - 2 €.

Creusée dans la roche, son abside est ornée de fresques de style byzantin aux couleurs très vives, d'époque normande. Dans une mandorle au centre, le Christ pantocrator est encadré de la Vierge à l'Enfant et de l'archange saint Michel, avec, sur les côtés, d'autres figures de saints. La petite église à nef unique, à l'abside séparée à l'origine par un mur, est de type basilien. On y célébrait probablement le culte orthodoxe grec.

À l'intersection avec l'autre branche du Y (via Marchesa Tedeschi) s'élève l'**église St-Dominique**, suivie de l'hôtel de ville. De là, on peut voir, en position dominante sur son rocher, le donjon circulaire du château, surmonté depuis le 18e s. d'une tour-horloge. Presque en face, la petite **via De Leva** conduit au palais du même nom, qui a conservé son **portail gothique de style chiaramontain**, et, au bout du cours, l'**église du Carmel**, de style baroque, qui a gardé aussi son portail chiaramontain d'origine surmonté d'une magnifique rosace. En continuant sur la droite dans la via Mercé, on parvient à l'église de la Madone-des-Grâces et au **couvent des Padri Mercedari**, qui abrite le Musée municipal (Museo Civico), ainsi que le musée des Arts et Traditions populaires.

★ Museo delle Arti e Tradizioni Popolari

Couvent des Padri Mercedari, via Mercé - 📞 0932 75 27 47 - en restauration au moment de la rédaction de ce guide ; aucune date de réouverture prévue.

👥👤 Le musée renferme une grande collection d'instruments agricoles, d'outils et d'objets artisanaux présentés dans leur « cadre naturel ». Les reconstitutions d'échoppes, d'ateliers et de boutiques permettent d'observer leur utilisation concrète. À côté de la ferme, cœur de la vie paysanne, figurent ainsi l'apiculteur, le forgeron, le cordonnier, le tailleur, le constructeur de charrettes, le marchand de gâteaux et même la boutique du barbier.

Le couvent abrite également un petit **Musée municipal** (Museo Civico – 📞 0932 94 50 81 - ♿ - tlj sf dim. 9h-13h - gratuit) où vous pourrez voir une collection de pièces archéologiques trouvées dans la région.

Derrière le château, dans la via Crispi, le **palais Tomasi Rosso** montre un beau portail en calcaire et des balcons aux balustrades en fer forgé dont les consoles sont ornées de mascarons et de feuilles d'acanthe.

La via Marchesa Tedeschi monte vers la ville haute, autrefois indépendante de la ville basse, juridiquement et administrativement.

Santa Maria di Betlem

L'église renferme la **chapelle Cabrera**, précédée d'un élégant portail du 15e s. *(au fond à droite)*. Le long de la nef de gauche, soixante statues en terre cuite peuplent une crèche du 19e s., œuvre de G. Papale.

La route côtière mène à l'**église St-Jean-l'Évangéliste** (19e s.) à la façade baroque, précédée elle aussi d'un grand escalier. Du sommet *(Belvedere del Pizzo)*, on a une belle **vue★** sur la ville, en particulier sur le quartier juif, le Cartellone *(sur la droite après le corso Umberto I)*, et sur celui de Francavilla, noyau le plus ancien de la ville dominé par l'église St-Georges *(au-delà du corso Umberto I)*.

À proximité Carte de microrégion

Scicli A2

▶ *10 km au sud-est.*

Retranchée dans l'arrière-pays, presque dérobée à la vue, Scicli, cité des Sicules comme son nom nous le laisse supposer, est une cité ancienne. Touchée comme le reste du Val di Noto par le séisme de 1693, la ville qui s'offre aujourd'hui à nos yeux est la nouvelle Scicli – également classée au Patrimoine mondial de l'Unesco en 2002 –, une ville qui a réussi à renaître de ses cendres tel le phénix.

La visite commence par la piazza Italia. Pour obtenir des informations et connaître les horaires d'ouverture des églises, s'adresser à la mairie : Palazzo Spadaro, via M. Penna 32 - ☏ 0932 83 96 08.

La **chiesa madre Sant'Ignazio** abrite la statue en bois de la Madone à cheval appelée **Madonna delle Milizie** (Madone des troupes) car, selon la légende, elle aurait combattu aux côtés de Roger Ier, le conduisant à la victoire sur les Sarrasins. À l'origine, la statue était conservée dans le sanctuaire du même nom, à 6 km environ à l'ouest de la petite ville. En face de l'église s'élève le **palais Fava**, dont les corbeaux sculptés retracent des épopées chevaleresques. Remarquer en particulier le balcon donnant sur la via San Bartolomeo.

Sur la droite, à l'angle de la place, quelques marches abruptes permettent de rejoindre, via Duca d'Aosta, le **palais Beneventano**, magnifique exemple d'architecture civile baroque (18e s.) avec ses consoles ornées d'êtres fantastiques, ses piliers décorés et, aux fenêtres, des mascarons qui représentent des figures de Maures et de musulmans ainsi que des visages féroces semblables à des tigres agressifs. L'angle qui se présente d'abord est orné de motifs en écu.

> **QUESTION DE POINT DE VUE**
>
> On a deux très beaux points de vue sur la ville de Scicli : depuis la **colline de la Croce**, où s'élève Santa Maria della Croce, bâtie aux 16e-17e s., et surtout depuis la **colline San Matteo**, où l'église du même nom est aujourd'hui malheureusement abandonnée. Elle est dominée par les ruines du château, sans doute construit sous la domination arabe.

5

Revenir à la piazza Italia et parcourir toute la via San Bartolomeo.

La belle façade de l'**église San Bartolomeo** à trois ordres scandés par des colonnes, dont le style s'apparente déjà au néoclassicisme, s'achève par une coupole en croisées d'ogives qui ferme la cage du clocher. À l'intérieur est conservée une **crèche**★ du 18e s., œuvre du Napolitain Pietro Padula : les 29 statues en bois (à l'origine 65) possèdent des traits finement sculptés et des costumes particulièrement soignés.

Derrière l'église se dresse la **colline San Matteo**. Sur le versant, on peut voir les grottes du **site rupestre de Chiafura**, habité jusque dans les années 1960 (même si la plupart des habitants étaient descendus dans la vallée après le tremblement de terre de 1693).

Via Mornino Penna – Cette élégante artère regroupe les belles façades baroques de palais et de trois églises. On remarque surtout l'**église San Giovanni Evangelista**, à la sinueuse **façade**★, au corps central bombé, très caractéristique du style de Rosario Gagliardi auquel elle est attribuée. L'édifice possède un intérieur élégant à plan elliptique décoré de stucs néoclassiques. Un peu plus loin, l'**église San Michele** reprend le même plan ovale que San Giovanni. En face s'élève le **palais Spadaro** *(visite possible, c'est le siège du service culturel)*, bâtiment du 19e s. qui conserve, même à l'intérieur, son ornementation originale.

Au bout de la rue, l'**église Santa Teresa** présente un intérieur de style baroque tardif avec des colonnes enrichies de stucs.

En revenant sur ses pas pour prendre la via Nazionale, on atteint la piazza Busacca où se trouvent l'**église du Carmel** (rococo) et son couvent annexe, ainsi que le **palais Busacca** surmonté d'une horloge. Face à l'église, on peut voir une partie de l'église Santa Maria della Consolazione et, au fond, **Santa Maria la Nova**.

★ Cava d'Ispica (Falaise d'Ispica) A2

◖ *Depuis la S 115, suivre les indications pour Cava d'Ispica -* ☏ *0932 95 11 33 - tlj sf dim. 9h-13h45 - 4 €.*

La falaise se divise en deux secteurs distincts : le premier, situé entre Modica et Ispica, est constitué d'une zone clôturée que l'on peut aisément visiter, et d'une autre zone plus au nord, assez difficile d'accès, pour laquelle nous vous conseillons la visite guidée. Le second secteur, appelé Parco della Forza, se trouve à Ispica même et a été aménagé pour les visites.

Entre les communes d'Ispica et de Modica, une faille longue d'environ 13 km est parsemée d'habitations troglodytiques, de petits sanctuaires et de nécropoles. Les premières implantations humaines attestées dans la région remontent au Néolithique. Les grottes, qui s'ouvrent dans les parois de la faille, sont d'origine naturelle, découlant de phénomènes karstiques. Elles ont été par la suite modifiées et adaptées aux besoins de l'homme.

Dans le secteur de la **Larderia**★ (dérivé d'*Ardeia* signifiant riche en eau), se trouvent des catacombes d'époque paléochrétienne (4e-5e s. apr. J.-C.), avec 464 sépultures. L'entrée principale se trouvait à la fin du chemin actuel d'où part la « nef centrale », longue de 35,6 m. Les deux ailes latérales ont été ajoutées par la suite.

La visite contourne une paroi rocheuse. Après avoir dépassé l'église Santa Maria et le cimetière, en hauteur sur la paroi de gauche, on arrive aux **Grottes mortes** (Grotte Cadute), un ensemble d'habitations sur plusieurs niveaux. Le passage d'un niveau à un autre se fait par des orifices creusés dans le plafond (on a taillé des sortes de petites marches dans la roche), par lesquels on faisait passer des cordes et des perches que l'on pouvait retirer en cas de danger.

Face à l'entrée de la zone clôturée, de l'autre côté de la route provinciale, emprunter la voie qui mène à l'**église rupestre San Nicola** et à la chapelle appelée **la Spezieria**, accrochée à son éperon rocheux. Ce nom familier (épicerie) fait sans doute référence aux médicaments à base de simples (plantes médicinales) qu'un moine y préparait autrefois. L'église comprend deux parties, la zone réservée au clergé, avec ses trois absides, et la nef, par rapport à laquelle elle est décentrée.

Reprendre la voiture et monter le long de la route provinciale, puis emprunter la première route à gauche.

Baravitalla – Sur ce plateau sillonné de nombreux murets de pierre sèche se dressaient autrefois un noyau d'habitation et une église byzantine, **San Pancrati**, dont on voit les ruines *(clôturées, sur la gauche)*. Un peu plus loin, un chemin de traverse sur la gauche permet d'atteindre une zone particulièrement intéressante, mais difficile à trouver si l'on n'est pas accompagné, où l'on peut voir une **tombe à faux piliers** et à double entrée, ainsi que la **grotte des Saints**, pièce rectangulaire où des restes de fresques sont visibles sur les parois (on devine les auréoles des saints qui y sont représentés).

En revenant sur la route provinciale en direction de Cava d'Ispica, on peut voir (toujours si l'on est accompagné) la **grotte de la Dame** *(Signora)*, probablement une source sacrée d'origine très ancienne. Sur les murs, on peut observer quelques graffitis datant aussi bien de l'époque préhistorique que paléochrétienne (croix gammées, croix simples).

En revanche, si l'on se dirige vers Ispica, on peut apercevoir dans la zone centrale de la faille ce que l'on appelle le **château**, noyau habité à plusieurs étages, abandonné seulement dans les années 1950 (il est très difficile d'accès, aussi est-il conseillé de s'adresser à l'office qui assure la visite).

Ispica B2

▶ *13 km au sud-est de Cava d'Ispica.*

Le centre du bourg se développe autour de la **piazza Regina Margherita**, sur laquelle donnent la **chiesa madre San Bartolomeo** et le **palais Bruno** (1910), que caractérise une petite tour d'angle. Derrière l'église, le corso Umberto I, bordé de beaux palais, conduit au joyau de style Liberty qui orne cette petite ville, le **palais Bruno di Belmonte** (aujourd'hui hôtel de ville), œuvre d'**Ernesto Basile**. En face se trouve un beau marché couvert, où un espace est réservé aux manifestations organisées par la commune. Plus loin, on peut admirer d'autres beaux palais, comme par exemple aux n°⁵ 76 et 82. Revenir sur la piazza Regina Margherita et s'engager dans la via XX Settembre pour rejoindre l'**église Santa Maria Maggiore** qui, avec l'élégant portique à exèdre dû à **Vincenzo Sinatra** qui la précède, forme un très bel **ensemble★**. L'intérieur renferme un beau cycle de **fresques★** du Catanais Olivio Sozzi (1763), d'influence rococo. La grande fresque centrale reprend des scènes de l'Ancien et du Nouveau Testament, où l'on reconnaît Adam et Ève, Judith avec la tête d'Holopherne, Moïse *(en bas)*, les apôtres et saint Pierre *(au centre)*, le Christ avec l'Eucharistie *(en haut)*. Dans la chapelle gauche du transept se trouve le baldaquin que l'on porte en procession le Jeudi saint, avec un *Christ à la Colonne* en bois, curieusement recroquevillé sur lui-même comme pour exprimer la douleur qui l'accable.

De l'autre côté du corso Garibaldi s'élève l'élégante **église dell'Annunziata**, ornée à l'intérieur de très beaux stucs du 18ᵉ s. illustrant des épisodes bibliques, œuvre de G. Gianforma.

Parco della Forza – *Via Cava Grande - ☎ 0932 95 11 33 - se renseigner pour les horaires - fermé dim. et j. fériés - 2 €.* Fréquentée depuis le Néolithique, c'est

5

la plus ancienne des implantations. À l'époque médiévale, le plateau surplombant la faille a été fortifié et transformé en véritable citadelle avec au centre le **palais Marchionale**, dont on aperçoit encore une partie de la structure. Quelques salles conservent le dallage d'origine en carreaux de chaux cuite et peinte. Le fortin comprenait aussi quelques églises, parmi lesquelles l'**Annunziata**, dont le pavement renferme vingt-six fosses funéraires. Dans la grotte dite **Scuderia**, qui servit d'écurie depuis l'époque médiévale, ont été découverts des restes de graffitis équestres. Deux chiffres donnent une idée de l'importance de cette implantation avant le séisme de 1693 : environ 2 000 personnes habitaient la citadelle, et plus de 5 000 dans les caves troglodytiques. Le monument le plus étonnant est sans conteste le **Centoscale**, escalier souterrain (240 marches taillées dans le roc) qui descend sur 60 m à l'intérieur de la colline en tournant sur 45°. Il se termine en fond de vallée, sous le lit de la rivière. Ce souterrain, dont la date est incertaine, a été conçu pour assurer l'approvisionnement en eau, surtout en période de sécheresse. Cent esclaves (d'où son nom), placés sur les marches de ce très long escalier, récupéraient l'eau de la rivière qui filtrait à cet endroit (en fin de parcours, l'escalier se trouvait à 20 m au-dessous du niveau de l'eau) et la remontaient à la surface en se passant les seaux.

À l'extérieur du parc se trouve l'**église Santa Maria della Cava** (*pour la visiter, s'adresser aux gardiens*), petit édifice rupestre qui abrite des traces de fresques stratifiées.

😊 NOS ADRESSES À MODICA

TRANSPORTS

Le plus pratique pour rejoindre Modica est d'y aller en voiture. Cependant, on peut aussi s'y rendre en train (20mn de Raguse et environ 2h de Syracuse) ou en autocar (pour plus d'informations, contacter l'office de tourisme).

HÉBERGEMENT

BUDGET MOYEN

Bristol – *Via Risorgimento 8/B* - *🖉 0932 76 28 90 - fax 0932 76 33 30 - www.hotelbristol.it -* 🅿 ♿ *- 27 ch. 70/80 € ☕.* Dans la partie moderne de Modica, dans un quartier résidentiel très calme, ce petit hôtel simple mais très bien tenu est idéal pour tous les types de séjour. Les chambres sont soignées et confortables, et l'accueil y est sympathique et cordial. Le parking est inclus dans le prix de la chambre.

Scicli

POUR SE FAIRE PLAISIR

Conte Ruggero – *Piazza Italia 24* - *🖉 0932 93 18 40 - www. conteruggero.it* - 🅿 *- 5 ch. 90 € ☕.* Installé dans un splendide palais du baroque tardif, cet hôtel possède des chambres élégantes et raffinées. Romantique à souhait !

RESTAURATION

BUDGET MOYEN

La Locanda del Colonnello – *Vico Biscari 6* - *🖉 0932 75 24 23 - www. palazzofailla.it - fermé merc. - 25/40 €.* Une trattoria gourmet qui propose des recettes typiques de la cuisine paysanne locale. Parmi les spécialités : pâtes aux sardines et amandes, cocotte de poulpe et *cannoli* à la ricotta de brebis.

Taverna Nicastro – *Via Sant'Antonio 28* - *🖉 0932 94 58 84* -

www.tavernanicastro.it - *fermé midi, dim., lun. et la sem. du 15 août - 20/30 €.* Une adresse accueillante et traditionnelle où l'on peut manger dehors aux beaux jours. Antipasti généreux et savoureux.

POUR SE FAIRE PLAISIR

Fattoria delle Torri – *Vico Napolitano 14 - ℘ 0932 75 12 86 - fermé lun. - réserv. conseillée - 40/55 €.* Un restaurant de tradition qui a déménagé il y a peu dans un palais du centre, à l'élégante sobriété. Une cuisine savamment inventive que l'on pourra apprécier au milieu des citronniers.

PETITE PAUSE

Antica Dolceria Bonaiuto – *Corso Umberto I 159 - ℘ 0932 94 12 25 - www.bonajuto.it - fermé lun.* Depuis 1880, cette pâtisserie historique propose des spécialités locales, comme les *mpanatigghi* (petits gâteaux farcis de viande et de chocolat), les *liccumie* (avec des aubergines et du chocolat), le chocolat à la vanille et à la cannelle préparé selon une recette aztèque originale, les *riposti* (petits gâteaux aux amandes joliment décorés, confectionnés autrefois pour les mariages), les *aranciate* et les *cedrate* (petits gâteaux à base de zestes d'oranges et de cédrats) et les *nucatoli* (figues séchées, amandes, confiture de coings et miel).

Caffè dell'Arte – *Corso Umberto I 114 - ℘ 0932 94 58 95- fermé merc.* Pour déguster d'excellentes spécialités siciliennes *(cannoli, cassate)* et de délicieux granités.

AGENDA

Trois fêtes principales animent chaque année la région. La première, la **Cavalcade de San Giuseppe**, se prépare dans la soirée du 18 mars et se déroule le lendemain ; elle retrace la fuite en Égypte de Joseph et Marie, mais est mêlée par moments à des rites païens destinés à réveiller la nature. La fête est une explosion de couleurs, celles des fleurs qui ornent les chevaux, celle du feu qui jaillit des tas de bois illuminant la route que les fugitifs doivent emprunter, celles des habitants qui envahissent gaiement les rues. C'est également une fête des sons, ceux des sonnailles des chevaux, ou des voix des participants qui, après la cavalcade, se réunissent les uns chez les autres pour de joyeux banquets. La deuxième célébration a lieu à Pâques. C'est la **fête de l'Homme vivant** comportant une « course » de la statue du Christ ressuscité, portée par les jeunes gens à travers les rues de la ville. À la fin du mois de mai (autrefois le samedi avant Pâques), a lieu une troisième fête, celle de la **Battaglia delle Milizie**, au cours de laquelle la Madone à cheval, qui vainc et piétine les Sarrasins, est portée en procession.

5

Les monts Iblei

NOS ADRESSES PAGE 389

S'INFORMER
Office de tourisme – Servizio Turistico Regionale – À **Syracuse** : *Via Maestranza 33 - ☎ 0931 67 450* .

SE REPÉRER
Carte de microrégion A1-2 (p. 324) – *carte Michelin Local 365 AW-AX 60-61*. Au cœur des monts Iblei, Vizzini est accessible depuis Caltagirone à l'ouest par la S 124 puis la S 683 (30 km) ou, depuis Raguse, au sud, par la S 514 (48 km). Vous pouvez effectuer un circuit à la journée à partir d'une de ces deux villes pour une découverte rapide, ou bien vous établir à Palazzolo Acreide ou Vizzini pour rayonner vers les différents points d'intérêt de la région.

À NE PAS MANQUER
Les gorges de Cassibile et d'Ispica.

ORGANISER SON TEMPS
Prévoyez deux jours pour profiter pleinement de ce circuit. Partez de Caltagirone et passez une nuit à Vizzini (30 km). Pour la visite des gorges, prévoyez une bonne paire de chaussures et un maillot de bain.

AVEC LES ENFANTS
Le musée en plein air des Luoghi del Lavoro Contadino à Buscemi.

Isolant la corne sud-est du reste de la Sicile, les monts Iblei sont parsemés de petits villages agricoles accrochés aux pentes boisées. Dans les replis des hauts plateaux, les rivières ont creusé des gorges profondes où les hommes ont trouvé refuge depuis l'aube de l'humanité. On y trouve les gorges les plus impressionnantes de Sicile comme celle de Cava Grande del Cassibile, avec ses 300 m de profondeur pour 10 km de longueur. Les amateurs de panoramas, de marche en pleine nature et de baignades y trouveront leur compte.

Circuits conseillés Carte Les monts Iblei

LES MONTS IBLEI

Circuit au départ de Caltagirone tracé sur la carte ci-contre. Depuis Caltagirone, suivre les indications pour Ragusa, Grammichele et prendre la S 124.
La partie sud-est de la Sicile est fermée par les monts Iblei, qui forment une défense naturelle du territoire de Raguse. Les petits villages couronnant les flancs des montagnes, disséminés entre pentes et forêts, ont conservé leur physionomie rurale, fortement liée à la terre qui, durant des siècles, a assuré leur subsistance.
Sur la S 124, un carrefour indique Grammichele dans les deux directions : prendre la route de droite.

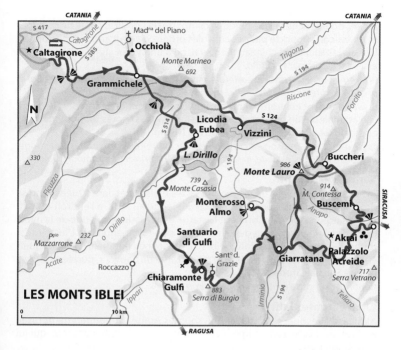

La route dévoile une magnifique **vue★★** panoramique sur une vaste plaine couverte de céréales. Au-delà des collines qui évoquent, d'après l'écrivain Tomasi di Lampedusa, « une mer soudainement pétrifiée » se profile la masse sombre et grandiose de l'Etna.

Grammichele

La ville a été reconstruite en 1693 après le tremblement de terre qui a secoué le Sud-Est sicilien. Le tracé urbain original, très régulier, s'inscrit autour d'une place hexagonale. Du milieu de chacun des côtés rayonnent autant de rues. Des rues perpendiculaires forment une couronne en hexagones concentriques. Sur la place se dressent l'église principale et l'hôtel de ville, siège du **Museo Civico** *(1er étage - ℰ 0933 85 92 29 - tlj sf lun. 9h-13h, 16h-19h - 1,50 €)*, qui contient des pièces archéologiques trouvées dans la Terravecchia environnante, où s'élevait Occhiolà, l'ancienne ville abandonnée après sa destruction par le tremblement de terre.

Occhiolà

À 3 km environ du centre-ville, en direction de Catane, près d'une maison de cantonnier précédant un virage serré, une borne sur la gauche marque l'accès de la route qui conduit à l'endroit où s'élevait la cité antique, sur un **site panoramique**.

Depuis Grammichele, la montée qui mène à Licodia Eubea *(11 km)* offre une très belle **vue★★** sur la plaine en contrebas.

Licodia Eubea

Probablement élevée sur les ruines de l'ancienne Eubea, ville fondée par les colons de Leontinoi vers le 7ᵉ s. av. J.-C., elle se trouve dans les reliefs qui dominent la haute vallée du Dirillo. Elle possède plusieurs églises du 18ᵉ s., ainsi que le **palais Vassallo** *(via Mugnos, à l'extrémité du corso Umberto I à*

5

droite), dont la riche façade baroque comporte un portail encadré de colonnes et un balcon supporté par des consoles ornées de mascarons et de volutes. Depuis les ruines du château médiéval, on a une **vue**★ sur la vallée et le lac artificiel formé par le Dirillo.

Revenir en arrière jusqu'au carrefour indiquant le Lago di Licodia (ou Dirillo) et prendre la direction du lac.

Suivre pendant environ 10 km l'ancienne route pour Chiaramonte Gulfi, tracée au milieu d'un beau **paysage**★ de montagnes. Après un petit moment apparaît sur la gauche le barrage du **lac Dirillo**.

Juste avant une maison de cantonnier (sur la droite) à proximité d'un virage, prendre à gauche (à droite, la route conduit à Vittoria et Chiaramonte Gulfi).

Santuario di Gulfi

Avant le tremblement de terre de 1693, les maisons étaient situées là où se dresse aujourd'hui, solitaire, le sanctuaire érigé au 18e s. à l'endroit où, diton, des bœufs qui transportaient la statue de la Madone « venue de la mer » (trouvée sur le rivage, près de Camarina) se seraient agenouillés. L'histoire est retracée sur quatre médaillons peints à l'intérieur du bâtiment, et sur lesquels apparaît également la découverte de la statue du Sauveur, portée ensuite à l'église San Salvatore de Chiaramonte.

Continuer sur cette route pendant environ 4 km.

Chiaramonte Gulfi

Akrillai la Grecque, rebaptisée Gulfi sous les Arabes, fut entièrement rasée en 1296 et reconstruite immédiatement par Manfredi Chiaramonte, qui lui donna son nom.

Bien que la petite ville ait été détruite par le tremblement de terre de 1693, on peut encore y lire le tracé médiéval de ses rues. L'arche de l'Annonciation qui marque l'accès à la vieille ville est l'unique héritage des Chiaramonte (14e s.). Parmi les édifices baroques, l'église San Giovanni *(en haut de la colline)* et la **chiesa madre** sont à signaler. L'artère principale, le corso Umberto I, est bordée de palais des 18e et 19e s. et fermée à l'ouest par la *villa comunale*, d'où l'on bénéficie d'un panorama sur la vallée. Dans la partie haute de la ville, immergée dans une pinède qui offre une belle **vue**★ sur Chiaramonte et sur l'Etna *(aires aménagées)*, s'élève le sanctuaire des Grâces, rattaché à une autre légende. C'est ici en effet qu'en 1576 la Madone, invoquée pour épargner le pays de la peste, aurait fait jaillir une source.

Dans la via Montesano, le **Palazzo Montesano** (18e s., *rens.* ☏ *0932 92 80 49*) abrite plusieurs petits musées dont un passionnant **musée d'instruments ethniques**, une **Casa Liberty** (qui possède des œuvres de Lalique et de Basile) ainsi qu'un **musée de l'Huile d'olive** qui rend hommage à l'un des fleurons gastronomiques de la région.

GRAINES ET DIAMANTS

L'un des éléments familiers du paysage des Iblei est le **caroubier**, grand arbre au feuillage persistant, souvent isolé dans un champ. Ses feuilles luisantes vert foncé forment un large couvert qui offre une ombre agréable. Ses graines, moulues et utilisées comme épaississant, succédané de café ou nourriture pour animaux, avaient dans le passé une fonction plus noble : du fait de leur poids constant, on les utilisait comme unité de mesure pour les pierres précieuses. On les appelait *qirat*, nom qui devait plus tard donner le terme « carat ».

LES MURETS DE PIERRES SÈCHES

La campagne se caractérise ici par les murets de pierres sèches, formant de solides enceintes n'atteignant pas un mètre, qui délimitent les champs cultivés. Leur présence s'explique surtout par la configuration de la roche des Iblei. Ces montagnes sont en effet formées de calcaire stratifié, dont seule la dernière couche est imperméable. Si par le jeu de l'érosion ou par fracture, la dernière strate vient à se fendre et laisse pénétrer l'eau, on assiste au clivage de la roche, qui se rompt en blocs et, parfois, peut donner naissance à de véritables canyons. Les blocs en se détachant envahissent les terres, obligeant les paysans à les dégager. Les murets sont apparus comme moyen de réutiliser les pierres ramassées dans les champs. Au lieu de simplement les entasser, on en a fait un matériau de construction. Et c'est devenu un art, enseigné par des artisans qui sont appelés à juste titre en sicilien *mastri ri mura a siccu* (maîtres des murs de pierres sèches). Les murets séparent les différentes propriétés, permettent le pâturage sans surveillance et soutiennent les champs en terrasses.

La route qui conduit à Monterosso Almo *(20 km)* serpente parmi les doux coteaux cultivés zébrés de **murs de pierres sèches** typiques de la région des Iblei, qui tracent des figures géométriques sur le vert des champs et donnent une singulière impression d'ordre. Par endroits, la route aussi est bordée par un muret.

Monterosso Almo

L'**église San Giovanni**★ trône sur la place qui porte son nom, centre de la partie haute de cette petite ville qui vit de l'agriculture. Sans doute réalisé par **Vincenzo Sinatra**, l'édifice présente une **façade** rythmée par des colonnes, qui s'achève par un clocher. L'intérieur est recouvert de frises en stuc sur un fond aux couleurs pastel. La couverture de la nef centrale est ornée de médaillons avec des bas-reliefs représentant des épisodes de la vie de saint Jean. En descendant vers la ville basse (après le tremblement de terre de 1693, Monterosso, comme Raguse et Modica, s'est divisée en deux parties adverses), on retrouve la « rivale » de San Giovanni, l'**église San Antonio** (ou sanctuaire de Maria Santissima Addolorata). La **chiesa madre** de style néogothique et l'élégant palais Zacco donnent sur cette même place.
Suivre la S 194 sur 7 km.

Giarratana

Trois monuments soulignent l'aspect artistique de ce petit village : l'église principale, de style Renaissance tardif, et les églises baroques San Bartolomeo et San Antonio Abate. Chaque année, en août, a lieu à Giarratana une curieuse Fête de l'oignon *(Sagra della Cipolla)*.
*De Giarratana, on peut se diriger vers Palazzolo Acreide ou raccourcir le circuit en tournant à gauche en direction de Buccheri, puis en suivant la route qui mène au sommet du **Monte Lauro**. La route (10 km) en fait l'ascension, bordée de buissons de valériane rose vif, de caroubiers et de pins vert sombre, et offre de belles **vues**★ sur le plateau d'altitude.*
Pour arriver à Palazzolo depuis Giarratana, suivre la route sur environ 14 km, puis tourner à droite en direction du site de l'ancienne Akrai.

★ Akrai

℘ 0931 87 12 80 ou 0931 87 66 02 - www.akrai.it - &. - visites de 8h à 1h avant le coucher du soleil - 4 €.

5

L'antique Akrai fut fondée en 664 av. J.-C., au cœur des monts Iblei, et instaurée comme avant-poste défensif de Syracuse, ce qui explique sa position dominante et stratégique.

Au sommet de la colline qui portait l'acropole se trouve un petit **théâtre grec** en pierre blanche, dont l'*orchestra* a conservé un dallage remontant à l'époque romaine. Sur la droite, le *bouleuterion*, salle du Conseil, en gradins, est relié au théâtre par un étroit couloir débouchant directement dans la *cavea*. Près du portail qui ferme le site archéologique, on a une belle vue sur une partie de l'antique *plateia* (rue principale parcourant la cité d'est en ouest), pavée de grandes dalles de basalte.

Contiguës au théâtre, deux carrières d'époque grecque ont été transformées par les chrétiens en catacombes et habitations. La plus étroite, appelée **Intagliatella**, s'orne à l'entrée, sur la droite, d'un bas-relief représentant deux héros. L'un participe à un banquet *(à droite)* et l'autre effectue un sacrifice *(à gauche)*.

Près de la clôture, les fouilles ont mis au jour des quartiers d'habitat ainsi qu'un édifice de forme circulaire, probablement un temple d'époque romaine. La route qui longe le site archéologique offre de très belles **vues★** sur la vallée environnante.

I Santoni – À 1 km du site archéologique. Dans une petite vallée, douze sculptures rupestres du 3e s. av. J.-C. témoignent de la présence en Sicile d'un culte d'origine orientale. Le sujet principal en est la **déesse Cybèle**, que l'on voit assise entre deux lions ou en pied, entourée de personnages de plus petite taille. Parmi les sculptures les mieux conservées, on remarque le bas-relief n° II, sur les côtés, représentant Castor et Pollux à cheval, et le n° VIII, la déesse assise.

Palazzolo Acreide

Palazzolo, reconstruit au 18e s., est riche en édifices baroques, surtout le long du corso Vittorio Emanuele et de la via Carlo Alberto. Ces deux artères principales mènent à la piazza del Popolo où se dresse la majestueuse façade de l'**église San Sebastiano**. À l'extrémité ouest du corso, l'**église de l'Immacolata** renferme une délicate Vierge à l'Enfant due à **Francesco Laurana**.

Une rue transversale sur la droite (via Machiavelli) permet de rejoindre la **maison-musée** (℘ *0931 88 14 99 - 9h-13h, 14h30-19h - 2 €*) de l'ethnologue **Antonino Uccello**, autrefois résidence du baron Ferla. À l'étage inférieur *(3e salle)*, on peut voir un pressoir et la maison de Massaro, homme de confiance du baron, où sont présentés des objets de la vie quotidienne.

Au bout de la rue, tourner à droite et continuer jusqu'à la piazza Umberto I pour voir l'**église San Paolo**. Son imposante façade, due peut-être à **Vincenzo Sinatra**, est à trois niveaux, rythmés par des arcs en plein cintre et des colonnes à chapiteaux corinthiens. Au dernier niveau s'élève une tour-clocher. Sur la place du même nom, le **Palazzo Rizzarelli-Spadaro** accueille le **Centro Espositivo Museale delle Tradizioni Nobiliari** (Centre d'exposition des traditions de la noblesse - ℘ *0931 87 58 20 - tlj sf lun. 10h30-13h30, 14h30-19h*) ; un musée qui évoque la vie de l'aristocratie sicilienne jusqu'à l'Unité italienne.

La via dell'Annunziata conduit de la place à l'église du même nom. La façade, inachevée, est enrichie d'un remarquable **portail** flanqué de colonnes torses.

On retournera sur ses pas pour prendre à gauche la via Garibaldi afin de voir le **palais Iudica** *(nos 123-131)* et son incroyable balcon qui s'étire en longueur, avec ses consoles en forme de monstres, de chimères, de mascarons et autres figures inquiétantes dans le plus pur style baroque.

La route qui conduit de Palazzolo Acreide à Buscemi *(9 km)* offre un beau **panorama★**.

Les murets de pierres sèches divisent le paysage.
G. Bludzin / MICHELIN

Buscemi

Dans ce petit bourg rural s'est ouvert un musée singulier et intéressant, **I Luoghi del Lavoro Contadino★** (Les Lieux du travail paysan – *℘ 0931 87 85 28 - www.museobuscemi.org - lun.-sam. 8h30-13h30, dim. 9h-13h - 5 € pour l'exposition, 3 € pour le moulin et la navette [sur réservation] qui y conduit*), dont les « salles » sont dispersées dans tout le centre-ville. Huit sites différents retracent le travail et la vie des gens des Iblei : l'atelier du forgeron, la meule (où ont été tournées certaines scènes du film *La Louve* de Gabriele Lavia), la demeure d'un fermier, celle d'un ouvrier agricole (*lo jurnataru* en sicilien), la boutique du cordonnier, l'atelier du menuisier et le pressoir, où avait lieu le foulage du raisin. Le bâtiment voisin du pressoir abrite une petite cinémathèque : il est recommandé de voir le film tourné dans les ateliers ouverts au public, qui illustre les activités paysannes du passé. Le circuit se termine près du moulin à eau Santa Lucia, situé dans la vallée des Moulins, à Palazzolo Acreide. À l'intérieur a été aménagé un petit musée des Moulins.

La route permet aussi de découvrir des monuments baroques, la belle façade de la chiesa madre, celle, curviligne, de l'église St-Antoine-de-Padoue-et-St-Sébastien, ainsi que des endroits évocateurs et charmants, comme le « quartier paysan », qui rassemble de petites constructions basses en pierre.

Aussitôt de retour sur la route principale, on remarquera, sur la paroi rocheuse au sommet de laquelle se blottit le village, quelques tombes de Sicules (13e-12e s. av. J.-C.) occupant des grottes.

Arrivée à Buccheri après 6 km environ.

Buccheri

Édifié à 820 m d'altitude, ce village présente l'église de la Maddalena (18e s.) et sa façade à deux ordres scandés par des colonnes et des pilastres, et l'église San Antonio Abate, dont la tour en façade est bien mise en valeur par le long escalier abrupt qui la précède.

Continuer en direction de Vizzini.

LE VILLAGE DE GIOVANNI VERGA

« Hanno ammazzato compare Turiddu ! » (Ils ont tué Turiddu !) C'est sur ce cri que s'achève la *Cavalleria Rusticana*, œuvre toscane, mais sicilienne en ce qui concerne le thème et la scénographie (il s'agit de la version musicale de Mascagni d'une nouvelle de Verga). La manière peut-être la plus plaisante de visiter le village de Vizzini consiste à retrouver l'auberge où Turrido et Alfio se provoquent en duel, puis l'église Santa Teresa où les commères vont prier (dans l'opéra), les demeures de Gnà Lola et Santuzza, l'ancien quartier des tanneurs, la Cunziría, hors de l'agglomération, où les deux compères se battent. Sans oublier la maison et les palais aristocratiques dispersés dans le bourg, qui servent de décor aux aventures de *Maître Don Gesualdo*.

Vizzini

C'est la petite ville où l'écrivain **Giovanni Verga** a situé certaines de ses nouvelles, parmi lesquelles *La Louve*, *Cavalleria Rusticana* (dont s'inspira Mascagni par la suite pour son célèbre opéra), et le roman *Maître Don Gesualdo (voir encadré ci-dessus)*.

Vizzini s'étend autour de la piazza Umberto I, où se dressent le palais Verga et l'hôtel de ville. La **Salita Marineo**, grand escalier voisin de ce dernier, est décorée sur ses contremarches de céramiques aux motifs géométriques et floraux, avec au centre de chacune d'elles un médaillon orné de vignettes des palais de Vizzini. Achevé en 1996, il rappelle l'escalier de Santa Maria del Monte à Caltagirone *(voir p. 317)*. La **chiesa madre** montre un portail gothique normand *(côté droit)*, seul rescapé du tremblement de terre de 1693 qui détruisit une grande partie de la ville et sonna l'heure de la reconstruction. Parmi les édifices baroques, on remarque la belle façade de **San Sebastiano**. L'**église Santa Maria di Gesù** abrite une Vierge à l'Enfant d'**Antonello Gagini**.

Depuis Vizzini, il est possible de suivre l'itinéraire ci-dessous ou de prendre l'ancienne route en direction de Caltagirone-Grammichele (S 124 sur 30 km).

AU-DELÀ DU VERSANT SUD DES MONTS IBLEI carte de microrégion A1

◐ *Circuit d'environ 100 km au départ de Caltagirone et de 75 km à partir de la fin de l'itinéraire précédent (Vizzini), tracé sur la carte p. 324. Compter une journée. Pour la première partie (Caltagirone-Grammichele), se reporter au début du circuit précédent.*

Après Grammichele, suivre la S 124 sur environ 10 km jusqu'au carrefour indiquant à gauche la direction Militello in Val di Catania (25 km à l'est de Grammichele).

Militello in Val di Catania

Ravissante petite ville baroque, Militello doit sa prospérité à Jeanne d'Autriche (1573-1630), nièce de Charles Quint, qui vint y vivre après son mariage avec Francesco Branciforte et apporta son goût de la culture et du beau. La cité fut alors le centre d'une cour et connut l'apogée de sa splendeur. De nombreux palais et monuments baroques ornent aujourd'hui les rues du centre et la ville a été inscrite au Patrimoine mondial de l'Unesco en 2002.

Il est possible de commencer la visite sur la piazza del Municipio par l'imposant ensemble du **monastère bénédictin** (1614-1641), actuel hôtel de ville, qui présente une belle **façade** décorée. Celle de l'ancienne **église** présente à la grande fenêtre un bossage rustique, élément décoratif typique du baroque local. On peut admirer à l'intérieur *La Dernière Communion de saint Benoît*, toile

de Sebastiano Conca *(3e chapelle à gauche)*, et un chœur liturgique en bois, où sont représentés les Mystères et des scènes de la vie de saint Benoît (1734).

Emprunter la via Umberto I, sur laquelle donne le **palais Reforgiato** (18e s.), jusqu'à la piazza Vittorio Emanuele.

Museo San Nicolò – *Via Umberto I 67 - Pour info ☏ 095 81 12 51 - 4 €*. Il occupe les cryptes funéraires de l'église, édifiée en 1721. La **présentation**★ des objets en valorise la richesse et la beauté. Une splendide collection de parements liturgiques des 17e et 18e s. est exposée avec les trésors de quelques églises de la ville, dont les ouvrages en argent de l'église Santa Maria alla Catena, des joyaux, des ex-voto et le trousseau liturgique de sainte Agathe. La visite se termine par la pinacothèque, où l'on peut voir le retable de *L'Annonciation* (1552) de Francesco Franzetto, *L'Attentat contre saint Charles Borromée* (1612) du peintre toscan Filippo Paladini, où apparaît le luminisme du Caravage, et la douce *Immaculée* de Vaccaro.

Sur la piazza Vittorio Emanuele se dresse **Santa Maria alla Catena**, réédifiée en 1652. L'**intérieur**★ présente une belle **décoration** en stucs due à des artistes d'Acireale, qui représente, dans le registre supérieur, des scènes des Mystères joyeux, et des saintes siciliennes entourées de *putti*, de festons et de cornes d'abondance dans le registre inférieur. Ce bel ensemble est mis en valeur par le superbe plafond de bois à caissons de 1661.

Prendre à gauche la via Umberto I.

Après la belle façade concave de l'**église del Santissimo Sacramento al Circolo**, on rejoint la piazza Maria Santissima della Stella.

Édifiée entre 1722 et 1741, l'église de **Santa Maria della Stella** présente un portail flanqué de colonnes torses. On voit à l'intérieur un magnifique **retable d'autel**★ d'**Andrea Della Robbia** en terre cuite émaillée représentant *La Nativité* (1487). Le **trésor** comprend un retable de la fin du 15e s. figurant des épisodes de la vie de saint Pierre par le Maestro della Croce de Piazza Armerina, ainsi que le *Portrait de Pietro Speciale*, bas-relief de **Francesco Laurana**.

Sur l'un des côtés de la place, on peut admirer le **palais Majorana**, l'un des rares témoignages du 16e s., avec des angles en bossage massifs, ornés de lions en pierre.

Tourner à gauche après le palais, puis immédiatement à droite.

On découvre l'église **Santa Maria la Vetere**. Le séisme de 1693 n'a épargné que le collatéral droit (muré). Le porche du 16e s. et la façade, percée d'une lunette enrichie de bas-reliefs, constituent un **ensemble**★ pittoresque, digne du paysage splendide qui lui sert d'écrin au fond d'une vallée verdoyante, aux abords de la ville.

Repasser par la Porta della Terra et prendre aussitôt à gauche pour voir l'**église des Très-Saints-Anges-Gardiens** (Santissimi Angeli Custodi – *☏ 095 65 53 29 - se renseigner pour les horaires de visite)*, au beau **pavement**★ en céramique de Caltagirone (1785).

Remonter, puis tourner à gauche pour longer les vestiges du **château Branciforti** (dont il ne reste qu'une grosse tour circulaire et des pans de murailles). La Porta della Terra donne accès à la place de la **Fontana della Ninfa Zizza**, ancienne cour du château. La fontaine a été édifiée en 1607 à l'initiative du prince Branciforte pour commémorer la mise en service du premier aqueduc de Militello.

Continuer jusqu'à Scordìa (11 km au nord-est).

Scordia

Ce bourg, caractérisé par un réseau de rues perpendiculaires, est dominé par le palais des Branciforte, seigneurs qui y résidaient au 17e s. Sur la place centrale

5

Umberto I, on remarque parmi les palais aristocratiques l'**église St-Roch** avec sa façade à saillants. L'**église Ste-Marie-Majeure** (18ᵉ s.) possède une intéressante façade-campanile.

Continuer en direction de Palagonìa (12 km au nord-ouest).

La S 385 offre de jolies **vues★** sur des vergers d'agrumes très réputés, bordés au sud par les *coste*, petites proéminences rocheuses.

Palagonìa

Ce fut probablement un important centre politique et religieux des Sicules, à en croire une légende qui rapporte que les **dieux Palici**, qu'ils vénéraient, étaient nés du bouillonnement continuel des eaux sulfureuses du petit **lac de Naftia**, près duquel un temple aurait été élevé. Aujourd'hui, l'exploitation industrielle du gaz ne permet plus de voir le lac. Le nom de Palagonìa est indissociablement lié aux magnifiques oranges sanguines cultivées dans la région.

De Palagonìa, prendre la S 385 en direction de Catane. Au carrefour, tourner à droite vers Contrada Croce. Après 4,5 km, dans une courbe sur la droite, se trouve à gauche un chemin muletier fermé par une barrière métallique. 15mn de marche suffisent pour arriver au bâtiment.

Eremitaggio di Santa Febronia

Ce charmant ermitage doit son nom à sainte Fébronie, surnommée localement « *a'Santuzza* » (la petite sainte). Ses reliques, conservées à Palagonìa, sont transportées ici en procession tous les ans. L'ermitage rupestre, datant de l'époque byzantine (7ᵉ s.), abrite une abside décorée d'une belle fresque, où l'on discerne, malgré son mauvais état, la Vierge et un ange entourant le Christ.

Prendre la S 385 en direction de Caltagirone et après 8 km environ, tourner à gauche en direction de Mineo.

Mineo

Petite ville natale de l'écrivain **Luigi Capuana** *(voir p. 120)* (1839-1915), ses origines remontent à l'Antiquité, quand elle fut fondée sous le nom de Mene par le roi sicule **Doukétios**. Voisine du collège des jésuites, la Porta Adinolfo du 18ᵉ s. marque l'entrée de la ville, et donne accès à la place principale et à l'**église du Collège**. Un peu plus loin, la via Umberto I mène à la piazza Agrippina et à l'église du 15ᵉ s. du même nom (absides). Au point le plus haut du village, à côté de l'église Ste-Marie, se trouvent les ruines d'un château d'où s'offre une très belle vue sur toute la vallée.

Revenir sur la S 385 qui, sur le chemin du retour à Caltagirone (25 km), présente un beau panorama.

😊 NOS ADRESSES DANS LES MONTS IBLEI

VISITES

Vizzini

Pour effectuer une visite guidée, s'adresser à la Pro Loco (Piazza Umberto I - ☎ 0933 19 37 251).

HÉBERGEMENT

Vizzini

PREMIER PRIX

Agriturismo A Cunziria – *Contrada Masera, Vizzini - ☎ 0933 96 55 07 - fax 0933 96 60 87 - www. cunziria.com - fermé lun. -* 🛏 ✗ *- 14 ch. 60 € ⚏.* Cet agritourisme situé non loin du bourg du même nom englobe, dans sa partie restaurant, d'anciennes habitations troglodytiques. Vous y passerez la nuit dans de petits chalets en bois tout simples, dans un paysage parsemé de figuiers et empli du parfum des fleurs d'oranger.

RESTAURATION

Chiaramonte Gulfi

PREMIER PRIX

Majore – *Via Martiri Ungheresi 12 - ☎ 0932 92 80 19 - www.majore.it - fermé lun. et juil.- 16/25 €.* « Un lieu à la gloire du cochon », indique sans ambiguïté un panneau accroché au mur de cet établissement centenaire. On s'y consacre exclusivement aux plats à base de porc, tous préparés avec beaucoup de soin. L'adresse est connue et les prix valent eux aussi le détour.

Militello in Val di Catania

PREMIER PRIX

U'Trappitu – *Via Principe Branciforte 125 - ☎ 095 81 14 47 - fermé lun. et midi -* 🍴 *- 15/25 €.* Cette trattoria est installée dans un ancien pressoir (*trappitu*) datant de 1927, savamment rénové. La structure d'origine a été conservée, et les meules et les presses autrefois destinées au pressage des olives constituent aujourd'hui un décor très original.

Palazzolo Acreide

PREMIER PRIX

Valentino – *Via Galeno, à l'angle du Ronco Pisacane 125 - ☎ 0931 88 18 40.* Dans une petite ville dont l'histoire remonte à des siècles très anciens, voilà une adresse très agréable, placée sous l'enseigne de la simplicité. Comme il se doit, la cuisine y est régionale.

PETITE PAUSE

Les **pâtisseries de Militello** préparent toutes sortes de spécialités sucrées : les *cassatelline*, gâteaux à base de pâte d'amandes, de chocolat et de cannelle, les *mastrazzuoli*, gâteaux de Noël à base d'amandes, de cannelle et de vin cuit, et la *mostarda*, préparée avec de l'extrait de figue de Barbarie bouilli avec de la semoule de blé ou du moût.

AGENDA

Les 2e et 3e dimanches d'octobre a lieu à Militello **la Sagra** (fête) **della Mostarda**.

5

LA CÔTE IONIENNE : CATANE, L'ETNA, TAORMINE

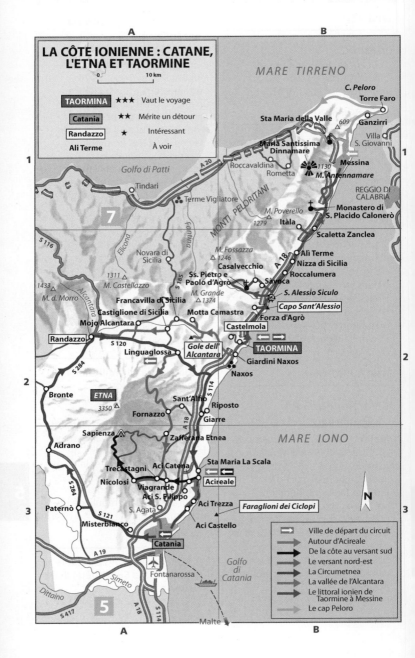

LA CÔTE IONIENNE : CATANE, L'ETNA ET TAORMINE

0   10 km

TAORMINA	★★★ Vaut le voyage
Catania	★★ Mérite un détour
Randazzo	★ Intéressant
Ali Terme	À voir

MARE TIRRENO

C. Peloro
Torre Faro
Ganzirri
Villa S. Giovanni

Sta Maria della Valle   609

Maria Santissima Dinnamare
1130   Messina
M. Antennamare

Roccavaldina
Rometta

REGGIO DI CALABRIA

Golfo di Patti

Tindari

Terme Vigliatore

M. Poverello
1279   Itàla

Monastero di S. Placido Calonerò

Scaletta Zanclea

MONTI PELORITANI

M. Fossazza
1246

Novara di Sicilia

Ali Terme
Nizza di Sicilia
Roccalumera

Casalvecchio
Ss. Pietro e Paolo d'Agrò
Sàvoca

1311
M. Castellazzo

1433
M. d. Morro

M. Grande
1374

S. Alessio Siculo
Capo Sant'Alessio

Francavilla di Sicilia

Motta Camastra
Forza d'Agrò

Castiglione di Sicilia
Castelmola

Mojo Alcantara

Randazzo

Gole dell' Alcantara
TAORMINA

S 120
Linguaglossa

Giardini Naxos
Naxos

ETNA
3350

Sant'Alfio
Riposto
Giarre

Bronte

Fornazzo

MARE IONO

Sapienza

Zafferana Etnea

Adrano

Sta Maria La Scala

Trecastagni
Aci Catena
Acireale

Nicolosi
Viagrande
Aci S. Filippo
S. Agata

Aci Trezza
Faraglioni dei Ciclopi

Paternò

Misterbianco
Aci Castello

Catania

N

Golfo di Catania

A 19
Fontanarossa

Simeto

Dittaino

5

Malte

⇨	Ville de départ du circuit
→	Autour d'Acireale
→	De la côte au versant sud
→	Le versant nord-est
→	La Circumetnea
→	La vallée de l'Alcantara
→	Le littoral ionien de Taormine à Messine
→	Le cap Peloro

La côte ionienne : Catane, l'Etna et Taormine 6

Carte Michelin Local 365 – Région autonome de Sicile

Catane

Catania

293 458 habitants

😊 NOS ADRESSES PAGE 410

🛈 S'INFORMER

Servizio turistico regionale – *Via Alberto Mario 32 - ☏ 095 74 77 415 - strctacicastello@regione.sicilia.it - www.turismo.catania.it.*
Bureau del Turismo – *Via Vittorio Emanuele 172 - ☏ 095 74 25 573 - www.comune.catania.it ; Info Point à l'aéroport international Fontanarossa (☏ 095 09 37 023) et dans le centre-ville (Palazzo Minoriti, via Etnea 63/65 - ☏ 095 40 14 070).*

▶ SE REPÉRER

Carte de microrégion A3 (p. 394) – *carte Michelin Local 365 AZ 58.* Catane présente un plan régulier organisé en damier. Le cœur de la cité est la piazza del Duomo où se croisent les deux grands axes de la ville, la via Vittorio Emanuele II d'est en ouest et la via Etnea du nord au sud. Plus au nord, le long de la côte, s'étend l'ancienne zone industrielle des Ciminiere, aujourd'hui important parc culturel.

🅿 SE GARER

Le trafic urbain est très dense et la meilleure solution pour visiter Catane est de trouver rapidement un parking puis d'explorer le centre historique à pied. Tous les parkings du centre-ville sont payants. Achetez des cartes de stationnement dans les bureaux de tabac.

😃 À NE PAS MANQUER

Pour les visites, la piazza del Duomo ; la via Crociferi ; la façade du palais Biscari ; le parc de la Villa Bellini ; le musée du Cinéma et le musée du Débarquement en Sicile. Pour l'atmosphère, flânez devant les commerces de la via Etnea à l'heure de la *passeggiata*.

🕐 ORGANISER SON TEMPS

Compter deux jours. En été, Catane est l'une des villes les plus chaudes d'Italie et la température dépasse souvent 40 °C. En cette saison, il est par conséquent préférable de faire vos visites tôt le matin.

👥 AVEC LES ENFANTS

Les musées du site des Ciminiere. À Acireale, un spectacle de marionnettes et le museo dei Pupi dell'Opra à Capomulini.

Plusieurs fois parvenue à renaître de ses cendres après des éruptions, des tremblements de terre ou des guerres, Catane est la ville de l'Etna par excellence. Elle entretient avec le volcan un rapport vivant et permanent, en dépit des nombreuses fois où il a déversé sa lave jusqu'à l'intérieur de ses murs. La silhouette du volcan n'est pas seule à rappeler ce lien, la couleur sombre du crépi des maisons et de la pierre de lave des portes et des monuments en est aussi la preuve. Catane se décline en noir et blanc, couleurs dominantes formant un contraste évocateur

qui se retrouve sur l'éléphant de la piazza del Duomo, symbole de la ville. Patrie du musicien Vincenzo Bellini et de l'écrivain Giovanni Verga, Catane est une ville attachante, agitée et populeuse : son port et son intense activité industrielle liée à la haute technologie lui ont valu le surnom d'Etna Valley, par référence à la Silicon Valley californienne. Inscrite en 2002 au Patrimoine mondial de l'Unesco comme l'une des villes du baroque tardif, Catane vit depuis au rythme d'une lente mais efficace restructuration de son centre historique qui met enfin en valeur la beauté de ses monuments.

Se promener Plan de ville

◗ *Se reporter au plan p. 398.*

★ PIAZZA DEL DUOMO A3

Centre de la ville dessiné par Vaccarini, la place doit son harmonieux aspect baroque aux édifices qui l'entourent. La **fontaine de l'Éléphant**, symbole de Catane, fait face à la **fontaine de l'Amenano**, du 19ᵉ s., plus en retrait sur le côté sud devant les palais des Clercs *(Chierici)* et Pardo qui lui servent de décor. La place est dominée par la façade du Duomo, suivie sur la droite par le palais épiscopal et la porte Uzeda. Un peu en retrait sur la gauche s'élève l'abbaye Ste-Agathe. Le côté nord de la place est occupé en quasi-totalité par l'élégante façade, due à Vaccarini, du **palais du Sénat ou des Éléphants**, siège de la mairie, dans la cour duquel sont exposées deux berlines sénatoriales et une charrette de la fin du 19ᵉ s.

Fontana dell'Elefante A3

Symbole de Catane, elle fut réalisée en 1735 par Vaccarini et évoque l'obélisque de la piazza della Minerva à Rome. Sur un haut socle en pierre, un éléphant de lave de l'époque romaine porte sur son dos un obélisque rapporté d'Égypte, recouvert de hiéroglyphes relatifs au culte d'Isis, lui-même surmonté des insignes de sainte Agathe.

★ Duomo B3

𝄞 095 32 00 44 - 7h-12h, 16h-19h - gratuit.
Consacrée à sainte Agathe, patronne de la ville, la cathédrale a été édifiée à la fin du 11ᵉ s. par le Normand Roger Iᵉʳ, mais reconstruite après le tremblement

---

À CHEVAL SUR LE LIOTRU DANS LES TRACES DE POLYPHÈME

Le *Liotru*, c'est ainsi que les habitants de Catane surnomment l'éléphant de la piazza del Duomo. Il s'agit en fait de la version dialectale d'Héliodore, du nom d'un nécromancien érudit du 8ᵉ s. vivant à Catane et qui, disait-on, avait le pouvoir d'animer l'éléphant afin de s'en servir comme monture. Le nom du mage a finalement été utilisé pour désigner l'éléphant lui-même. Le lien de la ville avec l'éléphant n'est pas fortuit, mais renvoie à la présence probable d'éléphants nains en Sicile à l'époque préhistorique et dont le souvenir aurait été conservé grâce au mythe. Ainsi, le visage des Cyclopes homériques serait en réalité une représentation fantaisiste du crâne de ces animaux, dans laquelle l'orbite de leur œil unique figurerait l'orifice de la trompe. Des maquettes de deux éléphants nains retrouvés en Sicile sont exposées au Musée archéologique Paolo Orsi à Syracuse *(voir p. 332).*

6

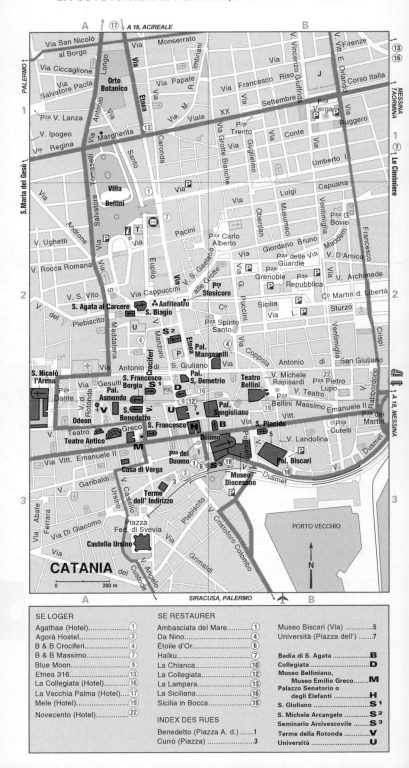

CATANIA

de terre de 1693. La **façade**★★ est un des chefs-d'œuvre de **Vaccarini**. Le long de la via Vittorio Emanuele II, à la hauteur de la cour du palais épiscopal, on peut admirer les grandes **absides** normandes en pierre de lave. Leur aspect massif et les fenêtres hautes et étroites qui font penser à des meurtrières rappellent que le Duomo a été conçu comme une église fortifiée.

Le côté nord présente un beau portail du 16e s., dont l'entablement est animé de *putti*.

À l'extérieur, à droite du portail d'entrée, on peut apercevoir les vestiges des **thermes d'Achille**, datant sans doute du 3e s. et accessibles par une trappe.

À l'intérieur, on a mis au jour dans le dallage quelques bases de colonnes de l'édifice normand.

Adossée au second pilier à droite dans la nef centrale, on peut voir la stèle funéraire de Bellini, décédé dans sa demeure de Puteaux et inhumé un premier temps à Paris.

Le transept est fermé par deux chapelles auxquelles on accède en passant sous de beaux arcs Renaissance. La chapelle de droite, consacrée à la Vierge, renferme le sarcophage de Constance, épouse de Frédéric III de Sicile, morte en 1363.

L'abside de droite est occupée par la **chapelle de sainte Agathe**, également de style Renaissance, mais plus riche de dorures que la chapelle de la Vierge. Le portail espagnol finement sculpté donne accès aux reliques et au trésor de la sainte. Sur la paroi de droite se trouve le beau monument funéraire du vice-roi Ferdinando de Acunha, représenté agenouillé (1495). Dans le chœur liturgique, les stalles sculptées du 16e s. illustrent des épisodes de la vie de sainte Agathe.

Dans la sacristie se trouve une grande fresque (hélas abîmée) donnant une image authentique de la ville avant 1669, avec en arrière-plan l'Etna prêt à déverser ses coulées de lave.

Museo Diocesano B3

Piazza Duomo/Via Etnea 8 - ℘ 095 28 16 35 - www.museodiocesicatania.it - tlj sf dim. 9h-14h, sam. 9h-13h. - 7 €.

Il accueille des peintures, des objets de décoration et des parements appartenant à la cathédrale et au diocèse, ainsi que le brancard de sainte Agathe *(Vara di Sant'Agata)*, utilisé pour le transport du buste contenant les reliques de la sainte pendant les processions. Il est possible d'accéder depuis le musée à une belle terrasse panoramique donnant sur la Porta Uzeda et offrant une belle vue sur les coupoles du centre-ville.

★ Badia di Sant'Agata B3

Située à côté de la cathédrale, l'abbaye est pour beaucoup dans la beauté de la place. Le mouvement curviligne de sa **façade**★ est mis en évidence par une corniche qui souligne le premier étage, rehaussée au milieu par un tympan triangulaire. C'est aussi un chef-d'œuvre de Vaccarini.

Fontana dell'Amenano

Alimentée par le cours d'eau du même nom, qui, avant d'arriver ici, passe devant quelques-uns des principaux monuments d'époque romaine (le théâtre et les thermes de la Rotonda), la fontaine est appelée familièrement par les Catanais *acqua a lenzuolo* (eau en forme de drap) parce que la nappe qui coule de la vasque supérieure semble former un voile continu. Derrière elle s'ouvre la piazza Alonzo di Benedetto, où chaque matin se tient un pittoresque **marché aux poissons**, qui se prolonge dans le marché couvert, dans l'ancien corps

6

SAINTE AGATHE, ENTRE SACRÉ ET PROFANE

Agathe appartient à la riche noblesse de Catane du 3ᵉ s. apr. J.-C. De religion chrétienne, elle est victime des persécutions religieuses et de son refus d'épouser le consul Quintien. Jetée en prison, elle y est torturée (on lui arrache les seins) et martyrisée avec des tisons ardents et des pointes de fer rouge. Elle meurt le 5 février 251. L'année suivante, le voile de la sainte sauve, dit-on, Catane d'une coulée de lave, et elle devient alors patronne de la ville. Du 3 au 5 février, Catane célèbre une grande fête en son honneur et des processions, pleines de couleurs et de musique, sont organisées, témoignant de la persistance de son culte. Celui-là s'étend également à la pâtisserie locale, qui compte parmi ses spécialités les *minni di Sant'Agata* (les seins de sainte Agathe), sorte de petits dômes glacés surmontés d'une cerise, qui rappellent le martyre de la sainte.

de garde de la **porte Charles-Quint**. Celle-ci faisait partie des fortifications du 16ᵉ s. et sa façade principale est encore visible depuis la piazza Pardo. Toujours sur la piazza di Benedetto, en longeant le mur du palais des Clercs, on peut voir la fontaine des Sept-Canaux.

LE QUARTIER DE LA CATHÉDRALE

Derrière la cathédrale, sur la via Vittorio Emanuele II, se trouvent de beaux monuments. Sur une petite place, à droite, on aperçoit la magnifique église **San Placido**, dont la délicate façade concave est due à **Stefano Ittar** (1769). Le long du côté droit de l'église (via Museo Biscari) se trouve l'ancien couvent dont on peut voir encore les lignes du portail et quelques fenêtres. Dans la cour *(entrée par la via Landolina)* se trouvent les vestiges du **palais Platamone** (15ᵉ s.), don de la famille du même nom au monastère dès le 15ᵉ s. De la structure originale a été conservé un beau balcon orné de bandes bicolores souligné d'une série d'arcs ogivaux. La cour abrite depuis quelques années des spectacles de musique et de théâtre.

★ **Palazzo Biscari** B3

Via Museo Biscari 16 - ℘ 095 32 18 18 - www.palazzobiscari.com - visites guidées (20mn) uniquement sur réservation.

C'est le plus bel édifice civil de la ville. Édifié après le séisme de 1693, il n'a atteint sa splendeur qu'environ cinquante ans plus tard, grâce à Ignazio Biscari, homme aux goûts éclectiques, passionné d'art, de littérature et d'archéologie, qui a permis les nombreuses fouilles de la zone et inauguré un musée d'archéologie à l'intérieur même de son palais *(collections exposées à San Francesco Borgia, voir p. 402)*. Le côté sud en particulier présente une très riche **décoration★★**. Ressortant sur la façade sombre, figures, volutes, pampres et *putti* encadrent les fenêtres de la longue terrasse.

L'entrée du palais se fait par un riche portail donnant sur une cour ornée d'un bel escalier en fer à cheval. De là, on accède aux pièces d'apparat, parmi lesquelles, au fond, la salle des fêtes est décorée de stucs, dorures et miroirs, et de fresques de Sebastiano Lo Monaco. Au centre de la salle, le plafond s'ouvre sur une coupole ovale dotée d'une galerie où autrefois s'installaient les musiciens, pour donner l'impression que la musique venait du ciel. La fresque représente le triomphe de cette famille noble accueillie par le conseil des dieux. Dans la galerie voisine de la salle, un escalier en colimaçon de style maniériste permet d'accéder à une petite estrade. La galerie offre aussi une belle vue sur la terrasse du côté sud.

★ **Teatro Antico et Odeon** A3
Via Vittorio Emanuele II 266 - ℘ 095 71 50 508 - 9h-17h30 - 4 €.
Le théâtre dans sa forme actuelle remonte à l'époque romaine, mais on ne peut exclure qu'il ait été construit sur un ancien théâtre grec, comme en témoignent son emplacement sur la pente naturelle d'une colline et quelques sources littéraires (discours d'Alcibiade aux Catanais durant la guerre du Péloponnèse, en 415 av. J.-C.). Construit en pierre de lave, il était garni de sièges en calcaire, ou en marbre pour les personnages importants. Il pouvait contenir 7 000 spectateurs. La *cavea* comprenait trois corridors voûtés en berceau reliés entre eux, bien dégagés pour faciliter le passage des spectateurs. On distingue les vomitoires prévus pour cela. Déjà à l'époque normande, le théâtre avait été en partie dépouillé de ses marbres, utilisés pour la construction de la cathédrale, tandis que des habitations étaient élevées sur sa structure et qu'une rue y était tracée, dont on peut encore aujourd'hui voir les arcades.

À côté du théâtre, l'**odéon**, plus petit, a été édifié à l'époque suivante. Il était destiné aux spectacles musicaux et aux discours. Derrière la *cavea* se trouvent des galeries disposées en éventail dont on ignore encore l'usage précis.

La visite se termine à l'intérieur d'un petit **antiquarium**, qui rassemble quelques objets et fragments de décoration retrouvés lors des fouilles.

Casa di Verga A3
Via Sant'Anna 8 - ℘ 095 71 50 598 - tlj sf lun. 9h-13h30, 14h30-19h30 - 2 €.
C'est ici que l'écrivain **Giovanni Verga** (1840-1922) a passé une grande partie de sa vie. La maison est restée telle qu'il l'a laissée, on y a simplement ajouté quelques meubles de sa résidence milanaise *(dernières salles)*. Dans le bureau, on peut découvrir les passions littéraires de l'écrivain et ses auteurs préférés, parmi lesquels Capuana, D'Annunzio et « la » Deledda.

Museo Belliniano A3
Palazzo Gravina-Cruylas, Piazza San Francesco d'Assisi 3 - ℘ 095 71 50 535 - tlj sf dim. 9h-13h - 3 €.
La maison natale de **Vincenzo Bellini** (1801-1835) a été aménagée en musée où sont conservés des documents, des souvenirs et des portraits, ainsi que le clavecin et l'épinette du grand-père du musicien. Dans la dernière salle sont rassemblées quelques partitions autographes.

Museo Emilio Greco A3
Dans le même palais, au 1ᵉʳ étage - ℘ 095 31 76 54 - lun., merc., vend. et w.-end 9h-13h, mar. et jeu. 9h-13h, 15h-18h - fermé j. fériés - 3 €. Il conserve toute l'**œuvre graphique★** de l'artiste catanais (1913-1995) connu surtout en tant que sculpteur. Ses sujets, visages et corps féminins, dénotent l'attention particulière, qui s'explique par son étude de l'art grec, qu'il portait à l'harmonie des formes.

6

« AVEC TOUTES LES FORCES DE L'INTELLIGENCE... »
L'auteur de *La Sonnambula*, *Norma* et *I Puritani* fut un compositeur romantique qui se consacra à ses œuvres avec « toutes les forces du talent, persuadé comme je le suis qu'une grande partie de leur bon succès dépend du choix d'un thème intéressant, de chauds accents d'expression et du contraste des passions ». Le **Teatro Bellini**, temple de la musique lyrique, est dédié à l'illustre musicien. Cette belle salle, inaugurée en 1890 avec la *Norma*, possède une des meilleures acoustiques au monde (℘ 095 71 50 921 - www. teatromassimobellini.it - visites guidés mar.-sam. 10h et 12h30 - 5 €).

★ VIA CROCIFERI

La promenade commence par la piazza San Francesco, sur laquelle donne la monumentale église dédiée au saint, et d'où part la via Crociferi.

La via Crociferi est la rue qui illustre le mieux le baroque catanais. Les édifices qui la bordent, surtout dans la première partie, lui confèrent en effet une beauté et une harmonie uniques. On y accède par l'**Arco di San Benedetto**, flanqué des églises de la Badia Grande et de la Badia Piccola. Sur la gauche, deux autres églises se suivent : **San Benedetto** et **San Francesco Borgia**.

San Francesco Borgia A2

Fermée lors de la rédaction de ce guide. Date de réouverture non déterminée.

Reconstruite après le tremblement de terre de 1693, l'église a été achevée en 1736. Elle fut rapidement annexée au collège de la Compagnie de Jésus voisin. Hospice puis siège de la bibliothèque universitaire, elle présente aujourd'hui une partie des collections archéologiques de la ville dans l'attente de l'ouverture d'un musée spécifique.

La petite rue qui part entre les deux églises aboutit au **palais Asmundo**. En continuant dans la via Crociferi, on rencontre sur la gauche l'ancien collège des jésuites qui héberge aujourd'hui l'Institut des beaux-arts. La première cour, attribuée à Vaccarini, est ornée d'un portique à deux étages, semblable à celui que l'on peut voir dans la cour de l'université de la place du même nom. Tout autour s'étend un dallage de pierres blanches et noires. Du côté droit de la rue, on voit l'élégante **façade★** curviligne de l'**église San Giuliano**, probablement due à Vaccarini. À l'intérieur, en forme de croix grecque arrondie en octogone, l'autel en agate et pierres semi-précieuses est surmonté d'un crucifix du 14e s. peint sur bois.

Prendre à gauche la via dei Gesuiti.

Complexe monumental de San Nicolò l'Arena A2-3

Lun.-vend. 8h-20h, sam. 8h-13h, fermé dim. - gratuit.

L'ordre des bénédictins, l'un des plus puissants et plus riches de la ville, a bâti un magnifique monastère (16e-18e s.) à côté d'une imposante **église** dont la façade est malheureusement incomplète. Le sanctuaire, très vaste et dépouillé, renferme derrière l'autel un très beau buffet d'orgue du 18e s. Dans le pavement du transept, une méridienne qui s'éclairait à 12h précises autrefois (1841) le fait aujourd'hui à 12h13.

DE KATANE À CATANE

Katane, fondée par des colons grecs aux alentours de 724 av. J.-C., fut une cité florissante à l'époque romaine, comme en témoignent les nombreux vestiges qui nous sont parvenus. Le siècle « noir » de la cité a sans conteste été le 17e s. qui a vu en une vingtaine d'années la ville disparaître en 1669 sous la lave, crachée par des orifices très bas ouverts non loin de Nicolosi, puis s'écrouler en 1693 lors d'un terrible tremblement de terre. Le siècle suivant est celui de sa renaissance, marquée par un nouveau tissu urbain composé de grandes artères, de vastes places et de monuments baroques. Le principal maître d'œuvre de ce renouveau urbain est l'architecte **Giovanni Battista Vaccarini** (1702-1768).

Le caractère baroque omniprésent de Catane cache souvent les marques d'un passé plus ancien : le théâtre antique, l'odéon et l'amphithéâtre se cachent dans de magnifiques palais du 18e s.

La façade baroque du palais Biscari.
E. Suetone / hemis.fr

★ **Monastère** – *Piazza Dante 32 - ☏ 095 71 02 767 - www.officineculturali. net - visites guidées lun.-vend. 9h-17h, sam. et dim. 9h-12h - 6 €.* L'édifice actuel remonte au début du 18ᵉ s. Le portail sur la gauche de l'église ouvre sur une cour qui offre une belle vue des côtés est et sud. C'est l'œuvre d'Antonino Amato. La riche **décoration** rappelle celle du palais Biscari de la même époque *(voir p. 400)*. Au milieu du premier cloître s'élève un petit kiosque néogothique avec des décorations en majolique. Le monastère, aujourd'hui siège de la faculté des lettres, a conservé la salle du réfectoire, aujourd'hui appelée *Aula Magna*, et la bibliothèque, avec la très belle **salle Vaccarini** éclairée par de grandes fenêtres en ogive et dotée d'un beau pavement en faïence napolitaine du 18ᵉ s.

Revenir sur la via Crociferi.

La rue se termine à la grille de la villa Cerami, aujourd'hui siège de la faculté de droit.

★ VIA ETNEA

Les principaux commerces et boutiques de Catane occupent cette artère rectiligne longue de 3 km. Du nord au sud, elle coupe la piazza del Duomo, la piazza dell'Università et la piazza Stesicoro, avant de rejoindre le parc communal de la villa Bellini.

Piazza dell'Università A3

De majestueux palais entourent la place carrée : à droite, le **palais Sangiuliano**, construit par Vaccarini ; à gauche, l'**université**, construite autour d'une cour carrée délimitée par un portique qui s'élève en loggia. Le soir, la place est éclairée par quatre réverbères, œuvres d'un sculpteur de Catane (1957). Plus loin, on admirera la belle façade concave de la **collégiale Santa Maria della Consolazione**, due à **Stefano Ittar** (18ᵉ s.). Un peu plus loin encore, sur la gauche, la façade du **palais San Demetrio** (17ᵉ-18ᵉ s.) avec son riche portail et ses balcons.

Sur la droite, le long de la via Antonio di San Giuliano, se dresse le **Palazzo Manganelli**. Dans ce palais richement décoré ont été tournées quelques scènes du *Guépard* de **Luchino Visconti**, film tiré du célèbre roman de **G. Tomasi di Lampedusa**.

En revenant sur la via Etnea, on aperçoit l'église **San Michele Arcangelo** du 18e s., qui présente à l'entrée un double escalier de marbre. À son sommet, deux bénitiers de style baroque montrent deux anges portant une draperie de marbre, qui s'enroule autour d'une partie du bassin et recouvre son soubassement.

Piazza Stesicoro A2

Au centre de la place, on remarque les vestiges d'un très grand **amphithéâtre romain** *(pour la visite, contacter le Teatro Antiquo quelques jours à l'avance : ℘ 095 74 72 268)* qui pouvait accueillir plus de 15 000 spectateurs et dont l'arène, avec ses 105 m de large sur 125 m de long, arrivait au second rang par la taille après celle du Colisée. Il est malheureusement caché aujourd'hui par la place et les édifices baroques édifiés au-dessus.

San Biagio (Sant'Agata alla Fornace) A2

℘ 095 71 59 360 - lun.-sam. 7h15-12h, 17h-19h, dim. et j. fériés 9h-13h.

L'édifice actuel datant du 18e s. a été construit à l'emplacement d'une chapelle consacrée à la sainte patronne, qui subit le martyre à cet endroit précis. À l'époque romaine, la zone était occupée par des fours à briques. À l'intérieur de l'église, une chapelle *(au fond à droite)* abrite le four *(fornace)* où Agathe trouva la mort.

L'**église Sant'Agata al Carcere**, derrière la place Stesicoro, a été bâtie, dit la tradition, sur la prison romaine où la sainte fut enfermée en 251. L'entrée présente un portail roman. À côté de l'église, on a planté un olivier sauvage pour rappeler la légende selon laquelle un olivier aurait fleuri à l'endroit où Agathe s'est arrêtée avant d'entrer dans sa prison.

★ Villa Bellini A2

Ce grand parc luxuriant est un paradis de plantes exotiques. Du haut de la colline, agrémentée d'un kiosque, on jouit d'une vue panoramique sur la ville et l'Etna.

Santa Maria del Gesù Hors plan par A1-2

L'église construite en 1465 a été amplement remaniée. La belle chapelle Paternò est d'origine. On y accède en passant sous un arc Renaissance surmonté d'une lunette décorée d'une Pietà d'**Antonello Gagini**, qui a aussi réalisé la *Vierge à l'Enfant (second autel sur la droite)*.

À voir aussi Plan de ville

Castello Ursino A3

Piazza Federico di Svevia - ℘ 095 34 58 30 - 9h-13h, 14h30-19h, dim. et j. fériés 9h-20h - 6 €.

Sévère et massif *(voir dessin p. 111)*, ce château a été édifié au 13e s. en bord de mer par Frédéric II de Souabe. Aujourd'hui, il est loin du rivage, car en 1669 il a été encerclé par des coulées de lave. Il porterait le nom d'un consul romain (Arsinius) ou bien celui de la famille Orsini, qui s'était réfugiée ici au Moyen Âge, chassée de Rome pour avoir choisi le parti des gibelins, partisans de l'empereur. Construit sur un plan carré, il porte aux angles quatre grosses tours cylindriques, auxquelles s'ajoutent deux autres tours en milieu de façade.

Pinacoteca – La collection comprend surtout des peintures d'artistes méridionaux et couvre la période allant du 15ᵉ au 19ᵉ s. On remarque la finesse des traits de la Madone du triptyque de la *Vierge en majesté, saint Antoine et saint François* d'**Antonello de Saliba** (15ᵉ s.), élève d'Antonello da Messina. Parmi les tableaux de l'école du Caravage se distingue le *Saint Christophe* de **Pietro Novelli**, d'une grande vigueur d'expression. **Michele Rapisardi**, figure de proue du 19ᵉ s. catanais, est présent avec deux belles études, l'une consacrée aux *Vêpres siciliennes* et l'autre intitulée *Testa di Ofelia Pazza (Tête d'Ophélie folle)*, dont le regard d'hallucinée semble dénoncer celui qui l'observe. On y trouve aussi un autre artiste catanais, Giuseppe Sciuti, auteur d'une *Veuve* d'une infinie mélancolie. On remarque enfin le *Pastorello Malato (Le Pâtre malade)*, délicate aquarelle de Guzzone, et les tableaux aux couleurs vives de Lorenzo Lojacono.

Orto Botanico A1
Deux entrées : via Longo 19 et via Etnea 397 - ℘ 095 43 09 01 - www.dipbot. unict.it - ⚬ - 9h30-19h, sam. 9h30-13h30 (entrée par via Etnea) - fermé dim. et j. fériés - 4 €.

Créé dans les années 1950, le **jardin botanique** rassemble plantes locales et espèces du monde entier. On y trouve de remarquables exemplaires de dragonnier et d'euphorbe.

LE CIMINIERE Hors plan par B1

À l'extrémité est de la via Umberto I (B1-2), l'ancien site industriel des Ciminiere le long du bord de mer, a été reconverti en parc d'exposition. Depuis les années 2000 un pôle muséal s'y est installé.

★ Museo del Cinema
Piazzale Asia - Le Ciminiere - ℘ 095 40 11 928 - tlj sf lun. 9h-12h30, mar. et jeu. également 15h-16h30 - 4 € incluant la visite guidée (1h).

C'est à un merveilleux voyage dans l'univers du 7ᵉ art que nous invite ce musée aménagé dans d'anciennes usines de soufre. La mise en scène originale et soignée est due à l'architecte français François Confino, également concepteur du fabuleux Museo del Cinema de Turin *(voir Guide Vert Italie du Nord)*. Pour commencer, d'ingénieuses **armoires magiques** proposent des arrêts sur image sur les temps forts de l'évolution du cinéma et sur l'arrivée du premier film en Sicile, en 1913 à Messine. Dans la **salle des portraits**, les tableaux s'animent et Sofia Loren ou les frères Taviani partagent avec nous leur passion. Une **salle de cinéma★** du début du 20ᵉ s. a également été entièrement reconstituée afin de souligner l'importance des salles car, sans elles, pas de cinéma… On passe ensuite dans **la cour★** typique d'un immeuble de rapport italien, où les fenêtres (sur cour évidemment) sont des écrans diffusant des scènes de films se déroulant dans des cours. C'est par cette cour que s'inaugure la **section thématique★★**, la plus ludique : comme dans une vraie maison, on passe de pièce en pièce où, sur des écrans habilement présentés, on peut visionner des scènes d'anthologie : des festins projetés sur les assiettes de la salle à manger, une bibliothèque avec une lanterne magique, une chambre et ses baisers immortels, un salon kitsch, un bistrot et… un vrai garage d'autrefois tout droit sorti de *Cinema Paradiso* !

6

★ Museo dello Sbarco in Sicilia (Musée du Débarquement en Sicile)
Piazzale Asia - Le Ciminiere - ℘ 095 40 11 929 - tlj sf lun. 9h-12h30, mar., jeu. également 15h-17h - 4 € avec visite guidée - la visite peut impressionner les -10 ans.

👥 La visite commence par la projection d'un film sur le débarquement américain en Sicile en 1943. On entre ensuite dans une pièce qui reconstitue fidèlement une **petite place sicilienne** d'avant-guerre : le bureau du maire, l'échoppe de la couturière, le kiosque à journaux et la vie qui se déroulait là tranquillement. Puis on passe dans un **refuge** où sont reconstitués les bombardements (sirènes, obscurité, éboulements) et l'on ressort sur la même place, cette fois complètement détruite. Le ton est donné et le visiteur est alors littéralement happé par cette histoire encore récente. Plus classique mais tout aussi passionnante, la suite de la visite propose alors sur deux étages le détail des opérations du débarquement, à commencer par l'**opération Husky** décidée à Casablanca et qui illustre bien l'implication de la Mafia dans le débarquement américain. Des films, des photos, un bunker reconstruit et de passionnants témoignages d'époque permettent de parfaitement comprendre l'ensemble de ces opérations jusqu'au 22 juillet 1943, date de la libération de Palerme. En conclusion, la dernière salle évoque avec sobriété les soldats tombés pour la libération de l'Europe.

Museo del Giocattolo (Musée du Jouet)

Piazzale Asia - Le Ciminiere - ☎ 095 40 11 928 - tlj sf lun. 9h-13h, mar. et jeu. également 15h-16h30 - 2 €.

👥 Un joli parcours à travers une importante collection de jouets d'époque du 19e au début du 20e s. : poupées de cire et de porcelaine, baby-foot des années 1930, petits soldats de plomb, chevaux à bascule et maisons de poupées bien exposés.

À proximité Carte de microrégion

ACIREALE ET SES ENVIRONS

★ Acireale A3

🚗 *À 17 km de Catane par la A 18 ou par la S 114, qui longe le littoral.*

🏛 **Office de tourisme** – *Via Romeo 2 - ☎ 095 89 52 49 - www.comune.acireale.ct.it.*

🅿 *Il suffit de suivre les indications pour arriver sans encombre dans le centre historique et sur la piazza Duomo, à proximité de laquelle vous trouverez quelques parkings payants.*

Cette petite ville baroque, élégante et animée, s'organise autour de la piazza Duomo, que vous pourrez admirer tranquillement en savourant les fameux

---

LA GLACE

Invention probablement chinoise, déjà appréciée dans l'Antiquité, l'ancêtre de la glace est un mélange de pulpe de fruits, de miel et de neige. Ce sont les Arabes qui l'auraient importée lorsque la Sicile était le pivot de leur domination en Méditerranée. Le mot « sorbet » provient indubitablement de l'arabe *sharba* ou *sharbât* (boisson fraîche composée de neige et d'essences aromatiques). Un traité de cuisine arabe du 11e s. comporte un chapitre entièrement consacré aux glaces. Aujourd'hui, la Sicile présente une multitude de spécialités artisanales comme le *tartufo*, semblable à un lingot de chocolat rempli de crème, la brioche ronde traditionnelle fourrée de glace, la fameuse *cassata* (gâteau habituellement à base de ricotta sucrée, à la crème glacée dans sa version estivale) et la *mattonella* aux deux parfums.

ACIS ET GALATÉE

Convoitée par Polyphème, le terrible Cyclope adversaire d'Ulysse, Galatée refusait ses avances et tomba amoureuse d'Acis le berger, fils de Pan. Fou de haine et de jalousie, l'horrible Géant des cavernes du Mongibello tua le jeune berger. Devant le désespoir de la Néréide, Zeus fit jaillir du corps d'Acis une rivière (l'actuelle Akis) qui, en rejoignant la mer, séjour de Galatée, perpétue à jamais les rencontres des deux amants.

La légende raconte que le corps d'Acis se serait divisé en neuf parties, donnant naissance aux localités d'Aci Bonaccorsi, Aci Castello, Aci Catena, Aci Platani, Acireale, Aci San Filippo, Aci Sant'Antonio, Aci Santa Lucia et Aci Trezza. La côte est aussi appelée la **Riviera dei Ciclopi**.

---

gelati qui font à juste titre la renommée de la ville. Célèbre dès la fin de l'Antiquité pour ses sources d'eau sulfureuse, Acireale est aujourd'hui réputée pour son carnaval. À cette occasion, le long des rues principales défilent des personnages allégoriques, des chars fleuris et des groupes masqués, tandis que danses et chants animent la place principale.

★★ Piazza Duomo – Sur la piazza Duomo s'ouvre au nord le corso Umberto I, qui devient côté sud la via Settimo puis la via Vittorio Emanuele. Cette agréable artère est bordée de palais, de boutiques et de cafés. Nommée autrefois piazza del Cinque d'Oro (place du Cinq d'Or) en référence aux cartes à jouer, la place pavée de pierres noires et blanches qui dessinent des cercles et arabesques concentriques, était un lieu de spectacles musicaux et de théâtre. On y dressait à cet effet une estrade entourée de quatre petites allées. Aujourd'hui, elle sert d'écrin à de superbes édifices baroques, le **Duomo**, la **basilique San Pietro e San Paolo** (17e-18e s.), dont l'unique campanile souligne l'asymétrie de la remarquable façade, et le **Palazzo Comunale** (1659) dont les beaux **balcons★** en fer forgé reposent sur des consoles ornées de mascarons et de grotesques. On remarquera au commencement de la via Davì ceux du **palais Modò** (17e s.), légèrement en retrait : leur console royale, décorée de monstres, porte encore l'inscription *Eldorado* ornée d'un mascaron. C'est le nom d'un théâtre ouvert ici au début du 20e s.

Duomo – Dédiée à l'Annonciation et à sainte Venera, la cathédrale à façade bicolore de style néogothique est l'œuvre de **Giovanni Battista Basile** (1825-1891), créateur du Teatro Massimo de Palerme et père du non moins célèbre Ernesto Basile, grand maître du style Liberty, Art nouveau italien. Remarquer les deux clochers dont les flèches recouvertes de majoliques enserrent la façade ornée d'un superbe portail du 17e s. L'intérieur renferme des fresques de P. Vasta au niveau de l'autel et dans le transept, au dallage presque entièrement occupé par un cadran solaire du 19e s. de W. Sertorius et F. Peters. On voit au fond du transept à droite la chapelle baroque de sainte Venera. *Prendre la via Settimo puis la via Vittorio Emanuele.*

6

Basilica di San Sebastiano – *Corso Vittorio Emanuele, peu après la piazza Duomo, sur le côté gauche.* Précédée d'une balustrade surmontée de statues, la **façade★** baroque alterne harmonieusement colonnes, lésènes, niches et volutes. Sous une corniche du premier ordre, des angelots soutiennent une guirlande. À l'intérieur, le transept et le chœur sont décorés de fresques de P. Vasta illustrant les épisodes de la vie de saint Sébastien, protecteur de la ville. *Revenir à la piazza Duomo et remonter la via Cavour (face à la place).*

Piazza San Domenico – L'église **St-Dominique** à la belle façade baroque donne son charme à la petite place, sur laquelle on reconnaît aussi le **palais**

Musmeci (17e s.) avec ses beaux balcons en fer forgé et fenêtres de style rococo. Un peu plus loin, dans la rue qui part sur la droite en face de St-Dominique, se trouvent la **bibliothèque Zelantea** et sa **pinacothèque** (pinacoteca – ✆ 095 76 34 516 - ♿ - merc.-sam. 10h-13h ; mar. 10h-13h, 15h30-18h30 - gratuit). Y sont conservés une ébauche en plâtre du groupe Acis et Galatée de Rosario Anastasi, que l'on voit dans les jardins de la Villa Comunale, ainsi qu'un buste de **Jules César** appelé *Buste d'Acireale* (1er s. av. J.-C.).
Revenir à la piazza Duomo et remonter tout le corso Umberto I.

Villa Belvedere – Propice aux promenades tranquilles, le parc permet d'admirer l'Etna depuis la **terrasse panoramique**★ donnant sur la mer. On y retrouve la statue d'**Acis et Galatée** et, sur la gauche à l'entrée, une reconstitution de l'estrade dressée autrefois sur la piazza Duomo.

Terme di Santa Venera – *Via delle Terme 47 (au sud de la ville, entrée le long de la S 114)* - ✆ 329 66 27 566/0957 68 62 51 - www.terme-acireale.com - ♿ - *uniquement sur réserv. (faire la demande au moins deux jours à l'avance) - fermé j. fériés.* De style néoclassique, l'établissement thermal est né en 1873 de la volonté du baron Agostino Pennisi di Floristella (dont le château se trouve toujours derrière les thermes, près de la gare). Acireale devint par la suite une station thermale renommée qui accueillit notamment Wagner et la famille royale. Les thermes de Santa Caterina furent ouverts en 1987. On y utilise une eau sulfureuse radioactive salso-bromo-iodique, parfois combinée à de l'argile volcanique pour des traitements de fangothérapie.

Les thermes sont alimentés par des eaux acheminées depuis leur source de **Santa Venera al Pozzo** dans l'arrière-pays, à environ 3 km d'Acireale. On a découvert à cet endroit les vestiges d'un **complexe thermal romain** comportant deux salles à voûte en berceau, sans doute le tepidarium et le caldarium.

Grotta del Presepe de Santa Maria della Neve

Depuis Acireale, prendre la S 114 en direction de Messine ; au feu situé au niveau de la Villa Belvedere, prendre à droite en direction de Riposto-Santa Maria della Scala. Tout de suite à gauche se trouve l'église Santa Maria della Neve.
En été, visite uniquement pour les groupes ; en hiver, demander au prêtre d'ouvrir la grotte.

La **grotte de la Crèche**, annexe de l'église, est un renfoncement dans la pierre de lave qui, jusqu'au milieu du 18e s., a longtemps servi de refuge aux bandits et aux pêcheurs. Transformée en 1752 en grotte de Bethléem, elle abrite aujourd'hui une crèche de trente-deux personnages de cire grandeur nature aux expressions étonnamment vivantes. Les vêtements, en particulier ceux des Rois mages, sont de toute beauté.

SUR LES TRACES DE GIOVANNI VERGA

Dans le petit port d'Aci Trezza, baigné de soleil, entre les barques bigarrées échouées sur le sable, rôdent encore les personnages de **Verga**. On s'attend à tout instant à les voir apparaître, scrutant la mer avec anxiété, dans le vain espoir d'y apercevoir la *Providence* et sa cargaison de lupins. C'est dans le village d'Aci Trezza que **Luchino Visconti** a choisi de tourner *La terre tremble* (1948), tiré du roman de G. Verga *I Malavoglia*. On y trouve également le siège de l'association organisant des visites au **parc littéraire Giovanni Verga** (qui se déroule entre Catane, Aci Castello et Aci Trezza). Informations au **Museo Casa del Nespolo** *(9h30-12h30, 16h-19h ; juil.-août : 9h30-13h, 17h-21h -* ✆ *095 71 16 638 - www.museocasadelnespolo. info - 1,55 €).*

Continuer sur cette route jusqu'à la mer.

Santa Maria La Scala A3

Ce charmant port construit autour de sa **chiesa madre** (17ᵉ s.) mérite une visite. *Revenir sur la S 114 et prendre la direction de Catane. Prendre à gauche au carrefour de Capo Mulini. À environ 100 m sur cette route se trouve le musée des Marionnettes (voir « Nos adresses à Catane », p. 410), 193-195, Via Nazionale, en direction de Catane.*

Circuit conseillé Carte de microrégion A3

AUTOUR D'ACIREALE

▶ *Circuit d'environ 15 km tracé sur la carte p. 394 au départ d'Acireale.*

Aci Catena

Avec Aci San Filippo, Aci Catena constitue le prolongement naturel d'Acireale. Le village prend son nom de la Madonna della Catena et se développe autour de la piazza Umberto, bordée de palais construits à la fin du 19ᵉ s., parmi lesquels un bel hôtel de ville. La via IV Novembre et la via Matrice voisines sont également harmonieuses, mais la **chiesa madre** (18ᵉ s.) et le palais Riggio voisin tombent en ruine.

Aci San Filippo

Au centre du village se dresse la **chiesa madre** construite au 18ᵉ s. Sa superbe façade est ornée d'un campanile au soubassement en pierre de lave. *D'Aci San Filippo, reprendre la S 114 et poursuivre en direction de Catane.*

Aci Trezza

Ce petit bourg de pêcheurs est dominé par les **Faraglioni dei Ciclopi★** (Récifs des Cyclopes), énormes rochers de lave noire dont les formes déchiquetées surgissent des eaux cristallines. Il s'agirait, d'après la légende, des rocs que le Cyclope Polyphème aurait lancés en direction d'Ulysse après que ce dernier eut enfoncé un pieu durci au feu dans son œil unique ; le héros et ses compagnons avaient réussi à fuir en s'agrippant au ventre des brebis géantes du Cyclope.

L'**île Lachea** que l'on aperçoit près de la côte est aujourd'hui le site d'un centre d'études biologiques de l'université de Catane.

Aci Castello

Cette bourgade maritime se dresse sur le littoral où prospèrent citronniers (*limoni*, d'où le nom Riviera dei Limoni, également appelée Riviera dei Ciclopi), agaves et palmiers.

On aperçoit de la route la **forteresse normande★** en pierre de lave noire, qui domine la mer du haut de son éperon rocheux. Sa fondation remonte à l'époque romaine, quand s'élevait à cet endroit la forteresse Saturnia. Plusieurs fois détruite, elle a été rééditée par le roi Tancrède en 1189. Elle a servi de prison sous les Bourbons (1787). Aujourd'hui, elle abrite le **Museo Civico** (*𝄪 095 73 71 111 - juin-sept. : 9h-13h, 16h-20h ; oct.-avr. : 9h-13h30, 15h-17h - 3 €*), un petit musée éducatif qui rassemble minéraux et pièces archéologiques. Depuis le sommet du château, on a une belle **vue★** sur les fameux **Faraglioni dei Ciclopi★** et sur l'île Lachea.

6

😊 NOS ADRESSES À CATANE

TRANSPORTS

Comment s'y rendre – Si l'on arrive par avion, l'aéroport de Fontanarossa, situé à 7 km au sud de la ville (*℘ 095 34 05 05*), est desservi par de nombreuses compagnies qui le relient aux principales villes italiennes. Depuis le terminal des arrivées, le bus n° 457 de la compagnie **Alibus** relie l'aéroport au centre-ville toutes les 30mn de 5h du matin à minuit et poursuit jusqu'à la gare. Compter 25mn de trajet ; ticket 1 €, valable 90mn.

La **gare routière** se trouve piazza Giovanni XXIII (gare FFSS). Les services de car SAIS (*via d'Amico 181 - ℘ 095 53 61 68*) et les transports ETNA (*via d'Amico 181 - ℘ 095 53 27 16*) relient Catane aux principales villes et localités touristiques de la Sicile ; l'AST (*via Sturzo 230 - ℘ 095 74 61 096 - www.aziendasicilianatrasporti.it*) assure les liaisons avec les localités de la province de Catane (dont Taormina) et de Syracuse.

La **gare ferroviaire** se situe également piazza Giovanni XXIII. Catane ville est bien reliée à Messine (2h environ) et Syracuse (1h30), tandis que les trains en provenance et en direction de Palerme (un peu plus de 3h) sont moins fréquents. Trafic, horaires et tarifs : *℘ 89 20 21, www.trenitalia.it*. La gare routière et la gare ferroviaire sont reliées au centre-ville par les bus 1 et 7.

Transports urbains – Ils sont gérés par l'AMT (Agence municipale des transports – *via Plebiscito 747 - ℘ 095 75 19 111 - www.amt.ct.it*). Billet 90mn : 1 €, forfait journalier : 2,50 €. Bien que la ville dispose d'un métro, vous n'aurez certainement pas à l'utiliser pour la visite du centre-ville où toutes les curiosités sont rapidement accessibles à pied.

Le Tour de l'Etna – La ligne *Circumetnea* suit en train le trajet de la route qui court tout autour de l'Etna en passant par Misterbianco, Paternò, Bronte et Randazzo. Informations : *℘ 095 54 12 50 - www.circumetnea.it (gare Via Caronda 352 - AR 5/10 € selon la destination - ligne suspendue le dim. et pendant les vacances)*.

La compagnie **AST** garantie l'AR quotidien au volcan (point d'arrivée Rifugio Provenzana). Départ face à la gare de Catane à 8h15, retour 16h30 - AR 6,20 €.

Circuler en voiture – Attention, le centre historique de la ville est interdit aux voitures.

En bateau – Liaisons régulières avec Malte par la compagnie Virtu Ferries (*℘ 095 53 57 11 - www.virtuferries.com*) et avec Naples par la compagnie TTT (*℘ 095 34 06 44 - www.tttlines.it*).

VISITE

La Catane des Romains – Les amateurs de vestiges archéologiques romains peuvent se faire accompagner pour visiter les thermes de la Rotonde (*via della Rotonda*), transformés en église à l'époque byzantine (6e s.) et aujourd'hui réduits à une seule salle circulaire couverte d'une coupole. On peut aussi être accompagné d'un guide pour visiter les thermes de l'Indirizzo (A3 - *piazza Currò*). L'établissement thermal comprenait environ dix pièces recouvertes chacune d'une coupole. Les foyers utilisés pour réchauffer les salles sont bien visibles, ainsi que quelques conduits à section rectangulaire destinés à la circulation de l'air chaud. *Visites guidées organisées par le personnel du Théâtre antique,* *prendre contact quelques jours à l'avance au* ☎ *095 74 72 268.*

HÉBERGEMENT

Dans le centre historique

PREMIER PRIX

Mele – B3 - *Via Leonardi 24* - ☎ *095 312 258 - fax 095 83 64 226 - www.hotelmele.it -* 📷 - *8 ch. 50/60 €* 🍽. Il faut passer devant l'entrée d'un pub punk-gothique pour accéder à cette modeste pension à l'étage, tenue par une gentille *mamma*. C'est propre, fleuri, mais un peu décati. Une seule chambre dispose d'une douche privée, les autres partagent des salles de bains communes. Attention, quartier bruyant les soirs de week-end.

Agorà Hostel – A3 - *Piazza Currò 6* - ☎ *095 72 33 010 - fax 095 72 33 010 - www. agorahostel.com - 7 ch. 50/65 €* 🍽. L'auberge de jeunesse reste un bon moyen pour se loger en ville à moindres frais. Située sur une place historique, non loin du marché aux poissons, dans un bâtiment du 19e s., elle offre des chambres avec lits superposés, 2 chambres doubles et plusieurs espaces communs.

B & B Massimo – A2 - *Via Etnea 290* - ☎ *095 311 343 - www. massimobedandbreakfast.it -* 📶 📺 📷 *- 6 ch. 40/60 €* 🍽. En face de la poste centrale et de la villa Bellini, un petit établissement au charme discret, accueillant et bien tenu. Chambres sobres, spacieuses et au calme. Quelques places pour se garer dans la cour.

Blue Moon – A2-3 - *Via Collegiata 11* - ☎ *095 327 787 -* 📷 *- 6 ch. 40/60 €.* Très centrale, cette petite adresse réserve un accueil souriant. Chambres simples mais fonctionnelles, avec salle de bains et climatisation ou ventilateur. On a le choix entre trois chambres.

Pas de petit-déjeuner, mais à 2 € le cappuccio et la brioche, le bar voisin fait parfaitement l'affaire.

BUDGET MOYEN

La Collegiata – A2 - *Via Vasta 10 (à l'angle de la via Etnea)* - ☎ *095 31 52 56 - www.lacollegiata.com -* 🅿 *12 ch. 70/85 €* 🍽. En plein centre historique, des chambres petites mais agréables dans un décor un peu théâtral puisque le velours pourpre domine. Bon accueil.

Crociferi – A2 - *Via Crociferi 81* - ☎/fax 095 715 22 66 ou 347 89 75 729 - www.bbcrociferi.it - 📧 📺 *- 4 ch. 75/85 €* 🍽. Aménagées dans un très beau palais début 18e s., des chambres vastes et lumineuses. L'une d'elles, qui peut loger quatre personnes, arbore un remarquable plafond peint de style Liberty, qu'on ne se lasse pas de contempler. Les deux autres jouissent d'une vue charmante sur la place San Baggio. Marco, qui parle français, organise des sorties de pêche et de baignade en mer sur son bateau. Transfert gratuit de l'aéroport au-delà de deux nuits.

Etnea 316 – A1 - *Via Etnea 316* - ☎ *095 25 03 076 - www.hoteletnea 316catania.com - 10 ch. 75/95 €* 🍽. Juste en face du parc de la villa Bellini, à 10mn à pied de la piazza del Duomo, vous trouverez ici un accueil chaleureux et des prix très honnêtes. Les chambres sont spacieuses, décorées avec goût et confortables. Celles sur cour sont évidemment plus calmes. L'adresse est prisée, alors réservez bien à l'avance… Parking possible sur la place et dans les ruelles adjacentes.

POUR SE FAIRE PLAISIR

Novecento – B2 - *Via Monsignore Ventimiglia 37* - ☎ *095 31 04 88 - fax 095 31 52 31 - www. hotelnovecentocatania.it - 17 ch. 90/140 €* 🍽. Non loin de la

6

gare et du Teatro Bellini, un petit hôtel cossu et calme où l'accueil est fort sympathique. Les espaces communs sont chaleureux et les chambres, assez petites, sont toutes équipées de moquette.
Agathae – A2 - *Via Etnea 229* - 095 25 00 436 ou 095 71 52 668 - www.hotelagathae.it - ▤ ▣ - *15 ch. 90/115 € .* Une bonne adresse qui tire profit du décor plein de finesse de cet ancien palais de style Liberty, dont les plafonds s'ornent de guirlandes, de frises et de cornes d'abondance. À l'arrière, donnant de plain-pied sur le parc Bellini, une splendide terrasse permet de prendre son petit-déjeuner au vert. Confort high-tech, ascenseur, parking.

Plus loin du centre historique

BUDGET MOYEN

La Vecchia Palma – Hors plan par A1 - *Via Etnea 668* - 095 43 20 25 - fax 095 43 11 07 - www.lavecchiapalma.com - *12 ch. 70/80 € .* Un bâtiment Liberty qui a su respecter le style d'origine (plafonds peints) avec des chambres vastes et confortables. Situé près du métro, l'endroit est hélas bruyant. Réduction de 10 % les w.-end. en juillet et pour les séjours supérieurs à trois nuits.

RESTAURATION

😋 **Bon à savoir** – Pour un repas express à midi, on pourra choisir parmi les nombreux bars du centre qui proposent sandwichs et plats du jour *(voir « Petite pause »)* ou l'un des petits restaurants aux environs du marché aux poissons (derrière la piazza del Duomo).

Dans le centre historique

PREMIER PRIX

Da Nino – B2 - *Via Biondi 19* - 095 31 13 19 - fermé dim. - *15 €.*

Une trattoria comme on en trouve de moins en moins… Les tons pastel de la salle ne réchauffent pas l'accueil, mais l'essentiel est dans l'assiette et, aux premiers compliments, le patron se dégèle. Il peut être fier : les habitués remplissent l'endroit, se régalant de savoureux antipasti, de poissons du jour et de fruits bien mûrs en dessert. Simple et efficace.
Étoile d'Or – A3 - *Via Dusmet 7/9* - 095 340 135 - fermé midi - *10 €.* Près du marché, une *tavola calda* très populaire, qui mitonne un éventail pantagruélique de plats appétissants : aubergines farcies, *arancini* (boulettes de riz et de viande), côtes de porc marinées, bœuf en sauce, spaghettis aux palourdes, etc.
La Collegiata – A2-3 - *Via Collegiata 3/5* - 095 321 230 - www.lacollegiata.eu. Sur le côté de l'église collégiale, ce petit restaurant est, plus que pour sa cuisine, surtout appréciable pour sa terrasse où règne une ambiance décontractée. Menus peu coûteux à midi (6,50 à 15 €), pizzas le soir. Bar animé à l'étage en soirée.

BUDGET MOYEN

La Chianca – B3 - *Piazza Duca di Genova 21* - 095 32 70 22 - fermé lun. et midi. Une ambiance chaleureuse et branchée dans ce bar à vin réputé qui donne sur une petite place tranquille. Belle carte de vins siciliens. Musiciens de jazz certains soirs.
Sicilia in Bocca – B3 - *Piazza Lupo 16* - 095 74 61 361 - www.siciliainboccadagiuseppe.it - fermé merc. - *35 €.* Belle salle rustique sous des voûtes de basalte, qui attire une clientèle bigarrée, aussi bien familiale et bourgeoise que jeune et artiste. La carte, il est vrai, juxtapose une cuisine de la

mer très classique et des recettes plus inventives, qui varient selon l'humeur du chef.

POUR SE FAIRE PLAISIR
Ambasciata del Mare – A3 - *Piazza Duomo 6* - ✆ *095 34 10 03 - www.ambasciatadelmare.it - fermé lun.* - 40 €. C'est « le » restaurant de poisson de la ville situé juste à côté du marché. On y vient en famille pour un repas savoureux dans un cadre raffiné.

Plus loin du centre historique

POUR SE FAIRE PLAISIR
Haïku – Hors plan par B1 - *Via Quintino Sella 28* - ✆ *095 53 03 77 - www.haiku-ct.it - fermé lun.* Un havre de paix et de verdure dans la ville qui mérite bien que l'on marche un peu ! On choisit en arrivant parmi des plats végétariens savoureux et copieux qui revisitent les classiques italiens. On les déguste ensuite sous les figuiers du grand jardin. Essayez le succulent tiramisu aux pistaches.

La Lampara – Hors plan par B1 - *Via Pasubio 49* - ✆ *095 38 32 37 - fermé merc.* Une adresse toute simple, à la gestion familiale sympathique et accueillante : le fils est en cuisine et le père au service. Ils proposent une cuisine traditionnelle, axée essentiellement sur des plats à base de poisson frais.

La Siciliana – Hors plan par B1 - *Viale Marco Polo 52 (sur le périphérique)* - ✆ *095 37 64 00 - www.lasiciliana.it - fermé dim., j. fériés (le soir) et lun. - réserv. conseillée.* - 50 €. Un établissement aujourd'hui incontournable et qui mérite que l'on s'y rende : dans un décor classique aux accents rustiques, vous dégusterez des plats siciliens traditionnels. En été, profitez du service en extérieur.

PETITE PAUSE

Bar de l'hôtel Una – *Via Etnea 218, Catane* - ✆ *095 25 05 11 - www.unahotels.it - 15h-1h.* Au 7ᵉ étage, sur le toit-terrasse de l'hôtel le plus chic de la ville, vous pouvez venir boire un apéritif ou un lait d'amande sous le ciel, face au volcan.

Prestipino – *Piazza Duomo 9* - ✆ *095 32 08 40- fermé lun.* Sur la place de la cathédrale, un tout petit café qui mérite le détour pour ces *granite* au lait d'amande, ou encore pour les délicieux *cannoli* à la ricotta. Pas de table, on commande et on déguste face à la curieuse fontaine de l'Éléphant.

Friggitoria Stella – *Via Monsignor Ventimiglia 66* - ✆ *095 53 50 02.* Dans le quartier du marché au poisson, une adresse incontournable pour ses fritures, fraîches et savoureuses. À ne pas manquer : les beignets de ricotta et anchois.

Pasticceria Savia – *Via Etnea 302/304* - ✆ *095 32 23 35 - www.savia.it.* Depuis 1897, voici le temple de la pâtisserie à Catane. Derrière une vitrine alléchante, le meilleur des gourmandises siciliennes exposées comme dans un musée.

Pasticceria Spinella – *Via Etnea 300* - ✆ *095 32 72 47.* Face à la villa Bellini, cette pâtisserie est depuis 1930 une référence en la matière. Le service élégant est à la hauteur du décor, et les produits continuent d'attirer une clientèle aussi nombreuse qu'exigeante.

I dolci di Nonna Vincenza – *Piazza San Placido 7* - ✆ *095 72 34 522 - www.dolcinonnavincenza.it.* Non loin du palais Biscari, vous ne pouvez passer sans entrer devant cette adorable boutique tant l'odeur y est

6

alléchante. Spécialités de gâteaux traditionnels siciliens d'une grande fraîcheur.

Pellegrino – *Piazza dei Martiri 19.* Une façade orange et verte, et des tables en terrasse pour déguster de bonnes glaces face aux docks.

Acireale

Il serait inutile de vous indiquer une adresse en particulier, vous n'aurez que l'embarras du choix parmi les nombreuses pâtisseries du centre pour déguster les douceurs locales : *granite* simples ou mixtes (amandes et café), accompagnés ou non de brioche, lait d'amandes, glaces décorées de crème, de fruits frais ou secs ou encore de chocolat fondu.

ACHATS

Dagnino – *Via Etnea 179 -* ☎ *095 31 21 69 - fermé dim.* L'une des meilleures épiceries de la ville où vous trouverez les classiques de la cuisine italienne : fromages, charcuterie, sauces, confitures, miels, biscuits et vins.

Tertulia – *Via Michele Rapisardi 1/3.* Une adresse à recommander à tous les amateurs de lecture ou de pause « culturelle ». Ce café-librairie met à disposition une large gamme de livres et quelques tables où siroter une boisson fraîche ou un café, en lisant par exemple l'un des exemplaires disponibles à la consultation.

Acireale

Si vous souhaitez rapporter un petit morceau de Sicile, n'oubliez pas d'acheter un petit pain de pâte d'amandes pour réaliser le fameux lait du même nom.

SPECTACLES

Acireale

La ville est célèbre pour ses marionnettes, qui ressemblent à celles de Catane, quoique plus petites et plus légères. Deux compagnies continuent de faire vivre la tradition, celle du **Centro Servizi Spettacoli E. Macrì** *(via Alessi -* ☎ *095 60 62 72)* et celle de Turi Grasso, dont le **Museo dei Pupi dell'Opra** 🎭 *(via Nazionale per Catania 195, Capomulini)* permet d'admirer la minutie et le savoir-faire nécessaires pour réaliser les armures, les costumes et les différents accessoires. Le musée abrite d'ailleurs un petit **théâtre de marionnettes** 🎭 toujours en activité : ☎ *095 76 48 035- www.operadeipupi.com -* ♿ *- été : merc., w.-end et j. fériés 9h-12h, 17h-20h ; le reste de l'année : merc., w.-end et j. fériés 9h-12h, 15h-18h - 2,50 €.* S'adresser directement au musée pour tout renseignement sur les spectacles.

AGENDA

Catane

Festa di Sant'Agata – Pendant trois jours, du 3 au 5 février, la ville fête sa sainte patronne *(voir encadré p. 400).*

Acireale

Fête de San Sebastiano – Le 20 janvier, l'effigie du saint est placée sur un brancard et sortie de l'église qui porte son nom, puis promenée dans les rues de la ville.

Carnaval – C'est l'un des plus beaux et des plus célèbres de Sicile, pendant lequel défilent joyeusement de nombreux chars allégoriques.

L'Etna

★★★

 NOS ADRESSES PAGE 429

ℹ️ S'INFORMER

Centro Visita Parco dell'Etna – *Via del Convento 45, Nicolosi -* 📞 *095 82 11 11 - www.parcoetna.ct.it - tlj en été, hors saison w.-end (mat.) uniquement.* Ce bureau est une mine d'informations sur la vulcanologie. **Centro Visite Randazzo** - *Via Umberto 197 -* 📞 *095 79 91 611/00 11.*

♿ SE REPÉRER

Carte de microrégion A2-3 (p. 394) – *carte Michelin Local 365 AY-AZ 57.* Tout autour du volcan, tracé en 1987, le parc de l'Etna couvre 58 000 ha. L'accès au volcan se fait soit par le versant nord, soit par le versant sud, avec des parcours et des panoramas très différents. Le circuit de Nicolosi au refuge Sapienza traverse un paysage noir dépouillé, désertique, tandis que le chemin qui mène à Piano Provenzana est immergé dans une nature verdoyante.

😋 À NE PAS MANQUER

L'ascension aux cratères sommitaux (renseignez-vous sur les conditions météorologiques avant de l'entreprendre).

🕐 ORGANISER SON TEMPS

La meilleure période est l'été où toutes les routes sont accessibles. Commencez l'ascension très tôt pour éviter les coups de chaud. Plusieurs excursions sont possibles sur le volcan, de quelques heures à plusieurs jours.

👥 AVEC LES ENFANTS

Soyez extrêmement prudent si vous décidez de les emmener en randonnée avec vous. Le tour ou l'ascension du volcan est déconseillée aux enfants de moins de 12 ans.

L'autre nom de l'Etna est Mongibello, le « mont des monts », dérivé d'une interprétation erronée du mot arabe « djebel » (mont) auquel aurait ensuite été rajouté un préfixe ayant la même signification. Point culminant de la Sicile sous son capuchon de neige en hiver, l'Etna est l'un des volcans actifs les plus connus d'Europe. Les éruptions modifient sans cesse sa hauteur, qui est aujourd'hui d'environ 3 350 m. Composé d'un système de bouches éruptives, l'Etna est l'un des sites les plus intéressants de l'île, non seulement pour le spectacle grandiose offert par son activité volcanique, mais aussi pour les nombreuses excursions possibles à pied, à vélo, à ski, à cheval, en voiture ou en train avec la Circumetnea. S'ajoutent à cela un intéressant patrimoine artistique et culturel et une richesse gastronomique et œnologique que l'on retrouve, pour ne citer que quelques exemples, dans le vin « etna », les pistaches de Bronte, le miel de fleurs d'oranger de Zafferana Etnea, les fraises de Maletto ou les nombreux granités, à déguster accompagnés de savoureuses brioches tièdes et parfumées.

6

Découvrir

LE VOLCAN

Le volcan étant constamment en activité, le paysage qu'il offre au regard du visiteur est en permanente évolution. Pour qui ne dispose pas d'assez de temps pour la visite des deux versants, la solution consiste à s'adresser aux centres chargés d'organiser les visites afin de savoir quel est celui qui, sur le moment, présente le plus d'intérêt. Un bon point de départ pour les deux versants est la jolie ville de **Zafferana Etnea**, qui est équipée de nombreuses installations touristiques et offre du haut de ses 600 m d'altitude de très belles vues sur la côte, d'Acireale à Taormine.

★★★ L'Etna sud

Les excursions en véhicule tout-terrain sont organisées tous les jours (si le temps le permet), de 9h à 16h, généralement de la semaine av. Pâques jusqu'à fin oct. - durée : 2h AR - prix variables selon la durée, la saison et le nombre de personnes - rens. Funivia dell'Etna, piazza V. Emanuele 45, Nicolosi - ℘ 095 91 41 41 - www.funiviaetna.com.

Des guides organisent également des trekkings, des excursions à ski et les visites des grottes volcaniques sur demande - informations auprès du Gruppo Guide Alpine Etna Sud - piazza V. Emanuele 43 - Nicolosi - ℘ 095 79 14 755 - www.etnaguide.com.

Depuis **Nicolosi** et **Zafferana Etnea** serpentent les deux belles routes menant au **refuge Sapienza**, où débutent les excursions sur le volcan.

Lorsque l'on arrive de Zafferana, avant d'atteindre le refuge, on croise *(signalés par un panneau)* les **cratères Silvestri**. Ces bouches se sont formées en 1892 ; elles sont accessibles par une toute petite promenade, au terme de laquelle le visiteur se retrouve catapulté dans un paysage lunaire.

Généralement, l'excursion se fait en téléphérique depuis le refuge Sapienza jusqu'à 1 923 m, et se termine à pied *(2h)* ou en véhicule tout-terrain avec un guide. Les possibilités actuelles pour atteindre le sommet sont les véhicules tout-terrain de la Funivia dell'Etna, qui partent du refuge Sapienza et montent jusqu'à 2 700 m environ, ou la marche à pied *(4h pour la montée)*. Une fois à 2 700 m, la fin du parcours se fait à pied, mais, pour des raisons de sécurité, il est vivement déconseillé de s'approcher du cratère central.

Au sud-est du cratère s'étend la **Valle del Bove**, vaste dépression (d'où son nom) délimitée par des murailles de lave de 1 000 m de haut, béantes de crevasses et de gouffres. C'est ici qu'ont souvent eu lieu les éruptions, dont celles, particulièrement dangereuses, au cours desquelles la lave a atteint des lieux habités.

Au moment de la rédaction de ce guide, il était possible de rejoindre la Valle del Bove à pied par une promenade (assez difficile, les chaussures de marche sont indispensables) d'1h AR depuis le point d'arrivée des véhicules tout-terrain. Pour obtenir des renseignements sur ce sentier, s'adresser aux guides.

★★★ L'Etna nord

Des excursions en véhicule tout-terrain et avec un guide sont organisées tous les jours (si le temps le permet) de 9h à 16h, de mai à oct., au départ de Piano Provenzana - durée : 2h AR environ - 50 € avec le guide - contacter la STAR quelques jours à l'avance pour fixer l'heure de l'excursion - ℘ 095 37 13 33.

Le Gruppo Guide Alpine Etna Nord organise également des excursions à pied. Il est basé à Linguaglossa - via Roma 93 - ℘ 095 77 74 502 - www.guidetnanord.com.

L'Etna en éruption.
F. Barbagallo / hemis.fr

Prix variables selon saison et nombre de personnes. Compter environ 60 €/pers. avec le guide pour accéder aux cratères sommitaux (6 à 7 h de marche).

Pour effectuer l'excursion aux cratères du sommet, mieux vaut laisser sa voiture à **Piano Provenzana** (durement frappé par l'éruption de 2002, et plus légèrement par celle de 2011) et continuer ensuite à pied ou en véhicule tout-terrain avec un guide.

Le très beau parcours atteint une altitude d'environ 3 000 m. Sur ce versant a été installé un nouvel observatoire pour remplacer celui que la lave a détruit en 1971. L'éruption, qui a duré 69 jours, a touché à la fois le versant sud sur lequel, outre l'observatoire, l'ancien téléphérique a été enfoui, et le versant est, où certains villages (Fornazzo, Milo) ont été menacés. La lave s'est arrêtée à 7 km environ de la mer. À proximité de l'observatoire, vers 2 750 m d'altitude, on a une **vue★★** magnifique. On grimpe ensuite jusqu'à 3 000 m, où l'on abandonne le véhicule pour continuer à pied et voir de près ces terribles « gueules béantes » qui crachent des jets de fumée. De leur humeur dépend la vie ou la destruction par des coulées incandescentes des terres environnantes. Le parcours varie selon les caprices du volcan. Au retour, une halte est prévue à 2 400 m d'altitude pour observer les cratères qui se sont formés lors de l'éruption de 1809.

Circuits conseillés

DE LA CÔTE AU VERSANT SUD

◗ *Circuit de 45 km au départ d'Acireale, tracé sur la carte p. 418-419. Prévoir environ une demi-journée, sans compter la montée au sommet.*

Il y a diverses approches pour rejoindre le versant sud du volcan, le plus dépouillé, noir de lave fragmentée, qui forme un **paysage★★** d'aspect lunaire. Les villages des alentours de l'Etna ont tous une caractéristique commune, la pierre de lave aux multiples emplois : revêtement des routes, ornement des portails et des fenêtres, sculptures sombres et « terrifiantes », mise en relief des lignes architecturales des églises.

★ **Acireale** *(voir p. 406)*
À 3 km d'Acireale par la S 114.

Aci Sant'Antonio

La piazza Maggiore, où se trouvent certains des principaux monuments, est dominée par l'imposante façade du Duomo, reconstruit après le séisme de 1693. En face se dresse l'église San Michele Archangelo du 16e s. Sur la place débute la via Vittorio Emanuele, l'artère principale, qui se termine aux vestiges du palais de la famille Riggio.

En sortant d'Aci Sant'Antonio, suivre la direction de Nicolosi : les trois localités suivantes se succèdent sur la SP 4-II.

Viagrande

La pierre de lave est omniprésente. Elle constitue les grandes dalles du pavement au centre du village et rythme la façade de la chiesa madre du 18e s., dont elle souligne les lignes verticales, les portails et les fenêtres.

Trecastagni

D'après la tradition (qui ne fait pas l'unanimité), son origine fait référence aux trois saints vénérés dans la région (*tre casti agni*, trois chastes agneaux) : Alfier, Philadelphe, Cirino. Les 9 et 10 mai, c'est ici qu'a lieu la fête des Trois-Saints avec la **procession des cierges**, dont certains sont très lourds, portés par les *ignudi* (dénudés) jusqu'au **sanctuaire de Sant'Alfio**, à l'orée du village. La via Vittorio Emanuele, bordée de beaux palais, aboutit au pied de l'**église San Nicola**, caractérisée par son campanile central. L'édifice est précédé d'un escalier assez raide, avec

une exèdre sur la droite, qui se décompose ensuite en un jeu de rampes asymétriques. En haut, la terrasse panoramique donne une belle vue plongeante sur la plaine environnante.

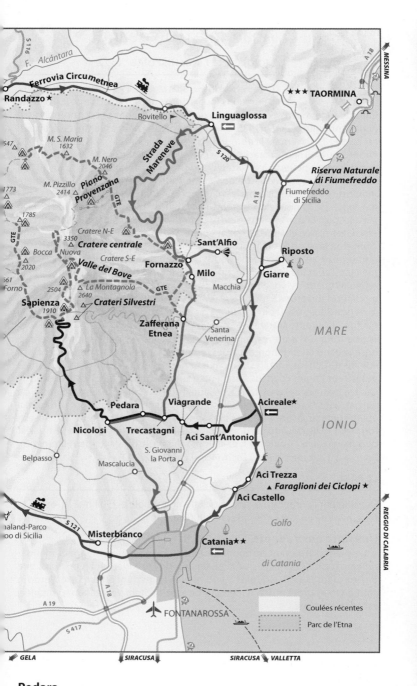

Pedara

La piazza Don Diego est dominée par le Duomo, dont la flèche est revêtue d'étonnantes majoliques aux couleurs vives.

Anatomie d'un géant

LE VOLCAN ET SON HISTOIRE

L'Etna est né à l'ère quaternaire, il y a environ 500 000 ans, d'éruptions sous-marines qui ont aussi formé la plaine de Catane, auparavant occupée par un golfe. Les éruptions ont été nombreuses dans l'Antiquité, au moins 135. Au Moyen Âge, le volcan est entré en éruption en 1329 et 1381, semant la terreur dans les populations de la région. Mais c'est en 1669 qu'a eu lieu le cataclysme le plus terrible : le torrent de lave, issu d'une bouche basse ouverte à environ 850 m de Nicolosi, est descendu jusqu'à la mer en dévastant une partie de Catane sur son passage. Dans la première moitié du 20e s., les éruptions les plus importantes furent celle de 1910, avec la formation de 23 nouveaux cratères, celle de 1917, quand une fontaine de lave jaillit jusqu'à 800 m au-dessus de sa base, celle de 1923, après laquelle la lave émise est restée chaude pendant dix-huit mois et celle de 1928, lorsqu'une coulée de lave a détruit Mascali. Depuis le milieu du 20e s., on enregistre de nombreux « accès de colère » : les derniers en date sont celui de 1992, qui a menacé Zafferana Etnea, celui du cratère sud-est, en 2001, qui a emporté le terminal, quatre pylônes et l'esplanade du funiculaire pour finalement s'arrêter aux limites du refuge Sapienza, et enfin celui de 2002, qui a durement touché le refuge Sapienza, les installations de Piano Provenzana et une partie de la pinède de la route Mareneve.

Tout autour des cratères, les coulées de lave, noires si elles sont récentes, grises quand elles remontent à des temps plus éloignés et commencent à se couvrir de lichens, manifestent par leur présence, et, ici et là par leurs effets désastreux (routes coupées, bâtiments détruits), l'activité incessante du volcan.

Quatre cratères apparaissent à près de 3 000 m d'altitude sur les pentes du volcan, dans la zone Torre del Filosofo (tour du Philosophe), dont le refuge a été détruit par la lave en 1971 : l'immense **cratère central**, celui du sud-est, formé en 1978, celui du nord-est, qui est le plus haut et dont l'activité ne s'est plus manifestée depuis 1971, et la Bocca Nuova, le plus actif dernièrement.

Pour plus d'informations sur l'activité de l'Etna, voir p. 423.

LE PARC

Dominé par la montagne, énorme cône noir visible à 250 km à la ronde, le parc, institué en 1987, s'étend sur 59 000 ha.

Une flore qui s'adapte

À ses pieds prospèrent de nombreuses cultures fruitières, orangers, mandariniers, citronniers, oliviers, agaves, figuiers de Barbarie, bananiers, ainsi que des eucalyptus, palmiers, pins maritimes et vignes dont on tire l'excellent vin *etna*, en rouge, rosé ou blanc. L'euphorbe arborescente, végétation spontanée, est omniprésente.

Au-dessus de 1 500 m d'altitude croissent des noisetiers, des amandiers, des pistachiers, des châtaigniers, et un peu plus haut des chênes, des hêtres, des bouleaux et surtout des pins dans la région de Linguaglossa *(voir p. 422)*. C'est à cette altitude que pousse le genêt qui caractérise le paysage de l'Etna. Au-delà de 2 100 m commence la zone désertique avec le **spinosanto** *(Astragalus siculus)*, petit rameau épineux auquel sont souvent associées des espèces locales multicolores de violettes, séneçons et autres fleurs peuplant les pentes des cratères secondaires. Sur les sommets plus élevés, la neige et la lave chaude persistent longtemps, empêchant la croissance de toute végétation. C'est le fameux **désert volcanique**.

Une faune variée

Le parc de l'Etna abrite une faune constituée de petits mammifères (porcs-épics, renards, chats sauvages, belettes, martres, loirs), d'oiseaux (crécerelles, buses, pinsons, pics, huppes), de quelques reptiles dont la vipère, et de nombreux papillons parmi lesquels se remarque l'aurora de l'Etna *(Anthocharis damone)*.

L'ETNA DE HENRY SWINBURNE : L'ASCENSION

« Nous avions déjà passé plusieurs bancs de neige perpétuelle et le froid était intense quand nous arrivâmes à l'extrémité de ce terrible cratère antique de trois miles de diamètre. Dans cet espace se sont formées trois excroissances et celle du milieu, plus haute que les autres, possède un orifice qui exhale en permanence les vapeurs de ce feu perpétuel. Je conserverai toute ma vie durant l'impression que j'éprouvai en approchant de ce site majestueux, entièrement consacré aux divinités infernales et dont les êtres humains semblaient proscrits. Tout ici est étranger à la nature : aucune végétation, aucun signe de la présence d'êtres vivants ne vient troubler l'effrayant silence de la nuit. Tout est mort, ou plutôt rien n'a encore commencé à vivre. Tout est en désordre dans ce chaos des éléments. L'air éthéré dans lequel on se meut est un bouleversement de l'existence, comme un avertissement aux hommes qu'ils se trouvent à présent hors des régions dans lesquelles leurs organes puisent la vie. On y a le sentiment de sa propre témérité, on croirait pénétrer dans un laboratoire de la nature afin de lui soutirer ses secrets, on y ressent le frisson que provoque une telle atteinte tout en s'enorgueillissant de son propre courage. Ce lieu, enfin, me parut une sorte de sanctuaire et la lueur qui nous illuminait, le feu originel, plus ancien que le monde même auquel il a imprimé son mouvement. Les vapeurs d'incendie qui s'élevaient du cratère étaient la seule lumière qui, mystérieusement, éclairait cet espace sans fin. Lorsque nous nous trouvâmes au centre du plateau, le feu se transforma en un torrent de fumée. La lune, qui surgit à cet instant, sembla animer le lieu et lui donna un aspect totalement différent, mais non moins terrible, qu'on aurait dit préparé pour les ténébreux mystères d'Hécate. Le jour était encore loin… » De *Travels in the two Sicilies* (1787).

Nicolosi

🏛 *Pro Loco, piazza Annunziata 5 - 𝄢 095 64 30 94 - www.prolocolinguaglossa.it.*
Cette agréable station de sports d'hiver est le point de départ de nombreuses
randonnées.
Pour la montée au cratère, voir plus haut « Découvrir » p. 416 et p. 431.

LE VERSANT NORD-EST

▶ *Circuit de 60 km au départ de Linguaglossa, tracé sur la carte p. 418-419. Prévoir
environ une demi-journée, sans compter la montée au sommet.*

Linguaglossa

🏛 *Pro Loco, piazza Annunziata 5 - 𝄢 095 64 30 94 - www.prolocolinguaglossa.it.*
Le village, dont le nom signifie littéralement deux fois le mot « langue » (*lingua*
en italien et *glossa* en grec), évoque la « chaleur » de son site sur les pentes
de l'Etna, souvent envahies par des coulées de lave incandescentes. Sur la
place centrale, la **chiesa madre** en pierre de lave et en grès renferme un beau
chœur liturgique en bois★ de 1728 illustré d'épisodes de la vie du Christ
(*visite le matin uniquement*).
La route **Mareneve**, bordée tout du long par une belle pinède de mélèzes
(touchée par l'éruption de 2002), aboutit à **Piano Provenzana** (*pour l'accès
au cratère, voir « Découvrir » p. 416 et p. 431*).

★ La route de l'est

Une fois revenu à Piano Provenzana, on peut poursuivre par la route panoramique Mareneve qui borde le sommet du côté est. À mi-pente du versant
est de l'Etna, de nombreux petits villages agricoles exploitent la fertilité du
sol volcanique, où prospèrent la vigne et les agrumes.
À **Fornazzo**, avant même d'emprunter la route reliant Linguaglossa à Zafferana
Etnea, on parvient à la formidable coulée de lave qui, en 1979, a « respecté »
la petite **chapelle du Sacré-Cœur** (*sur la gauche*) en longeant un des murs
et en y pénétrant un peu sans la détruire. Aujourd'hui, cette chapelle est
fréquentée par de nombreux fidèles qui voient dans cette manifestation un
miracle et viennent y déposer leurs ex-voto.
De Fornazzo, un embranchement à gauche permet de rejoindre Sant'Alfio.

Sant'Alfio

Ce petit village est doté d'une monumentale **église** du 18e s. remaniée au
19e avec une façade singulière et un clocher en pierre de lave. La terrasse
précédant l'église offre une **vue★** splendide sur la côte ionienne.
La principale attraction de Sant'Alfio est le majestueux **châtaignier des
100 Chevaux★** (*castagno dei 100 Cavalli - 𝄢 095 96 87 72 - w.-end 10h-12h30,
15h30-18h30, en semaine contacter la Pro Loco qui organise également des visites
guidées - laisser une offrande*), situé sur la route départementale en direction
de Linguaglossa. Le tronc de ce phénomène vieux de plus de 2 000 ans, formé
de trois rejets distincts, a une circonférence de 60 m. Son nom provient d'une
légende selon laquelle la reine Jeanne (on ne sait s'il s'agit de Jeanne d'Aragon,
reine de Castille, ou de Jeanne d'Anjou, reine de Naples), par une nuit de tempête, serait venue s'abriter sous cet arbre, avec une escorte de cent cavaliers.
Revenir en direction de Fornazzo et poursuivre à gauche vers Milo.

Milo

Ce petit bourg agricole doit sa survie au cours des âges au hasard du parcours
aveugle de la lave, qui l'a toujours épargné. De nombreuses fois la coulée est

arrivée très près (en 1950, 1971 et 1979), pour finalement dévier brusquement son cours.

Poursuivre en direction de Zafferana Etnea, rejoindre Trecastagni puis Nicolosi et continuer sur le versant sud ou vers Catane.

LA CIRCUMETNEA

▶ *Circuit de 155 km environ au départ de Catane, tracé sur la carte p. 418-419. Prévoir une journée.*

La route qui fait le tour de l'Etna, en montrant des aspects du volcan toujours différents, passe par de petits villages qui méritent une visite.

🖉 **Bon à savoir** – Il est également possible d'opter pour le train, plutôt que la voiture, et d'emprunter la **Ferrovia Circumetnea** *(voir « Nos adresses autour de l'Etna » p. 431). Les indications qui suivent concernent le parcours fait en automobile.*

★★ **Catane** *(voir p. 396)*
Sortir de Catane par le viale Regina Margherita ou la via Vittorio Emanuele et prendre la S 121 (6 km).

Misterbianco

L'imposante **église Santa Maria delle Grazie** du 18e s., que l'on aperçoit de très loin, élève sa belle façade au-dessus des toits. À l'intérieur, dans l'abside de droite, on voit une Vierge à l'Enfant attribuée à **Antonello Gagini**.
Continuer sur la S 121 pendant 11 km.

Paternò

C'est ici qu'en 1072, Roger II fit édifier en haut d'un rocher un château aux formes carrées mais adoucies sur l'un des côtés par une série de quatre petites fenêtres géminées, couronnées d'une autre beaucoup plus grande. Le noir de la lave contraste avec la blancheur des éléments architectoniques qui n'en ressortent que plus clairement. Autour du château s'élèvent l'église principale d'origine normande, mais refaite au 14e s., et l'église San Francesco. Au pied du château et de son rocher se déploient la petite ville et ses rues datant du 18e s. Dans la via Monastero 2, le Piccolo Teatro abrite la **Galeria d'Arte Moderna** *(𝄐 095 62 32 44 - téléphoner pour connaître les horaires et jours d'ouverture)* qui rassemble une intéressante collection d'œuvres italiennes du 20e s.
Depuis la S 121, tourner à droite (7 km).

Santa Maria di Licodia

La piazza Umberto, surélevée et délimitée par l'ancien monastère bénédictin (aujourd'hui l'hôtel de ville) et l'église du Crucifix, forme le centre de cette petite ville. Après avoir longé le côté gauche de l'église, on peut admirer un beau **clocher** (12e-14e s.) orné de frises bicolores.
Continuer en direction d'Adrano (8 km).

Adrano

C'est l'une des petites villes etnéennes les plus anciennes (ses premières traces remontent à l'époque néolithique). Elle aurait été fondée par le tyran Denys Ier au 5e s. av. J.-C. On peut encore apercevoir les restes des murailles cyclo-péennes, de gros blocs carrés en pierre de lave *(suivre la via Catania et prendre ensuite un embranchement à droite signalé par un panneau jaune)*. Au temps des Normands a été construit un **château en pierre de lave** qui domine toujours la place Umberto, mais sa forme actuelle, carrée, remonte à l'époque souabe. À l'intérieur, trois **musées** *(𝄐 095 76 98 849 - tlj sf lun.*

6

9h-13h, 15h-18h, dim. et j. fériés 9h-13h - gratuit) ont été aménagés. Le **Musée ethno-anthropologique** rassemble des objets d'artisanat local. Le **Musée archéologique régional** retrace sur trois étages l'histoire de la région en présentant des pièces archéologiques trouvées dans cette province (mais aussi dans d'autres lieux de Sicile orientale), depuis le Néolithique jusqu'à l'époque byzantine. Parmi les objets particulièrement intéressants à voir : le *banchettante* (le banqueteur), petit bronze d'un atelier de Samos (seconde moitié du 6e s. av. J.-C.), qui décorait probablement un plat en bronze ou une corbeille, le buste en terre cuite d'une divinité féminine sicule retrouvée aux environs de Primosole (5e s. av. J.-C.), un buste féminin en terre cuite (5e s. av. J.-C.), un groupe en terre cuite représentant Éros et Psyché, et un splendide **cratère attique★** à colonnettes (5e s. av. J.-C.) *(toutes ces pièces sont au 2e étage)*. Au dernier étage se trouve une **pinacothèque** où sont exposés des toiles (dues entre autres au « Zoppo di Gangi », Filippo Paladino, et à Vito d'Anna), des objets en verre et en métal, des sculptures en bois, en albâtre et en bronze datant du début du 17e s. jusqu'au début du 20e s., ainsi qu'une série de peintures et de sculptures contemporaines, réalisées par des artistes d'Adrano ou d'ailleurs.

La place s'étend à l'est jusqu'au charmant jardin de la *villa comunale*, sur lequel donnent les imposants édifices de l'**église et du monastère Santa Lucia**. La façade bicolore de l'église est une œuvre du 18e s., due à **Stefano Ittar**.

Centrale Solare Eurellos – Cette centrale solaire, située à quelques kilomètres d'Adrano, a été réalisée dans le cadre d'un projet de recherche de la CEE par un consortium italo-franco-allemand. La centrale, après une phase d'expérimentation de 1981 à 1987, n'est plus en service (elle pouvait produire une puissance de 1 MW). Elle sert actuellement à l'expérimentation de la production d'électricité au moyen de panneaux photovoltaïques (constitués de cellules de silicium), dans le cadre du projet de l'ENEL pour la fourniture d'énergie dans les refuges de montagne ou les structures isolées.

Ponte saraceno (Pont sarrasin)

Il se trouve en dehors de la ville, sur la rivière Simeto. Sortir d'Adrano au sud et suivre les indications pour Bronte. On arrive à un carrefour où un panneau indique le pont. Les routes de gauche et de droite sont goudronnées, celle en face est en terre. La suivre jusqu'au fleuve où se trouve le pont.

D'origine romaine, le pont a été reconstruit sous Roger II et remanié aux époques suivantes. Les arches ogivales sont soulignées d'une bande de pierre bicolore.

En longeant un peu la rivière vers le nord, on découvre les belles **gorges du Simeto**, dues elles aussi, comme celles de l'Alcantara *(voir p. 441)*, à une coulée de lave dont les énormes masses basaltiques ont été lustrées et polies par l'eau. *Centre de visite sur la S 114 Catane-Syracuse en direction de cette dernière, au niveau du pont Primosole.*

Continuer vers Bronte sur la S 284 (15 km).

L'OR VERT DE L'ETNA

Le pistachier est un arbre de 4 à 5 m de haut, qui peut être soit mâle, soit femelle. La variante mâle est plantée au vent de manière à polliniser, grâce à l'action du vent, le pistil des arbres femelles. La plante se développe très lentement et ne produit des fruits qu'une année sur deux. Après la récolte, le fruit est débarrassé de son brou et mis à sécher pendant une semaine environ : il est alors prêt à être employé dans des recettes, salées ou sucrées.

La flore sur les flancs de l'Etna.
A. Zimbone / Tips/Photononstop

Bronte

Au centre du village, célèbre pour sa production de pistaches, s'élève le collège Capizzi, prestigieuse école du 18ᵉ s. aménagée dans un beau palais.
Depuis Bronte, poursuivre sur la S284 en direction de Randazzo (17 km).

★ Randazzo

Cette petite ville des pentes de l'Etna, toute proche du volcan, est considérée comme miraculée. Elle n'a en effet jamais été touchée par la lave. Randazzo la noire : c'est ainsi qu'on pourrait appeler la ville, presque entièrement bâtie en pierre de lave. Omniprésent, le basalte a servi au pavage des rues, à la décoration des façades, où il souligne les fenêtres géminées séparées par des colonnettes torses et aussi à la construction des monuments du centre historique, dont le corso Umberto constitue l'artère principale.
La promenade débute à l'extrémité nord-est du corso Umberto.

L'**église de Santa Maria**, commencée au 13ᵉ s., a subi plusieurs remaniements : de son plan d'origine, il ne reste que les hautes et puissantes **absides★** typiquement normandes, décorées de sobres petites arcades aveugles, et de fenêtres géminées et triples sur le côté droit. La façade et le campanile de style néogothique sont du 19ᵉ s. On peut admirer le contraste formé par le basalte avec le blanc des fenêtres et des portails. La sacristie, extérieure à l'église, abritait autrefois le tribunal ecclésiastique.
Prendre à droite la piazza Roma.

Une rue transversale sur la gauche permet d'atteindre la piazza San Nicolò, où s'élève l'église du même nom. Édifiée en 1594, elle présente une façade dont les éléments structuraux sont soulignés de basalte. Le campanile date de 1783. Sur la place se trouvent également le palais Clarentano (1508), identifiable à ses belles fenêtres géminées divisées par des colonnettes, et la petite église Santa Maria della Volta (14ᵉ s.). À la droite de celle-ci s'ouvre la charmante **via degli Archi**, bordée, comme son nom l'indique, de petites arcades.

6

Toujours sur la place, prendre la via Polizzi, puis une petite rue transversale sur la droite, où l'on peut admirer le portail en basalte de la **maison Spitaleri**. *Emprunter la via Duca degli Abruzzi.*

Elle coupe à droite la via Agonia, ainsi appelée parce que, dit-on, on y voyait passer les condamnés à mort que l'on emmenait du château-prison à la Timpa, devant l'église San Martino, pour y être exécutés. Dans cette rue, on peut encore voir un exemple typique d'habitation du 14ᵉ s., caractérisée par un vaste local au rez-de-chaussée et deux pièces carrées au premier étage *(visible seulement de l'extérieur)*.

La via Duca degli Abruzzi débouche sur le corso Umberto.

Une arcade sur la droite indique l'ancienne entrée du **palais royal**, dont il ne reste aujourd'hui qu'une partie de la façade, décorée d'un beau bandeau bicolore et de deux fenêtres géminées. Avant sa destruction par le tremblement de terre de 1693, le palais a hébergé d'illustres personnages, parmi lesquels Jeanne d'Angleterre, épouse de Guillaume II le Normand, Constance d'Aragon (la bourgade avait été choisie comme résidence d'été par la cour aragonaise) et, en 1535, Charles Quint.

On arrive ensuite à **l'église San Martino** *(fermée entre 12h et 16h)*, fondée au 13ᵉ s. et reconstruite au 17ᵉ s. L'église est flanquée d'un très beau **campanile★** qui remonte aux 13ᵉ-14ᵉ s. De ses créneaux s'élève une flèche pointue à base octogonale. Il est orné d'élégantes fenêtres ogivales, placées côte à côte et soulignées de profonds bandeaux multicolores, ainsi que de fenêtres triples dans le même style. À l'intérieur sont conservés deux Madones de l'école de Gagini et un retable attribué à Antonello de Saliba, élève d'Antonello da Messina.

En face de l'église, on voit les ruines du château-prison fondé au 13ᵉ s. C'était au départ une simple tour qui faisait partie de l'enceinte de la citadelle médiévale. La **porte San Martino**, un peu plus loin, en constituait l'un des accès. Au commencement de la via Castello, la rue qui longe l'ancienne enceinte au départ de piazza S. Martino, le Castello Svevo abrite le **Museo Archeologico Paolo Vagliasindi**, le **Museo dei Pupi Siciliani** et celui de la **Civiltà Contadina** *(℘ 095 92 18 61 - tlj 9h-13h, 15h-19h - billet combiné 4 € pour les trois, 2,60 € pour un seul)*. Parmi les pièces les plus intéressantes, le **vase aux Arpies**, une pièce du 4ᵉ s. av. J.-C. provenant des fouilles de la nécropole grecque de la ville, ainsi qu'une belle collection de *pupi* du début du 20ᵉ s.

Il est possible de continuer sur la S 120 ou sur la route parallèle, plus tranquille, que l'on emprunte en repartant en direction de Bronte sur 4 km, puis en prenant la direction de Linguaglossa.

Linguaglossa *(voir plus haut la partie consacrée au versant nord-est p. 422)*
Gagner Fiumefreddo di Sicilia (11 km) et se diriger vers la côte en prenant l'embranchement pour Marina di Cottone, afin de gagner la réserve naturelle.

Riserva Naturale di Fiumefreddo
Centre de visite à la Masseria Belfiore, via Marina à Fiumefreddo - Informations sur les jours d'ouverture et les conditions d'accès : ℘ 095 77 69 011 - www.comune. fiumefreddo-di-sicilia.ct.it - &. - gratuit.

Le Fiumefreddo vient tout droit des pentes nord-est de l'Etna, où les roches volcaniques très perméables permettent à l'eau de s'infiltrer dans le sous-sol pour réapparaître en plaine, grâce à un substrat argileux imperméable. La rivière est alimentée essentiellement par deux résurgences, celles de Testa dell'Acqua et les Quadare (en dialecte sicilien *paioli*), atteignant 10-12 m de profondeur. Pour apprécier la profondeur et la limpidité des eaux, il est conseillé de visiter les lieux aux heures où le soleil est au plus haut. La température

Quand les géants se réveillent

Selon la mythologie, les entrailles de la terre sicilienne sont habitées par des géants chargés de fabriquer des armes divines sous la surveillance d'Héphaïstos, le dieu du Feu. C'est ainsi qu'aux abords de l'Etna, on peut entendre le bruit du marteau sur l'enclume et le souffle haletant des travailleurs, tandis qu'au sommet rougeoie la lueur des fourneaux.

L'activité volcanique

L'activité volcanique est classée en quatre types éruptifs : plinien, hawaïen, strombolien et vulcanien. Les éruptions **stromboliennes** (du Stromboli) se caractérisent par une activité persistante moyennement explosive, alternant avec des périodes d'inactivité. Elles se manifestent par des fontaines de lave, et aussi par des coulées de lave périodiques. Ces fontaines de lave, atteignant des centaines de mètres de haut, sont accompagnées d'expulsions de lave, et associées à des émissions de gaz. Les éruptions **vulcaniennes** (observées pour la première fois à Vulcano en 1888) sont caractérisées par des émissions de lave associées à des écoulements pyroclastiques (constitués de matériaux en suspension dans des nuages de gaz très dense, à une température très élevée) qui déferlent le long des flancs du volcan à une vitesse pouvant atteindre 300 m/sec.

Les produits de l'activité volcanique

Au cours d'une éruption volcanique, trois principaux produits sont émis : les laves, les pyroclastites et les gaz. Les **laves** sont constituées d'un liquide magmatique qui, en remontant en surface, se refroidit et se solidifie après un parcours plus ou moins important le long des parois du volcan. Les laves fluides forment des coulées lisses qui souvent se plissent près des obstacles qui ralentissent leur flux, tandis que les laves visqueuses s'écoulent avec difficulté et se fragmentent en blocs. Ces deux types peuvent être observés sur les flancs de l'Etna, où l'on peut aussi rencontrer des **tunnels de lave**, véritables conduits souterrains sur lesquels la croûte superficielle s'est solidifiée alors qu'à l'intérieur la forme creuse subsiste. Lors du refroidissement, la lave prend, par contraction, l'aspect d'un ensemble de piliers accolés, une formation qui se rencontre dans les gorges de l'Alcantara et aux Faraglioni dei Ciclopi (écueils des Cyclopes). Les **pyroclastites** sont émises au cours des éruptions explosives et sont constituées de fragments de roches préexistantes impliquées dans l'éruption, de cristaux (parties solides du magma) et de juvéniles (le magma solidifié proprement dit). Selon leur dimension, les juvéniles se divisent en *cendres*, *lapillis* et *bombes*. Suivant le temps de refroidissement, le gaz contenu dans les lapillis et les bombes se libère en quantité variable : si le fragment se refroidit rapidement, il crée des produits denses, comme l'*obsidienne* et les verres ; si, au contraire, le fragment se refroidit lentement, le gaz peut se libérer, en donnant aux morceaux de lave l'aspect spongieux typique des pierres ponces et des *scories*. Les **gaz volcaniques** sont émis en grande quantité pendant les éruptions, mais peuvent aussi représenter le seul produit de l'activité volcanique. L'Etna et Vulcano ont, par exemple, une importante **activité de fumerolles** qui se produit sans aucune autre émission. Le gaz volcanique dominant est la vapeur d'eau associée à l'anhydride carbonique, l'hydrogène et aux vapeurs de soufre *(solfatare)*. Les fumerolles et les phénomènes thermiques sont liés au refroidissement du magma en profondeur.

de l'eau, qui ne dépasse jamais 10-15 °C même en été, et son débit très lent favorisent une végétation aquatique très particulière, où les espèces typiques de l'Europe centrale, telle la renoncule à plumet, s'associent à des variétés de type africain, comme le papyrus. On remarque également d'autres espèces végétales : le saule blanc, l'iris aquatique, le tremble, la prèle et la jusquiame (herbe aux chevaux). La présence des résurgences favorise en outre l'arrêt d'oiseaux migrateurs : hérons, bécasses, échassiers et nombreux palmipèdes. Dans la zone limitrophe de la réserve s'élève le **château des Esclaves** (Castello degli Schiavi, *privé, ne se visite pas*) dû aux architectes Vaccarini et Ittar (18ᵉ s.). *Suivre la S 114 en direction de Catane sur 10 km.*

Giarre

En 1124, cette petite ville, qui faisait partie du comté de Mascali, fut concédée en fief à l'évêque de Catane par Roger II. Son nom dérive des jarres dans lesquelles étaient recueillies les dîmes dues à l'évêque sur tous les produits de la terre. Le **Duomo** est une imposante construction néoclassique, avec des tours-clochers jumelles, de forme carrée. L'artère principale, la via Callipoli, est bordée de beaux commerces et de demeures résidentielles, parmi lesquelles on remarque le **petit palais Bonaventura** (n° 170) de style Liberty et le **palais Quattrocchi** (n° 154), reconnaissable à ses décorations de style mauresque. *À Giarre, prendre la direction de la côte, vers Riposto.*

Riposto

C'est ici qu'étaient entreposées les dîmes recueillies dans le comté de Mascali, avant leur transport par la mer. Le bourg s'est développé autour des magasins grâce à une colonie de Messine (d'où le culte de la Madonna della Lettera), pour devenir au 19ᵉ s. un important centre d'exportation du vin. De nombreux restes de bâtiments de stockage du siècle passé sont encore visibles.

Le gracieux **sanctuaire de la Madonna della Lettera** (*℘ 095 77 94 464 - visite sur demande au moins 3 j. à l'avance : 9h30-11h30, 16h-18h, dim. et j. fériés 10h-11h - fermé la sem. précédant le 15 août*), situé face à la mer, a été érigé en 1710, probablement sur un édifice religieux existant déjà à l'époque normande. En effet, des fouilles effectuées sous le sanctuaire ont permis de mettre au jour des **cryptes** avec des diverticules pour les défunts de l'époque paléochrétienne, des monnaies de l'époque arabo-normande, et des restes architectoniques de la période aragonaise. Une **Vierge à l'Enfant**, dont on ne connaît pas exactement la date, est placée sur un autel du 18ᵉ s. À voir aussi, le chœur liturgique en bois sculpté, réalisé il y a quelques années seulement, et le lampadaire baroque aux singulières décorations en nacre, probablement de facture locale. *Repartir en direction de Giarre et reprendre la S 114 sur 13 km.*

★ **Acireale** (voir p. 406)

Aci Trezza (voir p. 409)

Aci Castello (voir p. 409)

😊 NOS ADRESSES AUTOUR DE L'ETNA

HÉBERGEMENT

Fiumefreddo di Sicilia

BUDGET MOYEN

Feudogrande – *Via Maccarone 84 - ℰ/fax 0956 49 291 - www.feudogrande.it -* 🖳 📺 ✖ *- 7 ch. 90/100 € ☕*. Une situation impeccable pour profiter à la fois de l'Etna et de Taormine. Cette bâtisse jaune et ocre dotée d'une agréable véranda est située à proximité de la réserve naturelle de Fiumefreddo. Les chambres sont toutes simples, plutôt spacieuses, propres et confortables. Ajoutez 10 à 20 € pour la demi-pension selon la saison.

Linguaglossa

BUDGET MOYEN

Casa Etna – *Via Trento 4 - ℰ/fax 095 64 31 84 - www. casaetna.com -* 🖳 📺 🌂 *- 3 ch. et 1 appart. 60/70 € ☕*. Bien situé au centre du bourg, à proximité de l'office de tourisme et de l'agence de guides Etna Nord, l'établissement propose de jolies chambres pourvues de tout le confort nécessaire. Celles du 2e étage disposent en outre d'une vaste terrasse dominant Linguaglossa.

Nicolosi

PREMIER PRIX

Etna House – *Via Monpilieri, Traversa 7 - ℰ 095 91 01 88 ou 347 11 36 512 (mobile) - www. bedandbreakfast-etnahouse.it -* 🖳 📺 🅿 🌂 *- 50/70 € ☕*. Situé au calme, à 15mn à pied du centre-ville, ce petit B & B fut l'un des premiers à ouvrir ses portes à Nicolosi. Angela assure un accueil chaleureux et propose des chambres sans fioriture mais confortables et propres. La petite piscine est idéale pour les retours de randonnée sur l'Etna ! Petits-déjeuners roboratifs.

POUR SE FAIRE PLAISIR

Corsaro – *Località Piazza Cantoniera, Etna Sud - ℰ 095 91 41 22 - fax 095 78 01 024 - www.hotelcorsaro.it - fermé de mi-nov. à fin déc. - 20 ch. 90/100 € ☕*. Si vous voulez découvrir sur l'île du soleil des paysages autres que marins, ce confortable hôtel, situé à 2 000 m d'altitude, est fait pour vous ! C'est un excellent point de chute pour les amateurs de randonnées et de ski, les chambres y sont agréables et vous y dégusterez une cuisine locale.

Randazzo

BUDGET MOYEN

Agriturismo L'Antica Vigna – *Contrada Montelaguardia, 3 km à l'est de Randazzo sur la S 284 - ℰ 349 40 22 902 (mobile) - fax 095 92 33 24 - www.anticavigna. it -* 🌂 🅿 *- 10 ch. 70/80 € - ☕ 5 € - rest. 20/25 €*. Pour ceux qui souhaitent profiter d'un séjour tranquille, au milieu des vignes et des oliviers de la splendide campagne au pied de l'Etna, ce gîte d'agritourisme est l'endroit idéal. Vous y serez accueilli en toute simplicité par la famille qui

6

tient les lieux. Cuisine locale et produits bio de la ferme.

Ai Tre Parchi – *Via Tagliamento 49 -* 📞 *095 799 16 31 - www.aitreparchibb.it -* 🅿 *5 € - 5 ch. 60/80 €* 🛏. Un établissement coquet dans le centre historique. Jardin et salle de lecture sont à disposition pour se détendre. Les propriétaires organisent des randonnées sur l'Etna, à pied ou à vélo dans l'esprit « Bed & Bike ».

Trecastagni

BUDGET MOYEN

Il Vigneto – *Via Zappalà 1 -* 📞 *095 78 01 029 - fax 095 72 80 480 - www.ilvignetobeb.net -* 🅿 *- 3 ch. 70 €* 🛏. Entouré de verdure, ce B & B est installé dans une grande villa et propose trois chambres avec mobilier ancien et décorations d'époque. Vous y trouverez aussi un beau salon et une cuisine où est servi le petit-déjeuner. Séjour de deux nuits minimum.

Case Zuccaro – *Corso Buonarroti 10 -* 📞 *095 78 06 328 - fax 095 98 91 295 - www.casezuccaro.com - 3 ch. 60/80 €* 🛏. Située à 600 m d'altitude sur les pentes du volcan, cette demeure familiale est entourée d'un jardin séculaire et d'une vaste terrasse panoramique. Le calme y est absolu.

Zafferana Etnea

POUR SE FAIRE PLAISIR

Airone – *Via Cassone 67 -* 📞 *095 70 81 819 - fax 095 70 82 142 - www.hotel-airone.it - fermé de déb. nov. à mi-déc. -* 🅿 🛁 *- 62 ch. 126/236 €* 🛏. Un hôtel élégant et accueillant, doté de chambres modernes et confortables, avec un magnifique panorama portant jusqu'à la côte. Parmi les illustres pensionnaires de l'hôtel, fondé dans les années 1930, on compte l'écrivain Vitaliano Brancati.

RESTAURATION

Randazzo

BUDGET MOYEN

Trattoria Veneziano – *Via Romano 8 -* 📞 *095 79 91 353 - www.ristoranteveneziano.it - fermé dim. soir et lun. -* 🍴. En plein centre de cette charmante petite ville, ce restaurant accueillant, au décor soigné, propose une cuisine locale traditionnelle. Les champignons, qui poussent en abondance dans la région, sont le point fort des différentes recettes.

Le Delizie – *Via Bonaventura 2 -* 📞 *095 92 11 26 - 19/35 €.* Une famille dirige avec passion le restaurant de l'Hôtel Scrivano en lisière du centre-ville. Elle revisite les plats traditionnels avec talent et imagination.

Trecastagni

BUDGET MOYEN

Villa Taverna – *Corso Colombo 42 -* 📞 *095 780 2352 - fermé lun., dim. midi et soir les j. fériés -* 🍴. Faites un saut dans le passé et arrêtez-vous dans cet établissement au décor tout à fait particulier, qui reconstitue un quartier de l'ancienne Catane. On y déguste des plats typiquement siciliens.

PETITE PAUSE

Gelateria Musumeci – *Piazza S. Maria 9 -* 📞 *095 92 11 96.* Comment ne pas apprécier les glaces de cette *gelateria* artisanale ? Son parfum au lait d'amandes et celui à la pistache et mandarine lui ont valu à plusieurs reprises le titre de meilleur glacier d'Italie.

ACHATS

Bronte

Sapori dell'Etna – *Via S. Caboto 1 -* 📞 *095 77 24 457 - fermé dim.* Dans la capitale de la pistache, vous trouverez dans cette épicerie fine tous les produits locaux élaborés à Bronte.

EXCURSIONS

Ascension du volcan

Informations pratiques – En raison des éruptions, les équipements touristiques (routes, pistes, téléphériques, refuges) n'ont aucun caractère définitif et peuvent être déplacés ou supprimés selon la gravité des dommages causés par l'éruption la plus récente. Au début de la saison (normalement en mai), les promenades proposées sont plus courtes, l'altitude moins élevée. Ce n'est qu'après la fonte de la neige et le passage du chasse-neige que l'on peut monter jusqu'à 3 000 m. La période propice pour l'excursion est donc normalement le plein été, aux premières heures de la matinée.

Il faut s'attendre à trouver des températures très basses à haute ou à basse altitude. Pour l'excursion, prévoir un lainage, un anorak et des chaussures adaptées (les chaussures de marche sont préférables) puisqu'il y a souvent de la neige. Ceux qui ne possèdent pas ce minimum d'équipement peuvent le louer sur place. Ne pas oublier non plus les lunettes de soleil, indispensables étant donné la réverbération intense.

Excursions à pied...

Les itinéraires à l'intérieur du parc sont divers, soit pour des sorties brèves, soit pour des excursions plus longues et plus difficiles, parmi lesquelles la **grande traversée de l'Etna (GTE)** ; cinq jours de trekking avec des étapes de 12 à 15 km, et des sentiers de nature.

Les excursions **à la journée** les plus courantes, celles menant aux cratères sommitaux, sont organisées à partir de Piano Provenzana pour le versant nord ou du refuge Sapienza, pour le versant sud.

Le **versant nord** est le plus facilement accessible. Les départs sont organisés depuis Piano Provenzana. Vous ne trouverez pas d'hébergement sur place, mais le site est rapidement accessible depuis Linguaglossa. Depuis Piano Provenzane, des 4x4 font la navette à travers la coulée de lave qui a ravagé cette station de ski en 2002 jusqu'à Punta Lucia (2 934 m). On continue à pied jusqu'aux cratères sommitaux.

Le **versant sud** est indéniablement celui qui offre les plus dramatiques paysages de lave sculptée par l'érosion. Depuis le refuge Sapienza, vous emprunterez d'abord un **téléphérique** (le 1er à 9h, dernière montée à 16h30, dernière descente à 16h45) puis un véhicule 4x4 jusqu'à la Torre del Filosofo (2 920 m), un refuge submergé par la lave en 2003. L'ascension aux cratères se fait ensuite à pied. Vous pouvez choisir de faire la descente à pied pour jouir des magnifiques vues sur les nouveaux cratères et la Valle del Bove et ses murailles de lave (6 à 7h de marche).

Ces excursions très touristiques sont parfaitement rôdées. Rien ne vous empêche de prendre un guide pour un circuit personnalisé en fonction des disponibilités de ceux-ci (à partir de 300 € la journée pour une ascension et un retour à pied).

Dans tous les cas, prévoyez un pique-nique, de l'eau, et surtout de bonnes chaussures de marche ainsi que de la crème solaire. N'oubliez pas d'emporter de

6

quoi vous couvrir au sommet, où la température peut descendre sous 0 °C même en été. Un foulard pourra également être utile pour vous couvrir le visage en cas de trop fortes émanations de soufre.

... ou autre

Pour les moins sportifs, la solution idéale est la **Circumetnea**, que l'on effectue en voiture *(voir p. 423)* ou en train. Le chemin de fer qui fait le tour de l'Etna part de Catane et arrive à Riposto (environ 5h), d'où l'on peut rentrer à Catane en autocar ou par les lignes ferroviaires nationales. *Pour toute information, s'adresser à la Ferrovia Circumetnea (via Caronia 352/A, Catane - ℘ 095 54 12 50 - www. circumetnea.it).*

Trekking

Sur demande, les guides peuvent organiser des circuits de trekking et de ski alpin, ainsi que des visites des extraordinaires **grottes volcaniques** dispersées un peu partout autour de l'Etna. *Pour toute information, contacter le Gruppo Guide Alpine Etna Sud : Piazza V. Emanuele 43, Nicolosi - ℘ 095 79 14 755 - www.etnaguide. com et, pour le versant nord : via Roma 93, Linguaglossa - ℘ 095 77 74 502 - www.guidetnanord.com.*

Taormine

Taormina

11 076 habitants

😊 NOS ADRESSES PAGE 445

S'INFORMER

Office de tourisme – *Piazza Santa Caterina (palais Corvaja) -* ☎ *0942 23 243 - fax 0942 24 941 - www.comune.taormina.me.it et www.taormina network.it - lun.-vend. 8h-14h30, 15h30-19h, sam. 9h-13h, 16h-19h.*

SE REPÉRER

Carte de microrégion B2 (p. 394) – *carte Michelin Local 365 BA 56.* Inutile de chercher à se garer près du centre historique. Mieux vaut laisser la voiture dans l'un des grands parkings situés le long de la route d'accès à la ville et qui défigurent un peu le site. Le centre ne peut se visiter qu'à pied et il faudra grimper montées et escaliers pour jouir du magnifique panorama.

SE GARER

Le centre-ville de Taormine est fermé à la circulation, mais deux grands parkings (payants) ont été aménagés au sud et au nord de la ville. Arrivant de Messine, suivez les indications pour le parking Lumbi ; ce parking est relié au centre-ville (Porta Messina) par des navettes (*ttes les 15mn en saison, gratuit*). Depuis Catane, garez votre véhicule au parking de Porta Catania, d'où partent des navettes pour le terminal des ferries de Giardini Naxos.

À NE PAS MANQUER

Le théâtre antique, les jardins de la Villa Comunale ; Castelmola.

ORGANISER SON TEMPS

La visite ne demande qu'une journée, mais hors saison le charme de la ville vous incitera à rester un peu plus… Vu le dénivelé, il est conseillé de faire la visite durant les heures les plus fraîches de la journée.

AVEC LES ENFANTS

Baignade à Isola Bella ; les gorges de l'Alcantara.

Sur un plateau rocheux à 200 m d'altitude, Taormine occupe un magnifique site★★★ en balcon sur la mer, face à l'Etna. L'incroyable beauté du paysage et la richesse des témoignages artistiques qu'elle recèle (le théâtre en est l'exemple le plus frappant) ont contribué à la célébrité de la ville dans le monde entier. Destination de voyage dès le 18ᵉ s., ce n'est qu'au cours des trente dernières années du 19ᵉ s. qu'elle a connu un remarquable essor touristique. Nombreux sont aujourd'hui les étrangers, Anglais et Allemands principalement, qui décident d'y construire des villas et on ne compte plus les personnalités qui y ont séjourné, de l'empereur Guillaume II à Édouard VII, aux familles toujours célèbres comme les Rothschild ou les Krupp, en passant par les écrivains (Lawrence) et, plus récemment, les stars internationales. D'avril à septembre, Taormine est envahie par un flux continu de touristes et perd bien de son charme, mais la ville reste néanmoins une étape obligée du « Grand Tour » moderne.

6

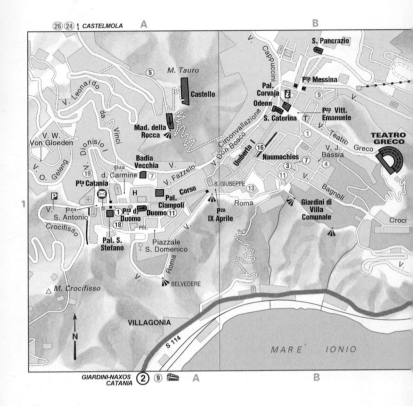

Se promener Plan de ville

★★★ IL TEATRO GRECO (Le théâtre grec) B1

☏ 0942 23 220 - &. - 9h-19h - 8 €.

Construit durant la période hellénistique, le théâtre fut transformé et agrandi à l'époque romaine. L'édifice que l'on peut admirer aujourd'hui date du 2e s. apr. J.-C. Sa construction s'appuie sur la configuration du terrain, et certains gradins de la *cavea* ont été taillés à même la roche. L'édifice grec comportait un orchestre plus réduit pour les musiciens, choristes et danseurs ; les Romains ont supprimé les premières rangées de gradins pour le transformer en arène circulaire, mieux adaptée aux jeux du cirque, et ont ajouté un corridor pour l'entrée des gladiateurs et des bêtes fauves.

Le rouge de la brique, le blanc du marbre des colonnes ornant encore la scène et l'azur intense du ciel sont les couleurs régnant sur ce havre de paix. Du haut de la *cavea*, le visiteur jouit d'un **panorama**★★★ superbe et majestueux sur l'Etna, souvent couronné de neige, dont les pentes douces rejoignent la mer, qui effleure la côte en formant de délicieuses petites baies. La magie de cette vision se renouvelle tout au long de la *cavea* jusqu'à son extrémité gauche, d'où l'on embrasse du regard Taormine tout entière.

Grâce à son acoustique parfaite, le théâtre a déjà accueilli le Festival David di Donatello, l'un des plus importants événements cinématographiques italiens. Il est aujourd'hui le siège des Taormina Arte, rencontres internationales de cinéma, de théâtre, de ballet et de musique symphonique, qui ont lieu en été.

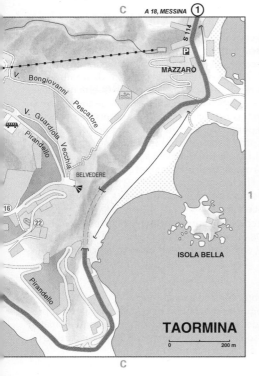

SE LOGER

Casa Diana	①
Casa Grazia	④
Hotel Villa Igiea	⑦
Hotel Villa Nettuno	⑨
Hotel Villa Paradiso	⑪
Hotel Villa Schuler	⑬
Il Leone	⑯
Pensione Adele	⑲
Villa Fiorita	㉒
Villa Regina	㉔
Villa Sonia	㉖

SE RESTAURER

Al Duomo	①
Al Grappolo d'Uva	③
Al Saraceno	⑤
Bagni Delfino	⑨
Il Baccanale	⑦
La Piazzetta	⑪
Mamma Rosa	⑯
Osteria Nero d'Avola	⑱

DANS LE CENTRE

Le centre de la cité, piétonnier, s'articule autour du corso Umberto I, artère principale et point de départ de presque tous les circuits qui mènent aux lieux à visiter.

★ Corso Umberto I B1

Il fait bon flâner en remontant cette paisible rue en pente douce, bordée de restaurants, de cafés et de boutiques élégantes. Fermée en contrebas par la **porte de Messine** et en haut par la **porte de Catane**, elle s'ouvre (surtout sur sa première partie, côté gauche) sur un dédale de ruelles qui offrent des échappées inattendues et, aux abords, des petites pâtisseries artisanales sentant bon le massepain et la pâte d'amandes. Juste après la porte de Messine, on découvre l'**église San Pancrazio**, du nom du premier évêque de Taormine, édifiée au 17e s. sur les vestiges d'un temple dédié à Zeus Sérapis (que l'on aperçoit dans la paroi gauche de l'église). Son gracieux portail, flanqué de deux niches abritant des statues de saints, est en pierre de Taormine.

Sur le corso Umberto I s'ouvrent trois belles places.

Piazza Vittorio Emanuele B1

Elle occupe l'emplacement de l'ancien forum de la ville. Derrière l'**église Santa Caterina**, au beau portail baroque en marbre rose et pierre de Taormine, on peut voir les vestiges d'un **odéon**, petit théâtre couvert en brique rouge remontant à l'époque romaine (1er s. apr. J.-C.).

6

Palazzo Corvaja B1

Les premières pierres de sa construction, ainsi que la tour cubique que l'on aperçoit dans le corps central *(cour intérieure)* datent de la période arabe ; l'aile latérale gauche et l'escalier qui mène à l'étage noble ont été ajoutés au 13e s., l'aile droite au 15e s. Laissé à l'abandon pendant de nombreuses années, il a été entièrement restauré à la fin de la Seconde Guerre mondiale, mais présente toujours par endroits les différents styles qui se sont succédé. Le couronnement de la tour est de style arabe. Les fenêtres géminées du salon (du 13e s.) ainsi que le portail d'entrée du palais sont gothico-catalans (l'escalier qui le précède est orné de bas-reliefs avec des scènes de la Genèse, malheureusement abîmées). La salle du Parlement *(aile droite)* est normande ; on la nomme ainsi car c'est là que siégeait le Parlement sicilien au 15e s. Dans la cour, sur la droite, se trouvent les locaux occupés par l'APT (office de tourisme). On peut y admirer de belles marionnettes traditionnelles, les fameux *pupi*, ainsi que des charrettes siciliennes.

Au premier étage, le palais accueille le **musée sicilien des Arts et Traditions populaires** (*℘ 0942 62 01 98 - tlj sf lun. 9h-13h, 16h-20h - 2,60 €*), où l'on peut voir des charrettes, des *pupi*, des costumes, des broderies, des crèches et une série d'ex-voto.

Naumachies B1

Elles se trouvent dans une petite rue latérale sur la gauche.

Leur nom, Naumachies, évoque les simulations de batailles navales si appréciées des Romains. Les arcades aveugles en brique rouge d'époque romaine servaient probablement de soutien à une grosse citerne qui faisait partie d'un bâtiment rectangulaire, peut-être un gymnase.

★ Piazza IX Aprile AB1

De cette délicieuse petite place en balcon sur la mer, on a une très belle **vue★★** sur le golfe et l'Etna. Les trois autres côtés sont fermés par les églises San Giuseppe (17e s.), Sant'Agostino à la façade dénudée (aujourd'hui une bibliothèque) et la tour de l'Horloge, dont l'arc donne accès à la vieille ville du 15e s. Cette dernière date de la fin du 17e s., époque où l'on a installé l'horloge, mais il semblerait que ses fondations remontent au 6e s. apr. J.-C., quand elle faisait partie d'une ceinture défensive. Cet endroit très animé avec ses nombreux cafés aux petites tables en plein air est le lieu de rencontres privilégié de la ville.

Piazza del Duomo A1

La belle **fontaine** baroque en pierre de Taormine qui orne cette jolie place porte l'emblème de la cité, le centaure, qui figure ici dans sa version féminine. L'être fabuleux est doté, au lieu des classiques quatre jambes, de deux bras qui tiennent un globe et un sceptre, symboles du pouvoir. Côté est, la plus grande des vasques à base circulaire servait autrefois d'abreuvoir.

Duomo A1

Dédiée à saint Nicolas de Bari, la cathédrale remonte au 13e s. Sa façade, très simple, est ornée d'un portail Renaissance surmonté d'une rosace et orné de part et d'autre d'une fenêtre ogivale. Sa couronne crénelée lui a valu l'appellation de cathédrale-forteresse. Le côté gauche présente un beau portail en arc brisé, souligné d'un sarment de vigne. Au niveau du transept s'ouvre encore une superbe rosace.

Intérieur – L'édifice gothique en forme de croix latine présente une nef centrale éclairée par des fenêtres ogivales et reliée aux nefs latérales par des arcades également ogivales reposant sur des colonnes en marbre rose d'une

Le théâtre grec de Taormine.
R. Mattes / hemis.fr

seule pièce. Sur le deuxième autel de la nef latérale de droite, on admire un beau polyptyque du 16ᵉ s. d'Antonello de Saliba.

★ **I PALAZZI** (Les palais de Taormine)

Le centre historique de Taormine est émaillé de palais qui ont en commun l'alliance du style gothique et des influences arabo-normandes : alternance de la pierre de lave noire et de la pierre blanche de Syracuse pour former des décorations géométriques et souligner les arcs, les petites arcades et les portails.

Palazzo dei Duchi di Santo Stefano A1
Juste avant la porte de Catane, s'engager à gauche dans la via del Ghetto - 𝒫 *0942 61 02 73 - 9h30-12h30, 15h-18h - gratuit.*
Ce palais du 15ᵉ s. fut construit pour les ducs de Santo Stefano, de la famille d'origine espagnole De Spuches. Son avancée massive rappelle une résidence fortifiée. L'élément décoratif qui le caractérise est la frise de losanges en pierre de lave noire et pierre blanche de Syracuse qui borde le haut de la façade. Répartie sur deux ordres rythmés par des fenêtres géminées, elle s'orne dans l'ordre supérieur d'arcades très élaborées. Aujourd'hui, le palais abrite le siège de la **fondation Mazzullo** et une **exposition permanente** de sculptures et dessins du sculpteur sicilien Giuseppe Mazzullo (1913-1988). Il accueille également au moment de Noël des expositions temporaires, dont des crèches en terre cuite. Les œuvres de basalte, de granite ou de bronze tournent autour du thème de la douleur, notamment dans la série des *Fusillés* (torses mutilés, incomplets) ainsi que dans le *Chat blessé*, qui n'est qu'une forme ébauchée dans la pierre. Mais on est également surpris par le visage impénétrable des bustes féminins, tantôt à peine esquissés, tantôt parfaitement modelés, comme *Sapho* et l'élégante *Amazone*.

6

Badia Vecchia A1
Via Dionisio I. Son nom viendrait d'une méprise qui en aurait fait par erreur une abbaye (*badia* en italien). Cette tour rappelle celle des ducs de Santo Stefano

DE LA LÉGENDE À L'HISTOIRE

Une légende raconte que des marins grecs, qui longeaient la côte orientale de Sicile, auraient eu l'impudence d'omettre de sacrifier à Neptune. Très en colère, le dieu de la Mer ordonna au vent de souffler avec violence pour provoquer leur naufrage. Un seul rescapé, **Théocle**, fut rejeté sur la plage du cap Schisò. Fasciné par la beauté du site, il retourna en Grèce convaincre ses compatriotes de venir en Sicile fonder une colonie : ce fut **Nasso**, l'actuelle Naxos *(voir plus loin p. 440)*.

Il y a un fond de vérité à la légende. Une colonie grecque a effectivement été fondée ici au 8e s. av. J.-C. Les colons y vécurent en paix jusqu'en 403 av. J.-C., quand **Denys**, tyran de Syracuse, décida d'étendre sa suprématie à cette partie de l'île. Contraints de partir, les colons obtinrent l'autorisation de s'établir sur le promontoire du mont Tauro (à 200 m au-dessus de la mer), occupé autrefois par les Sicules. Ils y fondèrent alors *Tauromenion*, l'actuelle Taormine. Tout d'abord alliée à Rome, puis conquise par Octave, elle devint la capitale de la Sicile byzantine à la chute de l'Empire romain. À l'arrivée des Arabes, elle fut détruite mais aussitôt reconstruite, et tomba en 1079 sous la domination du Normand Roger de Hauteville, qui lui fit connaître une longue période de prospérité.

Durant les siècles qui suivirent, elle passa sous la domination espagnole, puis française et bourbonienne, avant l'Unité italienne.

par la structure massive, le style et la frise bicolore qui délimite le premier et le second étage comme une dentelle fleurie, en soulignant les belles fenêtres géminées. Le palais abrite un **Musée Archéologique** (*℘ 0942 62 37 00 - fermé pour restauration*).

Palazzo Ciampoli A1

Il sert de toile de fond aux marches de la salita Palazzo Ciampoli, à droite du corso Umberto I, peu avant la piazza Duomo.

Sa façade, malheureusement en mauvais état et gâchée par l'enseigne d'une ancienne discothèque (aujourd'hui hôtel), présente deux ordres que sépare une bande décorative en pierre ciselée. Son beau portail ogival est surmonté d'un écu marqué de la date de sa construction, 1412.

Palazzo Corvaja B1 *(voir p. 436)*

★★ I Giardini di Villa Comunale B1

Via Roma.

Dans ce parc, autrefois privé, on peut admirer toutes sortes de plantes et de fleurs, des plus communes aux plus exotiques. Passionnée d'ornithologie, son ancienne propriétaire, Lady Florence Trevelyan, qui utilisait le parc pour l'observation des oiseaux, y avait fait construire de surprenants édicules dans un style hétéroclite et plutôt exotique. Le plus singulier, tout en arcatures, ressemble au premier coup d'œil à une ruche, conformément au nom qu'elle lui avait donné *(The Beehives)*. De la petite allée qui longe la mer, on a un beau panorama sur l'Etna et la côte sud.

À proximité Carte de microrégion

AUTOUR DE TAORMINE

Le spiagge (Les plages)

On peut rejoindre les plages grâce au funiculaire qui relie le centre au bord de mer (3 € l'aller simple, 10 € valable toute la journée, 30 € pour la semaine). De Mazzarò, un service d'autobus permet de se rendre sur les autres plages (ticket 1 €). Le funiculaire part toutes les 15mn tandis que les autobus partent toutes les 30mn environ - www.taorminaservizipubblici.it.

Bien qu'elle soit sur un site en hauteur, Taormine possède de belles plages qui s'étendent à ses pieds.

La petite baie de **Mazzarò** est fermée au sud par le **cap Sant'Andrea**, troué de grottes dont la fameuse Grotta Azzura. Les plages résonnent des appels des pêcheurs invitant aux promenades sur leur embarcation.

Au-delà du cap, on découvre une merveilleuse **baie★★** fermée par **Isola Bella** 👫, qu'une mince langue de sable relie à la terre. L'île fait partie de la réserve régionale Isola Bella du WWF *(entrée au km 47,2 de la S 114 ; pour toute information : viale San Pancrazio 25, Taormine - ℰ/fax 0942 62 83 88).*

Les plus grandes plages, **Spisone** et **Mazzeo**, se trouvent au nord de Mazzarò.

Castello

▶ *À 4 km sur la route de Castelmola, prendre le sentier sur la droite. On peut aussi se rendre au château à pied, en empruntant soit la salita Castello, un sentier équipé de marches qui part de Taormine au niveau de la via Circonvallazione (1 km environ aller-retour), soit la salita Branco, qui part de la via Dietro i Cappucini. L'excursion à pied est fortement déconseillée en plein été. Fermé pour restauration.*

Le château s'élève au sommet du mont Tauro (398 m). Avant l'arrivée, on découvre le **sanctuaire de la Madonna della Rocca**. De la terrasse devant l'église, on a une belle **vue★★** sur la ville et le théâtre. Poursuivre à pied pour le château. Forteresse construite à l'époque médiévale sur les ruines de l'ancienne acropole, ce château en forme de trapèze ne possède plus que ses murs d'enceinte et les vestiges d'une tour. La **vue★★** sur Taormine et son théâtre est également magnifique.

★ Castelmola B2

▶ *5 km au nord-ouest.*

Le petit village perché sur un **site★** panoramique en arrière de Taormine tisse autour de sa charmante piazza del Duomo un lacis de ruelles pavées pittoresques. Quel que soit l'endroit où l'on se trouve, mais en particulier sur la piazza Sant'Antonino, on ne peut qu'être ébloui par le **panorama★** sur l'Etna, la côte septentrionale et les plages qui s'étendent au pied de Taormine.

On voit sur la place, à droite, sous l'ancienne porte d'entrée de la cité, déplacée ici en raison de la construction de la route, des marches qui mènent aux ruines du **château**. Les remparts du 16e s., en partie conservés, offrent également une très belle vue sur les monts Venere, par-delà le cimetière, et Ziretto en contrebas.

L'**église de l'Annunziata**, attenante au cimetière, est d'époque normande. Totalement reconstruite, elle a cependant conservé un portail finement travaillé en pierre calcaire.

La région produit une spécialité de vin à l'amande très liquoreux. Certains habitants de Castelmola revendiquent la paternité de son invention.

Giardini Naxos B2

◗ *Giardini se trouve à 5 km au sud de Taormine, à laquelle elle est reliée par autocar partant toutes les 30mn (à l'arrêt Taormina, situé via Pirandello).*
🚩 *Lungomare Tysandros 54 - ☎ 0942 51 010.*

La plage qui a vu débarquer les premiers Grecs en Sicile il y a 2 700 ans accueille aujourd'hui des touristes. Ils viennent par milliers, attirés par l'emplacement idéal de la ville, son climat particulièrement clément, sa longue plage dorée qui ourle la baie fermée par le cap Taormine et le cap Schisò. Aux attractions balnéaires de la ville s'ajoutent les nombreux et riches témoignages archéologiques de la cité grecque.

Les premiers colons grecs de Chalcide, conduits par Théocle, ont fondé Naxos en 735 av. J.-C. sur le **cap Schisò**, promontoire formé par une coulée de lave. En 729 av. J.-C., d'autres colonies s'implantèrent à Catane et Lentini.

Tout le monde s'accorde à dire que Naxos est le fer de lance de la civilisation grecque en Sicile. Elle tient son nom de l'île des Cyclades où, d'après la légende, Dionysos aurait rencontré et épousé Ariane, abandonnée par Thésée. Dès le 5e s. av. J.-C., Naxos fut convoitée par des tyrans toujours en quête de territoires et de comptoirs commerciaux nouveaux, comme Hippocrate de Gela et Hiéron de Syracuse, qui firent déporter ses habitants à Lentini en 475 av. J.-C. Denys le Grand la fit raser en 403 pour avoir soutenu l'expédition athénienne de 415 contre Syracuse. Les rescapés partirent fonder non loin de là *Tauromenion*, l'actuelle Taormine.

La ville moderne s'est développée à partir de 1950. Longtemps considéré comme un satellite de Taormine, le « bourg des jardins » était spécialisé dans la culture du coton et de la canne à sucre, remplacée plus tard par celle des agrumes qui demeure sa ressource principale.

Naxos – *La zone archéologique se trouve derrière la zone portuaire, non loin de la sortie Giardini Naxos depuis la A 18. Accès aux fouilles par la via Stracina qui prolonge la via Naxos, ou par le musée situé dans la via Schisò (uniquement aux heures d'ouverture du musée). ☎ 0942 51 001 - ♿ - de 9h à 1h av. le coucher du soleil - 2 €.* La ville du 4e s. av. J.-C. fut édifiée sur la ville archaïque (7e et 6e s. av. J.-C.), dont elle garda les anciens murs d'enceinte et le *temenos* (enceinte sacrée). Son plan régulier, conformément au concept d'Hippodamos, est formé par un quadrillage de rues principales (*plateias* A, B, C, orientées d'est en ouest), coupant à angle droit un certain nombre de rues de moindre importance (*stenopos*).

En entrant par la via Stracina, on longe le mur d'enceinte, qui intègre au sud-ouest les murailles du *temenos* ainsi que les vestiges d'un grand temple (B) de la fin du 6e s. Dans les amas de pierres de la même époque dispersés ici et là, on peut reconnaître des éléments d'autels. Non loin de là, on aperçoit deux fours. Le plus grand, rectangulaire, était probablement destiné à la cuisson sur place des matériaux de construction en argile, l'autre, arrondi, à la fabrication des vases et des objets votifs.

Après avoir dépassé les fours, sortir de l'enceinte sacrée pour regagner la *plateia* B, le long de laquelle il est possible de reconnaître le tracé des habitations de la ville nouvelle. Dans la *stenopos* 6, tourner à gauche en direction du musée. Sur la *stenopos* 11, remarquer les vestiges d'un petit temple du 7e s. av. J.-C.

Museo Archeologico – *Via Schisò - ☎ 0942 51 001 - de 9h à 1h av. le coucher du soleil - 2 €.* Situé près d'un fortin datant des Bourbons, le musée abrite au rez-de-chaussée des pièces archéologiques qui témoignent de l'existence de peuplements sur le cap Schisò au Néolithique et à l'âge du bronze. À remarquer, d'extraordinaires parties terminales de toit *(sime)* qui proviendraient du temple B (début du 6ᵉ s. av. J.-C.). Le visiteur sera surpris par l'éclat de leurs décors polychromes. On notera en particulier les larmiers destinés aux eaux de pluie. Au premier étage du musée, différents objets votifs suspendus aux murs attestent du culte de Dionysos : bustes, visages féminins, antéfixes à tête de Silène, ainsi qu'une belle *arula* (petit autel). Deux petites statues, remarquables pour leur facture délicate, sont présentées : une **déesse voilée** (probablement Héra) et une **Aphrodite Ippia**. On verra aussi une coupe en verre, un casque thrace en bronze du 4ᵉ s. av. J.-C. et un poids en forme de buste d'Athéna (5ᵉ-6ᵉ s. apr. J.-C.). Noter dans la **trousse funéraire du chirurgien** les petits récipients pour les onguents, le strigile (racloir) et le *specillum*, instrument qui servait à examiner les plaies.

Le fortin renferme des vestiges archéologiques découverts sur les fonds marins, verges d'ancres marines, amphores et meules.

Circuits conseillés Carte de microrégion

LA VALLÉE DE L'ALCANTARA

Circuit de 60 km tracé sur la carte p. 394. Compter une journée (avec la visite des gorges et le parcours dans le lit de la rivière).

De la route sinueuse dominée par l'Etna qui semble jouer à cache-cache avec les collines, la vallée de l'Alcantara comble le voyageur de **trésors panoramiques★**.

Giardini Naxos *(voir ci-contre)* B2

Sur la gauche, ne pas manquer de voir les étranges sculptures en bois d'olivier de Francesco Lo Giudice, dit le Magicien.

Prendre la S 185 en direction de Gazzi.

★ Gole dell'Alcantara (Gorges de l'Alcantara) A2

Pour toute information, contacter l'Ente Parco Fluviale dell'Alcantara : ℰ 0942 98 50 10 - www.terralcantara.it - lorsque le niveau de l'eau est bas, on peut parcourir les gorges sur 50 à 200 m - à l'entrée des gorges, louer des bottes et des salopettes, indispensables pour avancer dans l'eau, toujours très froide - la rivière est normalement praticable de mai à septembre. Le reste de l'année, seule l'ouverture des gorges est accessible - on peut effectuer la remontée en ascenseur - possibilité de faire du camping rural sur les petites plates-formes aménagées à cet effet - visites : 8h30-19h - 8 €.

Il est conseillé de descendre à pied pour profiter de la magnifique **vue★** sur l'ensemble des gorges. Dans le lit de la rivière, les parois (plus de 50 m de haut) se resserrent de part et d'autre du cours d'eau. On peut ici apprécier leur beauté inquiétante, faite de lignes sombres et géométriques, de prismes pentagonaux et hexagonaux qui s'enchevêtrent ou s'affrontent avant de s'élancer vers le ciel. Dans le clair-obscur, ces formes irrégulières et fantastiques inspirent un sentiment de légèreté teintée d'angoisse. Admirer la richesse des contrastes et le dépouillement de la nature réduite à trois éléments, la roche, l'eau, le ciel. Le soleil en accuse les contours en noir et blanc, lumière ou opacité, et se réfléchit dans les milliers de gouttelettes des cascatelles qui ruissellent çà et là le long des parois.

6

Motta Camastra

Un embranchement sur la droite permet de rejoindre ce petit village accroché à la falaise à 453 m d'altitude.

Reprendre la S 185.

LES ORIGINES

À l'aube des temps, un petit volcan au nord de l'Etna se réveille. Une énorme coulée de lave glisse jusqu'à la mer, où elle s'enfonce et donne naissance au **cap Schisò**. Un cours d'eau se faufile dans le lit sinueux qu'elle a formé. C'est le début d'un long travail d'érosion et de polissage des scories qui aboutira, là où le sol est plus friable, à la formation de deux hautes parois de basalte, les **gorges de l'Alcantara**. *Al Qantarah*, nom de la rivière et de sa vallée, est une appellation qui remonte à l'époque de la domination arabe. Elle fait référence à un pont en voûte que les Romains avaient construit pour parer aux crues subites de la rivière qui, se précipitant dans les gorges, offre toujours un spectacle impressionnant.

Francavilla di Sicilia

Espagnols et Autrichiens se sont affrontés ici en une terrible bataille le 21 juin 1719. En témoignent les estampes du **couvent** des frères mineurs capucins, situé au sommet de la colline du même nom. Le bâtiment du 16e s., qui a conservé quelques cellules de moines, héberge un petit musée retraçant les activités du monastère. L'église renferme des œuvres d'art, dont un tabernacle en bois qui montre un pélican nourrissant ses petits de sa propre chair, symbole du sacrifice du Christ. *Prendre la SP 7 vers le sud.*

Castiglione di Sicilia A2

Le **Castel Leone** domine ce petit bourg du haut de l'extraordinaire éperon de tuf basaltique dont il semble faire partie *(il n'en reste aujourd'hui que des ruines)*. Le **site★** qu'occupe le manoir a été lieu de guet depuis l'Antiquité. La **vue★★** sur l'Etna et le village est splendide. À l'est se trouvent les vestiges d'une forteresse datant de 750 av. J.-C.

Les principaux monuments sont regroupés dans la partie haute du village : l'**église Sant'Antonio** du 18e s. avec sa façade concave et son campanile en forme de bulbe, dressé sur un soubassement en pierre de lave, renferme des marbres polychromes, un bel arc de triomphe (1796) et un intéressant orgue en bois (dans le *presbiterio*) ; l'**église San Pietro** et son campanile, orné de petits arcs suspendus, vestiges de l'ancien bâtiment normand ; l'**église Santa Maria della Catena**, avec son beau portail aux colonnes torses, précédé d'une volée de marches.

Sur la route de Mojo Alcantara, un embranchement sur la droite mène aux vestiges d'une **cuba byzantine** des 7e-9e s.

Prendre la SP 7II vers Randazzo, puis à droite la SP 7III.

Mojo Alcantara A2

Le nom de la bourgade est associé au petit **volcan** dont la lave a formé le lit et les gorges de l'Alcantara. Qui aurait peur aujourd'hui de ce cône verdoyant à l'aspect inoffensif ?

Revenir sur la SP 7II et la suivre vers la droite, puis tourner à droite sur la S 120.

★ Randazzo *(voir p. 425)*

À partir de Randazzo, poursuivre sur la Circumetnea *(voir Etna p. 423)* ou bien se diriger vers les Nebrodi *(voir le chapitre « Nebrodi » p. 477).*

LE LITTORAL IONIEN DE TAORMINE À MESSINE

◗ *Circuit de 70 km environ tracé sur la carte p. 394. Compter une journée. Le parcours, au départ de Taormine par la S 114, suit la route du littoral, avec de brèves incursions dans l'arrière-pays.*

Forza d'Agrò B2

Ce gracieux petit village médiéval est niché sur les derniers versants des monts Peloritani ; son **panorama**★ sur la côte découpée de criques est splendide, en particulier de la terrasse-belvédère de la piazza del Municipio. De là, après avoir dépassé une belle **arche de style gothique catalan** tardif, des escaliers mènent au sanctuaire de l'**église de la Triade**. Au passage, on ne manquera pas d'admirer l'**ensemble**★ particulièrement pittoresque formé par les escaliers, l'arche et la façade de l'église à l'arrière-plan. En empruntant les ruelles tortueuses qui montent vers le château, on trouve la **chiesa madre**, copie baroque d'un édifice du 16e s. Du **château** d'époque normande, il ne reste que les ruines du mur d'enceinte entourant un **cimetière**. Ce **lieu**★ de silence, où les tombes sont singulièrement disposées pêle-mêle, exerce une certaine fascination.

★ Capo Sant'Alessio B2

Le superbe profil de ce promontoire rocheux tout à fait enchanteur est dominé à l'ouest par une impressionnante forteresse circulaire, et à l'extrémité est par un château de forme polygonale *(aucun des deux n'est ouvert à la visite)*. Le cap se termine au sud par la **plage** de **Sant'Alessio Siculo**.

Santissimi Pietro e Paolo d'Agrò B2

Fondée par des moines basiliens, l'église a été reconstruite en 1117 et restaurée en 1172 par le maître d'œuvre Gherardo il Franco, comme l'indique l'inscription figurant sur l'architrave du portail d'entrée. Frappante par ses singuliers effets de couleurs obtenus par la réunion de la brique, de la pierre de lave, du calcaire et du grès, elle constitue aussi un plaisant témoignage des influences byzantine, arabe et normande. L'**extérieur**, orné de lésènes (bandes en léger relief) et de petites arcades entrecroisées, soulignées de motifs en dents de scie, montre une façade principale précédée d'un portique flanqué de deux tours. L'**intérieur** possède trois nefs, séparées par des colonnes corinthiennes à hauts abaques soutenant des arcs ogivaux. Il s'ouvre au centre sur une grande coupole en quartiers s'élevant sur un haut tambour, avec des pendentifs à petites arcades superposées. Dans le sanctuaire, une coupole plus petite repose sur un tambour octogonal.

UNE LÉGENDE

Il fut un temps où l'Alcantara coulait paisible et tranquille dans son lit, sans remous ni rapides, sans chutes ni tourbillons. Elle arrosait la vallée et la rendait fertile. Mais les hommes de cette époque étaient durs : ils se nuisaient mutuellement et ne respectaient pas la nature. Dans la vallée vivaient deux frères, qui cultivaient un même champ de blé. L'un des deux était aveugle. Le jour venu de partager la récolte, celui qui voyait prit le boisseau et commença à compter une mesure pour lui, une mesure pour son frère, et ainsi de suite… en apparence seulement, car le coquin s'arrangea pour garder pour lui la plus grande partie de la récolte. Un aigle qui survolait le champ à ce moment-là aperçut la supercherie et alla la révéler au Bon Dieu. Ce dernier provoqua la foudre, qui frappa le misérable, le tuant sur le coup. Elle atteignit aussi le monceau de grain injustement accumulé, le transformant en une montagne de terre rouge, d'où jaillit une rivière de lave qui s'écoula jusqu'à la mer.

Légende extraite du livre *Al Qantarah* de L. Danzuso et E. Zinna.

6

Casalvecchio B2

Appelé Palakorion (vieille ferme) à l'époque byzantine, le village offre un beau site panoramique. La terrasse devant l'**église Sant'Onofrio** s'ouvre sur un magnifique **panorama★** qui embrasse la côte ionienne, du cap Sant'Alessio et Forza d'Agrò jusqu'au sud de l'Etna. L'**intérieur** de l'église abrite des éléments décoratifs du 17e s., un beau plafond en bois à caissons animé de figures anthropomorphes et un dallage en marbre noir local et en marbre rouge de Taormine. Dans le presbytère voisin est logé le **Musée paroissial** *(Museo Parrocchiale – pour toute information, contacter le Signore Carmelo Crisafulli, à la mairie : ℘ 0942 76 10 30)*, où sont exposés des instruments agricoles, une statue d'argent grandeur nature de saint Onuphre (1745), une toile de l'école d'Antonello représentant saint Nicolas (1497), ainsi que des objets liturgiques et ornements sacerdotaux.

Poursuivre sur la route qui court dans l'arrière-pays. Après environ 2 km apparaît le bourg de Sàvoca.

Sàvoca B2

Bourg typiquement médiéval situé dans les terres, il est bâti en hauteur sur un col entre deux arêtes, entouré des quartiers de San Rocco, San Giovanni et Pentefur qui lui confèrent sa forme en étoile.

Après avoir dépassé la mairie, en restant à l'extérieur du bourg proprement dit, on gagne le **couvent des capucins** *(℘ 0942 76 12 45 - visite en été : 9h-13h, 16h-19h)* dont la **crypte** abrite les momies de 32 notables de Sàvoca et de moines décédés au cours des 17e et 18e s., exposées dans des niches ou dans des cercueils en bois. Certaines d'entre elles, malheureusement victimes d'actes de vandalisme, sont souillées de peinture verte.

Du parvis de l'église, on profite d'une belle vue sur le village, les ruines du château et le calvaire à l'arrière-plan.

Revenir par la via Borgo, et prendre aussitôt à gauche la via San Michele qui mène à la porte marquée d'un arc ogival donnant accès au centre historique du bourg. Un peu plus loin sur la droite s'élèvent l'église **St-Michel** (15e s.), avec ses beaux portails de style gothique Renaissance, et, à côté, les ruines du logement de l'archimandrite (supérieur d'une communauté monastique dans l'Église orthodoxe). Continuer dans cette même rue qui offre de jolies **vues★** sur les toits du village, la vallée et, en haut, les ruines du **château** d'époque normande et les curieux merlons de l'église St-Nicolas (ou Ste-Lucie), accrochée à son éperon rocheux. On arrive ainsi à la **chiesa madre**, remarquable pour son beau portail du 16e s. surmonté d'un oculus finement sculpté et des armoiries des Sàvoca, un rameau de sureau qui a donné son nom au bourg. La visite peut s'achever par la montée au calvaire pour rejoindre les ruines de l'église Ste-Marie-des-Sept-Plaies.

En poursuivant le long de la côte, on atteint le cap d'Alì, sur lequel s'élève une petite tour de guet circulaire, probablement d'époque normande. Puis on traverse les stations balnéaires de **Roccalumera**, **Nizza di Sicilia** et **Alì Terme**.

Itàla B1

Dans le hameau de Croce, on visite l'**église** basilienne dédiée aux saints Pierre et Paul, que reconstruisit le comte Roger en 1093 pour célébrer, dit-on, une victoire sur les Arabes. D'un grand intérêt architectural, elle possède trois nefs, la nef centrale étant plus élevée, et, au milieu du transept, une coupole sur un tambour carré. Sertie de pierres de lave polychromes, sa façade présente des décorations en arcatures aveugles surbaissées et entrecroisées qui évoquent l'Orient.

Scaletta Zanclea B1

À 2 km vers l'intérieur des terres.

La petite localité possède un **château** qui fut d'abord, au 13e s., un avant-poste militaire souabe, puis, jusqu'au 17e s., une résidence de chasse de la famille Ruffo. Les élégantes fenêtres, géminées à l'étage noble, ogivales à l'étage supérieur, allègent l'allure massive de l'édifice. À l'intérieur, le **Musée municipal** (*Museo Civico –* ℰ *090 95 967 - mars-oct. : 9h-13h, 16h-20h ; le reste de l'année sur demande - gratuit*) réunit des armes et des documents anciens.

Monastero di San Placido Calonerò B1

À l'intérieur des terres, sur la route en direction de Pezzolo - fermé pour restauration au moment de la rédaction de ce guide - ℰ *090 68 58 00.*

Le monastère bénédictin, qui abrite aujourd'hui un institut technique agricole, comprend deux charmants cloîtres du 17e s. dont les colonnes à hauts tailloirs portent des chapiteaux ioniques. Tout aussi séduisante, la chapelle au joli petit portail gothique de type siculo-catalan abrite des croisées d'ogives et des colonnes en faisceaux. On la voit à droite de l'atrium qui donnait accès au premier cloître.

Messine B1 *(voir p. 450)*

😊 NOS ADRESSES À TAORMINE

TRANSPORTS

Des services de trains et de cars sont assurés à l'arrivée et au départ de Catane (1h environ), et de Messine (1h). Un service de cars relie tous les jours la ville à l'aéroport Fontanarossa de Catane (65 km). La **gare** de Taormina-Giardini est située à Villagonia, à 3 km du centre. Le **terminal des bus** se trouve via Pirandello C1.

EXCURSIONS DEPUIS TAORMINE

La société de transports **SAT** (*Corso Umberto I 73 -* ℰ *0942 24 653 - www.satgroup.it*), propose diverses excursions : Syracuse, Agrigente, Piazza Armerina, Palerme, les îles Éoliennes, les gorges de l'Alcantara et l'Etna.

HÉBERGEMENT

Dans le centre de Taormine

PREMIER PRIX

Casa Diana – B1 - *Via di Giovanni 6 -* ℰ *0942 23 898 -* 📧 - *4 ch. 50 €.* Bien située en plein centre, cette pension vieillotte tenue par une sympathique *mamma* d'un certain âge bénéficie d'une terrasse sur le toit. Desservies par un escalier assez raide, les chambres sont propres mais rudimentaires, et un peu bruyantes côté rue. Pas de petit-déjeuner.

Il Leone – C1 - *Via Bagnoli Croci 126 -* ℰ *0942 23 878 - www.camereilleone.it -* 📧 - *19 ch. 60 €* 🛏. Chambres acceptables mais austères. Certaines, un peu plus chères, sont pourvues

6

d'une salle de bains et de l'air conditionné. Quoique les parties communes fassent un peu grise mine, l'ensemble reste honnête. Demandez une chambre du haut, avec terrasse et vue sur la mer.

Casa Grazia – B1 - *Via Jallia Bassia 20 -* 📞 *0942 24 776 -*🖨- *6 ch. 65 €* 🛏. À défaut de vue et d'espace, les chambres de cette pension tout en hauteur ont chacune un frigo et un balcon. Celle du dernier étage, la n° 7, est même dotée d'une terrasse. Deux chambres avec salle de bains commune, moins chères. Propreté reluisante et accueil charmant.

BUDGET MOYEN

Hotel Villa Nettuno – B1 - *Via Pirandello 33 -* 📞 *0942 23 797 - www.hotelvillanettuno.it -*🖨- *13 ch. 78 € -* 🛏 *4 €*. Cette belle villa de style Liberty, en face du funiculaire, possède un jardin délicieux avec un belvédère offrant une superbe vue sur la mer. Les petits-déjeuners se prennent en terrasse ou, l'hiver, dans le ravissant salon familial au mobilier d'époque. La plupart des chambres, simples mais propres, ont un petit balcon ou une terrasse donnant sur le jardin. Service prévenant. Une adresse pleine de charme.

Hotel Villa Igiea – A1 -*Via Circonvallazione 28 -* 📞 *0942 625 275 -*🖨- *12 ch. 60/90 €* 🛏. Il s'agit là d'un bel édifice néogothique, fin 19e s., meublé dans le style Liberty, qui respire la nostalgie des vieilles maisons de famille. Les chambres (moins chères avec salle de bains commune) et la terrasse du petit-déjeuner jouissent d'une vue splendide sur la baie. Accueil francophone et souriant.

Pensione Adele – A1 - *Via Appolo Arcageta 16 -* 📞 *339 57 23 756 - www.pensioneadele.it -* 🖨 📺 🆎 - *15 ch. 85/100 €* 🛏. Grande bâtisse très centrale, couleur rose saumon et égayée de plantes vertes, dotée de chambres agréables, d'un salon TV et d'une terrasse sur le toit. En saison estivale, service de navette pour la plage. Le mobilier, un peu fatigué, mériterait d'être changé.

POUR SE FAIRE PLAISIR

Villa Fiorita – C1 - *Via L. Pirandello 39 -* 📞 *0942 24 122 - fax 0942 62 59 67 - www.villa fioritahotel.com - fermé nov.-fév. -* 🏊*- 25 ch. 125 €* 🛏. Situé dans une villa du 18e s., cet hôtel est particulièrement calme. Très beau panorama et décoration classique. Le jardin abrite une tombe romaine.

Hotel Villa Paradiso – B1 - *Via Roma 2 -* 📞 *0942 23 921 - www. hotelvillaparadisotaormina.com -* 🖨 📺 🍴 - *37 ch. 120/205 €* 🛏. La villa appartenait jadis à Florence Trevelyan, cette aristocrate anglaise qui possédait l'île d'Isola Bella et fit construire le jardin de la Villa Comunale. La décoration, soignée dans les moindres détails, ne manque pas de cachet. Si les chambres ne sont pas immenses, elles sont en tout cas jolies et ouvrent leur balcon vers l'Etna ou sur la baie de Naxos. Tennis, navette gratuite pour la plage, où les clients peuvent profiter des facilités d'un club.

UNE FOLIE

Hotel Villa Schuler – B1 - *Scesa Bastione/Via Roma -* 📞 *0942 23 481 - fax 0942 23 522 - www. hotelvillaschuler.com - fermé déc.-fév. -* ♿ *- 26 ch. 150/260 €* 🛏. Ancienne villa dans le centre historique transformée en hôtel en 1905. On y trouve encore aujourd'hui une atmosphère fin 19e s. avec des chambres à l'ancienne, mais néanmoins confortables. Dans le jardin méditerranéen qui l'entoure s'épanouissent plantes et fleurs.

Castelmola

BUDGET MOYEN

Villa Regina – Hors plan par A1 - *Punta San Giorgio, 5 km au nord-ouest de Taormine - ☎ 0942 28 228 - fax 0942 28 083 - www.villareginataormina.com - fermé nov.-fév. - 10 ch. 70/80 € ⚏*. Un endroit extrêmement simple avec jardinet ombragé d'où l'on a une vue enchanteresse sur Taormine et la côte.

POUR SE FAIRE PLAISIR

Villa Sonia – Hors plan par A1 - *Via Porta Mola 9, 5 km au nord-ouest de Taormine - ☎ 0942 28 082 - fax 0942 28 083 - www.hotelvillasonia.com - fermé nov.-fév. - 🅿 🛏 ⚒ - 35 ch. 100/160 € ⚏*. Située à l'entrée du joli village de Castelmola, cette agréable villa vous accueille au milieu d'une collection d'objets d'époque et d'artisanat sicilien. Hormis les chambres standard, l'établissement propose des chambres de luxe affichant de belles prestations de confort et de service, mais dont les prix s'envolent de manière exagérée (180 à 200 € la nuit).

Giardini Naxos

BUDGET MOYEN

La Riva – *Via Tysandros 52 - ☎/fax 0942 51 329 - www.hotellariva.com - fermé nov. - 38 ch. 70/110 € ⚏*. Une pension familiale qui se dresse sur le front de mer et propose des chambres au décor original. La salle à manger, située au 4e étage, offre une belle vue.

RESTAURATION

🕭 **Bon à savoir** – Outre les adresses signalées, tout le quartier s'étendant à l'ouest du corso Umberto I respire les odeurs de la cuisine sicilienne. C'est ici en effet que sont concentrés nombre de petits restaurants typiques avec leurs tables installées directement dans les ruelles ou leurs terrasses et jardins, plus intimes.

BUDGET MOYEN

Al Grappolo d'Uva – B1 - *Via Bagnoli Croci 618 - ☎ 0942 625 874.* Ce petit bar à vins au décor champêtre dispose de quelques tabourets et barriques faisant office de tables. On y sirote les crus typiques de Sicile, marsala, *moscato*, *nero d'avola*, *etna rosso*, en les accompagnant d'une tartine de *prosciutto*, d'une assiette d'antipasti, d'un panini, d'une bruschetta ou de légumes grillés.

Mamma Rosa – B1 - *Via Naumachie 10 - ☎ 0942 243 61 - www.mammarosataormina.com.* Cette trattoria qui dispose de deux terrasses, dont l'une ouvrant sur les naumachies, sert de succulents plats de poisson grillé ou en croûte de sel, des pâtes aux sardines, du risotto aux fruits de mer et des pizzas. Ambiance joyeuse et animée.

POUR SE FAIRE PLAISIR

Al Duomo – A1 - *Vico Ebrei 11 - ☎ 0942 62 56 56 - fermé lun., janv. et nov. - réserv. conseillée.* Ce restaurant a tout pour plaire : une terrasse très agréable donnant sur la cathédrale et des recettes alléchantes à base de produits locaux. Que demander de plus ?

Osteria Nero d'Avola – A1 - *Piazza San Domenico 2B - ☎ 0942 628 874 - fermé lun.* Adeptes du « slow food » et amateurs de vins seront à leur aise dans cette œnothèque très conviviale, où il est possible de tester pas moins de deux cents références de vins

6

siciliens et une quinzaine d'huiles d'olive de l'île. Le chef change le menu tous les jours, et les plats sont préparés uniquement sur commande. Goûtez par exemple les pâtes aux oursins et le filet de thon aux oignons caramélisés.

La Piazzetta – A1 - *Vicolo F. Paladini 5/7 - ☎ 0942 62 63 17 - fermé lun. (sf juil. et août), nov. et janv.* Un restaurant typique et particulièrement accueillant, géré par toute une famille. La cuisine est de type méditerranéen, avec de nombreux plats de poisson. Il est vivement conseillé de manger sur la petite place, très agréable.

Il Baccanale – B1 - *Piazzetta Filea 1 - ☎ 0942 62 53 90 - fermé jeu. (sf avr.-sept.).* Le décor est simple et authentique, et les tables sont serrées les unes aux autres, même sur la placette où a été installée la terrasse. Gastronomie sicilienne soignée et appréciée des touristes.

Al Saraceno – A1 - *Via Madonna della Rocca 16 - ☎ 0942 63 20 15 - fermé lun. (sf juil.-août) et nov.* Situé le long de la route qui part du château sarrasin, ce restaurant totalement rénové possède, au 1er étage, une terrasse spacieuse d'où l'on jouit d'une vue magnifique pouvant aller jusqu'au détroit de Messine. Plats de poisson et pizzas.

À proximité de Taormine

Mazzarò

POUR SE FAIRE PLAISIR

Bagni Delfino – Hors plan par A1 - *Via Nazionale - 5,5 km au sud de Taormine sur la S 114 - ☎ 0942 23 004 - fermé de déb. nov. à mi-mars.* Pour les amoureux de la mer, voici un petit restaurant situé juste à côté des établissements balnéaires. Il ne vous reste plus qu'à choisir votre plat.

Giardini Naxos

POUR SE FAIRE PLAISIR

Sea Sound – *Via Jannuzzo 37/A - ☎ 0942 54 330 - fermé nov.-avr.* Les plats de poisson sont aussi copieux que savoureux et la terrasse entourée de verdure donne sur la mer.

PETITE PAUSE

Caffe Wunderbar – *Piazza IX Aprile 7 - ☎ 0942 62 53 02.* Greta Garbo et Tennessee Williams aimaient boire un cocktail dans ce café historique, situé au pied de la tour de l'Horloge, dans l'un des plus beaux endroits de Taormine. L'intérieur est d'une élégance raffinée, tandis que, de la terrasse, on jouit d'une vue splendide sur la baie de Naxos. À ne pas manquer !

Mocambo Bar – *Piazza IX Aprile 8 - ☎ 0942 23 350.* « Asseyez-vous au Mocambo et vous verrez passer le monde entier… », c'est ainsi que les propriétaires décrivent ce bar-pâtisserie, qui donne sur la jolie place. Un endroit agréable du matin jusqu'au soir.

Bam Bar – *Via Di Giovanni 45 - ☎ 0942 24 355.* Les meilleures *granite* de Taormine, dans un cadre accueillant et très coloré.

Arancini in Corso – *Piazzetta Leone 2 - ☎ 392 85 99 198.* L'*arancino* sicilien dans tous ses états et frit dans la meilleure huile. Au fromage, aux légumes, à la viande, au beurre et même à la pistache… Deux ou trois *arancini* (2 € l'un) et voici que vous avez presque un repas complet !

Castelmola

Antico Caffé San Giorgio – *Piazza S. Antonio 1 - 5 km au nord-ouest de Taormine - ☎ 0942 28 228 - www. barsangiorgio.com.* Café historique fondé au début du 20e s., installé à merveille sur la très tranquille piazza San Antonio, d'où l'on jouit d'une vue superbe sur Taormine et sur la mer. Fréquenté autrefois par Rolls Royce et Rockefeller, il reçoit aujourd'hui encore nombre de célébrités. Parmi les spécialités, goûtez le vin à l'amande.

ACHATS

La Bottega del Buongustaio – *Via G. di Giovanni 17* - ℘ *094 26 25 769*. Légèrement en retrait par rapport à l'animé corso Umberto I, un magasin d'alimentation spécialisé dans les produits siciliens d'appellation d'origine contrôlée : vins, liqueurs, sauces, conserves, miel, pâtes, huile… L'endroit idéal pour des courses savoureuses !

AGENDA

Taormina arte – Un festival international de musique, de théâtre et de cinéma qui se tient de juillet à septembre. *Pour toute information : ℘ 0942 21 142 - www. taoarte.it.*

Taormina Film Fest – La dernière semaine de juin, un festival où le cinéma est à l'honneur. Danse, théâtre et musique ne sont pas oubliés. *Rens. ℘ 0942 21 142 - www.taorminafilmfest.it.*

6

Messine

Messina

242 503 habitants

😊 NOS ADRESSES PAGE 456

🛈 S'INFORMER

Office de tourisme – *Piazza della Repubblica* - 📞 *090 67 29 44 - à droite en sortant de la gare - lun.-jeu. 9h-13h30, 15h-17h, vend. 9h-13h30 - fermé le w.-end.*
Servizio turistico regionale - *Via dei Mille* - 📞 *090 29 35 292.*

🧭 SE REPÉRER

Carte de microrégion B1 (p. 394) – *carte Michelin Local 365 BC 54*. Messine est une ville moderne qui s'allonge derrière le port, suivant la forme d'une faucille qui lui donna son nom pendant l'Antiquité. Les rares monuments de la ville épargnés par le terrible tremblement de terre de 1908 et les bombardements de la Seconde Guerre mondiale sont dispersés derrière la partie centrale du port. Pour rejoindre le centre historique depuis l'autoroute, prendre la sortie Messina-Boccetta Porto et s'engager dans le viale Boccetta jusqu'au corso Garibaldi qui longe le bord de mer.

🅿 SE GARER

Laissez votre véhicule au niveau du grand parking de la gare ou, plus proche du centre, au parking de la piazza Cairoli. Tous deux sont payants.

😍 À NE PAS MANQUER

La piazza Duomo et le Duomo ; les œuvres du Caravage au Musée régional.

Le projet d'un pont entre la Sicile et la péninsule italienne ayant été abandonné en 2011, Messine demeure la porte d'entrée des continentaux qui débarquent par ferry à la découverte de l'île. À son point le plus étroit, le bras de mer fait 3,3 km de large, autant dire que le trajet passe vite ! Les visiteurs n'ont pas trop à attendre pour découvrir une ville solidement accrochée à son port, bouillonnant de vie.

Se promener Plan de ville

LA PIAZZA DUOMO ET SES ALENTOURS

Duomo B1

La cathédrale a été presque entièrement reconstruite, après le séisme de 1908, dans son style normand d'origine. Sa façade à saillants est allégée par des fenêtres ogivales et une petite rosace centrale. Des trois portails, seul le **portail central★** a été refait avec des éléments d'origine (15e s.). Encadré de colonnettes soutenues par des lions, il est orné, dans la lunette, d'une Vierge à l'Enfant du 16e s.
Sur le côté droit s'élève un petit bâtiment éclairé par de belles fenêtres géminées en style gothique catalan.
L'**intérieur** renferme un beau plafond à chevrons, peint d'après le modèle d'origine, détruit par les bombardements de la dernière guerre. Les poutres faîtières sont ornées de rosaces d'aspect oriental.

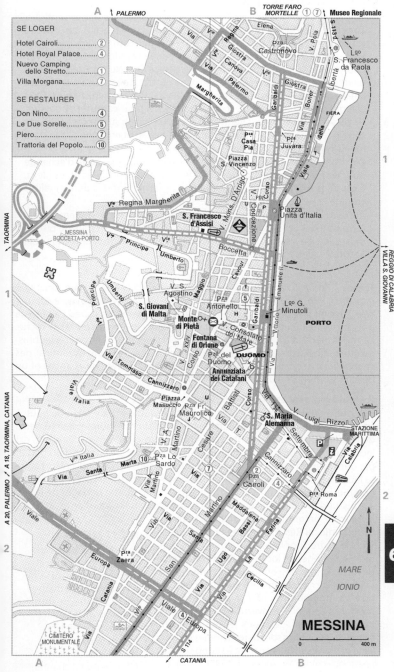

SE LOGER

Hotel Cairoli.................②
Hotel Royal Palace........④
Nuevo Camping
  dello Stretto..............①
Villa Morgana..............⑦

SE RESTAURER

Don Nino......................④
Le Due Sorelle.............⑤
Piero...........................⑦
Trattoria del Popolo.....⑩

MESSINA

0   400 m

ENTRE HISTOIRE ET MYTHOLOGIE...

Colonie grecque fondée au 8e s. av. J.-C., Messine doit son nom antique, **Zancle**, à son port dont la forme évoque celle d'une faucille. Son histoire est donc forcément liée à la mer et au détroit qui, comme l'affirmaient les navigateurs de l'Antiquité, était surveillé par deux redoutables monstres, Charybde et Scylla. **Scylla**, fille d'Hécate, déesse de la Nuit, possédait douze pieds et six têtes, et demeurait dans une grotte située sous un rocher de Calabre, dont elle ne sortait que pour chasser des animaux marins. C'est elle qui se déchaîna contre le navire d'Ulysse, pour capturer et dévorer six de ses compagnons. Quant à **Charybde**, il vivait sur la côte sicilienne sous un autre rocher, et, trois fois par jour, avalait et recrachait l'eau de la mer (*L'Odyssée*, Livre XII).

Port commercial stratégique, Messine est devenue une zone d'échange pour les marchandises comme pour les courants artistiques et les idées. C'est dans un riche climat culturel que se formèrent des personnalités comme le peintre Antonello da Messina.

Après avoir connu de grands cataclysmes, comme les tremblements de terre de 1783 et 1908, qui la détruisirent à 90 % et firent plus de 60 000 morts, la ville a aussi beaucoup souffert des bombardements durant la Seconde Guerre mondiale.

Trésor – *Entrée à l'intérieur de la cathédrale* - ☎ *090 67 51 75* - *avr.-oct. : tlj sf dim. 9h30-13h, 15h30-18h30 ; nov.-mars : 10h-13h* - *3,50 € (5 € avec le campanile)*. Il réunit une belle collection d'objets et d'ornements sacrés. La pièce la plus ancienne (haut Moyen Âge) est *La Pigna*, une lampe en cristal de roche. Parmi les pièces d'argenterie et d'orfèvrerie, de facture locale, on voit les bras-reliquaires (celui de saint Marcien est orné de motifs arabes et byzantins), des chandeliers, des calices et un bel **ostensoir** du 17e s. avec deux anges et un pélican surmontés d'un soleil rayonnant.

★ **Orologio astronomico** (Horloge astronomique) B1

Réalisée à Strasbourg en 1933 et logée dans un beffroi de 60 m de haut, à gauche de l'église, l'horloge mécanique indique à la fois l'heure et les moments de l'année. Chacun de ses niveaux, animé d'un mouvement différent, est individualisé par un sujet : au niveau inférieur, un char à deux chevaux conduit par une divinité indique les jours de la semaine ; dans le second, la Mort agite sa faux en signe prémonitoire face à quatre personnages, un enfant, un jeune homme, un soldat et un vieillard, représentant les quatre périodes de la vie ; au-dessus d'une reproduction du sanctuaire de Montalto (que l'on aperçoit sur la gauche), un groupe personnifie la Nativité, l'Épiphanie, la Résurrection et la Pentecôte ; dans le cadre supérieur figure une scène rattachée à la légende locale : la **Madonna della Lettera**, sainte patronne de Messine, remet une lettre de remerciements aux ambassadeurs de Messine pour accorder sa protection aux habitants de la ville, convertis au christianisme par l'apôtre Paul. Les deux jeunes filles qui frappent les cloches sont deux héroïnes locales, Dina et Clarenza, qui vécurent à l'époque de la résistance contre les Angevins (1282). Le niveau supérieur est occupé par un lion.

IL EST MIDI !

Aux douze coups de midi, un fond musical accompagne la mise en mouvement de tous les automates : le **lion**, symbole de la vitalité de la ville, rugit trois fois, et le **coq**, placé entre les deux jeunes filles, se met à chanter.

Le côté sud du beffroi est occupé par *(à partir du bas)* un calendrier perpétuel et un calendrier astronomique comportant les signes du zodiaque et les phases lunaires.

Santissima Annunziata dei Catalani B1

À quelques pas du Duomo, l'église de la Ste-Annonciation-aux-Catalans s'élève derrière la via Garibaldi, bordée à cet endroit de beaux palais. Construit en 1100 sous la domination normande et remanié au 13e s., l'édifice fait référence aux marchands catalans auxquels il a appartenu par la suite. L'**abside★**, bel exemple du fameux style normand composite, reflète des apports romans (petites arcades aveugles s'appuyant sur de fines colonnettes), des influences arabes (motifs géométriques en pierre polychrome) et des éléments byzantins (dôme élevé sur un tambour).

Fontana di Orione B1

Placée au centre de la piazza Duomo, cette belle et élégante fontaine, œuvre de l'architecte toscan Montorsoli, commémore l'ouverture d'un aqueduc. En style prébaroque (16e s.), elle représente quatre fleuves, le Tibre, le Nil, l'Èbre et… le Camaro, rivière de Messine dont les eaux étaient acheminées par ce nouvel aqueduc.

Monte di Pietà A1

Via XXIV Maggio, à l'angle de la piazza Crisafulli.
Ce palais appelé Mont-de-Piété est de style maniériste tardif. Sa façade se caractérise par un portail massif en pointes de diamants, flanqué de robustes colonnes et surmonté à la fois d'un tympan en arc brisé et d'un balcon reposant sur des consoles à volutes. Détruit aussi par le séisme de 1908, on n'a pas reconstruit son étage supérieur, ce qui donne un air inachevé à l'ensemble. À gauche de l'édifice, une grille donne accès à l'ancien parvis de l'église Sainte-Marie-de-la-Piété, précédé d'un majestueux escalier à rampes symétriques. De l'église, il ne reste que la façade.

San Giovanni di Malta A1

Datant du 16e s. tardif, l'édifice carré présente côté ouest (via Placida) une façade rythmée par des pilastres en pierre blanche, des niches et des fenêtres aveugles ou non, ornée d'une tribune dans l'ordre supérieur.

San Francesco d'Assisi ou l'Immacolata AB1

L'église St-François-d'Assise ou de l'Immaculée, à l'aspect monumental, a été entièrement reconstruite après le séisme de 1908. Elle a cependant conservé certains éléments d'origine, comme les trois simples absides du 13e s. en pierre, rythmées d'étroites arcades où s'ouvrent les fenêtres, les deux portails en arc brisé, d'époque plus récente, et une belle rosace sur la façade.

À voir aussi Plan de ville

6

★ **Museo Regionale** Hors plan par B1

Via della Libertà, 465 - ℰ 090 36 12 92 - ⅃ - lun., merc. et vend. 9h-13h30, mar., jeu. et sam. 9h-13h30, 16h-19h, dim. et j. fériés 9h-13h - 3 €.
Le parcours proposé dans ce musée suit les périodes historiques et artistiques à partir de l'époque byzantine et normande. Les premières salles rassemblent des collections de tableaux, de bas-reliefs et de chapiteaux. On remarquera un beau crucifix en bois polychrome de la première moitié du 15e s. *(3e salle en entrant sur la droite)* et un médaillon en terre cuite émaillée, dû au talent des frères Della Robbia, qui représente une Madone regardant tendrement son

ANTONELLO DA MESSINA

Né à Messine vers 1430, sous la domination espagnole, il grandit dans une ambiance particulièrement agitée. Ses différents déplacements dans la vice-royauté le conduisent à Naples, où il se forme dans l'atelier de Colantonio. Les conceptions flamande, espagnole et provençale auxquelles il est confronté influenceront durablement ses œuvres. S'il peint avec un souci extrême du détail et un réalisme tout à fait flamands, il tempère cela par une rigueur de composition et une sérénité typiquement italiennes. Alliant de riches tons chauds aux procédés de perspective, il crée une harmonie et un équilibre qui se retrouvent dans toutes ses compositions. De manière générale, ses toiles montrent tout ce qu'il a appris au cours de ses échanges avec d'autres artistes contemporains. Dans ses portraits, où le profil toscan se substitue aux trois quarts flamand, le visage, mis en relief par un clair-obscur, est toujours noble et paisible. Sa rencontre avec Giovanni Bellini à Venise lui fait découvrir l'emploi de couleurs plus douces et tamisées, comme dans *L'Annonciation* de Palerme, la plus célèbre peut-être de toutes celles qu'il a données.

enfant. La salle suivante met en évidence l'influence flamande. Le réalisme et la précision des détails du bord du manteau et des poignets de la robe de la **Vierge à l'Enfant** *(salle 4)*, attribuée à un disciple de Petrus Christus (15e s.), se retrouvent dans la belle composition, hélas endommagée, d'Antonello da Messina, le **Polyptyque de saint Grégoire** (1473). Dans cette œuvre, la linéarité de la composition s'allie à la minutie flamande, comme l'illustre la réalisation de la robe de la Madone. L'harmonie de la composition est soulignée par le traitement de la perspective, qui utilise un unique point de fuite, débordant du panneau central pour se prolonger sur les panneaux latéraux. L'embase se continue aux pieds des deux saints et unit les trois figures en un même espace. Au centre en bas, la lunette fait ressortir « l'ouverture » du plan que souligne le collier suspendu dans le vide. Dans la belle *Déposition de croix* de Colyn de Coter *(même salle)*, l'aspect dramatique de la scène est rendu par le rassemblement en un même endroit du tableau des visages penchés au-dessus du Christ et par le choix de teintes brunies et éteintes.

La salle suivante est consacrée à Girolamo Alibrandi, autre peintre de Messine, auquel sont dus un admirable *Saint Paul* et surtout la grande *Présentation au Temple* de 1519 (remarquer la douceur et la noblesse des traits de la femme au premier plan). À voir aussi, une belle statue de Vierge à l'Enfant d'A. Gagini.

Le peintre romain Polidoro da Caravaggio et le sculpteur et architecte florentin Montorsoli importèrent à Messine le maniérisme, repris par certains de leurs contemporains. Les salles suivantes leur sont consacrées. Michelangelo Merisi, dit **le Caravage**, qui séjourna à Messine en 1608 et 1609, y a peint *L'Adoration des bergers* et *La Résurrection de Lazare (salle 10)*. Ce séjour lui a suffi à l'époque pour influencer les artistes de la ville.

La belle et somptueuse **berline du Sénat**★ (1742, *salle 12*) comporte, outre des garnitures et des sculptures en bois doré, des panneaux peints d'une grande finesse.

La visite se termine à l'étage supérieur par des objets illustrant les arts décoratifs et appliqués.

Santa Maria Alemanna B2

Dans la via Santa Maria Alemanna, perpendiculaire au corso Garibaldi.

Malheureusement délabrée (toit emporté, façade inexistante), cette église laisse toutefois deviner son style gothique originel, si rare en Sicile, dans les arcs brisés soutenus par des pilastres à faisceaux de colonnes ornées de beaux chapiteaux, et qui formaient les murs des nefs.

Circuit conseillé Carte de microrégion B1

LE CAP PELORO

◗ *Circuit de 70 km tracé sur la carte p. 394. Compter une demi-journée environ.*
À partir de Messine, une route panoramique fait le tour du cap en passant par les plages qui se succèdent à son extrémité et sur le versant tyrrhénien.

Ganzirri

5 km au nord de Messine le long de la route du littoral.

Ce pimpant village de pêcheurs regroupe ses maisons autour de deux grandes lagunes utilisées pour la culture des fruits de mer. Les soirs d'été, il fait bon flâner autour des rives du *lungolago*, éclairées et animées par les restaurants et les *pizzerie*.

En longeant le détroit de Messine vers le nord sur 3,5 km, on parvient à **Torre Faro**, petit village à vocation de pêche, dominé par son phare et les gigantesques lignes électriques qui traversent le détroit.

Dépasser la plage de Mortelle et continuer jusqu'à Divieto, puis pénétrer dans l'arrière-pays par la S 113 en direction de Gesso. Après le village, la route monte sur 6 km environ jusqu'au Portella San Rizzo, petit col où l'on emprunte à droite la route qui mène au sommet de l'Antennammare.

Monte Antennammare

Du sommet (1 130 m), occupé par le **sanctuaire de Maria Santissima Dinnamare**, un extraordinaire **panorama★★** se développe sur Messine et son port, le cap Peloro et la Calabre à l'est, la côte ionienne avec le promontoire de Milazzo, en forme de faucille, et Rometta, ancrée au flanc de sa colline à l'ouest. *Revenir jusqu'au col San Rizzo et reprendre à droite la S 113 pour redescendre vers Messine par les versants boisés du col.*

Santa Maria della Valle (ou Badiazza)

L'abbaye bénédictine, dite aussi Santa Maria della Scala, daterait du 12e s. Sa restauration remonte au 14e s. De l'extérieur (l'intérieur n'est guère visible, car un haut mur en ciment la protège des crues du torrent), on apprécie ses fenêtres en arc brisé, terminées en pierre de lave, qui laissent entrevoir une partie de l'intérieur : épaisses côtes en pierres bicolores à la croisée des voûtes, chapiteaux en tronc de pyramide sculptés.

Voir aussi p. 443 le circuit de découverte du littoral ionien de Taormine à Messine.

6

☺ NOS ADRESSES À MESSINE

TRANSPORTS

Depuis le continent – Messine est le port privilégié pour les liaisons avec la péninsule italienne. Le Ferrovie dello Stato effectuent le transport des voitures et des trains au départ de Villa San Giovanni (*☎ 89 20 21 - www.trenitalia.it*). Durée de la traversée : de 25 à 45mn. Le transport des voitures en ferry est également assuré par la société Caronte depuis Salerne (*☎ 0965 79 31 31 à Villa San Giovanni - ☎ 090 37 18 510 à Messine - n° vert 800 62 74 14 - www.carontetourist.it*).

Les passagers seuls embarquent à Reggio di Calabria (*par ferry 2,20 € l'aller*) ou directement à Villa San Giovanni (*par hydrofoil - 3,50 € l'aller*). Rens. auprès des Ferrovie dello Stato (*☎ 89 20 21 - www.trenitalia.it*) et d'Ustica Lines (*☎ 0923 87 38 13 à Reggio di Calabria - ☎ 090 36 40 44 à Messine - www.usticalines.it*).

Il existe également une liaison avec Salerno (env. 8h) proposée par la société Caronte.

Si l'on arrive par avion, les aéroports les plus proches sont ceux de Reggio di Calabria et de Catane.

Depuis la Sicile – Si l'on arrive de l'île, les trains relient Messine à Palerme (3h), Taormine (1h), Catane (environ 2h) et Syracuse (3h).

Différents services de cars effectuent les liaisons avec Palerme, Taormine, Catane, Capo d'Orlando, Patti et Tindari.

Liaisons avec les îles Éoliennes – Depuis Messine, il est possible d'aller par le train (40mn environ) ou en autocar jusqu'à Milazzo, puis, là, de prendre un ferry pour l'archipel. Autre possibilité : **Ustica Lines** effectue des liaisons quotidiennes directes (*☎ 0923 87 38 13 - www.usticalines.it*).

HÉBERGEMENT

Messine
PREMIER PRIX

Nuovo Camping dello Stretto – Hors plan B1 - *Via Circuito Torre Faro - ☎ 090 32 23 051 - www. campingdellostretto.it -* 🅿 *2,50 € - 22,5-27,50 €/2 pers. avec tente.* Un camping bien tenu qui dispose également de petits studios en location.

BUDGET MOYEN

Hotel Cairoli – B2 - *Viale S. Martino 63 (au coin de la piazza Cairoli) - ☎ 090 67 37 55 - www.hotelcairoli.com -* 🖥 📺 📇 *- 58 ch. 80 € ☕.* Bel hôtel un peu fané, qui visiblement a eu son heure de gloire. L'escalier et les couloirs sont des plus kitsch. Accueil chaleureux. Les chambres sont spacieuses et sobres, un peu défraîchies mais fort bien tenues. Un choix correct.

POUR SE FAIRE PLAISIR

Hotel Royal Palace – B2 - *Via Tommaso Cannizzaro 224 - ☎ 090 29 21 075 - http://nhroyal palace.hotelsinsicily.it -* 🖥 📺 ✖ 📇 *-* 🅿 *10 €/j. - 102 ch. 95/120 € ☕.* En plein centre, un hôtel de standing, doté de chambres très confortables, lumineuses et bien équipées (wifi, TV-sat., etc.) Préférez celles du 6e étage, qui ont été refaites récemment et disposent d'une petite terrasse offrant une agréable vue sur le port. Le restaurant propose de copieux petits-déjeuners mais ne vaut pas le détour pour un repas.

Ganzirri

POUR SE FAIRE PLAISIR

Villa Morgana – Hors plan B1 - *Via C. Pompea 1965 - 5 km au nord de Messine le long de la route du littoral - ☏/fax 090 32 55 75 - www.villamorgana.it -* 🅿 ⛴ *- 15 ch. 80/110 € ⌷.* Ce bel hôtel, installé à l'intérieur d'une villa privée entourée d'un vaste jardin très bien entretenu, est situé le long de la route qui suit le bord de mer, à quelques kilomètres de Messine. Un beau salon à l'entrée, des chambres accueillantes et soignées, une piscine toute neuve, contribueront à rendre votre séjour agréable.

RESTAURATION

BUDGET MOYEN

Don Nino – A2 - *Viale Europa 39, Isolato 59 - ☏ 090 69 42 95.* Merluche, tomates, pommes de terre, olives, câpres, pignons, raisins de Corinthe, oignons, ail, huile, céleri, carottes… Vous pourrez découvrir ce festival de saveurs, au restaurant Don Nino. Un seul mot d'ordre : se régaler !

Trattoria del Popolo – A2 - *Piazza Lo Sardo 30 - ☏ 090 671 148 - fermé dim.* Sous les arcades de la place du Peuple, de forme circulaire, installez-vous à la terrasse de ce restaurant sympathique. Vous y dégusterez une bonne cuisine locale, simple et roborative.

POUR SE FAIRE PLAISIR

Piero – AB2 - *Via Ghibellina 119 - ☏ 090 64 09 354 - fermé dim. - 30/50 €.* Au cœur de la ville, un restaurant qui mise sur des valeurs sûres : décor classique, poisson très frais et service de qualité. Essayez la tranche d'espadon ou le tartare de mérou.

Le Due Sorelle – B1 - *Piazza Municipio 4 - ☏ 090 44 720 - fermé midi le w.-end et août - réserv.*

conseillée - 25/40 €. Située en plein centre historique, cette ancienne auberge interprète avec imagination la cuisine traditionnelle. En soirée, le poisson est roi, mais les autres grands classiques de la cuisine locale sont également présents.

PETITE PAUSE

Pasticceria Irrera – *Piazza Cairoli 12 - ☏ 090 67 38 23 - www.irrera.it.* Fondée en 1910, cette pâtisserie est une véritable institution en ville. Parmi les spécialités, la *pignolata* (gâteau traditionnel fait de beignets de pâte à choux glacés, au goût citron ou chocolat) et le nougat fondant (très tendre, aux fruits confits et aux amandes).

Pasticceria F. Gordelli – *Via Ghibellina 86 (parallèle à la via Cesare Battisti, à l'est) - ☏ 090 66 29 22.* Une autre adresse à ne pas manquer pour goûter aux fameuses spécialités pâtissières de la ville.

AGENDA

Venerdì Santo – Le Vendredi saint, procession des *Barette*, groupes en bois sculpté, le long des stations de la via Crucis.

Festival de jazz – Juillet-août. Concerts en plein air piazza Antonello à partir de 21h30. La première édition de ce festival annuel a eu lieu en 2009.

Passeggiata dei Giganti – Le 14 août, les Géants Grifone, le Maure et Mata, la légendaire fondatrice de la ville, se promènent dans les rues de Messine.

Processione della Vara – Le 15 août, un grand ensemble scénique représentant l'Assomption de la Vierge est porté en procession.

6

La côte tyrrhénienne de Milazzo à Cefalù 7

Carte Michelin Local 365 – Région autonome de Sicile

Paysage des Madonie.
D. Carrasco/Agency Jon Arnold Images/age fotostock

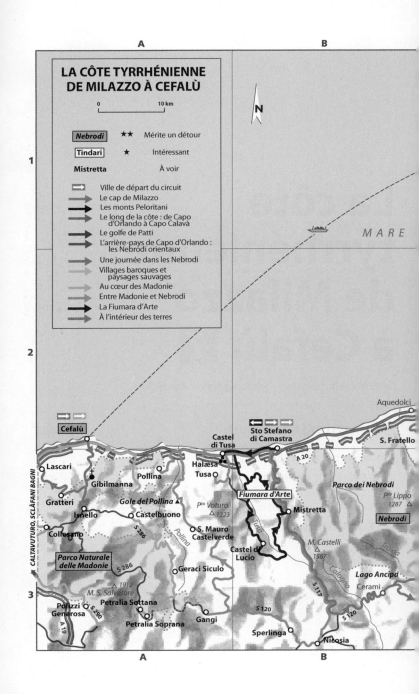

LA CÔTE TYRRHÉNIENNE DE MILAZZO À CEFALÙ

0   10 km

Nebrodi ★★ Mérite un détour

Tindari ★ Intéressant

Mistretta À voir

⇨ Ville de départ du circuit
→ Le cap de Milazzo
→ Les monts Peloritani
→ Le long de la côte : de Capo d'Orlando à Capo Calavà
→ Le golfe de Patti
→ L'arrière-pays de Capo d'Orlando : les Nebrodi orientaux
→ Une journée dans les Nebrodi
→ Villages baroques et paysages sauvages
→ Au cœur des Madonie
→ Entre Madonie et Nebrodi
→ La Fiumara d'Arte
→ À l'intérieur des terres

N

MARE

Aquedolci

Cefalù

Castel di Tusa

Sto Stefano di Camastra

S. Fratello

A 20

CALTAVUTURO, SCLÀFANI BAGNI

Lascari

Gibilmanna

Pollina

Halæsa Tusa

Fiumara d'Arte

Parco dei Nebrodi

Pᵗᵒ Lippo 1287 △

Gratteri

Gole del Pollina ▲

Pᵗᵒ Voturo △ 1223

Mistretta

Nebrodi

Isnello

Castelbuono

Colfesano

S. Mauro Castelverde

M. Castelli △ 1567

S 286

Parco Naturale delle Madonie

S 286

Pollina

Castel di Lucio

Trisaia

Lago Ancipa

Cerami

Geraci Siculo

△ 1912 M. S. Salvatore

S 117

Calogno

Polizzi Generosa

Petralia Sottana

S 290

A 19

Petralia Soprana

Gangi

S 120

Sperlinga

S 120

Nicosia

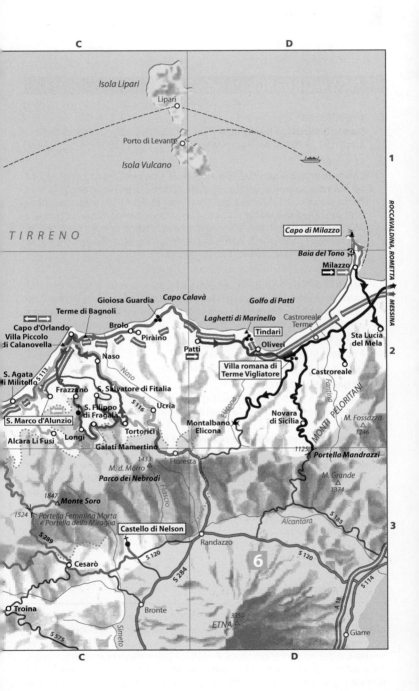

Milazzo et sa péninsule

32 601 habitants

😊 NOS ADRESSES PAGE 475

ℹ️ S'INFORMER

Servizio Turistico Regionale – *Piazza Caio Duilio 20 - 📞 090 92 22 865 - fax 090 92 22 790 - www.aastmilazzo.it.*

🕯️ SE REPÉRER

Carte de microrégion D2 (pp. 460-461) – *carte Michelin Local 365 BA 54.* Milazzo se trouve au début de la péninsule qui avance sur la mer Tyrrhénienne. Cette ville à l'aspect moderne et industriel renferme cependant des témoignages historiques et artistiques d'importance. La partie la plus ancienne de Milazzo, le bourg médiéval, s'étend au nord sur la colline du château tandis que la partie basse de la ville, plus récente (18ᵉ s.), se trouve en plaine, au sud, le long de la côte.

🅿️ SE GARER

Il est très difficile de trouver une place à Milazzo. Si vous faites une courte visite de la ville, il existe un parking dans le centre, près de la piazza Caio Duilio. Si vous embarquez pour les îles, le mieux est d'opter pour un des parkings gardés à proximité du terminal des ferries (comptez env. 10 € pour 24h).

😀 À NE PAS MANQUER

Le château ; la vue depuis le cap de Milazzo.

🕐 ORGANISER SON TEMPS

À Milazzo, à l'exception du mois d'août, l'été est idéal pour profiter des plages et des concerts du Festival international du blues.

L'antique Mylae, éternelle cité marine, est le port naturel d'embarquement pour les îles Éoliennes, distantes seulement de quelques milles marins. La mythologie honore tout particulièrement cette région de la Sicile : c'est là que paissaient les troupeaux du dieu Soleil, et c'est dans les îles que demeurait Éole, le dieu du Vent, en compagnie de nymphes gracieuses, de satyres dansants et de silènes ivres ; c'est encore ici, qu'après un naufrage, Ulysse et ses compagnons rencontrèrent le cyclope Polyphème.

Se promener

★ LA CITTADELLA E IL CASTELLO

📞 090 922 28 65 - tlj sf lun. 10h-12h, 15h-17h (19h en juil.-août) - au moment de la rédaction de ce guide, enceinte accessible uniquement jusqu'au Duomo.
Les Arabes élevèrent les premières fortifications au 10ᵉ s. apr. J.-C., là où se trouvaient des acropoles grecques. Au fil des siècles, d'autres remparts vinrent s'y ajouter. Passé le premier **rempart espagnol**, on aperçoit, à gauche sur une vaste place, le **Vieux Duomo** (1608), cathédrale typique du maniérisme sicilien. C'est ici que s'élevaient probablement autrefois les demeures des

Milazzo : le port, la citadelle et le château.
J.-P. Degas / hemis.fr

« fonctionnaires » de la cité. Mais le transfert du centre politico-administratif vers la ville basse entraîna sans doute le déclin de l'édifice, qui fit office d'entrepôt de marchandises, puis de prison et enfin d'étable. Le **rempart aragonais** (15e s.) possède cinq tours en tronc de cône, dont deux, très rapprochées, cachent un beau portail d'entrée en arc brisé, surmonté des armoiries des Rois Catholiques, Isabelle et Ferdinand : un écusson porté par l'aigle de saint Jean, divisé en quatre parties (les quatre royaumes dont l'union forgea l'unité espagnole). À l'intérieur du rempart se dresse le **château**, édifié par Frédéric II et modifié ultérieurement. Les armoiries aragonaises qui surmontaient son beau **portail ogival** ont été naturellement remplacées au 15e s. C'est dans la grande salle aux cinq travées que s'est réuni le Parlement sicilien en 1295. Les remparts face à la mer donnent une très belle vue sur la baie du Thon (Baia del Tono) et les îles Éoliennes : de gauche à droite Vulcano, Lipari, Panarea, et, quand le temps est très clair, Stromboli.

LE BOURG

Dominé par la citadelle fortifiée, composé de quartiers médiévaux qui s'étendent en contrebas à flanc de coteau, le bourg constitue le centre le plus ancien de la ville. Chaque premier week-end du mois, il accueille un petit marché d'antiquités.

L'accès au bourg se fait par la via Impallomeni *(depuis la piazza Roma)*, encadrée de part et d'autre par le quartier militaire espagnol (1585-1595), riche en édifices religieux. À droite, dans une rue homonyme en pente, s'élève le **sanctuaire San Francesco di Paola**, fondé par le saint lors de son séjour dans la ville (1464) et remanié au 18e s. Un bel escalier curviligne et une tribune ornée de fenêtres au-dessus du portail parent harmonieusement sa très belle **façade★**, couronnée d'un haut faîtage qui semble s'élancer vers le ciel. À l'**intérieur**, la chapelle de Jésus et Marie renferme un curieux autel à miroirs, décoré de bois ciselé et doré, au centre duquel veille une délicate *Vierge à l'Enfant* de **Domenico Gagini** (1465).

Un peu plus loin, toujours en montant la salita San Francesco, on rencontre le **palais des vice-rois** construit au 16ᵉ s. et embelli au 18ᵉ s. de balcons et de consoles baroques, et plus haut encore, sur le trottoir opposé, la façade de l'**église del Santissimo Salvatore** du 18ᵉ s., de Giovan Battista Vaccarini. En continuant par la via San Domenico, on gagne l'**église della Madonna del Rosario** sur la droite, qui a abrité jusqu'en 1782 le tribunal de l'Inquisition. Élevée au 16ᵉ s., elle a été profondément remaniée au cours du 18ᵉ s., quand Domenico Giordano, peintre de Messine, décora l'intérieur de stucs et de fresques. La salita Castello, sur la gauche, conduit au rempart espagnol, la première et la plus imposante des trois enceintes du château.

LA VILLE BASSE

Construite au 18ᵉ s. sur un site plus proche de la plaine et de la côte, la ville basse s'est développée autour de la place Caio Duilio, tout près de laquelle se tient chaque matin un petit marché au poisson. Le côté ouest de la place est bordé par le palais Marchese Proto (qui servit de quartier général à Garibaldi) et le côté est par l'**église du Carmel**, avec son élégante **façade★** ornée d'un beau portail (1620) à l'architrave sculptée de guirlandes et de volutes. On remarque dans une niche la statue de la Madone de la Consolation (1632). L'harmonieuse façade que l'on aperçoit non loin de là appartient au couvent du Carmel, qui abrite aujourd'hui des services municipaux.

L'ancienne route royale, aujourd'hui via Umberto I, bordée encore de quelques palais aristocratiques malheureusement endommagés, court parallèlement à la via Cumbo Borgia, dans laquelle se trouve le **Duomo Nuovo**. Élevée dans les années 1930, cette cathédrale renferme des toiles de valeur : une belle *Annonciation* aux couleurs intenses, d'influence vénitienne ; un *Saint Nicolas en majesté* et des *Histoires de la vie de saint Nicolas*, attribués tous deux à Antonio Giuffrè, peintre de l'école d'Antonello (fin du 15ᵉ s.) ; au maître-autel, à côté des statues en bois des saints Étienne, Pierre et Paul (1531), des peintures provenant d'un triptyque morcelé d'Antonello de Saliba, auteur aussi de *L'Adoration des bergers*.

Au croisement de la via Cristoforo Colombo, remarquer le **Villino Greco**, petit édifice de style Liberty, caractérisé par ses belles frises de motifs floraux et animaliers.

Circuits conseillés Carte de microrégion

LE CAP DE MILAZZO D1-2

▶ *8 km environ en voiture, circuit tracé sur la carte p. 460-461. Compter 2 heures.* Emprunter le **lungomare Garibaldi** où se remarque la façade 18ᵉ s. du palais des marquis d'Amico, et traverser le quartier maritime de Vaccarella, qui commence au parvis de l'église Ste-Marie-Majeure. Une **route panoramique★** très pittoresque mène jusqu'à la pointe est du promontoire. Arrivé au **cap de Milazzo★**, on jouit d'un **spectacle★★** aux couleurs enchanteresses : sur le fond bleu éclatant de la mer, le vert soutenu de la plaine s'allie aux tons brunis de l'éperon rocheux couvert de maquis méditerranéen.

Sur la piazza San Antonio, un petit escalier descend sur la gauche au **sanctuaire de St-Antoine-de-Padoue** qui fait face à la baie du même nom. Construit dans une grotte où, en 1221, le saint se serait réfugié au cours d'une tempête, il est devenu depuis un lieu de culte. La grotte a été transformée en sanctuaire en 1575 à l'initiative d'un noble, Andrea Guerrera. Au 18ᵉ s., il s'est enrichi d'autels, de revêtements en marbre polychrome et de bas-reliefs en stuc, dont neuf représentent des scènes de la vie du saint.

Retourner vers le centre-ville en suivant la crête de la petite péninsule, bordée de superbes villas. Prendre l'embranchement menant à droite au **monte Trino**, point culminant de cette langue de terre, malheureusement défiguré par un relais de télécommunications. Son nom serait dû à la triade mythologique Apollon, Diane et Isis (ou Osiris), à laquelle un temple aurait été élevé ici à l'époque gréco-romaine. De la petite place située devant la **chapelle de la Très-Sainte-Trinité**, on a un merveilleux **panorama★** sur Milazzo et sa citadelle, ainsi que sur le promontoire en forme de faucille.

À l'ouest, une route côtière longe la belle étendue de sable de la plage. Elle mène à la **grotte de Polyphème** où, d'après la mythologie, Ulysse aurait rencontré le Cyclope.

En face s'ouvre la grande plage de la **baie du Thon** (Baia del Tono), appelée localement *Ngonia* (crique en grec), et plus loin, désormais intégrés à un complexe touristique, les vestiges d'une ancienne **tonnara**.

LES MONTS PELORITANI D2

◖ *Circuit d'environ 180 km, tracé sur la carte p. 460-461. Départ de Milazzo et suit la S 113 en s'enfonçant dans les terres pour vous faire découvrir les monts Peloritani, prolongement insulaire de l'Apennin calabrais. Le circuit revient ensuite à Milazzo. Compter une journée.*

Suivre la route rapide S 113 en direction de Patti jusqu'à San Biagio (pour la visite de la villa romaine de Terme Vigliatore, voir p. 472). Prendre ensuite la S 185 vers Novara di Sicilia et au bout de 5 km, tourner à droite, direction Montalbano Elicona (44 km de Milazzo).

Montalbano Elicona

Accroché à 900 m d'altitude sur les pentes orientales des Nebrodi, ce village est le point de départ de belles randonnées dans la nature (bois de Malabotta, rochers de l'Argimosco).

Dominant le paysage de sa masse imposante, le **château** (☎ 0941 67 80 19 - tlj sf lun. 10h-13h, 15h-18h - www.comune.montalbanoelicona.me.it - ⎨ - 3 €) fut construit sur un fortin arabe par Frédéric II de Hohenstaufen, qui en ordonna ensuite la destruction en 1232 pendant la révolte guelfe. Sa reconstruction comme château-résidence nobiliaire remonte à Frédéric II d'Aragon, au début du 14ᵉ s. Bâti à l'extrémité ouest du village dans un dédale de charmantes ruelles médiévales en pente, il accueille dans son enceinte une chapelle donnant sur une vaste cour ; des traces de fresques y sont encore visibles. Peu facile à pratiquer, le chemin de ronde mérite néanmoins d'être parcouru pour la superbe vue sur les alentours (une extrême prudence est recommandée dans les montées).

Revenir sur la S 185 et prendre à droite, direction Novara di Sicilia (36 km de Montalbano). La jolie **route panoramique**, après avoir quitté la côte, s'enroule autour de collines recouvertes de pinèdes et de végétation méditerranéenne.

Novara di Sicilia

Ce petit bourg montagneux aux confins des monts Peloritani et Nebrodi présente une structure médiévale, dominée par les ruines d'un château sarrasin. Au centre du village s'élève le **Duomo** qui abrite un autel, des candélabres et des accessoires liturgiques enrichis de singulières sculptures primitives en bois. En poursuivant dans l'arrière-pays par la S 185, on atteint un col, le **Portella Mandrazzi** (1 125 m), d'où l'on a une belle vue panoramique sur la vallée de l'Alcantara et l'Etna.

7

De là, on peut continuer en direction de Francavilla di Sicilia et traverser la très pittoresque vallée de l'Alcantara (voir p. 441).

Pour poursuivre ce circuit, revenir sur la S 113, aller vers Milazzo et au bout de 5 km, tourner à droite en direction de Castroreale (environ 33 km de Novara di Sicilia).

Castroreale

Accrochée à l'extrémité de la chaîne des Peloritani, l'ancienne Cristina prit de l'importance lorsque Frédéric II d'Aragon, en échange de la fidélité dont elle avait fait preuve durant la guerre contre les Angevins, lui accorda le titre de cité royale et la mit à la tête d'un vaste territoire. Rebaptisée Castroreale, elle a conservé son tissu médiéval caractérisé par un entrelacs de ruelles et de venelles charmantes s'ouvrant sur des petites places non moins gracieuses. Ses nombreuses églises regorgent d'œuvres d'art qui illustrent son passé glorieux. *La visite commence par la piazza del Duomo.*

Chiesa madre – Son élégant portail baroque forme un curieux contraste avec le campanile massif du 16ᵉ s., qui a dû servir longtemps de tour de guet. L'**intérieur** abrite une charmante **Sainte Catherine d'Alexandrie** (1534) et une *Sainte Marie de Jésus* (1501) dues au talent d'**Antonello Gagini**, ainsi qu'un *Saint Jacques le Majeur* d'Andrea Calamech *(collatéral gauche).*

Sur la terrasse, une plaque commémorative rappelle les derniers privilèges concédés en 1639 à la « cité royale » par Philippe IV, roi d'Espagne. Sur le côté est s'ouvre un magnifique **panorama★** sur la plaine de Milazzo.

Longer le corso Umberto I, puis tourner à gauche en direction de l'**église de la Chandeleur** *(Candelora)* du 15ᵉ s., dont la façade apparaît dans toute sa simplicité avec son ornement de brique et son portail de style gothique catalan. Remonter la salita Federico II jusqu'à la **tour** circulaire, seul vestige du château édifié par Frédéric II d'Aragon en 1324. De là, on a une très belle **vue★** sur Castroreale et l'église de la Chandeleur, avec son petit dôme arabisant qui se détache sur le paysage.

Redescendre sur la piazza Peculio, où se trouvait jadis une réserve à grains *(peculio frumentario,* où les indigents pouvaient se procurer du blé pour une somme modique), à l'emplacement de laquelle se dresse aujourd'hui l'hôtel de ville. Tout ici laisse supposer l'existence d'un ancien quartier juif, comme par exemple l'arc reconstruit sur la terrasse du belvédère, derrière le mont-de-piété, qui proviendrait d'une synagogue. Sur cette place s'élève l'**église du Santissimo Salvatore** (15ᵉ s.), malheureusement très endommagée par le tremblement de terre de 1978. Son campanile (1560) en partie effondré devait faire partie, comme celui du Duomo et la tour du château, d'un ancien système de guet.

Continuer sur la via Guglielmo Siracusa (autrefois via della Moschita).

Pinacoteca di Santa Maria degli Angeli – *Visite sur demande - pour toute information, ☎ 090 97 46 534 - 2 €.* Le musée de peinture Ste-Marie-des-Anges renferme de superbes tableaux et sculptures, parmi lesquels se distinguent une peinture sur bois (1420 environ) d'influence byzantine représentant sainte Agathe ; un triptyque flamand (1545) avec, au centre, une *Adoration des Mages* et, de part et d'autre, les saintes Marine et Barbe dont on remarquera la délicatesse des traits ; un beau polyptyque de la Nativité de l'atelier napolitain de G.F. Criscuolo ; une statue de marbre de saint Jean-Baptiste de Calamech (1568) ; ainsi qu'un parement d'autel en argent, de Filippo Juvara (18ᵉ s.).

Museo Civico – *Via G. Siracusa - ☎ 090 97 46 534 - juil.-août : tlj sf merc. apr.-midi 9h-13h, 16h-19h.* Logé dans l'ancien oratoire St-Philippe-Neri, le Musée municipal réunit des peintures et des sculptures en bois et en marbre, dont le splendide **monument funéraire★** de Geronimo Rosso (1506-1508), œuvre d'**Antonello Gagini** remarquable par la pureté de ses lignes. On y verra aussi une croix réalisée dans le style des icônes du 14e s., une belle Vierge à l'Enfant d'Antonello de Saliba (1503-1505) où l'enfant Jésus présente un visage d'une étonnante maturité, un petit panneau du *Sauveur du Monde* de Polidoro da Caravaggio, très influencé par Raphaël, ainsi qu'un parement d'autel représentant saint Laurent, de Fra Simpliciano de Palerme.

Toujours dans la même rue, l'**église S. Agata**, modifiée au 19e s., a conservé une Annonciation d'Antonello Gagini (1519), une statue de sainte Agathe du Florentin Montorsoli (1554), et un « **Christ long** » (17e s.). Lors des processions, on hisse cette représentation très expressive en stuc et carton-pâte en haut d'un poteau de 12 m, pour qu'elle soit visible de n'importe quel endroit de la ville. (*Visite sur demande au ℰ 090 97 46 444 ou 090 97 46 514 - il est conseillé de réserver au moins 2 j. avant*).

Non loin de là se dresse l'**église Ste-Marine** du 16e s., avec ses bâtiments d'époque normande et ses fortifications aragonaises.

Revenir à nouveau sur la S 113 et poursuivre jusqu'à Olivarella, puis tourner à droite en direction de Santa Lucia del Mela (20 km de Castroreale).

Santa Lucia del Mela

Le village est dominé par les ruines de son **château**, bâti au 9e s. par les Arabes et remanié successivement par les Souabes et les Aragonais. Il n'en reste qu'une tour circulaire massive, qui en défendait l'entrée, ainsi que les vestiges d'un bastion triangulaire et des murs extérieurs qui renferment aujourd'hui le **sanctuaire de la Madonna della Neve** (1673). À l'intérieur de l'édifice, on peut admirer une belle *Madone de la Neige* d'**Antonello Gagini** (1529). À l'extérieur, sur le côté gauche de l'église, qui donne sur un beau panorama, on peut observer des encoignures et arcs de fenêtres en pierres bicolores.

En redescendant vers le village, on remarque l'élégant **portail** Renaissance de l'**église Ste-Lucie** du 17e s., surmonté d'un aigle, symbole de la protection royale, et d'une lunette sculptée d'un bas-relief représentant la Vierge entourée des saintes Agathe et Lucie. À gauche de l'église s'étend la piazza del Duomo, sur laquelle trône le palais épiscopal avec son imposant portail en pointes de diamant. La façade de l'**église de l'Annonciation** (*via Garibaldi*) comprend à gauche un beau campanile du 15e s. en pierre de lave avec trois rangées de fenêtres ogivales. Son portail (1587) est sculpté de fins bas-reliefs entourant une lunette représentant l'Annonciation, ornée de motifs végétaux.

De Santa Lucia, revenir à Olivarella et prendre ensuite la S 113 à droite. Une fois à Scala, tourner à droite en direction de Roccavaldina (20 km de Santa Lucia).

★ Roccavaldina

La **pharmacie** (*pour toute information sur les horaires et les réservations : ℰ 090 99 77 741/736*) du village est unique en son genre. L'entrée, marquée d'un beau portail en style toscan du 16e s., présente un comptoir en pierre sur lequel on servait les clients. À l'intérieur, les belles étagères de bois sont garnies d'une précieuse **collection de pots pharmaceutiques★★** (deux cent trente-huit pièces) datant de 1580 environ. Provenant exclusivement de l'atelier de Patanazzi, céramiste d'Urbin, commandés par un marchand d'épices de Messine, Cesare Candia, ils portent tous le même écusson, une colombe et trois étoiles sur fond bleu foncé. La collection, rachetée par un prêtre de Rocca, est arrivée dans la petite ville en 1628. Elle comprend des flasques à haut col, des cruchons à manche et à bec, des pots à couvercles en forme de bobine, dits *albarelli*, décorés de scènes bibliques et mythologiques ou d'épisodes de l'histoire de Rome. Les amphores exposées (noter leur finesse au niveau des anses) sont de toute beauté, avec des grotesques en relief ornant

7

des scènes comme *César recevant le doyen des captifs (amphore de droite)* ou *Le Défi de Marsyas à Apollon*, où le premier finit écorché vif.

Sur la même place se dresse un **château** du 16e s. : mi-forteresse, mi-résidence aristocratique, ses imposantes murailles sont adoucies sur le côté droit par des balcons reposant sur des consoles à volutes.

À la sortie du village, le jardin de l'ancien couvent des capucins renferme une gracieuse **villa communale**, d'où l'on a une **vue panoramique★** sur le promontoire de Milazzo et sur la forteresse de Venetico Superiore et ses quatre tours circulaires.

Suivre la jolie route panoramique pendant 6 km.

Rometta

Sur son site stratégique à 600 m d'altitude, Rometta a pu résister courageusement à l'envahisseur arabe (elle fut la dernière à tomber entre leurs mains en 965). Du mur d'enceinte médiéval, il ne reste que la Porta Milazzo ainsi que la Porta Messina et son arc en tiers-point.

La **chiesa madre**, consacrée à l'Assomption, présente sur le côté gauche un beau portail du 16e s., enrichi d'une frise à motifs floraux et de figures anthropomorphes. Des ruines du **château** de Frédéric II, on a un beau **panorama★** sur le cap de Milazzo et les îles Éoliennes.

De Rometta, on peut retourner à Milazzo (22 km) ou prendre la direction de Villafranca et faire le tour du cap Peloro (voir p. 455).

LE LONG DE LA CÔTE DE CAPO D'ORLANDO À CAPO CALAVÀ C2

◖ *Circuit de 20 km environ, tracé sur la carte p. 460-461. Le long de la S 113 Messine-Palerme en direction de Messine. Compter une demi-journée avec les visites.*

Villa Piccolo di Calanovella

Au km 109 de la S 113 Messine-Palerme - ☎ 0941 95 70 29 - www.fondazione piccolo.it - ♿ - 9h-12h, lun., merc. et vend. 9h-12h, 16h-18h - fermé dim. et j. fériés - 4 €.
C'est aux derniers héritiers des Piccolo que l'on doit la présence d'un musée-fondation dans cette villa de style fin de siècle, où ils vécurent à partir des années 1930. Les membres les plus connus de cette famille d'artistes sont Lucio (mort en 1969), le poète, et Casimiro, passionné de peinture, de photographie et de sciences occultes. Leur cousin, **Giuseppe Tomasi di Lampedusa**, venait souvent leur tenir compagnie, et c'est dans le calme de cette villa qu'il écrivit une bonne partie de ses œuvres. Dans sa chambre, on peut encore voir une de ses lettres adressées aux Piccolo, ainsi que son lit, au chevet en ivoire et nacre figurant le baptême de Jean (facture de l'école de Trapani du 17e s.). À voir aussi, des porcelaines chinoises de Faenza et de Capodimonte, dont un très beau vase de style hispano-mauresque du 10e s., des services de plats, des armes anciennes, des cruches en céramique de Caltagirone (17e-18e s.), ainsi qu'une passionnante collection d'**aquarelles★** de Casimiro Piccolo, révélant un monde fantastique de gnomes, d'elfes, de fées et de papillons baignant dans une étrange atmosphère de lumière diffuse.

Avant de quitter la villa, se promener encore sous les pergolas du parc, où se trouve le **cimetière des chiens** de la famille.

Capo d'Orlando

🛈 **Office de tourisme** – *Via Andrea Doria - ☎ 0941 91 81 34 - fax 0941 91 25 17 - www.aastcapodorlando.it.*
Cette charmante petite ville est l'une des plus importantes stations balnéaires de la côte et offre de belles plages de sable et de rochers, parmi lesquelles le

> ### FILLE DU VENT OU D'UN PALADIN ?
>
> L'histoire et la légende se mêlent si intimement autour de la fondation de Capo Orlando, au 13e s. av. J.-C., qu'il est difficile d'en faire la part. La mythologie ferait remonter la création de la cité à l'époque de la guerre de Troie, et l'attribuerait à Agatirso, fils d'Éole, le dieu des Vents. La légende intervient encore pour expliquer comment l'antique Agatirno fut rebaptisée Capo d'Orlando : Charlemagne, de passage en ces lieux durant un pèlerinage en Terre sainte, a voulu lui donner le nom de Roland, son héroïque paladin. En 1299, la ville assista à la bataille navale opposant Jacques et Frédéric d'Aragon, qui se disputaient le trône de Sicile.

très agréable Lido San Gregorio, situé à l'est de la ville. Ne manquez pas le panorama depuis les ruines du château ! Capo d'Orlando est aussi un excellent point de départ pour les circuits dans les Nebrodi. En été, les agences de voyages organisent des excursions quotidiennes pour les îles Éoliennes.

L'animation de la cité se développe autour de la via Piave, bordée de magasins et parallèle au bord de mer où s'étend la très belle plage.

Un petit escalier situé au bout du promontoire mène au **sanctuaire de Ste-Marie de Capo d'Orlando** (17e s.), bâti sur les ruines du château d'Orlando, dont on admirera le **site panoramique★**. Un important pèlerinage y a lieu chaque année lors de la fête du 22 octobre.

Quitter Capo d'Orlando par la S 116. À la sortie de la ville, récupérer la S 113 en direction de Messine.

Après avoir dépassé le cap, la route qui longe le bord de mer offre des **vues★** magnifiques, plages à perte de vue et mer d'un bleu azur intense ponctuée de rochers et de petites localités balnéaires.

Terme di Bagnoli
℘ 0941 95 54 01 - 9h-14h - gratuit.
À proximité de San Gregorio, faubourg à l'est de Capo d'Orlando, des fouilles dans le quartier de Bagnoli ont mis au jour des thermes qui appartenaient à une villa romaine de l'Empire : on visite le **frigidarium** *(pièces 1-2-3)*, le **tepidarium** *(pièce 4)* et le **caldarium** *(pièces 5 et 6)*, où l'on voit encore les **suspensuræ** pour le système de chauffage des salles, ainsi que des mosaïques à motifs géométriques *(pièces 4, 5 et 6)*.

Brolo
Après avoir été un port très actif jusqu'à la fin du 17e s., Brolo est aujourd'hui une station balnéaire, fière de son château médiéval bâti au 15e s. par les Lancia *(privé)*. L'arche d'entrée surmontée de l'écusson de la famille arbore les trois poires de la baronnie de Piràino.

Après avoir passé Brolo, prendre à droite au carrefour en direction de Piràino.

Piràino
Couvrant un beau site panoramique en sommet de colline, Piràino a conservé son plan médiéval émaillé d'édifices religieux. Selon la légende, elle aurait été fondée par le Cyclope Piracmone, un des trois assistants de Vulcain, légende associée à la découverte dans des grottes voisines d'ossements de grande dimension pris pour ceux des Cyclopes.

La rue principale du bourg est bordée d'églises *(si les églises sont fermées, il est possible d'en obtenir la clé auprès de l'office du tourisme de la commune : ℘ 0941 58 63 18)*.

7

L'**église du Rosaire**, la plus à l'est, reconstruite en 1635, a conservé son campanile du 16e s. et renferme de très beaux ouvrages en bois : un **plafond** à caissons et des rosaces de style byzantino-normand, un singulier **maître-autel** décoré de peintures florales (première moitié du 17e s.), et des médaillons appliqués représentant *Les Mystères du Rosaire*. Au centre de l'autel figure un groupe en bois de la Vierge et des saints. Un peu plus loin, l'**église de la Chaîne** *(Catena)*, élevée au cours de la seconde moitié du 17e s., a abrité les premières élections organisées après l'unification de l'Italie. On peut y voir des **fresques** de style byzantin, retrouvées dans l'église de l'abbaye.

Puis on arrive sur la piazza del Baglio qui doit son nom au *baglio (voir p. 111)* qui donnait accès au **palais ducal** construit par les Lancia aux 15e et 16e s.

En poursuivant encore vers l'ouest, on atteint le point culminant de la ville, dominé par la **tour sarrasine** ou Torrazza (10e s.). Elle faisait partie d'un système de guet qui, partant de la **tour delle Ciavole** (16e s.), sur la côte, communiquait avec la **Guardiola**, au nord de la ville, et ensuite avec la Torrazza. De la terrasse de la tour, restée intacte, on a un splendide **panorama★** sur les toits de Capo d'Orlando qui s'étendent en contrebas.

Tout à l'ouest du bourg, on trouvera l'**église Ste-Catherine-d'Alexandrie** datant du 16e s., remaniée au 17e s. Elle abrite un autel en bois décoré de motifs floraux et un pilastre *(à droite de l'autel)* orné d'un bas-relief montrant la sainte victorieuse de l'Infidèle.

En revenant vers la côte, on aperçoit sur la gauche la **tour delle Ciavole** *(voir ci-dessus)*. Continuer jusqu'à **Gioiosa Marea**, petite station balnéaire, puis suivre les panneaux en direction de San Filippo Armo et San Leonardo *(9 km environ)* pour rejoindre Gioiosa Guardia.

Rovine di Gioiosa Guardia (Ruines de Gioiosa Guardia)

Abandonné au 8e s. par ses habitants qui venaient de fonder Gioiosa Marea, ce bourg situé à 800 m d'altitude ne présente plus que des ruines. Mais quelles ruines ! Émouvantes, envahies par la végétation, elles s'ouvrent dans un silence fascinant sur un **panorama★** splendide.

Redescendre sur la côte et prendre le chemin du **cap Calavà**, *spectaculaire éperon rocheux.*

LE GOLFE DE PATTI D2

◗ *Circuit de 40 km tracé sur la carte p. 460-461. Compter une demi-journée. Départ de Patti.*

Le golfe de Patti s'étend sur une trentaine de kilomètres entre le cap Calavà et le cap de Milazzo et forme une vaste baie sableuse, dont la forme en faucille s'avance dans la mer. Ce petit bout de côte offre des panoramas exceptionnels, avec un littoral que dominent par endroits d'imposants éperons rocheux, de belles plages et de grandes formations lagunaires, derrière lesquelles s'étendent les pentes septentrionales des monts Peloritani et des Nebrodi. Au centre, le cap Tindari couronné de son sanctuaire sépare en deux une suite quasi ininterrompue de villages, particulièrement appréciés des touristes l'été, parmi lesquels Gioiosa Marea, Marina di Patti, Oliveri et Falcone. La région compte également des sites archéologiques de grand intérêt, comme les villas romaines de Patti et des Terme Vigliatore et les vestiges de la cité grecque de Tyndaris.

Patti

La ville s'étire de l'arrière-pays vers la mer, jusqu'à Marina di Patti où l'on a découvert récemment les vestiges d'une luxueuse villa romaine *(voir ci-après)*.

Au cœur de la cité, les étroites ruelles médiévales enjambées par des arcs sillonnent encore le quartier de la cathédrale. Élevée au rang d'évêché par le roi Roger en 1131, puis à celui de cité royale en 1312 sous Frédéric II d'Aragon, Patti reçut de Charles Quint le titre de « magnanime » pour avoir versé un généreux tribut à la couronne. Rares sont les vestiges de son passé glorieux, endommagés à tout jamais par les séismes, notamment ceux de 1693.

La **cathédrale** *(pour toute information sur les horaires :* ℘ *0941 24 08 13)* date pour l'essentiel du 18e s., mais son beau portail du 15e s. a été remis en place sur la façade principale. Les colonnettes en faisceaux ornées de chapiteaux de toute beauté portent des bas-reliefs de style roman tardif représentant d'étranges personnages ailés, à deux faces, zoomorphes et anthropomorphes.

À l'**intérieur**, dans le transept de droite, se trouve le **sarcophage de la reine Adelasia**, épouse de Roger Ier, copie du 16e s. de l'original de 1118.

Au nord de la cité, non loin du torrent Montagnareale, se dresse l'unique porte qui subsiste du rempart aragonais, la porte San Michele. Après l'avoir dépassée, on aperçoit la **petite église San Michele** qui conserve un chef-d'œuvre d'**Antonio Gagini** (1538), un ciboire en marbre composé comme un triptyque, avec au centre un cortège d'anges, et de part et d'autre les saintes Agathe et Madeleine.

Villa Romana di Patti – *Elle se trouve à proximité du souterrain de l'autoroute, sur la droite, dans le hameau de Patti Marina -* ℘ *0941 36 15 93 - de 9h à 2h av. le coucher du soleil - 2 €.* La luxueuse villa datant de l'Empire romain a été découverte au cours des travaux de construction de l'autoroute. On y distingue un portique à colonnes, entourant un péristyle sur lequel donnent plusieurs salles. L'une d'entre elles, à trois absides, a conservé de très belles mosaïques, à dessins géométriques ou représentant des animaux sauvages et domestiques. Sur le côté est se trouvent les thermes qui appartenaient à la villa.

Suivre la S 113 pendant 9 km, puis prendre à gauche pour Tindari.

★ Tindari

🛈 **Office de tourisme** – *Via Teatro Greco 15 -* ℘*/fax 0941 36 91 84.*

Si l'on arrive à Tindari par l'est, la succession de collines qui glissent en pente douce vers la mer pour former le cap Tindari ressemble à un grand dragon paisiblement assoupi, sur la tête duquel serait posé le sanctuaire que l'on aperçoit de loin. En montant sur son « dos », on découvre de beaux **points de vue★** sur le golfe de Patti et les plages, jusqu'au cap de Milazzo. De construction récente, le **sanctuaire** abrite une Vierge noire byzantine. C'est un lieu de pèlerinage, en mai surtout, mois de Marie, et le 8 septembre. De la terrasse située au-dessous du sanctuaire, le regard plonge à pic sur les bassins de Marinello *(voir plus loin).*

★ **La zone archéologique** – ℘ *0941 36 90 23 - de 9h à 1h av. le coucher du soleil - 2 €.* La montée vers le sommet du cap Tindari longe par endroits d'imposants **murs d'enceinte**. Construits à l'époque de Denys, ils ont été renforcés par la suite et remplacés par un double parement en blocs de pierre de taille. L'enceinte ne défendait la ville que sur les côtés où elle n'était pas protégée naturellement. La cité était bâtie suivant un plan régulier, traversée par trois grands *decumani* (rues principales parallèles) et des *cardines* perpendiculaires. La configuration en pente du terrain facilitait le fonctionnement du système d'égouts qui empruntait le tracé de ces rues secondaires. Derrière l'entrée des fouilles, un petit **antiquarium** présente des pièces trouvées sur le site.

Autour du *decumanus* principal s'étend l'**îlot romain** : thermes, tavernes, logements, et en particulier une grande maison patricienne dont une partie du pavement porte encore des restes de mosaïques.

7

La **basilique** est un bel édifice à arcades dont les vestiges donnent une idée de ses dimensions d'origine. Même si son nom la désigne comme un lieu réservé aux assemblées, sa fonction réelle demeure incertaine. Il s'agit sans doute de l'entrée monumentale de l'agora, endroit le plus important de la ville. Construite en blocs massifs de grès taillé, elle présentait cinq arcs en façade. Celui du milieu, plus grand, donnait accès à un passage couvert avec des voûtes en berceau, qui servait de galerie dans la rue principale.

Rejoindre le decumanus *supérieur, à gauche.*

Le **théâtre** d'origine grecque (fin du 4e s. av. J.-C.) a été construit en s'appuyant sur la configuration naturelle du terrain, avec sa *cavea* tournée vers la mer et les îles Éoliennes. Il a été transformé à l'époque impériale romaine pour accueillir les combats de gladiateurs.

Suivre la S 113 pendant 3,5 km, puis prendre la route à gauche pour Oliveri.

Laghetti di Marinello

C'est ainsi que sont appelés les **bassins** formés par la mer sur la vaste bande sableuse qui s'étend au pied du cap Tindari. Certains d'entre eux ont une flore aquatique extrêmement riche ainsi qu'une faune ornithologique très intéressante : mouettes, oiseaux migrateurs (dont des palmipèdes comme les plongeons), foulques et hérons blancs. L'apparition de ces plans d'eau est liée à une légende. Une mère impie avait refusé d'accorder sa foi à une Vierge noire. Pour la punir, on précipita sa fillette du haut de la falaise. Mais l'enfant fut miraculeusement sauvée grâce au repli soudain des flots impétueux qui, en se retirant, avaient fait place à un doux tapis de sable pour la recevoir et amortir sa chute. En 1982, l'un des petits lacs adopta le profil d'une femme voilée, ce qui fit dire que l'on voyait la Madone du sanctuaire.

🔷 En partant d'**Oliveri**, on peut se rendre à pied jusqu'à ces petits lacs *(30mn)*. Il suffit de longer la plage, qui tapisse le fond d'une très belle **baie★★** aux eaux cristallines. En été, c'est un paradis pour les baigneurs, jamais nombreux *(la baignade dans les lacs aux eaux stagnantes est vivement déconseillée. Préférer le bord de mer).*

Retourner sur la nationale et la suivre pendant environ 6,5 km jusqu'à la localité de San Biagio.

★ Villa romana di Terme Vigliatore

☎ 090 97 40 488 - de 9h à 1h av. le coucher du soleil, 2 €.

Ce luxueux ensemble suburbain du 1er s. apr. J.-C. fait encore l'objet de fouilles. On y trouve une zone d'habitat proprement dite *(sur la gauche)* et un petit ensemble thermal privé, destiné aux propriétaires de la villa et à leurs hôtes *(à droite).* Sur la gauche se dresse un péristyle carré, avec huit colonnes sur chaque côté, dont une partie fait l'objet de fouilles. En face, on voit un grand *tablinum* (pièce de réception) au dallage en mosaïque blanc et noir, qui forme des dessins géométriques autour de carreaux de marbre. À gauche du *tablinum* s'étendent les cuisines et les chambres à coucher.

La zone des thermes privés est plus intéressante *(sur la droite, face à l'entrée des fouilles).* Agrandie à deux reprises, elle présente une vasque semi-circulaire, et, à gauche, un **frigidarium** orné d'une **mosaïque** à tessères blanches et noires, représentant une barque portant deux rameurs et un pêcheur armé d'un harpon, entourée de gros poissons (quatre dauphins, un espadon). On peut facilement observer le système de chauffage des différentes pièces. L'air, réchauffé d'abord dans un foyer situé derrière les thermes, circulait dans des canalisations à section carrée, traversant les murs ou courant entre le sol et le dallage porté par des *suspensurae*, petites colonnes circulaires en brique.

De Terme Vigliatore, on peut continuer jusqu'à Milazzo ou suivre le circuit décrit p. 465.

L'ARRIÈRE-PAYS DE CAPO D'ORLANDO : LES NEBRODI ORIENTAUX C2

▷ *Circuit de 85 km environ tracé sur la carte p. 460-461. Compter au moins une demi-journée. Quitter Capo d'Orlando et continuer sur la route littorale en direction de Sant'Agata Militello. À la hauteur de Capri Leone, tourner à gauche vers Frazzanò (17 km au sud de Capo d'Orlando).*

Ce circuit s'enfonce sur les pentes orientales des Nebrodi mais cette zone n'est pas incluse dans les limites administratives du parc régional des Nebrodi (voir p. 477).

Frazzanò

Frazzanò a été construite au 9e s. apr. J.-C. suivant un scénario fréquent à l'époque : les populations fuyant l'invasion arabe allaient fonder une nouvelle ville plus loin. L'**église de la Santissima Annunziata** (18e s.) est un bel exemple d'art baroque avec sa façade garnie de lésènes (bandes ornementales) et ornée d'un élégant portail où alternent colonnes torses, niches et statues. **L'église San Lorenzo** possède en revanche une façade très sobre, enrichie seulement de part et d'autre du portail par deux colonnettes torses et un décor de *putti*, volutes et motifs floraux. À l'intérieur se trouve une fort belle statue en bois de saint Laurent (1620).

Poursuivre jusqu'à l'embranchement sur la droite vers le couvent San Filippo di Fragalà, à 4 km au sud de Frazzanò, en direction de Longi.

Convento San Filippo di Fragalà

L'église primitive, récemment restaurée, a été érigée au 11e s. par Roger Ier de Hauteville, très probablement sur les ruines d'une petite église datant du 5e s. Marquer une pause au pied du complexe abbatial pour l'observer de l'extérieur ; on pourra ainsi remarquer les trois absides de style arabo-normand, rythmées par des lésènes en brique, et le tambour octogonal qui s'élève à la croisée du transept. À l'intérieur, au plan en T, on peut voir des vestiges de fresques byzantines, en particulier dans l'abside du milieu. On peut aussi visiter le monastère, situé à proximité.

Poursuivre sur la même route et dépasser Longi, Galati Mamertino (voir p. 484) et la Portella Calcatirizzo. Au carrefour, continuer en direction de San Salvatore di Fitalia (environ 20 km de San Filippo di Fragalà).

San Salvatore di Fitalia

Ce bourg installé sur les pentes des Nebrodi possède une curieuse **chiesa madre** dédiée au Saint-Sauveur (1515). Son aspect est plutôt sévère à l'extérieur, mais son **intérieur**, restauré, possède une belle architecture du 16e s., à trois nefs séparées par des colonnes en grès soutenant des arcs brisés. Les **chapiteaux** richement ornés de motifs végétaux et anthropomorphes illustrent un art typiquement médiéval. Sur celui de la première colonne de droite est gravé le nom du sculpteur, accompagné d'une étonnante sirène à deux queues. La nef de droite abrite une douce *Madone de la Neige* d'Antonello Gagini (1521), et on peut voir au niveau du maître-autel une très belle statue en bois du **Sauveur du Monde★** (1603) représenté au moment de la Transfiguration.

Museo Siciliano delle Tradizioni Religiose – ✆ *0941 48 60 27*. Riche en documents sur la culture religieuse populaire, le musée sicilien des Traditions religieuses abrite des objets modestes, amulettes contre le mauvais œil, ex-voto dont certains, en cire, proviennent du sanctuaire de San Calogero (18e-19e s.),

7

« pilules » (petits carrés de papier qui, avalés pendant la prière, « guérissaient » de certaines maladies), feuilles de chant pour musiciens ambulants, et petits sifflets en terre cuite à l'effigie des saints, que l'on vendait lors des fêtes patronales. À remarquer, un « jeu du prêtre » (17e s.), constitué d'un poupon avec ses vêtements sacerdotaux qui évoque les jouets de la religieuse de Monza enfant dans le roman de Manzoni, *Les Fiancés (I Promessi Sposi)* (le trousseau liturgique a malheureusement été volé). À voir aussi, des gravures et des lithographies religieuses (17e-20e s.), une collection de costumes utilisés par les confréries pour les processions, des ex-voto en bois, plâtre ou terre cuite, ainsi qu'une jolie collection de santons du 19e s.

Tourner en direction de Portella Calcatizzo et Tortorici, puis prendre la direction de Castell'Umberto et, de là, suivre la S 116 jusqu'à Naso (28 km de San Salvatore di Fitalia).

Naso

Il s'agit d'une spectaculaire « terrasse sur les îles Éoliennes », située à 500 m d'altitude. La petite ville de Naso, fondée à l'époque normande, fut d'abord une seigneurerie des Cardona avant de passer aux mains de la puissante famille des Ventimiglia.

Depuis la piazza Garibaldi, située en plein centre de la ville, on profite d'une large **vue** sur l'Etna. La place s'allonge ensuite pour devenir piazza Dante et piazza Roma, sur laquelle se dresse la **chiesa madre**. Cette dernière abrite, dans la chapelle baroque du Rosaire *(nef gauche)*, une jolie Vierge à l'Enfant. En contournant l'église par la droite et en suivant la via degli Angeli, on arrive à l'**église de San Cono**, fondée au 15e s. mais à l'architecture du 17e s. Dans les catacombes de l'église se trouve la magnifique crypte qui abrite les reliques du saint patron.

Revenir sur la piazza Roma et prendre le corso Umberto.

Après la piazza Parisi, en remontant à droite la via Belvedere, on parvient à un magnifique **belvédère panoramique★★**, d'où la vue embrasse à la fois les îles Éoliennes et l'Etna.

En continuant le long de la via Convento, on grimpe sur un petit coteau pour arriver au couvent des Minori Osservanti et à l'église voisine de **Santa Maria del Gesù**, qui abrite le beau monument funèbre d'Artale Cardona, de style Renaissance-gothique.

En retournant dans la petite ville par la via Cibo, on parvient à la **chiesa del Salvatore**, qui se distingue par sa belle façade baroque et sa double tour-clocher, ainsi que son parvis en briques locales.

Continuer sur la S 116 pendant encore 15 km jusqu'à Capo d'Orlando.

Depuis Naso, on peut également continuer vers Randazzo (55 km environ) et rejoindre l'itinéraire de la Circumetnea (voir p. 423).

😊 NOS ADRESSES À MILAZZO

TRANSPORTS

La ville de Milazzo est reliée à Messine par le train (40mn) et par des autocars. On peut rejoindre **Palerme**, distante d'à peu près 200 km, par le train (2h30 à 3h). La gare de Milazzo se trouve piazza Marconi, à 3 km du centre historique.

EXCURSION DANS LES ÎLES ÉOLIENNES

Les bateaux et hydrofoils des compagnies effectuent des trajets quotidiens entre Milazzo et les îles Éoliennes. En saison, les liaisons sont assurées également au départ de Capo d'Orlando. *Pour de plus amples informations, voir « Nos adresses dans les îles Éoliennes » p. 527.*

HÉBERGEMENT

BUDGET MOYEN

Jack's Hotel – *Via Colonnello Magistri 47 -* 📞 *090 92 83 300 - fax 090 92 87 219 - www.jackshotel. it -* 🖥️ 💳 *- 14 ch. 65 € -* 🍴 *5 €.* Non loin du port et du centre-ville, ce petit hôtel propose un cadre simple mais soigné. Les parties communes ne sont pas très grandes, mais les chambres sont bien équipées.

Capo d'Orlando

BUDGET MOYEN

Nuovo Hotel Faro – *Via Libertà 7 -* 📞 *0941 90 24 66 - fax 0941 91 14 61 - www.nuovohotelfaro.com -* 🖥️ 💳 *- 31 ch. 65 € -* 🍴 *5 €.* Comme son nom l'indique, cet hôtel se trouve non loin du phare : la gestion y est familiale, les espaces communs très simples mais agréables, et les chambres bien tenues, bien que peu récentes. Et surtout, la plage est à deux pas !

POUR SE FAIRE PLAISIR

La Tartaruga – *Località Lido San Gregorio, 2 km à l'est de Capo d'Orlando -* 📞 *0941 95 54 21 - fax 0941 95 50 56 - www. hoteltartaruga.it - fermé lun. (rest.), nov. -* 🖥️ 💳 🍴 *- 53 ch. 120 € -* 🍴. Situé dans la zone touristique de la ville, cet imposant édifice fait face à la plage. Il offre des chambres confortables et modernes. L'annexe, rebaptisée restaurant, propose des plats de poisson d'une fraîcheur imbattable.

San Salvatore di Fitalia

BUDGET MOYEN

Casali di Margello – *Strada Provinciale 155, 6 km au sud-est de San Salvatore di Fitalia -* 📞*/fax 0941 48 62 25 - www. casalidimargello.it -* 🍴 *-8 ch. 90/110 € -* 🍴 *-* 🍴 *20/25 €.* Un agriturismo aux portes des Nebrodi, point de départ idéal pour découvrir le parc. Entre les oliviers et les orangers, des maisonnettes colorées abritent des chambres au charme campagnard. Les murs épais de l'ancien pressoir assurent la fraîcheur à la réception et au restaurant. Une cuisine à base des produits de l'agriturismo exalte les saveurs des spécialités des Nebrodi. Deux piscines. Sentiers de randonnées.

RESTAURATION

BUDGET MOYEN

Il Covo del Pirata – *Via Marina Garibaldi 2 -* 📞 *090 92 84 437 - www.ilcovodelpirata.it - fermé merc. (sf en août).* Si vous avez une envie de pizza, voici le lieu idéal ! Cette pizzeria réputée, située au rez-de-chaussée sur le bord de mer, vous accueillera dans un décor chaleureux et authentique.

Al Castello – *Via Federico di Svevia 20* - ☎ *090 92 82 175* - *fermé merc.* Pour ceux qui cherchent un cadre original, ce restaurant propose, l'été, de dîner au pied des remparts du château, illuminés par des jeux de lumière.

Capo d'Orlando

PREMIER PRIX

Il Gabbiano – *Via Trazzera Marina 146* - ☎ *0941 90 20 66* - *fermé mar. -* 🍴. Tout le monde s'accorde à reconnaître cette pizzeria comme la meilleure des alentours. Le décor y est simple mais soigné et elle dispose d'une grande véranda. Par ailleurs, la carte est très fournie et propose des plats traditionnels de la région.

BUDGET MOYEN

Trattoria La Tettoia – *Contrada Certari 80 - 2,5 km au sud de Capo d'Orlando sur la S 116* - ☎ *0941 90 21 46* - *fermé lun. (sf juil.-sept.) et de mi-sept. à fin sept.* - 🍴. Tous les ingrédients sont réunis pour un dîner réussi dans une véritable trattoria : une gestion familiale sympathique, une ambiance informelle et accueillante, une véritable cuisine locale… et une belle terrasse panoramique pour les beaux jours. Que demander de plus ?

POUR SE FAIRE PLAISIR

Bontempo « Il ristorante » – *Via Fiumara 38, Naso - depuis la S 113 en direction de Milazzo, suivre la bifurcation pour Sinagra à droite avant le ponte Naso* - ☎ *0941 96 11 88* - *fermé lun. et nov.* Situé à une dizaine de kilomètres au sud-est de Capo d'Orlando, ce restaurant est un bâtiment blanc et moderne, entouré de verdure. Des spécialités locales vous y seront proposées, à savourer dans une des trois salles à manger.

Marina di Patti

BUDGET MOYEN

Il Casaro – *Via Luca Della Robbia 3, Marina di Patti* - ☎ *0941 36 74 75* - *fermé lun. et, déc.-janv. - réserv. conseillée.* Cet établissement, connu dans la région, est un ancien pub. Il dispose d'une salle munie d'un beau bar, d'une jolie véranda en bois et d'un petit jardin estival. Cuisine de qualité à des prix honnêtes.

PETITE PAUSE

Bar Washington – *Lungomare Garibaldi 95* - ☎ *090 92 23 813.* Idéal pour prendre un repas sur le pouce à midi ou pour céder à la gourmandise : *pignolata* à la vanille ou au chocolat, pâtisseries et glaces… Succombez !

AGENDA

Capo d'Orlando

Vita e paesaggio di Capo d'Orlando – Depuis 1955 se déroule chaque été ce concours de peinture sous l'égide de Giuseppe Migneco, un peintre de Messine. Y participent des artistes italiens (Guttuso ou Casorati y prirent part) mais aussi de toutes nationalités. Les tableaux que les artistes peignent sur place sont récompensés par des prix, et certains sont achetés ensuite par la pinacothèque municipale.

Capo d'Orlando in blues – Festival de blues estival. Pour toute information : Cross Road Club/Associazione Siciliana Musica Blues *(via Consolare Antica 623, Capo d'Orlando* - ☎ *0941 95 72 35).*

Tindari

Tindari Estate – *Entre la dernière sem. de juil. et la 3e sem. d'août.* Théâtre, danse et concerts de musique classique et contemporaine.

Les monts Nebrodi

★★

 NOS ADRESSES PAGE 486

S'INFORMER

Office du tourisme des Nebrodi – *Piazza Duomo, Palazzo Gentile, Sant'Agata di Militello - ℘ 0941 70 25 24 - www.parcodeinebrodi.it.*

SE REPÉRER

Carte de microrégion BC3 (pp. 460-461) – *carte Michelin AW-AX 56.* Les Nebrodi, qui s'étendent entre Santo Stefano di Camastra et Capo d'Orlando, culminent à 1 847 m avec le mont Soro, aux alentours de San Fratello. Fondé en 1993, le parc régional des Nebrodi s'étend sur 70 km d'est en ouest et comprend 24 communes.

À NE PAS MANQUER

Les magnifiques panoramas depuis les villages et les routes qui sillonnent le massif.

ORGANISER SON TEMPS

Prévoir l'escapade aux beaux jours pour éviter les routes de montagne par mauvais temps.

AVEC LES ENFANTS

Le parc d'aventure des Nebrodi, à proximité de Longi ; les excursions organisées pour observer les aigles royaux ou les chevreuils.

Riches forêts, prairies enneigées en hiver, lacs, torrents, sommets escarpés : les monts Nebrodi nous plongent au cœur d'une Sicile insolite et authentique. Prolongement de l'Apennin calabrais, cette région pastorale, verdoyante et sauvage est restée longtemps isolée du monde, perpétuant des traditions paysannes qui défient le temps.

Circuits conseillés

▶ *Se reporter à la carte p. 478-479.*

UNE JOURNÉE DANS LES NEBRODI

▶ *Circuit de 200 km environ tracé sur la carte. Compter une journée. On peut aussi suivre l'itinéraire au départ de Sant'Agata Militello, mais il est conseillé de toujours le suivre dans le sens inverse des aiguilles d'une montre afin de bénéficier des meilleurs panoramas sur l'Etna, en particulier aux alentours du lac Ancipa. Pour la première partie de l'itinéraire (de Santo Stefano di Camastra jusqu'à Mistretta, 14 km), voir le circuit p. 493.*
De Mistretta, suivre la S 117 jusqu'au carrefour qui mène à droite à Nicosia/Troina. Tourner à gauche vers Troina.

7

Troina

La citadelle médiévale occupe la partie haute du village, où se dresse l'église principale : de l'édifice normand d'origine (11ᵉ s.) subsiste le clocher de grès dont la face tournée vers la route présente des arcs en claveaux.

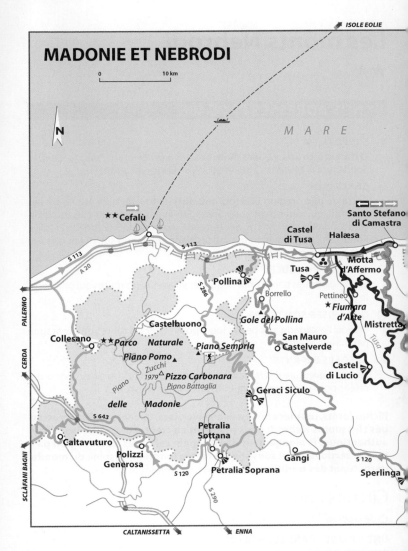

De Troina, revenir vers Cerami et prendre à droite la route pour le lac Ancipa (environ 8 km de Troina).

Lago Ancipa

Ce bassin artificiel créé par la construction du grand barrage de San Teodoro (120 m de haut) est perdu au milieu d'un magnifique paysage naturel. La route qui le longe se poursuit vers Cesarò *(25 km)*. Étroite et par endroits en mauvais état, elle est pourtant touristique, serpentant d'abord dans la forêt, puis dans des vallées ouvertes où la silhouette de l'Etna offre une **vue★★** inoubliable.

Cesarò

Le village est dominé par le volcan. À peine sorti du centre, suivre l'indication Cristo sul Monte, d'où l'on jouit d'une **vue★★** magnifique et inquiétante sur l'Etna.

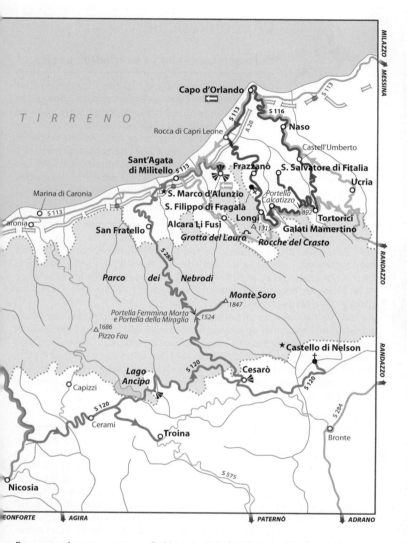

Empruntez la route tortueuse S 120 pour rejoindre Maniace (17,5 km de Cesarò).

★ Abbazia di Maniace (Castello di Nelson)

📞 095 69 00 18 - avr.-sept. : tlj sf lun. 9h-13h, 14h-19h ; oct.-mars : tlj sf lun. 9h-13h, 14h-16h45 - possibilité de visite guidée (45mn) - 3 €.

L'abbaye bénédictine fondée au 12ᵉ s. par la volonté de la reine Marguerite, épouse de Guillaume le Mauvais, était située le long d'une importante route de communication avec l'arrière-pays sicilien. Le monastère prospère, après avoir subi maintes modifications, fut finalement offert par Ferdinand III à l'amiral anglais Nelson en 1799, en même temps que le titre de duc de Bronte, en remerciement de l'aide apportée pendant la répression des mouvements insurrectionnels contre les Bourbons de Naples. L'amiral ne s'y rendit jamais, mais ses descendants y vécurent jusqu'en 1981 et transformèrent le lieu en

7

L'Apennin sicule

LA PRINCIPALE CHAÎNE DE MONTAGNES DE L'ÎLE

Cette chaîne de montagnes s'étend sur 200 km au nord de l'Etna, parallèlement à la côte tyrrhénienne. Prolongement géologique de l'Apennin calabrais, elle est composée des monts Peloritani (région de Milazzo, *voir p. 465*), **Nebrodi** et **Madonie** *(voir p. 488)*, et constitue un ensemble continu, tant du point de vue orographique qu'en ce qui concerne la flore et la faune. Dans les deux derniers massifs, deux parcs portant leurs noms ont été créés il y a quelques années pour la sauvegarde du patrimoine naturel. Les vallées sont parcourues par des rivières et torrents qui ont formé des gorges célèbres, comme les spectaculaires **gorges del Pollina** près de Borrello.

DU MAQUIS AUX HOUX CENTENAIRES

La végétation varie au fur et à mesure que l'on s'élève.
Dans la région côtière et jusqu'à 600-800 m d'altitude domine le maquis méditerranéen, caractérisé par des arbustes (euphorbe, myrte, lentisque, laurier, arbousier, genêt) et certains arbres à haut fût comme le chêne-liège et le chêne vert. Immédiatement au-dessus, jusqu'à 1 200-1 400 m, poussent d'autres variétés de chênes.
Au-delà de 1 400 m, on rencontre de superbes hêtraies. Dans la zone située entre Vallone Madonna degli Angeli et Manca li Pini (versant septentrional du Monte Scalone) sont réunis 25 exemplaires du sapin des Nebrodi, uniques témoins, avec un autre spécimen situé près des ruines du château de Polizzi, de cette espèce endémique. Piano Pomo est l'un des lieux où l'on trouve de remarquables houx géants, dont certains sont vieux de 300 ans, avec une hauteur de 14 m et 4 m de circonférence.

UNE FAUNE VARIÉE

Ces massifs sont habités par de nombreuses espèces animales, bien que la présence de l'homme, toujours plus envahissante, en particulier avec la chasse, ait pratiquement décimé les espèces de grande taille tels cerf, daim, loup, gypaète et vautour-griffon. En revanche, on trouve encore des hérissons, des chats sauvages, des renards, des martres et cent cinquante espèces d'oiseaux, parmi lesquels la huppe, la buse, le corbeau impérial, l'aigle impérial et le héron cendré. Le **papillon** est l'un des habitants les plus remarquables de la région, avec plus de soixante-dix espèces, dont certaines d'une infinie variété de couleurs. 🦽 *Voir aussi encadré p. 485*

une somptueuse résidence privée, d'où son actuelle dénomination de « château Nelson ». La maison de maître, entourée d'un parc de 4 ha et d'un jardin soigné, a conservé une série de chambres meublées avec finesse.

La **chapelle** annexe présente un beau portail avec des chapiteaux historiés. À l'intérieur se trouve une icône byzantine, mais la légende populaire veut que l'originale ait été apportée par le condottiere byzantin **Giorgio Maniace** qui, en 1040, infligea en ces lieux une dure défaite aux Arabes. Les restes de la petite chapelle construite pour conserver l'icône sont visibles dans le grenier de l'abbaye.

Revenir vers Cesarò et prendre la S 289 en direction de San Fratello.

La S 289 sinueuse se poursuit jusqu'aux petits cols de la Miraglia et de la Femmina Morta, dans un paysage dominé par une grande hêtraie. À partir du col s'amorce la montée qui conduit au sommet du **mont Soro**, point le plus élevé des Nebrodi (1 847 m).

San Fratello

Ce bourg, fondé par une colonie lombarde, en partie détruit par un éboulement au 18e s., a donné son nom à la belle race des chevaux sanfratellains (*voir encadré p. 485*), souvent laissés en liberté et que l'on aperçoit facilement dans les clairières. Le couvent San Francesco possède un cloître du 16e s. aux fresques malheureusement détériorées. Au nord du village, à côté du cimetière, un chemin creux permet de rejoindre l'**église normande des Très-Saints-Alfier-Philadelphe-et-Cirin** (11e-12e s.) (*℘ 0941 79 40 30 - 9h-13h, w.-end et j. fériés sur demande*). Derrière l'église, on découvre une **vue**★★ magnifique.

De San Fratello, rejoindre la côte et tourner à droite pour gagner Sant'Agata di Militello (18 km).

Sant'Agata di Militello

Cette localité malheureusement victime d'une urbanisation récente s'ouvre sur la mer par une grande plage. Sur la piazza Crispi s'élèvent le château des princes Gallego et l'église dell'Addolorata (18e s.). Le village renferme un petit **Musée ethno-anthropologique** (Museo Etnoantropologico dei Nebrodi – *via Cosenza - ℘ 0941 72 23 08 - tlj sf dim. 8h30-13h30 - gratuit*).

Sant'Agata peut être un bon point de départ pour de petites excursions dans l'arrière-pays, sur les Nebrodi ou le long de la côte.

De Sant'Agata, suivre la S 113 en direction de Capo d'Orlando, puis prendre à droite la direction de San Marco d'Alunzio (10 km).

★ San Marco d'Alunzio

Ce joli village magnifiquement situé, blotti à 550 m d'altitude et à seulement 9 km de la mer, offre un extraordinaire **panorama**★★ qui embrasse Cefalù et les îles Éoliennes. Toutes les époques de l'histoire sicilienne y ont laissé des traces : d'abord cité grecque, il devient *Municipium Aluntinorum* sous les Romains, puis les Normands le rebaptisent San Marco en souvenir de leur première ville conquise en Calabre. L'utilisation du marbre rose, extrait des carrières voisines, est caractéristique de l'architecture locale.

Bien avant de pénétrer dans le bourg, on remarque, isolée sur le côté gauche de la route, l'église **San Marco**. Elle a été construite sur un ancien **temple d'Hercule** (4e s. av. J.-C.) dont il ne subsiste que quelques blocs de tuf. Le toit de l'église a disparu, et il ne reste que des murs de pierre brute et un portail refait.

San Teodoro – Dite aussi la petite abbaye (*badia piccola*), l'église fut construite au 16e s. sur les ruines d'une chapelle byzantine selon un plan en croix grecque, dont chaque bras carré porte une petite coupole. L'intérieur est décoré de

7

magnifiques **stucs★** dans le style de Serpotta, qui représentent Judith et Holopherne, la chute de la manne dans le désert *(sur les côtés de l'autel)*, des scènes de la parabole du fils prodigue, des figures de saints et les quatre Vertus théologales sur les piliers soutenant la voûte. Sur le parvis de l'église et devant le musée voisin, on trouve une série de citernes grecques et les restes d'un pavement du 2e-3e s.

Museo della Cultura delle Arti Figurative Bizantine e Normanne (Musée byzantino-normand) – ℘ 0941 79 77 19 - www.comune.sanmarcodalunzio. me.it - ዿ - 9h-13h, 15h30-19h30 (15h-18h30 en hiver) - fermé lun. et j. fériés - 1,55 €. Adjacent à San Teodoro, cet ancien monastère de moniales bénédictines édifié en 1545 a été récemment réaménagé pour accueillir un musée. Des fouilles ont mis au jour d'intéressantes **fresques★** byzantines du 11e s. Celle de droite, très bien conservée, montre dans un angle une Madone aux mains délicates, et dans le bandeau inférieur (traversé par une division nette symbolisant la séparation entre le ciel et la terre), sur un fond bleu soutenu, les quatre docteurs de l'église orthodoxe saint Jean Chrysostome, saint Grégoire de Nazianze, saint Basile le Grand et saint Athanase. Le rez-de-chaussée abrite en outre des fresques provenant d'autres églises et au premier étage sont exposés divers objets retrouvés à l'intérieur de nécropoles locales.

L'église de San Giuseppe abrite le **Musée paroissial** (℘ 0941 79 70 45 - visite en été tlj sf lun. 10h-13h, 16h-19h ; le reste de l'année sur rendez-vous - 2,60 €), qui conserve des ornements sacrés, un reliquaire en bois, une Vierge *hodigitria* (portant l'Enfant sur le bras gauche) en bois polychrome, une belle statue de Madeleine en bois (17e s.) et une toile représentant une Déposition de Croix (18e s.).

Le parcours qui traverse le **centre historique** emprunte d'abord la via Aluntina, artère centrale où se trouve l'église principale, **San Nicolò**, dont la sobre façade n'est enrichie que par ses trois portails en marbre rouge local, matériau que l'on retrouve en abondance à l'intérieur.

Plus loin, sur la piazza Sant'Agostino, se dresse l'**église Santa Maria delle Grazie**, dans laquelle on peut admirer le monument funéraire des Filangeri, œuvre de **Domenico Gagini** (1481) renfermant un beau gisant à l'expression douce et sereine.

Laisser sur la droite l'**église San Basilio** du 18e s., qui conserve les vestiges d'un portique aux arcs en ogives, et poursuivre jusqu'à l'**église dell'Ara Coeli**, du 17e s. Les colonnes cannelées qui encadrent le portail sont ornées de volutes et de décorations florales. À l'intérieur, la **chapelle del Santissimo Crocifisso**, décorée de beaux **stucs★★** dans le style de Serpotta (saints, *putti* pleins de vivacité, anges, guirlandes de fruits), présente un **crucifix en bois★** très expressif, de l'école espagnole du 18e s.

San Salvatore – Cette église, appelée aussi **badia grande** (grande abbaye) parce qu'elle appartenait à un grand monastère de religieuses bénédictines aujourd'hui en ruine, se trouve sur la route du stade. Son élégant **portail★** en marbre local s'orne de colonnes, d'anges et de *putti*.

On voit à l'**intérieur** une nuée d'anges jouant de la trompette, des figures allégoriques et de malicieux *putti* soutenant des drapés, des cartouches et des guirlandes de fleurs. Cette riche **décoration en stuc★** se retrouve dans le sompteux drapé qui retombe savamment du baldaquin en bois placé au-dessus du tabernacle.

Une fois quitté San Marco, revenir sur la S 113 et prendre à gauche la direction de Santo Stefano di Camastra.

Le village de Borgo Giuliano, près de Cesarò, avec l'Etna en arrière-plan.
A. Mamo/hemis.fr

VILLAGES BAROQUES ET PAYSAGES SAUVAGES

▶ *Circuit de 65 km environ tracé sur la carte p. 478-479. Prévoir une journée avec une excursion. Au retour, suivre la S 116 sur une distance d'environ 30 km pour rejoindre l'autoroute A 20. Départ de S. Marco d'Alunzio. Descendre vers la côte et prendre la direction de Sant'Agata di Militello, où on bifurque à gauche vers Alcara Li Fusi.*

Alcara Li Fusi

Ce joli village fondé au 12e s. tire son nom de l'arabe *Al-Quariah-al* et de *fusi*, le fuseau, ustensile dont la fabrication artisanale le rendit célèbre.

Commencer la visite par la piazza San Pantaleone

La place centrale est dominée par les églises de **San Pantaleone** et de la **chiesa madre**. À l'intérieur de celle-ci, une chapelle est dédiée au saint patron de la ville : San Nicoló Politi. Fermée par une belle balustrade en fer forgé, elle est décorée de stucs et d'une peinture de Filippo Tancredi.

Emprunter la via Don Gusmano. Le quartier **Motta** a préservé son tissu urbain médiéval aux ruelles étroites. Des vestiges de l'ancienne forteresse de Castel Turio, il ne reste plus qu'une tourelle dressée sur un rocher, la **Torretta di Castel Turio**. En contrebas, la monumentale Fontana Abate, dite aussi dei Sette Cannoli, construite au 18e s., est réputée pour la fraîcheur de son eau.

Remonter la route communale Alcara-Bazzana, en direction de Longi, pour rejoindre la grotte del Lauro.

Grotta del Lauro et Rocche del Crasto

Une des grandes curiosités naturelles d'Alcara Li Fusi est la Grotta del Lauro, située dans le cadre des imposantes Rocche del Crasto, un amphithéâtre rocheux de type dolomitique qui atteint 1 300 m d'altitude. Cette grotte présente de spectaculaires formations calcaires, stalactites et stalagmites, d'une rare beauté. Le site est également un lieu de nidification pour l'aigle royal, réintroduit récemment dans les Nebrodi (*voir Nos Adresses p. 486*).

Remonter la colline en direction de Longi.

Longi
Ce petit bourg hérissé de clochers se prévaut aussi d'un ancien château médiéval. En son centre, la chiesa madre (16e et 17e s.) conserve de riches œuvres d'art sacré et un beau presbytère baroque entaillé.
Depuis Longi, remonter vers Galati Mamertino en traversant la vallée du torrent Milé. Tout au long de celle-ci remarquer quelques anciennes cabanes de bergers.

Galati Mamertino
Ce village caractéristique des Nebrodi mérite le détour pour ses paysages naturels et pour son cadre urbain.
La place centrale, **piazza San Giacomo**, est entourée par plusieurs palais du 18e s. Leur alignement singulier constitue ce que l'on appelle « la Palazzata ». L'un d'eux renferme une partie de la **section paléontologique** du musée géologique Gemellaro de Palerme, avec une belle collection de fossiles et un calque du squelette d'un exemplaire d'*Elephas Antiquus* (📞 *328 77 76 401 ou 329 58 84 106*). Du côté sud de la place, le palais aristocrate local, **Palazzo De Spuches** (n° 28), affiche le blason de la famille sur sa porte cochère. En face, la **chiesa madre** de style Renaissance abrite quelques belles statues en marbre et une remarquable statue en bois de Saint Sébastien.
De la piazza San Giacomo emprunter la caractéristique via Toselli.
La partie nord du bourg a préservé son tracé médiéval. Parmi les autres églises intéressantes, celle du **Rosario** conserve une belle statue en marbre de la Vierge de la Neige, d'Antonello Gagini. L'**église San Luca** est précédée par un grand escalier en marbre. Dans **Santa Caterina**, on peut admirer un très beau Christ en bois, à l'anatomie précise et émouvante, sculpté par Fra'Umile da Petralia, une statue en marbre de sainte Catherine d'Alexandrie du Gagini ainsi que d'autres toiles d'époque.
👁 Galati Mamertino est par ailleurs un bon point de départ pour d'intéressantes excursions dans les Nebrodi. Ne pas négliger une visite à l'*Area del Capriolo*, une aire boisée d'environ 50 ha où ont été introduits plusieurs chevreuils pour vérifier leur capacité d'adaptation (*voir Nos Adresses p. 486*).
De Galati Mamertino, prendre la départementale qui descend vers la vallée en direction de Tortorici.

Tortorici
Le bourg s'étend au pied du Monte San Pietro (1 089 m). Réputé autrefois pour ses fonderies de bronze ainsi que pour la confection de cloches, il abonde en témoignages artistiques. Tranquille et silencieux côté vieille ville, il est en revanche très animé autour de la place principale, **piazza Faranda**, sur laquelle s'élève l'église San Nicoló di Mira, reconstruite en 1682 et aujourd'hui de confession orthodoxe.
Remonter via Vittorio Emanuele et via Roma pour rejoindre la **piazza Duomo** au cœur de l'ancien quartier médiéval. Imposante, l'église de San Francesco présente un beau portail du 15e s. en haut d'un escalier monumental. L'église de Santa Maria aux formes baroques clôt le côté ouest de la place.
Le petit pont qui traverse le torrent Calagni conduit à la dernière **fonderie de bronze** qui fabrique encore des cloches d'églises. Elle appartient à la famille Trusso depuis la moitié du 20e s. (*visites gratuites sur réserv. au 📞 0941 430 475 ou 328 65 90 199*). Une cloche fondue en 1676 accueille les visiteurs à l'entrée du jardin.

UNE FAUNE SANS ÉGAL SUR L'ÎLE

L'origine du nom Nebrodi viendrait du grec *nebros* qui signifie « cervidé ». Dans l'Antiquité en effet, et jusqu'au 18e s., cette région était le royaume des cerfs, des daims et des chevreuils (tout comme des ours). Une caractéristique qui malheureusement n'est plus aujourd'hui d'actualité. Pourtant, par la diversité de ses environnements, le parc abrite une des faunes les plus riches et variées de Sicile. Des petits mammifères, des reptiles, des amphibies, plusieurs espèces d'oiseaux locaux et migrateurs et un grand nombre d'invertébrés constituent un patrimoine animal sans égal dans la région. Parmi les mammifères, on recense le hérisson, le chat sauvage, le loir ; parmi les reptiles, la tortue et la grenouille. Plus de 150 espèces d'oiseaux sont identifiées, dont la mésange, plusieurs espèces de faucons et d'autres rapaces. Les parois rocheuses et fissurées des Rocche del Crasto sont le royaume de l'aigle royal. Le martin-pêcheur, la foulque et le merle aquatique préfèrent quant à eux les environnements humides des petits lacs Ancipa, Biviere et Maulazzo. Symbole du parc, le cheval de San Fratello (*Cavallo sanfratellano*) est une race autochtone semi-sauvage, introduite par les Normands au 11e s. Il s'agit de la plus importante colonie de chevaux en Europe. On dénombre environ cinq mille têtes.

De la route qui monte entre Tortorici et Ucria, observer de beaux panoramas sur la vallée et sur la mer à l'horizon. Dans les bois de noisetiers, on aperçoit des habitations paysannes traditionnelles.

Ucria

Se garer sur la place centrale Padre Bernardino et poursuivre à pied jusqu'à la Chiesa Madre.

Jolie petite commune à l'est du parc des Nebrodi, Ucria a préservé son tissu urbain médiéval. La **chiesa madre** présente un élégant plan en trois nefs et conserve de belles œuvres d'art, des statues en marbre, quelques peintures et un beau crucifix du 15e s.

À voir dans la partie basse du bourg, l'église de l'Annunziata et Santa Maria della Scala, ainsi que l'église du Rosario avec son beau plafond en bois de la moitié du 17e s. Les passionnés de musées pourront visiter les collections du **Museo Etnostorico A. Gullotti** (*Scuola Media Statale Novelli, Via Crispi* - ℰ *0941 66 40 21 - tlj sf lun. 8h30-13h30, jeudi 14h-18h - 1,50 €*) qui illustre la civilisation rurale de cette région.

Redescendre vers la côte via Naso.

😊 NOS ADRESSES DANS LES NEBRODI

VISITES

Parc des Nebrodi – Ce parc, créé en 1993, constitue une vaste région protégée (85 687 ha), divisée en quatre zones : réserve intégrale, générale, protégée et contrôlée, comprenant 24 communes. Les visiteurs peuvent se documenter sur les excursions dans les bureaux de l'office de tourisme (*voir « S'informer », p. 477*). Plusieurs associations organisent sur réservation, des excursions pédestres guidées et gratuites qui varient en durée et en degré de difficulté. *Rens. détaillés à l'office du tourisme des Nebrodi, voir p. 477.*

🚶 Punto Escursionistico « Area dei Grifoni » - *Ass. Ambiente Sicilia - Contrada da Grazia - Alcara Li Fusi -* 📞 *0941 79 20 30 ou 347 82 84 625 - www.ambientesicilia.it.* Cette association ornithologique organise des visites guidées pour observer l'aigle dans son périmètre de nidification.

🚶 Punto escursionistico « Area del Capriolo » - *Ass. Amici della Terra dei Nebrodi - Contrada Miserella - Galati Mamertino -* 📞 *0941 911 270 ou 339 45 96 672.* Jadis symbole du parc des Nebrodi, le chevreuil s'est éteint au cours du 19e s. à cause de chasses trop intensives. Il a été réintroduit depuis peu. Une excursion guidée permet de l'apercevoir dans son habitat naturel.

HÉBERGEMENT

Sant'Agata di Militello

BUDGET MOYEN

Villa Nicetta – *Contrada Nicetta, Acquedolci, 6 km au sud-ouest de Sant'Agata di Militello -* 📞*/fax 0941 72 61 42 -🚭 - 10 ch. 80/90 € 🍽 - ✖ 25 €.* Cet agriturismo est une ancienne propriété agricole du début du 18e s., dans laquelle vivent les propriétaires. Autour de l'habitation principale, grange, pressoir, corps de ferme… ont été aménagés pour recevoir les visiteurs et disposent d'agréables espaces communs avec meubles de style. Possibilité de promenades à cheval ou à VTT.

San Marco d'Alunzio

PREMIER PRIX

La Tela di Penelope – *Via Aluntina 48 -* 📞*/fax 0941 79 77 34 - www.lateladipenelope-vacanze. com - 4 ch. 50/70 € 🍽.* Sur l'axe principal de San Marco d'Alunzio, un B & B simple et coquet, tenu par la même personne qui possède la célèbre boutique de tissage (*voir Achats*). Petit-déjeuner au bar du coin.

POUR SE FAIRE PLAISIR

La Collina dei Nebrodi – *Contrada Asa -* 📞 *0941 79 76 22 ou 333 114 39 81 - fax 0941 703 742 - 🚭- www.lacollinadeinebrodi.it - 10 ch. 100 € 🍽.* Perché sur la colline à 650 m d'altitude, face à San Marco d'Alunzio, ce sympathique agriturismo bénéficie d'une vue superbe qui s'étend jusqu'à la mer. Sa position en fait un excellent point de départ pour les randonnées à l'intérieur du parc. Chaque dimanche, trekking accompagné jusqu'aux Rocche del Crasto (6h de marche).

Tortorici

PREMIER PRIX

Fontanapietra – *Contrada Colla 8, 8 km au sud-ouest de Tortorici en dir. de Floresta -* 📞 *0941 49 7001 ou 339 76 78 428 -🚭 ✖ - 5 ch. 60 € 🍽, 1/2 pension 50 €/pers./j.*

À 850 m d'altitude, un agriturismo perdu en pleine nature, entouré de hêtres et de noisetiers. Pleine de charme, l'ancienne bâtisse en pierre accueille trois chambres. Un autre édifice plus récent en contient deux autres, qui se partagent la salle de bains. Côté cuisine, champignons et viande grillée sont la spécialité du lieu.

RESTAURATION

Sant'Agata di Militello

BUDGET MOYEN

Antica Trattoria Za Pippina – *Via Cosenz 197 (lungomare) -* 𝄞 *0941 70 27 23.* Un des derniers restaurants du bord de mer, spécialisé en grillades de poissons et fruits de mer. En attendant que la cuisson soit finie, on se régale avec le buffet d'antipasti.

Galati Mamertino

PREMIER PRIX

Antica Locanda – *Contrada Parrazzi, Galati Mamertino -* 𝄞 *0941 43 47 15 - fermé merc. et de mi-janv. à mi-fév.* Une sympathique trattoria au décor « fermier », qui propose une savoureuse cuisine du terroir, avec un excellent rapport qualité-prix.

San Marco d'Alunzio

POUR SE FAIRE PLAISIR

La Fornace – *Via Cappuccini 115 -* 𝄞 *0941 79 72 97 - fermé lun. (hiver).* Une adresse classique pour les gourmets, plus attentifs au contenu de l'assiette qu'à sa forme. L'établissement est en particulier renommé pour sa cocotte de macaronis et son vaste choix de grillades.

LOISIRS

Nebrodi Adventure Park – *Contrada Pado -* 𝄞 *348 95 80 802*

ou *393 94 62 506 (mobiles) - www.nebrodiadventurepark.it - 20-juil.-5 sept. : mar., jeu. et w.-end 10h-17h30 ; 6 sept.-19 juil : sam. 15h-18h30 et dim. 10h-18h - 13 €, moins de 6 ans (ou entre 1,10 m et 1,30 m) 6 €.* Au cœur des montagnes des Nebrodi, un parcours accrobranche accessible aux enfants (taille minimum 1,10 m) et aux adultes. Le seul parc de ce type dans la région, pour une journée consacrée à l'équilibre et à l'aventure dans les cimes des arbres.

ACHATS

San Marco D'Alunzio

La Tela di Penelope – *Via Aluntina 48.* Cette boutique de tissage artisanal utilise d'anciens métiers à tisser restaurés. Le résultat est magique.

Salumi Mario - *Via Cappuccini 380 -* 𝄞 *0941 79 74 30.* Produits frais à base de cochonnet des Nebrodi et toutes sortes de charcuteries locales de qualité.

AGENDA

San Marco d'Alunzio

Procession des « babbaluti » – Le dernier vendredi de mars, avant la Passion du Christ, le crucifix en bois d'Aracoeli est porté en procession par les *babbaluti*, des hommes à la tête couverte d'une capuche, qui scandent des chants et des prières.

Alcara Li Fusi

U'Muzzuni – Le 24 juin à la saint Jean, les femmes déposent aux coins des rues des jarres enveloppées des traditionnels tapis tissés et remplies de gerbes de blé. Concerts et chants populaires animent les rues.

7

Le parc naturel des Madonie
★★

 NOS ADRESSES PAGE 501

S'INFORMER

Centre d'information du parc des Madonie – *Corso Paolo Alliata 16, Petralia Sottana* - ℘ *0921 68 40 11* - *www.parcodellemadonie.it.*

SE REPÉRER

Carte de microrégion AB3 (pp. 460-461) – *carte Michelin AT-AU 56*. Les pentes douces des Madonie, qui dominent le paysage entre Cefalù et Castel di Tusa, deviennent plus escarpées sur le versant nord au Piano Battaglia et Battaglietta, au **Pizzo Carbonara** (point culminant, 1 979 m) et aux Serre di Quecella, surnommées à cause de leur aspect dolomitique « les Alpes de Sicile ».

À NE PAS MANQUER

Les chambres d'artistes de l'Albergo Atelier sul Mare à Castel di Tusa ; la manne de Castelbuono.

ORGANISER SON TEMPS

Prévoir l'escapade aux beaux jours pour éviter les routes de montagne par mauvais temps.

AVEC LES ENFANTS

Une randonnée à cheval.

Des pentes douces, couvertes de prairies, de vastes étendues boisées, des rivières, des torrents, des sommets escarpés… Aux portes de Cefalù, la chaîne montagneuse des Madonie déroule ses paysages fertiles et harmonieux, joli camaïeu de verts qui se déploie à l'horizon. Cet espace naturel, à vrai dire moins sauvage que façonné par l'homme, présente un double visage : un versant sec au sud, aux collines souvent dénudées où vagabondent les troupeaux de brebis ; un versant humide au nord, où des forêts peuplent les pentes raides, entrecoupées de gorges aux eaux tumultueuses et de crêtes pointues. Retranchés sur ces hauteurs tels des nids d'aigle, de gros bourgs médiévaux servent de théâtre à une vie rurale à l'ancienne, toute à ses travaux et à ses peines.

Circuits conseillés Carte de microrégion

Les circuits proposés incluent de très belles **routes panoramiques★★** qui, selon le sens du parcours, offrent toute une palette de vues différentes.

AU CŒUR DES MADONIE

▷ *Circuit de 160 km environ, tracé sur la carte p. 478-479. Compter une journée. Départ de Cefalù.*

★★ **Cefalù** A2 *(voir p. 504)*

Prendre la route littorale sur laquelle on apercevra la tour de guet sur le promontoire est de Cefalù. Un peu plus loin, sur la droite, prendre l'embranchement vers Castelbuono *(22 km)*.

Castelbuono

Cette bourgade pleine de charme s'est développée au 14e s. autour d'un **château** que firent construire les **Ventimiglia**. Masse cubique flanquée de quatre tours carrées, il a été remanié souvent au cours des périodes suivantes. La route en direction de Geraci Siculo présente de beaux panoramas.

Sur la piazza Margherita, centre du bourg, s'élèvent l'ancienne église principale (Madrice Vecchia) et l'ancienne **banque royale**.

Madrice Vecchia – Édifiée au 14e s. sur les ruines d'un temple païen, l'église est précédée d'un porche Renaissance ajouté au 16e s. et ornée d'un portail de style catalan. Sur le côté gauche, un campanile embelli d'une fenêtre géminée de style roman étire sa flèche octogonale décorée de majoliques. On a ajouté à la fin du 15e s. une quatrième nef aux trois précédentes. L'intérieur recèle de belles pièces, notamment au maître-autel un **polyptyque★** grandiose attribué à Pietro Ruzzolone (ou à Antonello del Saliba), qui représente le couronnement de la Vierge. Remarquer en bas à droite un saint portant curieusement des lunettes, puis, sur la droite encore, la statue de *La Madone des Grâces* d'**Antonello Gagini**. Sous la nef de gauche, marquer une pause devant *Le Mariage de la Vierge*, fresque où les influences siennoises se manifestent dans la finesse des traits et la symétrie de la construction. Certaines des colonnes qui séparent les nefs sont ornées de très belles fresques. Celle qui représente sainte Catherine d'Alexandrie frappe par la délicatesse de son expression. La crypte, entièrement peinte à fresque (17e s.), illustre la Passion, la mort et la résurrection du Christ.

Emprunter la via Sant'Anna pour aller au château.

Après être passé sous un arc gothique, on se trouve face à l'imposant **château des Ventimiglia**, siège du **Museo Civico** (☎ 0921 67 12 11 - été : tlj sf lun. 8h30-14h, 14h30-20h - 3 €). Il rassemble le trésor et les décorations de la chapelle Palatine *(voir ci-dessous)*, ainsi qu'une remarquable collection de tableaux d'artistes modernes et contemporains italiens. Au second étage, la **chapelle Palatine** est décorée d'un ensemble exubérant de **stucs★** sur fond d'or *(voir dessin p. 110)* attribués à Giuseppe Serpotta (1683), frère du très célèbre Giacomo.

Sur la piazza Margherita s'ouvre la via Roma.

Museo Francesco Minà-Palumbo – Via Roma 52 - ☎ 0921 67 18 95 - www.museominapalumbo.it - 9h-13h, 15h-19h - 2 €. Logé dans l'ancien couvent des sœurs bénédictines, le musée a été fondé au 19e s. par **Francesco Minà Palumbo**, médecin passionné de botanique, qui a accompli un extraordinaire travail de recensement, de classification et de reproduction sur planches des plantes, reptiles et insectes des Madonie, certaines des espèces ayant disparu depuis.

Non loin de là se trouvent l'**église San Francesco** et son annexe, le **mausolée des Ventimiglia**, édifice octogonal datant de la fin du Moyen Âge (pour le visiter, entrer dans l'église et passer par le portail Renaissance de style laurentien). La **Madrice Nuova**, imposante église du 17e s., renferme une belle *Déposition de croix* de Giuseppe Velasco, ainsi que des autels baroques à colonnes torses, œuvres de Vincenzo Messina.

Le corso Umberto I mène à la **Fontana della Venere Ciprea** (reconstruite en 1614) qui représente au niveau supérieur Andromède, dans la niche centrale Vénus et Cupidon, et sur ses quatre bas-reliefs la légende de Diane et Actéon.

Sortir de Castelbuono et suivre les indications pour San Guglielmo, puis Rifugio Sempria, où on peut laisser son véhicule.

7

Il Sentiero degli Agrifogli giganti (Sentier des Chênes verts géants)
3,5 km en 2h30 AR environ.

🐾 Les amoureux de la nature seront séduits par ce sentier qui, de **Piano Sempria**, traverse un magnifique bois de chênes verts et une futaie de chênes pubescents, pour aboutir à **Piano Pomo**, où poussent des arbres vieux de trois siècles, hauts de plus de 15 m.

Depuis Castelbuono, la route panoramique continue vers Geraci Siculo (22 km).

Geraci Siculo

Ce village, qui a remarquablement conservé son caractère médiéval dans sa partie haute, est sillonné de petites rues pavées. Son château, accessible par une route sur la droite à l'entrée du village, a été édifié par les marquis Ventimiglia. Il n'en reste que des ruines et la chapelle Sant'Anna. L'endroit offre un magnifique **panorama★** sur les alentours. Au centre du village s'élève la **chiesa madre** de style gothique, à trois nefs que séparent des arcs de pierre en ogives. Dans la deuxième travée de la nef de gauche, on peut admirer une Vierge à l'Enfant commandée par les Ventimiglia à **Antonello Gagini**.

La route de Geraci à Petralia *(14 km)* offre de splendides **panoramas★** sur les montagnes, où se détachent nettement le plateau surélevé de la ville d'Enna et l'Etna.

Petralia Soprana

Pour la visite de l'église principale et des autres églises ☎ 0921 68 41 20.

Avec ses 1 147 m d'altitude, c'est la commune la plus haute des Madonie. Les vues sur le paysage environnant sont magnifiques. Ses origines semblent remonter à Petra, une ville sicane construite pour se défendre des attaques ennemies. L'aspect médiéval que lui confèrent ses maisons en pierre locale est resté intact grâce à une régulation de circulation urbaine très attentive. Ses rues étroites, bordées d'austères palais nobles et d'églises, toujours en pierre locale, s'ouvrent sur de charmantes petites places ou sur des panoramas splendides, comme le **belvédère** (proche de la piazza del Popolo) avec sa très belle **vue★★** sur Enna *(à l'extrême gauche)*, Resuttano, le mont Cammarata et la Madonna dall'Alto *(à droite)*.

Au centre-ville, sur la **piazza del Popolo**, se trouve l'hôtel de ville, ancien couvent dominicain qui a conservé son style gothique d'origine et ses arcs en tiers-point. En longeant le chemin qui conduit vers la **chiesa madre**, on débouchera sur la jolie petite piazza Quattro Cannoli, ornée d'une fontaine en pierre. À droite de la **chiesa madre** s'élève un beau portique d'où l'on peut admirer la vue sur le Piano Battaglia, Polizzi, l'Etna et Enna. À l'**intérieur**, ne pas manquer le Christ en bois de **Fra'Umile da Petralia** *(à droite de l'autel)* et, dans la chapelle du Saint-Sacrement *(à gauche de l'autel)*, un bel autel en bois sculpté dû à Bencivinni. Le revers de la façade est occupé par un buffet d'orgue du 18ᵉ s.

L'église **Santa Maria di Loreto** s'élève à l'endroit qu'occupait une ancienne forteresse sarrasine. Sa façade convexe, couronnée de deux clochers, est l'œuvre des frères Serpotta. Elle expose une belle icône de Vierge à l'Enfant attribuée à Giacomo Mancini (15ᵉ s.). Derrière l'église s'ouvre un superbe **panorama★★★** avec l'Etna.

L'église **San Salvatore**, du 18ᵉ s., au plan ovale, protège une statue de bois de saint Joseph, due à Quattrocchi, et, dans la sacristie, deux tableaux de **Giuseppe Salerno**, l'un des deux « boiteux » de Gangi *(voir p. 498)*, **Sainte Catherine d'Alexandrie** et **La Vierge au chat** qui dégage une atmosphère intime et une douceur rarement rencontrées chez ce peintre.

Petralia Sottana

Le village est juché sur un éperon rocheux, à 1 000 m d'altitude dans un site panoramique au-dessus de la vallée de l'Imera. Le corso Paolo Agliata, où se trouve le bureau de l'office du tourisme des Madonie *(voir « S'informer », p. 488)*, mène à l'**église Santa Maria della Fontana** dont on peut admirer un portail du 15ᵉ s. Encore quelques pas, et voici l'**église San Francesco** *(pour la visite, s'adresser au prêtre)* et son beau campanile à arc ogival. Elle renferme des toiles de **Giuseppe Salerno**.

En poursuivant sur la droite, dans un virage, on aperçoit la tour-campanile de l'église de la Miséricorde, ornée d'une méridienne. Un peu plus loin, sur la place Umberto I, s'élève la **chiesa madre** (17ᵉ s.) qui domine la vallée. L'intérieur possède trois nefs séparées par des colonnes en pierre d'un seul bloc provenant de la Balza San Eleuterio. On peut voir des toiles de **Giuseppe Salerno** parmi lesquelles *Le Triomphe de l'Eucharistie* (premier autel à gauche) et *Les Cinq Plaies du Seigneur* (prises un certain temps pour une Déposition). La chapelle à droite de l'autel exhibe une émouvante Nativité d'**Antonello Gagini**. Passer sous la belle voûte du campanile et continuer la montée jusqu'à l'**église della Trinità** (ou Badia, 16ᵉ s.) *(pour la visite, s'adresser au prêtre)*, dont l'entrée est marquée par un beau portail gothique. Elle abrite un grand **retable en marbre★** formé de vingt-trois panneaux, œuvre de **Domenico Gagini**. Au centre, le Mystère pascal, entouré de la Trinité *(en haut)*, de la Crucifixion, de la Résurrection et de l'Ascension. Les panneaux latéraux *(à lire du haut à gauche au bas à droite)* illustrent des épisodes de la vie de Jésus. Un beau buffet d'orgue du 18ᵉ s. se dresse au fond de la nef à droite.

Excursion – *3h30 environ.* 🚶 En quittant Petralia par le nord, prendre le sentier qu'empruntent les pèlerins pour se rendre au **sanctuaire de la Madone dall'Alto** (1 819 m). On pourra y admirer une Vierge à l'Enfant de 1471. *Poursuivre en direction de Polizzi Generosa (20 km).*

Polizzi Generosa

Dans un très beau **site★** sur un éperon calcaire, Polizzi domine les versants nord et sud de la vallée de l'Imera. Lorsque le temps se couvre, les maisons ainsi que les sommets environnants émergent à peine des nuages, et, tableau pittoresque, Polizzi semble alors suspendue au-dessus d'une mer de nuages. Cette ville aux origines obscures a joué un rôle dans la lutte contre les Arabes. Pour se défendre contre les « Infidèles », Roger II s'était retranché dans le château qu'il y avait fait construire. Plus tard, Frédéric II, touché par l'excellent accueil offert par la ville, la gratifia du titre de « Généreuse ». On peut commencer la visite de la ville par son point le plus élevé, la place où se trouvent encore les ruines du château (917 m). On verra d'abord le palais Notarbartolo (16ᵉ s.) où se trouve le **Museo Ambientalistico Madonita** *(téléphoner pour toute information et réservation ℘ 0921 64 91 84)* qui présente une intéressante exposition sur les habitats naturels de la région (les animaux naturalisés exposés sont morts de mort naturelle ou à la suite de braconnage). La visite est proposée sous forme « d'excursion » dans les montagnes, en partant du milieu aquatique (la faune et la flore de la rivière figurent telles qu'elles étaient il y a 30-40 ans) pour s'élever progressivement dans les bois et les hêtraies (1 300-1 800 m), en passant par la faune de moyenne et haute montagne, avec les vautours (dont le vautour-griffon disparu dans les années 1920) et l'aigle royal.

En descendant la via Roma, on passe devant le palais Gaillardo (16ᵉ-17ᵉ s.) face à la **chiesa madre** *(horaires d'ouverture variables - ℘ 0921 64 90 94)*, dont l'aspect actuel remonte au 19ᵉ s., bien que certains éléments (le portique et un arc ogival) datent des 14ᵉ-15ᵉ s. À l'intérieur sont conservées de nombreuses

7

œuvres d'art, parmi lesquelles un triptyque flamand *(chœur)*, et, dans le collatéral droit, une belle **Vierge du Rosaire** de **Giuseppe Salerno**.

Plus loin, sur la piazza Umberto I, emprunter la via Garibaldi où se trouve l'église San Girolamo, au portail baroque. Au fond de cette rue, la piazza XXVII Maggio offre un remarquable **panorama★★★** en amphithéâtre sur les cimes des Madonie, avec au centre l'Himère septentrional, où passe maintenant l'autoroute. Sur la gauche, on embrasse la Rocca di Caltavuturo, le mont Calogero *(à l'horizon)* et le mont Cammarata. Tout à droite, on reconnaît le profil dolomitique de la Quacella, suivie du mont Mufara et du pic Carbonara. Presque en face se profile le massif des Cervi, avec en son centre une dépression appelée « *Padella* » (poêle), où la légende populaire situe l'entrée secrète d'une grotte pleine de trésors, qui se révélerait uniquement pendant la messe de Pâques. En contrebas s'étend la vallée de Noccioleti.

Poursuivre en direction de la côte sur la S 643 pendant environ 15 km et, au premier carrefour, prendre à gauche en direction de Caltavuturo (25 km de Polizzi).

Le **paysage★** offre des vues très contrastées de terres brûlées alternant avec des pentes verdoyantes, brusquement entrecoupées de parois calcaires escarpées.

Caltavuturo

Installé au pied de la Rocca di Sciara ou *Rocca dell'avvoltoio*, Caltavuturo doit son nom au mot arabe *calaat* (château) accolé au sicilien *vuturo*. La **chiesa madre** du village abrite, parmi des œuvres précieuses du 16e s., une belle toile de la Madone du Rosaire entourée des Mystères, de l'école de Pietro Novelli, et au revers de la façade, un beau buffet d'orgue de Raffaele della Valle.

À Caltavuturo, prendre la S 120 en direction de Cerda et, au carrefour, tourner à gauche en direction de Sclàfani Bagni (10 km).

Sclàfani Bagni

Dans un très beau **site★** à la pointe d'un éperon rocheux, ce petit bourg n'a rien perdu de son caractère médiéval. L'entrée est marquée par la **Porta Soprana**, un arc ogival surmonté de l'écusson de la famille Sclàfani. Sur la gauche s'élève un petit château qui servait probablement de tour défensive. Un peu plus loin se dresse la **chiesa madre** à la façade ornée d'un portail gothique (15e s.). Y sont conservés *L'Agonisant*, peinture du boiteux de Gangi, **Giuseppe Salerno** *(voir p. 498)*, et un sarcophage provenant des fouilles d'Himère *(voir p. 510)* sur lequel figure une bacchanale. Au revers de la façade, l'orgue de Raffaele della Valle (1615) est en cours de restauration. À droite de l'église, on aperçoit en hauteur à l'arrière-plan des vestiges de fortifications du 14e s. dont il reste une tour. De là, la **vue★★** merveilleuse embrasse les cimes des Madonie jusqu'à la mer en contrebas d'Himère et de Caltavuturo.

Retourner vers la S 643 et poursuivre vers Collesano (30 km).

Collesano

Ce petit bourg de villégiature a conservé ses ruelles médiévales qui s'enchevêtrent au cœur du centre historique. Le monument le plus intéressant est la **chiesa madre**, majestueusement précédée d'un escalier qui contraste avec une façade qui ne laisse rien deviner des richesses abritées à l'intérieur.

Un grand crucifix peint en 1550 est suspendu au milieu de la nef centrale. Au départ de la nef de droite, une vitrine renferme une chaise à porteurs du 17ᵉ s. Parmi les nombreuses peintures du 17ᵉ s., on admire une très belle **Sainte Catherine** (1596) de Giuseppe Alvino, dit le Sozzo (le Crasseux) *(départ de la nef de droite)*, mais ce sont surtout les toiles de l'autre boiteux de Gangi, **Gaspare Bazzano** *(voir p. 496)*, qui retiennent l'attention, dont la grandiose **Sainte Marie des Anges★** *(départ du collatéral gauche)* et les **fresques★** du chœur qui illustrent des scènes de la vie des saints Pierre et Paul *(sur les murs de droite et de gauche)* et du Christ *(sous la voûte)*. On voit à l'extrémité de la nef de droite un très beau tabernacle de D. Gagini datant de 1489.

En montant vers la piazza Gallo, le centre ancien du village, on débouche sur les ruines du château, d'où l'on jouit d'une belle vue sur le fond de la vallée et la côte.

À Collesano, revenir vers la côte et Cefalù (17 km).

ENTRE MADONIE ET NEBRODI

▶ *Circuit de 180 km environ, tracé sur la carte p. 478-479. Compter une bonne journée avec la visite de Nicosia. Départ de Santo Stefano di Camastra.*

Santo Stefano di Camastra

Célèbre pour sa production de céramiques artistiques, Santo Stefano aligne dans les rues de son centre une ribambelle de petits magasins proposant des objets répondant à tous les goûts et toutes les exigences. Un des monuments les plus intéressants, le **palais Sergio**, autrefois dit du duc de Camastra, est aujourd'hui le siège du **musée de la Céramique** (*℘ 0921 33 70 96 - ♿ - tlj sf lun. 9h-13h, 15h30-19h30 - gratuit*). Sur la droite à l'entrée, on distingue parmi toutes les œuvres l'*Andare* de S. Lorenzini, suite de cinq guerriers qui s'enfoncent dans le sol. Le palais a conservé dans certaines pièces les **pavements en majoliques★** d'origine, des fresques au plafond et des pièces de mobilier du 18ᵉ s. À l'extérieur de la ville (après le musée de la Céramique) se trouve le **vieux cimetière**, qui ne fut utilisé qu'entre 1878 et 1880 et conserve des tombes ornées de majoliques.

La route qui relie Santo Stefano à Mistretta *(14 km)* offre de beaux **panoramas** sur la vallée.

Mistretta

Situé à 950 m d'altitude, c'est l'un des points de départ des excursions sur le massif des **Nebrodi** *(voir p. 477)*. L'élégant village aux maisons en pierre est dominé par les vestiges d'un château féodal, d'où l'on a une belle vue. Parmi les monuments, on distingue l'**église San Giovanni** (1530) précédée d'un bel escalier à deux rampes et terminée par un clocher orné de fenêtres géminées au niveau supérieur. Des deux clochers qui devaient encadrer la **chiesa madre Santa Lucia** (16ᵉ s.), seul celui de droite fut achevé. Il est orné de belles fenêtres géminées. En partie refaite au 17ᵉ s., l'église a conservé son beau portail d'origine en marbre *(flanc droit)*. À l'intérieur, dans la chapelle consacrée à la Madone se trouve la *Madone des Miracles*, attribuée à Giorgio da Milano, tandis que la grande chapelle consacrée à sainte Lucie conserve un beau retable d'**Antonello Gagini** avec des statues de sainte Lucie, saint Pierre et saint Paul (1552). Derrière l'autel, on peut admirer les stalles du chœur datant du 17ᵉ s. ainsi qu'un bel orgue du 18ᵉ s. Dans la partie haute du village se trouve l'église Renaissance **Santa Caterina**.

Depuis Mistretta, continuer sur la S 117 jusqu'au carrefour pour Troina/Nicosia, puis prendre à droite en direction de Nicosia (30 km).

7

Nicosia

Située à 700 m d'altitude, Nicosia est une ville de montagne, étalée sur quatre paliers rocheux, au sud des Nebrodi. Autour des ruines du château, dans la partie haute de la ville, s'entremêlent des ruelles pavées, tortueuses et pentues. On y découvre en les parcourant des églises et des palais, hélas rarement mis en valeur, ainsi que des logis creusés à même la roche. Ces derniers, qui servent aujourd'hui de celliers ou de garages, sont les reliquats de l'habitat troglodytique assez répandu autrefois, notamment dans le sud-est de la Sicile. Fondée à l'époque byzantine, avec un nom d'origine sans doute orientale dont la signification pourrait être « ville de St-Nicolas », Nicosia a connu le sort du reste de la Sicile, passant des mains des Normands à celles des Souabes, des Aragonais, des Castillans et enfin des Bourbons, tout en préservant sa caractéristique locale : la rivalité féroce opposant ses deux quartiers, celui du bas et celui du haut, chacun serré autour de son église (San Nicolò et Santa Maria) et animé par deux factions qui se sont souvent affrontées avec violence. Cette situation relativement fréquente en Sicile (on pense à Raguse et Modica) a connu ici une ampleur et une âpreté sans égales. Les querelles qui éclataient à l'occasion des processions religieuses nécessitèrent un compromis et le partage officiel de la ville en deux parties distinctes. Il y a peu de temps encore, en 1957, le Vendredi saint voyait deux processions portant chacune son crucifix !

Piazza Garibaldi – Centre de la ville, cette petite place est imprégnée d'une atmosphère particulière le soir, lorsque la cathédrale St-Nicolas et les palais qui l'entourent s'éclairent d'une lumière diffuse. Remarquer notamment le **palais de la Ville** du 19ᵉ s., dont la cour intérieure est ornée d'un beau lampadaire en fer forgé.

Cattedrale di San Nicolò – À l'origine de style gothique, bâtie en 1340 en agrandissant une chapelle préexistante, elle a souvent été transformée au cours des siècles. De son style original, elle conserve un élégant **portail★** orné de motifs floraux, palmettes et feuilles d'acanthe *(voir dessin p. 107)*, et un campanile qui laisse deviner derrière le grillage d'élégantes fenêtres géminées ou triples, surmontées au second niveau d'arcs ogivaux très travaillés. La façade de gauche, qui donne sur la place Garibaldi, a également conservé son porche gothique en arcades ogivales. Près de l'abside, on distingue, gravées dans le mur, des marques de compagnonnage (poids et mesures étalons).

L'**intérieur**, résultat de nombreuses transformations, présente une voûte terminée au 19ᵉ s., avec une coupole où trône une statue de saint Nicolas curieusement pendue au plafond, de Giovan Battista Li Volsi (17ᵉ s.). Ce dernier est aussi l'auteur, avec son fils Stefano, du **chœur liturgique★** en noyer finement ciselé et orné d'angelots (1622). On voit sur les premières stalles quatre scènes religieuses : *Le Christ entrant dans Jérusalem (1ʳᵉ à gauche)* en face du *Couronnement de la Vierge* (remarquer dans le bas une vue de Nicosia avant le glissement de terrain de 1757, qui toucha surtout la partie haute de la ville), *Le Martyre de saint Barthélemy (2ᵉ à gauche)* et *Le Miracle de saint Nicolas* en face. La couverture de l'église cache un secret : le corps de la voûte recouvre le plafond d'origine en bois à charpente apparente, entièrement peint, datant des 14ᵉ-15ᵉ s. *(non visible pour le moment)*. La contre-façade supporte un orgue dû à Raffaele della Valle et Stefano Li Volsi.

À voir encore, des sculptures de l'école des Gagini (fonts baptismaux et chaire), le groupe du *Christ en gloire entre la Vierge et saint Jean-Baptiste (2ᵉ chapelle à gauche)* attribué à **Antonello Gagini** et, dans la **salle capitulaire**, trois belles toiles du 17ᵉ s. : une *Vierge à l'Enfant entre saint Jean-Baptiste et sainte Rosalie* de **Pietro Novelli**, un *Martyre de saint Sébastien* de **Salvator Rosa**, et surtout un

> ## LA LÉGENDE DE SAINT NICOLAS
> Saint Nicolas, Santa Claus pour les Anglo-Saxons, était un évêque de Lycie du 4e s. D'après la légende, il aurait été le mystérieux bienfaiteur de trois jeunes filles à marier, dépourvues de dot, que leur père destinait à la prostitution afin de se procurer la somme nécessaire. Le saint secourable déposa alors incognito dans leur modeste habitation trois petites bourses d'argent, préservant ainsi leur dignité. Le personnage présente des similitudes avec celui du père Noël, qui apporte des cadeaux aux enfants sages.

Saint Barthélemy★ de Giuseppe de Ribera, dit **Spagnoletto** (petit Espagnol), dont on observera le talent réaliste dans le personnage de l'écorcheur et les figures de l'arrière-plan.

En empruntant la salita Salomone, avec ses palais qui laissent imaginer les fastes d'antan, puis la via ansaldi, on aboutit à l'**église San Vincenzo Ferreri**, décorée de fresques de Guglielmo Borremans, et à l'église Santa Maria Maggiore, d'où l'on bénéficie d'un magnifique panorama sur les montagnes et la ville basse.

Santa Maria Maggiore – En 1757, un glissement de terrain emporta la partie haute de la cité, entraînant avec lui l'église Ste-Marie-Majeure. La contribution des habitants du quartier permit sa rapide reconstruction, un peu plus haut, en face de son ancien emplacement. La famille noble La Via, par exemple, fit don du portail de son palais du 17e s. pour en orner la façade principale. À l'intérieur, l'attention est vite attirée par la **Cona**, une grande icône de marbre à six niveaux représentant les épisodes de la vie de la Vierge, avec, au-dessus, une très belle représentation de saint Michel par **Antonello Gagini** et son école. Au fond de la nef de droite se dresse le trône de Charles Quint, sur lequel il se serait assis lors d'une de ses visites en 1535.

Derrière l'église, en haut de la paroi rocheuse, se dressait un **château** *(pour éviter une longue marche, il est possible de s'y rendre en voiture en empruntant la via Simone à proximité du centre)*. Ses vestiges se réduisent à l'arc en ogive qui marquait l'entrée du bastion et à une tour délabrée. On a une très belle **vue★** sur les toits de la ville et les collines environnantes.

Revenir vers la piazza Garibaldi et continuer le long de la via Fratelli Testa.

À droite se trouve l'**église du Très-Saint-Sauveur**. Précédée d'un porche, elle est située en hauteur et offre une belle **vue** plongeante sur la ville.

Poursuivre par la via Fratelli Testa et la via G.B. Li Volsi, puis prendre, à l'intersection avec la via Umberto I, une montée sur la gauche.

Église des Capucins – Elle renferme un beau tabernacle en bois du 18e s. attribué à Bencivinni ainsi qu'une belle toile du « boiteux de Gangi », **Gaspare Bazzano**, *La Madone des Anges, sainte Barbara et sainte Lucie.*

Reprendre la S 120. Au bout de 8 km apparaît le petit bourg de Sperlinga, adossé à une colline que domine un château.

Sperlinga

Ce petit bourg construit sur le flanc d'un éperon rocheux en forme de quille de navire renversée a été utilisé, semble-t-il, depuis l'époque des Sicanes, dont on peut encore visiter les habitations troglodytiques dans la partie basse du bourg. Dans la partie haute, site hautement stratégique, surgit le **château-forteresse** bâti en intégrant admirablement la nature du rocher. Dans la montée qui y conduit, deux grandes grottes qui faisaient autrefois office d'étables sont maintenant aménagées en petit **musée d'Ethno-anthropologie** *(9h-13h, 16h30-19h)*. Après avoir dépassé la première grande porte, on se trouve face

7

à un arc en tiers-point, où est inscrite en latin une phrase qui fait sans doute allusion à un trait caractéristique de la bourgade, mais dont la référence est restée inconnue : « *Quod Siculis placuit, sola Sperlinga negavit* » (Ce qui a plu aux Siciliens, seule Sperlinga n'en a pas voulu). Peut-être faut-il remonter à 1282, lorsque, en pleine guerre des Vêpres, les Français réfugiés dans le château trouvèrent chez les habitants aide et compréhension au lieu d'être pris en otages ? L'épisode causa en tout cas de grands remous à l'époque.

Le château a plusieurs niveaux. Dans les grottes creusées à même la roche *(à gauche de l'entrée)* se trouvaient les étables, les prisons et les forges, qui servaient sans doute à fabriquer des armes. La salle des audiences du prince se trouvait devant. À l'opposé, sur l'unique zone plane, s'élevaient la chapelle et les appartements, avec, au niveau inférieur, des grottes servant de réserves. Au centre, un escalier abrupt taillé dans la pierre conduit à la tour de guet. On a de là une **vue★★** à 360 degrés sur le plateau de Gangi, avec à l'arrière-plan les massifs des Madonie et des Nebrodi (au nord), suivis de l'Etna et des monts Erei. Sur la droite domine la longue crête bosselée du mont Grafagna-San Martino, qui fait partie de la chaîne des Nebrodi.

La route, qui est de toute beauté, continue vers Gangi *(20 km)*, première commune des Madonie.

Gangi

Longtemps considérée comme l'antique Engyum, cité grecque fondée par des colons venant de Minoa, l'actuelle petite ville de Gangi s'est développée à partir du 14e s. Sur le massif du mont Marone où elle se dresse fièrement, elle a conservé presque intact l'aspect médiéval que lui confèrent ses pittoresques venelles, bordées de maisons en pierre.

La « ville haute » – Le viale delle Rimembranze mène à la partie haute du bourg, à l'ombre des arbres plantés pour tous les soldats tombés au cours de la Seconde Guerre mondiale. La visite peut commencer par la **piazza San Paolo**, sur laquelle donne l'église en pierre du même nom (16e s.), dotée simplement d'un beau portail orné de bas-reliefs. L'église de l'abbaye (18e s.) en pierre nue lui répond dans le même style dépouillé. On aboutit au centre-ville en suivant le **corso Umberto I**, bordé de beaux palais, comme le **palais Mocciaro** du 19e s.

Le **palazzo Bongiorno★** (*✆ 0921 50 20 17 - tlj sf lun. 9h-13h, 15h-19h - gratuit*), d'aspect massif, a été édifié au 18e s. par les Bongiorno, l'une des familles nobles les plus riches de la région. On y admire surtout dans les salles de l'étage noble d'élégantes **fresques★** en trompe-l'œil de Gaspare Fumagalli, peintre romain œuvrant à Palerme vers le milieu du 18e s. Elles représentent des allégories sacrées et profanes *(La Modestie, Le Triomphe du christianisme, Le Temps)*, et sont logées dans des cadres enrichis de mascarons, de cartouches et de médaillons sur fond de paysages.

La place principale de la ville est la **piazza del Popolo**, que domine la **torre Ventimiglia★**. Édifiée au 13e s. comme tour de guet et passée aux chevaliers de Malte au 15e s., elle devient clocher lorsque l'église est édifiée au 17e s. De style gothico-normand, elle comporte des arcades ogivales en forme de portiques sur la rue et d'élégantes fenêtres géminées à trois lobes, au second niveau. Dans un angle de la place, une sorte de petite grotte abrite la fontaine du Lion datant de 1931.

La **chiesa madrice**, édifiée au 17e s. sur un ancien oratoire, recèle des œuvres de valeur. Dès l'entrée, le regard est attiré par une immense toile qui occupe le côté gauche du sanctuaire. C'est le **Jugement dernier★** (1629), chef-d'œuvre de **Giuseppe Salerno**, qui s'inspire, entre autres, de la fresque exécutée par

Nicosia et ses environs.
J. Frumm / hemis.fr

Michel-Ange pour la chapelle Sixtine à Rome (le Christ Juge, saint Barthélemy – qui est un autoportrait du peintre – et Charon, le passeur de l'enfer). Le registre inférieur de la composition est divisé en deux : à gauche, les élus avec l'archange saint Michel, à droite, les damnés et les faucons de Léviathan. Chacun des damnés symbolise un péché capital, signalé par une étiquette libellée parfois même en sicilien. Parmi les damnés figurent des religieux, mais pas de prêtre, puisque l'un d'eux a commandité l'œuvre. À voir encore dans l'église, des sculptures sur bois de Quattrocchi, dont un **Saint Gaétan★** *(au fond de la nef de droite)*.

De l'esplanade située devant l'église, on jouit d'une belle vue sur la ville basse, avec sur la gauche la tour appelée Sarrasine et le couvent des Capucins.

Le corso Umberto I, prolongé par le corso Fedele Vitale, est connu pour ses **boutiques romaines** du 16e s., ainsi appelées pour leur devanture caractéristique : une porte d'entrée flanquée d'une fenêtre-comptoir servant à la vente. Plus loin, le palais Sgadari abrite le **Musée municipal** *(Museo Civico – ℘ 0921 68 99 07 - tlj sf lun. 9h-13h, 15h-19h - 2,50 €)* qui rassemble des vestiges archéologiques provenant du mont Alburchia.

Au bout de la rue se trouve le **château des Ventimiglia**, construction de forme carrée.

La « ville basse » – Revenir sur ses pas et, sur la piazza del Popolo, prendre la via Madrice (qui comprend des marches) pour rejoindre l'**église del Santissimo Salvatore**, où est conservé un crucifix en bois de Fra'Umile da Petralia et une *Montée au Calvaire* de Giuseppe Salerno, œuvre qui reprend le *Spasimo di Sicilia (La Douleur de la Sicile)* de Raphaël, commandée par l'église Santa Maria dello Spasimo de Palerme *(voir p. 155)*.

(voir p. 155)

7

Encore quelques pas et voici l'**église Santa Maria di Gesù**, à l'origine hospice bénédictin du 15e s., époque à laquelle remonte la tour-campanile, allégée par des fenêtres géminées. La façade de l'église est enrichie d'un beau portail orné de bas-reliefs. À l'intérieur, on peut admirer des œuvres de Quattrocchi, en particulier la sculpture en bois de l'*Annonciation*.

« VULGO DICTO LU ZOPPO DI GANGI »

C'est la signature que l'on distingue clairement sur le cycle des fresques de la *chiesa madre* de Collesano, dernière œuvre de **Gaspare Bazzano** (ou Vazzano). Né à Gangi dans la seconde moitié du 16e s., ce peintre, qui s'est formé à Palerme tout en séjournant fréquemment dans les villes des Madonie, partage son surnom de Zoppo (le boiteux), avec un autre peintre contemporain, également de Gangi, **Giuseppe Salerno**.

Aujourd'hui, il est difficile de dire quel était le lien entre ces deux artistes, même si l'on a récemment supposé que Salerno ait été le collaborateur de Bazzano, au moins dans les premières années de sa vie d'artiste. Ce pseudonyme commun s'expliquerait donc comme un hommage de la part de l'élève Salerno, plus jeune de quelques années, à son maître Bazzano. Si ces deux peintres ont en commun un même répertoire, leur style est toutefois différent. Les teintes diffuses, la douceur des traits et la souplesse des lignes confèrent aux tableaux de Bazzano un lyrisme contrastant fortement avec la dureté de Salerno, qui par ses lignes plus puissantes et son dessin plus précis, reproduit une réalité plus crue, régie par le concept, l'enseignement et la doctrine. Ces deux façons d'interpréter l'art émanent de deux personnalités différentes, de deux artistes siciliens qui ont laissé à leur terre natale un héritage important.

Sanctuaire dello Spirito Santo – *1,5 km environ au sud de Gangi en direction de Casalgiordano.* La tradition veut qu'au 16e s., un paysan sourd-muet ait retrouvé miraculeusement la parole alors qu'il travaillait aux champs, à la vue d'une image du Christ peinte sur une pierre. Le sanctuaire est donc érigé sur l'emplacement où le miracle a eu lieu. C'est un but de fervents pèlerinages encore aujourd'hui. L'effigie qui figurait sur la pierre est cachée maintenant par une peinture de Bazzano derrière l'autel.

À partir de Gangi, on peut continuer sur la S 120 et poursuivre l'itinéraire en rejoignant le circuit « Au cœur des Madonie » en direction de Petralia Sottana (15 km environ).

Si on opte pour l'itinéraire « Entre Madonie et Nebrodi », il faut rebrousser chemin sur environ 3 km et, au carrefour, prendre à gauche la route de San Mauro Castelverde (environ 30 km de Gangi).

San Mauro Castelverde

Sur un très beau site au sommet du mont du même nom, ce village offre par temps clair un vaste **panorama**★★ circulaire sur les îles Éoliennes, les Nebrodi et les Madonie. Typiquement médiéval avec ses rues étroites et tortueuses, le centre renferme l'**église Santa Maria dei Franchi** *(pour la visite, contacter ☎ 0921 67 40 83)* (13e s.) près de laquelle s'élève un campanile du 18e s. On voit à l'intérieur la *Vierge du Bon Secours* de **Domenico Gagini** et des fonts baptismaux d'**Antonello Gagini**.

Prendre la direction de Borrello. Après Borrello Alto, suivre les indications pour Gangi-San Mauro (à gauche). Après environ 1 km, un panneau sur la droite indique les Case Tiberio U'Miricu.

Gole del Pollina (Gole del Tiberio)

Suivre la petite route jusqu'au carrefour, puis rester sur la gauche. La route devient de la terre battue et mieux vaut alors garer son véhicule. Un peu plus loin sur la droite, une route pavée emmène jusqu'à l'escalier (plus de 400 marches !) qui conduit aux gorges.

La visite est particulièrement agréable en été, lorsque la rivière est presque à sec et qu'il est possible d'en suivre le lit, entre les hautes parois qui le surplombent.

Revenir à Borrello et poursuivre vers la côte. Une fois au carrefour, tourner à gauche, suivre la route littorale et s'engager à droite sur la route qui monte vers Pollina.

Pollina

De son **site**★ panoramique en sommet de colline, Pollina offre une très belle **vue**★ sur la côte. Son centre sillonné de venelles rappelle ses origines médiévales. Dans la **chiesa madre** (16e s.) sont exposées de remarquables œuvres d'art comme la délicate et harmonieuse **Nativité**★ d'**Antonello Gagini**.

Du château qui s'élevait au Moyen Âge au point culminant du bourg, il ne reste qu'une tour carrée. Non loin de là, un théâtre récent, construit sur le modèle gréco-romain, offre un très beau **panorama**★★ sur les montagnes qui, en prenant la route qui part du théâtre vers la partie basse de la ville, s'ouvre progressivement sur la mer.

Revenir sur la route littorale en direction de Cefalù. On verra sur la droite les indications pour Tusa. Un petit détour conduit aux fouilles d'Halæsa et à ce petit village.

Halæsa

Près de la chapelle Santa Maria di Palate se trouvent les **vestiges d'Halæsa** (☎ 0921 33 45 31 - de 9h à 1h av. le coucher du soleil - 2 €), cité sicule fondée au 5e s. av. J.-C., puis dominée par les Grecs et les Romains, et enfin détruite par les Arabes. Les **fouilles** ont mis au jour le forum romain et ses *sacelli* (chapelles), une habitation patricienne, et quelques bastions des murailles d'enceinte de l'époque grecque, face auxquelles on suppose qu'un temple s'élevait au sommet de la colline, en position panoramique au-dessus de la rivière Tusa *(on ne peut pas accéder au sommet)*.

Tusa

10 km environ au sud d'Halæsa.

Ce petit bourg aurait été fondé par les survivants d'Halæsa après la destruction de la ville par les Arabes. En position panoramique au sommet d'une montagne, la partie haute du bourg a conservé un aspect purement médiéval. Son entrée est marquée par une porte. C'est là que sont regroupées les églises intéressantes à visiter, dont tout d'abord la **chiesa madre**, ornée d'un beau portail avec un arc en tiers-point. On y voit une délicate Annonciation en marbre de style Renaissance (1525) à l'autel, un beau chœur liturgique en bois sculpté du 17e s. représentant des dragons, des *putti* et des mascarons, et une Vierge à l'Enfant de l'école des Gagini. À côté de l'église s'élève, isolée, la tour du clocher.

En se promenant dans le bourg, on apercevra la petite église en pierre San Nicola qui se cache au cœur des rues étroites et que l'on repère à la flèche de son campanile recouvert de céramiques.

Revenir sur la route littorale. On a alors le choix entre suivre l'itinéraire proposé ci-dessous ou rentrer à Santo Stefano di Camastra.

★ LA FIUMARA D'ARTE

7

▶ *Circuit de 80 km tracé sur la carte p. 478-479. Départ de Santo Stefano di Camastra. Compter au moins une demi-journée.*

Ce singulier projet, dont l'initiative revient à Antonio Presti (également à l'origine de l'hôtel-musée Atelier sul mare, *voir p. 501*), est une sorte de musée en plein air de la sculpture contemporaine, qui se déroule le long du torrent

Tusa et a pour objet de revaloriser une zone naturelle en créant une symbiose entre art et nature. Quoi qu'il en soit, il permet de découvrir et d'apprécier des lieux cachés et peu connus. Lancé il y a quelques années, en évolution permanente, il témoigne de l'engagement passé et actuel de bon nombre d'artistes contemporains, aussi bien italiens qu'étrangers.

Depuis Santo Stefano di Camastra, suivre la S 113 en direction de Palerme.

On peut partir de **Santo Stefano di Camastra** *(voir ce nom p. 493)* et suivre le littoral sur la droite. Sur la plage de Villa Margi apparaissent les premiers ouvrages de grande envergure. Le *Monument dédié à un poète mort* (Tano Festa, 1990) est une sorte de fenêtre donnant sur la mer et l'horizon, aussi bleue que les deux éléments, la mer et le ciel, qui l'encadrent.

Continuer pendant quelques kilomètres sur la S 113, puis tourner à gauche vers Pettineo.

Sur la droite, au milieu du lit presque toujours à sec de la rivière Tusa, se trouve la seconde œuvre, *La matière pouvait ne pas y être* (Pietro Consagra, 1986), composée de deux éléments de béton armé qui se développent suivant deux plans, l'un blanc et l'autre noir, dans un ensemble complexe.

On pénètre dans les **Nebrodi**. Tout au long du **parcours★** ascendant, on profitera de belles **vues★**. La présence humaine se fait de plus en plus rare dans ce paysage enfoui dans la nature. De chaque côté de la route, les troncs torturés des oliviers semblent avoir emprisonné des âmes tourmentées. Le paysage retrouve ensuite sa gaieté grâce au soleil qui met de l'or dans les buissons de genêts. Après avoir dépassé Pettineo, qui apparaît sur la cime d'une colline, peu avant l'arrivée à Castel di Lucio, surgit sur la gauche *Une courbe jetée derrière le temps* (Paolo Schiavocampo, 1990), œuvre baignée de silence. On est alors proche de **Castel di Lucio.** Un panneau sur la gauche indique le *Labyrinthe d'Ariane* (Italo Lanfredini, 1990), qui surgit isolé sur un col *(après un virage serré à gauche, continuer tout droit)*. Puis on discerne un labyrinthe de béton et d'argile, balayé par le vent et entouré de montagnes qui forment un beau **panorama★**. À Castel di Lucio, P. Dorazio et G. Marini ont réalisé *Aréthuse* (1990), décoration de panneaux de céramique polychrome qui habille la caserne des carabiniers.

De retour sur la route principale, continuer par la route qui serpente vers **Mistretta** *(voir plus haut Santo Stefano di Camastra)*, pour apercevoir bientôt l'une des dernières créations, le *Mur de céramique* (1993), réalisé par quarante artistes.

Après Mistretta, tourner en direction de **Motta d'Affermo** où l'onde bleue de l'*Énergie méditerranéenne* (Antonio Di Palma, 1990) domine le paysage. Revenir en direction de la mer, vers **Castel di Tusa**, à l'Albergo Atelier sul Mare.

Atelier sul Mare – *Via Cesare Battisti 4, Castel di Tusa - ✆ 0921 33 42 95 - fax 0921 33 42 83 - www.ateliersulmare.it - visite guidée dans les chambres d'art*

L'ŒUVRE INVISIBLE

Une autre œuvre d'art mérite d'être mentionnée, la *Stanza di Barca d'Oro* (Hidetoshi Nagasawa), placée dans une grotte près du lit de la rivière Romei *(environs de Mistretta)*. Les parois de la grotte, recouvertes de cuivre, font perdre le sens de l'orientation, et un arbre en marbre rose, planté dans le sol, supporte ce qui ressemble aux contours d'une barque renversée en feuilles d'or. C'est une œuvre conçue pour ne pas être vue, qui trouve sa poétique raison d'être dans sa simple existence… d'ailleurs, après l'inauguration, l'artiste a demandé à ce que la pièce soit murée.

11h-12h - 5 €. Il s'agit d'un hôtel-musée où Antonio Presti, créateur et promoteur de la Fiumara d'Arte, a mis à la disposition des artistes quelques chambres qu'ils ont transformées en œuvres d'art.

L'idée réside dans l'interaction entre l'œuvre, devenue partie intégrante du quotidien de l'occupant, et ce dernier, incité à la réflexion et l'intériorisation. Le fil conducteur en est l'eau, ou la mer, vécue comme élément simple, purificateur, le retour aux origines et par conséquent le retour sur soi. Les interprétations des artistes sont si différentes que chaque hôte peut choisir celle qui le touche le plus : le rouge passionnel d'*Énergie* (Maurizio Machetti), la blancheur intime de *Nid* (Paolo Icaro), le minimalisme de *Mystère pour la lune* (Hidetoshi Nagasawa), l'intériorisation de *Mer niée* (Fabrizio Plessi), la sinuosité sophistiquée de *Chambre du Prophète*, pour n'en citer que quelques-unes. *Voir aussi « Nos adresses dans les Madonie », ci-dessous.*

😊 NOS ADRESSES DANS LES MADONIE

VISITES

Parc des Madonie – Instauré en 1989, le parc s'étend sur un périmètre de 39 679 ha à peu près quadrangulaire, divisé en quatre zones : réserve intégrale, générale, protégée et contrôlée. Chaque réserve a sa propre réglementation. Pour plus de détails et de documentation sur les excursions, s'adresser à l'office du tourisme de **Petralia Sottana** *(voir plus haut « S'informer », p. 488).*

Madonie Geopark – Pour connaître l'histoire géologique du parc à travers différents parcours thématiques. L'association no-profit Haliotis propose des visites guidées gratuites (℘ 349 49 67 912/338 92 08 845 - www. haliotis.it).

HÉBERGEMENT

Castelbuono

POUR SE FAIRE PLAISIR

Agriturismo Masseria Rocca di Gonato – *Località*

Eremo di Liccia, 8 km au sud de Castelbuono - ℘ *0921 67 26 16 - www.roccadigonato.it - fermé mar. -*🍽 🅿 *- 11 ch. en demi-pension 70/80 €/pers.* 🛏 *-* 🍴 *19 €.* Un véritable gîte d'agritourisme de montagne, situé à l'intérieur du parc des Madonie dans un endroit isolé avec une vue splendide. Les chambres sont spacieuses et l'ameublement assez simple. Vous y dégusterez une cuisine du terroir, dont la viande provient des animaux élevés par les propriétaires.

Castel di Tusa

UNE FOLIE

Albergo Atelier sul Mare – *Via Cesare Battisti 4 -* ℘ *0921 33 42 95 - fax 0921 33 42 83 - www. ateliersulmare.it -* 🍽 🆑 *- 40 ch. 160 € max.* 🛏. Hôtel ou musée ? La question se pose ici. Une conception moderne de l'art a en effet conduit à mettre à la disposition des visiteurs des chambres décorées par des artistes de renommée internationale. *Voir p. 501.*

7

Gangi

POUR SE FAIRE PLAISIR

Tenuta Agrituristica Gangivecchio – *Contrada Gangi Vecchio, 4 km de Gangi -* ℰ *0921 60 21 47 ou 346 57 17 529 (mobile) - www.tenutagangivecchio.it - fermé juil. - 9 ch. 60/70 €/pers.* ☕ *avec dîner et cours de cuisine.* Cette abbaye bénédictine du 14ᵉ s., achetée par une famille noble au début du 18ᵉ s., a été transformée en chambres d'hôte en 1978. Beaucoup de charme, et beaucoup de goût, dans la décoration comme à table. L'actuelle propriétaire, Giovanna Tornabene, est un chef réputé qui organise pour ses hôtes des cours de cuisine sicilienne.

Villa Rainò – *Contrada Rainò -* ℰ *0921 64 46 80 - fax 0921 64 49 00 - www.villaraino.it - fermé 1 sem. en juil. -* ▣ ⌧ ⌧ *- 15 ch. 80 €* ☕ *-* ✕ *18/25 €.* Il n'est guère commode de rejoindre cette délicieuse résidence, car il faut pour cela emprunter une portion de route simplement terrassée. Mais une fois arrivé à destination, les compensations ne manquent pas : vous aurez le choix entre une quinzaine de chambres, toutes meublées avec goût, et profiterez d'un restaurant de cuisine typique.

RESTAURATION

Castelbuono

PREMIER PRIX

Vecchio Palmento – *Via Failla 2 -* ℰ *0921 72 099 - fermé lun. - 20 €.* Ce petit restaurant tout simple, à la gestion familiale, vous accueillera dans l'une des nombreuses petites salles qui le composent. En été, vous pourrez être servi dans le vaste et joli jardin, donnant malheureusement sur la route. Le menu propose des spécialités traditionnelles de la région.

BUDGET MOYEN

Nangalarruni – *Via delle Confraternite 5 -* ℰ *0921 67 14 28 - www.hostariananangalarruni.it - fermé merc. et 2 sem. en nov.* Dans ce local rustique, vous savourerez des plats traditionnels préparés avec soin. La salle principale date du milieu du 19ᵉ s. : briques apparentes et poutres anciennes au plafond vont de pair avec des consoles et une cheminée…

Palazzaccio – *Via Umberto I 23 -* ℰ *0921 67 62 89 - www. ristorantepalazzaccio.it - fermé lun. et 15-30 janv. - 20/35 €.* Charmant petit restaurant du centre-ville. Dans la salle voûtée en pierre apparente, on déguste une cuisine régionale où les invités d'honneur restent les produits des Madonie.

Romitaggio – *Localià San Guglielmo, 5 km au sud de Castelbuono -* ℰ *0921 67 13 23 - www.romitaggio.it - fermé merc. et de mi-juin à mi-juil. -* 🍴. Installé dans un ancien monastère du 14ᵉ s., cet établissement a su conserver le décor d'origine, simple et rustique. En été, le service se fait également dehors, dans l'agréable cour intérieure. L'ambiance du lieu convient parfaitement à la dégustation des spécialités locales traditionnelles.

PETITE PAUSE

Castelbuono

Extra Bar Fiasconaro – *Piazza Margherita 10 -* ℰ *0921 67 12 31.* Vous trouverez à cette adresse d'excellents *panettoni, colombe* et tortillons aux amandes en été et, sur réservation, la *testa di turco* (tête de turc), spécialité locale à base de pâte à pain farcie de viande de porc, ricotta, œufs, cacao et cannelle.

Polizzi Generosa
Pasticceria al Castello – *Piazza Castello 10* - ☎ *0921 68 85 28*. Parmi l'excellent choix que propose cette pâtisserie, on trouve le typique *sfoglio polizzano* (feuilleté) à base de fromage frais, sucre, chocolat et cannelle, que l'on célèbre pendant la troisième semaine de juillet, lors de la Fête du feuilleté.

ACHATS

Castelbuono
La manne – Il s'agit de la sève du frêne, que l'on récolte et utilise une fois séchée comme édulcorant ou laxatif. Produite sous forme de petites stalactites blanches d'un goût douceâtre, elle constituait jadis une des principales ressources du pays. Aujourd'hui, ce n'est plus qu'une curiosité locale, que l'on peut acheter au débit de tabac situé au début du corso Umberto I, tout près de la piazza Margherita.

AGENDA

Mistretta
Madonna della Luce – Les 7 et 8 septembre se déroule à Mistretta la fête de la Madone de la Lumière, qui voit promener en procession la statue de la Vierge « escortée » par deux Géants, Mytia et Chronos (fondateurs légendaires de Mistretta). Autrefois, *u figghiu ri gesanti* (le fils des Géants), un nain laid et difforme, prenait aussi part à la procession, mais il en fut ensuite exclu car on raconte qu'il effrayait les femmes enceintes.

7

Cefalù

13 807 habitants

😊 NOS ADRESSES PAGE 512

🛈 S'INFORMER

Servizio Turismo di Cefalu' – *Corso Ruggero 77 -* 📞 *0921 42 10 50 - fax 0921 42 23 86 - www.comune.cefalu.pa.it et www.cefalu-tour.pa.it.*

👣 SE REPÉRER

Carte de microrégion A2 (pp. 460-461) – *carte Michelin Local 365 AT 55.* Depuis la route de Palerme, le **site★★** exceptionnel de la ville ne peut passer inaperçu avec l'imposante masse de la cathédrale qui se détache sur la roche. Cefalù est un bon point de départ pour des excursions sur les Madonie.

🅿 SE GARER

Parking payant via Roma au niveau de la via Verga ; le long du bord de mer, dans les lignes bleues (1 €/h, gratuit à partir de 20h).

🐾 À NE PAS MANQUER

Le Duomo et ses mosaïques ; le *Ritratto d'Ignoto* d'Antonello da Messina au musée Mandralisca ; une promenade sur le front de mer et le panorama depuis la Rocca.

🕐 ORGANISER SON TEMPS

Compter une demi-journée pour la visite de la ville, sans la baignade.

Tirant son nom du grec « kephaloidion » (signifiant « tête » ou « chef »), cette charmante petite ville de pêcheurs a su développer son activité touristique en tirant parti d'un site incomparable et de sa splendide cathédrale. Les nombreux touristes qui s'y pressent y trouvent de surcroît les structures nécessaires à un séjour agréable, parmi lesquelles un nombre surprenant d'œnothèques et de bars à vin.

Se promener

Point de départ de la promenade, la **piazza del Duomo** est bordée de superbes palais. Celui de Piraino (situé à l'angle du corso Ruggero) a conservé son portail de la fin du 16e s., et le palais médiéval Maria, au portail gothique, fut peut-être résidence royale. À gauche de la cathédrale se trouve le palais épiscopal (17e s.).

★★ Duomo

8h-18h.

Précédée par quelques palmiers, la cathédrale est un pur joyau roman *(voir p. 108)*. Tout en pierre dorée, elle se fond dans celle de la falaise de la Rocca. Sa construction s'est étalée de 1131 à 1240 et a été lancée par le roi normand Roger II, à la suite d'un vœu qu'il aurait fait après avoir failli faire naufrage lors de son retour de Naples. Le style normand est nettement plus évident dans cette cathédrale que dans celle de Palerme, surtout dans la façade terminée

Vue sur Cefalù.
B. Morandi / hemis.fr

en 1204, où dominent les tours, et dans la haute abside bordée d'absidioles. La façade présente un corps central construit sur deux étages, et un portique refait au 15ᵉ s. par l'architecte lombard Ambrogio de Como. Remarquer à l'étage supérieur le jeu des arcs entrecroisés surmontés d'une fausse loggia ornée d'arcs en plein cintre. Les tours, de plan carré et à toits pointus recouverts de majolique, sont enrichies de fenêtres ogivales ou géminées et se terminent par des clochetons à merlons. Sous le portique se trouve, au centre, le portail royal, ancienne entrée de l'édifice.

L'intérieur – Il adopte une forme de croix latine, avec trois nefs séparées de colonnes ornées de **chapiteaux**★ de style siculo-normand.

Dans le chœur, les très belles **mosaïques**★★ (1148) sur fond or déploient des couleurs extrêmement vives et variées (on admirera en particulier le vert émeraude). Un immense **Christ pantocrator** domine la partie haute de la conque absidiale (*voir photo p. 87*). Une main levée en signe de bénédiction, il tient dans l'autre le texte sacré où, en grec *(sur la gauche)* et en latin, figure la parole de l'Évangile selon saint Jean (8, 12) « Je suis la lumière du monde : celui qui me suit ne marchera pas dans les ténèbres, mais il aura la lumière de la vie. » En dessous, sur trois registres, on voit la Vierge en prière entourée des quatre archanges, au-dessus des douze apôtres. Noter la douceur de leurs visages et la liberté de leurs attitudes. Leur représentation de face est typique de l'art byzantin. Sur les murs latéraux du chœur et sous la voûte, d'autres mosaïques du 13ᵉ s. représentent prophètes, saints et patriarches.

À droite du chœur se tient l'ancien trône épiscopal, et à gauche, le trône royal en marbre et mosaïques.

Les trois nefs et le transept ont été de nombreuses fois remaniés au fil des ans et sont encore aujourd'hui en cours de restauration. Les vitraux de Michele Canzoneri, réalisés sur des thèmes bibliques dans les années 1990, projettent à l'intérieur de suggestives gerbes de lumière colorée.

Le cloître, partiellement en restauration au moment de la rédaction de ce guide, renferme des colonnes et des chapiteaux du même style que ceux de Monreale (℘ *338 81 75 498 - 10h-13h, 15h-18h - 3 €*).

Corso Ruggero

L'artère principale de Cefalù, très commerçante, est tracée sur l'antique *decumanus* romain et sépare la ville en quartier est et quartier ouest. Ce dernier est typiquement médiéval avec son enchevêtrement de ruelles en escaliers, ses voûtes et ses passages étroits, tandis qu'à l'est, c'est au contraire un quadrillage régulier de rues droites et perpendiculaires. Cette différence reflète la séparation des deux classes sociales qui semblent s'être approprié chacune son territoire, le peuple à l'ouest, la noblesse et le clergé à l'est.

Depuis la piazza Duomo, tourner à gauche sur le corso : un peu plus loin sur la gauche, on aperçoit la magnifique **église du Purgatoire** *(pour toute information sur les horaires : ✆ 0921 92 20 21)*, appelée autrefois Santo Stefano Protomartire, avec son portail baroque précédé d'un bel escalier en fer à cheval. À l'intérieur, on aperçoit immédiatement sur la droite le sarcophage du baron di Mandralisca.

★ Osterio Magno

Ne se visite pas. Situé sur la droite du corso, ce palais, l'une des résidences favorites du roi Roger puis de la famille des Ventimiglia, révèle deux styles de différentes époques. Le plus ancien se remarque dans la façade qui donne sur la via Amendola. En pierre de lave et en pierre dorée, ses deux élégantes **fenêtres** géminées bicolores datent de la fin du 13e s. À l'angle formé par le corso Ruggero, la tour quadrangulaire du 14e s., avec sa fenêtre triforée surmontée d'un arc magnifique, est de style sicilien chiaramontain. Restauré de fond en comble, le palais est aujourd'hui un lieu d'exposition.

Le corso Ruggero débouche sur la piazza Garibaldi, où s'élevait jadis l'une des quatre portes de la cité. La place est fière aujourd'hui de son église baroque **Sainte-Marie-de-la-Chaîne** qui renferme dans la tour de son campanile les vestiges des anciennes murailles.

De la piazza Garibaldi, prendre la via Spinuzza puis la via Vittorio Emanuele.

Une fois sur la via Vittorio Emanuele, vous verrez sur votre gauche, à l'intérieur de la cour du palazzo Martino remontant au 16e s., le **lavoir** médiéval, utilisé par les femmes il n'y a pas si longtemps encore. Les habitants l'appelaient « *u fiumi* » (le fleuve), en raison du cours d'eau qui l'alimentait, et qui a été enterré au 17e s. À l'extrémité de la rue s'ouvre la piazza Marina. Un peu avant celle-ci, sur la gauche, se dresse la porte Pescara, la seule qui ait subsisté des quatre portes médiévales qui marquaient l'entrée de la cité. À l'intérieur sont exposés des équipements de pêche.

Prendre ensuite sur la droite la via Ortolano di Bordonaro : vers la fin de la rue, une petite traverse sur la gauche conduit à la piazza Crispi, où l'on peut visiter l'**église dell'Idria** et le **bastion de Capo Marchiafava** d'où l'on a une vue splendide sur la côte.

Revenir sur ses pas jusqu'à la via Porpora, toute proche : on y remarquera une **tour** munie d'une poterne (ouverture ne permettant le passage que d'une seule personne à la fois) ainsi que des vestiges d'anciennes fortifications composées de grands blocs de roche, derrière la via Giudecca.

Retourner sur la piazza Duomo et s'engager dans la pittoresque via Mandralisca pour se rendre au musée du même nom *(voir*

LIRE ENTRE LES LETTRES

Le terme grec pour poisson, *Ichthýs*, est composé des initiales des mots grecs *Iesoûs Christòs Theoû Hyiòs Soter*, signifiant « Jésus-Christ, Fils de Dieu, Sauveur ». C'est de là que vient l'image du poisson comme représentation symbolique du Christ.

ci-dessous). Remarquer sur le pavement (tout au début de la rue, près de la piazza Duomo) les armes significatives de Cefalù : trois poissons et un pain, symboles chrétiens mais aussi symboles des ressources économiques de la ville.

Museo Mandralisca

Via Mandralisca 13 - 𝒫 0921 42 15 47 - www.fondazionemandralisca.it - juin-sept. 9h-19h (août 23h), oct.-mai : 9h-19h - 5 €.

Le baron Enrico di Mandralisca, collectionneur passionné d'œuvres d'art, vécut au 19ᵉ s. à Cefalù. À sa mort, il légua à la ville son patrimoine artistique et son immense bibliothèque (plus de six mille volumes, la plupart datant du 16ᵉ s.). Le musée qui porte son nom renferme une vaste collection numismatique et des tableaux, dont le très beau **Ritratto d'Ignoto★** *(Portrait d'un inconnu, 1470)* du peintre **Antonello da Messina** ainsi que des vestiges archéologiques provenant surtout de Lipari : un singulier cratère représentant un vendeur de thon (4ᵉ s. av. J.-C.), une riche collection de majoliques de plus de vingt mille pièces (elles sont exposées tour à tour, car elles ne peuvent être montrées toutes à la fois), un ensemble de coquillages rares et une série de curieux objets dont un « casse-tête » chinois en ivoire.

À voir aussi

LA ROCCA

20mn de marche jusqu'au temple de Diane, et 40mn de plus pour atteindre le sommet du rocher.

Prendre la montée qui débute au corso Ruggero et suivre la via Saraceni jusqu'au promontoire. L'ascension le long des antiques murailles crénelées étant très pénible en été, il est préférable de l'entreprendre aux premières heures de la matinée ou à la tombée de la nuit. Du sommet, on a une **vue★★** superbe sur la région, de Capo d'Orlando à Palerme, avec Cefalù en contrebas, se terminant à l'est par le promontoire de Torre Caldura et les vestiges de sa tour de guet. Par temps clair et dégagé, on verra même se profiler à l'horizon le contour des îles Éoliennes. La Rocca (le rocher), lieu de fondation initial de la ville, porte des ruines de différentes époques, dont celles appartenant à un édifice de l'époque préhellénique appelé **temple de Diane**. Au sommet se trouvent les vestiges d'un château des 12ᵉ-13ᵉ s.

Circuits conseillés Carte de microrégion

À L'INTÉRIEUR DES TERRES

▶ *Circuit d'environ 60 km tracé sur la carte p. 460-461. Compter une demi-journée. De Cefalù, suivre les indications pour le santuario di Gibilmanna. On y parvient après une douzaine de kilomètres le long d'une belle route panoramique.*

Santuario di Gibilmanna A3

Dédié à la Madone, le sanctuaire se dresse à 800 m d'altitude sur les pentes de Pizzo Sant'Angelo, au beau milieu d'une forêt de chênes et de châtaigniers. Son nom même indique sa position (*gebel* : mont, sommet) et est associé à la production, aujourd'hui abandonnée, de la *manne (voir p. 503)*. D'origine ancienne (on suppose que le monastère fut l'un des six construits par Grégoire le Grand au 6ᵉ s. et confiés aux bénédictins), il fut attribué aux frères mineurs

7

capucins en 1535. L'édifice actuel est le résultat de nombreuses modifications, les plus importantes ayant eu lieu à l'époque baroque. Mais la restauration de la façade date de 1907. Le sanctuaire est l'un des lieux de pèlerinages les plus fréquentés de Sicile, pour la fête de la Vierge, le 8 septembre. La chapelle de la Madone (1625) abrite une fresque du 11ᵉ s. de style byzantin représentant une Vierge à l'Enfant (provenant du plus ancien édifice bénédictin), ainsi qu'un riche autel baroque où se dresse la Vierge, placée dans une niche, probablement due au sculpteur Antonello Gagini.

Le couvent annexe, autrefois destiné aux écuries et à l'accueil des étrangers, héberge un **musée** renseignant sur la vie et la culture des frères capucins du Val Demone, pièces à l'appui : vêtements sacerdotaux (17ᵉ-18ᵉ s.), tableaux, outils (la communauté vivait en autarcie) et objets fabriqués en matériaux pauvres, comme le bois, le fer-blanc et la cire, ainsi que le voulait l'usage dans cet ordre. On remarquera particulièrement un polyptyque de Fra'Feliciano (appelé Domenico Guargena), un rosaire en albâtre du 16ᵉ s. ayant appartenu à Fra'Giuliano de Placia, ainsi qu'un petit orgue en roseaux du 18ᵉ s.

Les catacombes abritent des reliquaires en bois ou en fer-blanc peint, réalisés autrefois par les moines.

Reprendre la route et continuer sur une dizaine de kilomètres.

Isnello A3
22 km de Cefalù.

Dans un **site★** spectaculaire accroché aux parois rocheuses d'une gorge, c'est non seulement un vieux bourg médiéval aux ruelles étroites, mais aussi un lieu de villégiature, point de départ de nombreuses randonnées pédestres.

Revenir en direction du sanctuaire, mais, au carrefour (Piano delle Fate), prendre à gauche pour parcourir l'autre partie de la route panoramique. Traverser **Gratteri**, petit village médiéval, et **Lascari**, avant de rejoindre Cefalù par la côte.

TERMINI IMERESE ET SES ALENTOURS Hors carte de microrégion

Circuit de 65 km au départ de Termini Imerese, à 35 km à l'ouest de Cefalù.

Termini Imerese
Office de tourisme – *Cortile Maltese* - ☎ 091 81 28 505.

Réputée depuis l'Antiquité pour ses eaux thermales chlorurées et iodées, qui jaillissent à 43 °C à la source, Termini est aujourd'hui un port important doté d'un vaste complexe industriel. La ville est également connue pour son **carnaval** traditionnel haut en couleur et animé de défilés de chars allégoriques et de groupes masqués. Termini se divise en deux : la ville haute (partie ancienne) et la ville basse (partie moderne), reliées par des ruelles et des escaliers. Les monuments les plus intéressants se trouvent dans la ville haute qui ne peut se visiter qu'à pied.

On peut partir de la piazza Duomo, où s'élève le palais de la Commune dont l'ancienne salle du Conseil est décorée de fresques (1610) de Vincenzo La Barbera relatant l'histoire de la cité.

Duomo – Reconstruite au 17ᵉ s., la cathédrale renferme un haut-relief de marbre finement sculpté, la *Madonna del Ponte* d'Ignazio Marabitti (1842) *(quatrième chapelle à droite)*, et une précieuse Immaculée Conception en bois, dans la chapelle du même nom, attribuée à Quattrocchi (1799). On peut également y voir une intéressante chaise à porteurs rococo, d'influence vénitienne, utilisée autrefois pour apporter la communion aux malades, présentée dans la chapelle San Bartolomeo.

De l'autre côté de la place, dans la rue du même nom, se trouve le Musée municipal.

Museo Civico – *Situé dans la via Museo Civico, de l'autre côté de la place par rapport à la cathédrale - ℘ 091 81 28 550 - &. - tlj sf lun. 9h-13h, 16h-19h, dim. 9h-12h30 - fermé j. fériés - 1,50 €.* La visite du musée, bien organisée avec des panneaux explicatifs utiles, comporte une section archéologique et une galerie de peinture. Dans la première partie sont exposés des objets du Paléolithique et du Néolithique provenant des grottes de la région, des pièces archéologiques trouvées lors des fouilles d'Himère (*voir p. 510*), dont deux beaux cratères attiques à figures rouges du 5e s. av. J.-C., et une collection numismatique (monnaies grecques, romaines et carthaginoises). Dans la grande salle, on peut voir des céramiques hellénistiques et romaines, des lampes à huile, des petits vases et pots à onguents trouvés dans des trousseaux funéraires et des statues de personnages drapés dans leur toge provenant du Forum et de la maison dite de Stenius (1er s. apr. J.-C.). Parmi les bustes, noter celui d'Agrippine l'Aînée, mère de Caligula, sur lequel on distingue encore des traces de peinture. Enfin, on verra des conduites d'eau provenant de l'aqueduc Cornelio et des épigraphes romaines. De la salle d'archéologie, on passe à la chapelle San Michele Arcangelo, décorée de fresques de Nicolò da Pettineo, où l'on peut admirer entre autres un triptyque représentant la Vierge entourée de saints, dû à Gaspare da Pesaro (1453), une croix en marbre décorée sur les deux faces (15e s.) de l'école des Gagini, et une sculpture en bois du 15e s., intéressante sur le plan iconographique, représentant la Trinité sous la forme d'une Pietà (l'Esprit saint est aussi personnifié).

La chapelle donne accès à la **pinacothèque** (*étage suivant*) où sont rassemblées des peintures du 17e au 19e s. On y remarque en particulier une Annonciation flamande (16e s.) ainsi qu'une Crucifixion (17e s.) du peintre local Vittorio la Barbera, et un *Saint Sébastien* de Solimena. Dans une salle moins importante, au fond, se trouve un petit triptyque de voyage byzantin peint sur bois (18e s.). Derrière la cathédrale, la via Belvedere mène à une belle terrasse offrant un **panorama** sur la côte.

À quelques pas sur la gauche se trouve la gracieuse petite **église Santa Caterina d'Alessandria** (14e s.), au beau portail rehaussé d'un arc en tiers-point orné d'un bas-relief à l'effigie de la sainte.

Un peu plus loin, à l'ombre de la **villa Palmeri**, s'étendent les ruines de la **curie romaine**.

À la sortie de ce parc, suivre la via Anfiteatro jusqu'aux vestiges de l'**amphithéâtre** romain (1er s. apr. J.-C.) où l'on voit bien les piliers qui soutenaient le déambulatoire extérieur.

Revenir sur la piazza Duomo et prendre la via Mazzini pour trouver plus loin sur la droite l'**église del Monte** du 17e s., longtemps utilisée comme panthéon local.

La ville basse – *Reprendre la voiture pour descendre dans la ville basse par la sinueuse via Balsamo.*

Après un virage à gauche, on pourra faire une halte dans le passage qui part sur la droite pour admirer la belle vue sur le dôme en céramique bleue de l'**église dell'Annunziata**.

Continuer jusqu'à la **piazza delle Terme** que domine le Grande Albergo delle Terme, édifié au 19e s. sur les plans de l'architecte Damiani Almeyda.

7

Acquedotto Cornelio

En suivant la route nationale de Caccamo, on prend un embranchement sur la gauche (*signalé en jaune*) où, au bout de 300 m environ, après un virage, on aperçoit tout à fait à gauche l'aqueduc romain. L'édifice à deux rangées d'arcades enjambe la petite vallée formée par le torrent Barratina.

Quitter Termini Imerese par la A 19 (direction Catane), puis suivre les indications (18 km de route).

Scavi di Himera (Fouilles d'Himère)

℘ 091 81 40 128 - pour les fouilles, 9h à 19h, dim. et j. fériés 9h-14h - 2 €.

Fondée en 648 av. J.-C. par des colons de Zancle, Himère fut le théâtre de l'écrasante défaite que subirent les Carthaginois en 480 av. J.-C., face aux troupes alliées d'Agrigente et de Syracuse. La victoire grecque fut de courte durée. En 408 av. J.-C., les Carthaginois, de retour sur l'île, prirent leur revanche en s'emparant de la ville et en la rasant définitivement.

L'ancienne cité était construite au sommet d'une colline située au sud de la route nationale Messine-Palerme. Sur ce site ont été mis au jour les restes des murs d'enceinte et une partie de la zone sacrée, composée de trois temples. Sur la route qui monte aux fouilles se trouve l'**antiquarium**, où sont exposées les pièces archéologiques retrouvées. L'édifice le plus important et le mieux conservé est incontestablement le **temple de la Victoire** (5e s. av. J.-C.) qui s'élève au pied de la colline au nord de la route nationale. Sa construction fut probablement imposée par les Grecs aux Carthaginois pour célébrer leur victoire en 480 av. J.-C. Le temple dorique, peut-être dédié à Athéna, présentait six colonnes sur le front et quatorze sur les côtés. Seules celles de la cella, du pronaos et de l'opisthodome sont en partie visibles. Les gouttières étaient superbement décorées de têtes de lion sculptées, conservées aujourd'hui au Musée archéologique de Palerme.

Revenir à Termini Imerese, quitter le bourg par la S 285 (via Giovanni Falcone) et parcourir 10 km.

Caccamo

Sur un rocher escarpé au flanc du mont San Calogero, des petites routes raides montent jusqu'au château, dont la masse imposante règne sur le paysage et veille sur la jolie petite ville recueillie à ses pieds.

★ **Castello** – *Accès par la via Termitana - ℘ 091 81 49 252 - 8h30-12h45, 15h-19h15, w.-end 10h-12h15, 15h-17h15 - fermé 25 déc. et 1er janv. - 4 €.* C'est l'un des mieux conservés de la Sicile. Dressé sur son piton rocheux, il s'est développé vers le bas en suivant une spirale, avec des constructions des 14e, 15e et 17e s. Le noyau d'origine, un fortin, date probablement du 11e s. Au 17e s., son aspect défensif renforcé sous les Chiaramonte s'est effacé pour donner l'élégante demeure aristocratique des Amato, qui lui ont adjoint une belle terrasse et des fenêtres ogivales et géminées.

Après une première grille et une rampe datant du 17e s., une seconde grille ouvre sur une vaste cour pavée d'où l'on accède à la tour Mastra. D'en haut, un superbe **panorama**★ s'étend tout autour sur Termini Imerese, Mongerbina, Capo Zafferano, Rocca Busambra et le château de **Vicari**. Après un beau portail du 18e s., on entre dans la salle des Armes, ou salon de la Conjuration, où se réunissaient, dit-on, les barons ligués contre Guillaume le Mauvais : l'aménagement de l'intérieur est récent ; on accède à la tour gibeline par l'aile située à gauche de la salle ; à droite, on a édifié une belle terrasse panoramique, sur laquelle donne, entre autres, le salon des Nobles, à la belle fenêtre ornée de cinq lobes.

En arrivant de Termini Imerese, prendre le corso Umberto I et prendre à droite pour rejoindre la piazza Duomo.

★ **Piazza Duomo** – Tel un décor de théâtre disposé sur deux niveaux, la place présente au nord, côté le plus élevé, l'ensemble harmonieux du **palais du Mont-de-Piété** (Monte di Piétà, 17ᵉ s.) et de l'**oratoire du Très-Saint-Sacrement** et, à droite, l'**église des Âmes-Saintes-du-Purgatoire** (chiesa delle Anime Sante del Purgatorio). Une terrasse ornée d'une balustrade rythmée par quatre statues (le bienheureux Giovanni Liccio, sainte Rosalie, saint Nicaise et sainte Teotista) souligne la beauté scénique de cette merveilleuse place.

Chiesa madre – Située à l'ouest de la place, l'église dédiée à saint Georges s'adosse aux remparts du château qui soutiennent ses puissantes arcades. On admirera à l'**intérieur** une belle toile de Mattia Stomer, *Le Miracle de saint Isidore Agricola* (1641), à la remarquable luminosité, et, dans la chapelle du Très-Saint-Sacrement, un autel en marbre incrusté de pierres semi-précieuses, surmonté d'un curieux ciboire enrichi de hauts-reliefs en marbre de l'école des Gagini (15ᵉ s.). À voir aussi, les fonts baptismaux en marbre blanc, à côté du maître-autel (1466), et les délicats bas-reliefs de **Francesco Laurana** sur l'architrave de la sacristie *(transept de droite)*.

Descendre le corso Umberto I jusqu'à la piazza San Marco, à droite, pour apercevoir les bâtiments de l'ancien couvent des franciscains, l'**église de l'Annonciation**, reconnaissable à ses deux campaniles, l'église abbatiale et l'**ancienne église San Marco** du 14ᵉ s. (on peut encore voir le portail en arc en tiers-point).

San Benedetto alla Badia – La nef unique de l'église a conservé un superbe **pavement** en majolique attribué au Palermitain Nicolò Sarzana (18ᵉ s.). Malheureusement très abîmé, il est en partie caché par des tapis. Monter si possible à la tribune des femmes, autrefois destinée aux sœurs cloîtrées du couvent annexe (qui n'existe plus aujourd'hui), pour avoir une vue d'ensemble et admirer la **petite grille** en fer forgé finement ouvragée (18ᵉ s.). Noter dans l'abside les très beaux **stucs** de Bartolomeo Sanseverino (18ᵉ s.), le *Repas d'Emmaüs* dans la lunette du haut, et les statues allégoriques de la Chasteté et de l'Obéissance, des deux côtés de l'autel.

Reprendre le corso Umberto I et monter sur la gauche avant la piazza Torina.

Santa Maria degli Angeli (ou San Domenico) – L'église Ste-Marie-des-Anges, à deux nefs, possède un **plafond en bois** dont la charpente apparente très ouvragée, malheureusement fort endommagée par l'humidité, est ornée de portraits de saints dominicains. On voit dans la chapelle *(à droite)* une admirable *Vierge à l'Enfant* d'**Antonello Gagini** (1516), et, sur l'intrados de l'arc d'entrée, une série de petites peintures de Vincenzo La Barbera représentant *Les Mystères du Rosaire* (17ᵉ s.).

Terminer la visite de Caccamo en traversant entièrement la ville pour tourner à droite près de la sortie *(indication « centre historique »)*. Du court boulevard extérieur, on a une belle **vue d'ensemble★** sur la cité, avec en contrebas la **tour Pizzarone**, qui faisait partie de l'ancien système défensif extérieur tout comme la tour delle Campane (aujourd'hui campanile du Duomo) et l'actuel campanile gauche de l'église de l'Annonciation.

Revenir à Termini Imerese par le même chemin, puis prendre la A 19 (en direction de Palerme) ou la S 113 pour rejoindre San Nicola l'Arena par la côte.

San Nicola l'Arena

Un **château** doté de trois tours rondes se dresse en face du charmant petit port touristique de cette bourgade balnéaire. On voit à l'entrée du port une sorte de remise en ruine qui abrite toujours les grosses barques utilisées pour la pêche au thon. Vers l'ouest à l'horizon, la tour de guet du cap Grosso découpe son impressionnante silhouette.

😊 NOS ADRESSES À CEFALÙ

TRANSPORTS

Si l'on arrive en **voiture** par la via Roma (voie la plus directe en provenance de l'autoroute), on aboutit à un parking payant situé à quelques minutes du centre historique. Attention : ne vous engagez pas dans les ruelles du centre historique : il est strictement interdit aux voitures et les vigiles sont très présents. Le **train** est le moyen le plus rapide pour rejoindre Cefalù depuis Palerme (dép. ttes les heures - 1h env.). Depuis Messine, les liaisons ferroviaires sont un peu moins fréquentes et le trajet dure environ 2 à 3h. Il faut une dizaine de minutes depuis la gare FFSS pour se rendre corso Ruggero (*☎ 89 20 21 - www. trenitalia.it*).

HÉBERGEMENT

BUDGET MOYEN

Congregazione Suore Collegine della Sacra Famiglia – *Piazza Marina 3 - ☎ 329 14 11 371 - www.conventisicilia.it -⊐- 20 ch. 75/90 €.* Établies ici depuis le 17e s., les sœurs de ce couvent hébergent leurs hôtes dans des chambres simples et sans chichis, à dire vrai très monacales, mais d'une propreté impeccable et, pour certaines, avec une vue fantastique sur la mer. Terrasse sur le toit. L'assurance d'une tranquillité absolue. Pas de petit-déjeuner.

POUR SE FAIRE PLAISIR

Riva del Sole – *Lungomare Giardina 25 - ☎ 0921 421 230 - fax 0921 421 984 - www.rivadelsole. com - 28 ch. 110/140 € ⊐.* En bord de mer, à quelques pas du centre historique, un hôtel moderne qui dispose de chambres confortables récemment rénovées.

La Plumeria – *Corso Ruggero 185 - ☎ 0921 92 58 97 - fax 0921 92 56 15 - 12 ch. 130/160 € ⊐.* Un édifice du 16e s. rénové avec beaucoup de goût, au cœur de Cefalù, à quelques pas de la cathédrale. Chambres spacieuses et lumineuses. Accueil et service impeccables.

RESTAURATION

BUDGET MOYEN

La Botte – *Via Veterani 6 - ☎ 0921 42 43 15 - fermé lun. et janv.* Si vous êtes à la recherche d'une cuisine sicilienne authentique, constituée de plats généreux à base de produits frais, cette trattoria située en plein centre historique est faite pour vous. Vous y trouverez une gestion de longue tradition familiale et une atmosphère simple et rustique.

Porticciolo – *Via C.O. di Bordonaro 66 - ☎ 0921 92 19 81 - réserv. conseillée.* En plein cœur de la petite ville, un établissement agréable et bien tenu, décoré de couleurs vives. Vous y dégusterez aussi bien des plats de poisson frais que des spécialités locales ou des pizzas classiques.

Ti Vitti' – *Via Umberto I 34 - ☎ 0921 92 15 71 - 30 €.* Un petit air de famille flotte dans cette brasserie de quartier qui s'applique avec soin à satisfaire toutes les envies de ses clients. Au programme : *pasta* maison, poisson frais et nougat à la pistache.

PETITE PAUSE

Bar del Molo – *Piazza Marina 4/5 - ☎ 0921 42 23 39.* La particularité de cet établissement est sa magnifique terrasse, qui offre une vue splendide sur le paysage alentour. Profitez du panorama en dégustant une glace, un sandwich ou une salade rafraîchissante.

Bar Duomo – *Piazza Duomo 19 - ℰ 0921 42 11 64.* Voilà une adresse à ne pas manquer pour savourer une belle coupe de glace, assis à l'ombre de l'imposante cathédrale.

Pasticceria-Gelateria Pietro Serio – *Via G. Giglio 29 (perpendiculaire à la via A. Moro, dans le prolongement de la via Matteotti) - ℰ 0921 42 22 93 - tlj sf merc. 7h-13h, 15h-22h.* La renommée de cet établissement précède même le parfum des tartes, petits gâteaux et autres pâtisseries typiques qu'il propose. Autrement dit, ne manquez pas d'aller y faire une petite halte pour quelques douceurs.

Termini Imerese

Par une chaude journée, rien de tel que les délicieuses glaces et les *granite* que l'on déguste chez **Cicciuzzu**, bar-glacier sur la terrasse du belvédère derrière le Duomo.

BOIRE UN VERRE

Le Petit Tonneau – *Via V. Emanuele 49 - ℰ 0921 42 14 47.* En plein centre du quartier médiéval de Cefalù, une superbe œnothèque au style rustique, où vous pouvez aussi bien acheter que déguster des liqueurs et des vins siciliens notamment. Un conseil : prenez le temps de siroter un verre sur le balcon qui domine la marina.

ACHATS

A Lumera – *Corso Ruggero 180 - ℰ 0921 92 18 01.* La céramique sicilienne est célèbre pour sa beauté et sa qualité. Vous trouverez dans cette boutique une multitude d'objets en céramique aux formes et aux styles différents, mais tous plus fascinants les uns que les autres. Certains sont des productions maison, d'autres proviennent de Sciacca, Caltagirone et Santo Stefano di Camastra.

AGENDA

Festa di San Salvatore – Du 2 au 6 août, on fête saint Sauveur, le saint patron de la ville. À cette occasion, on pratique la *'nntinna 'a mari* : un mât de cocagne, posé à l'horizontale sur l'eau et enduit de savon, porte à son extrémité l'étendard du Sauveur (à 17h, le 6 août).

Madonna della Luce – Le 14 août a lieu une procession de barques entre Kalura et Porto Vecchio.

Sherbeth Festival – *En sept.* Conférences, laboratoires, spectacles et dégustations de glaces et sorbets dans la ville natale du *gelato*.

Termini Imerese

Carnaval – En février, défilé traditionnel de chars allégoriques et spectacles en différents endroits de la ville.

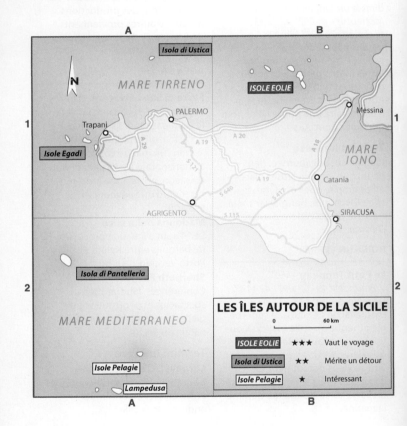

Isola di Ustica

MARE TIRRENO

ISOLE EOLIE

Messina

PALERMO

Trapani

Isole Egadi

A 29

A 20

A 19

S 121

A 18

MARE IONO

A 19

S 640

Catania

S 417

AGRIGENTO

S 115

SIRACUSA

Isola di Pantelleria

MARE MEDITERRANEO

Isole Pelagie

Lampedusa

LES ÎLES AUTOUR DE LA SICILE

0   60 km

ISOLE EOLIE	★★★	Vaut le voyage
Isola di Ustica	★★	Mérite un détour
Isole Pelagie	★	Intéressant

Les îles autour de la Sicile 8

Carte Michelin Local 365 – Région autonome de Sicile

Les îles Éoliennes

Isole Eolie

13 920 habitants

😊 NOS ADRESSES PAGE 527

S'INFORMER
Office du tourisme de Lipari – *Corso Vittorio Emanuele 202 - ℘ 090 98 80 095 - www.aasteolie.191.it*

SE REPÉRER
Carte de microrégion B1 (p. 514) – *carte Michelin Local 365 AY 52-53*. Des sept îles qui composent l'archipel, Filicudi et Alicudi sont les plus éloignées mais aussi celles dont la nature est la plus âpre et la plus sauvage. Salina est réservée et solitaire, tandis que Lipari et Panarea sont désormais domestiquées par le tourisme. Vulcano et Stromboli, pour finir, hébergent chacune un volcan toujours actif, qui se rit des spectateurs apeurés ou émerveillés en lançant vers le ciel à intervalles réguliers des projections de lave incandescente.

À NE PAS MANQUER
Le château et le Musée archéologique, le tour en barque et le belvédère Quattrocchi de Lipari ; la montée au cratère et les plages de sable noir de Vulcano ; la montée au cratère et la promenade nocturne en barque à Stromboli ; la plage de Pollara à Salina ; la baie de Cala Junco à Panarea.

ORGANISER SON TEMPS
Pour explorer à fond les merveilles de l'archipel, prévoir quatre à cinq jours. La meilleure saison est l'été (à l'exclusion du mois d'août). Les liaisons inter-îles varient de 10mn à 4h selon le type d'embarcation et les distances. Réserver à l'avance une excursion pour l'ascension du Stromboli.

AVEC LES ENFANTS
Le tour de l'île de Lipari dans une barque de pêcheur.

Sept îles sœurs ponctuent le bleu de la mer face à la côte nord-est de la Sicile. Aux abords du rivage, la mer échange son bleu cobalt contre une eau cristalline, tiède et transparente. La côte rocheuse abrite une flore et une faune aquatiques variées : anémones de mer, éponges, algues, crustacés, mollusques et poissons de toutes espèces. En un mot, l'archipel est un véritable paradis pour les amoureux de la mer et de la plongée.

Découvrir Carte Îles Éoliennes p. 518-519

★ LIPARI

C'est la plus grande et la plus peuplée des îles Éoliennes. Formée en majeure partie de zones planes, elle a vu se développer plusieurs centres urbains sur sa côte et dans son arrière-pays. Habitée depuis l'Antiquité, elle se fit connaître pour ses carrières d'obsidienne, mais aussi pour les nombreuses

AU CŒUR DE LA MYTHOLOGIE

Le mythe veut que les îles soient la demeure d'**Éole**, dieu des Vents, et aussi qu'elles aient servi d'escale au héros **Ulysse** lorsqu'il cherchait refuge, dit la légende, dans une île ceinturée d'une muraille de bronze (Lipari ?). C'est à Vulcano qu'il aurait rencontré, outre le dieu des Vents, le monstrueux Polyphème et ses compagnons, forgerons légendaires au service du dieu du Feu, **Vulcain**, qui donna son nom à l'île.

L'histoire de ces îles se perd ainsi dans la nuit des temps. Leur formation remonterait à l'époque où la mer Tyrrhénienne a vu surgir de ses abîmes, profonds de 1 000 à 3 000 m, des terres volcaniques dont seule une petite partie est restée émergée. Les théories les plus récentes replacent cet événement au pléistocène, il y a un peu moins d'un million d'années. Les premières îles formées ont été Panarea, Filicudi et Alicudi. Les plus jeunes, Vulcano et Stromboli, portent encore aujourd'hui un volcan en activité. Au cours des millénaires, les éruptions ont produit la **pierre ponce** blanche, si légère qu'elle flotte sur l'eau, et l'**obsidienne** noire et luisante, si coupante qu'elle servait dans l'Antiquité à la fabrication d'outils tranchants.

Les habitants, peu nombreux, parfois isolés du reste du monde plusieurs mois de l'année, vivent de la pêche, de l'agriculture (en particulier de la vigne et des câpriers), de l'exploitation de la pierre ponce (en progressive diminution à Lipari) et surtout du tourisme, même si cela ne concerne que quelques mois de l'année.

incursions étrangères dont elle fut l'objet. À titre d'exemple, en 1544, le pirate turc **Barberousse** accosta à **Porto delle Genti** (un hameau de Lipari) et mit la ville à sac, extermina une partie de la population et emmena les survivants pour les vendre comme esclaves en Afrique.

L'attraction principale de l'île est la ville de Lipari avec ses deux ports, Marina Corta pour les hydrofoils et les petites embarcations, et Marina Lunga pour les grands bateaux. Les autres centres urbains, Canneto, Acquasalda, Quattropani et Pianoconte sont accessibles par la terre.

Bon à savoir : pour parcourir l'île, l'idéal est d'avoir son propre véhicule ou de louer un vélomoteur.

★ Ville de Lipari

C'est le principal centre de l'île. Sa citadelle fortifiée se voit de loin au-dessus de l'ancien couvent franciscain, siège actuel de l'hôtel de ville, visible quand on accoste à Marina Lunga. Deux baies s'ouvrent en contrebas : **Marina Lunga**, le grand port, et **Marina Corta**, sur laquelle semblent veiller la petite **église des Âmes-du-Purgatoire**, autrefois isolée sur un rocher mais reliée aujourd'hui à la terre ferme, et l'**église San Giuseppe** du 17e s., fermant la baie au sud. La **ville basse** et le corso Vittorio Emanuele, bordé de petits commerces et de restaurants, sont des endroits où il fait bon flâner à toute heure.

★ **Castello** – Le nom de château est donné à la citadelle qui fut d'abord une acropole grecque, puis une muraille d'enceinte (13e s.), renforcée par les Espagnols sous Charles Quint (16e s.) après l'incursion du pirate Barberousse. On y accède de préférence par la piazza Mazzini pour mieux apprécier les constructions anciennes. D'abord les fortifications espagnoles, puis la tour grecque (4e s. av. J.-C.) et la tour-porte médiévale (12e-13e s.), et enfin le cœur de la citadelle. Sur la droite, l'**église Ste-Catherine**, derrière laquelle une zone de **fouilles archéologiques** montre des vestiges d'habitations (cabanes), plusieurs édifices et des rues d'époques différentes, de l'âge du bronze (culture

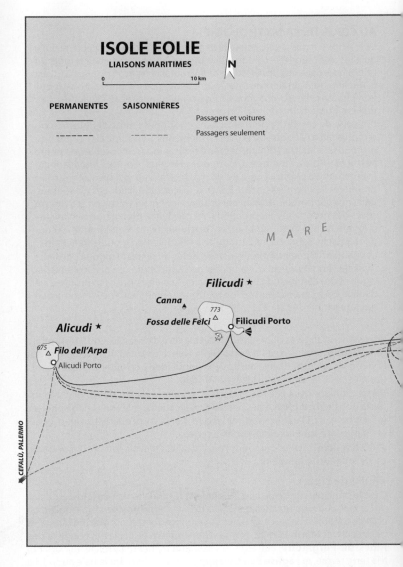

de Capo Graziano) à l'époque hellénistique et romaine. Passé ce site, on aperçoit la **chapelle de la Vierge-des-Douleurs** (Addolorata) et l'**église de l'Immaculée** (18e s.) avec, au centre sur la gauche, la cathédrale dédiée à **saint Barthélemy**, saint patron des Éoliennes. De fondation médiévale, elle a été reconstruite à l'époque espagnole, tandis que sa façade date du 19e s. Le cloître voisin remonte à l'époque normande. Face à la cathédrale, un escalier bâti au début du siècle descend vers la ville. Il a été taillé directement dans les murailles d'enceinte.

★★ **Museo Archeologico Eoliano** – Via del Castello - ☎ 090 98 80 174 - ♿ - 9h-13h30, 15h30-19h - 6 €. Hébergé dans différents bâtiments, le musée comprend diverses sections qui reprennent l'histoire des îles depuis la

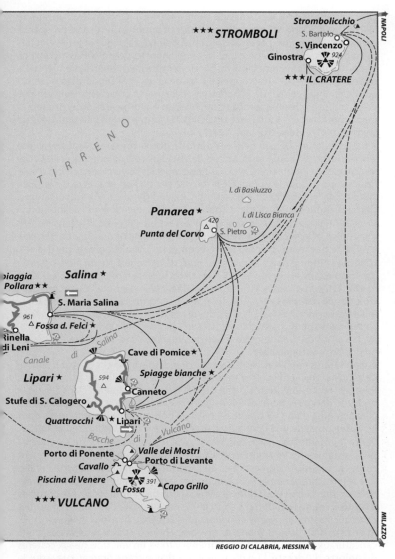

préhistoire jusqu'à l'époque classique, avec des sections consacrées en particulier à l'archéologie marine et à la vulcanologie. La majeure partie des trésors archéologiques proviennent des découvertes effectuées depuis 1949.

À l'entrée de chaque salle se trouvent deux sortes de panneaux explicatifs : l'un très détaillé, pour une visite approfondie, l'autre (en rouge) donnant les renseignements essentiels sur les différentes cultures qui se sont succédé dans les îles.

La **section sur la préhistoire à Lipari** débute dans une salle consacrée à l'obsidienne, précieuse roche volcanique vitrifiée, extrêmement dure, coupante et fragile à la fois, qui, dans l'Antiquité, servait à fabriquer des outils et était largement exportée.

8

Les civilisations de Capo Graziano (1800-1400 av. J.-C., du nom d'un site de Filicudi) et de Capo Milazzese (à Panarea) ont apporté une ère de prospérité *(salles V et VI)* marquée par un accroissement démographique et le développement des échanges commerciaux. En témoignent les grands vases mycéniens importés probablement dans l'île par troc contre des matières premières. La période suivante (13e-9e s.), appelée « Ausonienne » par Diodore de Sicile, du nom d'émigrés venant de la péninsule italienne, se caractérise souvent par des écuelles à une anse, ornées d'appendices en forme de corne, probablement pour chasser les influences maléfiques, qui prendront plus tard la forme stylisée d'un museau d'animal *(salles VII-IX)*.

À partir de la salle X commence la **période gréco-romaine**. Après avoir été laissée un temps à l'abandon, l'acropole de Lipari a été colonisée par les Grecs de Cnide et de Rhodes (6e s. av. J.-C.). Remarquer le couvercle du *bothros* d'Éole (fosse votive), dont la poignée est formée par un lion en pierre *(salle X)*. Le culte d'Éole semble avoir été commun aux indigènes et aux colonisateurs. Dans les vitrines voisines sont exposées les offrandes trouvées à l'intérieur.

Les bâtiments situés en face abritent la section « Préhistoire dans les îles mineures » et la **section « Vulcanologie »** *(bâtiment de gauche)*, qui retrace, à l'aide de panneaux, graphiques et maquettes, l'histoire géologique des îles.

La visite continue dans le palais, au nord de la cathédrale *(la numérotation des salles est inversée pour les trois premières salles : on passe de la salle XVIII à la salle XVII puis à la salle XVI ; l'ordre croissant reprend ensuite)*. La **reconstitution des nécropoles★** de l'âge du bronze est particulièrement intéressante : incinération au 12e s. av. J.-C., avec des urnes recouvertes d'écuelles placées à l'intérieur de petits puits creusés dans le sol *(salle XVII)* ; inhumation au 14e s. av. J.-C. dans de grandes jarres enterrées *(pithoi)*, où les corps étaient placés en position recroquevillée.

Lors des fortes tempêtes, les navires marchands à la recherche d'un abri proche des côtes trouvaient sur leur route le cap Graziano, à Filicudi, et la zone des Fourmis, récifs affleurant à peine devant la côte de Panarea. Dans ces deux endroits dangereux où les naufrages étaient fréquents, on a retrouvé les chargements d'une vingtaine de navires, notamment des amphores dont le musée possède une fabuleuse **collection★** *(section d'archéologie marine)*.

Parmi les objets funéraires des 6e-4e s. av. J.-C., on remarque de singulières petites statues en terre cuite *(salle XXI)* d'exécution grossière, qui renseignent sur les occupations domestiques de l'époque : une mère lavant son enfant, une femme préparant la soupe dans une jatte, une autre broyant du grain dans un mortier au bord duquel est assis un chat. Parmi les beaux **cratères à figures rouges★** fabriqués en Sicile ou dans le reste de l'Italie, remarquer celui qui illustre une scène curieuse : une acrobate nue en équilibre sur les mains s'exhibe devant Dionysos en compagnie de deux acteurs aux traits caricaturaux (360 av. J.-C.). Dans la même vitrine, on voit trois beaux cratères du **peintre d'Adrasto**. L'un d'eux représente une scène dramatique : sous le portique du palais royal d'Argos, l'affrontement d'Étéocle et de Polynice, les fils d'Œdipe exilé à Thèbes.

Le culte de Dionysos, dieu de la Vigne mais aussi du Théâtre et, pour celui qui est initié à ses mystères, de la Béatitude divine, explique la présence dans les objets funéraires et les puits votifs de **statuettes d'acteurs** et de **masques de théâtre**, dont le musée possède une **collection★★** unique au monde par sa richesse, sa variété et son ancienneté *(salle XXIII)*.

La dernière partie du musée est consacrée à l'époque hellénistique et romaine (remarquable quantité de lampes en argile, chacune étant un modèle unique, avec un décor différent), avec quelques références aux périodes normande et espagnole, à la Renaissance et à l'art baroque (céramiques surtout).

Parco Archeologico – *Au fond de la citadelle, sur la droite.* Le parc archéologique abrite de nombreux sarcophages antiques. Terrasse avec jolie **vue★** sur la petite église des Âmes-du-Purgatoire dominant la mer, face à Marina Corta. À l'horizon, l'île de Vulcano.

Tour de l'île

🐟 **Bon à savoir** : au départ de Marina Corta, il est possible d'effectuer une **promenade en bateau★★**, qui permet d'admirer la côte irrégulière de la partie sud-ouest de l'île. En **voiture**, il existe un circuit de 27 km à partir de Lipari-ville en direction de Canneto, dans l'Est.

Canneto – Le petit bourg blotti au fond de son anse est le point de départ pour les **spiagge bianche★**, « plages blanches » que l'on aperçoit de là et que l'on rejoint à pied par un sentier. La couleur remarquable du sable et, surtout, de la mer, indique la présence de poudre de pierre ponce. Toujours à partir du port de Canneto, il est possible de se rendre aux carrières de pierre ponce situées à Porticello.

Pour rejoindre en barque les plages blanches et les carrières, il suffit de vous adresser directement aux pêcheurs dans le port. Le tarif (à négocier) comprend l'aller et le retour, à l'heure que vous aurez choisie. Vous pouvez aussi vous y rendre en bus (également depuis Marina Piccola) et vous faire déposer non loin de la dernière usine encore en activité (5mn à pied).

★ Carrières de pierre ponce de Porticello (Cave di pomice) – Une jolie baie abrite des bâtiments autrefois destinés à l'exploitation de la pierre ponce (*pomice* en italien), aujourd'hui désaffectés à l'exception du dernier, à l'extrémité nord. Au contact avec la mer, les scories ont formé des pentes de sable très fin, devenu compact avec le temps. Le rivage est semé de petits fragments noirs d'obsidienne. Le contraste des couleurs et les activités sur la plage forment un **spectacle★★** très pittoresque. Sur la mer d'un bleu pâli par les dépôts de pierre ponce s'avancent les jetées que l'on utilisait autrefois pour charger la pierre directement sur les bateaux ; des baigneurs escaladent les pentes pour se couvrir le corps de poussière blanche, un de leurs jeux favoris, produisant un effet de « peeling » assuré. À l'instar des petits héros de *Caos*, le film des frères **Taviani**, les plus hardis se jettent sur la pente pour rouler dans la mer, qui ici ne se trouve qu'à un mètre…

Tout au long de la route, on a de belles **vues★** sur les collines de pierre ponce de **Campo Bianco**. Leur blancheur éclatante sous le soleil donne l'illusion de vastes champs de neige. Mais, juste après la **Fossa delle Rocche Rosse** (le fossé des Roches rouges), on rencontre la plus imposante coulée d'obsidienne de l'île. Après **Acquacalda**, voici **Puntazze**, avec une très belle **vue★★** sur l'archipel, de gauche à droite Alicudi, Filicudi, Salina, Panarea et Stromboli.

Stufe di San Calogero – *Immédiatement après Pianoconte, emprunter une route sur la droite. Fermé pour restauration.* Célèbre depuis l'Antiquité pour ses eaux aux vertus thérapeutiques, la source thermale a gardé des vestiges d'anciens bâtiments, voisins d'un établissement thermal moderne, malheureusement désaffecté. Des études récentes ont permis de dater

LA PIERRE PONCE

Blanche, de texture spongieuse et si légère qu'elle peut flotter sur l'eau, la pierre ponce (*pomice*) est utilisée en pharmacie, en cosmétologie (pour ses propriétés légèrement abrasives), dans le bâtiment (pour construire des briques antisismiques) et pour… blanchir les blue-jeans. Lipari fournit une pierre d'excellente qualité.

une **étuve à coupole** de l'époque mycénienne. Il s'agirait de l'édifice thermal grec le plus ancien, encore utilisé aujourd'hui pour des « cures à faire soi-même », consistant à s'asperger d'une eau jaillissant à 60 °C.

Quattrocchi – Ce belvédère offre l'un des plus beaux **panoramas**★★★ de l'archipel, avec au premier plan les pointes de Iacopo et du Perciato, et en toile de fond, les fameux récifs et l'île de Vulcano.

Aux abords de Lipari s'ouvre une belle **vue**★ sur la cité.

★★★ VULCANO

C'est sur cette île de 21 km² que la mythologie grecque situe les forges d'**Héphaïstos** (**Vulcain** pour les Romains), forgeron et dieu du Feu, qui avait pour ouvriers les Cyclopes. L'île a tiré son nom de la divinité romaine, et est elle-même à l'origine du mot « vulcanologie ».

Née de la fusion de quatre volcans, elle est dominée par le plus grand et le plus actif d'entre eux, le **Vulcano della Fossa**, un cône de pierre rougeâtre de 391 m. Au nord, son voisin plus modeste, Vulcanello (123 m) est apparu en 183 av. J.-C. sous la forme d'une petite péninsule arrondie. Son activité volcanique particulière se caractérise par des laves acides et par des explosions régulières qui projettent un bouchon de lave dans le ciel, suivi d'importantes masses incandescentes.

Bien que la dernière éruption se soit produite en 1890, le volcan n'a jamais cessé de donner des preuves de sa vitalité. En témoignent aujourd'hui les fumerolles et les jets de vapeur, autant sur le sommet que sous la mer, ainsi que la présence de boues sulfureuses très appréciées pour leurs propriétés thérapeutiques. Les roches rougeâtres et jaune ocre, la côte si accidentée par endroits qu'elle semble enfoncer des tentacules dans la mer, et une impression de solitude et de désolation confèrent à l'île une beauté inquiétante et barbare.

Porto di Levante et Porto di Ponente

Ces deux petits ports (du levant et du couchant) forment le centre animé de l'île, abondamment nanti de commerces et fier de ses sculptures contemporaines en pierre de lave (*Héphaïstos et le vase de Pandore*, sur le port, *Le Repos d'Éole* sur la petite place centrale).

★★★ Ascension du cratère

Environ 2h AR. À partir de Porto di Levante, aller au bout de la rue commerçante et emprunter le sentier qui grimpe en lacet sur les flancs de la montagne.

🚶 La montée offre de magnifiques **vues**★★★ sur l'archipel ; au premier plan, la péninsule de Vulcanello ; en face, Lipari ; à gauche Salina, avec ses monts caractéristiques, et Filicudi au loin (quand le temps est particulièrement clair, on aperçoit aussi Alicudi) ; à droite Panarea, entourée de ses petits îlots et Stromboli au loin. À mi-chemin, on a l'impression déroutante d'être arrivé sur la planète Mars. Le sol prend un aspect étrange, la terre devenue rouge se creuse de sillons profonds et irréguliers. L'odeur du soufre s'intensifie au fur et à mesure de la montée. Ici et là, des nuées de vapeur annoncent le **spectacle**★★★ prodigieux qui se déroule au sommet : couronnant au sud le grand entonnoir du cratère de la Fossa, des vapeurs sulfureuses brûlantes s'échappent avec des sifflements du sol crevassé, surgissant des entrailles de la terre. Ce sont les fameuses fumerolles, qui se condensent en cristaux très fragiles à l'état chaud, en colorant la pierre de rouge et jaune ocre.

Le **tour du cratère**★★★ *(30mn environ)* permet de découvrir la partie méridionale de l'île. De son point culminant, on a l'un des plus beaux panoramas sur l'archipel.

Port de pêche de Lipari.
J.-M. Llot / hemis.fr

★ Les plages

Près de Porto di Ponente s'étendent, aussi noires de monde que de sable volcanique, les **spiagge nere** (plages noires) au fond d'une très belle baie, et la **spiaggia delle Fumarole** (plage des Fumerolles), baignée d'eaux très chaudes en raison des vapeurs de soufre (attention : risque réel de brûlures !). La **spiaggia del Gelso** (plage du Mûrier), solitaire et peu fréquentée, se trouve de l'autre côté de l'île. On peut s'y rendre en bateau, en autobus au départ de Porto Levante (attention, services extrêmement réduits) ou bien encore par la route provinciale qui relie Porto Levante, Vulcano Piano et le Gelso ou par le cap Grillo.

Excursion à la Grotta del Cavallo et à la Piscina di Venere

Départ en barque aux plages noires.

On contourne Vulcanello et la vallée des Monstres *(voir page suivante)*, puis on longe la partie la plus accidentée de la côte pour atteindre une belle grotte qui doit son nom à la présence passée d'hippocampes. Sur la gauche se trouve la piscine de Vénus, vasque aux eaux limpides et peu profondes où l'on peut prendre des bains inoubliables *(il est possible de rester plusieurs heures sur le site ; pour cela, arriver avec l'une des premières excursions, qui se succèdent durant la journée, et revenir avec l'une des dernières ; s'informer auprès du pêcheur).*

★ Les boues

Elles sont l'une des caractéristiques de Vulcano. Un bassin naturel situé sur la droite, à l'abri d'une roche aux couleurs fabuleuses (une débauche de jaunes et de rouges), recueille les boues sulfureuses si appréciées pour leurs propriétés thérapeutiques.

La Valle dei Mostri

À Vulcanello, il est préférable de faire l'excursion à l'aube ou au coucher du soleil, pour mieux admirer les formes mystérieuses et impressionnantes que prennent les rochers.

La Vallée des Monstres doit son nom à une déclivité de sable noir, d'où émergent çà et là des roches volcaniques aux formes extraordinaires : animaux préhistoriques, monstres et bêtes fauves (ours debout sur ses pattes arrière, lion couché).

Cap Grillo

10 km environ de Porto Levante.

La route locale menant à Vulcano Piano, et de là jusqu'au cap, offre de belles vues sur Lipari et le grand cratère. Du promontoire, **vue**★ superbe sur l'archipel.

★★★ STROMBOLI

Île volcanique d'une beauté sobre et inquiétante, elle surgit de la mer avec ses pics abrupts et déchiquetés. Sa côte peu hospitalière, presque dénuée de routes, est rendue plus sauvage encore par la présence du volcan, qui rappelle régulièrement son existence menaçante par des projections de lave et de lapillis. Comment ne pas se sentir attiré, fasciné par cette île surprenante qui évoque sur-le-champ le film de **Rossellini**, *Stromboli, terre de Dieu* (1950), récit de la difficulté de vivre dans cette région extrêmement rude ? Les touristes, eux, continuent d'affluer dans les deux seuls villages : sur le versant nord-est, recouvert d'une toison verdoyante émaillée de petites maisons blanches cubiques, **San Vincenzo**, où l'on accoste et qui se prolonge au nord avec San Bartolo ; **Ginostra**, au sud-ouest, avec ses habitations agrippées au rocher, totalement isolées (il n'y a pas de route, seul un sentier muletier grimpe à flanc de colline), reliées au reste du monde uniquement par la mer grâce au plus petit port du monde, et ce une partie de l'année seulement. Au nord, sur le versant aride et déchiqueté séparant les deux villages, se trouve l'impressionnante **Sciara del Fuoco**, voie empruntée par la lave à chaque éruption du volcan. C'est justement sur le versant de la « Traînée de Feu » que le 30 décembre 2002, au cours d'une activité éruptive particulièrement intense qui a provoqué l'ouverture de nouveaux cratères, qu'une immense arête s'est détachée du volcan pour tomber dans la mer, provoquant un raz de marée qui a touché plusieurs barques et habitations, heureusement sans faire de victimes.

En face de San Vincenzo pointe l'îlot de **Strombolicchio**, dominé par un phare sur son éperon rocheux, et un rocher qui évoque curieusement la tête d'un cheval.

★★★ Le cratère

🔆 L'ascension du cratère du Stromboli est une expérience unique et inoubliable, mais non dénuée de danger, raison pour laquelle elle est désormais strictement réglementée et ne peut se faire qu'accompagnée par un guide (*voir Nos adresses p. 528*).

Rares sont les spectacles de la nature qui laissent des images aussi fortes. De **paysage fascinant**★★ en paysage fascinant, on monte vers le sommet d'un des rares volcans en activité dans le monde. Le cratère est constitué d'un groupe de cinq bouches. À quelques centaines de mètres de distance, on pourra observer le jet régulier de lapillis incandescents accompagné de bruyantes explosions, un spectacle qui fait oublier la fatigue du chemin et la longue route du retour.

★★★ Excursion nocturne en bateau

La nuit, les magnifiques feux d'artifice naturels du volcan laissent une impression inoubliable (de jour, les éruptions ont une tonalité plutôt grise). C'est

LA MONTÉE AU CRATÈRE

L'ascension du volcan suppose environ trois heures de marche en montée et deux heures de descente, sans difficulté particulière mais avec un dénivelé important puisque le Stromboli culmine à 924 m. L'ascension est déconseillée aux personnes souffrant de troubles cardiaques, d'asthme et de vertiges. Il ne faut donc pas sous-estimer la fatigue, en particulier si le temps est mauvais (assez rare). Il faut impérativement prendre contact avec des guides autorisés qui proposent des excursions naturalistes sur l'île, et des ascensions l'après-midi et en nocturne vers le cratère (les éruptions sont particulièrement spectaculaires la nuit). Pour la montée, il est conseillé d'être muni de l'équipement suivant : de bonnes chaussures de marche (ou robustes chaussures de sport), une torche électrique, un coupe-vent, de l'eau, un pantalon, un lainage, et, dans le cas d'une excursion nocturne, un anorak (au sommet, la température chute facilement la nuit).

☺ L'excursion est possible tout au long de l'année. Mais la période la plus favorable est certainement la fin du printemps, en raison de la douceur du climat et des températures. L'excursion est agréable aussi en été, surtout la nuit.

peut-être le meilleur moment pour apprécier les différents aspects du volcan, l'impressionnante coulée de lave refroidie sur son flanc, la Sciara del Fuoco, et les éruptions qui se succèdent avec une stupéfiante régularité, projetant des lapillis incandescents sur le fond noir du ciel.

★ SALINA

L'île éloignée et solitaire, anciennement appelée Didyme (la jumelle) parce que formée de deux cônes, est l'endroit rêvé pour une retraite dans la nature. Sur ses six volcans d'origine, quatre se sont désintégrés au fil du temps. Son nom actuel est dû aux salines maintenant abandonnées de Lingua, bourgade située sur la côte méridionale. L'île produit des câpres et les raisins secs servant à la fabrication du malvoisie, un vin très réputé des îles Lipari. On accoste par deux ports, **Santa Maria Salina** et le petit **Rinella di Leni**, où se trouve aussi le camping (saturé au mois d'août, surtout aux alentours du 15).

Excursions par voie terrestre

En automobile ou vélomoteur (possibilités de location ; se renseigner auprès des habitants). Un service d'autobus existe également. Les horaires sont disponibles au port de Santa Maria Salina.

Une route panoramique offrant d'innombrables **vues★** sur la côte accidentée permet de rejoindre les différents centres habités de l'île. À partir de **Santa Maria Salina,** chef-lieu de l'île, la route monte vers le nord, dépasse le cap du Phare et mène à **Malfa**. Longer la route côtière qui surplombe la pointe du Perciato, une belle arche naturelle visible seulement de la mer ou de la plage de **Pollara** un peu plus loin, plus belle plage de l'île, et la plus spectaculaire aussi. Avant de descendre, regarder attentivement le paysage pour découvrir, perdue dans la végétation, la maison *(accès interdit)* où a été tourné *Il Postino (Le Facteur)* : c'est ici que se rencontraient Neruda (Philippe Noiret) et le facteur (Massimo Troisi).

★★ Spiaggia di Pollara

Deux sentiers permettent d'atteindre cette jolie baie : l'un conduit à une petite anse dont la minuscule rive est encombrée de rochers, l'autre débouche sur une vaste plage dominée par une impressionnante falaise blanche en demi-cercle, vestige de l'intérieur d'un ancien cratère.

En retournant sur Malfa, bifurquer sur la route qui mène vers l'intérieur des terres à **Valdichiesa** pour la visite du sanctuaire de la Madone du Terzito, but de pèlerinage, et à **Rinella di Leni**.

★ Excursion à la Fossa delle Felci

Le plus haut des deux sommets de Salina est recouvert d'un très beau tapis de fougères *(felci)*, aujourd'hui réserve naturelle protégée. On peut s'y rendre par un sentier (🚶 *2h de marche environ*) au départ du sanctuaire de la Madone du Terzito, à Valdichiesa. Il existe un autre parcours à partir de Santa Maria Salina.

★ PANAREA

La plus petite des Éoliennes culmine à la **Punta del Corvo** (pointe du Corbeau – 420 m) dont le versant ouest tombe presque à pic dans la mer. Le versant est, aux pentes plus douces, finit sur une côte formée de hauts rochers volcaniques et de petites plages de galets derrière lesquelles se situent les zones habitées. Aux alentours de **Punta Milazzese**, dans le sud-est, les vestiges d'un village préhistorique dominent la jolie baie de Cala Junco. L'île est entourée d'îlots et de rochers, parmi lesquels les terribles **Formiche** (fourmis), dont les arêtes affleurant à peine ont causé tant de naufrages durant l'Antiquité.

★ FILICUDI

Versants déchiquetés et côtes rocheuses souvent basaltiques caractérisent cette petite île formée par des cratères, dont le plus élevé est la **Fossa delle Felci** (773 m). Comptant trois bourgs principaux pour 250 habitants environ, son point d'accostage est **Filicudi Porto**. De là, on peut facilement se rendre au **village préhistorique** situé sur le promontoire de **Capo Graziano** (🚶 *environ 40mn AR)*, où subsistent les vestiges d'environ vingt-cinq cabanes de forme généralement ovale. Ce village remonte à l'âge du bronze et a succédé à un premier foyer d'habitation, qui avait été construit initialement au bord de la mer, puis déplacé vers les hauteurs pour mieux se défendre des attaques éventuelles *(les objets retrouvés au cours des fouilles sont exposés au Musée archéologique de Lipari)*. Au sommet, belle **vue★** sur la baie, la Fossa delle Felci et Alicudi (au loin, sur la gauche).

Un arrêt à la vaste **Grotta del Bue Marino** (grotte du veau marin) s'impose. C'est là que l'on peut voir un très haut rocher d'origine volcanique se dresser en plein milieu de la mer. Sa forme étrange lui a valu le nom de **Canna** (bambou).

★ ALICUDI

L'île la plus solitaire des Éoliennes, au cône arrondi recouvert de bruyères (évoquées par son nom antique Ericusa), semble perdue dans la nuit des temps. Elle ne compte que 140 habitants regroupés en un unique village. De rares maisons aux teintes pastel émaillent le pied de la montagne, qui culmine aux 675 m du **Filo dell'Arpa** (Fil de la Harpe). C'est tout, mais cela suffit à créer un îlot sauvage de toute beauté, que parcourt un sentier qui part de l'église San Bartolo et monte au travers des cultures en terrasses (🚶 *environ 1h45 AR en marchant d'un bon pas)*.

NOS ADRESSES DANS LES ÎLES ÉOLIENNES

INFORMATIONS UTILES

Banque – On les trouve à Lipari, Vulcano (à Porto di Levante) et Salina (à Malfa). Pas de banques à Alicudi et Filicudi. Bancomat (distributeur automatique) à Lipari, *corso Vittorio Emanuele*, à Vulcano, Stromboli et Salina. La carte de crédit n'est pas acceptée partout.

Poste – À Lipari : *Corso Vittorio Emanuele 207* ; à Santa Maria du Salina : *via Risorgimento 130* ; sur l'île de Stromboli : *via Roma*.

TRANSPORTS

Les îles Éoliennes sont reliées à la terre ferme par ferry et hydrofoil. Le coût et le temps de trajet sont inversement proportionnels : en moyenne, l'hydrofoil (passagers uniquement) coûte le double mais met deux fois moins de temps que le ferry (passagers et voitures). Les traversées sont plus fréquentes au départ de Milazzo, point d'embarquement le plus proche. Milazzo est aussi reliée à quelques-unes des principales villes siciliennes par des autobus qui desservent directement le port.

De Milazzo, départs quotidiens des bateaux de la Siremar (de 1h30 à 4h de trajet) et des hydrofoils de Siremar, SNAV, Ustica Lines et N.G.I. *(de 40mn à 2h45 de trajet)*. La société SNAV effectue aussi des liaisons régulières et quotidiennes depuis Messine, Reggio di Calabria, Palerme *(juin-sept.)* et Cefalù *(juin-sept., trajets non quotidiens)*. Enfin, de Naples partent des bateaux *(2 fois/sem., 14h)* de la Siremar et des hydrofoils *(4h de trajet, juin-sept.)* de la SNAV.

Siremar (Gruppo Tirrenia) – ☎ *090 92 83 242 (depuis un fixe*

en Italie) ou *081 01 71 998 (depuis un téléphone mobile ou depuis l'étranger) - www.siremar.it.*

SNAV – *Stazione Marittima, Naples -* ☎ *081 42 85 555 - www.snav.it.*

NGI – ☎ *090 92 83 415 - www.ngi-spa.it.*

Ustica Lines – ☎ *090 92 87 821 - www.usticalines.it.* Relient les îles à Cefalù, Palerme, Messine, Reggio di Calabria et Naples.

Ces compagnies effectuent des liaisons fréquentes entre les différentes îles. Généralement, les horaires sont affichés dans les ports.

VISITES

Promenades en bateau – La manière la plus simple d'explorer les îles est de posséder un canot pneumatique ou d'en louer un ; toutefois, en raison des prix plutôt élevés, on peut choisir les promenades organisées qui partent chaque jour de Lipari ou de Vulcano (les circuits au départ des autres îles sont moins fréquents, avec des bateaux plus petits) pour atteindre Stromboli (en nocturne, pour admirer du large ses petites éruptions), Filicudi et Alicudi (dans la même journée), Panarea, Salina, ou bien faire le tour de Lipari et Vulcano. Le circuit habituel comprend le tour des îles et les bords de mer les plus intéressants (grottes, formations rocheuses, baies, plages), avec parfois des arrêts pour la baignade ou une brève visite des principaux villages. Les excursions ont lieu deux ou trois fois par semaine et durent soit toute la journée *(départ à 9h environ pour un retour entre 17h et 19h)*, soit une demi-journée *(départ en début d'apr.-*

midi et retour tard dans la soirée ; visite de Stromboli par exemple). Renseignez-vous auprès des offices du tourisme de Lipari et de Vulcano pour connaître les diverses compagnies.

La **Taranto Navigazione** propose des mini-croisières, de jour comme de nuit, au départ de Milazzo, Capo d'Orlando, Patti et Vulcano *(bureaux via dei Mille 40, Milazzo - ☎ 090 92 23 617 - www. minicrociere.com).*

Le **Gruppo di Navigazione Regina** *(☎ 090 98 22 237 ou mobile 339 74 86 560 ou 338 24 58 198 www.navigazioniregina.com)* propose également des excursions au départ de Milazzo avec ascension du Stromboli.

Sur la terre ferme – Pour explorer la « terre ferme », il peut être utile de louer une bicyclette ou un vélomoteur. Pour plus d'informations, s'adresser aux offices de tourisme.

Excursions sur le Stromboli – Les excursions sur le volcan prévoient la présence d'un guide et l'acquittement d'une taxe de 3 €. Contacter les guides autorisés **CAI-AGAI** *(Porto di Scari et Piazza San Vincenzo, Stromboli - ☎ 330 96 53 67 ou 368 66 49 18)* ou **Magmatrek** *- ☎ 090 98 65 768.* Assurez-vous toujours que votre guide dispose bien des autorisations nécessaires.

HÉBERGEMENT

☺ **Bon à savoir** – Rythmés par l'activité saisonnière, les prix des hébergements sont assez élevés sur les îles où tout ferme de novembre à mars. Une chambre double en basse saison coûte 60 à 80 €, mais les tarifs doublent à Pâques et au mois d'août. Si vous prévoyez de rester plusieurs jours, n'hésitez pas à négocier un peu. Dans tous les cas, réservez impérativement à l'avance. Les offices de tourisme disposent de listes de petits appartements à louer.

Lipari

PREMIER PRIX

Baia Unci Campeggio – *Via Marina Garibaldi, Località Canneto -* ☎ *090 98 11 909 - fax 090 98 11 715 - www.baiaunci. com - fermé de mi-oct. à mi-mars - 7/15 €/j. et par pers. emplacement tente et parking compris.* Si vous aimez les vacances « sportives », ce camping est fait pour vous ! Situé dans l'une des agréables baies de l'île de Lipari, à seulement 10mn de la plage, il dispose d'équipements modernes et d'une plage où vous pourrez louer transats, parasols et embarcations.

POUR SE FAIRE PLAISIR

Hotel Oriente – *Via Marconi 35 -* ☎ *090 98 11 493 - fax 090 98 80 198 - www.hotelorientelipari. com - fermé de nov. à Pâques - 32 ch. 60/130 € ⌷.* Ce petit hôtel à la gestion familiale est situé dans le centre de la ville. Il propose des chambres toutes simples, au cœur d'un agréable jardin. Le propriétaire des lieux est également un passionné d'ethnographie et possède une belle collection d'objets divers.

Hotel Poseidon – *Via Ausonia 7 -* ☎ *090 98 12 876 - fax 090 98 80 252 - www.hotelposeidonlipari. com - fermé nov.-fév. - 18 ch. 75/150 € ⌷.* On ne peut être plus central, avec ce petit complexe de style méditerranéen où dominent les teintes de blanc et de bleu. Les chambres, extrêmement bien entretenues, sont meublées de façon fonctionnelle et disposent de tout le confort moderne. Agréable terrasse-solarium. Un accueil plein de courtoisie.

Villa Augustus – *Vico Ausonia 16 - ☏ 090 98 11 232 - fax 090 98 12 233 - www.villaaugustus.it - fermé nov.-fév. - 34 ch. 100-180 € ☐.* Situé au centre-ville, cet hôtel est installé dans une ancienne maison de maître. Jolie réception, séjour spacieux et chambres bien équipées. Le petit-déjeuner est servi dans le patio fleuri, particulièrement agréable.

Vulcano

POUR SE FAIRE PLAISIR

Hotel Conti – *Localià Porto Ponente - ☏ 090 98 52 012 - fax 090 98 52 064 - www.contivulcano.it - fermé de mi-oct. à fin avr. - 67 ch. 84/170 € ☐.* Cet établissement se trouve tout près des thermes et s'étend sur plusieurs corps de bâtiments de style méditerranéen. Les chambres sont meublées avec simplicité et possèdent toutes un accès extérieur. Il ne vous faudra par ailleurs que quelques minutes pour vous rendre sur la célèbre plage de sable noir.

Hotel Orsa Maggiore – *Via Porto Ponente - ☏ 090 98 52 018 - fax 090 98 52 415 - www.orsamaggiorehotel.com - fermé nov.-mars - P ⚓ - 25 ch. 100/160 € ☐.* Un gracieux jardin et une piscine fraîche contribuent au charme de cet établissement situé non loin du port. Les espaces communs sont confortables et les chambres simples, mais bien tenues. Le poisson est à l'honneur dans le restaurant.

Stromboli

BUDGET MOYEN

B & B Ginostra – *Località Ginostra - ☏ 090 98 11 787 ou 338 04 26 790 - www.ginostrabb.com - 4 ch. 40/70 € ☐.* Le blanc et le bleu sont les couleurs dominantes de cet établissement donnant sur la mer. Le petit-

déjeuner buffet est servi dans le beau jardin. Bon accueil et calme assuré.

UNE FOLIE

Locanda del Barbablù – *Via Vittorio Emanuele 17/19 - ☏ 090 98 61 18 - fax 090 98 63 23 - www.barbablu.it - fermé nov.-fév. - 6 ch. 110/190 € ☐ - ✕ 30/50 €.* Une auberge qui accueillera et abritera les « voyageurs » dans ses chambres « très agréables », où art moderne et quelques objets anciens se marient avec succès. Au menu du jour, des plats d'inspiration variée, qui satisferont les goûts les plus divers.

Salina

POUR SE FAIRE PLAISIR

Hotel Santa Isabel – *Via Scalo 12, Malfa - 4,5 km au nord-est de la plage de Pollara - ☏ 090 98 44 018 - fax 090 98 44 362 - www.santaisabel.it - fermé nov.-avr. - 12 ch. 69/139 € ☐ - ✕ 25/35 €.* Un hôtel idéalement situé : depuis la terrasse, vous profiterez d'une magnifique vue panoramique sur la mer et ses eaux cristallines, ainsi que sur la plage. Les chambres y sont très spacieuses, toutes avec salon et soupente. Le restaurant propose des plats de poisson et des spécialités locales.

Filicudi

POUR SE FAIRE PLAISIR

Hotel La Canna – *Contrada Rosa - ☏ 090 98 89 956 - fax 090 98 89 956 - www.lacannahotel.it - P ⚓ - 8 ch. 70/150 € ☐ (en juil.-août, ch. double avec vue sur mer en demi-pension obligatoire 214 €).* Dominant le port et la mer, cet ensemble de style éolien est bien intégré dans le paysage environnant. Deux chambres romantiques avec une petite terrasse sont réservées aux éventuels « jeunes mariés » ;

la terrasse-solarium et la piscine sont quant à elles à la disposition de chacun.

Alicudi

UNE FOLIE

Hotel Ericusa – *Via Regina Elena -* 𝄞 *090 98 89 902 - fax 090 98 89 671 - www.alicudihotel.it - fermé oct.-mai - 20 ch. 150/190 € ⌘ en demi-pension, 190/230 € en pension complète.* Seule possibilité de gîte et de couvert, cet hôtel est une petite structure toute simple qui donne directement sur la plage et propose des chambres en demi-pension ou pension complète. Au menu : plats de légumes frais et de poisson fraîchement pêché. Une bonne adresse pour les amoureux de soleil et de mer, et surtout… de silence et de solitude !

RESTAURATION

Lipari

POUR SE FAIRE PLAISIR

La Ginestra – *Località Pianoconte, 5 km au nord-ouest de Lipari -* 𝄞 *090 98 22 285.* Situé à l'intérieur des terres, cet établissement est agencé de façon assez classique, mais les poissons et antipasti exposés dans la salle lui apportent une touche de fraîcheur. Le service se fait essentiellement à l'extérieur, sur une agréable terrasse couverte, et les plats de la mer ainsi que les spécialités locales tiennent le haut du pavé.

Filippino – *Piazza Municipio -* 𝄞 *090 98 11 002 - www.filippino.it - fermé lun. (sf juin-sept.) et de mi-nov. à mi-déc.* Avec ses nombreuses tables extérieures installées sur la piazza della Rocca, ce restaurant est une véritable institution, aussi bien dans l'archipel que dans toute la Sicile. Le poisson local, préparé de manière traditionnelle, est servi dans une ambiance décontractée, qui n'empêche pas un service rapide et efficace.

UNE FOLIE

E Pulera – *Via Isa Conti -* 𝄞 *090 98 11 158 - www.pulera.it - fermé midi et nov.-mai - réserv. conseillée .* Dans le très beau jardin fleuri, offrez-vous un dîner typiquement éolien. Vous pourrez également, lors des chaudes soirées de juillet et d'août, profiter de la présence de musiciens et de spectacles folkloriques.

Vulcano

BUDGET MOYEN

Don Piricuddu – *Via Lentia 33 -* 𝄞 *090 98 52 039- fermé mar. et de fin oct. à mi-avr. - réserv. conseillée.* Une adresse à l'ambiance sympathique et au service efficace. Ne manquez pas de goûter les plats à base de poisson extra frais, servis dans la salle ou sur la grande terrasse extérieure qui domine l'une des principales rues de la ville.

POUR SE FAIRE PLAISIR

Il Diavolo dei Polli – *Località Cardo -* 𝄞 *090 98 53 034 - réserv. conseillée.* Un établissement à la gestion familiale, ouvert presque toute l'année. Dans une grande salle rustique, décorée d'assiettes et de cadres sur le thème de la mer, vous y savourerez des plats typiques de l'arrière-pays éolien, véritables triomphes de saveurs et de parfums. Le service est soigné et accueillant.

Stromboli

POUR SE FAIRE PLAISIR

Punta Lena – *Via Marina, Località Ficogrande -* 𝄞 *090 98 62 04 .* Le poisson y est toujours excellent, très frais, cuisiné selon de savoureuses recettes. Pour ne rien gâcher, il vous sera servi sous une tonnelle, avec une magnifique vue sur la mer.

Salina

POUR SE FAIRE PLAISIR

Da Franco – *Via Belvedere 8, Loc. Santa Marina Salina* - 📞 *090 98 43 287 - fermé 3 sem. en déc.* - 🖃. Cet établissement simple et typique, entouré de verdure, est facilement accessible et se situe sur les hauteurs de la ville. Il possède une belle véranda panoramique et une jolie terrasse, où vous pourrez déguster de délicieux plats de poisson. À essayer !

PETITE PAUSE

Lipari

Pasticceria Subba – *Corso Vittorio Emanuele 92* - 📞 *090 98 11 352.* Cette pâtisserie propose depuis 1930 de délicieux gâteaux siciliens *(cannoli)*, la *pasta paradiso* (pâte d'amandes avec des filets de cédrat), les *nacatuli* typiques de l'île (pâte feuilletée préparée avec un vin de malvoisie et fourrée d'une pâte d'amandes aromatisée au jus de mandarine) et des glaces.

Vulcano

Bar Ritrovo Remigio – *Via Vulcano 1, Porto Levante* - 📞 *090 98 52 085.* Vous y dégusterez les typiques gâteaux siciliens et napolitains *(cannoli, cassate* et *granite),* ainsi que les spécialités de la maison : le *lulù,* à la crème et au chocolat, et de délicieuses profiteroles.

ACHATS

Le fameux **vin de malvoisie** de Lipari est un vin cuit de couleur ambrée (les grappes de raisin doivent sécher sur le pied de vigne avant d'être cueillies).

Sa saveur douce et riche en arômes en fait un très bon vin de dessert. On trouve dans le commerce divers types de malvoisie. Le label DOC, produit uniquement sur les îles, doit présenter sur l'étiquette la dénomination complète « Malvasia delle Lipari ».

ACTIVITÉS

Plongée – En un lieu où les fonds marins sont si fascinants, le sport de prédilection ne peut être que la plongée. Les débutants et ceux qui n'ont pas d'équipement peuvent s'adresser au Diving Center La Gorgonia (📞 *090 98 12 616 ou mobile 335 57 17 567 - www.lagorgoniadiving.it)* situé sur l'île de Lipari.

La fangothérapie à Vulcano – Conseillés pour les problèmes de rhumatismes ou de dermatologie (peaux grasses, acné, psoriasis), les bains de boue sont contre-indiqués en cas de maladies tumorales, grossesse, fièvres, cardiopathies, ostéoporose, troubles intestinaux, diabète et hyperthyroïdie.

Comment s'y prendre ? Faites des immersions courtes (jamais plus de 20mn) aux heures les plus fraîches, suivies d'une douche chaude. Évitez absolument tout contact avec les yeux, les rincer à l'eau douce le cas échéant. En cas de réaction négative, il est conseillé de consulter un médecin.

AGENDA

Festa di San Bartolomeo – La fête de la St-Barthélemy a lieu du 21 au 24 août, à Lipari. Pendant la dernière nuit (le 24 août), Marina Corta s'illumine de magnifiques **feux d'artifice** tirés depuis la mer.

Les îles Égades

Isole Egadi

4 314 habitants

😊 NOS ADRESSES PAGE 538

🖪 S'INFORMER

Office de tourisme/Pro Loco – *Piazza Madrice 8 - Favignana -* 📞 *0923 92 00 11 - www.favignana.com.*

🖋 SE REPÉRER

Carte de microrégion A1 (p. 514) – *carte Michelin Local 365 AH 55.* Favignana, la plus grande et la plus accessible des trois îles qui composent l'archipel, est la destination préférée des vacanciers. Levanzo, la plus petite île, et Marettimo, la plus éloignée, sont quant à elles moins tournées vers le tourisme traditionnel. Elles sont par conséquent à recommander à ceux qui cherchent un séjour tranquille, au rythme de la nature et dans un environnement simple.

👁 À NE PAS MANQUER

Les petites criques de Favignana ; la grotte del Genovese à Levanzo et les grottes de Marettimo, un tour de l'île en bateau.

🕐 ORGANISER SON TEMPS

Pour vous imprégner de l'ambiance des îles, nous vous conseillons de leur consacrer au moins deux à trois jours. En rayonnant au départ de Favignana, commencez par passer une demi-journée à Marettimo, puis partez pour Levanzo où vous resterez la nuit. Le lendemain, visitez la grotta del Genovese. Après avoir profité de la plage, repartez pour Favignana où vous visiterez l'île à vélo avant de rejoindre Trapani ou Marsala.

👫 AVEC LES ENFANTS

Les baignades dans les criques et une découverte à vélo de Favignana pour les plus grands.

Au bout du bout de la Sicile occidentale, l'archipel des Égades procure au visiteur un dépaysement réel, l'impression d'avoir quitté le « continent » pour des îles lointaines. Et c'est vrai que, malgré leur proximité avec la côte sicilienne, ces trois îles sont dépaysantes. Favignana, la plus proche de la Sicile, est aussi la plus touristique. C'est l'île des pêcheurs de thon et de la « mattanza », la sanguinaire tradition de la pêche au harpon. À Levanzo, on est déjà beaucoup plus loin de tout. Peu d'hôtels, peu de monde. Il y a le ciel, la mer d'azur et de belles balades à faire à pied. Marettimo, c'est vraiment le bout du monde. La plus mystérieuse des îles est une montagne. Pas de route, peu de touristes. Le mythe de l'île déserte est à portée de rêve.

Découvrir

★★ **FAVIGNANA** Carte de l'île p. 534

La Farfalla (papillon) est le surnom donné à cette île à cause de ses deux ailes déployées sur les pétales bleu azur de la mer, semblant en goûter le nectar. Appelée *Aegusa* dans l'Antiquité, elle tire son nom actuel du vent Favonio. Son histoire est associée à celle de la famille Florio *(voir p. 228)* qui y implanta au siècle dernier la *tonnara*, dont le complexe domine encore le paysage aux abords du port. En effet, pêche au thon et *mattanza* (sanglante mise à mort traditionnelle des thons, prisonniers du filet en cul-de-sac appelé *camera della morte*) ont constitué dans le passé les principales activités des habitants de l'île. Celle-ci, qui s'étend sur une superficie d'environ 20 km², est traversée côté ouest par la Montagna Grossa qui, en dépit de son nom, n'atteint que 302 m d'altitude. La zone habitée se trouve sur la partie est, plus basse. Les côtes très découpées laissent place, çà et là, à de petites plages de sable.

Le cave di tufo – Autrefois, l'extraction du tuf était l'une des principales ressources de l'île. Une fois taillés, les blocs étaient exportés dans le reste de la Sicile et en Afrique du Nord. Les carrières, que l'on voit dans toute la partie orientale de l'île, forment de grandes dépressions taillées en gradins dans la roche, souvent envahies d'arbustes, qui confèrent au paysage un singulier aspect de « gruyère ». Certaines d'entre elles sont malheureusement encore utilisées comme décharges publiques. D'autres en revanche prennent l'aspect de petits jardins « en creux », à l'abri du vent. À l'est, près du rivage, subsistent d'anciennes carrières que des effondrements de terrain ont fait disparaître en partie sous les flots. La mer en y pénétrant a formé de petits miroirs d'eau aux formes géométriques. Les plus spectaculaires se trouvent dans la zone de Scalo Cavallo, cala Rossa et Bue Marino *(voir ci-après)*.

UNE SIGNATURE HISTORIQUE
Les antiques Aegates étaient mentionnées comme « îles des chèvres » par Homère dans *L'Odyssée*. Habitées depuis la préhistoire (on estime qu'au Paléolithique, Levanzo et Favignana étaient encore rattachées à la terre ferme), elles ont été pendant l'Antiquité le théâtre d'un important événement, la signature en 241 av. J.-C. du traité qui mettait fin à la première guerre punique, et en vertu duquel Carthage abandonnait la Sicile à Rome.

La ville de Favignana

Centre principal et chef-lieu de l'archipel, le petit port qui porte le nom de l'île s'abrite dans une vaste baie que domine le **fort Ste-Catherine** (aujourd'hui garnison militaire), au sommet du mont du même nom. Ancienne tour de guet sarrasine, reconstruite et agrandie par le roi normand Roger II, l'édifice a servi de prison sous les Bourbons (1794-1860). La ville s'enorgueillit de deux édifices qui rappellent l'influence des Florio, grande famille originaire de Marsala qui a contribué à l'essor de la pêche au thon. Sa résidence, le **palais Florio**, édifié en 1876, se trouve derrière le port, et l'ancienne *tonnara*, grand complexe de pêche au thon, au fond de la baie sur la droite.

Le bourg se développe autour de ses deux places, piazza Europa et piazza Madrice, que relie la rue principale, but de la promenade du soir. Au nord-est du centre habité, la zone de San Nicola (derrière le cimetière) a gardé des traces du temps passé, mais comme il s'agit d'une propriété privée, il est pratiquement impossible de visiter.

★ Plages et petites criques

Pour s'y rendre, prendre soit la voiture, soit l'autocar, qui effectue le trajet toutes les heures.

Au sud du bourg se trouvent ses deux plages principales, la **cala Azzurra**, petite baie sablonneuse, et le **Lido Burrone**, beaucoup plus étendu, légèrement plus à l'ouest.

Mais ce sont les petites criques rocheuses qui attirent le plus d'estivants, en particulier la **cala Rossa★** et la **cala del Bue Marino**, qui n'est pas très éloignée. Ces carrières d'extraction de tuf, grandes grottes dont la voûte ne s'est pas écroulée, forment de longs couloirs mystérieux que l'on peut explorer à l'aide d'une torche électrique.

Les plus belles criques de l'autre moitié de l'île sont la **cala Rotonda**, la **cala Grande** et **Punta Ferro**, point de départ pour les amateurs de plongée sous-marine.

Excursion dans les grottes

Le flanc ouest de la montagne qui glisse doucement dans la mer est creusé de grottes fabuleuses. Les matins d'été, si la mer le permet, les pêcheurs sur le port proposent leurs services pour faire découvrir aux touristes les plus belles d'entre elles : la **grotta Azzurra** (du bleu intense de l'eau), la **grotta dei Sospiri** qui fait retentir ses « soupirs » en hiver, et la **grotta degli Innamorati**, appelée ainsi pour ses rochers jumeaux, serrés l'un contre l'autre sur la paroi du fond.

★ LEVANZO

Petite île de 6 km², Levanzo est couverte de collines verdoyantes culminant au Pizzo del Monaco (278 m) qui se jette dans la mer en formant des crêtes rocheuses et tourmentées, particulièrement belles dans le sud-ouest. Traversée du nord au sud par une route unique, c'est un refuge pour les amoureux de la nature et du calme absolu, que viendront seulement troubler le rythme de la mer, les lézards et… leurs propres pas. La partie nord de l'île est une succession de côtes rocheuses escarpées et de jolies petites criques. Entre l'île de Levanzo et la côte sicilienne se trouvent deux petits îlots, **Maraone** et **Formica**, où demeurent les vestiges d'une ancienne *tonnara*.

Cala Dogana

L'unique centre habité de l'île se trouve au sud, dans une crique baignée d'eaux cristallines. C'est le point de départ d'un sentier bien entretenu qui mène aux petites criques de la côte sud-ouest, où l'on découvre de charmantes petites plages de galets avant d'arriver au grand rocher appelé le Faraglione.

★ Grotta del Genovese

Accessible à pied (env. 2h AR), en jeep (le dernier tronçon du parcours s'effectue à pied par une pente escarpée) ou en bateau. Pour la visite, contacter Signor Castiglione, via Calvario, Levanzo - ☎ 0923 92 40 32 ou 339 74 18 800 (mobile).
Découverte en 1949, la grotte qui s'ouvre dans le flanc d'une falaise escarpée conserve des traces d'hommes préhistoriques. On y a découvert des gravures et des peintures rupestres qui remontent respectivement au Paléolithique supérieur et au Néolithique. Réalisés à une époque où l'île était encore reliée à la terre ferme, les dessins représentent des bisons et un très beau **cerf★★** en perspective dont on peut admirer l'élégance et les proportions harmonieuses. Effectuées au moyen de charbon et de graisse animale, les peintures attestent de l'introduction de la pêche (on y voit un thon et des dauphins) et de l'élevage (une femme tient un bovidé avec une corde) ou sont simplement rituelles, comme les figures d'hommes qui dansent et de femmes aux larges flancs. On peut comparer ces peintures à celles de style franco-cantabrique des grottes de Lascaux *(voir le* Guide Vert Michelin Périgord-Quercy*)* et d'Altamira en Espagne *(voir le* Guide Vert Michelin Espagne Atlantique*)*.

★ MARETTIMO

L'île est en fait une montagne escarpée dont les flancs calcaires tombent à pic dans la mer. C'est la plus sauvage des îles Égades, que seuls les plus aventureux et les plus curieux des touristes visiteront. En effet, elle ne présente qu'un petit port et aucun hôtel. Pour y séjourner plusieurs jours, il faut loger chez les pêcheurs qui mettent des chambres à la disposition des visiteurs *(adresses auprès de la Pro Loco à Favignana)*.
Le petit **village de pêcheurs**, appelé Marettimo comme son île, regroupe ses maisonnettes blanches et carrées aux toits en terrasse au pied de la montagne. Derrière le Scalo Nuovo (nouvelle cale), actuel point d'accostage, se trouve le Scalo Vecchio (ancienne cale), utilisé par les pêcheurs. D'ici on découvre la **Punta Troia**, couronnée des ruines d'un château de l'époque espagnole (17ᵉ s.) utilisé comme prison jusqu'en 1844. Une série de sentiers assez raides

LA MATTANZA

La pêche au thon traditionnelle suit un rituel complexe qui se déroule selon des règles bien précises et rigoureusement établies par le **raïs**, chef de la *tonnara* (pêcherie), qui était autrefois aussi le chef incontesté du village. Il tenait presque le rôle d'un **chaman**, décidant du moment propice pour la pêche et de la façon de la conduire. Si l'origine de la pêche au thon remonte vraisemblablement aux Phéniciens, c'est plutôt aux Arabes que l'on doit le rituel qui ponctue aujourd'hui encore cette pêche. Le terme n'est pas excessif quand on pense aux chants propitiatoires *(scialome)*, destinés à conjurer le mauvais sort, prélude au combat cruel, presque au corps à corps, entre les hommes et les grands poissons, au cours duquel les thons sont harponnés et achevés dans un bouillonnement d'écume et de sang. À la fin du printemps, les thons arrivent au large de la côte ouest de la Sicile, où ils rencontrent des conditions idéales pour leur reproduction. Les pêcheurs partent alors installer dans la mer un système de filets (ou madrague) formant un long couloir où les thons se trouvent engagés sans pouvoir revenir en arrière. Les derniers filets sont cloisonnés par des barrières. Ces « antichambres » évitent l'accumulation d'un trop grand nombre de poissons, qui pourraient alors rompre les filets et s'évader. Le couloir aboutit dans la *camera della morte*, aux mailles plus fines et au fond souvent fermé. Lorsque le nombre de thons parvenus dans cette « chambre de la mort » est jugé suffisant, le **raïs** ordonne le début de la *mattanza*, mise à mort des poissons qui, épuisés par leurs vaines tentatives de fuite et blessés par les heurts inévitables avec leurs congénères, sont harponnés et hissés à bord. Le terme *mattanza* vient de l'espagnol *matar*, tuer, lui-même du latin *mactare* signifiant « glorifier » ou « immoler ».

(que l'on peut parcourir à dos d'âne) conduisent au sommet de la montagne, à l'intérieur de l'île, manière idéale de goûter une nature vierge et sauvage, aux paysages fascinants.

★★ Tour de l'île en bateau

C'est en faisant le tour de l'île en bateau *(se renseigner au débarcadère, auprès des nombreux pêcheurs présents)* que l'on découvre les magnifiques grottes qui s'ouvrent au pied des falaises abruptes : la **grotta del Cammello**, au fond d'une petite plage de gravier, la **grotta del Tuono**, la **grotta Perciata** et, en particulier, la **grotta del Presepio**, ainsi appelée à cause des rochers qui, façonnés par l'eau et le vent, évoquent une crèche et ses santons.

😊 NOS ADRESSES DANS LES ÎLES ÉGADES

TRANSPORTS

Liaisons par ferry (de 1h à 2h45 de traversée) ou hydrofoil (*aliscafi*, traversée Trapani-Favignana en 20mn environ) plusieurs fois par jour (en période estivale) au départ de Trapani et de Marsala. Voyages assurés par **Siremar** (Gruppo Tirrenia - ☎ *090 92 83 242 - www.siremar.it*) et **Ustica Lines** *(Via Amm. Staiti 23, Trapani - ☎ 090 92 87 821 - www.usticalines. it)*. Ces compagnies assurent les liaisons inter-îles. Comptez 10-25mn entre Favignana et Levanzo et 30mn-1h30 entre Favignana et Marettimo. En été, Ustica Lines effectue la liaison Naples-Ustica-Levanzo-Favignana-Trapani en hydrofoil. Le trajet Favignana-Naples dure environ 6h.

VISITE ET PRATIQUE

La **Pro Loco** organise également des visites guidées à la *tonnara* et d'autres visites, aux thèmes différents chaque année.
Banques – Des distributeurs automatiques de billets sont disponibles dans les trois îles.
Santé – Pas d'hôpital ni de clinique sur les îles : Pronto Soccorso - ☎ *0923 92 12 83*.

HÉBERGEMENT

😊 **Bon à savoir** – Outre les hôtels traditionnels, il existe de nombreuses **chambres d'hôte** *(pour les listes, s'adresser à la Pro Loco de Favignana)*.

Favignana

PREMIER PRIX

Camping Villaggio Egad – *Contrada Arena - ☎ 0923 92 15 55 - fax 0923 92 15 67 - fermé oct.-avr.* Ce camping agréable est immergé dans la verdure, entouré d'acacias, d'eucalyptus et de pins, et se trouve à seulement 1 km du centre. Également des studios avec salle de bains et cuisine.
L'Oasi Villaggio – *Contrada Camaro 32 - ☎/fax 0923 92 16 35 -www.loasifavignana.it - fermé de déb. oct. à mi-avr. -* P *- 25 ch. 30/60 € 🍽*. Dans un havre de calme, non loin du centre-ville, une charmante adresse à la gestion familiale. Les chambres bien tenues entourent un jardin de plantes tropicales.

POUR SE FAIRE PLAISIR

Egadi Hotel – *Via Colombo 17 - ☎ 0923 92 12 32 - www.albergo egadi.it - fermé de déb. oct. à mi-avr. - 12 ch. 70/100 € 🍽*. Une véritable institution sur l'île et un modèle d'hospitalité et de disponibilité. Chambres simples mais très soignées.
Aegusa – *Via Garibaldi 11/17 - ☎ 0923 92 24 30 - fax 0923 92 24 40 - www.aegusahotel.it - fermé de fin oct. à fin mars - 28 ch. 70/100 € 🍽 - ✗ 24/32 €.* Les chambres lumineuses de cet établissement, avec leur mobilier en osier, ont un petit air de vacances. Le restaurant vous proposera un vaste choix de plats de poisson notamment, ainsi qu'un menu appétissant, servi dans une petite cour-jardin.

Levanzo

POUR SE FAIRE PLAISIR

Pensione Paradiso – *Via Lungomare 6 - ☎ 0923 924 080 - 🍸 🛏 ✗ - 14 ch. 80 € 🍽.* Au « Paradis », vous y êtes : ce petit établissement traditionnel propose des chambres calmes avec, pour la plupart, vue sur la Grande Bleue. Bonne table autour de 20 €.

Pensione dei Fenici – *Via Lungomare* - ☎ 0923 924 083/056 - 🛏 ▤ ✕ - *10 ch. 80 € 🚿*. Grandes chambres claires et spacieuses dans un petit établissement près du port. Cuisine familiale.

RESTAURATION

Favignana

POUR SE FAIRE PLAISIR

La Bettola – *Via Nicotera 47* - ☎ *0923 92 19 88* - *fermé jeu. (en hiver) et janv.* - 💳. Trattoria familiale dans la meilleure tradition. Le poisson frais et, en saison, le thon local, y sont rois sous toutes les formes.

Amici del Mare – *Piazza Marina* - ☎ *0923 922 596*. Vaste salle au décor marin et longue terrasse sur le port. Vous y trouverez un très copieux buffet de hors-d'œuvre, des plats de poisson ou encore des pâtes pour un prix raisonnable, mais contrôlez bien l'addition.

Aegusa – *Voir « Hébergement ».*

Marettimo

POUR SE FAIRE PLAISIR

Il Timone – *Via Garibaldi 18* - ☎ *0923 92 31 42* - *fermé de mi-oct. à fin mars* - 💳 - *réserv. conseillée.* Situé dans une ruelle de l'île, ce petit restaurant aux coloris traditionnels blanc et bleu vous fera découvrir ses plats de poisson frais et de pâtes faites maison.

Levanzo

🅐 Si vous passez juste la journée sur l'île, apportez votre pique-nique ou approvisionnez-vous à l'épicerie **Erina** *(Via Calvario 1)*. Aire de pique-nique aménagée à la cala Minnola.

SPORTS ET LOISIRS

Bicyclette et vélomoteur

Le meilleur moyen pour explorer sans fatigue Favignana (l'île plate), où l'usage de la bicyclette est répandu. Pour louer un deux-roues, il suffit de se promener dans les rues de l'agglomération, où l'on verra un grand nombre de loueurs *(env. 20 € la journée)*.

Plongée et pêche sous-marines

Les amateurs trouveront ici une mer riche en flore et faune sous-marines. Les meilleurs endroits sont **Punta Marsala, Secca del Toro**, la grotte submergée entre Cala Rotonda et Scoglio Corrente, et les hauts-fonds de **Punta Fanfalo** et **Punta Ferro**.

Les îles Égades sont classées aire marine protégée. La pêche sous-marine est très réglementée, renseignez-vous au Pro Loco. Pour la plongée avec bouteille, à Favignana, deux clubs à Punta Lunga : **Posidonia Blu Diving Center** – *Punta Lungo* - ☎ *0923 921 302 ou 339 862 01 16* - *www.posidoniablu.com.* **Progetto Atlantide** – ☎ *347 517 83 38 ou 347 978 62 15* - *www.progetto atlantide.com.* À Marettimo, contacter **Marettimo Diving Center** – *Via Cuore di Gesù* - ☎ *0923 923 083 ou 333 79 94 017* - *www.marettimodivingcenter.it.*

Découverte des îles

Medi@tour – ☎ *0923 923 196 ou 339 77 29 404 ou 349 07 71 861* - *www.marettimoweb.it.* Organise des balades en barque ou des randonnées pédestres et des sorties en plongée.

ACHATS

À Favignana, l'artisanat le plus recherché est… comestible : poutargue (œufs de poisson) et *bresaola* (viande séchée ou fumée de thon ou d'espadon) sont les gourmandises régionales.

Pantelleria

★★

7 846 habitants

 NOS ADRESSES PAGE 545

S'INFORMER

Office de tourisme – *Vicolo Leopardi 5 - ☏ 0923 91 17 98.*

SE REPÉRER

Carte de microrégion A2 (p. 514) – *carte Michelin AI-AJ-62-63.* Avec ses 83 km², Pantelleria est la plus grande et la plus occidentale des îles satellites de la Sicile. À 84 km seulement du continent africain, elle se situe sur la même latitude que Tunis.

À NE PAS MANQUER

Le tour de l'île en bateau ; la découverte de l'intérieur, sans oublier de déguster le délicieux vin local.

ORGANISER SON TEMPS

En hiver, la température la plus basse est de 9 °C et le temps sur l'île est clément toute l'année. Les chaleurs estivales sont tempérées par de forts vents marins, ce qui justifie le surnom de *Qawsarah* ou *Bint al rikh* (fille du vent) que les Arabes ont donné à l'île. La saison touristique s'étend d'avril à octobre, mais le plein été est à éviter car l'île est envahie de touristes.

Avec ses côtes déchiquetées baignées par une mer cristalline, ses fonds marins d'une richesse incroyable, ses versants escarpés couverts de cultures en terrasses maintenues par des murets de terre sèche et ses typiques « dammusi », l'île de Pantelleria est tout simplement exceptionnelle. Composée en grande partie de roches basaltiques qui donnent au sol sa couleur sombre si caractéristique, elle est considérée à juste titre comme la « perle noire de la Méditerranée ». La « terre riche d'offrandes » (signification de son nom actuel, d'origine grecque ou byzantine) offre au palais des vins pétillants tels que le « solimano » ou le « passito » de Pantelleria, et sa beauté intense et secrète est très appréciée par les célébrités italiennes qui y ont installé leurs résidences secondaires.

Découvrir Carte de l'île

★★ **TOUR DE L'ÎLE EN VOITURE**

▶ *Circuit de 40 km environ. Suivre la belle route panoramique parallèle à la côte.*

Pantelleria

Les maisons du chef-lieu, reconstruit après la Seconde Guerre mondiale sans plan d'urbanisme, se concentrent autour du port où s'élève la **barbacane**. Probablement d'origine romaine, elle a subi maintes démolitions et remaniements avant de prendre son aspect actuel de château fortifié avec Frédéric II. *Continuer le long de la côte, puis garer la voiture pour aller à pied à Nikà.*

8

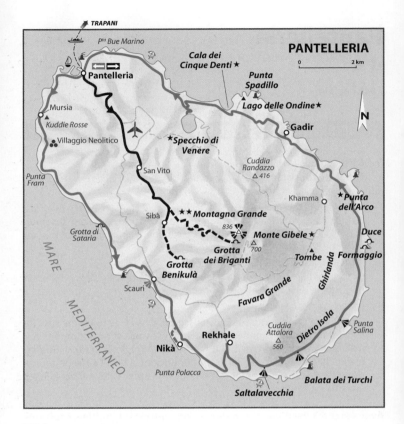

Nikà

🏊 *30mn à pied AR.*

Ce minuscule petit port de pêche est construit dans une anfractuosité de lave, formant des écueils « alimentés » par les sources thermales.

Reprendre la route et tourner au carrefour à gauche en direction de **Rekhale**, un des villages ayant su conserver ses *dammusi* et des jardins *panteschi*. Revenir vers la côte qui est à cet endroit haute et escarpée. Bientôt apparaît le **Saltalavecchia** (le Saut de la Vieille), un des points culminants du massif rocheux avec **vue★★** plongeante sur la mer, à une hauteur de plus de 150 m *(faire très attention car le terrain comporte des risques d'éboulement).*

Balata dei Turchi

C'est ici que les Sarrasins accostaient pour débarquer sur l'île ni vu ni connu. C'est aussi l'une des rares descentes sur la mer (un rocher large et plat) qui soit protégée du vent et donc pourvue d'une haute végétation, notamment de genêts à balais et de pins odorants.

Dietro Isola

La route offre des **vues★★** splendides sur la région côtière qu'elle surplombe d'une manière vertigineuse.

★ Punta dell'Arco

Ce cap se termine par l'**Arco dell'Elefante★**, spectaculaire arc de lave grise qui évoque, par ses formes et sa couleur, la tête et la trompe d'un pachyderme.

Gadir

C'est un petit port de pêche où la mer « bouillonne » d'eaux thermales (au fond du petit bassin portuaire). Un peu plus loin, sur la droite, un sentier qui s'éloigne de la route conduit au phare de la **pointe Spadillo**.

Dès que le phare est en vue, suivre un autre sentier sur la gauche jusqu'à hauteur de maisons abandonnées. Là, monter à pied aux casemates. Derrière celle qui est blanche, emprunter un petit sentier qui descend à travers des murets de pierre de lave.

On arrive alors au minuscule **lac des Ondines**★ (lago delle Ondine), petite vasque en pierre de lave encadrée de magnifiques falaises et d'amas de roches volcaniques où l'eau de mer forme un miroir vert émeraude.

Après avoir dépassé la belle **Cala dei Cinque Denti**★, bifurquer à gauche.

★ Specchio di Venere

Charmant lac d'un vert profond qui renferme dans sa partie occidentale une source d'eau sulfureuse. Le lac doit son nom « Miroir de Vénus » à la déesse qui s'y regardait, dit-on, pour comparer sa beauté à celle de Psyché, sa rivale.

★★ L'ARRIÈRE-PAYS

En quittant la ville de Pantelleria, se diriger vers l'aéroport et continuer vers Sibà. Après avoir dépassé ce petit village, on trouvera la grotte Benikulà, dite aussi *Bagno Asciutto* (bain à sec).

Grotta Benikulà (Sauna naturel)

En venant de Sibà, il n'y a pas d'indication. La route se trouve sur la gauche (les indications ne sont visibles que dans l'autre sens). Laisser la voiture et continuer à pied, 10mn AR. Si l'on prévoit une « séance de sauna », se munir d'un maillot de bain et d'une serviette.

Vue d'en haut, la vallée montre immédiatement deux jardins *panteschi*. Dans la grotte, la température de la vapeur augmente au fur et à mesure que l'on s'éloigne de l'entrée. Il est conseillé de faire une halte au début et de ne progresser vers l'intérieur que lorsqu'on s'est habitué à la chaleur *(ne jamais rester dans la grotte trop longtemps)*.

★★ La Montagna Grande

Tout au long de la route qui se dirige vers la **Grande Montagne** et sa pinède *(aires aménagées)*, on découvre de magnifiques **vues**★★ sur la région. Au bout de la route carrossable, il faut continuer à pied et dépasser deux édifices (un *dammuso* et une chapelle). Un peu plus loin sur la gauche, un grand escalier de pierre mène à l'entrée de la vaste **grotte des Brigands**, dont la douce température a permis par le passé de servir de refuge à de nombreux hors-la-loi.

Ghirlanda

Située dans la zone orientale de l'île, Costa Ghirlanda cache des tombes sans âge. Par un chemin très accidenté, qui rend presque nécessaire un véhicule tout-terrain (ou un cheval), on arrive en bordure d'une chênaie *(sur la gauche)* où sont dissimulées des **tombes** creusées à même la roche. Elles sont attribuées d'une manière générale aux Byzantins. L'excursion mérite surtout d'être faite pour la beauté des lieux.

★ Monte Gibele

Cet ancien volcan désormais éteint est devenu un but de promenade très apprécié. Depuis Rakhali, prendre à l'intérieur des terres et, au carrefour, poursuivre sur la droite jusqu'à un sentier qui s'ouvre à gauche et sur lequel

Une terre volcanique

Le point culminant, la Montagna Grande (836 m), est un ancien cratère volcanique. Les côtes de lave noire recèlent des grottes et de petits promontoires plongeant en mer. Les terres, de nature éruptive et par conséquent extrêmement fertiles, sont idéales pour la culture de la vigne, dont on tire des vins pétillants au délicat bouquet, fameuses spécialités de l'île. À la culture de la vigne s'ajoute celle des câpriers qui éclairent les terres de leurs belles fleurs. Sur cette île volcanique, on peut encore voir des manifestations géothermiques, telles que sources thermales sous-marines au voisinage de la côte, grottes naturelles pleines de vapeurs sulfureuses et jets de vapeur intermittents, les *favare*, qui s'échappent des fissures, surtout à proximité des cratères.

DES ÉTRANGES « SESI » AUX TYPIQUES « DAMMUSI »

Les premiers habitants de l'île arrivèrent probablement d'Afrique à l'époque néolithique, pour en extraire surtout l'or noir, l'obsidienne, autrefois l'un des matériaux les plus précieux. Mais un petit village néolithique présente les mêmes fortifications que celles que l'on ne rencontre qu'à Los Millares en Espagne (près d'Almeria) et on a retrouvé près de ce village des **« sesi »**, monuments funéraires mégalithiques spécifiques de l'île, dont la forme rappelle un peu celles des *nuraghi* sardes. Pantelleria a vu ensuite l'arrivée des Phéniciens, qui l'appelèrent Kossura et la dotèrent d'un grand port qui se situait à l'emplacement de l'actuel port principal. Suivirent les Carthaginois, les Romains, les Vandales, les Byzantins et les Arabes qui, en introduisant la culture du coton, de l'olivier, du figuier et en améliorant celle de la vigne, donnèrent un nouvel élan à l'agriculture. De nombreux villages agricoles portent encore leur nom arabe : Khamma, Gadir, Rakhali, Bukkuram, Bugeber, Mursia.

En raison de sa position stratégique, exactement au centre du canal de Sicile, langue de mer séparant l'Italie de l'Afrique du Nord, l'île a suscité durant la Seconde Guerre mondiale l'intérêt du gouvernement fasciste qui entreprit de la fortifier. Aussi dut-elle subir en 1943 d'intenses bombardements de la part des Alliés installés sur les côtes tunisiennes.

L'habitation traditionnelle de Pantelleria est le **« dammuso »**, nom d'origine arabe. C'est un édifice cubique, constitué de blocs de pierre équarris (aujourd'hui, on n'en trouve plus qu'en revêtement extérieur) dont le toit en terrasse forme un léger dôme au centre pour faciliter le ruissellement et la collecte des eaux de pluie. Autrefois, chaque *dammuso* constituait une seule unité d'habitation, souvent partagée en deux pièces, une pour les personnes et l'autre pour les animaux. Aujourd'hui, il n'est pas rare de trouver des *dammusi*, restaurés et aménagés en résidences estivales, voire en complexes d'habitations, constitués de plusieurs unités.

Les habitants de Pantelleria, qui sont par tradition agriculteurs plutôt que marins, ont essayé de lutter contre le vent qui balaye vigoureusement l'île pendant une bonne partie de l'année et entrave la croissance des arbres à haut fût (les oliviers mêmes se sont adaptés et, avec l'aide de l'homme, poussent à ras de terre en prenant une belle forme circulaire). Aussi les cultures d'agrumes sont-elles effectuées dans des enclos de forme circulaire ou quadrangulaire, limités par de hauts murs de pierre, appelés **jardins « panteschi »**. Tantôt adossés aux *dammusi*, tantôt réalisés au centre d'un terrain, ces fameux jardins forment de vertes oasis qui captent le regard, surtout quand on les voit d'en haut.

on continue à pied jusqu'au cratère, qui n'est plus aujourd'hui qu'une étendue verdoyante. Comme pour rappeler la nature de l'endroit, la **Favara Grande**, un jet très puissant de vapeur d'eau, s'échappe encore du sol. On l'aperçoit avant d'arriver au cratère.

★★ TOUR DE L'ÎLE EN BATEAU

C'est la manière la plus adéquate pour découvrir les beautés de l'île qui ne peuvent être appréciées pleinement de la terre ferme. Comment, sinon, admirer de près ces impressionnants rochers noirs qui se découpent sur la mer, tantôt azur, tantôt vert émeraude ? Ou bien comment profiter de la côte et de ses charmantes petites criques, anfractuosités et grottes qui s'y cachent mystérieusement ? Le circuit proposé au départ de Pantelleria et dans le sens des aiguilles d'une montre prévoit tout d'abord de longer la côte nord, très fracturée et basse, mais regorgeant, dans la région de Cuddia Randazzo, d'étranges formes noires évoquant des silhouettes d'animaux et de monstres. Les petites criques et les grottes n'y manquent pas pour une petite halte ou un plongeon dans les flots. On découvre ensuite le fameux **Arco dell'Elefante**★, suivi d'une série de grottes séparées par des piliers de lave. Le tronçon de parcours compris entre la pointe del Duce et la pointe Polacca offre les plus belles grottes que l'on puisse visiter (à condition que l'embarcation soit de petite taille), les **grottes del Duce, del Formaggio** et de la Pila dell'Acqua. Elles constituent la partie la plus spectaculaire de la côte, grâce à leurs parois vertigineuses et aux rochers surgissant de la mer jusqu'au formidable **Saltalavecchia**. Leur succèdent des sections de côte encore plus abruptes (comme dans les environs de Scauri) ou, au contraire, plus basses et moins escarpées comme aux alentours de la Cala dell'Alga.

☻ NOS ADRESSES À PANTELLERIA

TRANSPORTS

Arriver/partir

Le moyen le plus rapide est l'avion si l'on vient de la péninsule. Des liaisons directes sont assurées au départ de Trapani ou de Palerme. Durant la période estivale, il existe des vols directs depuis Rome et Milan.

Aéroport de Pantelleria – (℘ 0923 91 11 72). L'aéroport se situe à 5 km au sud de la ville, à laquelle il est relié par une navette qui arrive piazza Cavour.

Airone : www.flyairone.it
Alitalia : www.alitalia.it
Meridiana : www.meridiana.it

Si l'on se trouve déjà en Sicile, voire dans la région de Trapani, on peut opter pour le bateau qui effectue l'aller (6h environ) de nuit et le retour (5h environ) de jour. Pour obtenir des informations ou réserver, s'adresser à **Siremar** (℘ 090 92 83 242 depuis un poste fixe en Italie ou 081 017 19 98 depuis un mobile ou depuis l'étranger - www.siremar.it).

De juin à septembre, il existe des liaisons par hydrofoil (2h30) assurées par **Ustica Lines** (via Amm. Staiti 23, Trapani - ℘ 090 92 83 415 - www.usticalines.it).

Se déplacer

Pour se déplacer sur l'île, il est conseillé d'avoir une voiture (vous pouvez en louer une si vous n'en avez pas) afin de pouvoir être totalement indépendant et découvrir toutes les surprises que Pantelleria vous réserve.

À noter : la route qui fait le tour de l'île est goudronnée, mais étroite. Un service de bus (dép. piazza Cavour) relie Pantelleria aux autres localités de l'île.

VISITES ET INFORMATIONS TOURISTIQUES

Différentes associations proposent des formules de séjour et se chargent de l'organisation des vacances et de la location de voiture et de petites embarcations. Renseignements à la **Pro Loco** et à l'**Associazione Turistica Pantelleria** (☎ *0923 91 29 48*).
Pour les excursions en mer, il est possible de louer un canot pneumatique ou de participer à une promenade organisée.

HÉBERGEMENT

☺ **Bon à savoir** – Une expérience à ne pas manquer, surtout si on prévoit de séjourner plusieurs jours sur l'île : le *dammuso*, typique habitation d'origine arabe. Pour en louer un, s'adresser à la Pro Loco ou à d'autres associations touristiques.

BUDGET MOYEN
Albergo Papuscia – *Contrada Sopra Portella 28, Tracino -* ☎ *0923 91 54 63* ou *346 12 50 45 76 (mobile) - fax 0923 91 54 63 - www. papuscia.com - fermé de déb. déc. à mi-avr. -* 🍴 *- 11 ch. 70/80 €.* Ce petit hôtel familial, situé dans la partie haute du village, dispose de chambres confortables aménagées dans les typiques *dammusi*. Parties communes avec bar et salle de restaurant très simple, avec véranda en été. Pas de petit-déjeuner.

POUR SE FAIRE PLAISIR
Mediterraneo Hotel – *Via Borgo Italia 71, Pantelleria -* ☎ *0923 91 12 99 - fax 0923 91 22 03 - www.pantelleriahotel.it - 43 ch. 90/150 €* 🍵. Un hôtel simple et confortable situé sur le bord de mer, près du port. Chambres pas très grandes, mais agréables et fraîches, avec une décoration blanche et bleue.

RESTAURATION

BUDGET MOYEN
La Favarotta – *Località Khamma Fuori, Khamma -* ☎ *0923 91 53 47 -* 🍴. Si la journée est chaude et que vous recherchez un peu de fraîcheur, ce restaurant situé dans l'arrière-pays, à 400 m d'altitude, est idéal. Recettes variées et plats de poisson.

POUR SE FAIRE PLAISIR
La Nicchia – *Scauri Basso, Scauri -* ☎ *0923 91 63 42 - www.lanicchia. com - fermé midi, janv.-fév. : ouv. uniquement w.-end.* Vous aurez le choix entre la terrasse sur la rue, avec tables et chaises en bois, la petite salle intérieure où sont préparées les pizzas et le joli jardin où vous pourrez manger, sous une tonnelle, au milieu des fleurs et des plantes.
I Mulini – *Kania 12, Tracino -* ☎ *0923 91 53 98 - fermé de déb. nov. à mi-avr.* Installé dans un ancien moulin restauré avec goût et dans le respect de la tradition, ce restaurant pittoresque propose une cuisine à la fois traditionnelle et inventive.

ACHATS

On ne peut quitter l'île sans emporter les fameuses câpres et l'excellent vin de dessert, le *passito* de Pantelleria, qui fait la réputation de l'île. On en trouve soit dans les magasins en ville, soit chez les viticulteurs qui vendent souvent leurs produits eux-mêmes.

Lampedusa

6 299 habitantss

😊 NOS ADRESSES PAGE 551

🗓 S'INFORMER

Office de tourisme – *Via Vittorio Emanuele 87-* 🕿 *0922 97 11 71.*

🧭 SE REPÉRER

Carte de région A2 (p. 514) – *carte Michelin Local 365 AK 70.* Le port est situé au sud-est de l'île, là où se trouvent également les plages et les structures d'accueil touristiques. La partie nord en revanche, haute et rocheuse, est à découvrir par la mer. Les routes couvrent surtout la partie est de l'île, tandis qu'en direction de l'ouest, la route passe par l'intérieur, reliant la ville de Lampedusa au Capo Ponente. La portion de côte située au sud-est (entre Cala Greca et le Vallone dell'Acqua, y compris l'Isola dei Conigli) abrite la réserve naturelle Isola di Lampedusa.

🗺 À NE PAS MANQUER

La baie de l'île des Conigli ; la baie Tabaccara ; le panorama depuis l'Albero del Sole ; le village et Cala Pozzolana à Linosa.

🕐 ORGANISER SON TEMPS

L'accès à Lampedusa en bateau est assez long, alors comptez au moins trois jours sur place pour découvrir les beautés de l'archipel. En juillet et en août, les touristes sont très nombreux, mais c'est la période de ponte des tortues.

👫 AVEC LES ENFANTS

Partez à la découverte des tortues caretta-caretta.

L'île de Lampedusa est un plateau calcaire se terminant au nord par une impressionnante falaise★★, alors qu'au sud sa côte déchiquetée alterne promontoires allongés et criques profondes abritant de petites plages de sable. Plus proche de l'Afrique que de l'Italie (l'île repose en effet sur la plate-forme africaine), elle est entourée par une mer★★ extraordinaire où se mêlent des eaux transparentes, turquoise, émeraude et d'un bleu profond.

Découvrir l'île

LA VILLE DE LAMPEDUSA

La bourgade porte le même nom que l'île. Hormis quelques maisonnettes ici et là, c'est le seul centre urbain. La via Roma, autour de laquelle gravite le centre, s'anime le matin, au moment du petit-déjeuner, et le soir, du coucher du soleil jusque tard dans la nuit. On y trouve des petits magasins et des cafés qui sortent leurs tables le long du boulevard et proposent en été diverses attractions (karaoké et musiciens).

★ TOUR DE L'ÎLE EN BATEAU

Pour faire le tour de l'île en bateau, il suffit de se rendre au port où, en été, de nombreux circuits sont proposés pour une somme modique. L'excursion dure habituellement toute la journée, avec un départ vers 10h et un retour vers 17h. Le circuit ci-dessous suit le sens des aiguilles d'une montre.

La côte, basse et découpée, offre de nombreuses baies et criques, dont la **Tabaccara★★**, ravissante baie accessible uniquement en bateau, baignée de magnifiques flots bleu turquoise qui bercent également la **baie de l'Isola des Conigli★★★** *(voir ci-dessous)*. Au cap Ponente, à l'extrémité ouest de l'île, le paysage change. Toute la **côte★★** de la partie nord est dominée par une haute falaise escarpée, trouée de nombreuses grottes donnant sur la mer. Immédiatement après la **baie de la Madonnina★** (ainsi appelée pour son rocher qui évoque la Vierge), on se trouve face aux impressionnants écueils du **Sacramento**, sur lesquels s'ouvre une grotte très profonde, et du **Faraglione**. À l'extrémité nord-est, au cap Grecale, se dresse un phare visible à 60 milles à la ronde. Après Cala Pisana, la grotte du Crâne (Teschio) dissimule une petite plage de 10 à 15 m de long, accessible par un passage sur la droite.

... ET PAR LA CÔTE

La route qui fait le tour complet de l'île n'étant pas entièrement goudronnée, il est conseillé de louer des vélomoteurs ou des petits véhicules tout-terrain. Du centre de Lampedusa, prendre vers l'est, en direction de l'aéroport.

Le chemin de terre qui court parallèlement à la piste d'atterrissage révèle les nombreuses criques et petites baies rocheuses de la côte sud. Après Cala Pisana, on est dans le secteur du phare du cap Grecale. L'endroit offre un beau **panorama★** sur une côte aussi élevée que celle du littoral nord. De là, on rejoint une route qui suit la côte sud de l'île. Prendre à droite en direction du relais de télécommunications.

Albero del Sole – Arbre du soleil, c'est ainsi que l'on appelle le point culminant de Lampedusa (133 m). Un petit édifice circulaire abrite un crucifix en bois. Du muret de pierre (attention, il cache une paroi vertigineuse), on jouit d'une **vue★★** très impressionnante sur le **Faraglione**, surnommé « l'écueil en forme de voile », et sur les falaises plongeant à pic dans la mer. En raison de l'altitude du site, il vaut mieux, près du bord, s'allonger sur le sol pour admirer le panorama.

Revenir en arrière et emprunter à droite la route à moitié goudronnée. On verra sur le côté droit une zone de reboisement. Au bout du muret d'enceinte, suivre un sentier en terre battue, au tracé à peine visible, jusqu'à une petite croix en fer. À droite, le promontoire offre une **vue★★** imprenable sur l'**écueil du Sacramento★** *(à droite)*. On distingue au loin à gauche la petite île de Lampione.

Retourner sur la route principale et continuer vers le sud, pour atteindre l'île aux Lapins (Conigli).

★★★ Baia dell'Isola dei Conigli

Couronnée de falaises blanches qui surplombent une île minuscule, la vaste baie de l'île dite aux Lapins abrite la plus belle plage de Lampedusa. L'endroit fait penser aux Caraïbes. D'un blanc étincelant, le sable descend en pente douce vers une mer transparente qui vire du turquoise à l'émeraude. Chaque année, les **carets** (ou tortues caouannes) viennent y pondre leurs œufs. Malheureusement, le grand nombre de touristes qui séjournent sur la plage jusqu'au coucher du soleil perturbe énormément la ponte. Celle-ci a lieu la

LES « ÎLES EN HAUTE MER »

L'archipel des **îles Pélage**★ est situé à environ 200 km au sud d'Agrigente, entre l'île de Malte et la Tunisie. Cet archipel comprend une grande île, **Lampedusa** (33 km²) et deux îlots, **Linosa** et **Lampione**. Les habitants de l'île de Lampedusa ignorent l'agriculture : l'intérieur n'est qu'une étendue blanche et ocre de terres arides et rocailleuses. Les autochtones vivent exclusivement de la pêche, comme en témoigne l'importante flotte ancrée dans la rade bien protégée. Des découvertes ont confirmé que l'île était déjà habitée à l'âge du bronze. En 1843, elle appartenait à la célèbre famille des Lampedusa, dont Giuseppe, l'auteur du *Guépard*, en est le descendant le plus illustre. Elle fut ensuite rachetée par le roi Ferdinand, qui y installa un pénitencier, et y fit venir des colons.

Un monde sous-marin – Palmes et masque suffisent pour admirer le merveilleux spectacle qui se déploie le long des côtes rocheuses : donzelles-paons aux couleurs criardes, rascasses, blennies cachées dans les petits trous des rochers, étoiles de mer, salpes, fines aiguilles, poulpes, lièvres et concombres de mer, éponges… Les fonds, soit rocheux, soit de sable blanc, passent brusquement au vert sombre quand on rejoint le royaume de la posidonie, une plante aquatique qui forme de véritables prairies sous-marines. L'oxygène qu'elle relâche dans l'eau lui a valu le surnom de « poumon de la Méditerranée ».

Avec des bouteilles, on peut plonger plus en profondeur et découvrir des fonds extrêmement riches en coraux, éponges, madrépores, poissons-perroquets bariolés, et, près du cap Grecale, en langoustes (mais seulement à 50 m de fond).

nuit, mais il suffit d'un bruit insolite ou de la moindre lumière pour faire fuir ces animaux extrêmement craintifs. La baie est par ailleurs l'unique endroit d'Italie où vit une espèce particulière de lézard rayé typique de l'Afrique du Nord-Ouest (Tunisie, Algérie et Maroc), le *Psammodromus algirus*.

Madonna di Porto Salvo – Un très beau jardin fleuri entoure ce petit sanctuaire dont les origines remonteraient à l'Antiquité.

À proximité

★ **LINOSA** Carte de microrégion A2 et carte p. 54

La belle île volcanique, toute de noir vêtue, dresse fièrement trois collines contre le bleu du ciel. On repère au premier regard les trois volcans à l'origine de l'île, qui, bien qu'éteints, lui donnent une allure assez inquiétante.

De gracieuses maisons, aux portes, angles et fenêtres soulignés de couleurs pastel, se regroupent autour du petit port, unique centre d'habitation et point de départ de nombreuses excursions en mer ou dans les collines. C'est une île qui respire la tranquillité. Peu nombreux, ses habitants, autrefois éleveurs de bovins, vivent aujourd'hui du tourisme. Le mont Vulcano, volcan à présent éteint, culmine à 186 m. À l'intérieur des terres, pour la plupart désertiques, on aperçoit quelques cultures dans la zone appelée Fossa del Cappellano, bien abritée du vent. Ceinte de roches volcaniques déchiquetées, Linosa est réputée être un paradis pour la plongée et la découverte marine.

La faune se compose typiquement de nombreux lézards de Malte et de **puffins**, oiseaux marins qui, les nuits d'été, font entendre des cris stridents

8

LE CARET, OU TORTUE CAOUANNE

Ce nom étrange désigne en fait une tortue marine typique de la Méditerranée dite également caretta-caretta. Paisible et solitaire, à l'exception des mois de reproduction, ce sympathique animal marin évolue dans les eaux tempérées et ne rejoint la terre ferme que pour la ponte, tous les deux ou trois ans environ. La future mère choisit une plage de sable éloignée des bruits et de la lumière. Elle rampe avec peine sur le rivage (on reconnaît difficilement alors sa souplesse et sa grâce marines) et creuse à l'aide de ses nageoires postérieures un trou profond (40 à 75 cm) où elle dépose ses œufs, qu'elle recouvre ensuite d'un peu de sable. Sa tâche accomplie, elle fait demi-tour et retourne à la mer. Le destin fera le reste. L'éclosion a lieu six à huit semaines plus tard. Les petits sortent de leur coquille et se précipitent vers la mer, monde périlleux et menaçant pour eux tant qu'ils n'ont pas atteint une taille suffisante. Seul un très petit nombre d'entre eux parviendra à l'âge adulte. Avant la naissance, les œufs sont la proie des oiseaux et de l'homme. Le danger qui les guette après, ce sont les poissons friands de chair tendre. Voilà pourquoi il est important de protéger et sauvegarder les sites de ponte (ce qui réduit à néant le danger, du moins jusqu'à la naissance) et les mers dans lesquelles évoluent les tortues. Chacun peut observer des règles élémentaires, comme ne pas jeter sur la plage ou dans la mer des sacs en plastique. Ils prennent dans l'eau l'aspect d'appétissantes méduses, amère déception qui, en outre, peut coûter la vie aux tortues.

semblables à des pleurs. Le caret dépose ses œufs sur la plage noire de Cala Pozzolana.

Les amateurs de randonnée pédestre apprécieront les sentiers qui conduisent aux trois sommets principaux, le **mont Rosso**, dont le cratère est recouvert, à l'intérieur, de cultures, le **mont Nero** et le **mont Vulcano**. Du haut de ces derniers, lorsque souffle le *libeccio*, vent du sud-ouest, on distingue nettement les véhicules sur les routes de Lampedusa.

★★ Tour de l'île en bateau

Pour faire le tour de l'île, se renseigner sur le port.

En quittant le port, le bateau laisse derrière lui les monts Nero, Bandiera et Vulcano. Puis on s'approche des **Fili**, écueils délimitant une sorte de piscine naturelle, fermée côté terre (et donc accessible également par cet abord) par de jolies **parois rocheuses★** que l'érosion a embellies de lignes sinueuses. Le paysage ne serait pas complet sans la mer aux reflets changeants et les touffes clairsemées des câpriers. Une fois dépassés les récifs, on aperçoit le phare. La côte en cet endroit est particulièrement découpée. Vers la fin du trajet, on aperçoit **Cala Pozzolana★★**, l'unique plage, dominée par une falaise aux couleurs extraordinaires, allant du jaune du soufre à la couleur rouille du fer. C'est ici qu'accostent les hydrofoils en provenance de Lampedusa.

LAMPIONE

Occupé seulement par un phare, ce petit îlot plonge verticalement dans la mer du haut de ses 60 m. Ses fonds marins vierges sont un vrai paradis pour la plongée sous-marine, qui permet de croiser, parmi les coraux jaunes et roses, mérous et langoustes ainsi que… des requins gris.

😊 NOS ADRESSES À LAMPEDUSA

INFORMATIONS PRATIQUES

Banque – *Via Roma, à Lampedusa.* Attention, les cartes de crédit ne sont pas acceptées partout.
Bureau de poste – *Piazza Piave, à Lampedusa. Via V. Alfieri, à Linosa.*

TRANSPORTS

Le moyen le plus court de gagner Lampedusa est l'avion, soit au départ de Palerme (env. 1h), soit, en été, au départ de Milan, Rome (vols directs), Bergame, Vérone, Parme et Bologne (escales).
Aéroport de Lampedusa – ☎ *0922 97 00 06.*
Airone : *www.flyairone.it*
Alitalia : *www.alitalia.it*
Meridiana : *www.meridiana.it*
MyAir : *www.myair.com*
Autre possibilité, le ferry, qui relie Agrigente (Porto Empedocle) à Linosa (6h) et à Lampedusa (8h). Contacter la **Siremar** de Porto Empedocle (☎ *091 74 93 111 ou 829 123 depuis des postes fixes en Italie ou 081 017 19 98 depuis des mobiles ou depuis l'étranger - www.siremar.it).* En été, **Ustica Lines** relie Porto Empedocle à Lampedusa et Linosa plus rapidement (4h et 3h) (☎ *0923 87 38 13 - www.usticalines.it).*
En saison, les hydrofoils relient quotidiennement Lampedusa à Linosa (trajet de 1h à 2h). Renseignements à l'office de tourisme. N'oubliez pas que les voyages en mer sont soumis aux conditions climatiques et les liaisons peuvent être interrompues plusieurs jours.

HÉBERGEMENT

Outre les hôtels traditionnels, de nombreux **appartements** sont disponibles (à condition de réserver suffisamment à l'avance en période estivale), ainsi que les *dammusi* de Borgo Cala Creta, avec leurs murs de pierre et leur coupole blanche si caractéristiques. Pour de plus amples informations, contacter l'office de tourisme.

PREMIER PRIX

Campeggio La Roccia – *Via Madonna, Cala Greca -* ☎ *0922 97 00 55 - fax 0922 97 33 77 - www.laroccia.net -* ✉ *- bungalows 70/150 € (min. 6 jours, sinon + 5 %), 1 tente, 2 pers. et 1 voiture 25/31 €.* Donnant directement sur la mer, ce village-camping loue des bungalows, des mobile-home, de vastes emplacements ombragés… bref, de quoi satisfaire tous les goûts. S'y ajoutent, entre autres, la plage, un restaurant et un supermarché.

UNE FOLIE

I Dammusi di Borgo Cala Creta – *Contrada Cala Creta -* ☎ *0922 97 03 94 - fax 0922 97 05 90 - www.calacreta.com -* ✉ *- 400/850 €/pers. et par sem. en B & B incluant 3 dîners - pas de petit-déjeuner.* Une alternative pour le moins originale : la formule la plus pittoresque est celle de l'hébergement à l'hôtel car les chambres classiques sont remplacées par les *dammusi.* Autre possibilité, la location de petites maisons à la semaine.

Cavalluccio Marino – *Contrada Cala Croce 3 -* ☎ */fax 0922 97 00 53 - www.hotelcavalucciomarino.com - fermé de déb. nov. à mi-avr. -* ✉ 🅿 *- 10 ch. 170/260 € uniquement en demi-pension ou pension complète.* Ce gracieux petit hôtel à gestion familiale propose des chambres soignées et confortables (avec air conditionné). Petit plus : le propriétaire est un pêcheur, donc poisson frais garanti !

RESTAURATION

On trouve à Lampedusa toutes sortes de petits restaurants et de *trattorie* où les plats sont tous à base de poisson. On goûtera notamment le *cuscus di pesce* (au mérou), plat d'origine tunisienne à la mode de Lampedusa.

BUDGET MOYEN

Da Nicola – *Via Ponente -* ✆ *0922 97 12 39 - fermé jeu. (en hiver) - réserv. conseillée*. Si vous souhaitez goûter une cuisine « maison », typique de Lampedusa, dans un décor simple et sans prétention, cette adresse est faite pour vous. Vous dégusterez des produits de la mer dans une salle aux tons rustiques, décorée de charmants petits cadres.

Al Gallo D'Oro – *Via Ludovico Ariosto 2 -* ✆ *0922 97 12 97 - fermé déc.-fév*. Ce restaurant est très apprécié pour son bon rapport qualité-prix et la fraîcheur de ses produits, en particulier le poisson. L'ambiance y est rustique, avec sa soupente en bois, ses poutres apparentes et ses tableaux aux murs. En été, vous pourrez prendre les repas à l'extérieur.

POUR SE FAIRE PLAISIR

Lipadusa – *Via Bonfiglio 6 -* ✆ *0922 97 16 91 - fermé midi et de nov. à mi-avr*. Une atmosphère sobre dans cet établissement bien tenu, à la gestion familiale et situé au centre de la petite ville. Les plats proposés sont typiques de la région et, bien entendu, à base de poisson frais.

ACHATS

Lampedusa est réputée pour ses très belles **éponges naturelles**. Un conseil cependant : les éponges les plus blanches, même si elles sont plus séduisantes, ont subi un traitement chimique et durent par conséquent moins longtemps. Une couleur légèrement brune est en revanche gage de longévité.

À Linosa, dans le centre habité, on peut acheter des **produits locaux** (lentilles, petites tomates, etc.) et des **paniers d'osier**.

SOS TORTUES

Les tortues caretta-caretta, ou caouannes (*voir l'encadré p. 548*) ont choisi les îles Pelage comme lieu de ponte. À **Lampedusa**, la baie des Conigli et sa grande étendue de sable sont leur lieu favori. Un **centre de sauvetage, de marquage et de protection des tortues marines** y a été fondé. Des jeunes y collaborent sous la conduite du Dr Daniela Freggi. Renseignements sur les tortues et activités : ✆ *(0338) 21 98 533 (mobile)*.

À **Linosa**, le sable noir (qui retient la chaleur) de Cala Pozzolana di Ponente permet surtout la naissance de tortues femelles. La détermination du sexe dépend en effet de la température du sable : en dessous de 30 °C, on obtient des mâles ; au-dessus, des femelles. L'association Hydrosphera gère un **centre d'étude des tortues de mer** 👤👤 (✆ *0922 97 20 76 -* ♿ *- de mi-juin à mi-sept. : 10h-13h, 16h-19h*) où a été mise en place une présentation à but éducatif, richement documentée et illustrée par les bénévoles. Le centre est également doté d'un petit poste de « secours d'urgence » pour les tortues malades ou apportées par les pêcheurs qui les ont prises par mégarde à l'hameçon. Ces deux centres entrent dans le programme italien de sauvegarde des tortues, qui dépend du département de biologie humaine et animale de l'université La Sapienza à Rome.

Ustica

★★

1 332 habitants

 NOS ADRESSES PAGE 556

S'INFORMER
Office de tourisme – *Piazza Umberto I -* ℘ *091 84 49 237 - www.comune.
ustica.pa.it.*

SE REPÉRER
Carte de microrégion A1 (p. 514) – *carte Michelin Local 365 AN-AO 51.*
Située à 60 km de Palerme, cette petite île (8,6 km²) n'offre que des plages
rocheuses et il est préférable de l'explorer par la mer. Pour en faire le
tour, on peut suivre l'unique route carrossable ou emprunter les sentiers
pédestres. La côte occidentale abrite la réserve marine.

ORGANISER SON TEMPS
L'île est petite et la durée du séjour dépendra de l'intérêt que chacun
porte au monde marin.

AVEC LES ENFANTS
La réserve marine.

**Cette minuscule île volcanique, partie émergée d'un grand volcan sous-
marin, apparue beaucoup plus tôt que les îles Éoliennes, est la plus
ancienne de Sicile. Son origine et la couleur noire de la lave ont orienté le
choix de son nom, du latin « ustum », brûlé. Ses côtes découpées dévoilent
des grottes, des criques et des baies d'une grande beauté. Les habitants
vivent surtout de la pêche et du tourisme, même si l'agriculture spécialisée est en expansion (vigne, cultures maraîchères, céréales, lentilles
en particulier).**

Découvrir

LA RÉSERVE MARINE

Créée en 1987, la réserve est destinée à préserver et protéger l'immense
patrimoine que représentent la faune et l'environnement du monde sous-
marin autour d'Ustica. Elle se divise en trois zones : la **zone A, réserve intégrale**, qui s'étend de Cala Sidoti à Caletta et jusqu'à 350 m des côtes à l'ouest
de l'île, où la baignade est autorisée mais où il est interdit d'accoster ou de
pêcher ; la **zone B, réserve générale**, entoure la zone A et s'étend de Punta
Cavazzi à Punta Omo Morto (elle suit en fait tout le littoral du sud-ouest au
nord-est sur une bande de 3 milles de large par rapport à la côte). Baignade,
photographie (pas la pêche) sous-marine, pêche à la ligne et à la traîne ou
pêche professionnelle sont autorisées (sur autorisation de la commune pour
le dernier cas). La partie restante constitue la **zone C, réserve partielle**, qui
suit la législation nationale et permet la pêche sous-marine.

8

HISTOIRE DE L'ÎLE
Après avoir été habitée du Néolithique à la fin de l'Antiquité, Ustica a subi les raids des pirates jusqu'à l'époque des Bourbons, lorsque s'établissent quelques habitants venus des îles Lipari. Colonie pénitentiaire jusque dans les années 1950, Ustica devient, grâce à ses eaux limpides et ses côtes rocheuses, un véritable paradis pour les amateurs de plongée sous-marine et elle a été classée réserve marine en 1987. En 1980, le nom de l'île est devenu tristement célèbre à cause d'un terrible accident d'avion qui coûta la vie à 81 personnes.

Un monde submergé

La mer, particulièrement propre, sans pollution d'aucune sorte (Ustica se trouve juste au milieu d'un courant venant de l'Atlantique), permet le développement naturel et la prolifération de nombreuses formes de vie aussi bien animale que végétale. Les vastes étendues de la **posidonie océanique** (plante aquatique aussi appelée « poumon de la Méditerranée » car elle rejette de l'oxygène dans l'eau) que l'on trouve jusqu'à 40 m de profondeur en sont un exemple frappant. Mais déjà en surface, on rencontre de grands bancs de sargues, sargues rayées, castagnoles foncées (mais d'un bleu électrique extraordinaire à la naissance), mulets voraces (qui ne pourront que chatouiller les plongeurs), oblades, salpes… Dans les zones sombres, on aperçoit le rouge orangé des rougets ; sur les parois rocheuses, les magnifiques « fleurs » de la madrépore orange couvrent parfois de grandes surfaces ; on trouve aussi des éponges multicolores (pour ceux qui ne les connaîtraient pas, elles peuvent être noires, blanches, jaunes, orange, compactes, allongées ou filiformes), et les mérous cachés à l'ombre des rochers sortent, poussés par la curiosité, lorsqu'on les approche. Dans les profondeurs, les poissons deviennent plus gros, les mérous en particulier. Murènes, langoustes, cigales de mer et crevettes (dans les grottes), oursins, dentex, énormes sargues et magnifiques gorgones rouges s'ajoutent au paysage. Dans cette compagnie se détache parfois le corail noir (jaune clair en surface, foncé à l'intérieur). Certains heureux verront aussi des thons, des poissons-lunes, des tortues et des barracudas.

Ce qui est proposé – Plusieurs possibilités s'offrent au visiteur, qu'il soit chasseur sous-marin ou souhaitant simplement goûter le plaisir de plonger avec une bouteille. Ceux qui préfèrent ne pas aller dans l'eau peuvent aussi participer au spectacle sous-marin avec une excursion (de jour ou de nuit) sur le bateau *Aquario*, équipé d'un fond transparent, qui accueille jusqu'à vingt personnes.

Il existe deux autres centres, l'un à la Torre dello Spalmatore (jumelle de la tour Santa Maria), qui sert de centre pour les conférences et les projets particuliers ; l'autre à Caletta, point de départ de visites accompagnées en surface (Grotta Segreta):

Excursions accompagnées – Sur le versant ouest, dans la zone de réserve intégrale, se trouve la **Grotta Segreta**, ou grotte rosée, dont l'accès, par la mer comme par la terre, se cache derrière des rochers. Les magnifiques incrustations d'algues calcaires allant du rose clair au vieux rose soutenu lui donnent la couleur d'où vient son nom. Pour ceux qui aiment explorer la mer en surface, ou plonger en apnée, des sorties d'**exploration accompagnée** *(sea-watching)* sont organisées en zone de réserve intégrale. On y observe les différents organismes vivants et les poissons, qui sont ici particulièrement nombreux et confiants, habitués aux fréquentes visites des hommes.

Plongée sous-marine – Parmi les différentes possibilités intéressantes, il faut signaler la **Grotta dei Gamberi**, près de la pointe Gavazzi, dont la visite permet de découvrir un extraordinaire éventail de gorgones rouges (à 42 m de profondeur environ). À ne pas manquer non plus, l'**itinéraire archéologique sous-marin** au large du phare de la même pointe (entre 9 et 17 m de profondeur, signalé par une bouée orange) qui permet d'admirer de nombreux vestiges, essentiellement des ancres ou des amphores d'époque romaine. L'un des endroits les plus appréciés des plongeurs est le **Scoglio del Medico**, écueil basaltique qui par sa configuration riche en grottes et anfractuosités, même à des profondeurs importantes, offre un spectaculaire **panorama★★** sous-marin. La **Secca della Colombara** (40 m de profondeur), avec ses éponges et ses gorgones aux extraordinaires couleurs, est une autre belle excursion.

★ VILLAGE D'USTICA

Le petit centre habité forme un amphithéâtre autour de la baie qui abrite le port. Une route et des petites marches bordées de magnifiques hibiscus mènent au centre du village, plus en hauteur. Les maisons ont quelque chose de particulier : depuis quelques années, leurs murs ont été transformés en « toiles » où les artistes ont peint paysages, trompe-l'œil, portraits, natures mortes et tableaux fantastiques. Le village est dominé par la **tour Santa Maria**, siège d'un **Musée archéologique** *(pour toute information :* ☎ *091 66 28 452 - en été : 9h-13h, 15h-20h - 2,50 €)* qui conserve des vestiges en provenance d'un village préhistorique proche des Faraglioni (récifs) et des tombes gréco-romaines du cap Falconiera. On remarquera en particulier un étrange foyer circulaire transportable, en quatre parties, ainsi que de belles coupes à haut pied.

Capo Falconiera – Au bout de la place centrale, fermée par l'église principale, prendre à droite vers le calvaire. De là, un sentier à degrés sur la gauche mène au cap. Au sommet se trouvent les restes d'une forteresse bourbonienne et d'un **village rupestre** du 3ᵉ s. av. J.-C., dont l'emplacement a certainement été choisi pour sa position naturellement protégée de poste d'observation sur la Cala di Santa Maria (le port actuel), unique point d'accostage de l'île. Peu étendu et inaccessible, l'endroit a contraint les hommes à construire des terrasses dans le rocher, sur trois niveaux superposés. On peut y voir de nombreuses citernes destinées à recueillir les eaux de pluie, ainsi qu'un escalier taillé dans la roche (tout à fait à la pointe). Au pied des rochers, une nécropole à hypogées datant de la même période a été découverte, ainsi qu'une nécropole à fosses et hypogées d'époque paléochrétienne (5ᵉ-6ᵉ s. apr. J.-C.). De là, la **vue★** embrasse le port et le centre de l'île, où l'on aperçoit la silhouette caractéristique des monts Costa del Fallo et du mont Guardia dei Turchi.

★ VILLAGGIO PRÉISTORICO (Village préhistorique)

Le village est visible de l'extérieur de l'enclos.

À côté des **récifs** (localité de Colombaia) a été découvert un grand site remontant à l'âge du bronze, présentant des analogies avec le village préhistorique de Panarea. Sur la base circulaire des huttes d'origine ont été bâties des cabanes à plan carré. Les habitations sont desservies par une « rue principale » qui atteste l'existence d'un plan urbain et donc la présence de lieux publics, fait singulier pour une époque où l'habitat était dispersé. Le village était protégé par une puissante **enceinte fortifiée** (la partie conservée en révèle la forme elliptique), composée de deux murs de 6 m de large à la base et renforcée de tours semi-circulaires. L'absence d'une partie de l'enceinte et la présence de cabanes sur le récif semblent signifier que l'îlot rocheux était à l'origine relié à la terre ferme, et qu'un effondrement (probablement dû à un tremblement de terre) a été la cause de l'abandon soudain du village.

LA CÔTE

La côte du versant ouest est découpée, truffée de grottes que l'on peut découvrir en bateau (sur le port, les pêcheurs proposent d'emmener les touristes sur de petites embarcations qui permettent de visiter l'intérieur des grottes), mais aussi depuis la terre. Elle recèle des petites plages (Cala Sidoti, Punta dello Spalmatore, au phare) et de magnifiques baies rocheuses comme la **piscine naturelle**★. Le versant est présente aussi de très belles grottes comme la Grotta Azzurra, la Grotta Verde et la Grotta delle Barche, à explorer équipé de masque et tuba.

La **Grotta delle Barche** est accessible par un joli **sentier**★ ombragé de pins et de figuiers de Barbarie, qui débute à la tour Santa Maria et se poursuit à flanc de colline, dévoilant de belles **vues**★ sur la mer et la côte.

🐌 NOS ADRESSES À USTICA

TRANSPORTS

Des liaisons directes avec Palerme par bateau (2h30 environ) et hydrofoil (70mn environ) sont assurées par la compagnie **Siremar** (Gruppo Tirrenia – ☎ *091 74 93 111 depuis un poste fixe en Italie ou* ☎ *081 017 19 98 depuis un mobile ou depuis l'étranger - www.siremar.it*).
L'été, **Ustica Lines** (☎ *0923 87 38 13 - www.usticalines.it*) effectue le trajet Naples-Ustica-Levanza-Favignana-Trapani par hydrofoil. Compter environ 4h pour le trajet Ustica-Naples. La compagnie assure aussi une liaison avec les îles Éoliennes.

VISITE

Pour circuler sur l'île, il est possible de louer un deux-roues ou d'emprunter la navette qui fait le tour de l'île dans les deux sens (passages fréquents). La mairie propose des abonnements très pratiques pour une semaine, deux semaines ou un mois.

HÉBERGEMENT

Possibilité de logement chez l'habitant, renseignez-vous auprès de l'office de tourisme.

POUR SE FAIRE PLAISIR
Hotel Clelia – *Via Sindaco I 29 -* ☎ *091 84 49 039 - fax 091 84 49 459 - www.hotelclelia.it - 14 ch. 80/130 € ☕.* C'était autrefois une petite pension, mais après de longs travaux de rénovation, l'établissement a grandement amélioré le niveau de confort et d'accueil. Chambres agréables et pourvues de toutes les commodités.

Hotel Diana – *Contrada San Paolo* - *℘ 091 84 49 109 - fax 091 84 49 109 - www.hoteldiana-ustica. com - fermé nov.-fév.* -⊘- *30 ch. 110/160 €* ☐. Situé en dehors de la ville, dans un site très tranquille avec une vue panoramique, cet hôtel possède une structure circulaire et des chambres originales, conçues comme des quartiers d'orange. Le seul inconvénient est que le lit finit par prendre toute la largeur de la pièce !

RESTAURATION

BUDGET MOYEN
La Luna sul Porto – *Corso Vittorio Emanuele II 11 - ℘ 091 84 49 799 - fermé dim. (hiver)* -⊘- *réserv. conseillée*. La propriétaire, originaire du Piémont, est tombée amoureuse d'Ustica il y a une dizaine d'années et a décidé d'ouvrir cet agréable restaurant où l'on peut dîner en terrasse avec vue sur le port. Grand bien lui en a pris ! Le service y est simple et les prix corrects.
Mario – *Piazza Umberto I 21 - ℘ 091 84 49 505 - fermé lun. (hiver) et janv.* Avec sa terrasse pour

l'été et sa petite salle accueillante pour l'hiver, Mario reste une étape obligatoire si l'on veut apprécier la cuisine simple et authentique de ce petit coin paradisiaque de Méditerranée.

LOISIRS-DÉTENTE

⊘ **Bon à savoir** : amoureux et habitués de la mer ne doivent en aucun cas oublier masque, tuba et palmes, qui leur permettront de goûter les plaisirs de « l'autre Ustica », plus naturelle et plus spectaculaire.
Chaque année, un stage spécialisé pour les amateurs de plongée sous-marine est organisé sur une semaine ; il comprend des leçons théoriques thématiques (archéologie, biologie marine, technique de récupération des épaves), des cours de plongée et des visites guidées. Pour toute information, s'adresser à la réserve (*℘ 091 66 28 452*) ou à **Archeologia Viva** (*℘ 055 50 62 303 - www.archeologiaviva.it*).

AGENDA

Salon international des activités sous-marines – Organisé en été (habituellement en mai, juin ou septembre), il comprend toute une série de manifestations, expositions, activités, chaque année différentes. Pour toute information, s'adresser à l'office de tourisme.

VOUS CONNAISSEZ LE GUIDE VERT, DÉCOUVREZ LE GROUPE MICHELIN

Une meilleure façon d'avancer

L'Aventure Michelin

Tout commence avec des balles en caoutchouc ! C'est ce que produit, vers 1880, la petite entreprise clermontoise dont héritent André et Édouard Michelin. Les deux frères saisissent vite le potentiel des nouveaux moyens de transport. L'invention du pneumatique démontable pour la bicyclette est leur première réussite. Mais c'est avec l'automobile qu'ils donnent la pleine mesure de leur créativité. Tout au long du 20e s., Michelin n'a cessé d'innover pour créer des pneumatiques plus fiables et plus performants, du poids lourd à la F 1, en passant par le métro et l'avion.

Très tôt, Michelin propose à ses clients des outils et des services destinés à faciliter leurs déplacements, à les rendre plus agréables… et plus fréquents. Dès 1900, le Guide Michelin fournit aux chauffeurs tous les renseignements utiles pour entretenir leur automobile, trouver où se loger et se restaurer. Il deviendra la référence en matière de gastronomie. Parallèlement, le Bureau des itinéraires offre aux voyageurs conseils et itinéraires personnalisés.

En 1910, la première collection de cartes routières remporte un succès immédiat ! En 1926, un premier guide régional invite à découvrir les plus beaux sites de Bretagne. Bientôt, chaque région de France a son Guide Vert. La collection s'ouvre ensuite à des destinations plus lointaines de New York en 1968… à Taïwan en 2011.

Au 21e s., avec l'essor du numérique, le défi se poursuit pour les cartes et guides Michelin qui continuent d'accompagner le pneumatique. Aujourd'hui comme hier, la mission de Michelin reste l'aide à la mobilité, au service des voyageurs.

MICHELIN AUJOURD'HUI

N°1 MONDIAL DES PNEUMATIQUES
- 69 sites de production dans 18 pays
- 115 000 employés de toutes cultures, sur tous les continents
- 6 000 personnes dans les centres de Recherche & Développement

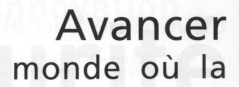

Avancer
monde où la

Mieux avancer, c'est d'abord innover pour mettre au point des pneus qui freinent plus court et offrent une meilleure adhérence, quel que soit l'état de la route.

LA JUSTE PRESSION

BONNE PRESSION

- Sécurité
- Longévité
- Consommation de carburant optimale

-0,5 bar

- Durée de vie des pneus réduite de 20% (- 8 000 km)

-1 bar

- Risque d'éclatement
- Hausse de la consommation de carburant
- Distance de freinage augmentée sur sol mouillé

ensemble vers un
mobilité est plus sûre

C'est aussi aider les automobilistes à prendre soin de leur sécurité et de leurs pneus. Pour cela, Michelin organise partout dans le monde des opérations **"Faites le plein d'air"** pour rappeler à tous que la juste pression est vitale.

L'USURE

COMMENT DETECTER L'USURE ?

Vos pneus MICHELIN sont munis d'indicateurs d'usure : ce sont de petits pains de gomme moulés au fond des sculptures et d'une hauteur de 1,6mm.

Lorsque la profondeur des sculptures est au même niveau que les indicateurs, les pneus sont usés et doivent être remplacés.

Les pneus constituent le seul point de contact entre le véhicule et la route, un pneu usé peut être dangereux sur chaussée mouillée.

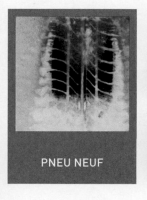

PNEU NEUF

PNEU USÉ
(1,6 mm de sculpture)

Ci-contre, la zone de contact réelle photographiée sur chaussée mouillée.

Mieux avancer,
c'est développer une mobilité durable.

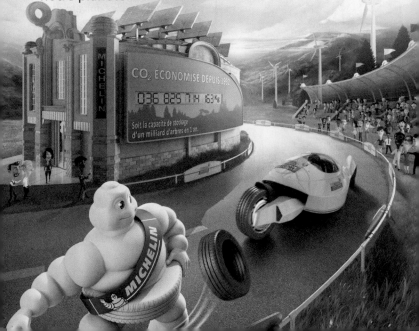

Chattez avec Bibendum

Rendez-vous sur:
www.michelin.com/corporate/fr
Découvrez l'actualité et
l'histoire de Michelin.

QUIZZ

Michelin développe des pneumatiques pour tous les types de véhicules. Amusez-vous à identifier le bon pneu...

Résultat : A-6 / B-4 / C-2 / D-1 / E-3 / F-7 / G-5

Agrigente : villes, curiosités.
Gagini, Domenico : noms historiques ou termes faisant l'objet d'une explication.
Les sites isolés (châteaux, abbayes, grottes…) sont répertoriés à leur propre nom.

LÉGENDE DES CARTES ET PLANS

Curiosités et repères

Itinéraire décrit,
départ de la visite

Église

Mosquée

Synagogue

Monastère - Phare

Fontaine

Point de vue

Château - Ruine
ou site archéologique

Barrage - Grotte

Monument mégalithique

Tour génoise - Moulin

Temple - Vestiges
gréco - romains

Temple : bouddhique -
hindou

Autre lieu d'intérêt, sommet

Distillerie

Palais, villa, habitation

Cimetière : chrétien -
musulman - israélite

Oliveraie - Orangeraie

Mangrove

Auberge de jeunesse

Gravure rupestre

Pierre runique

Église en bois

Église en bois debout

Parc ou réserve national

Bastide

Sports et loisirs

Piscine : de plein air -
couverte

Plage - Stade

Port de plaisance - Voile

Plongée - Surf

Refuge - Promenade à pied

Randonnée équestre

Golf - Base de loisirs

Parc d'attractions

Parc animalier, zoo

Parc floral, arboretum

Parc ornithologique,
réserve d'oiseaux

Planche à voile, kitesurf

Pêche en mer ou sportive

Canyoning, rafting

Aire de camping - Auberge

Arènes

Base de loisirs,
base nautique ou canoë-kayak

Canoë-kayak

Promenade en bateau

Informations pratiques

Information touristique

Parking - Parking - relais

Gare : ferroviaire - routière

Voie ferrée

Ligne de tramway

Départ de fiacre

Métro - RER

Station de métro (Calgary, ...)
(Montréal)

Téléphérique, télécabine

Funiculaire, voie à crémaillère

Chemin de fer touristique

Transport de voitures et
passagers

Transport de passagers

File d'attente

Observatoire

Station service - Magasin

Poste - Téléphone

Internet

Hôtel de ville - Banque,
bureau de change

Palais de justice - Police

Gendarmerie

Théâtre - Université - Musée

Musée de plein air

Hôpital

Marché couvert

Aéroport

Parador, Pousada
(Établissement hôtelier
géré par l'État)

Chambre d'agriculture

Conseil provincial

Gouvernement du district,
Délégation du Gouvernement
Police cantonale

Gouvernement provincial
(Landhaus)

Chef lieu de province

Station thermale

Source thermale

Axes routiers, voirie

Autoroute ou assimilée

Échangeur :
complet - partiel

Route

Rue piétonne

Escalier - Sentier, piste

Topographie, limites

Volcan actif - Récif corallien

Marais - Désert

Frontière - Parc naturel